Vertiefen und vernetzen mit den Sonderseiten:

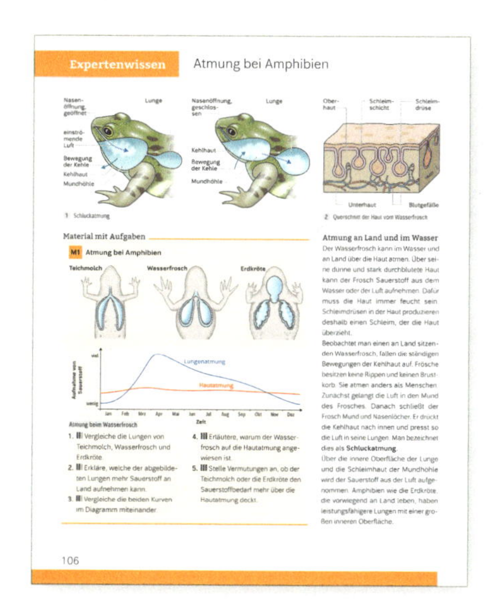

Expertenwissen: Auf diesen Seiten werden bestimmte Themen des Kapitels vertieft. Hier wirst du zur Expertin oder zum Experten.

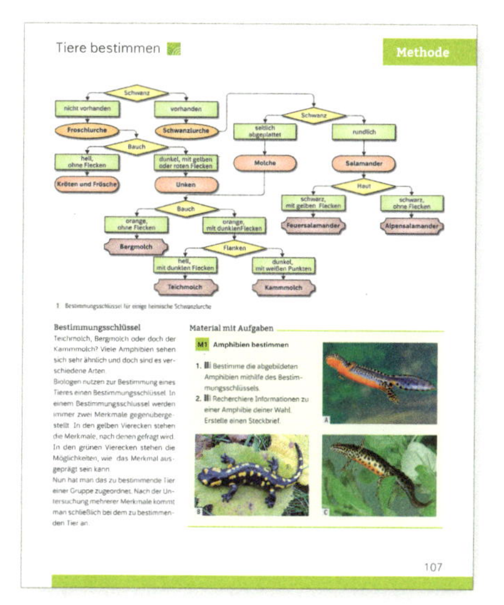

Methode: Auf diesen Seiten werden dir naturwissenschaftliche Methoden vorgestellt. Du lernst auch, diese selber anzuwenden.

Auf einen Blick: Auf diesen Seiten werden verschiedene Themen des Kapitels miteinander vernetzt.

Zusammenfassung: Auf diesen Seiten sind die wichtigsten Inhalte des Kapitels noch einmal für dich zusammengefasst.

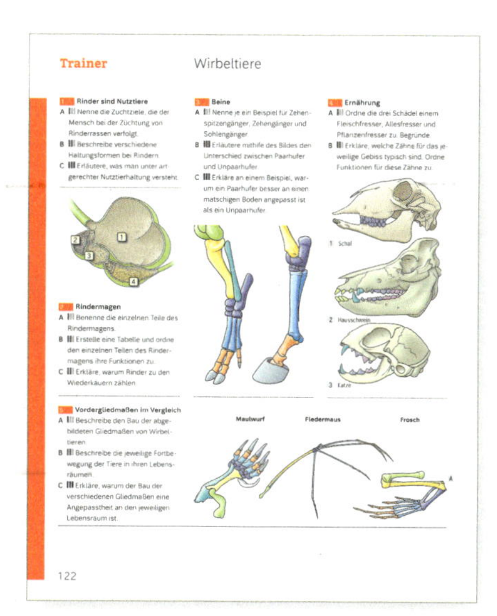

Trainer: Auf diesen Seiten findest du viele Aufgaben, mit denen du dein Wissen trainieren kannst.

Zu vielen Aufgaben und Grafiken stehen dir Filme und interaktive Animationen zur Verfügung, die du dir passend zu dem jeweiligen Thema anschauen kannst.
Scanne dazu den QR-Code oder gib auf **www.westermann.de/ blickpunkt-188322** folgenden Online-Schlüssel ein:

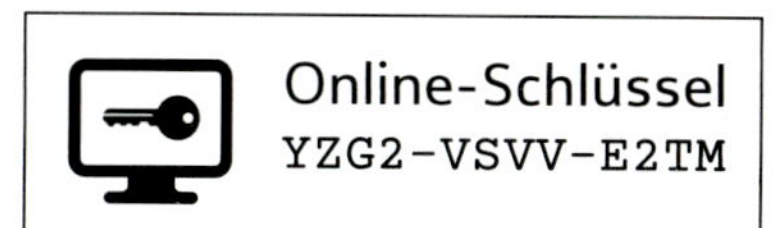

westermann

blickpunkt.

BIOLOGIE, NATURPHÄNOMENE & TECHNIK

5/6

in Teilen eine Bearbeitung von: 978-3-14-102000-7, 978-3-14-188000-7, 978-3-14-102065-6, 978-3-14-101993-3, 978-3-14-188046-5

erarbeitet von: Sandra Adamitzki, Horst Groth, Dr. Petra Hoppe, Tobias Hoppe, Jennifer Jakobsen, Daniel Kroll, Uwe Leiding, Daniela Mittler, Dr. Katharina Moschner-Rahe, Thomas Sudeik, Julia Volkmer, Petra Wolthaus

unter Mitarbeit der Verlagsredaktion

Vorbereiten. Organisieren. Durchführen.
BiBox ist das umfassende Digitalpaket zu diesem Lehrwerk mit zahlreichen Materialien und dem digitalen Schulbuch. Für Lehrkräfte und für Schülerinnen und Schüler sind verschiedene Lizenzen verfügbar. Nähere Informationen unter **www.bibox.schule**

Zusatzmaterialien:

BiBox - Einzellizenz für Lehrerinnen und Lehrer (Dauerlizenz)	978-3-14-188325-1
BiBox - Klassenlizenz Premium (1 Schuljahr)	978-3-14-188329-9
BiBox - Kollegiumslizenz für Lehrerinnen und Lehrer (Dauerlizenz)	978-3-14-188326-8
BiBox - Kollegiumslizenz für Lehrerinnen und Lehrer (1 Schuljahr)	978-3-14-188327-5

westermann GRUPPE

Druck A[1] / Jahr 2022
Alle Drucke der Serie A sind im Unterricht parallel verwendbar.

Grafikkonzept: Atelier tigercolor Tom Menzel
Illustrationen: Eike Gall, Hannes von Goessel, Thorsten Hardel/www.39punkt.de, Atelier Tigercolor Tom Menzel, Michal Rössler, Birgit und Olaf Schlierf
Umschlaggestaltung: LIO Design GmbH, Braunschweig
Layout: LIO Design GmbH, Braunschweig
Druck und Bindung: Westermann Druck GmbH, Braunschweig

ISBN 978-3-14-**188322**-0

Naturwissenschaftliche Arbeitsmethoden

Wirbeltiere

3

Wirbellose

4

Pflanzen

5 Ökologie

6 Entwicklung des Menschen

Energie effizient nutzen

Materialien trennen

Wasser

Ein Produkt entsteht

Anhang

Auf einen Blick Basiskonzepte

Bei allen Lebewesen kann man eine Vielzahl unterschiedlicher Merkmale und Eigenschaften beobachten. Viele Regeln und Erklärungsmuster tauchen in unterschiedlichen Themen der Naturwissenschaften immer wieder auf. Man bezeichnet sie als **Basiskonzepte**. Sie helfen, übergeordente Prinzipien und Zusammenhänge in den Naturwissenschaften besser zu verstehen und zu vergleichen.

Basiskonzept Struktur und Funktion

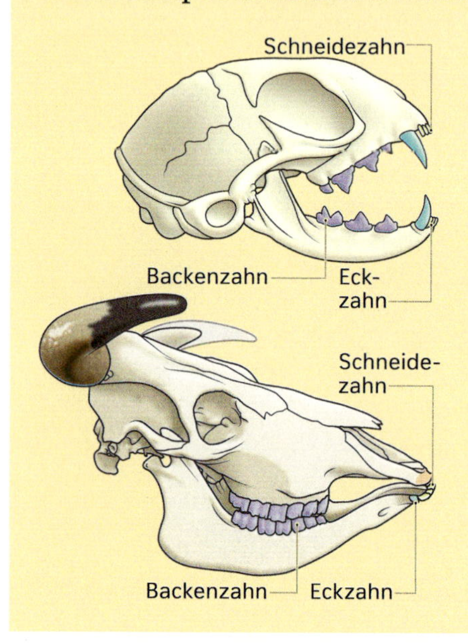

Die Körper von Lebewesen haben Merkmale, die man als Struktur bezeichnet. Jede biologische Struktur erfüllt eine bestimmte Funktion.

▸ Katzen sind reine Fleischfresser. Sie haben lange Eckzähne, mit denen sie ihre Beutetiere festhalten können. Mit ihren spitzen Backenzähnen zerteilen sie ihre Beutetiere.

Rinder haben als Pflanzenfresser kleine Eckzähne und breite, flache Backenzähne, mit denen sie Pflanzen zermahlen. Die Struktur beider Gebisse zeigt eine Angepasstheit an ihre jeweilige Aufgabe.

Basiskonzept Entwicklung

Alle Lebewesen pflanzen sich fort. Ihre Nachkommen wachsen im Laufe der Zeit und verändern sich dabei.

▸ Katzen entwickeln sich von hilflosen Kätzchen zu erwachsenen Katzen. Diese können wieder Nachkommen hervorbringen. Dies bezeichnet man als Individualentwicklung.

Basiskonzept System

Ein System besteht aus verschiedenen Bestandteilen, die arbeitsteilig verschiedene Aufgaben erfüllen. Nur durch ihr Zusammenwirken ist ein Lebewesen lebensfähig.

▸ Jedes Organ im Körper hat eine bestimmte Aufgabe. Mehrere Organe arbeiten zusammen. So wirken der Magen, die Leber und der Dünndarm bei der Verdauung mit. Sie bilden ein Organsystem.

Der Organismus besteht aus mehreren solcher Organsysteme.

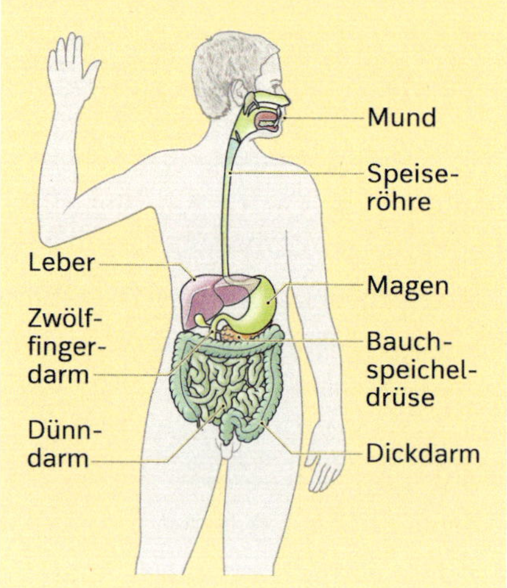

Basiskonzept Energie

Energie begegnet uns in verschiedenen Energieformen. Diese können von einer Energieform in eine andere umgewandelt werden.

▸ Mithilfe der Energie des Sonnenlichts bauen grüne Pflanzen Nährstoffe auf. Die Strahlungsenergie der Sonne wird in chemische Energie umgewandelt. Wir Menschen nehmen die chemische Energie mit der Nahrung auf. Mithilfe der aufgenommen Energie können wir uns zum Beispiel bewegen und wachsen. Der Körper wandelt die aufgenommene Energie in Bewegungsenergie und Wärme um.

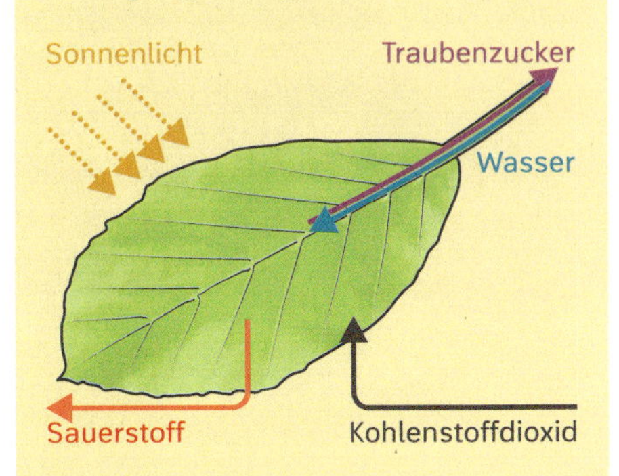

Basiskonzept Chemische Reaktion

Vorgänge, bei denen aus Ausgangsstoffen neue Stoffe entstehen, nennt man chemische Reaktion.

▸ Für eine Verbrennung braucht man einen Brennstoff wie Kohle. Kohle fängt aber nicht von selbst an zu brennen. Sie muss erwärmt werden, bis die Zündtemperatur erreicht ist. Wenn genügend Sauerstoff vorhanden ist, entzündet sich die Kohle. Bei der Verbrennung wird Kohlenstoffdioxid abgegeben und aus der Kohle wird Asche. Aus den Ausgangsstoffen Holz und Sauerstoff sind die Stoffe Asche und Kohlenstoffdioxid entstanden.

Basiskonzept Wechselwirkung

Körper können sich gegenseitig beeinflussen. Man spricht von einer Wechselwirkung.

▸ Ein Magnet zieht einen Körper aus Eisen an. Der Körper aus Eisen zieht jedoch auch den Magneten an.

Basiskonzept Stoff-Teilchen-Beziehung

Jeder Körper besteht aus Stoffen. Den Aufbau von Stoffen verdeutlicht das Teilchenmodell.

▸ Reinstoffe bestehen nur aus einem Stoff. Im Teilchenmodell erkennt man, dass sie aus gleichen Teilchen mit gleichen Eigenschaften bestehen. Stoffgemische bestehen aus verschiedenen Teilchen mit unterschiedlichen Eigenschaften.

Basiskonzept Materie

In der Natur liegen Stoffe in unterschiedlichen Zustandsformen vor: fest, flüssig und gasförmig.

▸ Im festen Zustand sind die Teilchen regelmäßig angeordnet. Sie schwingen auf ihren Plätzen. Bei Erwärmung, bewegen sich die Teilchen schneller. Der Stoff schmilzt. Erhitzt man den Stoff weiter, verdampft er. Im gasförmigen Zustand haben die Teilchen einen großen Abstand zueinander.

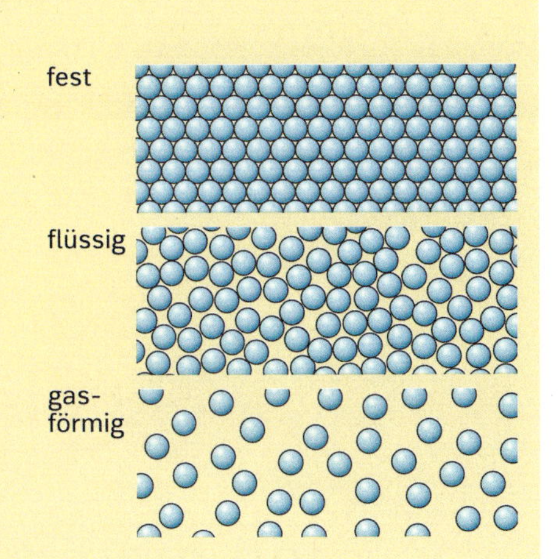

Was kann man in der Natur beobachten?
Wie arbeiten Naturwissenschaftler und Naturwissenschaftlerinnen?

1

Naturwissen-schaftliche Arbeitsmethoden

An einem sonnigen Tag wird es schnell warm. Man kann dann in Gärten, auf Wiesen oder im Wald viele verschiedene Pflanzen und Tiere sehen. Mithilfe von Lupen kann man auch viele kleine Lebewesen betrachten, mit Ferngläsern weit entfernte Vögel, die am Himmel fliegen.

1 Schüler und Schülerinnen beim Experimentieren

Arbeiten im Fachraum

Experimentieren im Fachraum

In den Naturwissenschaften wird oft experimentiert. Viele Experimente werden zu zweit oder in Gruppen durchgeführt. Damit jeder weiß, was er zu tun hat, sollten die Aufgaben vorher verteilt und besprochen werden. Der Arbeitsplatz sollte auch beim Experimentieren aufgeräumt sein. Zur Vermeidung von Unfällen müssen die Sicherheitsregeln und die Anweisungen der Lehrkraft eingehalten werden.

Sicherheitsregeln

Damit man sich und andere beim Experimentieren nicht verletzt, muss man Einiges beachten:

- **Nicht essen** • Im Fachraum darf man nicht essen und trinken. Man darf auch keine Lebensmittel offen herumstehen lassen.
- **Schutzbrille** • Eine Schutzbrille muss beim Experimentieren mit Gasbrennern, Chemikalien oder auf Anweisung der Lehrkraft getragen werden.
- **Versuchsaufbau** • Der Aufbau sollte immer auf einer festen Unterlage und die Geräte in sicherer Entfernung zur Tischkante stehen.
- **Wärmequellen** • Beim Umgang mit Gasbrennern, Herdplatten oder Kerzen muss man vorsichtig sein. Wärmequellen sollten sicher auf einer festen, nicht brennbaren Unterlage stehen. Es dürfen sich in ihrer Nähe keine brennbaren Materialien wie Papier befinden.
- **Umgang mit Strom** • Strom wird nur aus Batterien oder Netzgeräten und nie aus der Steckdose genutzt.

Sicherheitseinrichtungen

Im Fachraum gibt es nicht nur Anschlüsse für Wasser, Strom und Gas. Einrichtungen wie der Erste-Hilfe-Kasten mit Verbandsmaterial dienen der Sicherheit:

- **Not-Ausschalter** • Den Not-Aus-Schalter findet man neben den Türen und am Lehrerpult. Wird der rote Knopf gedrückt, wird der elektrische Strom abgeschaltet und die Gaszufuhr wird sofort unterbrochen.
- **Augendusche** • Gelangen beim Experimentieren Fremdkörper ins Auge, muss schnell der Fremdkörper entfernt werden. Mit der Augendusche kann man im Notfall schnell das Auge ausspülen.
- **Fluchtweg** • Das grüne Schild zeigt einem den schnellsten Fluchtweg ins Freie. Bei einem Brand bringt man sich so in Sicherheit und sammelt sich an einem Sammelplatz.
- **Löschmittel** • Ein kleiner Brand kann häufig mit einer **Löschdecke** oder einem **Feuerlöscher** gelöscht werden. Bei größeren Bränden muss man schnell die Feuerwehr rufen.
- **Abzug** • Bei vielen Experimenten entstehen giftige Gase, die gesundheitsschädlich sind. Diese Experimente müssen unter dem Abzug von der Lehrkraft durchgeführt werden.

Arbeitsplatz aufräumen

Nach dem Experimentieren muss man seinen Arbeitsplatz aufräumen. Die benutzten Geräte und Materialien werden immer sauber zurückgestellt. Reste von Chemikalien müssen besonders entsorgt werden. Dafür müssen die Anweisungen der Lehrkraft befolgt werden.

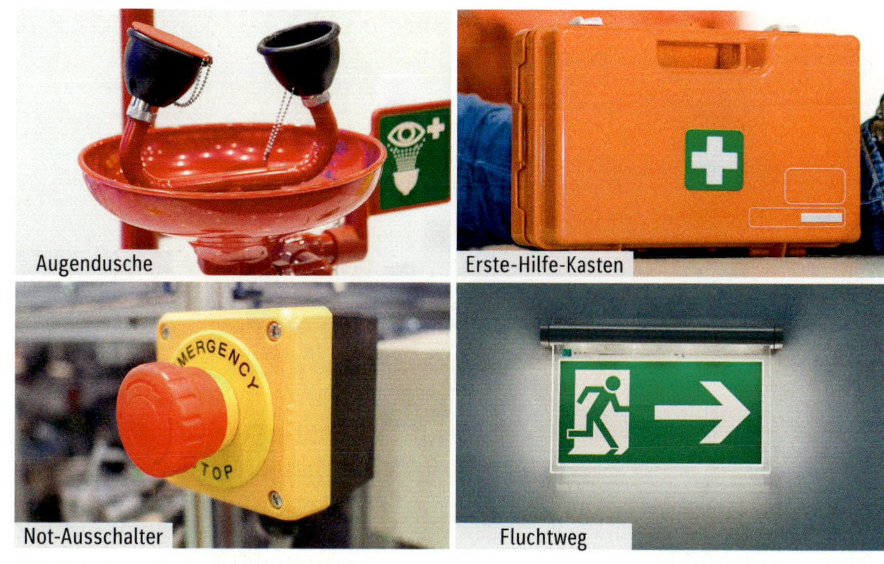

2 Sicherheitseinrichtungen im Fachraum

Material mit Aufgaben

M1 Arbeiten im Fachraum

1. Nenne die Sicherheitseinrichtungen, die in dem Bild zu sehen sind.
2. Erkläre, warum Sicherheitseinrichtungen wichtig sind.
3. Beschreibe, welche Sicherheitsregeln die Schülerinnen und Schüler im Bild beachten.

Methode

Arbeiten mit dem Gasbrenner

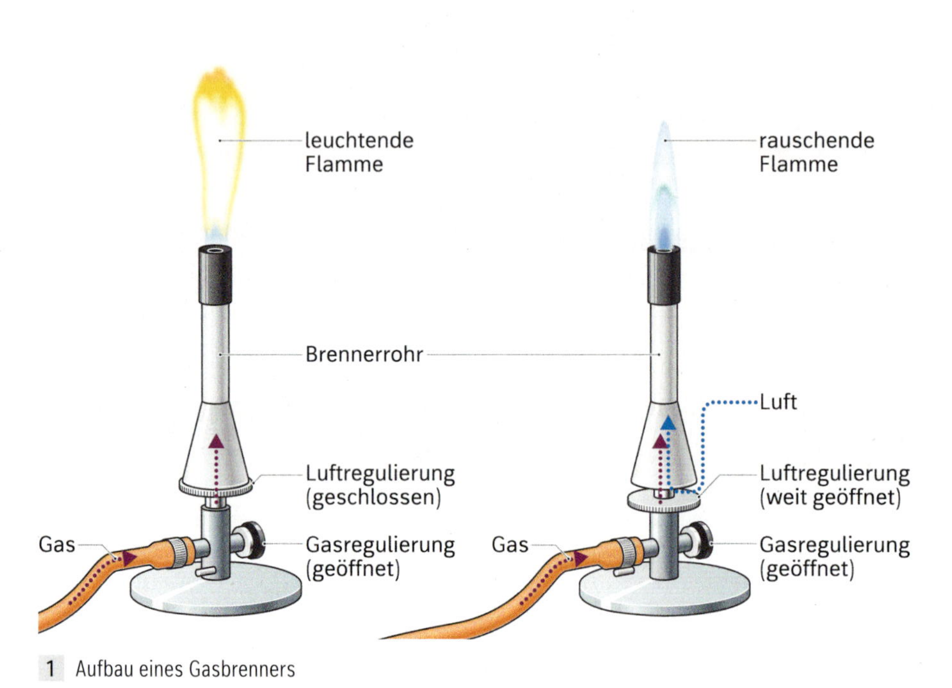

1 Aufbau eines Gasbrenners

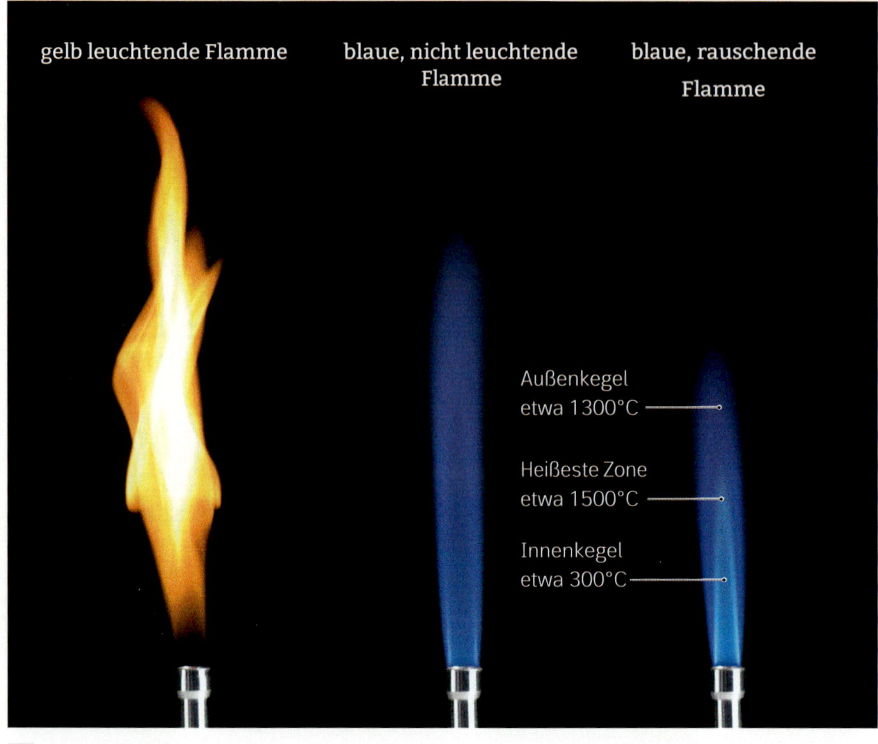

2 Flammentypen

Aufbau des Gasbrenners

Im Labor werden zur Erhitzung von Stoffen **Gasbrenner** eingesetzt. Der Gasbrenner wird an eine Gasleitung angeschlossen, durch die brennbares Gas strömt. Im **Brennerrohr** vermischt sich das Gas mit Luft und wird dann über dem Brennerrohr entzündet.

Bevor man mit einem Gasbrenner arbeitet, muss man den Aufbau eines Gasbrenners kennen. Der untere Teil eines Gasbrenners ist der **Metallfuß**. An ihm befindet sich die **Gaszufuhr**. Gegenüber der Gaszufuhr befindet sich die **Gasregulierung**. Mit ihr kann die Menge des einströmenden Gases eingestellt werden. Der obere Teil besteht aus dem Brennerrohr und der Einstellschraube für die **Luftzufuhr**.

Flammentypen

Mithilfe der Luftzufuhr können verschiedene Flammen erzeugt werden. Ist die Luftzufuhr geschlossen, bildet sich eine **gelb leuchtende Flamme**, die stark rußt. Diese Flamme wird bis zu 900 °C heiß. Ist die Luftzufuhr geöffnet, entsteht eine **blaue, nicht leuchtende Flamme**. Bei ganz geöffneter Luftzufuhr entsteht eine sehr heiße, **rauschende Flamme**. Diese Flamme kann in Flammenzonen unterteilt werden. Im Innenkegel ist die rauschende Flamme mit etwa 300 °C deutlich kühler als in der Mitte über dem Innenkegel mit über 1500 °C. Der Außenkegel der rauschenden Flamme besitzt eine Temperatur von etwa 1300 °C. Da alle Flammentypen sehr heiß werden, sind beim Arbeiten mit dem Brenner bestimmte Sicherheitsregeln zu beachten.

1 Anschließen des Gasbrenners

Trage eine **Schutzbrille** und binde lange Haare zusammen. Stelle den Brenner kippsicher auf eine feuerfeste Unterlage. Schließe den Gasschlauch des Brenners an die Gasleitung am Tisch an. Kontrolliere die Standsicherheit. Achte darauf, dass der Schlauch fest sitzt und die Gas- und Luftzufuhr geschlossen sind.

2 Entzünden der Brennerflamme

Öffne den Gashahn am Arbeitsplatz. Entzünde ein Feuerzeug und halte die Flamme mit ausgestrecktem Arm über die Öffnung des Brennerrohres. Öffne jetzt die Gaszufuhr am Brenner. Nun entzündet sich das Gas. Wenn die Luftzufuhr am Gasbrenner geschlossen ist, entsteht eine gelb leuchtende Flamme.

3 Brennerflamme einstellen

Stelle die gewünschte Höhe der gelb leuchtenden Flamme mit der Gasregulierung am Gasbrenner ein. Öffne danach die Luftzufuhr etwas, bis du eine blaue Flamme erhältst. Wenn du die Luftzufuhr weiter öffnest, hörst du die Flamme rauschen. Verringere danach die Gaszufuhr wieder, bis die Höhe der Flamme etwa einer Handbreite entspricht.

4 Löschen der Brennerflamme

Zum Löschen der Brennerflamme schließt du zuerst die Luftzufuhr und erst danach die Gaszufuhr am Brenner. Als nächstes wird der Gashahn am Tisch geschlossen.

Beachte: Die Brennerflamme darf nicht ausgeblasen werden!

Material mit Aufgaben

M1 Sicher arbeiten mit dem Gasbrenner

1. Beschreibe, was das Mädchen im Bild alles falsch macht.
2. Beschreibe Sicherheitsmaßnahmen für die Benutzung des Gasbrenners.
3. Stelle Vermutungen an, warum beim Gasbrenner nie unbemerkt Gas austreten darf.

P2 Flammentemperaturen

Material: Schutzbrille, Gasbrenner, Streichholz, Holzklammer, Magnesiastäbchen

Durchführung: Setze zunächst die Schutzbrille auf und binde lange Haare zusammen. Nimm den Gasbrenner in Betrieb und stelle eine rauschende Flamme ein. Halte ein Magnesiastäbchen mit der Holzklammer in verschiedene Bereiche der rauschenden Flamme.

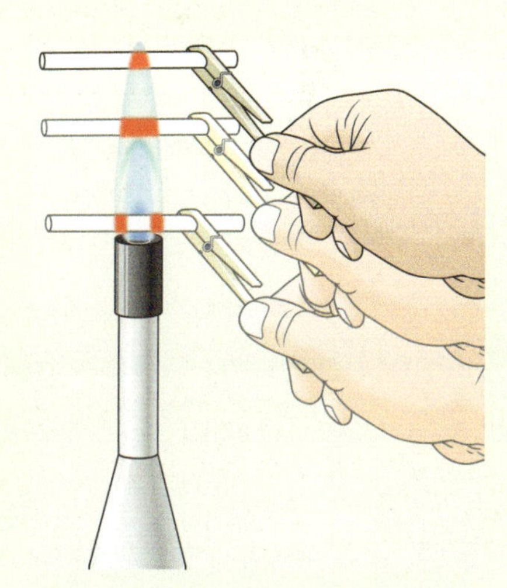

1. Beschreibe deine Beobachtungen.
2. Erkläre deine Beobachtungen.
3. Stelle deine Versuchsbeobachtung in einer Zeichnung dar.
4. Formuliere eine Forscherfrage, die mit diesem Versuch beantwortet werden soll.

Methode

Umgang mit Chemikalien

GHS01
explosiv

GHS02
entzündlich

GHS03
brandfördernd

GHS04
komprimierte Gase

GHS05
ätzend

GHS06
giftig

GHS07
reizend

GHS08
gesundheitsschädlich

GHS09
umweltschädlich

1 Gefahrenstoffsymbole

GHS: engl. für Globally Harmonized System of Classification. Übersetzt: Weltweit einheitliches System zur Einstufung und Kennzeichnung von Stoffen.

Gefahrstoffsymbole

Im Haushalt werden viele Stoffe benutzt, von denen bei unsachgemäßem Gebrauch eine Gefährdung für die Umwelt und die eigene Gesundheit ausgeht. Diese Stoffe bezeichnet man daher als **Gefahrstoffe**. Vor ihren Gefahren wird auf ihren Aufbewahrungsgefäßen gewarnt. Seit dem Jahr 2010 erfolgt die Kennzeichnung weltweit einheitlich nach GHS. Die Kennzeichnung gilt nicht nur für Haushaltschemikalien, sondern auch für Chemikalien, die in der Industrie hergestellt werden. Auf den ersten Blick geben kleine **Gefahrstoffsymbole**, die Piktogramme, Hinweise auf die Art der Gefährdung.

Waschbenzin

Gemisch verschiedener Stoffe Gefahr

Gefahrenhinweise (Auszug):
H225 Flüssigkeit und Dampf leicht entzündbar.
H304 Kann bei Verschlucken und Eindringen in die Atemwege tödlich sein.
H315 Verursacht Hautreizungen.
...

Sicherheitshinweise (Auszug):
P210 Von Hitze / Funken / offener Flamme / heißen Oberflächen fernhalten.
P261 Einatmen von Staub / Rauch / Gas / Nebel / Dampf / Aerosol vermeiden.
P273 Freisetzung in die Umwelt vermeiden.
...

2 Etikett von Waschbenzin

Gefahrstoffe im Alltag

Waschbenzin ist ein häufiges Lösemittel. Es ist leicht entzündbar und giftig. Es ist gefährlich für die Gesundheit und schädlich für die Umwelt. Daher findet man auf einer Dose mit Waschbenzin vier Gefahrstoffsymbole. Auf Verpackungen vieler Chemikalien findet man die Gefahrstoffsymbole.

Gefahrenhinweise

Möchte jemand wissen, welche Gefahren beispielsweise von Waschbenzin ausgehen, liefern die Gefahrenhinweise, die **H-Sätze,** weitere Informationen. Jeder einzelne Gefahrenhinweis ist mit einer Nummer gekennzeichnet. So bedeutet der Hinweis H315 immer: „Verursacht Hautreizungen".

Sicherheitshinweise

Zusätzlich zu den Gefahrenhinweisen gibt es noch die Sicherheitshinweise. Diese **P-Sätze** geben an, wie man sich beim Umgang mit einer Chemikalie verhalten soll. Die P-Sätze sind ebenfalls mit einer Nummer gekennzeichnet. Der Hinweis P210 auf dem Aufbewahrungsgefäß einer Chemikalie bedeutet zum Beispiel, dass man diese von Hitze, Funken, offenen Flammen und heißen Oberflächen fernhalten muss. Eine Liste von H-Sätzen und P-Sätzen befindet sich im Anhang dieses Schulbuchs.

Umgang mit Chemikalien

- Chemikalien dürfen nicht mit den Fingern angefasst werden.
- Zur Aufbewahrung dürfen nur Gefäße, die die Stoffe sicher lagern, genutzt werden. Sie dürfen nur in Gefäßen aufbewahrt werden, die eindeutig und dauerhaft beschriftet sind und die vorgeschriebenen Gefahrstoffsymbole aufweisen.
- Experimente werden mit möglichst wenigen Chemikalien durchgeführt. So bleibt die Abfallmenge gering.
- Reste von Chemikalien werden nicht in die Vorratsgefäße zurückgegeben. Sie werden in besonderen Abfallbehältern gesammelt.
- Gefährliche und umweltschädliche Chemikalien werden in besonderen Sammelbehältern entsorgt. Die Abfälle werden von einer speziellen Entsorgungsfirma abgeholt.
- Geschmacksproben dürfen nicht durchgeführt werden. Den Geruch eines Stoffes stellt man durch vorsichtiges Zufächeln fest.

Material mit Aufgaben

M1 Gefahrstoffsymbole

1. Beschreibe, worauf du beim Umgang mit den oben abgebildeten Reinigungsstift achten musst.
2. Erkläre die Vorteile einer weltweit einheitlichen Einstufung und Kennzeichnung von Stoffen.

M2 Umgang mit Chemikalien

1. Erkläre, auf welchen Bildern richtig mit Chemikalien gearbeitet wird.
2. Erkläre, warum man keine Geschmacksproben durchführen darf.
3. Erkläre, warum man beim Arbeiten mit Chemikalien immer eine Schutzbrille tragen muss.
4. Erkläre, warum man beim Entsorgen von Chemikalien den Vorgaben der Lehrkraft folgen muss.

1 Hund auf einem Staubsaugerroboter

Kennzeichen des Lebendigen

Biologie beschäftigt sich mit Lebewesen

Die Biologie befasst sich mit Lebewesen, zum Beispiel mit Pflanzen, Tieren und Menschen. Biologen untersuchen den Aufbau von Lebewesen und erforschen die Vorgänge, die in ihnen ablaufen. Biologen klären auch die Frage, wie sich die verschiedenen Lebewesen im Laufe der Zeit entwickelten. Sie erforschen auch das Verhalten von Lebewesen in ihrer Umwelt.

Kennzeichen des Lebendigen

Jedes Lebewesen besitzt eine Reihe von Kennzeichen, die es von nicht lebenden Gegenständen unterscheidet. Man spricht von den **Kennzeichen des Lebendigen**. Fehlt auch nur eines dieser Kennzeichen, handelt es sich nicht um ein Lebewesen.

‣ **Fortpflanzung** • In der Paarungszeit treffen sich das erwachsene Hundemännchen und das erwachsene Hun-

2 Hund: **A** Mutter säugt ihre Jungtiere, **B** Welpe beim Spielen, **C** Erwachsener Hund

deweibchen. Sie paaren sich. Nach etwa 62 Tagen bringt das Weibchen mehrere lebende Jungtiere zur Welt. So pflanzen sich Hunde fort.
Lebewesen stammen von anderen Lebewesen ab und bekommen auch selbst Nachkommen. Die **Fortpflanzung** ist ein Kennzeichen des Lebendigen.

▸ **Wachstum und Entwicklung** • Bei der Geburt wiegt ein Welpe je nach Rasse zwischen 70 und 700 Gramm. Er nimmt an Körpergröße und Körpergewicht zu. Er wächst. Das Jungtier entwickelt sich mit der Zeit zu einem erwachsenen Hund. Ein ausgewachsener Hund kann je nach Rasse zwischen 3 und 120 Kilogramm schwer werden.
Das **Wachstum** und die **Entwicklung** sind ebenfalls Kennzeichen des Lebendigen.

▸ **Bewegung** • Nach der Geburt bewegt sich der Welpe eigenständig zu den Milchdrüsen der Mutter und wird mit Muttermilch gesäugt. Je älter er wird, desto mehr läuft und springt er umher. Diese aktive **Bewegung** kennzeichnet ebenfalls ein Lebewesen.

▸ **Reizbarkeit** • Hunde jagen sehr gerne geworfenen Bällen hinterher. Dabei verfolgen sie mit ihren Augen den Ball, um ihn manchmal sogar schon aus der Luft zu fangen. Hunde nehmen also Reize mit ihren Sinnesorganen auf und reagieren darauf. Jedes Lebewesen kann Reize aus seiner Umgebung aufnehmen und auf die reagieren.
Diese **Reizbarkeit** ist ein weiteres Kennzeichen des Lebendigen.

▸ **Stoffwechsel** • Mit der Muttermilch nimmt der Welpe energiereiche Stoffe auf. Wenn er älter ist, frisst er Fleisch. Die aufgenommene Nahrung wird im Körper verdaut. Dabei werden die in der Nahrung enthaltenen Stoffe umgewandelt. So gewinnt der Hund Energie. Diese wird für das Wachstum und die Versorgung des Körpers genutzt. Die Aufnahme, den Umbau und die Abgabe von Stoffen durch Lebewesen bezeichnet man als **Stoffwechsel**. ▶

Material mit Aufgaben

M1 Kennzeichen des Lebendigen

1. Vergleiche eine Drohne mit einem Uhu. Übernimm die Tabelle in dein Heft und ergänze sie.
2. Erläutere, ob die Drohne oder der Uhu ein Lebewesen ist. ➕
3. Wähle eine der Aufgaben aus:

a Erkläre, ob eine Wolke ein Lebewesen ist.

b Erkläre, ob es sich bei einer brennenden Kerze um ein Lebewesen handelt. Begründe deine Antwort.

Kennzeichen	Drohne	Uhu
Fortpflanzung	...	...
Wachstum und Entwicklung	...	...
Bewegung	...	...
Reizbarkeit	...	...
Stoffwechsel	nein	...

3 Eiche: **A** Keimling, **B** ausgewachsener Baum

Sind Pflanzen auch Lebewesen?

Wenn Pflanzen Lebewesen sind, müssen sie alle Kennzeichen des Lebendigen zeigen.

Das **Wachstum** und die **Entwicklung** kann man an der Eiche gut beobachten. Aus einem heruntergefallenen Samen wachsen Wurzeln und ein Stängel. Im Laufe der Zeit wächst der Stängel zu einem mächtigen Baumstamm mit vielen Ästen heran. Es entwickelt sich eine Baumkrone mit vielen Laubblättern. Im Frühjahr bildet eine Eiche Blüten, in denen sich später wieder neue Samen bilden. Ihre Blüten mit den Samen dienen der **Fortpflanzung**.

Die Blüten der Gänseblümchen sind am Morgen noch geschlossen. Mit dem ersten Sonnenlicht öffnen sich die Blüten. Wenn die Sonne untergeht, schließen sich ihre Blüten wieder. Sie reagieren auf die Reize des Sonnenlichts. **Reizbarkeit** und **Bewegung** weisen auch Pflanzen auf. Alle Pflanzen nehmen Stoffe aus ihrer Umgebung auf. Mithilfe des Sonnenlichts wandeln sie diese in ihren grünen Blättern in Traubenzucker und andere Nährstoffe um. Dabei geben sie Sauerstoff an die Luft ab. Pflanzen nehmen Stoffe auf, wandeln sie um und geben andere Stoffe wieder ab. Sie haben einen **Stoffwechsel**.

Material mit Aufgaben

M2 Venusfliegenfalle

Die Venusfliegenfalle kommt aus den USA. Sie wächst in mineralstoffarmen Böden. Daher fängt und „verdaut" die Venusfliegenfalle kleine Tiere wie zum Beispiel Insekten. So erhält sie wichtige Stoffe für ihren Stoffwechsel.

1. Beschreibe den auf den Bildern dargestellten Vorgang.
2. Erkläre, welche Kennzeichen des Lebendigen bei der Pflanze in den Bildern gezeigt werden.
3. Erkläre die Bedeutung des Vorgangs für die Venusfliegenfalle.

Lebewesen bestehen aus Zellen

Untersuchungen mit dem Mikroskop zeigen eine weitere Gemeinsamkeit aller Lebewesen. Die kleinen „Körperbausteine", die man mit dem Mikroskop entdeckt, sind die kleinsten Einheiten des Lebens. Alle Lebewesen bestehen aus diesen **Zellen**. In ihnen laufen alle Lebensvorgänge ab.

Einzeller und Vielzeller

Menschen, Tiere und Pflanzen bestehen aus Millionen von Zellen. Man nennt sie **Vielzeller**. Sie haben verschiedene Zellen, die unterschiedliche Aufgaben erfüllen. Meistens liegen gleichartige Zellen dicht beieinander und bilden einen Zellverband.

Viele winzige Lebewesen wie die Amöbe oder das Pantoffeltierchen bestehen aus nur einer einzigen Zelle. Die Amöbe und das Pantoffeltierchen gehören zu den **Einzellern**.

Die Amöbe lebt zum Beispiel in kleinen Wassertröpfchen in Moospolstern. Sie kann chemische Stoffe im Wasser erkennen und so kleine Nahrungsteilchen aufspüren. Sie bewegt sich aktiv auf die Nahrungsteilchen zu, umfließt die Nahrung und nimmt sie dann in ihr Zellinneres auf. Unverdauliche Reste scheidet die Amöbe wieder aus. Ist die Amöbe groß genug, kann sie sich teilen. Aus einer Amöbe werden zunächst zwei kleinere Amöben. Sie wachsen jeweils zu ihrer endgültigen Größe heran. Einzeller wie die Amöbe zeigen also alle Kennzeichen des Lebendigen.

A Nenne die Unterschiede zwischen einem Menschen und einer Amöbe.

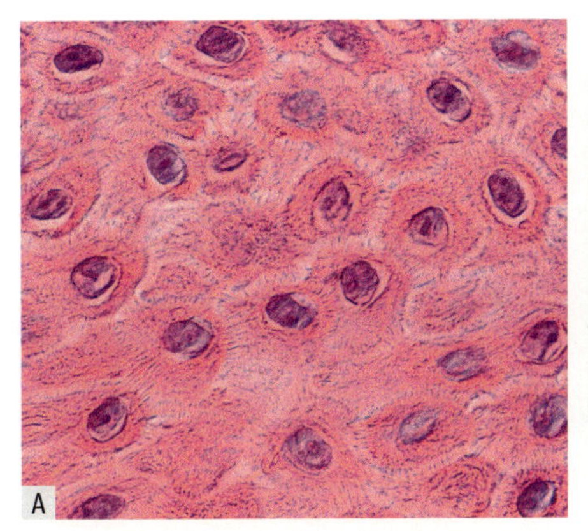

1 Zellen: **A** Tierzellen, **B** Pflanzenzellen

Material mit Aufgaben

M1 Amöbe

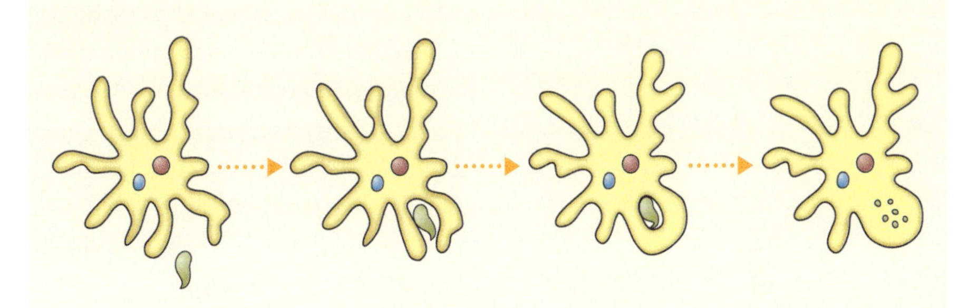

A Amöbe beim Fressen

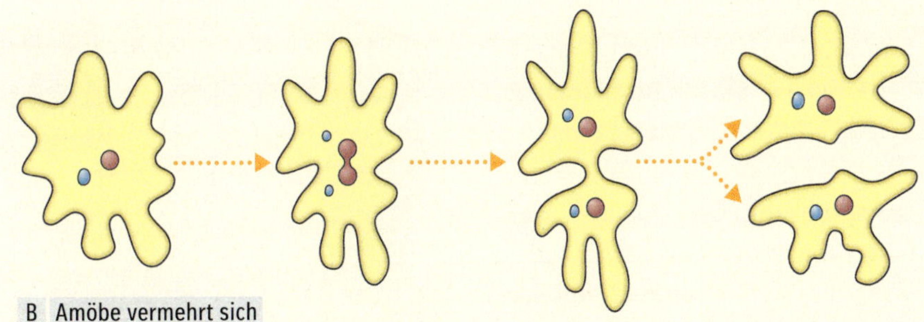

B Amöbe vermehrt sich

1. ||| Beschreibe, wie sich die Amöbe ernährt.
2. ||| Beschreibe, wie sich die Amöbe vermehrt.
3. ||| Stelle anhand des Textes und der Bilder heraus, dass Einzeller alle Kennzeichen des Lebendigen zeigen.

Beobachten und beschreiben

Das Eichhörnchen ist vom Kopf bis zum Schwanzende ungefähr 40 cm lang. Sein Körper ist sehr schlank. Es hat einen langen, buschigen Schwanz. An den Vorder- und Hinterbeinen befinden sich lange Krallen an den Pfoten. Sein Fell ist rotbraun.

1 Beschreibung eines Eichhörnchens

Beobachten

Das ganze Jahr über kann man viele Tiere beobachten. Während man Insekten, Spinnen und Schnecken besonders von Frühling bis Herbst beobachten kann, findet man manche Vögel das ganze Jahr. Um Tiere in der Natur beobachten zu können, braucht man zum Beispiel Ferngläser, Lupen, Bechergläser und auch Pinsel, Kescher und Pinzetten. Mit dem Kescher kann man durch Wiesen oder den Rasen streichen. Mithilfe von Pinzetten und Pinseln kann man kleine Tiere aufsammeln, die man unter Steinen findet. Auf der Suche nach Tieren muss man sich ruhig verhalten. Außerdem dürfen die Tiere nicht gequält werden. Setze sie nach der Beobachtung wieder aus.

Bei Beobachtungen sollte man sorgfältig und ruhig vorgehen. Ansonsten können einem Einzelheiten entgehen. Außerdem werden Beobachtungen nicht mit Erklärungen oder persönlichen Empfindungen vermischt. Beobachtungen können in Tabellen, Texten, Diagrammen oder Bildern festgehalten werden.

Beschreiben

Bei einer Beschreibung stellt man seine Beobachtungen von Lebewesen, Gegenständen oder Abläufen so dar, dass andere Personen sie verstehen oder erkennen können.

Bevor man etwas beschreibt, sollte man sich geeignete **Kriterien** suchen. Danach beschreibt man Merkmale oder Eigenschaften, die ein Kriterium kennzeichnen. Kriterien für die Beschreibung eines Tieres können zum Beispiel die Körpergliederung, die Körperbedeckung und das Verhalten sein.

Material mit Aufgaben

P1 Tiere beobachten

Material: Kescher, Pinsel, Pinzette, Lupe, Schale, Gläser, Bestimmungsbücher oder Bestimmungsapps

Durchführung: Geht zu einer Wiese und streicht dort mit dem Kescher durch die Gräser. Sammelt die gefangenen Tiere mithilfe von Pinzette und Pinsel aus dem Kescher.

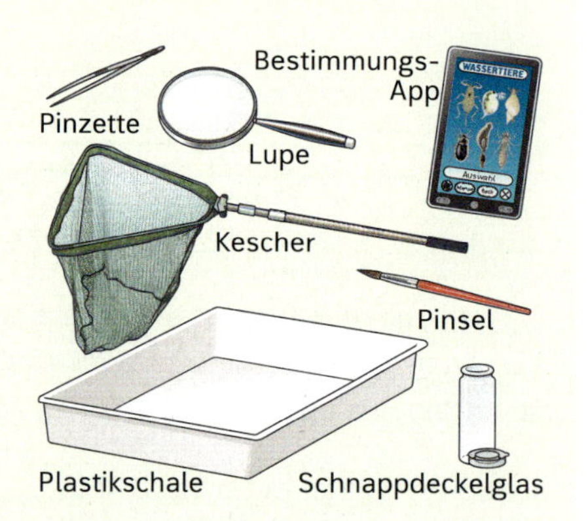

1. Beobachte die gefangenen Tiere mit der Lupe.
2. Such dir ein Tier aus und beschreibe es.

Material mit Aufgaben

M2 Vögel am See

1. Beschreibe Aufenthaltsorte von Vögeln in und am See.

2. Suche dir zwei Vögel aus und beschreibe sie einem Mitschüler oder einer Mitschülerin so, dass sie das Tier erkennen.

1 Ein Kinobesuch

Mit Sinnen beobachten

Umwelteinflüsse

Ständig wirken Umwelteinflüsse auf uns ein. Im Kino sind diese sehr vielfältig: Wenn die Lampen im Kinosaal ausgehen, sieht man nichts mehr, bis der Film beginnt. Über Lautsprecher hört man die Musik. Es riecht nach Popcorn und anderen Süßigkeiten. Die Chips schmecken salzig. Beim Trinken spürt man die Kälte des Bechers auf der Haut.

Sinn	Sehsinn	Gehörsinn	Geruchsinn	Geschmacks-sinn	Tastsinn
Sinnes-organ	Auge	Ohr	Nase	Zunge	Haut
Reiz	Licht	Schall	Duftstoffe	Geschmacks-stoffe	Druck

2 Sinne, Sinnesorgane und Reize

Sinne und Sinnesorgane

Verschiedene Umwelteinflüsse wie im Kinosaal oder der Natur erkennen wir mit allen unseren Sinnen: dem **Sehsinn**, **Gehörsinn**, **Geruchssinn**, **Geschmackssinn** und **Tastsinn**. Der Körper besitzt für jeden einzelnen Sinn spezielle **Sinnesorgane**. Dies sind die Augen, die Ohren, die Nase, die Zunge und die Haut.

Alle Sinnesorgane haben **Sinneszellen**. Sie reagieren nur auf bestimmte Umwelteinflüsse, den entsprechenden **Reiz**. Die Lichtsinneszellen der Augen reagieren auf Licht. Die Hörsinneszellen der Ohren werden durch Schall gereizt. In der Nase reagieren Geruchssinneszellen auf Duftstoffe. Die Geschmackssinneszellen auf der Zunge erkennen Geschmacksstoffe. Tastsinneszellen der Haut reagieren auf Berührungen.Mithilfe der Haut kann man auch Kälte und Wärme wahrnehmen.

Sehen
Man erkennt mit den Augen zum Beispiel die **Farbe** und **Form** von Gegenständen oder Lebewesen. Metalle haben einen metallischen Glanz, andere Stoffe wie Holz nicht.

Tasten und Fühlen
Die **Oberfläche** eines Gegenstands kann rau oder glatt sein. Er kann sich kühl oder warm anfühlen. Ein Gegenstand aus Metall fühlt sich meistens kühler an als ein Gegenstand aus Holz.

Hören
Wenn man draußen ist, kann man Vögel oder ein vorbeifahrendes Auto hören. Auch wenn ein Gegenstand auf den Boden fällt, kann man oft am Geräusch schon erkennen, um welchen Gegenstand es sich handelt.

Schmecken
In der Küche kann man Mehl oder Puderzucker leicht am **Geschmack** unterscheiden. Mehl staubt im Mund und ist leicht bitter. Zucker ist dagegen süß. Im Fachraum düfen keine Geschmacksproben von Chemikalien genommen werden, da viele Chemikalien giftig sind.

Riechen
Viele Lebensmittel haben einen bestimmten **Geruch**. So erkennt man sauren Essig schnell. Auch viele Chemikalien im Labor kann man am Geruch erkennen. Viele Chemikalien sind schädlich und reizen die Nase. Daher darf nur vorsichtig an Chemikalien gerochen werden, indem man den Geruch mit der Hand zufächelt.

Material mit Aufgaben

M1 Duftproben

1. Beschreibe, wie man im Fachraum eine Duftprobe von Chemikalien durchführt.

2. Erkläre, warum man Duftproben im Fachraum auf diese Weise durchführen muss.

P2 Stoffe am Geruch erkennen

Material: Verschiedene Dosen, Zucker, Salz, Pfeffer, Chili, Zimt, Essig, Zitronensaft, Kaffeepulver und andere Stoffe

Durchführung: Die einzelnen Dosen mit den verschiedenen Gerüchen nummerieren. Prüfe den Geruch der Stoffe in den Dosen mit verbundenen Augen durch vorsichtiges Zufächeln. Verschließe nach jeder Geruchsprobe die Dosen wieder.

1. Erstelle eine Tabelle und notiere die Ergebnisse deiner Duftproben

2. Erkläre, warum man bei Proben auf Geschmackstests im Fachraum verzichten sollte.

1 Rote Beete und Karotten sind nicht gleich schwer.

Schätzen und messen

Schätzen

Im Alltag kann man mithilfe seiner Sinne Größen wie die Länge oder die Zeit schätzen. Möchte man die Körpergröße von jemanden schätzen, dann orientiert man sich an seiner eigenen Größe. Um eine ungefähre Zeit zu erhalten, zählt man die Sekunden im Kopf. Schätzungen geben nur einen ungefähren Wert an. Um genaue Größen zu erhalten, muss man **Messungen** durchführen.

Die Masse gibt in den Naturwissenschaften an, wie schwer etwas ist.

Messwerte

In den Naturwissenschaften benötigt man exakte Angaben. Daher führt man häufig Messungen durch. Als Ergebnis erhält man **Messwerte**. Die Messwerte bestehen immer aus einem **Zahlenwert** und einer **Einheit**. Misst man zum Beispiel die Länge bei einem Weitsprung, bekommt man als Messwert 2 Meter. Bei diesem Messwert ist 2 der Zahlenwert und Meter die Einheit.

Die richtige Einheit

Für jede Messgröße gibt es die passende Einheit. Die Zeit wird in Sekunden (s) gemessen, die Masse in Kilogramm (kg), die Länge in Metern (m), das Volumen in Kubikmeter (m^3) oder Liter (l) und die Temperatur in Grad Celsius (°C). Um kleinere oder größere Messwerte übersichtlich anzugeben, benutzt man Vorsätze. So gibt es neben Meter auch Millimeter (mm) für kleinere Messwerte und Kilometer (km) für größere.

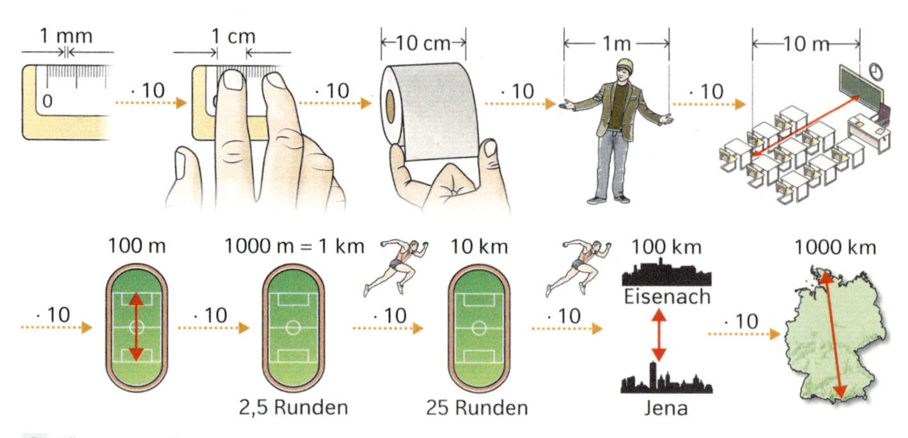

2 Längenumrechnung

Richtig messen

Für die verschiedenen Messgrößen gibt es unterschiedliche Messgeräte. Massen werden zum Beispiel mit Waagen bestimmt, Temperaturen mit einem Thermometer. Bei jeder Messung muss man auf die verschiedensten Dinge achten.

- **Temperaturen messen** • Temperaturen werden mit einem Thermometer bestimmt. Bevor man misst, sollte man sicherstellen, dass man ein Thermometer mit einem geeigneten **Messbereich** hat. Bevor man abliest, sollte man warten, bis sich der Messwert nicht mehr verändert. Beim Ablesen sollte man von vorne auf die Skala schauen.
- **Zeiten messen** • Werden Zeiten mit einer Stoppuhr gemessen, sollte immer die gleiche Person die Zeit stoppen. Da jeder Mensch eine andere Reaktionszeit hat, wird so die Messung nicht verfälscht.
- **Massen messen** • Massen werden mithilfe einer Waage bestimmt. Bei der Bestimmung der Masse muss vorher eine Waage mit geeignetem Messbereich ausgewählt werden. Außerdem muss man darauf achten, dass die Objekte immer mittig auf die Waage gelegt werden.
- **Längen messen** • Längen können mithilfe von Geodreiecken, Linealen oder Zollstöcken gemessen werden. Auch hier kommt es auf die richtige Wahl des Messbereichs an. Es muss außerdem darauf geachtet werden, dass die Messgeräte immer gerade gehalten werden. Ansonsten kann es zu falschen Messwerten kommen.

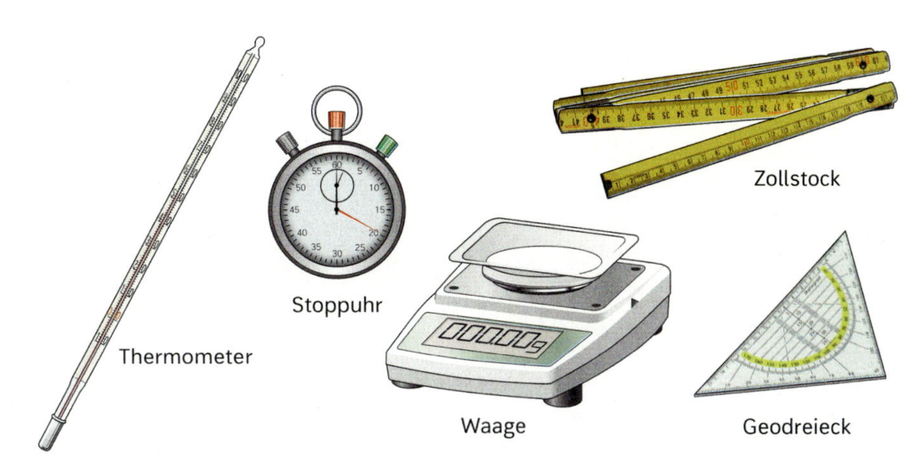

3 Verschiedene Messgeräte

Material mit Aufgaben

P1 Schätzen und messen

Material: Geodreieck oder kurzes Lineal, Zollstock oder Bandmaß, Gegenstände unterschiedlicher Länge

Durchführung: Arbeitet zu Zweit. Schätzt gegenseitig eure Körpergröße und danach die Länge von verschiedenen Gegenständen. Messt danach mit den unterschiedlichen Messgeräten eure Körpergrößen und die Längen der Gegenstände.

1. Übertrage die Tabelle in dein Heft und trage deine Werte ein.
2. Erkläre die unterschiedlichen Ergebnisse.

	Geschätzter Wert	Messwert Lineal	Messwert Zolltsock
Körpergröße	…	…	…
…	…	…	…
…	…	…	…

Methode

Ein Versuchsprotokoll erstellen

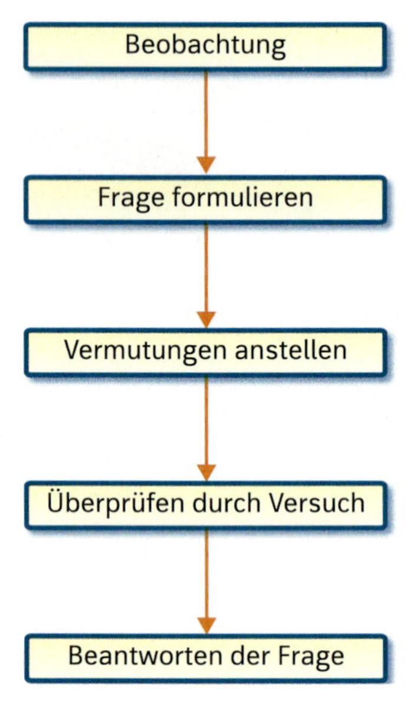

1 Erkenntnisgewinnung in den Naturwissenschaften

Bestandteile eines Protokolls

Damit der Vergleich von Versuchen einfacher ist, schreibt man Versuchsprotokolle. Darin werden der Versuchsaufbau und das Ergebnis vermerkt. So können auch andere Personen den Versuch durchführen und die Ergebnisse überprüfen. Ein Versuchsprotokoll besteht aus folgenden Teilen:

1. Frage formulieren: Am Anfang eines Protokolls wird eine Frage gestellt, die mit dem Versuch beantwortet wird.

2. Vermutungen anstellen: Zu deiner Frage werden Vermutungen angestellt. Beim Anstellen der Vermutungen nutzt man sein Vorwissen.

3. Versuche: Zu Überprüfung deiner formulierten Vermutungen werden Versuche durchgeführt.

A Liste der Materialien: Liste alle Versuchsmaterialien auf, die man für den Versuch benötigt.

B Versuchsskizze anfertigen: Wenn es aufwändigere Versuchsaufbauten sind, fertige eine einfache Zeichnung, eine Skizze, an. Dazu wird der Versuchsaufbau mit einem Bleistift skizziert.

C Versuchsdurchführung: Beschreibe möglichst genau die Durchführung des Versuchs. Je eindeutiger die Durchführung beschrieben ist, desto einfacher kann jemand anderes den Versuch ebenfalls durchführen.

4. Beobachtung und Ergebnis: Notiere deine Beobachtungen während des Versuchs. Messwerte können beispielsweise in Tabellen festgehalten werden.

5. Auswertung: Hier beantwortest du deine anfangs formulierte Frage. Deine Vermutungen werden überprüft. Sollte die eingangs angestellte Vermutung nicht zutreffen, kann es sein, dass sich aus dem Versuchsergebnis neue Fragen ergeben.
Mögliche Fehler, die während des Versuches auftauchen, werden hier angesprochen. Dies nennt man Fehlerdiskussion.
Wenn sich mithilfe des Versuchs deine Vermutungen nicht bestätigen lassen, müssen neue Vermutungen angestellt und überprüft werden.

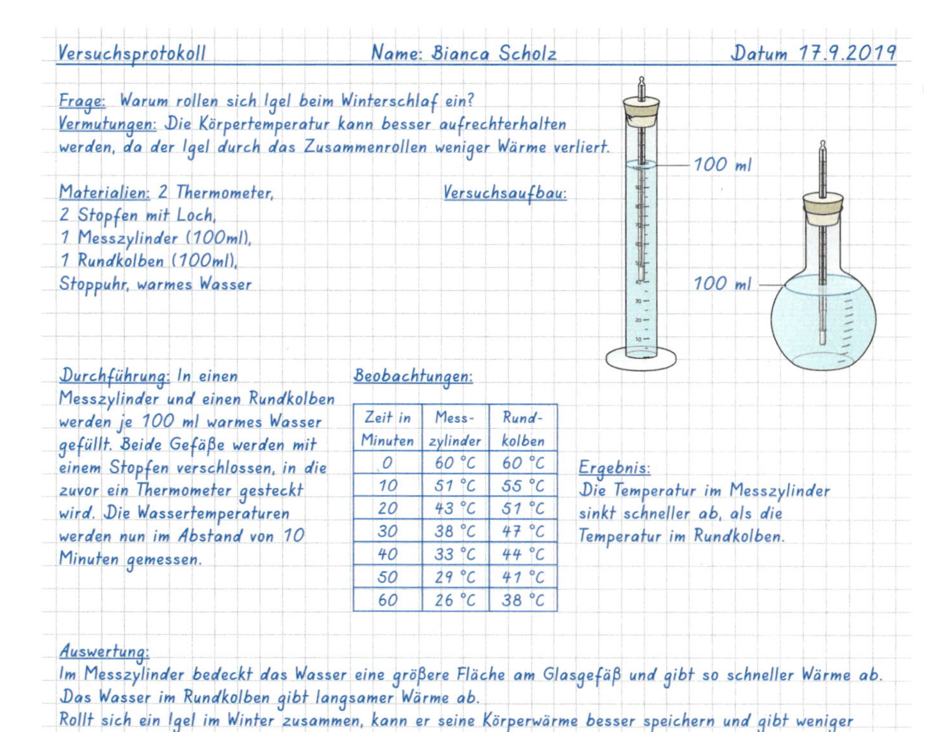

Versuchsprotokoll Name: Bianca Scholz Datum 17.9.2019

Frage: Warum rollen sich Igel beim Winterschlaf ein?
Vermutungen: Die Körpertemperatur kann besser aufrechterhalten werden, da der Igel durch das Zusammenrollen weniger Wärme verliert.

Materialien: 2 Thermometer,
2 Stopfen mit Loch,
1 Messzylinder (100ml),
1 Rundkolben (100ml),
Stoppuhr, warmes Wasser

Versuchsaufbau:

Durchführung: In einen Messzylinder und einen Rundkolben werden je 100 ml warmes Wasser gefüllt. Beide Gefäße werden mit einem Stopfen verschlossen, in die zuvor ein Thermometer gesteckt wird. Die Wassertemperaturen werden nun im Abstand von 10 Minuten gemessen.

Beobachtungen:

Zeit in Minuten	Messzylinder	Rundkolben
0	60 °C	60 °C
10	51 °C	55 °C
20	43 °C	51 °C
30	38 °C	47 °C
40	33 °C	44 °C
50	29 °C	41 °C
60	26 °C	38 °C

Ergebnis:
Die Temperatur im Messzylinder sinkt schneller ab, als die Temperatur im Rundkolben.

Auswertung:
Im Messzylinder bedeckt das Wasser eine größere Fläche am Glasgefäß und gibt so schneller Wärme ab. Das Wasser im Rundkolben gibt langsamer Wärme ab.
Rollt sich ein Igel im Winter zusammen, kann er seine Körperwärme besser speichern und gibt weniger Wärme an seine Umgebung ab. Dadurch muss sein Körper auch weniger Energie aufwenden, um die Körpertemperatur aufrechtzuerhalten. Die Vermutung trifft also zu.

2 Ein Versuchsprotokoll

Material mit Aufgaben

P1 Skalieren eines Thermometers

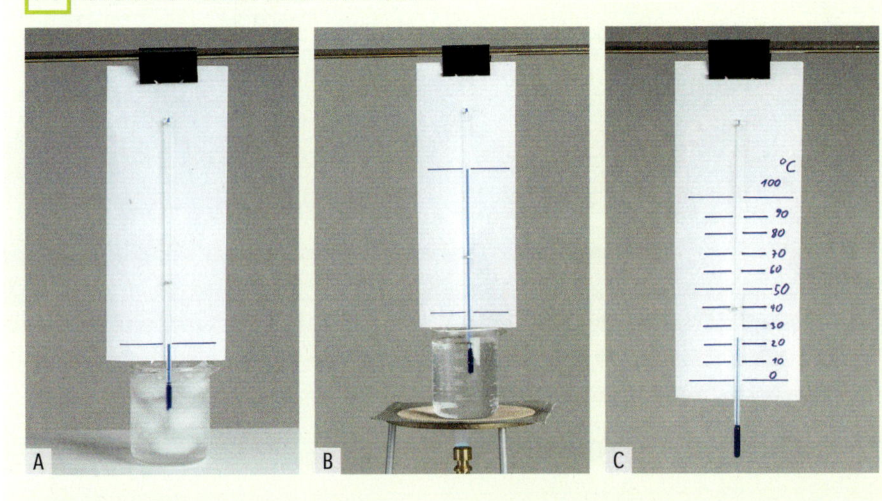

Frage: Wie bekommt ein Thermometer eine Skala?

Material: Becherglas, Dreifuß, Gasbrenner, Schutzbrille, fein zerstoßenes Eis oder Eiswasser, Thermometerröhrchen ohne Skaleneinteilung, Stativ, Papierklemme, Faden, Papier, Stift, Lineal

Durchführung:

a Gib zerstoßenes Eis in ein Becherglas. Befestige das Thermometerröhrchen mit einem Faden an der Papierklemme und spanne auch das Papier in die Papierklemme ein. Befestige die Papierklemme an der Stativstange, sodass das Röhrchen mit dem Vorratsgefäß in das Becherglas mit dem Eis reicht. Warte kurz und markiere mit dem Stift die Höhe der Flüssigkeitssäule, wenn die Flüssigkeit im Steigrohr nicht weiter fällt.

b Erhitze das Wasser mit dem Gasbrenner und beobachte, wie hoch die Flüssigkeit im Steigrohr steigt. Wenn das Wasser siedet, warte bis die Flüssigkeit nicht weiter steigt. Markiere mit dem Stift auf dem Papier die Höhe der Flüssigkeitssäule. Nun hast du beide Fixpunkte deiner Skala markiert.

c Schließe den Gasbrenner ordnungsgemäß. Beachte, dass die Geräte und Gefäße noch heiß sein können. Nimm den Papierstreifen ab. Den Abstand zwischen deinen beiden Fixpunkten unterteilst du in mindestens zehn gleich große Abschnitte. Du kannst nun deine Thermometerskala beschriften.

1. Erkläre, warum du deine Fixpunkte festlegen konntest.
2. Erkläre, warum sich diese beiden Fixpunkte für das Anlegen einer Temperaturskala gut eignen.

M2 Thermometerskalen

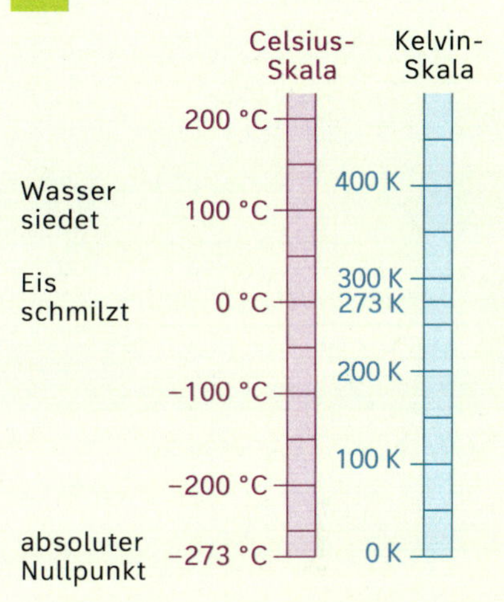

Neben der Celsius-Skala gibt es weitere Temperaturskalen. Der englische Physiker William Thomson, später Lord Kelvin, wollte eine Temperaturskala entwickeln, die nur einen Fixpunkt hat. Durch Berechnungen hat er herausgefunden, dass es eine Temperatur gibt, die nicht unterschritten werden kann, den absoluten Nullpunkt. Diesen legte er als einzigen Fixpunkt seiner Skala fest.

1. Gib für die Schmelztemperatur und Siedetemperatur von Wasser den ungefähren Wert auf der Kelvin-Skala an.
2. Vergleiche die Skalen und Fixpunkte der Celsius-Skala und Kelvin-Skala. Nenne Gemeinsamkeiten und Unterschiede.
3. Erkläre, warum es unsinnig wäre, ein Thermometer mit einem Messbereich von 350 °C bis -350°C zu entwickeln.

1 Kinder beim Baden in einem See.

Temperaturen empfinden

Temperatur und Wärme

Wenn man in einem Kochtopf Nudelwasser auf der Herdplatte erwärmt, wird kaltes Wasser erhitzt bis es siedet.

Damit 20 °C warmes Wasser auf 100 °C siedendes Wasser erhitzt werden kann, muss Energie in Form von **Wärme** zugeführt werden. Je weniger Wasser im Topf ist, desto schneller verteilt sich die Wärme im Wasser. Die **Temperatur** des Wassers steigt dadurch schneller an. Schaltet man die Herdplatte aus, wird keine Energie in Form von Wärme mehr zugeführt. Die Temperatur des Wassers sinkt. Wärme wird dabei auch an die Luft abgegeben. Dieses Beispiel verdeutlicht, dass man zwischen Temperatur und Wärme unterscheiden muss. Die Temperatur kann man mit einem Messgerät, dem **Thermometer**, genau messen. Wärme wird einem Körper immer zugeführt oder auch abgeleitet. Wird einem Körper Wärme zugeführt, steigt die Temperatur des Körpers. Wird Wärme abgeleitet, sinkt seine Temperatur.

Material mit Aufgaben

M1 Temperatur und Wärme

20.0 °C | 20.0 °C | 25.0 °C | 35.0 °C

vor dem Erhitzen | beim Erhitzen

1. Beschreibe den Aufbau und die Durchführung des Versuchs.
2. Erkläre die Temperaturunterschiede beim Erhitzen. +

Wärme und Kälte empfinden

Der Körper kann Wärme und Kälte mit der Haut wahrnehmen. Das geschieht mit bestimmten Teilen der Haut, den **Wärme-** und **Kälterezeptoren**. Jedoch können zwei Personen die gleiche Temperatur unterschiedlich empfinden. Was sich für die eine Person angenehm warm anfühlt, kann sich für eine andere Person kalt anfühlen. Das Temperaturempfinden ist davon abhängig, ob man vorher in einer wärmeren oder einer kälteren Umgebung war. Kommt man an einem kalten Wintertag von draußen in eine Wohnung, empfindet man die Raumtemperatur als warm. Kommt man aber an einem heißen Sommertag in eine Wohnung, empfindet man die gleiche Raumtemperatur als kühl.

Temperaturwechsel

Der Körper kann nur gut wahrnehmen, ob etwas wärmer oder kälter geworden ist als zuvor. Man kann also vor allem Temperaturunterschiede feststellen. Jedoch können die Wärme- und Kälterezeptoren des Körpers nicht messen, wie hoch die Temperatur wirklich ist. Dazu benötigt man ein Thermometer.

A Erkläre den Unterschied zwischen Temperatur und Wärme.

B Tarek kommt an einem kalten Wintertag vom stundenlangen Rodeln nach Hause. Beschreibe, wie er die Temperatur in der Wohnung empfindet.

C Lilly trifft folgende Aussage: „Das Thermometer zeigt eine Wärme von 23 °C an.“ Nimm Stellung zu ihrer Aussage.

Material mit Aufgaben

P2 Temperaturen empfinden

Material: 3 Schüsseln, Wasser

Durchführung: Die drei Schüsseln sind mit Wasser gefüllt. Eine Schüssel enthält kaltes Wasser, die andere lauwarmes Wasser und die dritte warmes Wasser. Lege eine Hand für zwei Minuten ins kalte Wasser und gleichzeitig die andere Hand ins warme Wasser. Danach legst du beide Hände gleichzeitig in die mittlere Schüssel mit dem lauwarmen Wasser.

1. Beschreibe die Versuchsergebnisse.
2. Erkläre die Ergebnisse des Versuchs.

M3 Temperaturempfinden im Schwimmbad

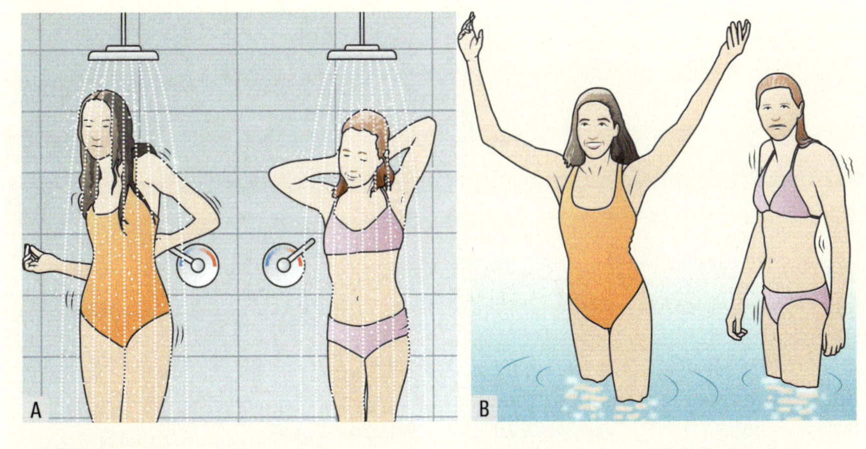

1. Beschreibe die Situation in den beiden Bildern.
2. Erkläre, warum die Mädchen das Wasser im Schwimmbecken unterschiedlich empfinden.

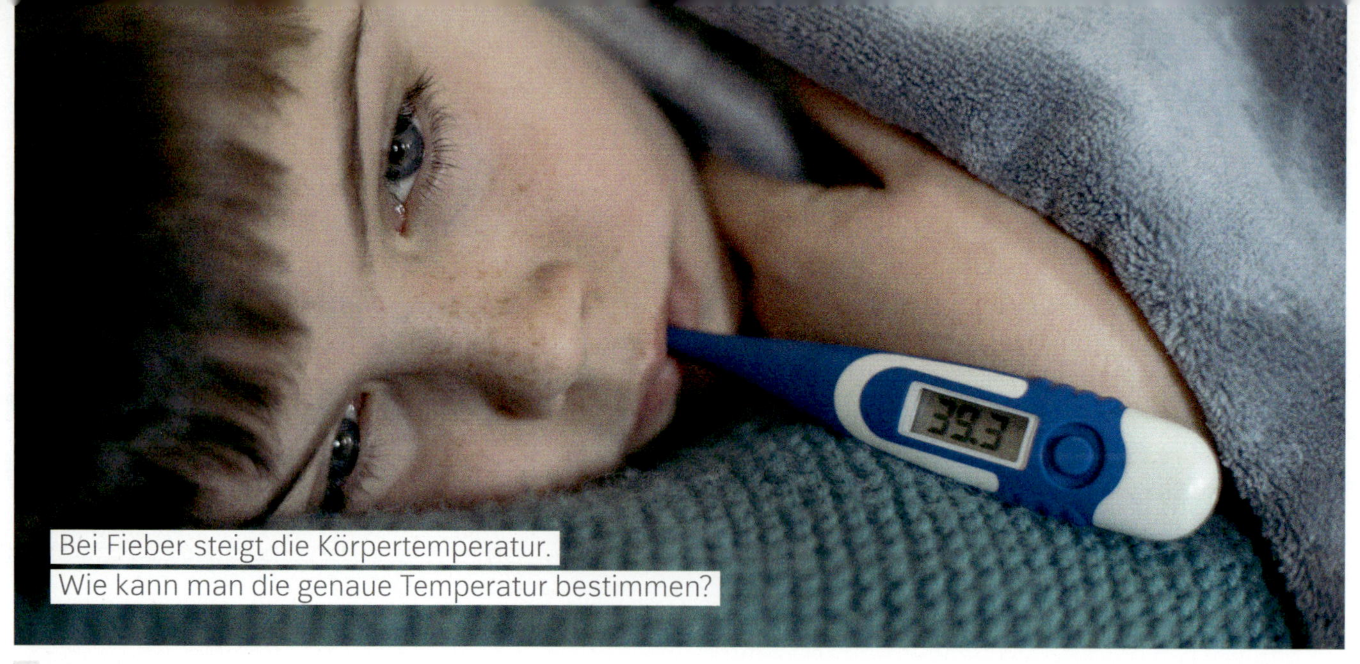

1 Körpertemperatur messen

Temperaturen messen

Temperaturen feststellen

Im Alltag und in der Technik werden genaue Temperaturangaben gebraucht. Die physikalische Größe **Temperatur** gibt an, wie warm ein Körper ist. Mit einem Thermometer kann man jeder Temperatur einen Zahlenwert zuordnen.

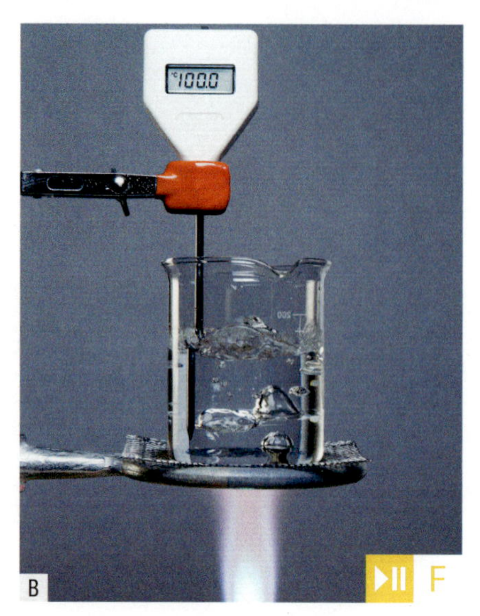

2 Fixpunkte: **A** Eis schmilzt, **B** Wasser siedet

Die Einheit der Temperatur

Wenn man Temperaturen misst, dann gibt man die Messwerte in der Einheit **Grad Celsius** an, abgekürzt **°C**.
Der Schwede Anders Celsius hat eine **Temperaturskala** entwickelt. Er hat das Verhalten von Wasser beim Erwärmen und Abkühlen beobachtet. Celsius legte zwei Punkte für seine Skala fest: Den Schmelzpunkt von gefrorenem Wasser, Eis, und den Siedepunkt von Wasser. Diese beiden Werte nennt man daher **Fixpunkte**. Celsius wählt sie aus, weil sie überall auf der Welt etwa gleich sind. Für den Schmelzpunkt legte er eine Schmelztemperatur von 0 °C fest und für den Siedepunkt eine Siedetemperatur von 100 °C. Den Abstand zwischen beiden Fixpunkten unterteilte er in 100 gleiche Abstände.
Misst man Temperaturen die unter Null Grad Celsius liegen, schreibt man ein Minus vor den entsprechenden Temperaturwert.

Flüssigkeitsthermometer

In der Schule werden für Experimente oft Thermometer verwendet, die mit einer farbigen Flüssigkeit gefüllt sind. In solchen **Flüssigkeitsthermometern** befindet sich die Flüssigkeit in einem Vorratsgefäß, welches mit einem Steigrohr verbunden ist. Je nach Temperatur der Flüssigkeit ändert sich die Höhe der Flüssigkeitssäule. Auf oder neben dem Steigrohr ist die Temperaturskala angebracht. An der oberen Kante der Flüssigkeitssäule im Steigrohr kann die Temperatur abgelesen werden. In einem Flüssigkeitsthermometer können sich unterschiedliche Flüssigkeiten befinden. Je nach Flüssigkeit, können Temperaturen im Bereich zwischen −80 °C und +1000 °C gemessen werden. Diesen Temperaturbereich bezeichnet man als den **Messbereich** eines Thermometers.

Digitalthermometer

Im Alltag werden mittlerweile sehr oft digitale Thermometer eingesetzt. Beispiele sind das Fiebermessen oder um beim Kochen die Temperatur von einem Stück Fleisch zu überprüfen. Die Temperaturmessung erfolgt bei einem digitalen Thermometer elektronisch. Der gemessene Wert wird dann direkt auf dem Display des Thermometers angezeigt.

Infrarot-Thermometer

Infrarot-Thermometer messen Temperaturen ohne Berührung. Selbst aus mehreren Metern Entfernung kann man die Temperatur von Gegenständen oder Menschen bestimmen. Ein Elektriker kann mithilfe dieses Thermometers prüfen, ob zum Beispiel ein Kabel in einer elektrischen Anlage verschmort.

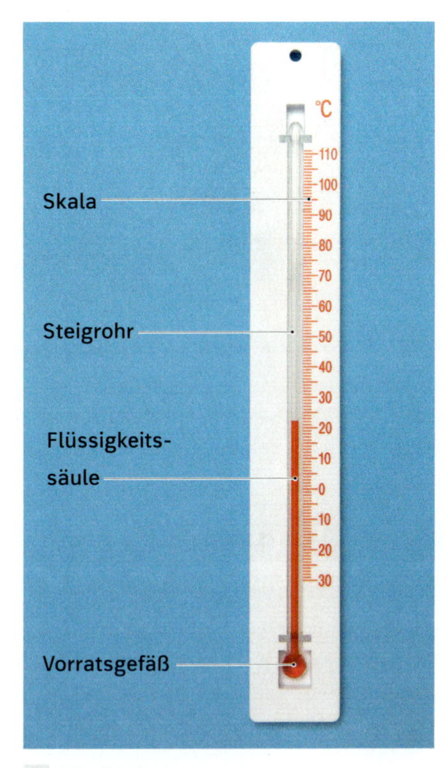

3 Flüssigkeitsthermometer

Material mit Aufgaben

M1 Thermometer

1. Gib jeweils die Temperatur und den Messbereich auf den dargestellten Thermometern an.
2. Heutzutage werden als Fieberthermometer Digitalthermometer verwendet. Beschreibe die Vorteile eines digitalen Thermometers gegenüber einem Flüssigkeitsthermometer.
3. In einem Hochofen wird Stahl stark erhitzt. Stahl schmilzt bei Temperaturen von über 1000 °C. Stelle Vermutungen an, mit welchem Thermometer die Temperatur gemessen wird.

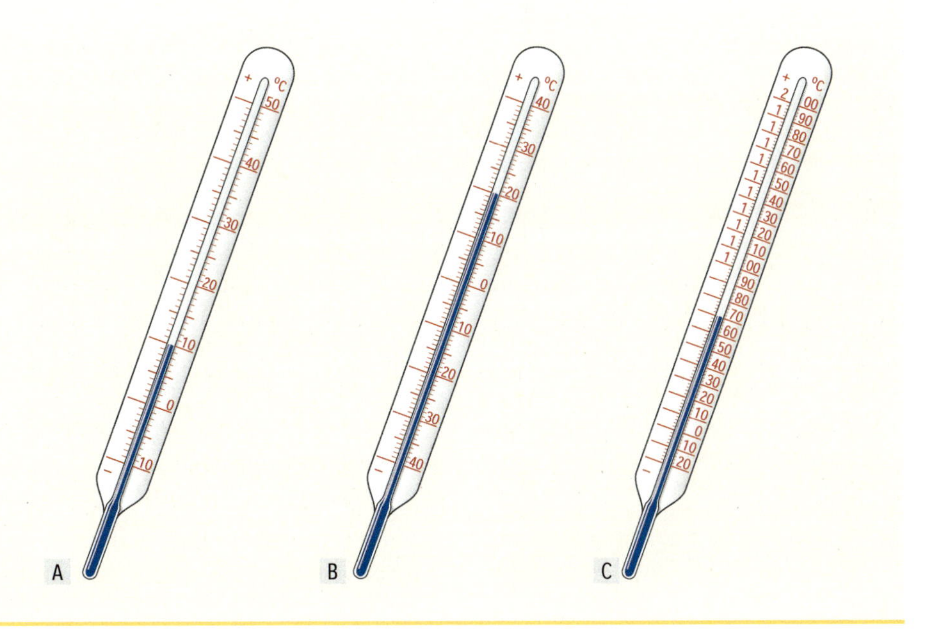

Temperaturen richtig messen

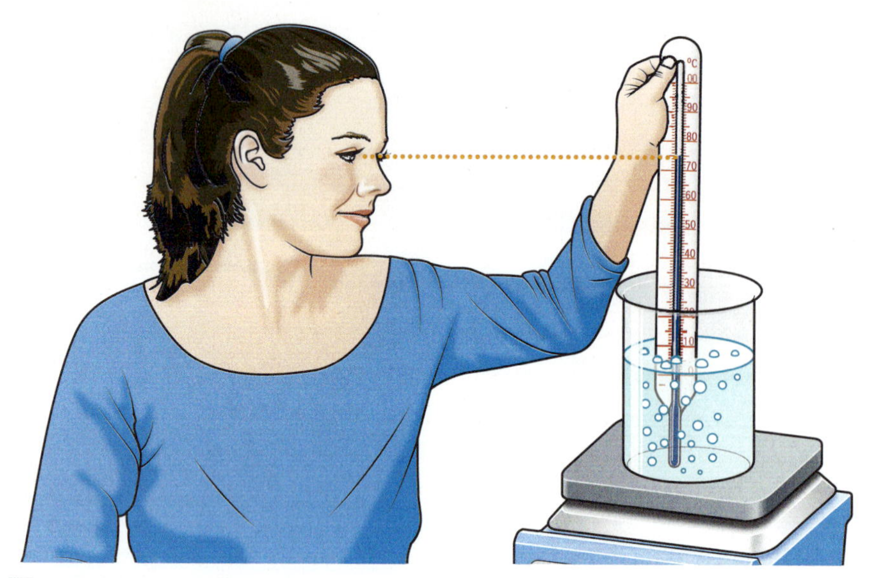

1 Die Temperatur richtig ablesen

Material mit Aufgaben

M1 Wassertemperaturen messen

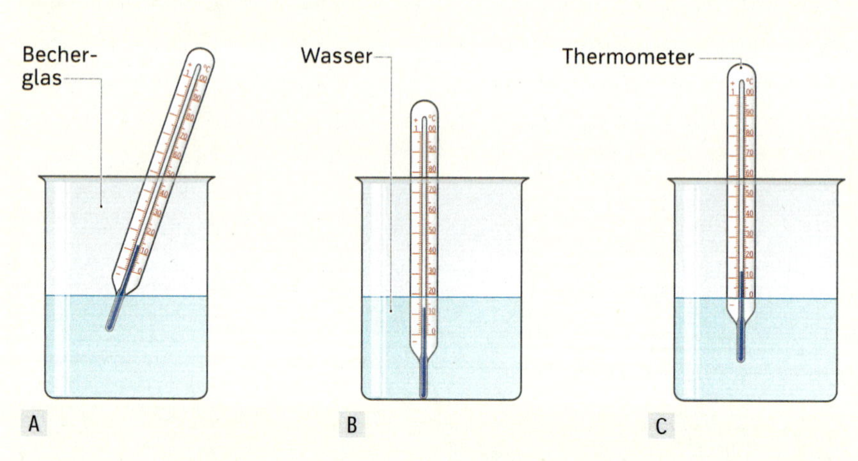

In einem Becherglas wurde fünf Minuten lang Wasser erwärmt. Jetzt soll die Wassertemperatur gemessen werden.

1. Beschreibe die unterschiedlichen Methoden A bis C.
2. Entscheide, welche der drei Methoden die richtige ist, um die Temperatur zu messen. Begründe deine Entscheidung.
3. Beschreibe, wie man die Temperatur richtig vom Thermometer abliest.

Temperaturen messen

Beim Kochen, Heizen oder Experimentieren ist es wichtig, bestimmte Temperaturen einzuhalten. Dafür benötigt man ein Thermometer. Mit einem Thermometer kann man Temperaturen messen und vergleichen. Dabei solltest du einige Regeln beachten:

1 Das Thermometer muss für den Messbereich geeignet sein, in dem du die Temperatur messen willst. Ein Fieberthermometer mit einem Messbereich von 36 °C bis 42 °C eignet sich nicht, die Temperatur von siedendem Wasser zu messen.

2 Das Thermometer benötigt einige Zeit, bis es die Temperatur der Umgebung anzeigt. Warte mit dem Ablesen, bis sich die Anzeige auf deinem Thermometer nicht mehr ändert.

3 Wenn du die Temperatur von Flüssigkeiten mit einem Messfühler bestimmst, muss der Messfühler vollständig eingetaucht sein. Er sollte die Wand des Gefäßes nicht berühren und nicht aus der Flüssigkeit heraus genommen werden, wenn die Temperatur abgelesen wird.

4 Schaue beim Ablesen genau von vorne auf die Skala. Du darfst nicht schräg von oben oder unten ablesen, sonst liest du einen falschen Wert ab.

5 Wenn du die Außentemperatur messen möchtest, sollte das Thermometer immer im Schatten und nicht in der Sonne platziert werden.

Darstellen von Messwerten 

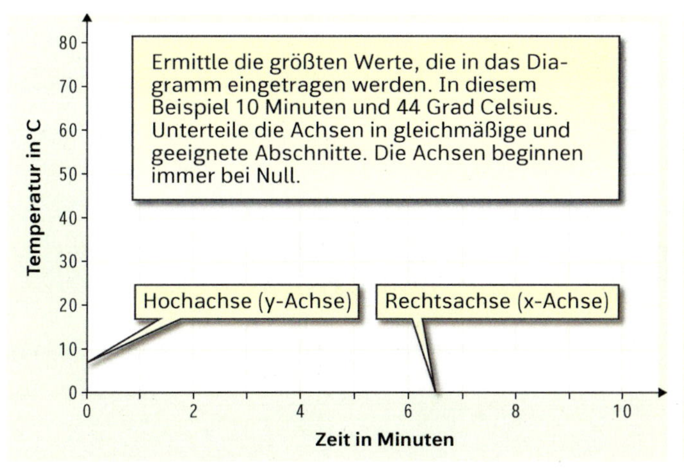

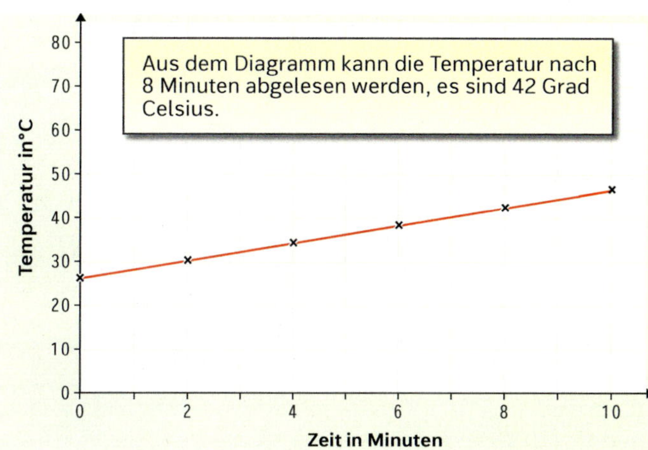

1 Die Temperatur richtig ablesen

A Messwerte erfassen

Bei vielen Versuchen werden Messungen durchgeführt. Die Messwerte müssen übersichtlich festgehalten werden. Dafür trägt man die ermittelten Messwerte am besten in eine Tabelle ein.
In diesem Beispiel wird die Temperatur von Wasser zu verschiedenen Zeiten gemessen. Die Tabelle besteht daher aus zwei Spalten: Eine Spalte für die Zeit und eine zweite für die Temperatur.

B Diagramm zeichnen

Damit man die Messwerte anschaulich macht, kann man sie in einem Diagramm darstellen:

1 Zeichne mit Lineal ein Achsenkreuz. In oben dargestellten Beispiel ist auf der **Rechtsachse** (x-Achse) die Zeit und auf der **Hochachse** (y-Achse) die Temperatur aufgetragen.

2 Trage auf die Zeitachse die Zeit in Minuten und auf der Hochachse die Temperatur in Grad Celsius ein. Wähle die Größe und die Einteilung der Achsen so, dass für alle Werte deiner Tabelle Platz ist.

3 Trage die Messwertpaare in das Diagramm ein. Suche den Zeitwert auf der Rechtsachse. Gehe dann senkrecht nach oben, bis du in der Höhe deines Temperaturwerts auf der Hochachse bist. Markiere diesen Punkt.

4 Am Schluss kannst du die Punkte durch eine Linie verbinden.

Zeit in Minuten	Temperatur in °C
0	26
2	30
4	34
6	39
8	42
10	47

2 Eine Wertetabelle

Material mit Aufgaben

M1 Ein Diagramm erstellen

Zeit in Minuten	0	5	10	15	20
Temperatur in °C	20	35	50	60	75

Lisa hat die Temperatur des Wassers beim Erhitzen gemessen.

1. Erstelle ein Liniendiagramm mit den Werten der Tabelle.

1 Beobachtungen mit einer Lupe

Lupe und Binokular

Kleine Dinge betrachten

Manche Einzelheiten von Lebewesen sind so klein, dass man sie mit bloßem Auge nicht erkennen kann. Mit Hilfsmitteln zur **Vergrößerung** kann man Einzelheiten vergrößert betrachten.

Material mit Aufgaben

M1 Arbeiten mit der Lupe

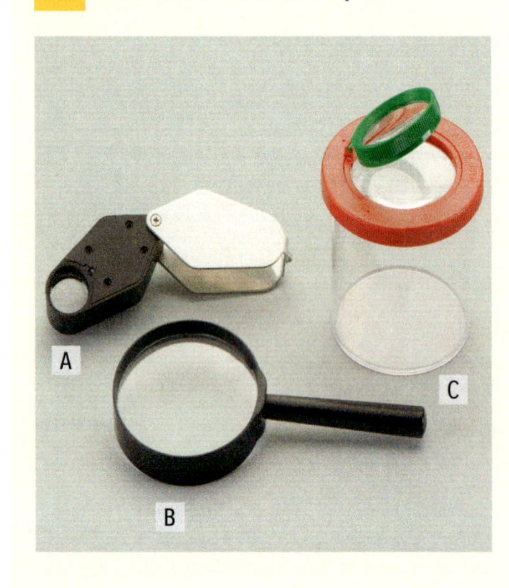

1. Ordne den Lupen die folgenden Bezeichnungen zu: Becherlupe, Einschlaglupe, Stiellupe.
2. Beschreibe mithilfe der Tabelle die Vor- und Nachteile der einzelnen Lupen.

Lupe	Vorteile	Nachteile
Becherlupe	auch für lebende Objekte	...
...	...	...

3. Erkläre, für welche Zwecke die verschiedenen Lupen jeweils geeignet sind. +

Lupe

Mithilfe einer Lupe kann man zum Beispiel die Blüte einer Pflanze oder die Flügel eines Insektes bis zu 20-fach vergrößert betrachten.

Je nach Untersuchungsobjekt oder Untersuchungsort verwendet man ganz unterschiedliche Lupen. Die kleinen **Einschlaglupen** vergrößern relativ stark. Sie sind gut für das Arbeiten im Freiland geeignet. **Stillupen** vergrößern nicht so stark. Dafür kann man mit ihnen einen größeren Ausschnitt betrachten. **Becherlupen** sind gut für die Beobachtung von bewegten Objekten wie Insekten geeignet.

Bei Untersuchungen mit Lupen sieht man immer nur mit einem Auge durch die Lupe. Das andere Auge bleibt geschlossen. Wenn möglich, bleibt die Lupe immer dicht am Auge und das zu untersuchende Objekt wird immer näher Richtung Auge bewegt, bis man es scharf sehen kann.

Binokular

Mit einem Binokular kann man Gegenstände mit beiden Augen gleichzeitig betrachten. Daher kann man hier noch kleinere Strukturen erkennen als mit einer Lupe. Ein Binokular besteht aus mehreren geschliffenen und gewölbten Linsen. Die Linsen, die sich beim Beobachten unmittelbar vor dem Auge befinden, bezeichnet man als **Okular**. Die Linse, die dem zu beobachtenden Gegenstand, dem Objekt, zugewandt ist, bezeichnet man als **Objektiv**. Mit dem Binokular, auch Stereolupe genannt, lässt sich ein Objekt mit beiden Augen gleichzeitig betrachten.

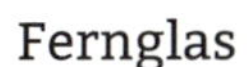

Fernglas

Mithilfe von Lupen und Binokularen kann man kleine Objekte und Lebewesen untersuchen. Möchte man aber weit entfernte Objekte genauer betrachten, braucht man andere Hilfsmittel.

Mit einem **Fernglas** kann man weit entfernete Objekte, wie zum Beispiel Vögel beobachten. Wie auch beim Binokular, kann man mit einem Fernglas Objekte mit zwei Augen betrachten. Allerdings ist bei einem Fernglas das Objektiv weniger gekrümmt als das Okular. Dadurch werden entfernte Objekte scharf gesehen.

A Beschreibe den Unterschied zwischen einer Lupe und einem Fernglas.

B Betrachte kleine Blüten oder Insekten mit der Lupe und dem Binokular möglichst bei gleicher Vergrößerung. Zeichne die Objekte, die du betrachtest.

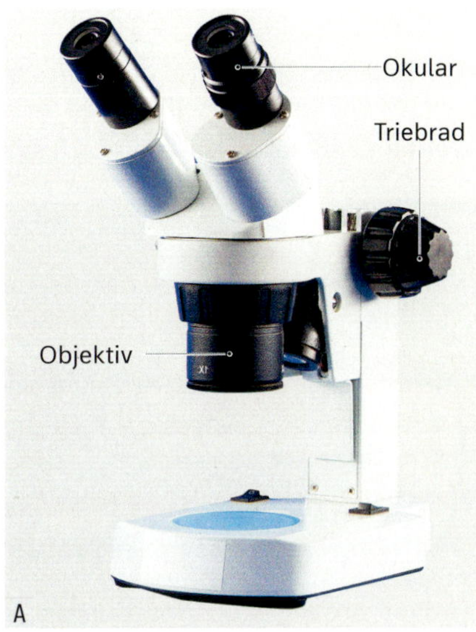

2 **A** Binokular, **B** Fernglas

Material mit Aufgaben

M2 Arbeiten mit dem Binokular

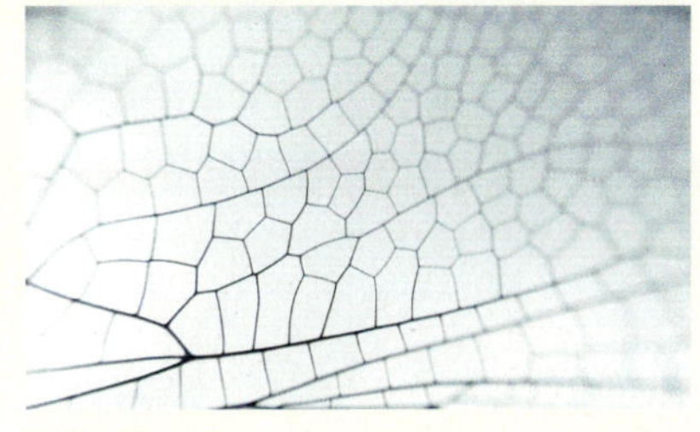

1. Beschreibe die Details, die du bei der Vergrößerung der Tulpenblüte erkennen kannst.
2. Beschreibe die Details, die du bei der Vergrößerung des Flügels der Libelle erkennen kannst.
3. Untersuche ein Objekt deiner Wahl mit dem Binokular. Arbeite mit unterschiedlichen Vergrößerungen.

Kennzeichen des Lebendigen

Jedes Lebewesen besitzt eine Reihe von Kennzeichen, die es von nicht lebenden Gegenständen unterscheidet. Die Kennzeichen des Lebendigen sind: Fortpflanzung, Wachstum und Entwicklung, Bewegung, Reizbarkeit und ein Stoffwechsel. Nicht nur Tiere und Menschen zeigen alle Kennzeichen des Lebendigen, sondern auch Pflanzen.

Mit Sinnen beobachten

Mithilfe seiner Sinne kann der Körper die verschiedenen Reize aus der Umwelt aufnehmen. Mit den Sinnen Sehen, Hören, Fühlen sowie Schmecken und Riechen findet man sich in der Umwelt zurecht. Mit den Augen kann man Form und Farbe eines Gegenstandes erkennen, mit der Haut stellt man fest wie die Oberfläche beschaffen ist. Mithilfe der Ohren hört man, mit der Nase nimmt man die verschiedenen Gerüche wahr und mit der Zunge den Geschmack.

Temperaturen fühlen und messen

Mit der Haut können wir fühlen, ob etwas heiß oder kalt ist. Jedoch kann man nur mit einem Thermometer die genaue Temperatur bestimmen.

Die meisten Thermometer verwenden die Celsius-Skala. Diese Skala verwendet zwei Fixpunkte: die Temperatur des schmelzenden Eises bei 0 °C und die Temperatur des siedenden Wassers bei 100 °C. Der Abstand zwischen den Fixpunkten ist in 100 gleiche Teile eingeteilt.

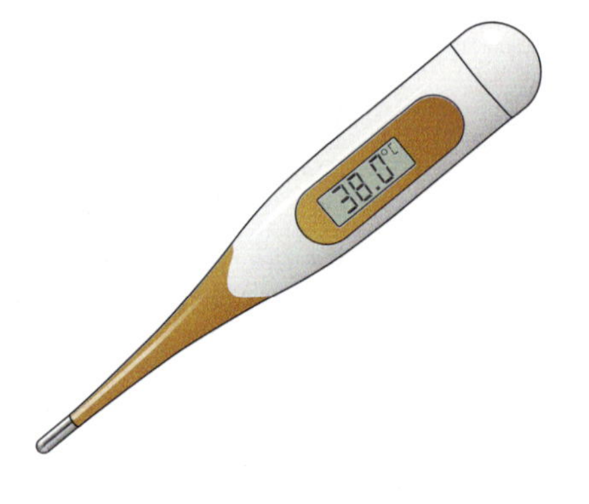

Lupe und Fernglas

Mithilfe von Lupen kann man kleine Objekte genauer betrachten. Je nach Objekt werden andere Lupen verwendet. Mit einer Einschlaglupe arbeitet man vorzugsweise im Freien. Sie vergrößert sehr stark. Mit Stillupen kann man größere Objekte genauer betrachten und Becherlupen eignen sich für das Beobachten von beweglichen Objekten. Mithilfe von Ferngläsern kann man große, weit entfernte Objekte, zum Beispiel Vögel, genauer betrachten.

1 Kennzeichen des Lebendigen

A Erkläre bei jeder Abbildung, ob es sich um ein Lebewesen handelt oder warum nicht.

B Nenne die möglichen Kennzeichen des Lebendigen, die in den Bildern zu sehen sind.

C Beschreibe für jedes Kennzeichen des Lebendigen ein weiteres Beispiel.

A

2 Temperaturen messen

A Nenne die Temperaturen, die die Thermometer anzeigen.

B Ordne den Thermometern die Begriffe Digitalthermometer und Infrarot-Thermometer zu.

C Beschreibe, die Funktionsweise eines Flüssigkeitsthermometers.

D Vergleiche Flüssigkeitsthermometer, Digitalthermometer und Infrarot-Thermometer miteinander.

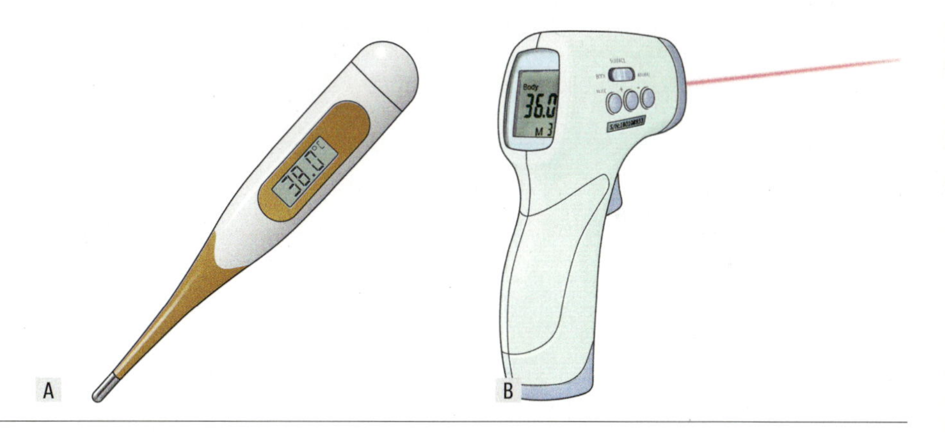

3 Schätzen und messen

A Benenne die abgebildeten Messgeräte A bis E.

B Nenne die Messgrößen mit Einheiten, die mithilfe der Messgeräte bestimmt werden.

C Erkläre, warum man zum Messen der Körpergröße kein Lineal verwenden sollte.

D Erkläre den Unterschied zwischen schätzen und messen.

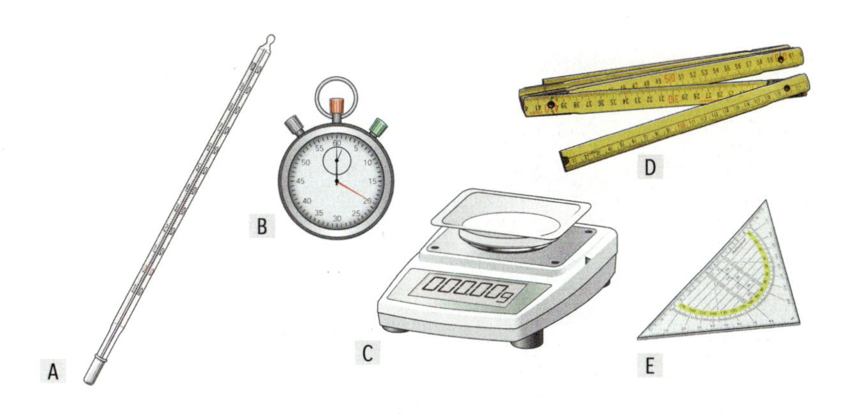

Wirbeltiere

2

Wo leben Wirbeltiere?
Wie können Vögel fliegen?
Wie wird aus einer Kaulquappe ein Frosch?

Überall in der Umgebung kann man Tiere entdecken. Sie haben verschiedene Lebensräume wie Wälder, Wiesen oder Felder.
Der Uhu frisst kleinere Tiere. Er findet seine Nahrung auch in verschiedenen Lebensräumen. Der Uhu jagt auf Feldern, Wiesen und in Wäldern.

1 Schafhirte mit seiner Herde

Der Mensch lebt mit Tieren

Der Mensch hält Tiere

Auf einem Bauernhof leben verschiedene Tiere. Rinder liegen auf der Weide, Schweine suhlen sich im Schlamm und Hühner scharren. Katzen verstecken sich im Heu, ein Hund passt auf den Hof auf. Alle diese Tiere sind **Haustiere**.

Aus Wildtieren werden Haustiere

Alle Haustiere stammen von Wildtieren ab. So stammt das Hausrind vom Auerochsen, dem Wildrind, ab. Der Mensch fing vor tausenden Jahren zunächst Wildrinder ein. Er wählte die Tiere aus, die für ihn nützliche Eigenschaften hatten. Wenn beispielsweise Tiere schnell wuchsen, verpaarte er sie miteinander, damit sie sich fortpflanzten. So entstanden durch diese **Züchtung** verschiedene Rinderrassen als Haustiere. Tiere wie Füchse, Rehe, Igel oder Feldhasen, die nicht vom Menschen durch Züchtung in ihren Merkmalen verändert wurden, bezeichnet man als **Wildtiere**.

Verschiedene Haustiere

- **Heimtiere** • Viele Menschen leben in ihren Wohnungen mit Hunden, Katzen, Meerschweinchen oder Fischen zusammen. Sie machen unsere Freizeit abwechslungsreich und trösten uns. Diese Tiere bezeichnet man als **Heimtiere**. Alle Heimtiere wurden aus Wildtieren gezüchtet.

- **Nutztiere** • Haustiere wie Schweine, Rinder, Hühner oder Schafe geben Fleisch, Milch, Eier oder Wolle. Der Mensch nutzt diese Tiere. Sie heißen daher **Nutztiere**. Der Mensch hat viele verschiedene Nutztiere gezüchtet und züchtet immer neue Nutztierrassen. Dabei verfolgt der Mensch bestimmte Ziele: Der Ertrag an Fleisch, Milch oder Eiern soll immer weiter gesteigert werden. Außerdem wird versucht, die Nutztiere weniger anfällig gegenüber Krankheiten und Stress zu machen.

2 **A** Heimtier, **B** Nutztier

Anschaffung eines Heimtiers

Viele Kinder wünschen sich zum Beispiel einen Hund als Haustier. Hunde sind anhängliche Begleiter des Menschen. Sie sind liebevolle Spielgefährten und nicht selten sind sie wie Familienmitglieder. Hunde benötigen viel Bewegung und Auslauf. Selbst kleine Hunde müssen täglich ausgeführt werden. Man muss sich daher täglich mit dem Hund beschäftigen: Mit ihm spielen, „Gassi gehen" oder das Fell pflegen.

Lebenslange Verantwortung

Ein junger Hund, ein **Welpe**, muss so erzogen werden, dass er alle Familienmitglieder akzeptiert. Er muss lernen, die Anweisungen eines Menschen zu befolgen. Der Besuch einer Hundeschule kann die Erziehung unterstützen.
Hunde werden meist zwischen 10 und 12 Jahre alt. Wer sich einen Hund anschafft, muss bereit sein, für diesen Zeitraum Verantwortung zu übernehmen. Das Tier muss gepflegt werden, wenn es krank oder alt ist. Das Schicksal von vielen ausgesetzten Hunden zeigt, dass Familien ihre Entscheidung, einen Hund anzuschaffen, nicht gründlich durchdacht haben. Bevor man einen Hund aufnimmt, muss man sich über seine Bedürfnisse informieren.

Kosten

Viele Familien unterschätzen auch die Kosten, die ein Hund verursacht. Dies sind neben den Anschaffungskosten für den Hund auch Kosten für Futter, Spielzeug, Versicherungen oder die Hundesteuer. Wenn ein Hund krank wird, muss man Kosten für den Tierarzt einplanen.

Material mit Aufgaben

M1 Tiere auf dem Bauernhof

1. Ordne die Tiere den Heimtieren, Nutztieren oder Wildtieren zu.
2. Erkläre, warum das Wildschwein zu den Wildtieren und das Hausschwein zu den Nutztieren zählt.
3. Erläutere an einem Beispiel, dass die Einteilung in Heim- und Nutztiere oft schwierig ist.

M2 Anschaffung eines Hundes

A

B

1. Nenne Bedürfnisse eines Hundes, die man beachten muss.
2. Nenne mögliche Gründe, warum Hunde ausgesetzt werden.
3. Beschreibe die Situationen in den Bildern A und B. Bewerte das Verhalten der Hundehalter gegenüber den Hunden.

Ein Plakat erstellen 

1 Skizze für ein Plakat

Profi-Tipps

1. Erstelle eine Skizze deines Plakats auf einem DIN-A4-Blatt. So kannst du unnötige Arbeit vermeiden.
2. Benutze verschiedene Farben, damit du Aufmerksamkeit erzeugst.
3. Schreibe deine Texte auf Extrablätter. So kannst du deine Texte leichter korrigieren.

Das Meerschweinchen

Ein Nagetier und Rudeltier

25 cm Körperlänge
Durchschnittsalter: 8 Jahre
Fellfarbe: beige, schwarz, weiß, braun oder grau
Kurzes, langes, glattes oder zerzaustes Fell

Herkunft
- Mittel- und Südamerika
- Im 16. Jahrhundert von Seefahrern in die Niederlande gebracht
- Eng verwandt mit dem Stachelschwein

Nahrung
- Pflanzenfresser
- Inhalte der Futternäpfe: Frischfutter wie Salat, Gurke oder Möhren, Heu
- Wassernapf

Der Käfig
- Großer Käfig mit Holzspänen und Stroh
- Versteckmöglichkeiten, Steine zum Abwetzen der Krallen, Futter- und Wassernäpfe
- Garten: nicht in der prallen Sonne und vor Raubvögeln schützen durch eine Abdeckung

Haltung
- Mindestens zu zweit halten
- Genügend Ruhezeiten
- Wöchentliches Bürsten des Fells
- Täglicher Auslauf außerhalb des Käfigs
- Gefahrenquellen im Raum beseitigen, Kabel und Steckdosen abkleben

2 Beispiel für ein Plakat

Präsentieren mit Plakaten

Plakate kennst du zum Beispiel aus verschiedenen Geschäften. Auch im naturwissenschaftlichen Unterricht werden Plakate eingesetzt. Mit ihnen kann man Informationen sehr gut präsentieren.

Plakat gestalten

Ein gutes Plakat ist übersichtlich und hat ein passendes Verhältnis von Bildern und Texten. Es darf nicht zu überladen wirken. Kurze Sätze lassen sich leichter lesen und prägen sich besser ein. Es gibt also Gestaltungsregeln für die Entwicklung eines guten Plakats:

1 Gliederung:
- Notiere eine gut zu lesende Überschrift.
- Finde passende Teilüberschriften für dein Thema.
- Plane Platz für Bilder ein. Achte darauf, dass du zu jeder Teilüberschrift ein Bild zeigst.

2 Text:
- Schreibe deine Texte verständlich und fasse dich kurz.
- Schreibe gut lesbar. Du kannst deine Texte auch mit einem Textverarbeitungsprogramm auf dem Computer oder Tablet schreiben. Beachte die Schriftgröße und Farbe.
- Beachte die deutsche Rechtschreibung.
- Denke bei Zitaten an deine Quellenangabe.

3 Bilder:
- Achte darauf, dass deine Bilder ausreichend groß sind.

- Deine Bilder sollten einen Bezug zu Teilüberschriften und Texten haben.
- Füge Bildunterschriften hinzu.
- Du kannst auch Zeichnungen selbst anfertigen. Füge bei Bildern aus dem Internet die Quellenangabe hinzu.

Informationen beschaffen

Bevor man ein Plakat zu einem Thema gestaltet, sucht man nach Informationen, man **recherchiert**. Bei der Recherche solltest du einiges beachten:

1 Auftrag • Zu Beginn jeder Recherche steht eine Aufgabe oder Frage. Dabei solltest du berücksichtigen, welche Informationen du präsentieren möchtest. Ein möglicher Auftrag wäre: **Erstelle ein Plakat zu einem Haustier deiner Wahl**.

2 Informationen suchen • Informationen findest du häufig in Fachbüchern und Fachzeitschriften, aber vor allem auch im Internet. Am einfachsten nutzt du zunächst eine Suchmaschine. Verwende bei deiner Suche eindeutige Begriffe. Oft liefern Suchmaschinen dir eine sehr große Menge an Suchtreffern. Dann kannst du deine Suchanfrage weiter eingrenzen. Schreibe zum Beispiel: **Meerschweinchen + Haltung + Pflege**.

3 Suchergebnisse bewerten • Auf guten Internetseiten steht im Impressum, wer die Seite erstellt hat und für ihre Inhalte verantwortlich ist. Der **Urheber** wird genannt. Nicht jeder Urheber präsentiert neutrale Fakten oder ist vertrauenswürdig. Internetseiten von Zeitungen, Fachzeitschriften und Universitäten kannst du in der Regel vertrauen.

4 Informationen verwenden • Lies deine gefundenen Informationen gründlich und notiere nur wichtige Informationen. Formuliere daraus einen Text in eigenen Worten. Halte immer die Quelle fest, auch bei Bildern.

Material mit Aufgaben

M1 **Ein Plakat erstellen**

1. Beschreibe das dargestellte Plakat.
2. Erkläre, ob die Skizze des Plakats gut umgesetzt wurde.
3. Bewerte das Plakat.
4. Erstelle selbst ein Plakat zu einem Haustier deiner Wahl. Stelle es in der Klasse vor.

1 Ein Hund als Haustier

Der Hund

„Berufe“ von Hunden

Hunde werden vom Menschen für viele Aufgaben trainiert. **Rettungshunde** suchen verschüttete Menschen unter Trümmern oder Schnee. Die Polizei setzt **Spürhunde** zum Aufspüren von Drogen oder Sprengstoff ein. Blinde Menschen werden von einem **Blindenhund** durch den Straßenverkehr geführt. Zum Schutz von Grundstücken und Häusern werden **Wachhunde** eingesetzt.

Sinnesorgane

Ein Hund kann viel besser hören als der Mensch. Selbst hohe Töne, die der Mensch nicht hört, nimmt er wahr. Die Ohren des Hundes sind beweglich, sodass er sie in die Richtung des Geräuschs drehen kann. So kann der Hund genau bestimmen, aus welcher Richtung ein Geräusch kommt.

Beim Schnüffeln nimmt der Hund Geruchsstoffe in der Luft über seine Nase auf. Sein Geruchssinn ist viel besser ausgeprägt als der eines Menschen. Selbst kleine Duftmengen genügen dem Hund, um Gegenstände oder Personen zu wittern.

Material mit Aufgaben

M1 „Berufe“ von Hunden

1. Nenne die dargestellten „Berufe“ des Hundes.
2. Beschreibe Sinne, die bei den „Berufen“ gut ausgebildet sind und ihnen beim Einsatz helfen.

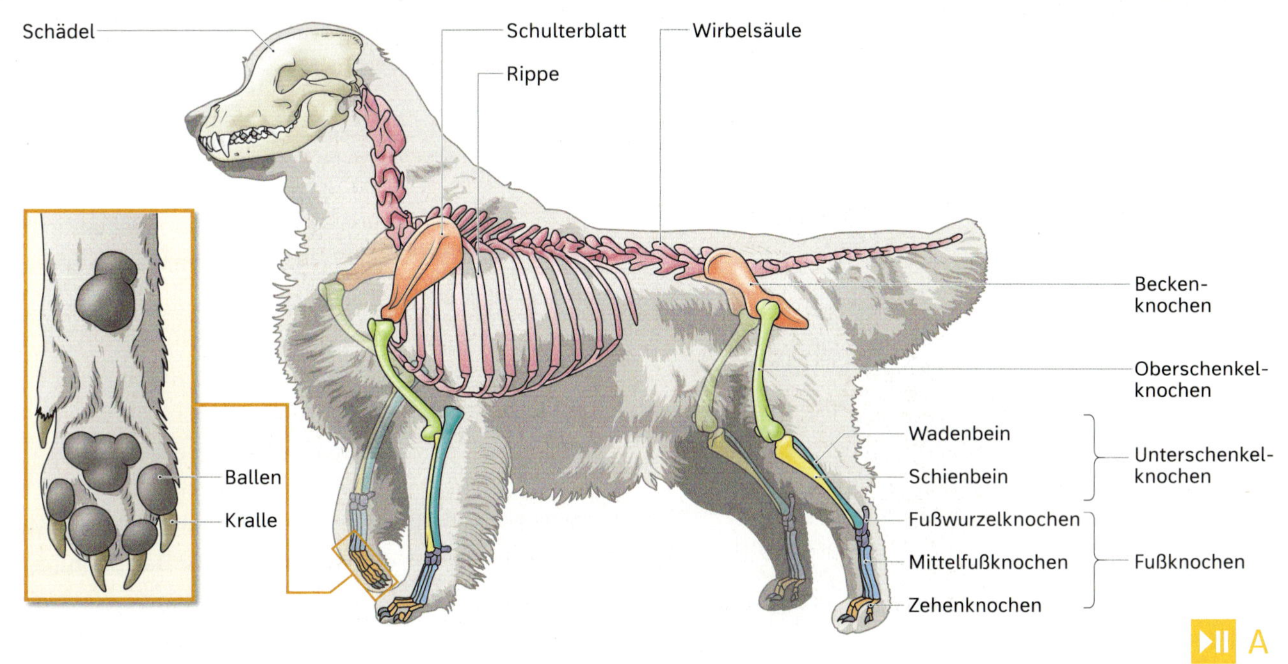

2 Körperbau des Hundes

Körperbau

Der Hund besitzt im Inneren des Körpers ein Knochengerüst, das **Skelett**. Dieses Skelett gliedert sich in das Schädelskelett, das Rumpfskelett aus Rippen und das Gliedmaßenskelett der Laufbeine. Die langgestreckte Wirbelsäule verläuft vom Kopf bis in den Schwanz. Sie besteht aus beweglich miteinander verbundenen Wirbeln. Der Hund ist ein **Wirbeltier**.

Die vier kräftigen Laufbeine des Hundes sind mit dem Rumpf beweglich verbunden. Der Oberschenkelknochen ist mit dem Schienbein und Wadenbein verbunden. Der Fuß gliedert sich in Fußwurzelknochen, Mittelfußknochen und Zehenknochen. Beim Laufen tritt der Hund nur mit den Zehenknochen und nicht mit der ganzen Sohle auf. Der Hund ist ein **Zehengänger**. Seine Krallen kann er nicht einziehen. An der Unterseite der Pfoten hat er abfedernde Ballen.

A Erkläre, warum Hunde zu den Wirbeltieren zählen.

Material mit Aufgaben

M2 Beinskelett von Hund und Bär

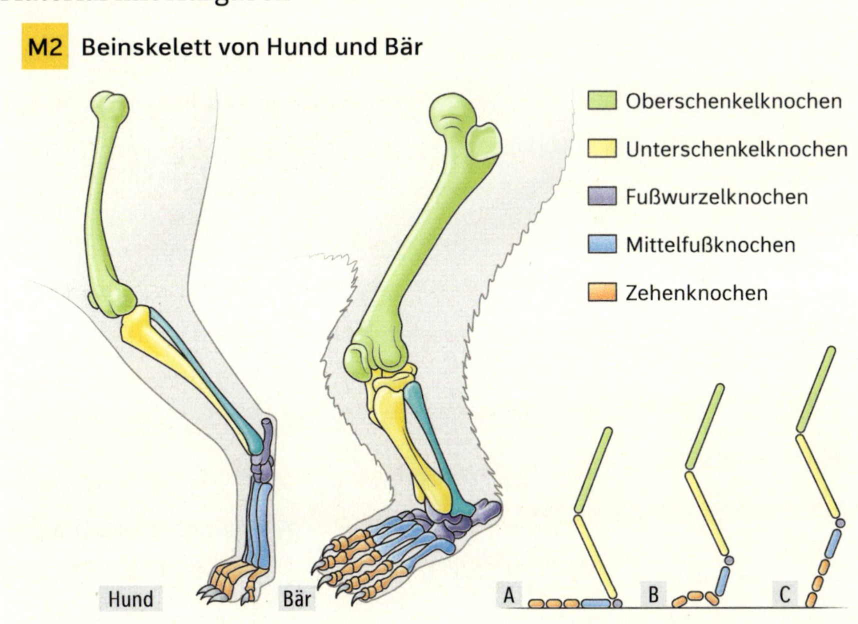

1. Ordne dem Hund und dem Bär je ein Modell A bis C zu. Begründe deine Zuordnung.
2. Erkläre, warum Hunde als Zehengänger und Bären als Sohlengänger bezeichnet werden.
3. Wähle eine der Aufgaben aus:
   a Stelle Vermutungen an, welche Aufgaben Ballen und Krallen bei der Fortbewegung des Hundes haben.
   b Stelle Vermutungen an, warum sich Bären auf ihre Hinterpfoten stellen können.

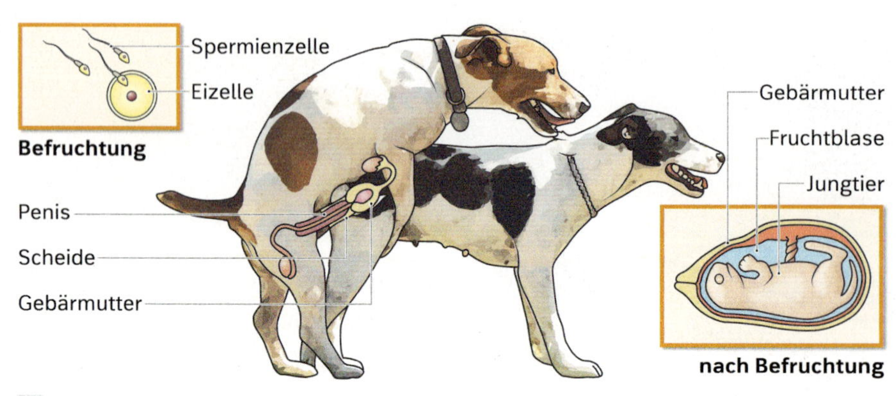

3 Begattung bei Hunden

Ernährung

Der Hund ist ein Fleischfresser. Er ergreift seine Beutetiere mit langen Eckzähnen, den **Fangzähnen**. Vor den Eckzähnen sind die Schneidezähne. Mit ihnen schabt er Fleisch vom Knochen ab. Hinter den Eckzähnen sind die Backenzähne. Die stärksten Backenzähne heißen **Reißzähne**. Sie arbeiten durch die Bewegung des Unterkiefers gegen den Oberkiefer wie eine Schere. Mit den hinteren Backenzähnen kann der Hund Knochen zerreiben. Der Hund hat ein **Fleischfressergebiss**.

Fortpflanzung

Ein weiblicher Hund, eine Hündin, wird zwei Mal im Jahr jeweils für ungefähr drei Wochen läufig. Nur in dieser Zeit kann sie sich fortpflanzen. Bei der Paarung begattet der männliche Hund, der Rüde, die Hündin. Dabei gibt er seine Spermienzellen ab, die die Eizellen der Hündin befruchten. Da dieser Vorgang im Körper der Hündin stattfindet, spricht man von **innerer Befruchtung**.

Im Körper der Hündin können sich bis zu zehn Jungtiere entwickeln. Die Jungtiere, die Welpen, wachsen in einer mit Fruchtwasser gefüllten Fruchtblase heran. So sind sie vor Erschütterungen geschützt. Nach ungefähr 63 Tagen kommen die lebenden Jungtiere nacheinander zur Welt. Hunde sind **lebend gebärend**.

Direkt nach der Geburt kriechen die Welpen an den Bauch der Hündin und suchen nach den Milchzitzen. Haben sie eine Milchzitze gefunden, beginnen sie Muttermilch zu saugen. Der Hund ist ein **Säugetier**. Die nährstoffreiche Muttermilch ist überlebenswichtig für die Welpen, denn sie können anfangs noch keine feste Nahrung fressen. Die Hündin muss ihre kleinen, hilflosen Welpen anfangs auch noch wärmen, damit sie nicht auskühlen. Die Augen der Welpen sind zuerst noch geschlossen. Sie sind blind und nackt. Das **Fell** der Welpen wird erst im Laufe ihres Wachstums dichter. Weil sich Welpen zu Beginn ihres Lebens nicht selbst versorgen können, bezeichnet man sie als **Nesthocker**.

B Erkläre, was man unter innerer Befruchtung versteht.

Material mit Aufgaben

M3 Ernährung

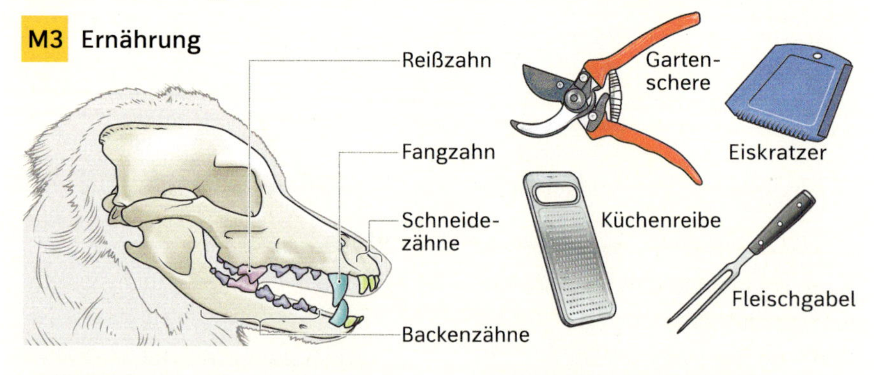

1. Beschreibe den Aufbau des Hundegebisses.
2. Ordne den Zahntypen begründet die Werkzeuge zu.
3. Der Hund hat ein Fleischfressergebiss. Erläutere die Aussage.

Der Geruchssinn von Hunden

Expertenwissen

Geruchssinn

Der Mensch nutzt die Sinnesleistungen von Hunden. Durch ihren guten Geruchssinn sind Hunde in der Lage, nach einer Lawine im Schnee Vermisste zu finden.

Die Polizei nutzt Hunde oft, um zum Beispiel nach Sprengstoff oder Drogen zu suchen. Das Aufspüren von Gegenständen, Personen oder Drogen erfolgt über die Nase. Die starke Riechleistung ist den Hunden angeboren. Jedoch müssen sie lernen, das Erkennen von Gegenständen und Personen durch Bellen anzuzeigen.

1 Lawinensuchhund

2 Drogensuchhund

Riechschleimhaut

Die Nase von Hunden und Menschen ist mit einer besonderen Haut, der Schleimhaut, ausgekleidet. Ein Teil dieser Schleimhaut dient dem Riechen. Dieser Teil heißt **Riechschleimhaut**. In dieser befinden sich viele **Riechsinneszellen**. Diese nehmen Geruchsstoffteilchen aus der Luft auf und geben Informationen an das Gehirn ab. Im Gehirn findet dann das Erkennen des Geruchs statt.

Oberflächenvergrößerung

Beim Menschen hat die Riechschleimhaut eine Oberfläche von etwa fünf Quadratzentimetern. Beim Hund ist sie durch eine Vielzahl von Falten stark vergrößert. Man spricht in der Biologie von der **Oberflächenvergrößerung**. Auf der größeren Oberfläche haben viel mehr Riechsinneszellen Platz. Damit ist die Wahrscheinlichkeit höher, dass Geruchsstoffe in der Luft von Riechsinneszellen aufgenommen werden. Deshalb riecht ein Hund besser als ein Mensch.

Material mit Aufgaben

M1 Riechschleimhaut

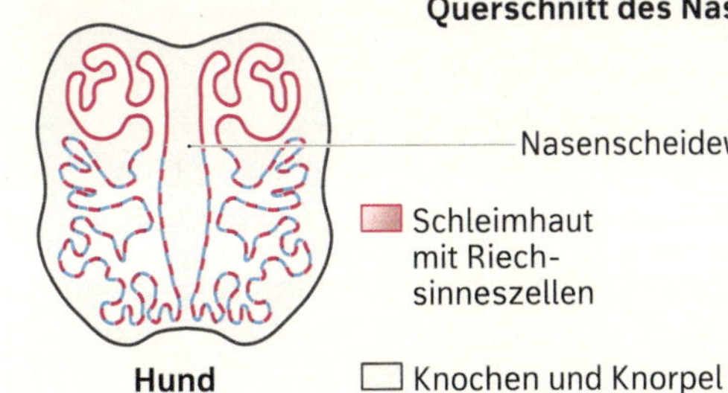

	Oberfläche Riechschleimhaut	Zahl der Sinneszellen
Mensch	5 cm^2	20 Millionen
Dackel	80 cm^2	125 Millionen
Schäferhund	200 cm^2	200 Millionen

1. Vergleiche die Nasenschleimhaut von Hund und Mensch.
2. Erkläre, warum oft Schäferhunde als Spürhunde eingesetzt werden und nicht kleinere Hunderassen wie zum Beispiel Dackel.
3. Erkläre mit dem Prinzip der Oberflächenvergrößerung, warum Hunde besser riechen können als Menschen.
4. Stelle Vermutungen an, warum man bei Schnupfen schlechter riecht.

1 Huskys beim Schlittenhunderennen

Vom Wolf zum Hund

Zähmung

Der Husky und alle anderen Haushunde stammen vom Wolf ab. Der Wolf ist also die **Stammform** des Haushundes. Wahrscheinlich hielten sich Wölfe früher in der Nähe menschlicher Siedlungen auf. Sie suchten in der Nähe des Menschen nach Nahrung und wurden mit der Zeit immer zutraulicher. Die Wildtiere gewöhnten sich an die Anwesenheit des Menschen. Die Menschen nahmen vermutlich Wolfswelpen bei sich auf und zogen sie auf. So gewöhnte sich der Wolf langsam an das Zusammenleben mit dem Menschen. Der Mensch **zähmte** das Wildtier. Der Wolf ist im Laufe der Zeit ein Haustier geworden.

2 Variabilität bei Wölfen

Variabilität

Die gezähmten Wölfe waren für den Menschen nützlich. Die Nachkommen dieser Wölfe ähnelten ihren Elterntieren in ihren Merkmalen, waren aber doch immer ein wenig verschieden. Wölfe unterscheiden sich zum Beispiel in der Farbe und der Dichte ihres Fells, in ihrer Körpergröße und in ihrem Verhalten. Sie weisen Unterschiede in den Merkmalen auf, sie variieren. Diese **Variabilität** kann man bei allen Lebewesen beobachten. Sie ist eine Ursache für die Vielfalt aller Lebewesen.

Züchtung

Der Mensch wählte gezielt die Tiere für die Fortpflanzung aus, die nützliche Eigenschaften hatten. So eignen sich Hunde mit kurzen Beinen zum Beispiel für die Jagd in unterirdischen Tierbauten. Der Mensch verpaarte die Tiere miteinander, die dieses Merkmal zeigten. Unter den Nachkommen wählte er wieder die Tiere aus, die noch kürzere Beine hatten. Diesen Vorgang wiederholte man viele Male. Im Laufe von Jahrtausenden hat der Mensch so aus der Stammform Wolf viele verschiedene Hunderassen **gezüchtet**.

Heute gibt es über 420 Hunderassen. Viele sehen dem Wolf kaum noch ähnlich. Jedoch können sich alle Hunderassen miteinander fortpflanzen und bringen fortpflanzungsfähige Nachkommen hervor. Sie gehören zur gleichen **Art**.

Der Rottweiler ist wachsam und aggressiv. Er wird oft als Wachhund eingesetzt. Der Windhund ist schlank und kann ausdauernd laufen. Er wird oft bei Hunderennen eingesetzt. Der Mops ist klein und liebevoll. Er eignet sich als Familienhund. Der Mensch verfolgt also bei der Züchtung ein bestimmtes **Zuchtziel**.

A Erkläre folgende Begriffe: Zähmung, Züchtung, Art, Zuchtziel.

B Erkläre, was man unter Variabilität versteht. Nimm Bild 2 zu Hilfe.

C Stelle Vermutungen an, welche Vor- und Nachteile die verschieden gefärbten Wölfe in Bild 2 in ihrem Lebensraum haben.

D Beschreibe mögliche Zuchtziele, die der Mensch bei der Züchtung von Hunderassen verfolgt.

Material mit Aufgaben

M1 Züchtung

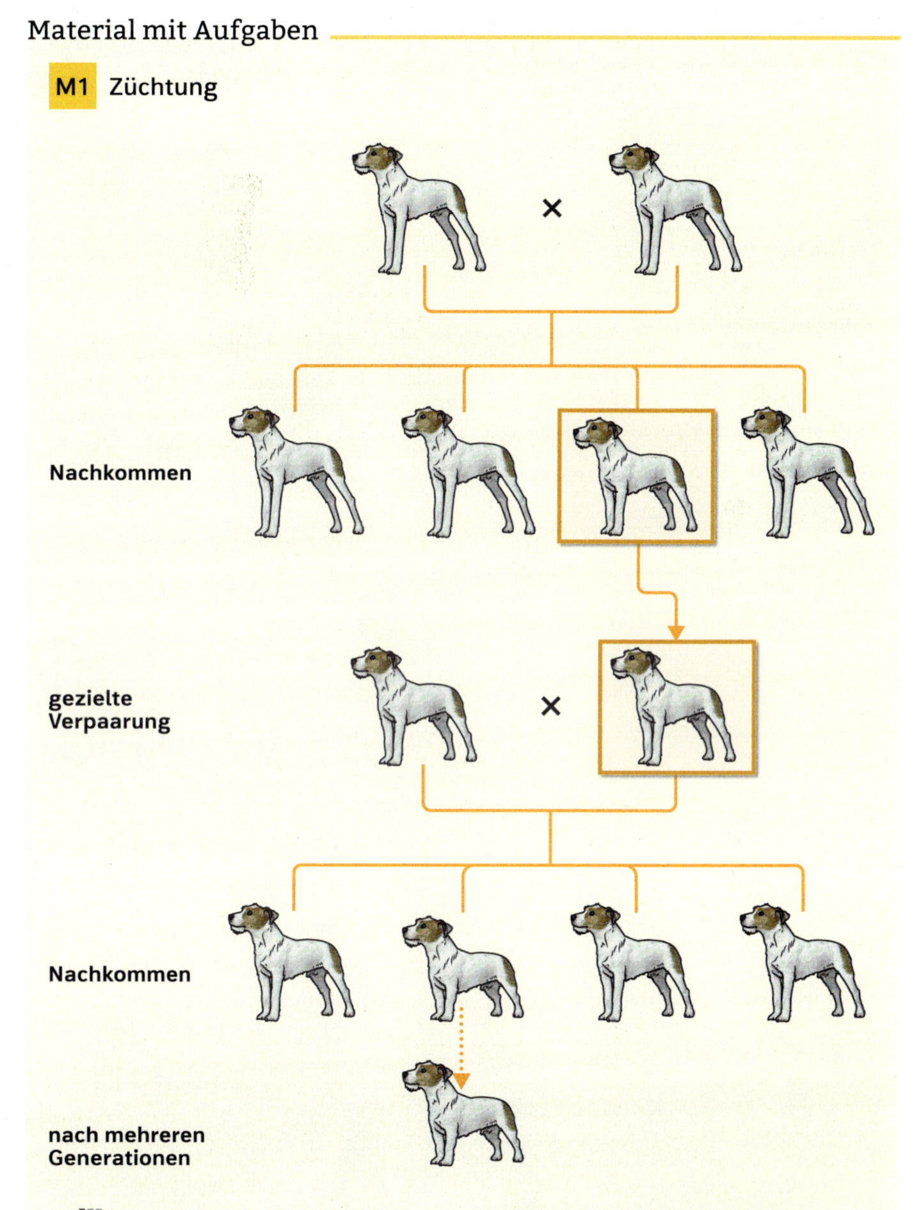

1. Nenne das Ziel bei der Züchtung des Jack Russel Terriers.
2. Beschreibe mithilfe des Bildes das Vorgehen bei der Züchtung des Jack Russel Terriers.
3. Erkläre, warum alle Hunderassen sich miteinander fortpflanzen können.
4. Wähle eine der Aufgaben aus:
   - **a** Erläutere, warum Variabilität die Voraussetzung für die Züchtung ist.
   - **b** Stelle Vermutungen an, was weitere mögliche Zuchtziele bei der Zucht des Jack Russel Terriers waren.

1 Wölfe bei der Jagd

Das Verhalten von Wolf und Hund

Leben und Jagen im Rudel

Wölfe leben in einer Gruppe mit bis zu 14 Tieren zusammen. Ein solches **Rudel** beansprucht ein eigenes **Jagdrevier**. Die Wölfe markieren die Grenzen ihres Reviers mit Kot und Urin. Ihr Geruch und ihr Heulen halten fremde Wölfe fern. Innerhalb ihres Reviers jagen Wölfe Tiere wie Rehe oder Hirsche im Rudel. Dabei verständigen sie sich durch lautes Heulen. Anschließend verfolgen mehrere Wölfe das Beutetier mit hoher Geschwindigkeit. Sie hetzen dem Beutetier hinterher, bis es erschöpft und ermüdet ist. Der Wolf ist ein **Hetzjäger**.

Die Wölfe eines Rudels kennen sich untereinander genau. Im Rudel nimmt jeder Wolf einen bestimmten Platz ein. Der stärkste Wolf ist der Leitwolf. Er leitet zusammen mit einer festen Partnerin das Rudel. Alle anderen Wölfe des Rudels ordnen sich den beiden in einer bestimmten Reihenfolge unter. Im Rudel gibt es eine **Rangordnung**.

2 Heulende Wölfe

3 Verhaltensweisen des Wolfes

Verständigung im Rudel

Die Rangordnung innerhalb des Rudels zeigt sich an der Körpersprache der Wölfe. Wenn sich zwei Wölfe begegnen, hebt der ranghöhere Wolf den Kopf und stellt seinen Schwanz auf. Er imponiert so dem rangniedrigeren Wolf. Dieses **Imponieren** kann zu einem aggressiven **Drohen** werden. Der ranghöhere Wolf knurrt und fletscht dabei seine Zähne. Der rangniedrigere Wolf legt seine Ohren an, senkt seinen Schwanz und legt sich manchmal auch auf den Rücken. Dabei zeigt er seine verletzliche Kehle. So zeigt er dem Ranghöheren seine **Unterwürfigkeit**. So verhindert er, dass der Ranghöhere zubeißt und ihn verletzt. Bei einem Kampf wird die Rangordnung manchmal neu festgelegt.

A Beschreibe das Jagdverhalten des Wolfes.

B Erkläre, warum man Wölfe als Rudeltiere bezeichnet.

Material mit Aufgaben

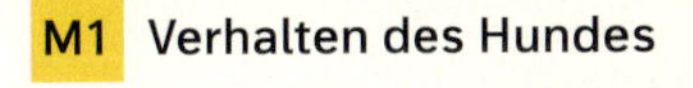

M1 Verhalten des Hundes

1. Beschreibe die abgebildeten Verhaltensweisen der Hunde und erkläre ihre jeweilige Bedeutung.
2. Begründe, warum Hunde ähnliche Verhaltensweisen wie der Wolf zeigen.
3. Wähle eine der Aufgaben aus:
   a Erkläre, warum Hunde beim Spaziergehen im Wald an der Leine geführt werden sollten.
   b Erkläre, warum Hunde zum Schutz von Grundstücken eingesetzt werden können.

1 Katze beim Anschleichen

Die Katze

Jagdverhalten der Katze

Lautlos schleicht die Katze über eine Wiese und sucht Beutetiere. Dabei stellt sie aufmerksam ihre Ohren auf und richtet ihren Blick nach vorne. Beim Schleichen setzt sie ihre Pfoten mit eingezogenen Krallen auf und bewegt sich fast lautlos. Die Katze ist ein **Schleichjäger**. Hat sie eine Maus entdeckt, drückt sie sich flach auf den Boden und verharrt regungslos in dieser Lauerstellung. Ist das Beutetier nah genug, springt sie mit ihren muskulösen Hinterbeinen ab und schlägt ihre Krallen in das Beutetier. Mit den Krallen hält die Katze das Beutetier fest und tötet es mit einem Nackenbiss. Die Katze ist ein **Fleischfresser**. Sie jagt nicht in Gruppen, sondern allein. Bei der Jagd ist sie ein **Einzelgänger**.

Material mit Aufgaben

M1 Jagdverhalten

A

B

C

D

1. Ordne den Buchstaben folgende Begriffe zu: Sprung auf Beutetier, Lauern, Anschleichen, Zupacken und Töten.

2. Vergleiche das Jagdverhalten der Katze mit dem Jagdverhalten des Hundes. Nenne die Gemeinsamkeiten und die Unterschiede.

3. Erkläre, warum man die Katze als Schleichjäger bezeichnet.

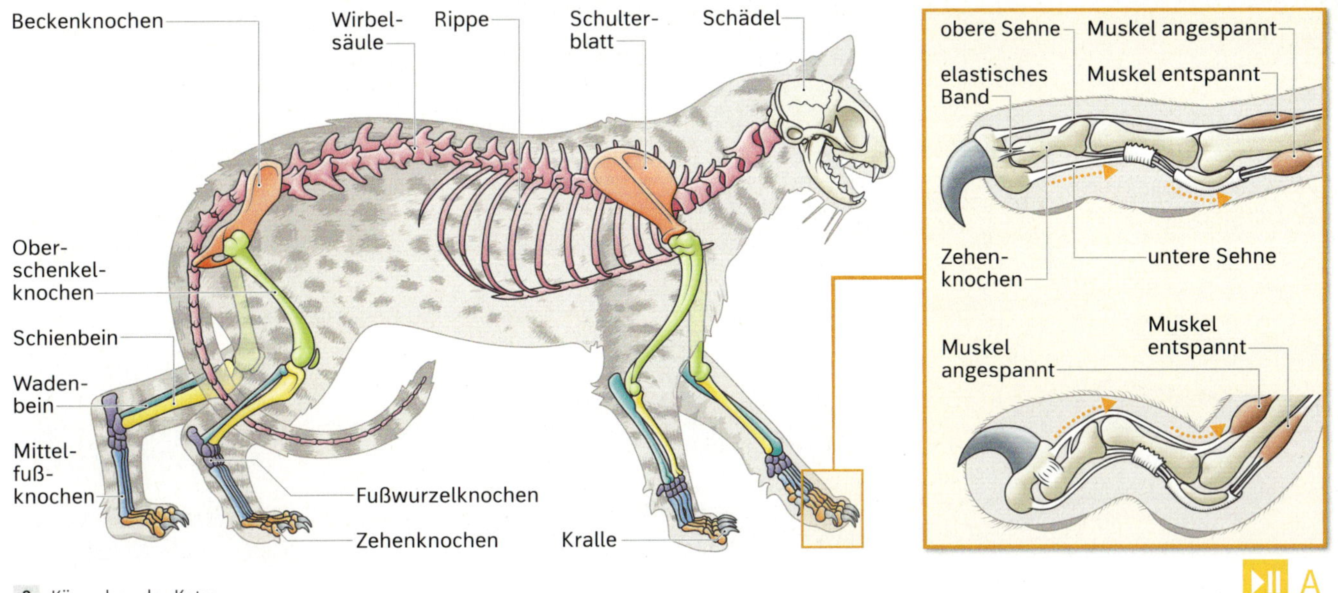

2 Körperbau der Katze

Körperbau

Die Katze hat einen an die Schleichjagd angepassten Körperbau. Sie kann sich mithilfe ihrer gelenkigen Beine in geduckter Haltung fortbewegen. Die Katze hat kräftige, scharfe Krallen, mit denen sie ihre Beutetiere festhält. Sie nutzt ihre Krallen auch, um zum Beispiel auf Bäume zu klettern.
Die Katze kann ihre Krallen einziehen. Dazu spannt sie Muskeln oberhalb der Zehenknochen an. Über Sehnen werden die Krallen eingezogen. Ein elastisches Band zwischen den Zehenknochen ist dann unter Spannung. Dadurch schnellen die Krallen der Katze hervor, wenn sie die Muskeln wieder entspannt.
Die Katze tritt beim Laufen nur mit den weichen Ballen an der Unterseite ihrer Pfoten auf. So kann sie fast lautlos schleichen. Die Katze läuft nur auf ihren Zehen. Sie ist ein **Zehengänger**.
Starke Muskeln und die bewegliche Wirbelsäule ermöglichen der Katze weite Sprünge. Die Wirbelsäule verläuft vom Kopf bis zum Schwanz. Die Katze ist ein **Wirbeltier**. Mit ihrem Schwanz hält sie beim Springen das Gleichgewicht.

Sinnesorgane

Die **Augen** der Katze sind sehr leistungsfähig. Mit ihnen kann sie auch bei geringen Lichtmengen, zum Beispiel während der Dämmerung und in der Nacht, noch gut sehen. Die Katze ist ein **Nachtjäger**.
Wenn es ganz dunkel ist, sieht aber auch die Katze nichts mehr. Dann orientiert sie sich mehr mit ihrem guten **Gehör**. Die Katze kann ihre Ohren steil aufrichten und unabhängig voneinander etwas nach links und rechts drehen. So kann sie genau bestimmen, aus welcher Richtung ein Geräusch kommt, ohne den Kopf bewegen zu müssen.
Die Katze hat lange Borstenhaare am Kopf und lange Schnurrhaare an der Oberlippe. Diese Haare sind sehr empfindlich für Berührungen. Mithilfe dieser speziellen **Tasthaare** kann sich die Katze auch in völliger Dunkelheit orientieren und so Hindernissen geschickt ausweichen.

A Beschreibe die Sinnesleistungen der Katze und ihre Bedeutung für die nächtliche Jagd.

A
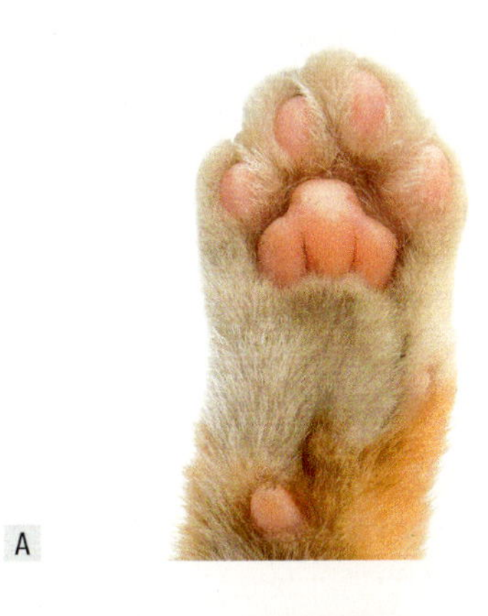

B

3 Krallen: **A** eingezogen, **B** ausgefahren

4 Eine Katze trägt ihr Jungtier.

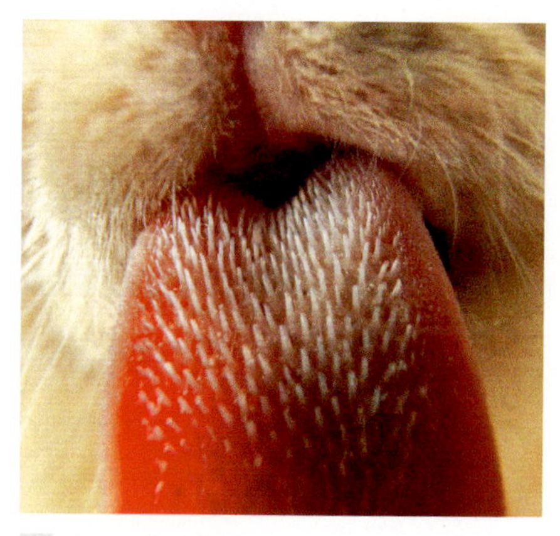
5 Zunge einer Katze

Ernährung

Mit langen, spitzen Eckzähnen hält die Katze ihr Beutetier fest. Man bezeichnet diese Eckzähne auch als **Fangzähne**. Mit den Fangzähnen tötet die Katze ihr Beutetier durch einen Nackenbiss. Vor den Eckzähnen sind die kleineren Schneidezähne. Mit ihnen kann die Katze Fleisch von Knochen schaben. Mit ihrer rauen Zunge leckt sie Fleischreste vom Knochen ab. In jeder Zahnreihe ist ein Backenzahn groß und scharfkantig. Wie eine kräftige Schere teilen diese **Reißzähne** das Fleisch in Stücke. Die Katze hat ein **Fleischfressergebiss**. Sie schluckt die Fleischstücke ohne weiteres Zerkauen hinunter.

Fortpflanzung

Bereits nach neun Wochen Schwangerschaft bringt die Katze zwei bis acht lebende Jungtiere zur Welt. Diese sind zunächst hilflos. Die Jungtiere sind direkt nach der Geburt blind und ihr Fell ist noch nicht voll entwickelt. Katzenjunge sind **Nesthocker**.

Die Katze trägt ihre Jungtiere mit ihren Zähnen vorsichtig im Genick. Die Jungtiere verharren dabei regungslos in der **Tragstarre**. In den ersten Wochen nach der Geburt werden sie von der Mutter gesäugt. Katzen sind **Säugetiere**.

Nach einigen Wochen lernen die Jungtiere das Anschleichen und das Fangen von Beutetieren. Die Mutter bringt ihnen dazu lebende Mäuse.

Material mit Aufgaben

M2 Ernährung

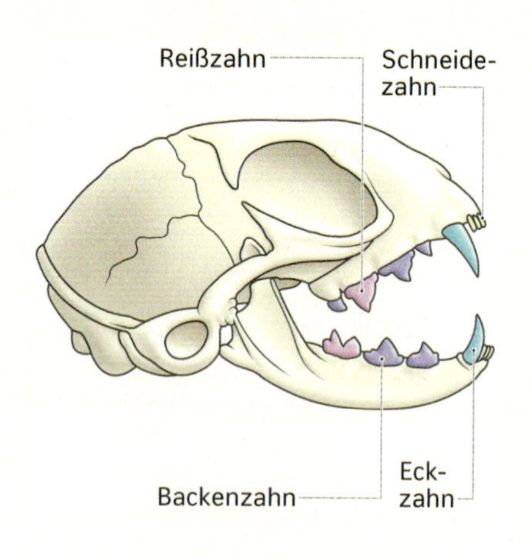

1. Nenne die Zahntypen der Katze und beschreibe ihre jeweiligen Funktionen. Lege dafür eine Tabelle an.
2. Erkläre, warum das Gebiss der Katze als Fleischfressergebiss bezeichnet wird.
3. Wähle eine der Aufgaben aus:

a Erkläre die Aufgabe der rauen Zunge bei der Ernährung der Katze.

b Erkläre die Funktion der Reißzähne bei der Ernährung der Katze.

Der Sehsinn der Katze

Expertenwissen

Sehsinn

Beim Aufspüren der Beutetiere nutzt die Katze ihren leistungsstarken Sehsinn. Im hinteren Teil des Auges befinden sich viele kleine **Lichtsinneszellen**. Sie werden durch einfallendes Licht angeregt und erzeugen so einen Seheindruck.
Das Licht gelangt durch die Pupille in das Auge. Am hellen Tag verengen sich die Pupillen der Katze zu schmalen, senkrechten Schlitzen. So verringert die Katze das ins Auge einfallende Licht. Dadurch schützt sie ihre empfindlichen Lichtsinneszellen vor zu großen Lichtmengen. Bei Dämmerung vergrößern sich die Pupillen der Katze zu kreisrunden Öffnungen. Die geringen Lichtmengen können so besser ins Auge gelangen.
Eine zusätzliche Schicht in den Augen der Katze, die **Spiegelschicht**, wirft das aufgenommene Licht wieder zurück.

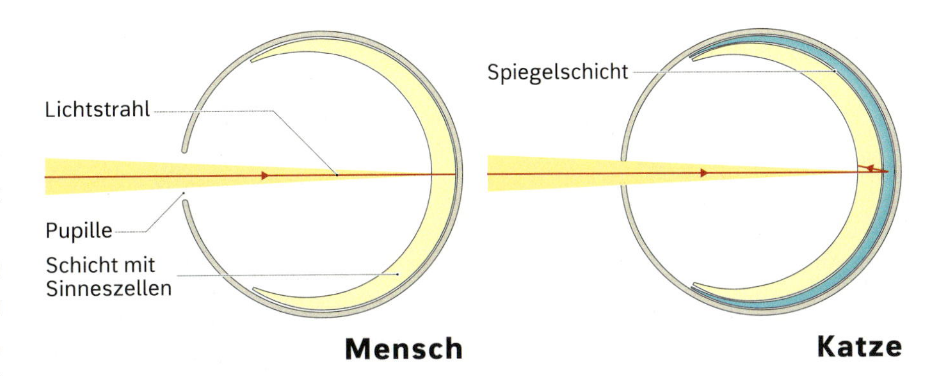

1 Augen mit und ohne Spiegelschicht

Das Licht wird reflektiert. Es wird dadurch den Lichtsinneszellen mehrfach zugeführt. Die geringe Lichtmenge bei Dämmerung wird durch diese Reflexion besser genutzt.
Durch die Spiegelschicht sieht es manchmal so aus, als würden die Katzenaugen leuchten, wenn sie angestrahlt werden.

2 Leuchtende Katzenaugen

Material mit Aufgaben

M1 Katzenaugen

B

1. Ordne den Katzenaugen in den Bildern A und B die entsprechenden Lichtverhältnisse zu. Begründe deine Zuordnung.
2. Erkläre, warum Katzen in der Dämmerung gut sehen können. Beachte die Besonderheit im Bau des Katzenauges.
3. Erkläre die Funktion der Pupillenverengung bei hellen Lichtverhältnissen.

Vergleichen nach Kriterien

Material mit Aufgaben

M1 **Verhalten von Hund und Katze**

Kriterium	Hund	Katze
Droh- und Abwehrverhalten	Zähne fletschen, Schwanz oben, Nackenhaare aufgestellt, Knurren verstärkt das Drohen	...
Angst	Kopf gesenkt, Schwanz eingeklemmt	...
Freude	Schwanz wedeln, Ducken zur Aufforderung zum Spiel	...
Reviermarkierung	Duftmarken mit Urin	...

Schlussfolgerung: *Hunde und Katzen haben ähnliche Verhaltensweisen, jedoch drücken sie diese mit einer anderen Körpersprache aus. Beispielsweise fletschen Hunde ...*

1. Übernimm die Tabelle in dein Heft und vervollständige sie.

2. Vervollständige die Schlussfolgerung in deinem Heft.

Vergleichen

Oft musst du zwei oder mehrere Lebewesen miteinander vergleichen. Dabei stellst du immer Gemeinsamkeiten und Unterschiede gegenüber. Es ist jedoch wichtig, dass du dabei immer die gleichen Merkmale oder Verhaltensweisen untersuchst. Du legst also vorher geeignete **Kriterien** fest, um die Tiere miteinander vergleichen zu können.

1 Frage formulieren • Unterschiedliche Merkmale oder Verhaltensweisen von Lebewesen werfen Fragen auf. Diese kann man mit einem Vergleich beantworten. Schreibe deine Frage vorher auf. Beispiel: „Wie unterscheidet sich das Verhalten von Hund und Katze?“

2 Kriterien festlegen • Damit du deine Frage beantworten kannst, musst du für deinen Vergleich Kriterien festlegen. Danach suchst du Informationen zu deinen gewählten Kriterien. Du kannst Informationen aus Fachbüchern, deinem Schulbuch oder dem Internet nutzen.

3 Gemeinsamkeiten und Unterschiede • Liste nun zu deinen gewählten Kriterien die Informationen auf. Oft sind dies Gemeinsamkeiten und Unterschiede. Du kannst eine Tabelle dafür anlegen. So ist deine Gegenüberstellung anschaulich.

4 Beantworte deine Frage • Ziehe nach Abschluss deines Vergleichs eine Schlussfolgerung. Beantworte dabei deine Frage von Schritt 1 in einem kurzen Text.

Material mit Aufgaben

M2 Katzen vergleichen

Der Gepard lebt vor allem in den Steppen und Savannen Afrikas. Mit seinen langen Beinen und dem schlanken Körper kann er bis zu 100 km/h schnell laufen. Damit ist er das schnellste Landsäugetier. Geparden lassen sich leicht an den zwei Streifen erkennen, die von den Augen zu den Mundwinkeln verlaufen. Männliche und weibliche Tiere sehen gleich aus, die Weibchen sind nur etwas kleiner und leichter als die Männchen.
Männliche Geparden leben in Verbänden zu zweit oder zu dritt. Die Weibchen leben allein. Nur wenn sie Jungtiere haben, kann man sie in Gruppen beobachten. Bei der Jagd sind Geparden Einzelgänger. Der Gepard jagt hauptsächlich Gazellen, aber auch andere kleinere Säugetiere. Er jagt vor allem tagsüber.

Löwen leben in den Steppen und Savannen Afrikas und in kleinen Gebieten Indiens. Männliche Tiere lassen sich an ihrer langen Mähne erkennen, die den Weibchen fehlt. Löwen bilden Familienverbände mit einem Männchen als Leittier und sechs bis neun Weibchen mit ihren Jungtieren. Das Männchen verteidigt sein Revier gegen andere Männchen. Dabei richtet es seine Mähne auf, sodass sein Kopf größer erscheint. Das imponiert den Rivalen.
Die Tiere eines Rudels erlegen gemeinsam Gazellen und größere Säugetiere wie Büffel und Zebras. Löwen können bis zu 60 km/h schnell laufen. Damit sind sie langsamer als viele ihrer Beutetiere. Deshalb müssen sie sich vorsichtig an ihre Beute heranschleichen. Löwen jagen meistens in der Dämmerung.

1. Erstelle eine Tabelle zum Vergleich von Löwe und Gepard. Vergleiche Jagdweise, Zusammenleben, Lebensraum und Besonderheiten.
2. Recherchiere Informationen zu einer weiteren Großkatze wie zum Beispiel dem Jaguar. Fertige dazu eine Tabelle wie in Aufgabe 1 an.
3. Stelle Vermutungen an, warum Gepard und Löwe im gleichen Lebensraum vorkommen können. Nutze dazu auch die Angaben in deiner Tabelle.

1 Rind beim Grasen

Das Rind

Ernährung

Rinder fressen überwiegend Gras und Kräuter. Sie sind **Pflanzenfresser**. Mit ihrer langen, rauen Zunge umfassen sie Grasbüschel und ziehen sie in das Maul. Das Rind besitzt im Oberkiefer eine **Hornleiste**. Die Grasbüschel werden zwischen der Hornleiste und den Schneide- und Eckzähnen des Unterkiefers eingeklemmt. Hebt das Rind ruckartig den Kopf, wird das Grasbüschel abgezupft. Die **Backenzähne** des Rindes sind breit und stehen dicht nebeneinander. Sie haben harte Kanten, die **Schmelzfalten**. Die Oberfläche der Backenzähne ist durch die Schmelzfalten der Zähne immer rau. So können die Pflanzenteile zermahlen werden. Die Backenzähne des Rindes werden daher auch als Mahlzähne bezeichnet. Das Rind hat ein **Pflanzenfressergebiss**.

Das Rind ist ein Wiederkäuer

Die abgezupfte Nahrung wird mit Speichel vermengt und zunächst fast unzerkaut geschluckt. Dann legt sich das Rind hin und stößt die Nahrung portionsweise ins Maul zurück. Der Nahrungsbrei wird sorgfältig zerkaut und erneut geschluckt. Das Rind ist ein **Wiederkäuer**.

Material mit Aufgaben

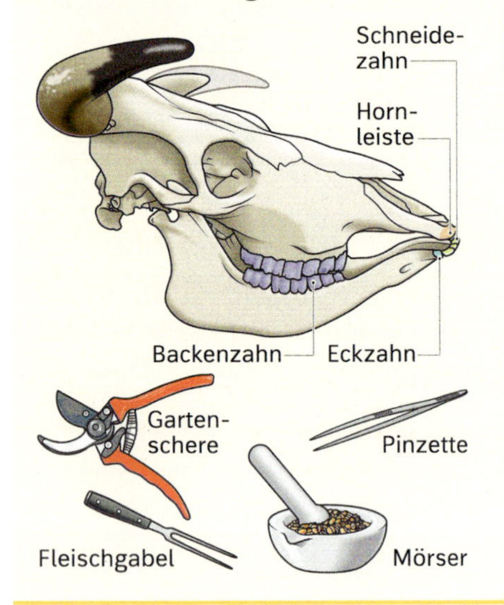

M1 Gebiss

1. Beschreibe den Aufbau des Rindergebisses und nenne die Aufgaben der einzelnen Bestandteile.
2. Ordne den Schneide- und Eckzähnen mit der Hornleiste sowie den Backenzähnen ein passendes Werkzeug zu. Begründe deine Zuordnung.
3. Erkläre, warum die Backenzähne des Rindes auch als Mahlzähne bezeichnet werden.

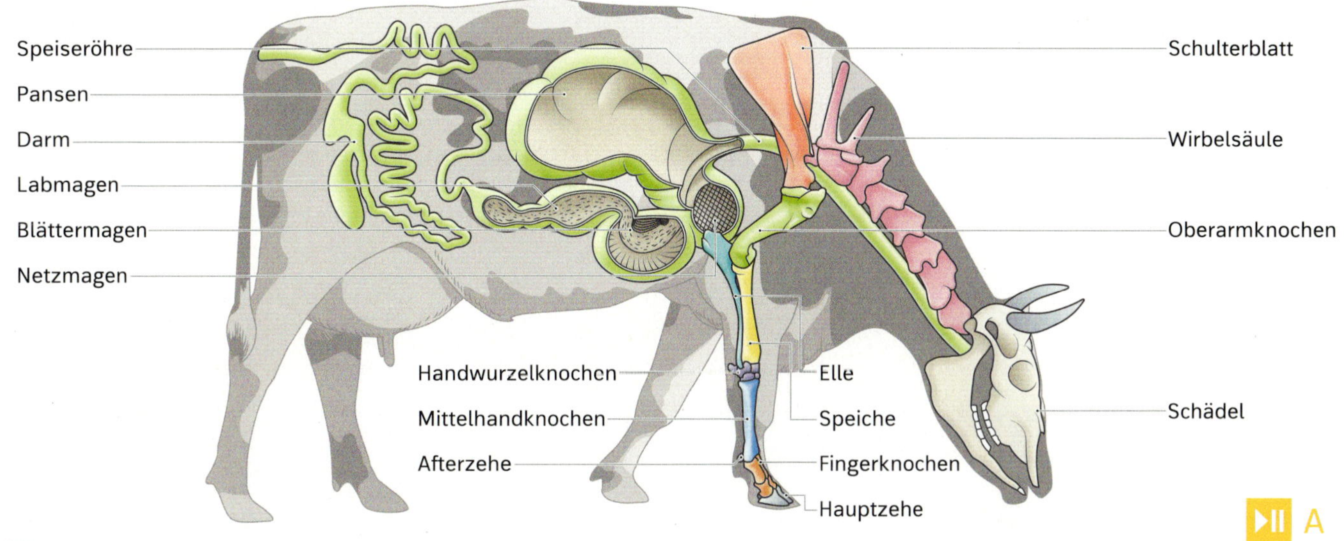

2 Körperbau des Rindes

Wiederkäuermagen

Der Magen des Rindes kann sehr viel Nahrung aufnehmen. Doch pflanzliche Nahrung ist schwer verdaulich. Die noch unzerkaute Nahrung gelangt zunächst über die Speiseröhre in den ersten Teil des Magens, den **Pansen**. Dort wird die Nahrung lange Zeit eingeweicht und von Bakterien zersetzt. Vom Pansen gelangen kleine Nahrungsportionen in den **Netzmagen**. Er besitzt netzartig gefaltete Innenwände und kann sich zusammenziehen. Die Nahrung wird so zu kleinen Nahrungsballen geformt. Diese werden über die Speiseröhre wieder ins Maul gestoßen. Nach dem Wiederkäuen gelangt der nun feine Nahrungsbrei wieder in den Pansen. Während das grobe Pflanzenmaterial dort noch eingeweicht wird, rutscht der feine Nahrungsbrei in den **Blättermagen**. Hier wird dem Nahrungsbrei Wasser entzogen. Im folgenden **Labmagen** zerlegen Verdauungssäfte die Nahrungsbestandteile in kleine Bausteine. Diese gelangen in den Dünndarm und werden dort in das Blut aufgenommen.

Material mit Aufgaben

M2 Verdauung

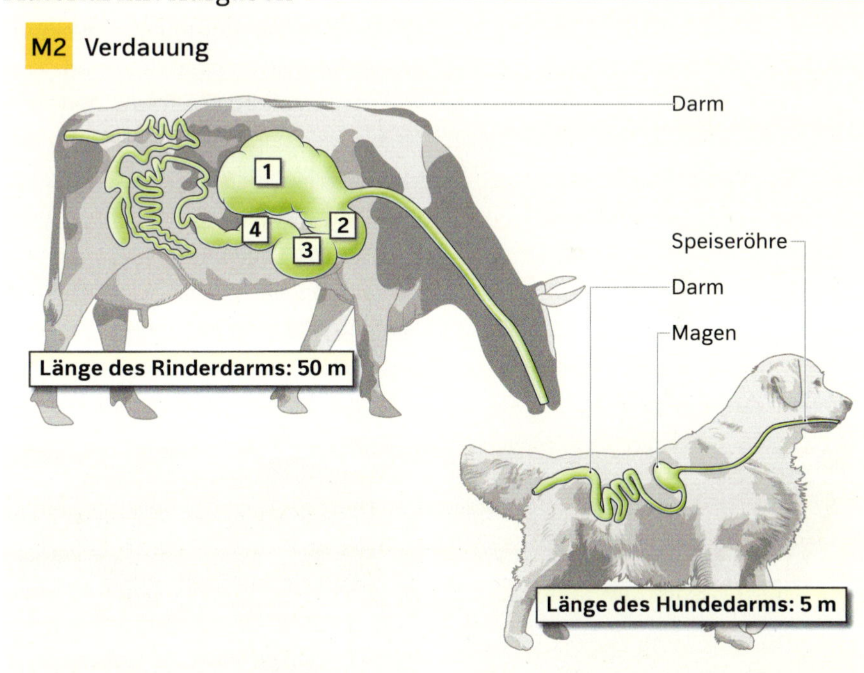

1. Benenne die mit den Ziffern 1-4 gekennzeichneten Teile des Wiederkäuermagens und nenne ihre jeweiligen Aufgaben.
2. Vergleiche das Verdauungssystem vom Hund mit dem Verdauungssystem vom Rind.
3. Wähle eine der Aufgaben aus:
   a Erkläre, wie das Rind durch sein Verdauungssystem an seine Ernährung angepasst ist.
   b Stelle Vermutungen an, warum das Verdauungssystem beim Hund anders aufgebaut ist.

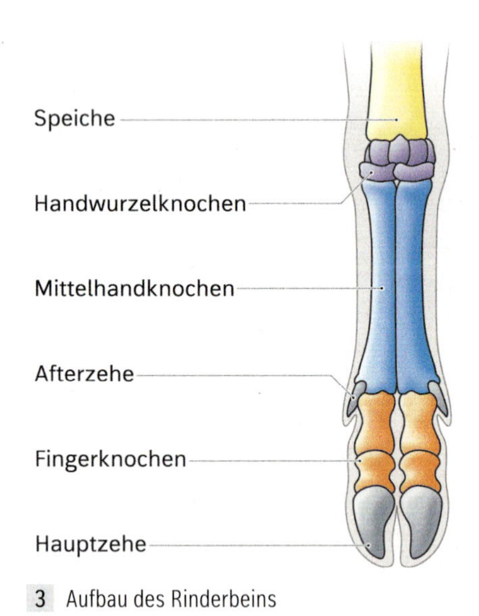

3 Aufbau des Rinderbeins

Rinder sind Huftiere

Das Rind tritt nur mit der Spitze der Zehen auf. Es ist ein **Zehenspitzengänger**. Die Zehen sind mit einem Huf aus Horn überzogen, der die Knochen schützt. Das Rind ist ein **Huftier**. Auf feuchten Wiesen spreizen sich die paarigen Zehen. Mit den nach hinten gerichteten Afterzehen vergrößert dies die Trittoberfläche. Es sinkt im Schlamm nicht so leicht ein. Das Rind ist ein **Paarhufer**.

Lebensweise

Rinder stammen vom Urrind ab. Dieses lebte in einer Gruppe, der Herde. Dort gab es eine Rangordnung. Die Herde wurde von einem männlichen Rind, dem Bullen, angeführt. Auch die heutigen Hausrinder sind **Herdentiere**.

Das weibliche Rind, die Kuh, bringt ein Jungtier zur Welt. Nach der Geburt sucht das Kalb das Euter der Mutter. Die Kuh säugt das Kalb mit Milch. Das Rind ist ein **Säugetier**. Nach der Geburt folgt das Kalb der Mutter. Es kann sehen, hat ein voll ausgebildetes Fell und ist fast selbstständig. Das Rind ist ein **Nestflüchter**.

Züchtung von Rindern

Rinder werden hauptsächlich als Milch- und Fleischlieferanten gehalten. Der Mensch hat verschiedene Rinderrassen gezüchtet.

Bei einigen **Milchrinderrassen** geben die Kühe bis zu 50 Liter Milch am Tag. Dafür werden sie mit Milchviehfutter gefüttert. Bei diesen Hochleistungskühen sind die Euter so groß, dass sie sich kaum hinlegen können. Damit sie ständig Milch geben, müssen sie einmal im Jahr ein Kalb zur Welt bringen.

Es gibt auch Rinderrassen, die besonders viel Muskelfleisch ansetzen. Diese **Fleischrinderrassen** wachsen schnell und legen schnell an Körpergewicht zu. Dazu werden sie mit Kraftfutter gefüttert.

Material mit Aufgaben

Schwarzbunte

Weißblauer Belgier

Rinderrasse	durchschnittliches Gewicht in Kilogramm	durchschnittliche Milchmenge in Liter pro Jahr	durchschnittliche Gewichtszunahme in Gramm pro Tag
Schwarzbunte	690	7400	850
Weißblauer Belgier	860	3400	1500

M3 Züchtung

1. Vergleiche den Körperbau der abgebildeten Rinderrassen.
2. Ordne den Rinderrassen der Tabelle die Begriffe Milchrinderrasse oder Fleischrinderrasse zu. Begründe deine Zuordnungen.
3. Wähle eine der Aufgaben aus:

a Erläutere, weshalb der Mensch verschiedene Rinderrassen gezüchtet hat.

b Bewerte die Zucht von Hochleistungsmilchkühen.

Haltung von Rindern

Früher wurden Rinder fast immer auf Weiden gehalten. Dort können sie sich frei bewegen und sich ins Gras legen. Sie haben ständig Kontakt zu anderen Rindern. In dieser **Freilandhaltung** werden ihre Bedürfnisse erfüllt. Man bezeichnet dies als artgerecht. Zum Melken, nachts und bei kalten Temperaturen kommen sie in große Ställe.

Damit Rinder mehr Fleisch ansetzen, müssen sie mehrmals täglich mit Kraftfutter gefüttert werden. Außerdem dürfen sie sich nicht so viel bewegen, damit das Kraftfutter zum Aufbau von Muskelfleisch genutzt wird. Früher wurden daher oft mehrere Hundert Tiere auf engstem Raum gehalten. Dies nennt man **Intensivtierhaltung**. Die Rinder stehen oft auf rutschigen Böden mit großen Spalten, durch die der Urin und Kot ablaufen kann. Milchrinder stehen oder liegen den ganzen Tag an ihrem Platz. Sie werden ständig gefüttert und mehrmals am Tag gemolken. Da die Tiere auf engstem Raum in großer Anzahl gehalten werden, können sich Krankheiten dort schnell ausbreiten. Deshalb bekommen sie oft zur Vorbeugung Medikamente.

Viele Milchbetriebe halten heute Rinder in geräumigen **Boxenlaufställen**. Die Tiere können sich im Stall frei bewegen. Es gibt Liegeplätze und sie können frisches Futter fressen. An der Melkstation werden die Rinder regelmäßig gemolken. Tierärzte kontrollieren bei häufigen Besuchen die Gesundheit der Tiere.

A Erkläre, warum das Rind zu den Paarhufern gezählt wird.

Material mit Aufgaben

M4 Rinderhaltung

A Boxenlaufstall

B Freilandhaltung

Fressgitter
Futtertisch mit Grünfutter
Futterstation
Fressgang
Liegeboxen
Melkstand
Kälberstand
Milchkühltank

C

1. Beschreibe mithilfe von Bild A und Bild C den Aufbau eines modernen Boxenlaufstalls.
2. Vergleiche mithilfe der Bilder A und B die Freilandhaltung mit der Haltung im Boxenlaufstall.
3. Erläutere, warum Rinder in Freilandhaltung langsamer wachsen oder weniger Milch geben.
4. Beurteile, ob die Haltung in Boxenlaufställen artgerecht ist. Beachte bei deiner Antwort, ob die Tiere im Boxenlaufstall ihre natürlichen Verhaltensweisen zeigen können.
5. Stelle Vermutungen an, welche Nachteile ein Spaltenboden für die Rinder als Huftiere hat.

1 Bache mit Frischlingen

Das Schwein

Aas = tote Tiere, die bereits verwesen

Ernährung

Das Wildschwein frisst Nüsse, Kräuter und Gras. Mit seinem guten Geruchssinn spürt es Würmer und Insektenlarven im Boden auf. Das Wildschwein frisst auch Aas. Es ist ein **Allesfresser**. Im Ober- und Unterkiefer besitzt es stark entwickelte Eckzähne, die **Hauer**. Mit ihrer Hilfe kann es den Boden aufwühlen. Mit den Schneidezähnen kann es Blätter abzupfen und mit den hinteren Backenzähnen zermahlen. Die vorderen Backenzähne sind scharfkantig und dienen dem Zerreißen von Fleisch. Das Wildschwein hat ein **Allesfressergebiss**.

Material mit Aufgaben

M1 Gebisse

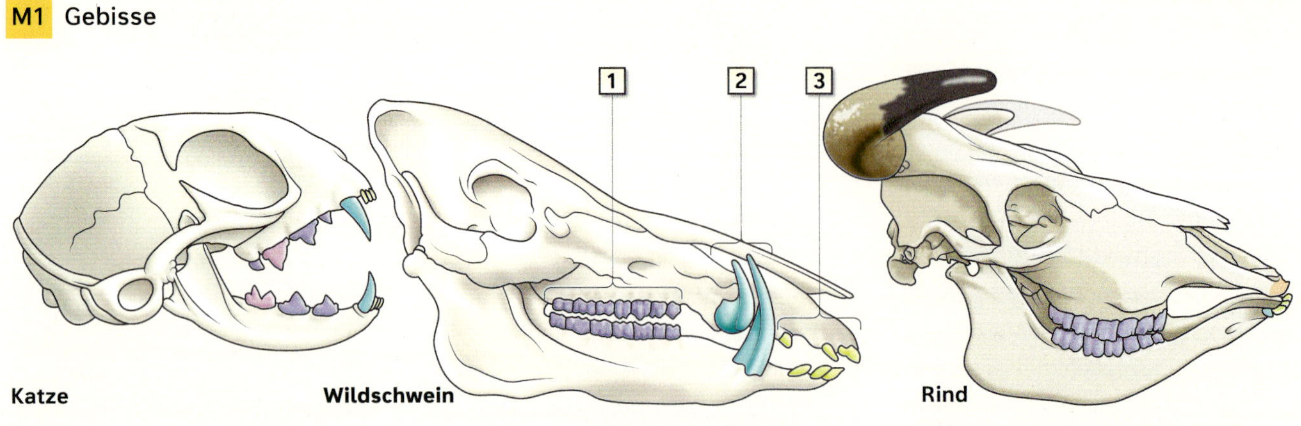

1. Benenne die Zahntypen 1-3.
2. Erkläre die Aufgaben der verschiedenen Zahntypen.
3. Wähle eine der Aufgaben aus:

a Ordne dem Wildschwein begründet eine Art der Ernährung zu.

b Ordne den drei Tieren jeweils begründet eine Art der Ernährung zu.

Fortpflanzung

Wildschweine leben in Familienverbänden, den **Rotten**. Eine Rotte besteht aus mehreren weiblichen Tieren, den **Bachen** und ihren Jungtieren. Die männlichen Wildschweine, die **Keiler**, sind Einzelgänger. Sie schließen sich den Rotten nur zur Paarungszeit an. Im Frühjahr bringt die Bache bis zu zwölf Jungtiere zur Welt. Die **Frischlinge** werden mehrere Monate von der Bache gesäugt. Das Wildschwein ist ein **Säugetier**.

Lebensweise

Das etwa 100 Kilogramm schwere Wildschwein lebt in Wäldern. Den Tag verschläft es im Schutz des Dickichts und sucht erst in der Dämmerung nach Nahrung. Das Wildschwein wälzt sich gerne in Schlammpfützen. Es suhlt sich. Dabei bedeckt es den Körper mit Schlamm. Dieser dient der Abkühlung und schützt vor Insekten. Wenn der Schlamm getrocknet ist, scheuert es sich an Bäumen. Das Fell mit harten Borsten schützt dabei vor Verletzungen.

Körperbau

Auf matschigem Boden spreizen sich die paarigen Hauptzehen des Schweins auseinander. Zusammen mit den kleinen Nebenzehen, den **Afterzehen**, verhindern sie ein Einsinken in den Boden. Alle Zehen sind mit Horn überzogen und bilden einen geteilten Huf. Schweine sind **Paarhufer**. Sie treten nur mit den Zehenspitzen auf und sind deshalb Zehenspitzengänger. ▶

A Beschreibe die Zusammensetzung einer Rotte.

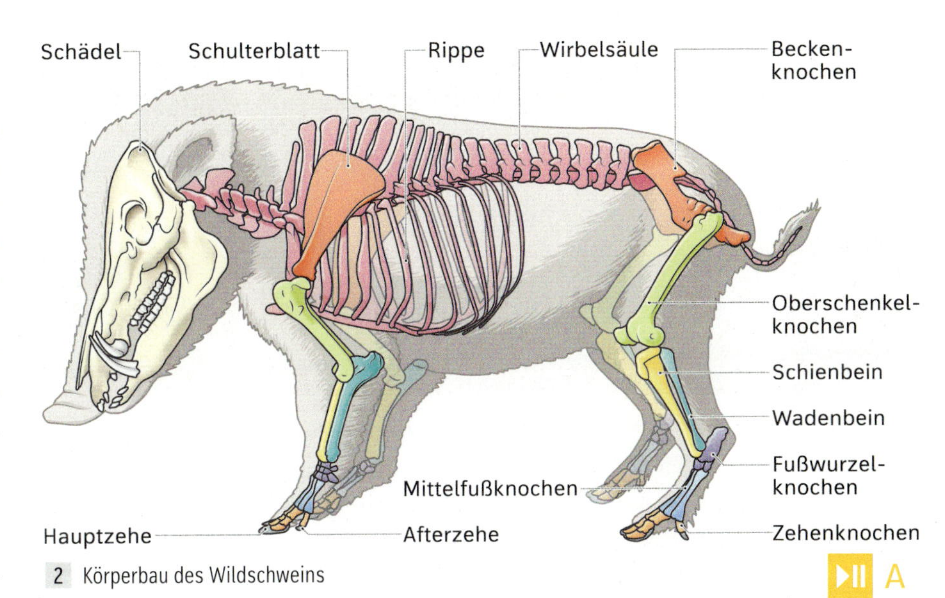

2 Körperbau des Wildschweins

▶II A

Material mit Aufgaben

M2 Huftiere

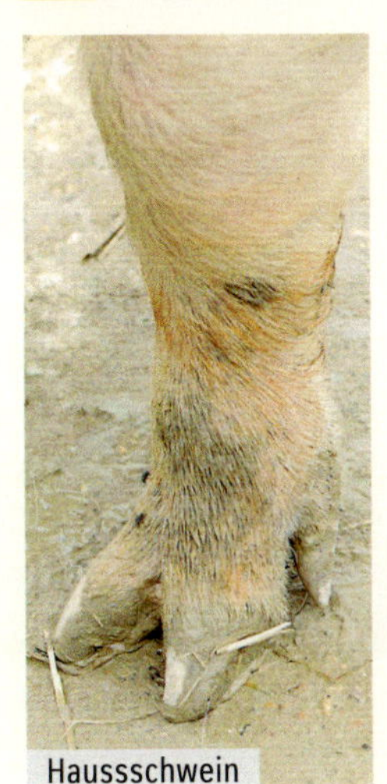

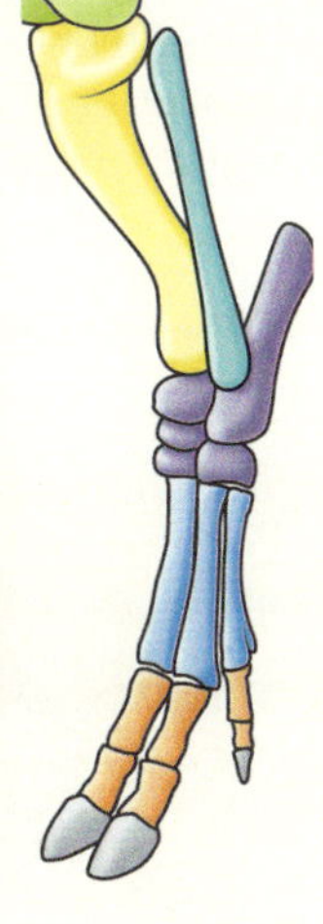

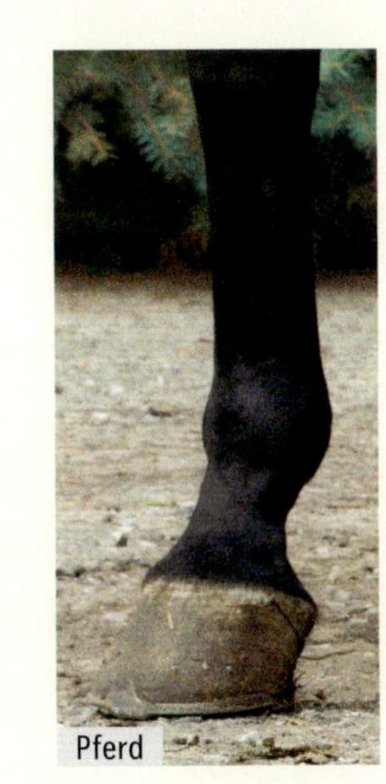

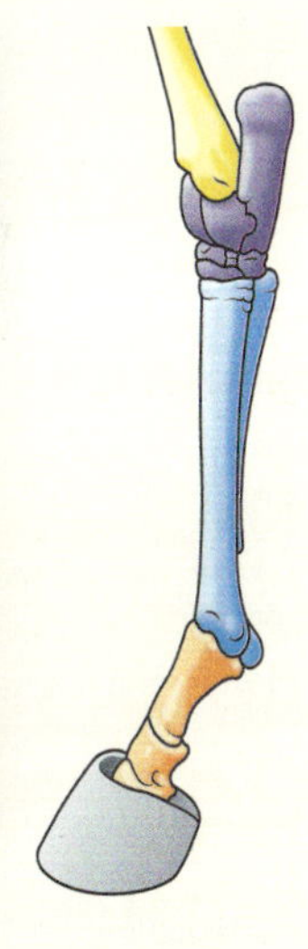

1. Erkläre, warum das Hausschwein zu den Paarhufern zählt.
2. Ordne dem Schwein und dem Pferd die Begriffe Zehengänger oder Zehenspitzengänger zu. Begründe deine Zuordnungen. ⊞
3. Wähle eine der Aufgaben aus:
   a Erläutere am Beispiel der Hauptzehen und der Afterzehen, wie das Schwein an seinen Lebensraum angepasst ist.
   b Erläutere, warum man das Pferd zu den Unpaarhufern zählt.

3 Hausschweinrassen: **A** Deutsches Edelschwein, **B** Schwäbisch-Hällisches Landschwein

Züchtung von Hausschweinen

Das Hausschwein stammt vom Wildschwein ab. Im Laufe der Zeit züchtete der Mensch verschiedene Hausschweinrassen. Das **Hausschwein** ist ein Allesfresser. Der Schädel des Hausschweins ist weniger keilförmig als der Schädel des Wildschweins. Der Körper ist länger und weniger stark behaart. Manche Hausschweinrassen besitzen Schlappohren und einen Ringelschwanz.

Das männliche Hausschwein, der **Eber**, hat kleinere Hauer. Das weibliche Hausschwein, die **Sau**, wirft zweimal im Jahr bis zu 20 Jungtiere, die **Ferkel**. Der Mensch nutzt das Hausschwein als Fleischlieferanten. Es werden heute vor allem Hausschweinrassen gezüchtet, die schnell wachsen, sich schnell vermehren und viel fettarmes Fleisch ansetzen.

Material mit Aufgaben

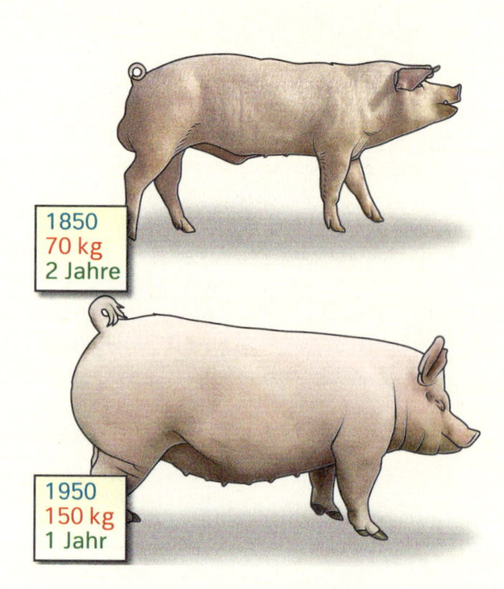

M3 Wild- und Hausschwein

1. Vergleiche mithilfe von fünf Merkmalen das Wildschwein und das Edelschwein miteinander.
2. Beschreibe die verfolgten Zuchtziele beim Deutschen Edelschwein mithilfe des Bildes.
3. Begründe, warum das Edelschwein heute eine der am häufigsten gehaltenen Hausschweinrassen ist. +

4 Haltung von Schweinen: **A** Intensivtierhaltung, **B** Freilandhaltung

Haltung von Hausschweinen

Schweine werden in Mastbetrieben oft zu Hunderten in Ställen gehalten. Sie sind in kleinen Boxen untergebracht. Die Boxen haben Bodenplatten mit Spalten, sodass der Kot und der Urin der Tiere unter den Boxen in Behältern aufgefangen wird. Die Tiere werden mit Kraftfutter gefüttert und können sich kaum bewegen. Bei dieser **Intensivtierhaltung** legen die Schweine schnell an Gewicht zu und sind innerhalb eines Jahres schlachtreif. So kann günstig und in sehr kurzer Zeit viel Fleisch produziert werden.

Bei der **Freilandhaltung** können sich die Tiere in einem geräumigen Stall und zusätzlich im Freien viel bewegen. Sie können im Boden selbst nach Nahrung wühlen und sich im Schlamm suhlen. Das Hausschwein benötigt jedoch bis zu zwei Jahre, damit es mit einem Körpergewicht von über 100 Kilogramm schlachtreif ist.

B Beschreibe die Lebensbedingungen des Mastschweins bei der Intensivtierhaltung und bei der Freilandhaltung.

Material mit Aufgaben

M4 Offenfront-Schweinestall

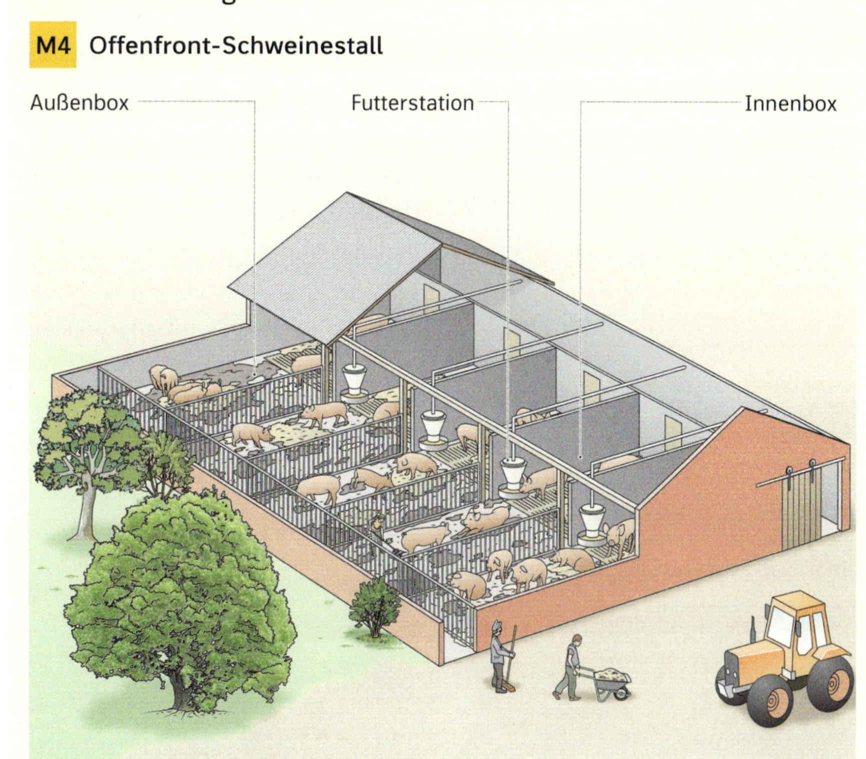

1. Beschreibe den Aufbau eines Offenfront-Schweinestalls.
2. Erkläre, warum das Fleisch aus der Freilandhaltung meist teurer ist als das aus der Intensivtierhaltung.
3. Erkläre, ob diese Art der Stallhaltung die natürlichen Verhaltensweisen der Schweine berücksichtigt.
4. Beurteile, ob diese Art der Stallhaltung artgerecht ist.

1 Huhn beim Sandbaden

Das Huhn

Das Bankivahuhn

Unsere Haushühner stammen vom asiatischen Bankivahuhn ab. Es lebt in Gruppen von mehreren weiblichen Hühnern, den **Hennen**, und einem männlichen Huhn, dem **Hahn**. In dieser **Hühnerschar** gibt es eine feste Rangordnung. Bankivahühner schlafen auf Bäumen. Tagsüber gehen sie auf Nahrungssuche. Dazu scharren sie mit ihren Krallen im Laub und im Boden. Sie picken Samen und Würmer mit ihrem Schnabel. Häufig schleudern sie Sand in ihr Gefieder und schütteln ihn wieder ab. Bei diesem **Sandbaden** reinigen sie ihr Gefieder.

Material mit Aufgaben

M1 Tagesablauf eines Huhns

1. Beschreibe den Tagesablauf eines Huhns.
2. Erkläre, weshalb Hühner Sandbaden.
3. Erläutere, welche Eigenschaften ein Lebensraum haben muss, damit Hühner ihren Verhaltensweisen nachgehen können.

Hühnerzüchtung

Hühner sind die am häufigsten gehaltenen Nutztiere. Der Mensch hat im Laufe der Zeit aus dem Bankivahuhn über 500 verschiedene Hühnerrassen gezüchtet. **Masthühner** wachsen schnell und setzen viel Muskelfleisch an. Bei ihnen werden Hahn und Henne gemästet. Bei **Legehühnern** werden nur die Hennen gehalten, die männlichen Tiere werden kurz nach dem Schlupf getötet. Legehennen können bis zu 300 unbefruchtete Eier pro Jahr legen.

2 Bankivahühner

Hühnerhaltung

In Deutschland sind verschiedene Haltungsformen von Legehühnern erlaubt. Man unterscheidet zwischen Kleingruppen-, Boden-, Freiland- und ökologischer Haltung.

Kleingruppenhaltung

Um günstig Eier zu produzieren, werden Legehennen in Gruppen von bis zu 60 Tieren in Käfigen gehalten. Bei dieser Kleingruppenhaltung hat jede Henne weniger als 0,8 Quadratmeter Platz. Das ist etwas größer als dieses aufgeschlagene Buch. Die Käfige sind übereinander gestapelt, sodass mehr als 10 000 Hühner in einem Betrieb gehalten werden können. Damit sich die Hühner ruhiger verhalten, sind die Ställe innen künstlich beleuchtet. In den Käfigen sind Sitzstangen angebracht. Kleine Bereiche des Käfigs haben einen sandigen Untergrund zum Scharren. Die Tiere haben keinen Auslauf. Sie legen die Eier in abgedunkelte Nestboxen. Ihre Schnäbel werden oft gekürzt, damit sie sich nicht gegenseitig verletzen.

Bodenhaltung

Bei der Bodenhaltung dürfen sich die Hühner in geräumigen Ställen frei bewegen. Die einzelnen Betriebe dürfen bis zu 6 000 Hühner halten. Jedes Huhn hat etwa 1,5 Quadratmeter Platz. Die Ställe sind mit Stroh, Sand und Sägespänen ausgelegt. In einem abgetrennten Bereich sind Sitzstangen in verschiedenen Höhen angebracht. Die Tiere legen ihre Eier in Nestboxen, die auf mehreren Ebenen angebracht sind.

Freilandhaltung

Die Bedingungen im Stall und die Zahl der Hühner sind bei der Freilandhaltung ähnlich wie bei der Bodenhaltung. Zusätzlich haben die Tiere jedoch Auslauf im Freien auf einer Wiese. Jedes Huhn hat zusätzlich etwa vier Quadratmeter Auslauffläche zur Verfügung.
Bei der **ökologischen Haltung** bekommen die Tiere zudem Futter aus ökologischem Anbau. Häufig baut der Betrieb einen Teil des Futters selbst an. Ein Betrieb mit ökologischer Haltung darf höchstens 3 000 Hühner halten. ▶

3 Kleingruppenhaltung

4 Bodenhaltung

5 Freilandhaltung

6 Masthühner

Masthühner

Für die Fleischproduktion werden spezielle Rassen gezüchtet, die schnell viel Fleisch ansetzen. Vor allem die Brustmuskeln, welche normalerweise dem Fliegen dienen, sind dabei von Interesse. Innerhalb von vier bis fünf Wochen erreichen die Hühner ihr Schlachtgewicht von etwa zwei Kilogramm. Sie werden in mit Stroh ausgelegten Ställen mit bis zu 40000 Tieren gemästet. Die zunehmende Enge sorgt für wenig Bewegung und weißes Fleisch.

Material mit Aufgaben

M2 Haltungsformen

Haltungsbedingungen	A	B	C
Die Hühner können sich frei bewegen	?	?	?
Die Hühner können sandbaden	?	?	?
Die Hühner können nach dem Picken scharren	?	?	?
Der Preis für ein Ei ist niedrig	?	?	?
Man kann auf wenig Fläche viele Hühner halten	?	?	?

1. Ordne die Bilder A bis C einer Haltungsform zu.
2. Vergleiche alle verschiedenen Haltungsformen von Hühnern mithilfe der Tabelle.
3. Wähle eine Haltungsform aus. Beurteile, ob die Hühner dort artgerecht gehalten werden.
4. Entwickle Vorschläge für eine zukünftige Hühnerhaltung.

M3 Eiercode

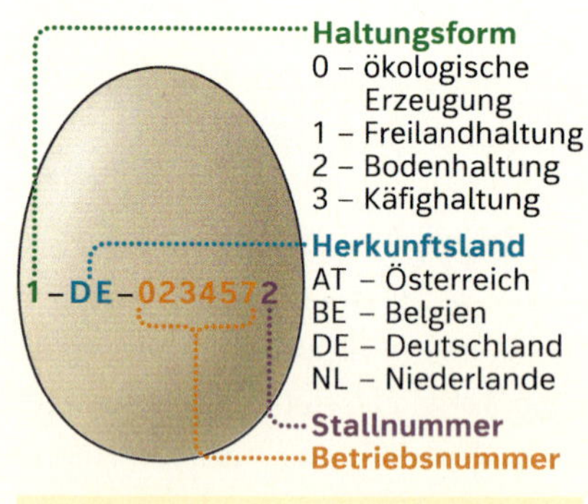

Eiercodes:	0-NL-4365873
1-DE-0257234	2-BE-1564942

Jedes Ei im Handel ist mit einem Eiercode bedruckt.

1. Ordne den Eiercodes die verschiedenen Haltungsformen zu.
2. Erkläre die Preisunterschiede von Eiern aus den verschiedenen Haltungsformen.
3. Stelle Vermutungen an, warum heute kaum noch Eier aus Kleingruppenhaltung verkauft werden.

Diagramme auswerten 

Tabellen

Bei Auswertungen und Versuchen in den Naturwissenschaften werden Messungen durchgeführt. Die ermittelten Werte werden zunächst in eine **Tabelle** eingetragen. Hier wird jeder Messwert, zum Beispiel die durchschnittliche Legeleistung von Hühnern, einer festen Größe, wie einem Jahr, zugeordnet.

Verschiedene Diagramme

Damit Messwerte aus einer Tabelle übersichtlich dargestellt werden können, benutzt man **Diagramme.** In einem Diagramm werden Messwertepaare aus der Tabelle in ein Koordinatensystem eingetragen. Auf der Längsachse steht immer die feste Größe, oft ist dies die Zeit. Der festen Größe werden die ermittelten Werte zugeordnet. Es gibt verschiedene Formen von Diagrammen:

1. Liniendiagramme

In einem Liniendiagramm sucht man zunächst den passenden Wert auf der Längsachse. Dann folgt man der Skala auf der Hochachse nach oben und macht auf der richtigen Höhe über dem Wert der Längsachse ein Kreuz. Anschließend werden die Kreuze miteinander verbunden. So kann man die Veränderung der Werte gut erkennen.

2. Säulendiagramme

In einem Säulendiagramm werden die Wertepaare ebenfalls mit einem Kreuz markiert. Danach werden allerdings Säulen von der Längsachse zu den jeweiligen Messpunkten gezeichnet.Je höher die Säule ist, desto höher ist der Wert. Will man beispielswiese eine Rangfolge darstellen, eignet sich ein **Balkendiagramm.** Es sieht wie ein gekipptes Säulendiagramm aus.

Liniendiagramme auswerten

Die Auswertung eines Diagramms kann in Schritte aufgeteilt werden:

1. Beginne mit der Beschreibung, was das Diagramm zeigt. Benutzte dazu die Beschriftung der beiden Achsen.

2. Beschreibe den Verlauf der Werte auf der Hochachse. Benutze Formulierungen wie „die Kurve steigt an", „die Kurve fällt" oder „die Werte bleiben gleich".

3. Schließe deine Beschreibung mit einem zusammenfassenden Satz ab. Dieser könnte sein: „Im Lauf der Zeit legten Hühner immer mehr Eier."

Jahr	1935	1961	1971	1988	2018
Legeleistung pro Huhn pro Jahr	100	148	218	260	298

1 Tabelle

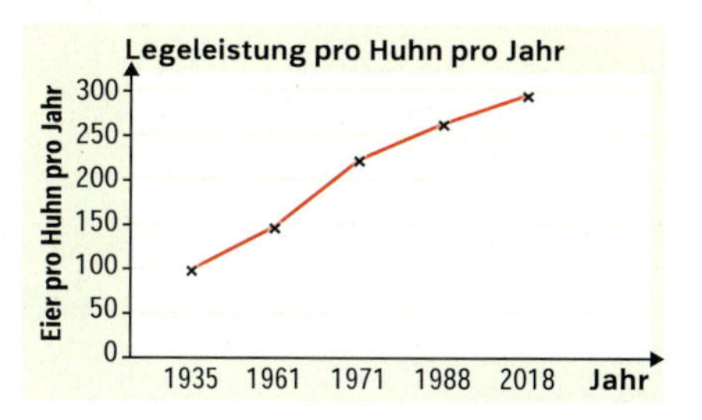

2 Liniendiagramm

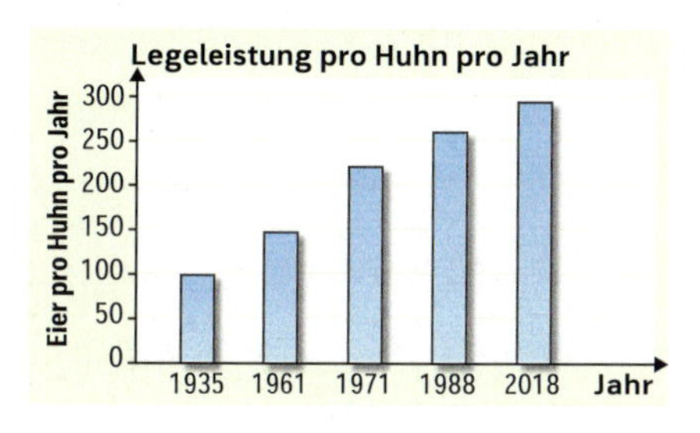

3 Säulendiagramm

Material mit Aufgaben

M1 Diagramme auswerten

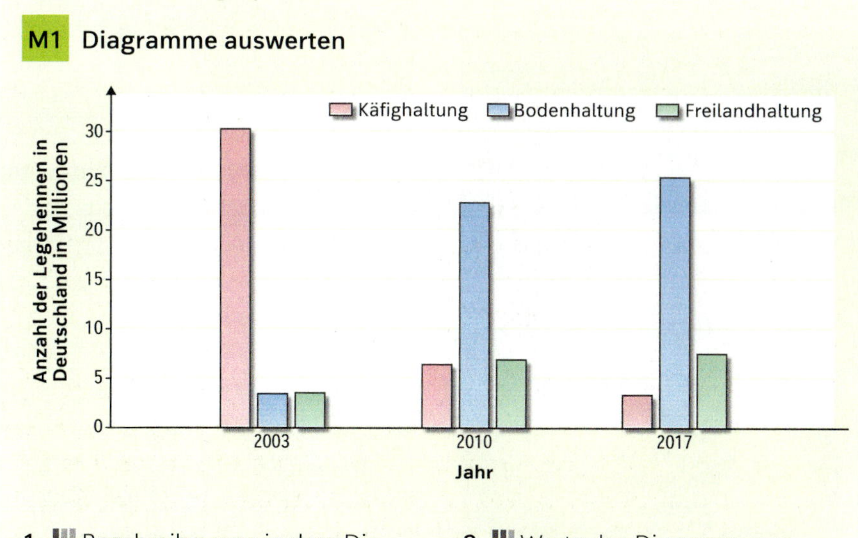

1. Beschreibe, was in dem Diagramm gezeigt wird.

2. Werte das Diagramm aus.

1 Das Eichhörnchen springt von Ast zu Ast.

Das Eichhörnchen

2 Jungtiere im Kobel

Lebensweise

Das Eichhörnchen kann man tagsüber gut beobachten, wenn es auf Bäumen in Wäldern und Gärten springt und klettert. Dabei ist es meist allein. Nur zur Paarungszeit kommt es mit anderen Eichhörnchen zusammen. Das Eichhörnchen ist ein **Einzelgänger**. Es markiert sein Revier mit Urin. Das Eichhörnchen baut oben im Baum aus Zweigen sein Nest, den **Kobel**. Innen polstert es ihn mit Laub und Moos aus. Nachts schläft es im Kobel. Am Tag verlässt das Eichhörnchen den Kobel und geht auf Nahrungssuche.

Aktivität

Im Laufe des Sommers und des Herbstes sammelt das Eichhörnchen Nüsse und Samen. Es vergräbt einen Großteil der Nahrung im Boden oder versteckt sie unter Wurzeln oder in verlassenen Baumhöhlen. Das Eichhörnchen legt sich einen Wintervorrat an. Den kalten Winter verbringt es die längste Zeit in seinem wärmenden Kobel. Dabei sinkt seine Körpertemperatur. Nur ab und zu unterbricht es seine Ruhezeiten, verlässt den Kobel und geht auf Nahrungssuche. Das Eichhörnchen ist ein **Winterruher**. Mithilfe seines Geruchssinnes spürt das Eichhörnchen die meisten seiner angelegten Nahrungsverstecke wieder auf. Jedoch findet es nicht alle Verstecke wieder. Aus den versteckten Samen die nicht gefunden wurden, wachsen im Frühjahr neue Pflanzen. So trägt das Eichhörnchen zu deren Verbreitung bei.

Fortpflanzung

Im Januar und im Juni paaren sich Eichhörnchen. Das Männchen verlässt das Weibchen nach der Paarung. Ungefähr fünf Wochen nach der Paarung bringt das Weibchen zwei bis fünf Jungtiere auf die Welt. Eichhörnchen sind **lebend gebärend**. Sie sind zunächst blind und

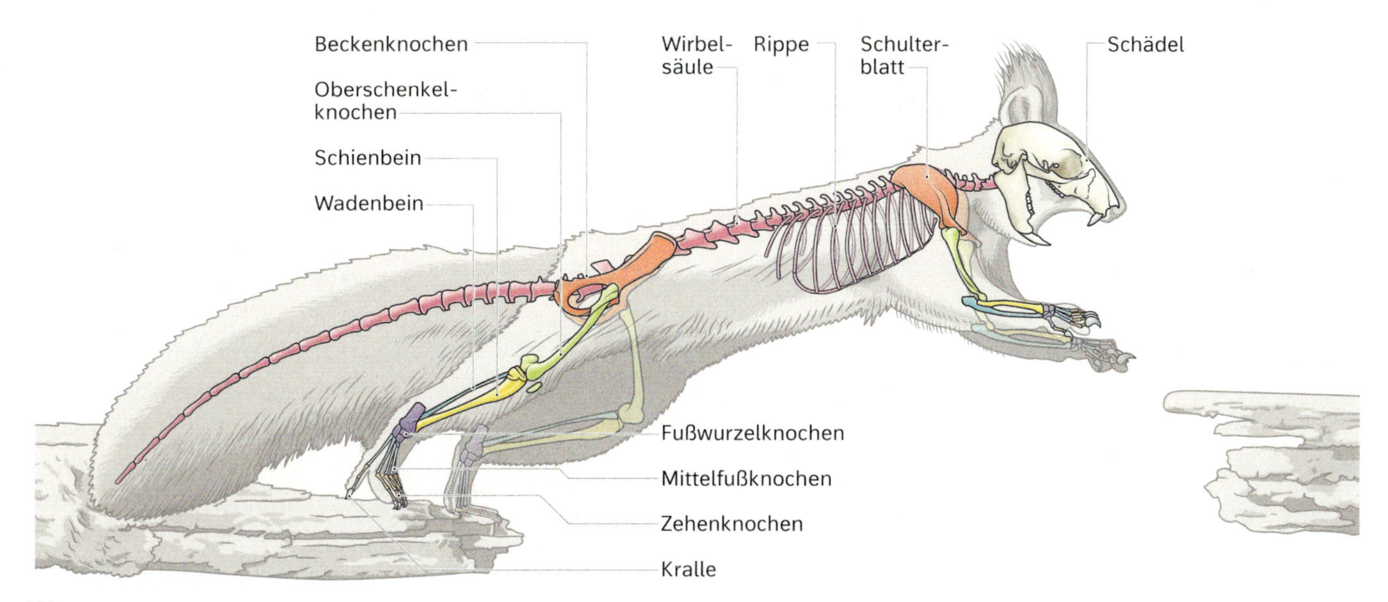

3 Körperbau des Eichhörnchens

haben kein Fell. Die Jungtiere verbringen die erste Zeit im Kobel. Eichhörnchen sind **Nesthocker**. Wie alle **Säugetiere** werden sie mit Muttermilch gesäugt. Erst nach etwa sechs Wochen haben die Jungtiere ihr Fell und ihre Augen sind geöffnet. Nun verlassen sie den Kobel.

Körperbau

Das Eichhörnchen ist vom Kopf bis zum Schwanzende etwa 40 Zentimeter lang. Vom Kopf bis zum Schwanz verläuft die Wirbelsäule. Diese besteht aus vielen einzelnen, beweglich miteinander verbundenen Wirbeln. Das Eichhörnchen ist ein **Wirbeltier**. Sein Körper ist sehr schlank und leicht. Mit den muskulösen Hinterbeinen kann es sehr weit springen. Es hat einen langen, buschigen Schwanz, mit dem es beim Springen sein Gleichgewicht hält. Das Eichhörnchen hat an den Pfoten lange Krallen. So kann es sich an der Rinde und den Ästen der Bäume gut festhalten. Mit den rauen Sohlen der Pfoten rutscht es nicht von glatten Baumrinden ab.

Material mit Aufgaben

M1 Fortbewegung

1. Beschreibe die Fortbewegung des Eichhörnchens in den einzelnen Abschnitten.
2. Erkläre, welche Merkmale dem Eichhörnchen die einzelnen Bewegungen ermöglichen.

Material mit Aufgaben

M2 Gebisse

Schneidezahn
Backenzähne

A

Schneidezähne
Eckzahn
Backenzähne

B

1. Ordne den beiden abgebildeten Gebissen einem Eichhörnchen oder einem Baummarder zu. Begründe deine Zuordnungen.
2. Vergleiche die beiden Gebisse mithilfe einer Tabelle.
3. Wähle eine der Aufgaben aus:
   a Erkläre die Funktion der Nagezähne und wodurch sie immer scharfkantig bleiben.
   b Erkläre die Angepasstheiten der Gebisse an die Ernährungsweise der Tiere.

M3 Sehfelder

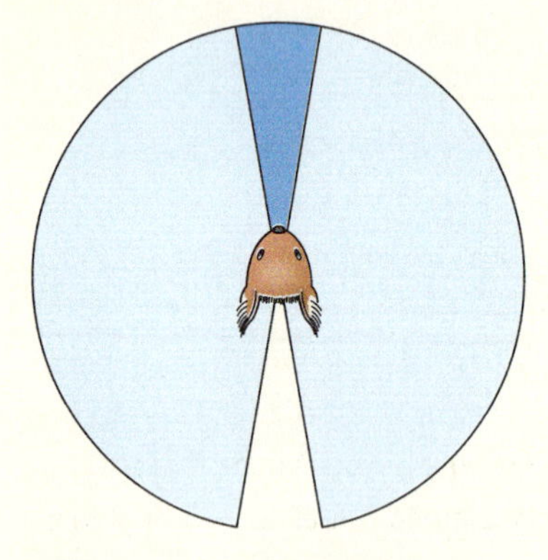

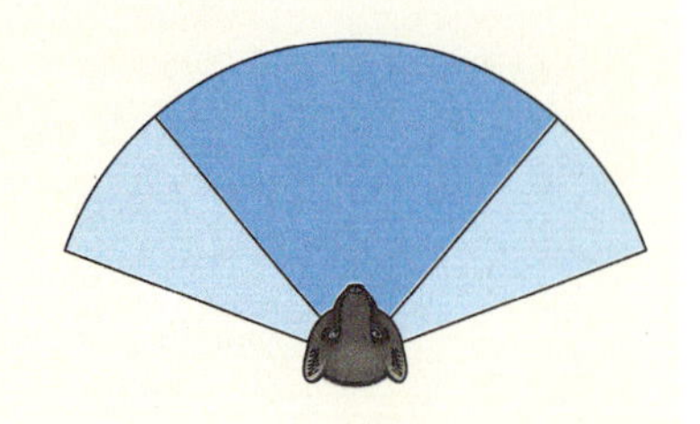

1. Vergleiche die Sehfelder von Eichhörnchen und Baummarder.
2. Erkläre, welche Bedeutung die Größe des Sehfeldes für das Eichhörnchen hat.
3. Stelle Vermutungen an, welche Vorteile das Sehfeld des Baummarders für seine Ernährungsweise hat.

Ernährung

Das Eichhörnchen frisst Früchte, Samen und Nüsse. Es ernährt sich aber auch von Insekten und Vogeleiern. Das Eichhörnchen ist ein **Allesfresser**. Es besitzt lange, meißelartige Schneidezähne im Oberkiefer und Unterkiefer. Sie werden als **Nagezähne** bezeichnet. Die weichere Hinterseite der ständig nachwachsenden Nagezähne nutzt sich beim Nagen schneller ab als die harte Vorderseite. Dadurch entsteht an der Vorderseite eine scharfe Kante. Mit dieser nagt das Eichhörnchen Risse in die harte Schale einer Nuss. Mit den Vorderpfoten öffnet es dann die Nuss. Das Eichhörnchen besitzt keine Eckzähne. Es hat hinter den Nagezähnen eine Zahnlücke. Mit seinen flachen Backenzähnen zermahlt es die Nahrung. Das Eichhörnchen hat ein **Nagetiergebiss**.

Sinnesorgane

Das Eichhörnchen hat große, weit hervorstehende Augen. Dadurch hat es ein weites Sehfeld. So kann das Eichhörnchen sicher von Ast zu Ast springen und herannahende Feinde aus der Umgbung erkennen. Mit seinen Tasthaaren an Beinen, Bauch und Schnauze findet es sich auch nachts zwischen den Ästen zurecht. Auch das Gehör ist sehr empfindlich. Das Eichhörnchen nimmt das Herannahen anderer Tiere wahr und wird daher nur selten von Raubtieren wie dem Baummarder oder Greifvögeln überrascht. Mit seinem guten Geruchssinn kann das Eichhörnchen seine Nahrung aufspüren. Es riecht sogar Nüsse unter einer 30 Zentimeter dicken Schneeschicht.

Einen Steckbrief erstellen 

Steckbriefe

In Freundschaftsbüchern findest du Steckbriefe. Du kannst dort ein Foto von dir einkleben und deinen Namen, deinen Wohnort oder deinen Geburtstag angeben. Zur genauen Beschreibung gibt man oft auch die Haarfarbe, die Lieblingsfarbe oder auch den Lieblingsfilm an. Liest jemand den Steckbrief, wird er über dich informiert.

Biologen beschreiben in einem Steckbrief eine Tier- oder Pflanzenart. Solche Steckbriefe findest du zum Beispiel oft in Zoos. So gehst du vor, wenn du einen Steckbrief erstellen willst:

1 Gliederung planen • Überlege zunächst, worüber du in deinem Steckbrief berichten möchtest. Dazu musst du genau überlegen, welche Informationen die gewählte Tier- oder Pflanzenart am besten beschreiben. Lege dazu Oberbegriffe fest. Bei Tieren sind das zum Beispiel das Aussehen, der Lebensraum, die Verbreitung, die Ernährung und die Fortpflanzung. Am Schluss kannst du Besonderheiten auflisten.

2 Informationen beschaffen • Nun musst du die notwendigen Informationen zu deiner Tier- oder Pflanzenart beschaffen. Suche dazu gezielt in Fachbüchern oder im Internet nach Informationen zu deinen Oberbegriffen.

3 Informationen zusammenstellen • Ordne die wichtigsten Informationen deinen Oberbegriffen zu. Ergänze den Steckbrief durch Bilder, damit er interessant und ansprechend ist. Verwende eine gut lesbare und große Schrift.

Die Haselmaus

Aussehen: gelb-braunes Fell, an der Kehle ein heller Fleck

Größe: bis zu 15 cm (mit Schwanz)

Gewicht: bis zu 40 g

Lebensraum: Mischwälder, auf Sträuchern

Verbreitung: Mittel-, Nord- und Osteuropa

Ernährung (Nagetiergebiss): Knospen, Samen, Beeren und Insekten

Fortpflanzung: Säugetier, zweimal im Jahr bis zu 5 Junge

Besonderheiten: sehr guter Kletterer, baut kugelförmigen Kobel

1 Steckbrief der Haselmaus

Material mit Aufgaben

M1 Der Biber

Der Europäische Biber ist das größte in Deutschland lebende Nagetier. Ein erwachsener Biber ist vom Kopf bis zum Rumpf bis zu 120 Zentimeter groß. Ausgewachsene Biber werden bis zu 30 Kilogramm schwer. Das braune Fell des Bibers ist sehr dicht. Er fettet es mit einer öligen Flüssigkeit aus einer Drüse ein. Der Biber hat große Nagezähne. Mit ihnen nagt er die Rinde von Bäumen ab, von der er sich ernährt. Mit seinen kräftigen Backenzähnen zermahlt er die pflanzliche Nahrung. Er nutzt seine Nagezähne aber auch zum Bäume Fällen. So gelangt er an die jungen, saftigen Knospen der Bäume. Die Stämme nutzt er zum Bau seiner Biberburg. Diese Asthaufen haben einen zentralen Wohnraum, von dem mehrere Gänge abzweigen. Die Eingänge befinden sich stets unter Wasser. Damit dies so bleibt, baut der Biber aus Holz Dämme und staut so das Wasser. Er bevorzugt Gewässer mit flachen Ufern und vielen Bäumen in der Nähe.
Der Biber kommt heute in Mittel-, Nord- und Osteuropa vor. Durch die menschliche Nutzung von Gewässern fehlt ihm oft ein geeigneter Lebensraum. Der Biber steht unter Schutz. In ganz Europa wird versucht, ihn wieder anzusiedeln.

1. Erstelle mithilfe des Textes einen Steckbrief über den Biber.
2. Erstelle einen Steckbrief für das Eichhörnchen.
3. Recherchiere in Fachbüchern und im Internet nach weiteren Nagetieren. Wähle eines aus und erstelle einen Steckbrief.

1 Maulwurf beim Graben

Der Maulwurf

2 Maulwurfshügel auf einer Wiese

Lebensweise

Der Maulwurf verbringt fast sein ganzes Leben unter der Erde. Seine Anwesenheit ist aber an den **Maulwurfshügeln** zu erkennen. Die Maulwurfshügel sind durch ein weit verzweigtes Gangsystem, etwa 50 Zentimenter unter der Erdoberfläche, miteinander verbunden. Den Mittelpunkt dieses Gangsystems bildet der **Wohnkessel**. Dieser ist mit Gras und Laub ausgepolstert. Er dient dem Maulwurf als Ruhe- und Schlafort. In der Nähe des Wohnkessels gibt es oft mehrere **Vorratskammern**. Vom Wohnkessel zweigen **Laufgänge** ab. Sie führen in sein Jagdrevier. Dort gräbt der Maulwurf dicht unter der Erdoberfläche ständig neue **Jagdgänge**. Die Erde schiebt er beim Graben mit der Stirn durch **Aushubgänge** an die Erdoberfläche. So entstehen die Maulwurfshügel.

Der Maulwurf duldet in seinem Revier keine Artgenossen. Der Maulwurf ist ein **Einzelgänger**.

Sinnesorgane

Der Maulwurf kann sehr schlecht sehen. Er kann nur hell und dunkel unterscheiden. Seine winzigen Augen liegen im Fell verborgen. Jedoch hört er sehr gut. Sein Gehör erkennt vor allem tiefe Töne. Auch nimmt er kleinste Erschütterungen im Boden wahr. Durch das Fehlen der Ohrmuscheln kann er sich leichter in den Gängen bewegen. Der Maulwurf kann gut riechen und so Beutetiere aufspüren. Die Mundöffnung ist nach unten gerichtet, damit sie nicht mit Erde verstopft wird. Die empfindlichen Tasthaare an seiner Schnauze ermöglichen eine Orientierung in den dunklen Gängen.

Bedeutung des Maulwurfs

Der Maulwurf durchwühlt beim Bau seiner Lauf- und Jagdgänge den Boden. Er lockert den Boden auf. In der lockeren und gut durchmischten Erde können Pflanzen besser wachsen. Auf der Jagd frisst der Maulwurf auch Schädlinge, die die Wurzeln der Pflanzen befallen. Der Maulwurf ist ein Nützling.

Maulwurf und Wühlmaus

Viele Menschen denken, dass die aufgeschobenen Erdhügel immer vom Maulwurf stammen. Das ist jedoch nicht immer der Fall. Es kann sich auch um die Erdhügel der Großen Wühlmaus handeln.

Die Große Wühlmaus ist ein Pflanzenfresser und frisst hauptsächlich Wurzeln. Sie legt daher ihre Gänge direkt unter der Grasoberfläche an. Im Gegensatz zu Maulwurfshügeln sind ihre Hügel nicht rund, niedriger und oft mit Wurzelmaterial durchzogen. Die Wühlmaus kann deshalb schwere Schäden an Wurzelgemüse, Kartoffeln, Obstbäumen und auch anderen Nutzpflanzen verursachen.

Gartenbesitzer versuchen die Große Wühlmaus zu verscheuchen oder mit speziellen Wühlmausfallen zu fangen. Es ist für Gartenbesitzer wichtig zu wissen, wie sie erkennen können, ob sich in ihrem Garten ein Maulwurf oder Wühlmäuse aufhalten. Der Maulwurf ist nämlich eine streng geschützte Art, die nicht gefangen oder getötet werden darf. ▶

A Erkläre, warum der Maulwurf sich auch ohne einen guten Sehsinn im Boden zurechtfinden kann.

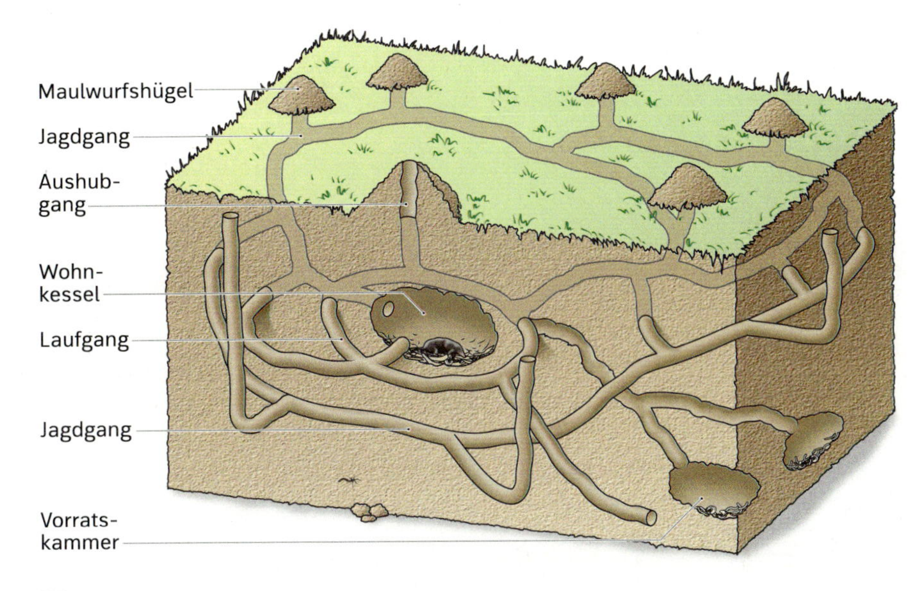

3 Gangsystem des Maulwurfs

Material mit Aufgaben

M1 Bau der Wühlmaus

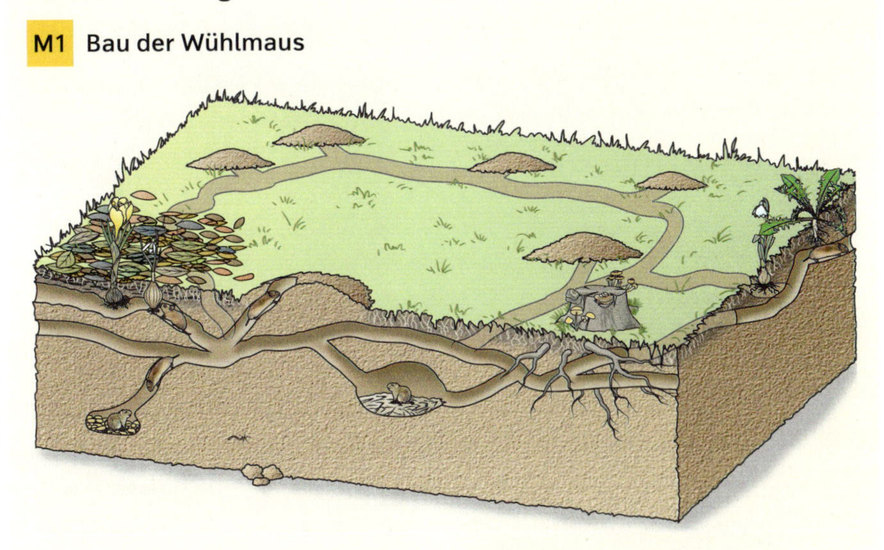

1. Beschreibe den Wohnbau der Wühlmaus.
2. Vergleiche den Bau mit dem Gangsystem des Maulwurfs. ⊞
3. Nimm Stellung zu der Aussage: „Der Maulwurf beschädigt die Wurzeln von Pflanzen.“ ⊞
4. Erläutere, warum es für Gartenbesitzer wichtig ist zu wissen, ob die Erdhügel im Garten vom Maulwurf oder von der Wühlmaus verursacht wurden.

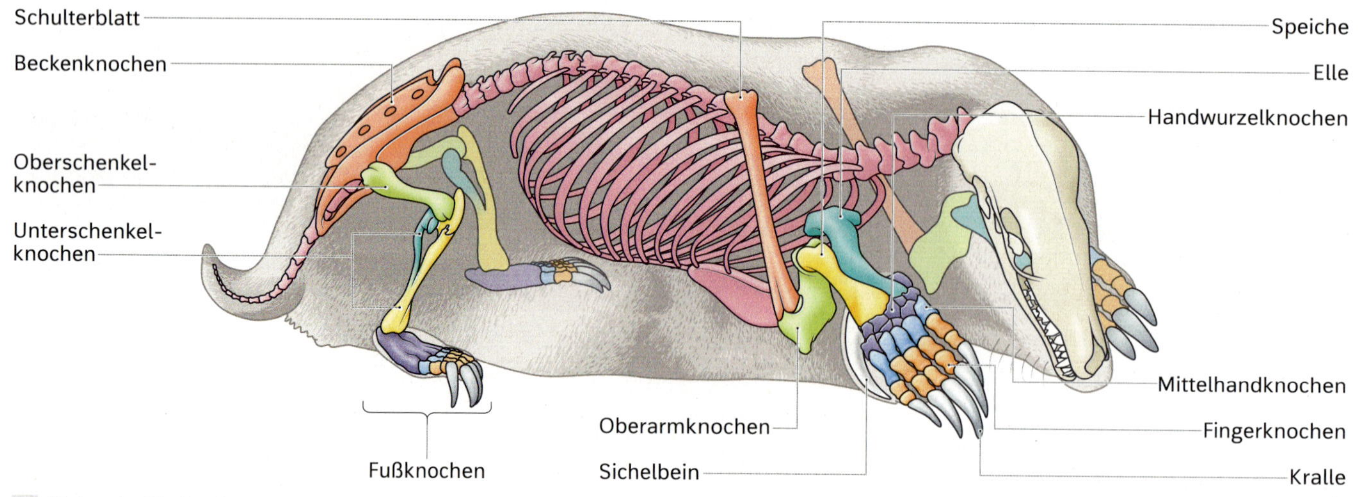

4 Skelett des Maulwurfs

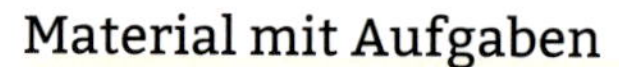

Material mit Aufgaben

M2 Vordergliedmaßen

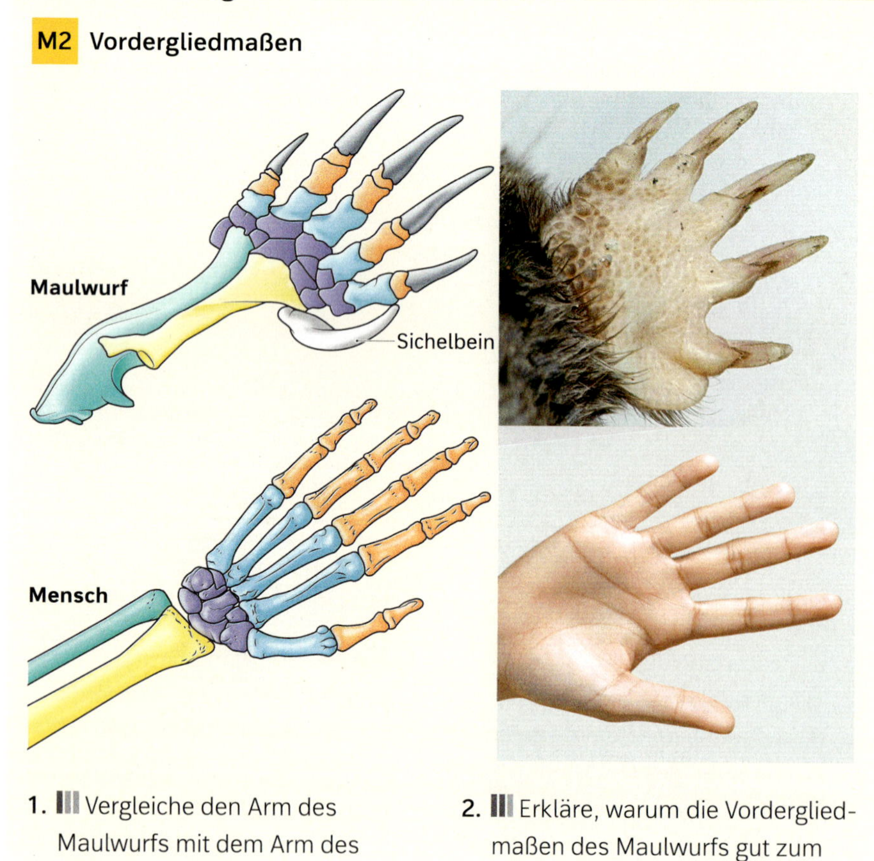

1. Vergleiche den Arm des Maulwurfs mit dem Arm des Menschen.
2. Erkläre, warum die Vordergliedmaßen des Maulwurfs gut zum Graben geeignet sind.

Körperbau

Der Maulwurf besitzt einen walzenförmigen Körper. Mit seinen kurzen Hinterbeinen schiebt er sich durch die Gänge. Dabei bohrt er seinen spitz zulaufenden Kopf ins Erdreich. Seine Nase ist rüsselartig verlängert. In ihr ist ein biegsamer Knorpel, der **Rüsselknorpel**. So wird seine Nase nicht verletzt, wenn der Maulwurf gegen etwas stößt.

Der Maulwurf hat ein dichtes, schwarzes Fell, das ihn vor Kälte und Nässe schützt. Anders als bei anderen Tieren, legen sich seine Haare beim Vorwärtskriechen wie auch beim Rückwärtskriechen durch die Gänge an den Körper an. Sein Fell hat **keine Strichrichtung**. So wird der Maulwurf beim Kriechen durch seine Gänge nicht behindert.

Besonders auffällig sind seine seitlich vom Körper abstehenden **Grabhände**. Durch einen zusätzlichen Knochen, das **Sichelbein**, wird die Handfläche verbreitert. Mit den langen **Krallen** lockert er die Erde auf und scharrt sie anschließend nach hinten.

Ernährung

Der Maulwurf frisst Insekten, Spinnen und vor allem Regenwürmer. Außerdem vertilgt er viele Wurzelschädlinge wie Insektenlarven. Er spürt seine Beutetiere in seinen Gängen auf. Der Maulwurf ergreift sie mit seinen scharfen, spitzen Zähnen. Mit ihren harten Schmelzkanten durchdringt er die harte Schale von Insekten und die zähe Haut von Regenwürmern. Mit seinen spitzen Zähnen wird das Beutetier zerkaut. Der Maulwurf hat ein **Insektenfressergebiss**. Durch einen Biss in den vorderen Körperteil kann der Maulwurf Regenwürmer bewegungsunfähig machen. Er lagert sie so als Vorrat in seiner Vorratshöhle.

Fortpflanzung

Nur zur Paarung kommen Maulwürfe zusammen. Nach etwa vier Wochen Tragzeit bringen die Weibchen die Jungtiere zur Welt. Diese sind **Nesthocker** und werden etwa zwei Monate lang gesäugt. Der Maulwurf ist ein **Säugetier**.

Aktivität

Auch im Winter läuft der Maulwurf durch sein Gangsystem. Er ist auf der Suche nach Beutetieren und verteidigt sein Gangsystem gegen Eindringlinge. Er ist ein **aktiver Überwinterer**. Seine Körpertemperatur ist unabhängig von der Umgebungstemperatur. Er ist wie alle Säugetiere **gleichwarm**. Sind in kalten Wintern seine Gänge zugefroren, zieht er sich in tiefere, nicht gefrorene Erdschichten zurück.

B Beschreibe, wie der Maulwurf an ein Leben im Boden angepasst ist.

5 Maulwurf beim Fressen

Material mit Aufgaben

M3 Gebisse von Maulwurf und Wühlmaus

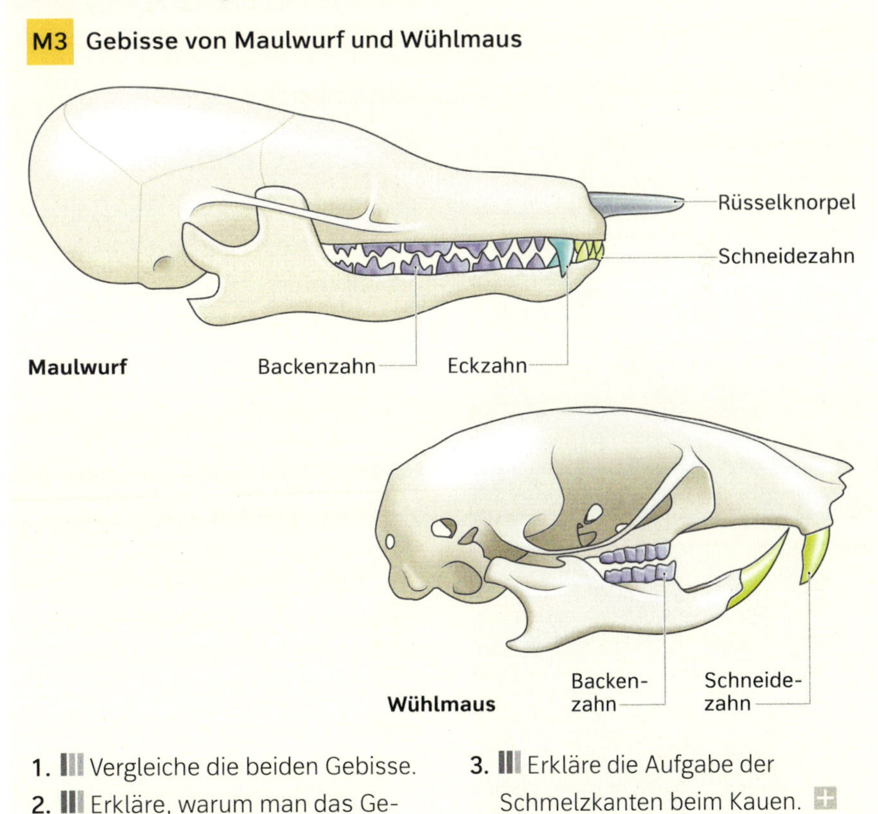

1. Vergleiche die beiden Gebisse.
2. Erkläre, warum man das Gebiss des Maulwurfs als Insektenfressergebiss bezeichnet.
3. Erkläre die Aufgabe der Schmelzkanten beim Kauen.
4. Stelle Vermutungen zur Ernährungsweise der Wühlmaus an.

1 Der Kleine Abendsegler

Die Fledermaus

Lebensweise

Den Sommer verbringt der Kleine Abendsegler tagsüber in hohlen Baumstämmen, Höhlen oder Felsspalten. Er bewohnt auch Dachböden von Häusern. Bei Anbruch der Nacht kann man ihn aus seinem Versteck fliegen sehen. Er geht auf die Jagd. Der Kleine Abendsegler ist wie alle Fledermäuse **nachtaktiv**. Den Winter verbringt der Kleine Abendsegler in hohlen Baumstämmen. Er hält sich mit den Krallen der Hinterbeine fest und schläft mit dem Kopf nach unten. Die Flügel sind dabei eng an den Körper gelegt. In einem Versteck überwintern oft mehrere hundert Fledermäuse.

2 Kleiner Abendsegler mit Jungtieren

Fortpflanzung

Das Männchen des Kleinen Abendseglers sucht im späten Herbst und Winter das Weibchen zur Paarung in ihren Verstecken auf. Dabei weckt das Männchen das Weibchen mit einem Biss in den Nacken. Nach der Begattung erfolgt die innere Befruchtung der Eizelle erst nach dem Winter. Nach etwa 70 Tagen bringt das Weibchen meist eines, manchmal aber auch zwei Jungtiere zur Welt. Fledermäuse sind **lebend gebärend**. Jedes Jungtier ist nach der Geburt nackt und blind. Der Kleine Abendsegler ist wie alle Fledermausarten ein **Nesthocker**. Das Jungtier klettert nach der Geburt zu einer Zitze der Mutter und wird mit Muttermilch gesäugt. Mit seinen Krallen hält es sich am Fell der Mutter fest, damit es beim Flug nicht verloren geht. Fledermäuse sind fliegende **Säugetiere**.

Körperbau

Zwischen dem Rumpf, den Gliedmaßen und dem Schwanz der Fledermaus sind dünne **Flughäute** gespannt. Sie sind sehr elastisch. Die Unterarmknochen und die Fingerknochen sind stark ver-

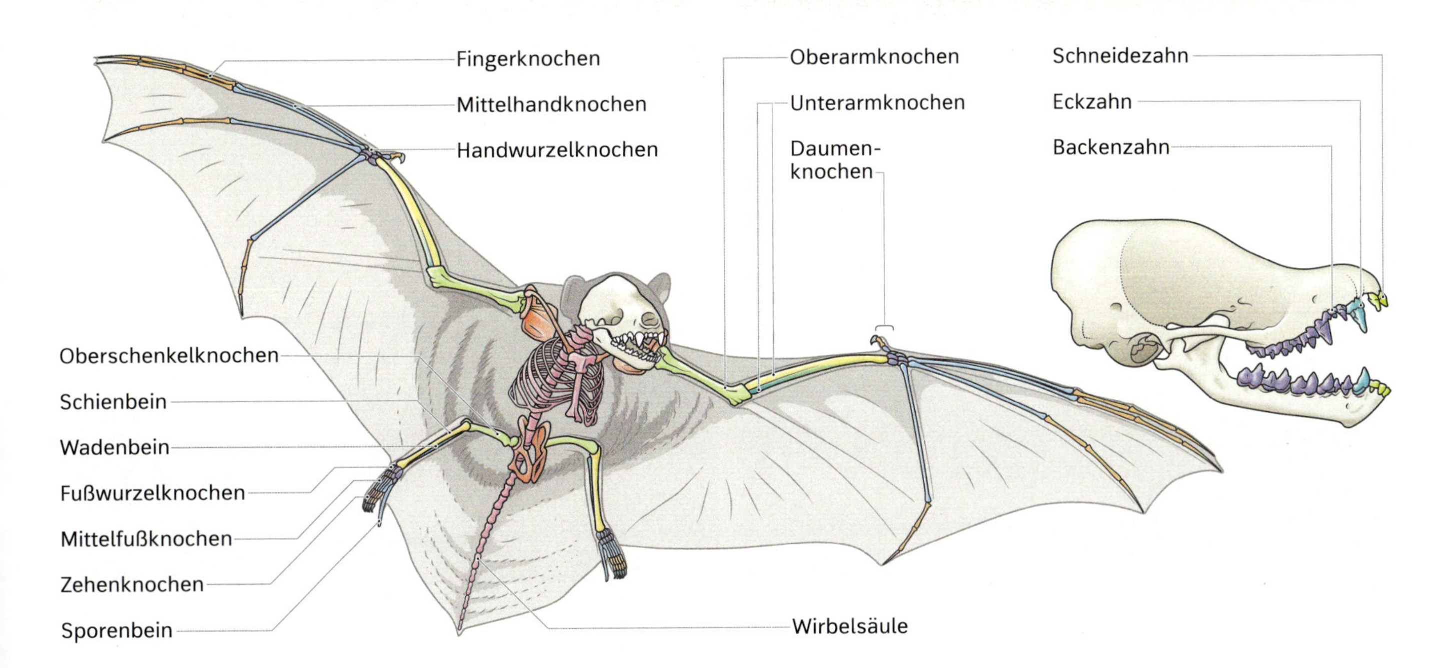

3 Skelett der Fledermaus

längert. So kann die Flughaut zwischen den Fingern wie ein Regenschirm aufgespannt werden. Mithilfe dieser großen, häutigen Oberfläche kann die Fledermaus mit schnellen, flatternden Bewegungen fliegen. An den Hinterbeinen hat die Fledermaus einen dünnen, elastischen Fortsatz aus Knochen. Dieses **Sporenbein** dient dazu, die Flughaut am Schwanz zu spannen.

Ernährung

Auf seinen nächtlichen Jagdausflügen frisst der Kleine Abendsegler viele Insekten. Eine zehn Gramm schwere Fledermaus fängt in einer Nacht bis zu 1500 Insekten. Das entspricht fast der Hälfte ihres eigenen Körpergewichts. Der Kleine Abendsegler hat wie alle Fledermäuse sehr spitze, scharfkantige Zähne. Die Eckzähne sind größer als die anderen Zähne. Mit ihnen fängt der Kleine Abendsegler seine Beutetiere. Mit seinen spitzen Zähnen bricht er die harte Schale von Insekten auf. Fledermäuse haben ein **Insektenfressergebiss**. ▶

Material mit Aufgaben

M1 Zum Fliegen gebaut

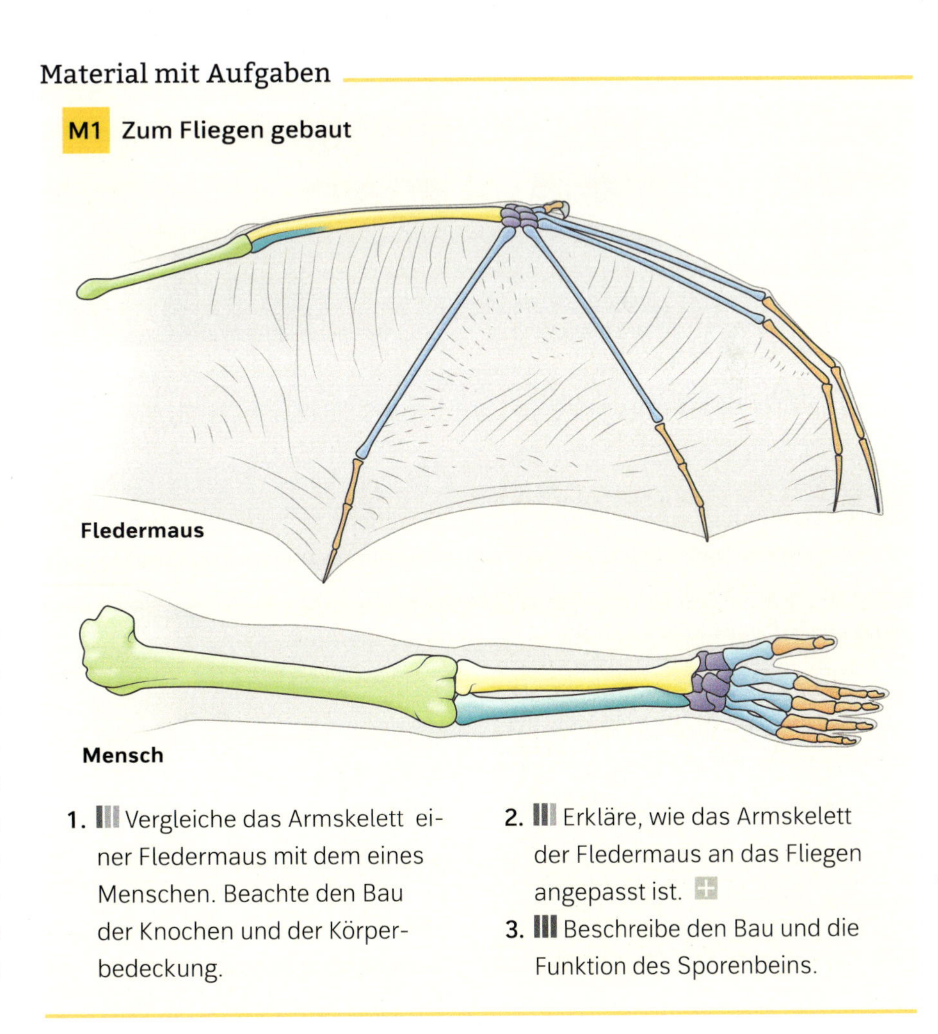

1. Vergleiche das Armskelett einer Fledermaus mit dem eines Menschen. Beachte den Bau der Knochen und der Körperbedeckung.
2. Erkläre, wie das Armskelett der Fledermaus an das Fliegen angepasst ist. ⊞
3. Beschreibe den Bau und die Funktion des Sporenbeins.

4 Fledermäuse **A** im Sommer, **B** während des Winterschlafes

Material mit Aufgaben

M2 Quartiere im Winter

○ Winterquartiere von Fledermäusen

1. Beschreibe mithilfe des Bildes mögliche Winterquartiere für Fledermäuse.
2. Fledermäuse stehen unter strengem Schutz. Erkläre, warum es wichtig ist, ihre Verstecke nicht zu zerstören. +
3. Stelle Vermutungen an, wie Quartiere für Fledermäuse geschaffen werden können.

M3 Aktivität der Fledermaus

Bei einer Fledermaus wurden die Körpertemperatur und die Zahl der Atemzüge pro Minute bei verschiedenen Umgebungstemperaturen gemessen.

Umgebungs-temperatur	Körper-temperatur	Atemzüge pro Minute
25 °C	37 °C	40
3 °C	5 °C	3
-5 °C	37 °C	40

1. Erkläre die Veränderung der Werte bei den verschiedenen Umgebungstemperaturen. +
2. Erkläre, wie die Fledermaus ihren Energiebedarf verringert.

Energiebedarf

Die Fledermaus muss viel Energie für das Fliegen über ihre Nahrung aufnehmen. Im Winter ist das Nahrungsangebot gering, da die meisten Insekten sich im Winter verstecken oder sterben. Die Fledermaus hat daher eine energiesparende Überwinterungsstrategie.

Winterschlaf

Fledermäuse suchen vor dem Winter frostsichere Höhlen und andere Verstecke auf. Dort überbrücken sie die kalten Wintermonate bis zum Frühling, ohne ihre Verstecke zu verlassen. Fledermäuse zählen wie alle Säugetiere zu den **gleichwarmen** Tieren. Ihre ansonsten gleichbleibende Körpertemperatur sinkt im Winter fast auf die Umgebungstemperatur ab. Die Zahl der Atemzüge und der Herzschläge pro Minute verringert sich. Der Stoffwechsel der Fledermaus verlangsamt sich. Das spart Energie. Fledermäuse halten **Winterschlaf**. Während des Winterschlafes nutzen sie ihre Fettreserven im Körper. Wenn es zu kalt wird, erwachen sie schnell. So verhindern sie ein Erfrieren im Winter.

Orientierung der Fledermaus

Expertenwissen

Orientierung in der Dunkelheit

Fledermäuse starten ihre Beutezüge in der Dämmerung. Dabei orientieren sie sich nicht mit ihren kleinen Augen, sondern vor allem mit ihrem Gehörsinn. Die Fledermaus stößt während des Fluges in sehr kurzen Abständen hohe Schreie aus. Menschen können diese Ultraschall-Schreie nicht hören. Wenn Ultraschall auf einen Gegenstand oder ein Beutetier trifft, wird er zurückgeworfen. Diese Echo-Schallwellen fängt die Fledermaus mit ihren großen Ohrmuscheln auf. Mithilfe dieser **Echoortung** kann die Fledermaus die Größe, die Geschwindigkeit und die Form eines Objektes erkennen. Da das Echo von weit entfernten Objekten später zu den Ohren gelangt als von nahen Objekten, kann die Fledermaus auch die Entfernung eines Objektes abschätzen.

1 Orientierung bei der Fledermaus

Material mit Aufgaben

M1 Ein Gedankenexperiment

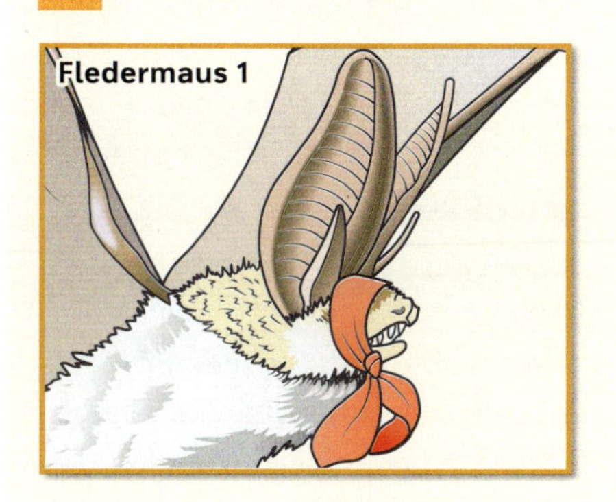

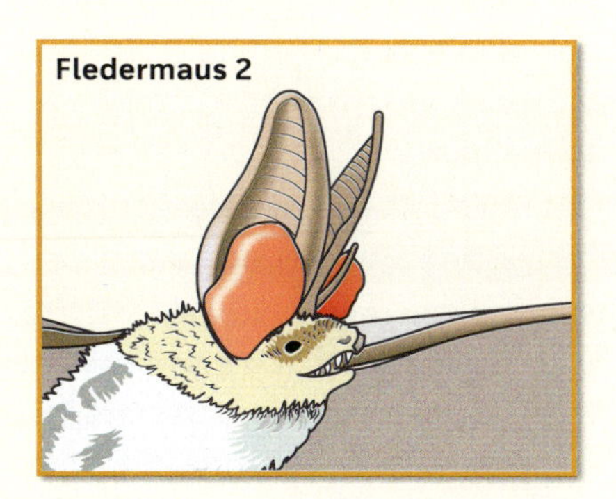

Stell dir vor, man würde die Sinnesleistungen der Fledermaus einschränken. Welche der Fledermäuse könnte noch erfolgreich jagen?

1. Entscheide, welche der drei Fledermäuse erfolgreich jagen kann. Begründe deine Entscheidung.
2. Erkläre, wie die Echoortung bei der Fledermaus funktioniert.
3. Stelle Vermutungen an, ob eine Fledermaus einen hochgeworfenen Stein als Beute erkennen und fangen würde.

1 Kohlmeise beim Fliegen

Die Vögel

Lungenflügel

Luftsack im Oberarmknochen

Luftsack

2 Lunge mit Luftsäcken

Körperbau der Vögel

Der Körper der Kohlmeise ist wie bei allen Vögeln **stromlinienförmig**. Diese Stromlinienform erleichtert ihr das Fliegen, denn sie bietet der Luft wenig Widerstand. Den Körper der Kohlmeise durchzieht eine Wirbelsäule. Vögel sind **Wirbeltiere**.

Das Skelett der Kohlmeise ist starr, denn bis auf die Halswirbel sind alle Wirbelknochen miteinander verwachsen. Die Wirbelsäule bildet so eine starre Achse. Der Körper bleibt dadurch beim Fliegen stabil. Die Rippen sind fest mit dem großen **Brustbein** verbunden, an dem die großen Flugmuskeln ansetzen. So erhält der Körper bei jedem kräftigen Flügelschlag seine Stabilität. Die Kohlmeise besitzt wie alle Vögel ein Federkleid. Nur die Füße und der Schnabel sind nicht mit Federn bedeckt.

Flügel

Jeder Flügel besteht aus den Oberarm-, Unterarm-, Hand- und Fingerknochen. Die Flügel sind zu **Flugorganen** umgewandelte Gliedmaßen. Die Flugfedern stecken in der Haut der Flügel und bilden die Tragflächen für das Fliegen.

Leichtbauweise

- **Atmung** • Die Lunge von Vögeln wie der Kohlmeise unterscheidet sich von den Lungen anderer Wirbeltiere durch ihre **Luftsäcke**. Dabei handelt es sich um Ausstülpungen der Lunge, die zwischen den inneren Organen liegen. Sie erstrecken sich sogar bis in die Knochen. Beim Atmen werden neben den Lungen auch die Luftsäcke mit Luft gefüllt. Deshalb kann ein Vogel mehr Luft einatmen, als in seine Lungen passt.

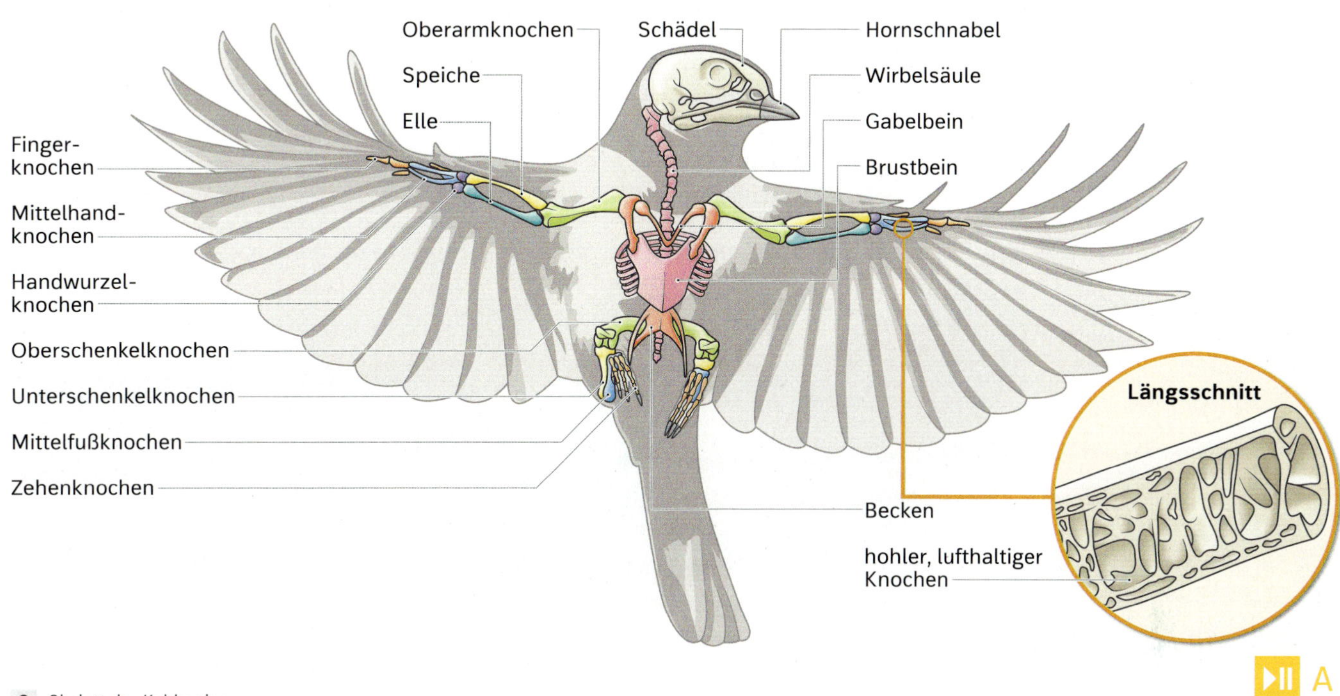

3 Skelett der Kohlmeise

▸ **Knochen** • Damit ein Vogel fliegen kann, muss er leicht gebaut sein. Die Kohlmeise besitzt daher dünnwandige, hohle Knochen. Sie sind nicht wie Säugetierknochen mit Knochenmark gefüllt, sondern mit Luft. Die leichten Knochen werden durch knöcherne Verstrebungen verstärkt und sind daher stabil. Der Schnabel ist zahnlos und mit Horn überzogen. Auch die Federn bestehen aus diesem sehr leichten, festen Material.

▸ **Ernährung und Fortpflanzung** • Vögel verdauen ihre Nahrung schnell. Kot und Urin werden häufig ausgeschieden. Eine Harnblase, in der sich Urin sammeln könnte, fehlt ihnen. Die Eier werden im Körper des Weibchens gebildet und werden nacheinander gelegt. Die Jungtiere entwickeln sich im Ei außerhalb des Körpers des Weibchens. So bleibt das Körpergewicht auch während der Fortpflanzungszeit niedrig. ▶

Material mit Aufgaben

M1 Gliedmaßen

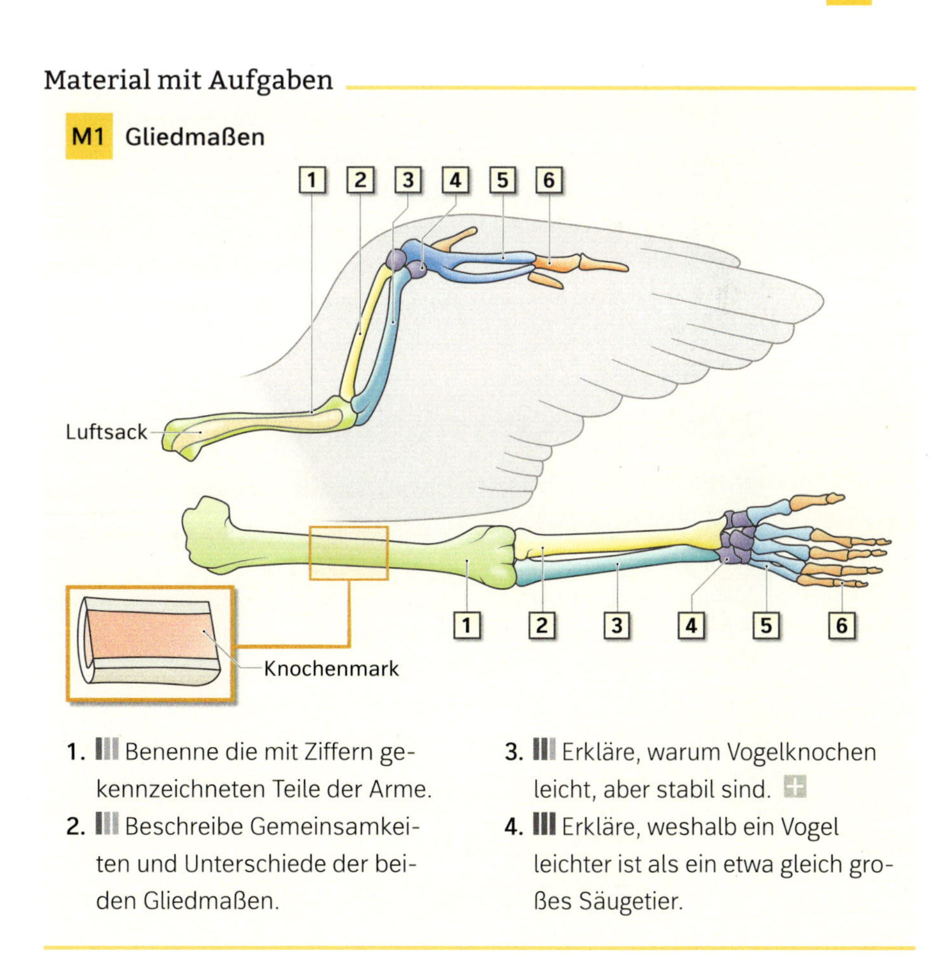

1. Benenne die mit Ziffern gekennzeichneten Teile der Arme.
2. Beschreibe Gemeinsamkeiten und Unterschiede der beiden Gliedmaßen.
3. Erkläre, warum Vogelknochen leicht, aber stabil sind. +
4. Erkläre, weshalb ein Vogel leichter ist als ein etwa gleich großes Säugetier.

4 Federn der Kohlmeise

Federtypen

Der größte Teil des Vogelkörpers ist von Federn bedeckt. Die unterste Federschicht besteht aus kleinen, feinen **Daunenfedern**. Sie schließen Luft ein und bilden so eine isolierende Schicht. Die Daunenfedern schützen den gleichwarmen Vogel vor der Kälte. Die darüber liegenden **Deckfedern** liegen wie Dachziegel übereinander. Sie schützen den Körper des Vogels vor Wind, Regen und Schmutz. Die langen **Schwungfedern** bilden die Tragflächen der Flügel. Sie ermöglichen dem Vogel zu fliegen. Mit den **Steuerfedern** am Schwanz kontrolliert der Vogel in der Luft seinen Flug und bremst bei der Landung ab.

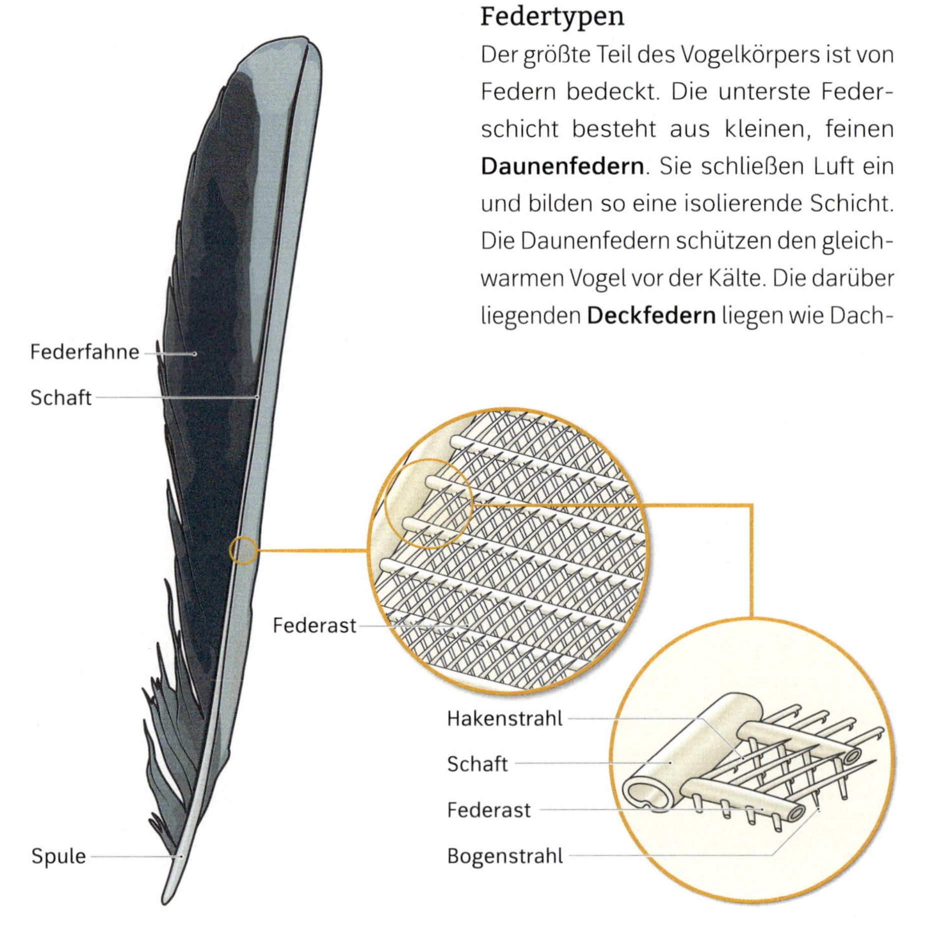

5 Bau einer Schwungfeder

Bau einer Schwungfeder

Federn bestehen aus leichtem Horn. Außer den Daunenfedern haben Federn einen langen und festen **Federkiel** und eine **Federfahne**. Der Federkiel unterteilt sich in Schaft und Spule. Mit der Spule steckt die Feder in der Haut des Vogels. Vom Schaft gehen nach links und rechts die Federäste ab. Der Federkiel und die Federäste sind hohl und darum sehr stabil und leicht. Die Federäste sind über kleine Bogenstrahlen und Hakenstrahlen wie ein Klettverschluss miteinander verzahnt. Die Federfahne bildet so eine glatte und luftundurchlässige Federfläche. ■

M2 Federtypen

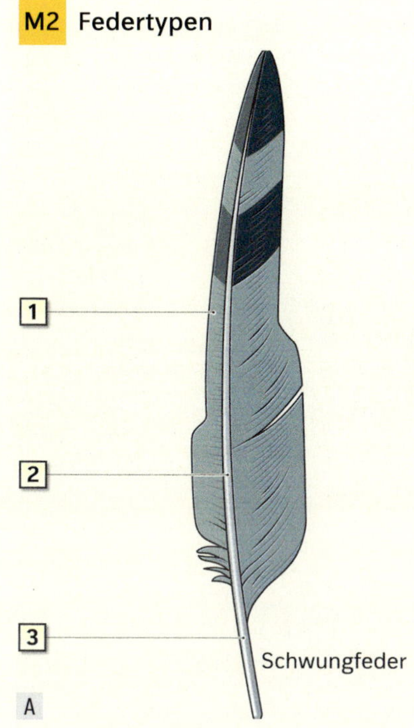

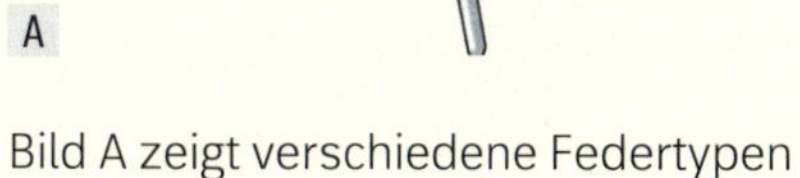

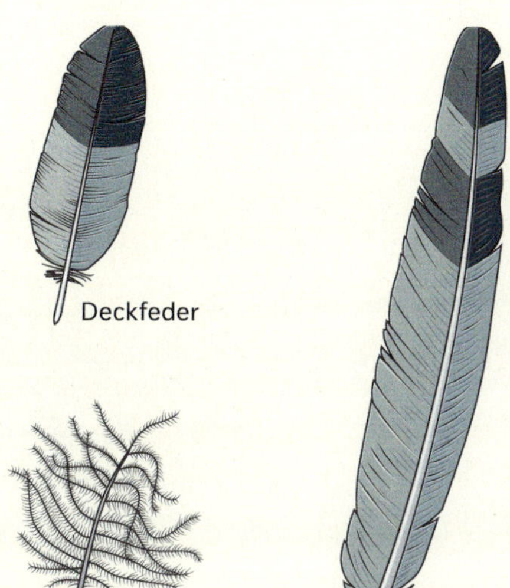

Bild A zeigt verschiedene Federtypen der Kohlmeise.
Bild B zeigt einen männlichen Pfau beim Radaufschlag.

1. Benenne die mit Ziffern gekennzeichneten Bauteile einer Feder.
2. Gib für die jeweiligen Federtypen ihre Funktion an. +
3. Oft haben männliche Vögel auffällig gefärbte Schmuckfedern am Körper. Stelle Vermutungen über deren Funktion an.

P3 Untersuchung von Federn

Material: Lupe, Schwungfedern, Daunenfedern

Durchführung: Untersuche die Federn mit der Lupe. Ziehe dazu die Federfahne der Schwungfeder von der Spitze zur Spule durch deine Finger.
Ziehe die Feder anschließend in der Gegenrichtung durch die Finger. Betrachte die Fahne jeweils mit der Lupe.

1. Beschreibe den Aufbau der Fahne.
2. Vergleiche den Aufbau der Fahne einer Schwungfeder mit einem Klettverschluss. +
3. Untersuche eine Daunenfeder mit der Lupe. Vergleiche den Bau einer Schwungfeder und einer Daunenfeder miteinander. Nenne Gemeinsamkeiten und Unterschiede der Federn.

Vogelfeder

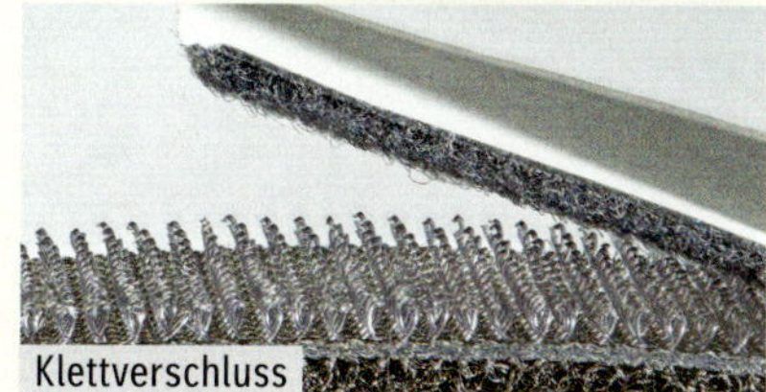
Klettverschluss

1 Turmfalke im Gleitflug

Wie Vögel fliegen

Ruderflug

Wenn der Turmfalke abhebt, bewegt er in schneller Folge seine Flügel abwärts und aufwärts. Beim **Abwärtsschlag** werden die Flügel schräg nach unten geführt. Die Schwungfedern der Flügel bilden dabei eine große, luftundurchlässige Fläche. So kann sich der Vogel in der Luft halten und gleichzeitig einen Vor- und Aufwärtsschub entwickeln. Beim **Aufwärtsschlag** wird die Stellung der Schwungfedern geändert. Die Flügelfläche ist nicht mehr geschlossen. So kann die Luft zwischen den Federn hindurchströmen. Die Flügel werden nach oben gezogen. Durch die geöffnete Flügelfläche wird verhindert, dass der Vogel

2 Turmfalke beim Ruderflug

beim Aufwärtsschlag nach unten gedrückt wird. Danach erfolgt wieder ein kräftiger Abwärtsschlag. Diese Flugform bezeichnet man als **Ruderflug**. Er ist sehr anstrengend für den Vogel, weil die kräftigen Flugmuskeln ständig beansprucht werden.

Rüttelflug

Der Turmfalke beherrscht wie alle Greifvögel eine besondere Form des Ruderfluges. Er bleibt dabei „in der Luft stehen", obwohl er ganz schnell mit seinen Flügeln schlägt. Er rüttelt. Mit ausgebreiteten Schwanzfedern bremst der Vogel beim **Rüttelflug** seine Vorwärtsbewegung. So kann der Turmfalke die Höhe und Position über dem Boden halten und mit seinen guten Augen nach Beutetieren Ausschau halten.
Hat der Turmfalke ein Beutetier, wie eine Maus, erspäht, legt er seine Flügel nah an den Körper an. Dann stürzt er sich im **Sturzflug** mit bis zu 200 Kilometern pro Stunde auf sein Beutetier.

Gleitflug

Beim Fliegen hält der Turmfalke zwischendurch auch immer wieder seine Flügel ausgebreitet. Er schlägt nicht mit den Flügeln. Diese Flugform ist nicht so anstrengend. Fliegt der Turmfalke ausschließlich in diesem **Gleitflug**, verliert er an Geschwindigkeit und Höhe. Sein Gewicht und die Luft bremsen ihn. Deshalb muss er zwischendurch immer wieder mit den Flügeln schlagen.
Je nach Größe des Vogels und der Form der Flügel können in diesem energiesparenden Gleitflug weite Strecken zurückgelegt werden.

3 Turmfalke beim **A** Rüttelflug, **B** Sturzflug

Material mit Aufgaben

M1 Ruderflug

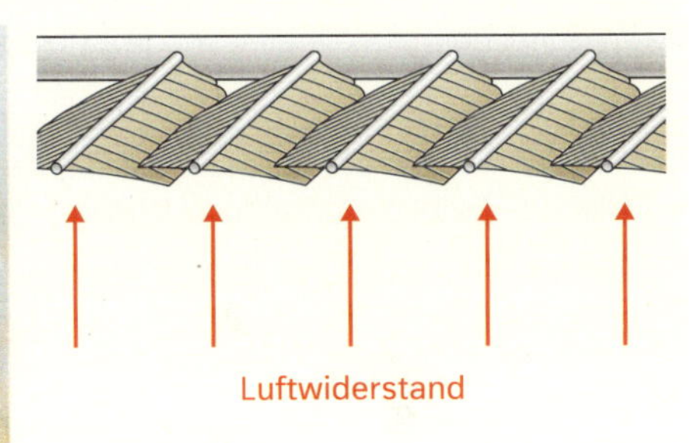

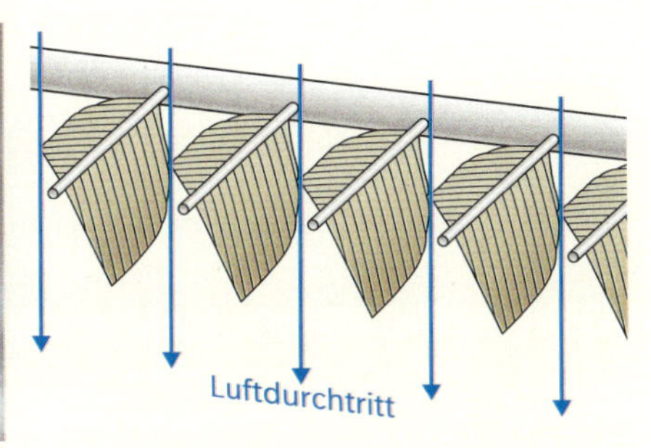

1. Ordne den Bildern A und B begründet die Begriffe Abwärtsschlag und Aufwärtsschlag zu.
2. Beschreibe den Ruderflug. Achte dabei auf den Einsatz der Flügel und die Stellung der Schwungfedern.
3. Wähle eine der Aufgaben aus:
   a Erkläre, warum der Ruderflug energieaufwändig ist.
   b Erkläre, warum der Vogel beim Ruderflug die Stellung seiner Schwungfedern ständig ändern muss.

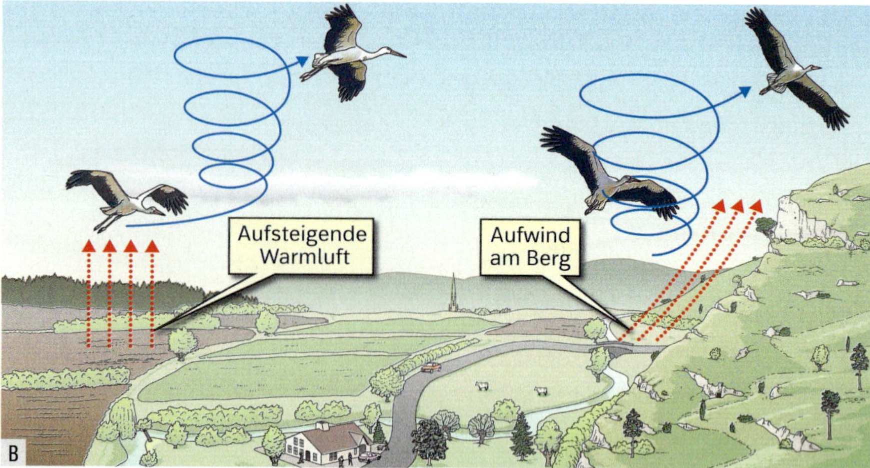

4 **A** Weißstorch im Flug, **B** Segelflug und Gleitflug bei Weißstörchen

Material mit Aufgaben

M2 Flugformen

1. Benenne die jeweilige Flugform, mit der der Bussard in den Bildern A-E fliegt. Begründe deine Zuordnungen.
2. Vergleiche die Flugformen B und C miteinander. Nenne Gemeinsamkeiten und Unterschiede.
3. Wähle eine der Aufgaben aus:
   a Erkläre, warum der Segelflug für Vögel energiesparender ist als der Ruderflug.
   b Welche Flugform ist am energieaufwändigsten? Erstelle eine Rangfolge des Energieverbrauches. Begründe deine Rangfolge.

Segelflug

Vögel mit großen Flügeln, wie der Weißstorch oder der Mäusebussard, können ohne einen Flügelschlag lange in der Luft bleiben. Sie legen dabei große Strecken zurück und können sogar an Höhe gewinnen. Die Vögel nutzen dabei nach oben aufsteigende Luft, sogenannte **Aufwinde**. Diese entstehen, wenn sich Luft zum Beispiel über Städten oder Feldern erwärmt. Die warme Luft steigt dann nach oben. Aufwinde können auch entstehen, wenn Luft an Hängen emporgleitet. Die Vögel nutzen diese Aufwinde und lassen sich mit ihnen in die Höhe tragen. Dabei kreisen sie mit ausgebreiteten Flügeln. Diese sehr energiesparende Flugform ohne Flügelschlag nennt man **Segelflug**.

Weißstörche können im Segelflug und Gleitflug Hunderte Kilometer ohne einen einzigen Flügelschlag zurücklegen. Ist ihre Flughöhe hoch genug, gleiten sie. Dabei verlieren sie an Höhe und steuern ein neues Gebiet mit Aufwinden an, das sie erneut in die Höhe schraubt.

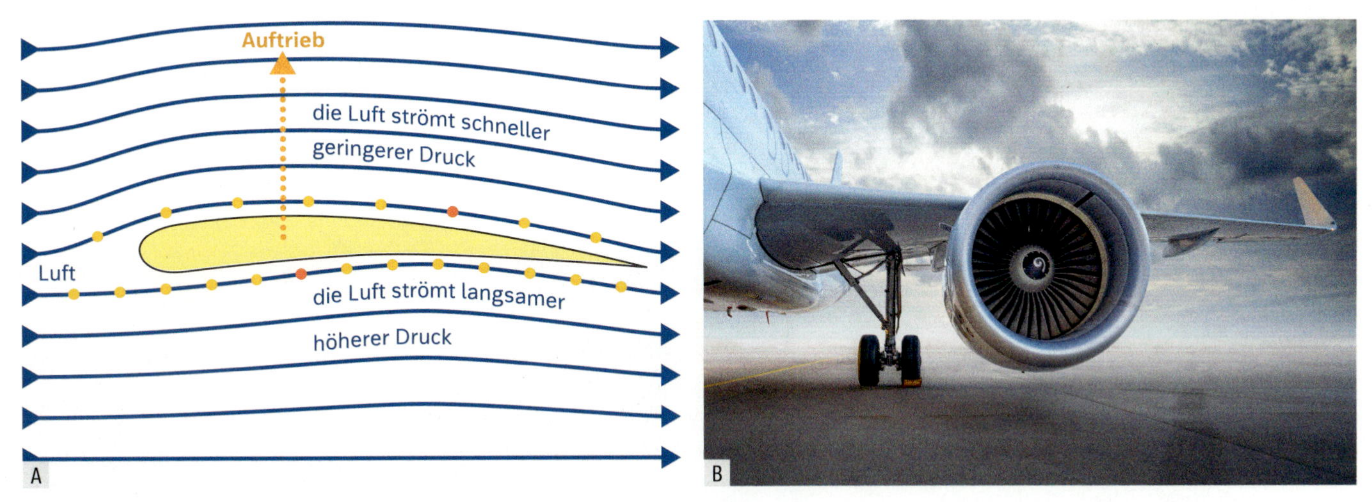

1 Flügel: **A** Auftrieb am Flügelquerschnitt eines Vogels, **B** Flugzeugflügel

Bionik

Die Flügel von Vögeln haben eine besondere Form. Die ausgebreiteten Flügel sind an der Oberseite stärker gewölbt als an ihrer Unterseite. Diese Form ermöglicht es den Vögeln zu fliegen.
Wenn die Luft am Flügel vorbeiströmt, muss sie durch die Wölbung an seiner Oberseite einen weiteren Weg zurücklegen als auf der Unterseite des Flügels. Die Geschwindigkeit der Luft ist auf der Oberseite größer als auf der Unterseite. Die schnellere Luft strömt am Ende unter den Flügel und drückt ihn nach oben. Die langsamere Luft drückt den Flügel auch nach oben. Dadurch entsteht ein **Auftrieb**. Dieser trägt den Vogel in der Luft.
Die Flügel von Flugzeugen ähneln in ihrer Form den von Vögeln. Die Baupläne von Lebewesen werden in der Technik und Bauwirtschaft durch den Menschen nachgeahmt und dann in Bauwerken oder technischen Geräten umgesetzt. Wissenschaftler und Ingenieure betrachten dabei vor allem Struktur-Funktions-Prinzipien. Man spricht von **Bionik**. Dieses Wort setzt sich aus den Begriffen Biologie und Technik zusammen.

Material mit Aufgaben

M1 Bionik

A Krebsschere

C Wasser auf Autolack

B Wasser auf einem Blatt

D Zange

1. **III** Ordne den Bildern A und B passend die Bilder C und D zu. Begründe deine jeweiligen Zuordnungen.
2. **III** Erläutere an einem der Beispiele den Begriff der Bionik.
3. **III** Recherchiere weitere Beispiele für Bionik.

1 Frisch geschlüpftes Küken

Entwicklung der Vögel

Die Kloake ist die gemeinsame Mündung von Eileiter oder Spermienleiter und Enddarm.

Begattung

Nur aus befruchteten Eiern können Küken schlüpfen. Die Eier müssen also vorher von einem Hahn befruchtet werden. Wenn die Henne zur **Begattung** bereit ist, besteigt der Hahn ihren Rücken und presst seine hintere Körperöffnung, die **Kloakenöffnung**, auf die Öffnung der Henne. Dabei gibt er seine Spermienzellen in die **Kloake** der Henne ab.

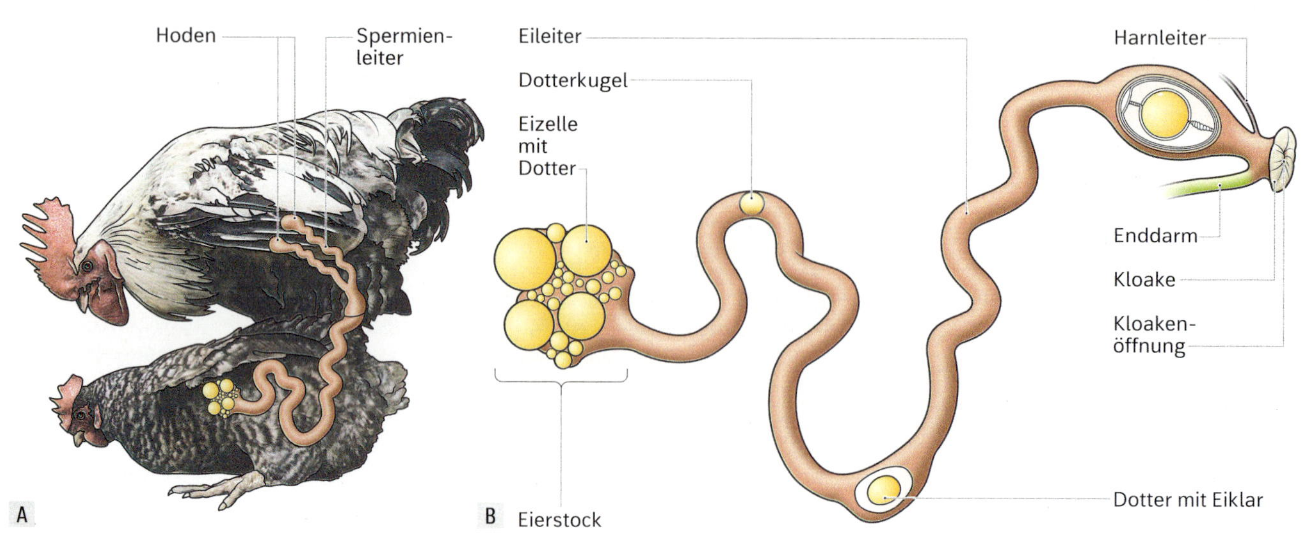

2 Entstehung eines Eies: **A** Begattung, **B** Bildung des Eies

Befruchtung

Im Eierstock der Henne liegen die Eizellen. Sie enthalten nährstoffreichen Dotter. Als große Dotterkugeln gelangen sie zunächst in den Eileiter. Trifft nach der Begattung durch den Hahn eine Spermienzelle im Eileiter auf die Eizelle, dringt die Spermienzelle in die Eizelle ein und verschmilzt mit ihr. Die Eizelle ist nun befruchtet. Da die Befruchtung im Körper der Henne stattfindet, spricht man von **innerer Befruchtung**.

Bildung eines Eies

Die befruchtete Eizelle teilt sich mehrfach und entwickelt sich zu einer flachen **Keimscheibe** auf dem Dotter. Auf dem Weg durch den Eileiter erhält das Ei weiteren Dotter, nährstoffreiches Eiklar und wasserdichte, luftdurchlässige Eihäute. Die **Hagelschnüre** halten den Dotter immer in der Mitte des Eies. Sie sorgen dafür, dass die Keimscheibe immer oben liegt. Am Schluss bildet sich eine harte, schützende Kalkschale. Sie hat sehr kleine Löcher, damit Luft und so auch Sauerstoff ins Ei gelangen. Bei unbefruchteten Eiern, die man im Supermarkt kauft, ist die Eizelle als ein kleiner weißer **Keimfleck** zu erkennen. Es bildet sich dann während der Entstehung des Eies keine Keimscheibe aus.

A Beschreibe die Entstehung eines Eies.

B Fertige eine Tabelle zu den Bestandteilen eines befruchteten Hühnereies an. Ergänze die jeweiligen Aufgaben in der Tabelle.

C Erkläre, warum aus einem gekauften Ei nie ein Küken schlüpfen kann.

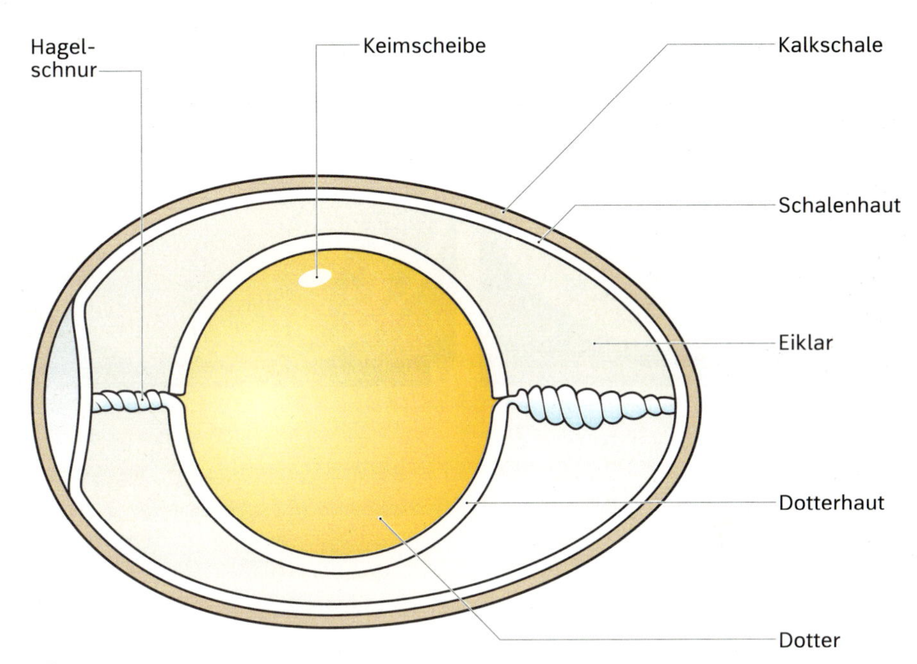

3 Aufbau eines befruchteten Hühnereies

Material mit Aufgaben

P1 Aufbau des Hühnereies

Material: leerer Eierkarton, Schere, Pinzette, Schale, unbefruchtetes Hühnerei

Durchführung: Lege das Hühnerei in eine Mulde des Eierkartons. Stich mit der Scherenspitze vorsichtig ein kleines Loch in die Kalkschale. Entferne nacheinander die Reste der Kalkschale vorsichtig mit der Pinzette, bis die Öffnung etwa so groß wie eine 2-Euro-Münze ist. Betrachte das Innere des Eies. Bewege es ein wenig hin und her und beobachte, wie sich der Eidotter bewegt. Schütte dann das Innere des Eies in eine Schale. Versuche, alle Eibestandteile zu finden.

1. Vergleiche deine Beobachtung mit Bild 3. Nenne die Bestandteile des Eies, die du sehen kannst und die Bestandteile des Eies, die du nicht sehen kannst.
2. Erkläre, woran du erkennst, dass das Ei unbefruchtet ist.

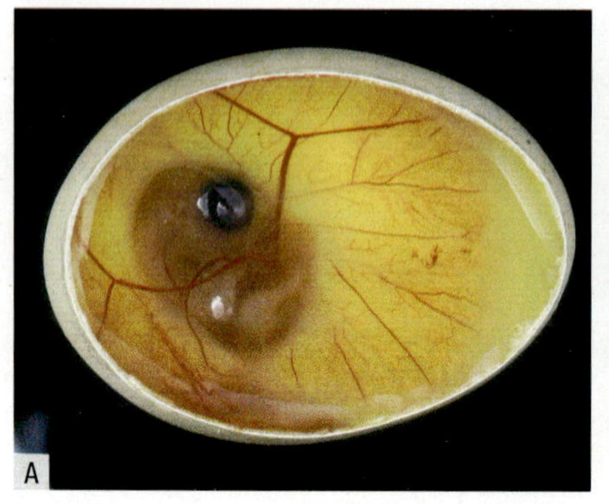

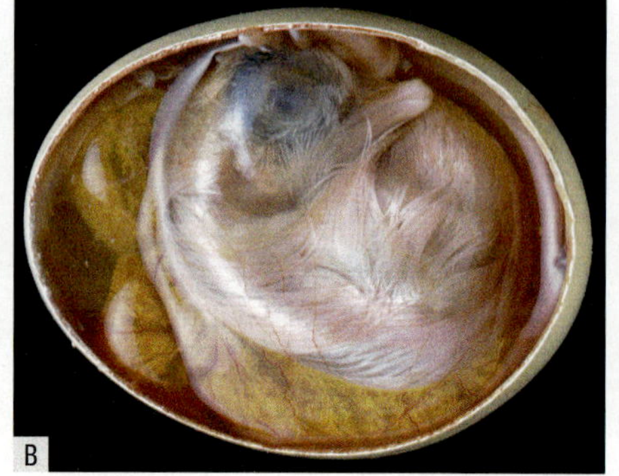

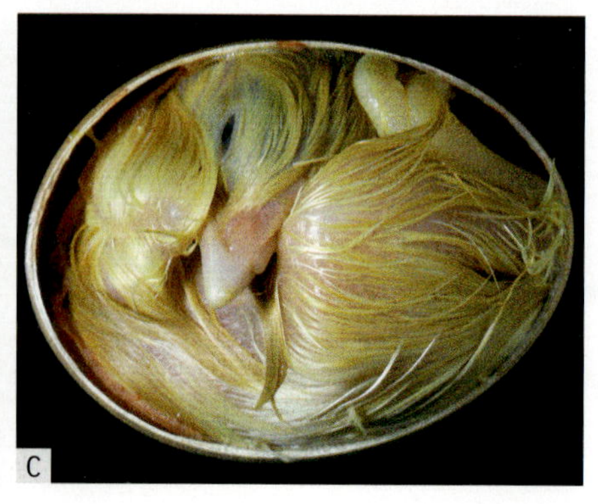

4 Vom Ei zum Küken: **A** 5. Tag, **B** 14. Tag, **C** 20. Tag

Material mit Aufgaben

M2 Vom Ei zum Küken

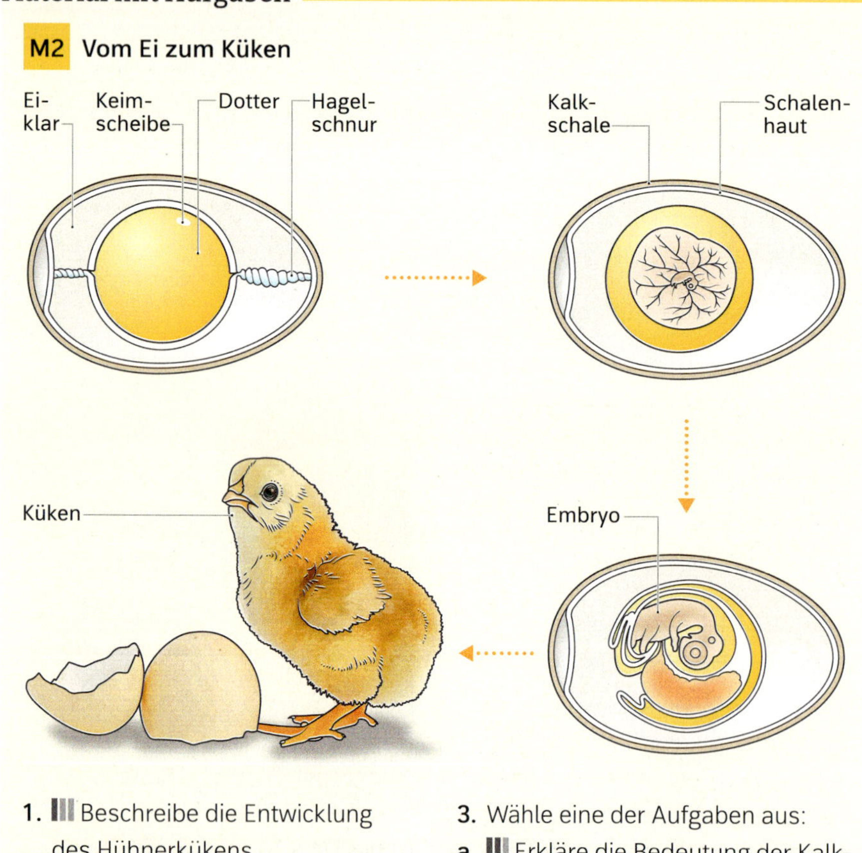

1. Beschreibe die Entwicklung des Hühnerkükens.
2. Erkläre die Bedeutung der Brutwärme für die Entwicklung des Kükens.
3. Wähle eine der Aufgaben aus:
   a Erkläre die Bedeutung der Kalkschale und der Schalenhäute.
   b Stelle Vermutungen an, ob sich im Kühlschrank aus einem befruchteten Ei ein Küken entwickelt.

Vom Ei zum Küken

Die Henne legt das fertige Ei in ein Nest, setzt sich darauf und beginnt zu brüten. Dadurch wird das befruchtete Ei auf einer gleichmäßig hohen Temperatur gehalten. Die Henne wendet das Ei regelmäßig mit dem Schnabel. So bleibt es auf allen Seiten gleichmäßig warm. Durch die Brutwärme entwickelt sich dann aus der Keimscheibe ein **Embryo**. Aus dem Embryo entwickelt sich später das Küken.

Nach drei Tagen bilden sich Blutgefäße, die das heranwachsende Küken mit Nährstoffen aus dem Dotter und Eiklar versorgen. Der für das Wachstum wichtige Sauerstoff gelangt durch die Kalkschale und Eihäute zum Küken. Nach etwa sechs Tagen sind der Kopf und die Augen bereits zu erkennen, nach 14 Tagen bilden sich der Schnabel, die Federn und die Flügel aus. Die Nährstoffe im Ei werden für das Wachstum des Kükens nach und nach aufgebraucht.

Nach etwa 21 Tagen öffnet das Hühnerküken die Kalkschale mit einer kleinen Erhebung auf der Oberseite des Schnabels, dem Eizahn. Das Hühnerküken schlüpft.

Nesthocker und Nestflüchter

Hühnerküken sind Nestflüchter

Die Henne brütet ihre Eier auf dem Boden aus. Nach dem Schlüpfen verlassen die Hühnerküken das Nest, nachdem ihre weichen Federn getrocknet sind. Ihre Augen sind dann bereits geöffnet. Außerhalb des Nests folgen die Küken aufmerksam der Henne und picken sofort selbstständig nach Nahrung. Mit lauten Rufen zeigt die Henne ihren Küken, dass sie die Mutter ist. Die Küken piepsen und machen so die Mutter auf sich aufmerksam. Die Henne führt ihre Küken aus, zeigt ihnen Futter und warnt sie vor möglichen Feinden. Diese Verhaltensweisen der Henne bezeichnet man als **Brutpflege**.

Vogelküken, die direkt nach der Geburt das Nest verlassen und sofort weitestgehend selbstständig sind, bezeichnet man als **Nestflüchter**.

Amselküken sind Nesthocker

Das Amselweibchen baut sein Nest in einem Baum oder Strauch. Die Amselküken sind nach dem Schlüpfen blind und nackt. Sie bleiben hilflos im Nest und werden von den Elterntieren gewärmt und beschützt. Die Küken betteln mit lauten Rufen nach Essen. Dabei recken sie ihre Köpfe nach oben und öffnen die Schnäbel. Dies zeigt den Elterntieren, dass sie Futter in ihren Rachen stopfen sollen. Die Eltern versorgen die Küken nach dem Schlüpfen fünf Wochen lang. Sie setzen die Brutpflege fort, bis die Jungtiere selbstständig sind. Erst wenn die Jungtiere ein vollständiges Gefieder haben, verlassen sie ihr Nest.

Vogelküken, die nach der Geburt unselbstständig und noch auf die Hilfe der Eltern angewiesen sind, bezeichnet man als **Nesthocker**.

1 Henne mit Hühnerküken

2 Amselmännchen mit Amselküken

Material mit Aufgaben

M1 Küken

1. **III** Übertrage die Tabelle in dein Heft und vervollständige sie.
2. **III** Begründe, ob die Küken in den Bildern A und B jeweils zu den Nesthockern oder Nestflüchtern zählen.
3. **III** Stelle Vermutungen an, warum Nestflüchter meist mehr Eier legen als Nesthocker.

A | Teichrohrsänger, wenige Tage alt

B | Schwäne, einen Tag alt

	Augen	Gefieder	Nahrungsaufnahme nach dem Schlüpfen	Dauer der Brutpflege
Nesthocker	...	...	...	...
Nestflüchter	...	...	...	kurz

1 Die Bachforelle lebt in klaren Bächen.

Die Fische

Fortbewegung im Wasser

Der Körper der Bachforelle unterteilt sich in Kopf, Rumpf und Schwanz. Zum Kopf und zum Schwanz hin läuft ihr Körper spitz zu. Durch diese Körperform strömt das Wasser leichter am Körper vorbei. Der Körper der Bachforelle ist **stromlinienförmig**. Ihre Haut ist mit Schuppen bedeckt, die wie Dachziegel übereinanderliegen. Die Haut ist so vor Verletzungen geschützt. Sie gibt nach außen Schleim ab. Die Bachforelle kann dadurch schnell durch das Wasser gleiten und ihre Beutetiere jagen.

Flossen

Die Bachforelle hat wie alle Fische Flossen. Diese bestehen aus feinen Knochenstäben, den Flossenstrahlen. Zwischen den Strahlen spannt sich die Flossenhaut. Durch Muskeln im Schwanz kann die Bachforelle mit der **Schwanzflosse** kräftig hin- und herschlagen. So bewegt sich die Bachforelle schlängelnd im Wasser vorwärts. Die **Rückenflosse** und **Afterflosse** halten die Bachforelle aufrecht. Die paarigen **Bauchflossen** und **Brustflossen** dienen vor allem der Steuerung im Wasser. Mit ihnen kann die Bachforelle langsam vorwärts und rückwärts schwimmen, sich drehen und bremsen. Bachforellen und Lachse haben zudem eine **Fettflosse**.

Material mit Aufgaben

M1 Flossen

1. Benenne die Flossen.
2. Ordne den Flossen die passenden Aufgaben zu. Erstelle dazu eine Tabelle.
3. Neben den Flossen sind auch die Körperform und die Haut für die Fortbewegung der Fische im Wasser wichtig. Erkläre diesen Sachverhalt.

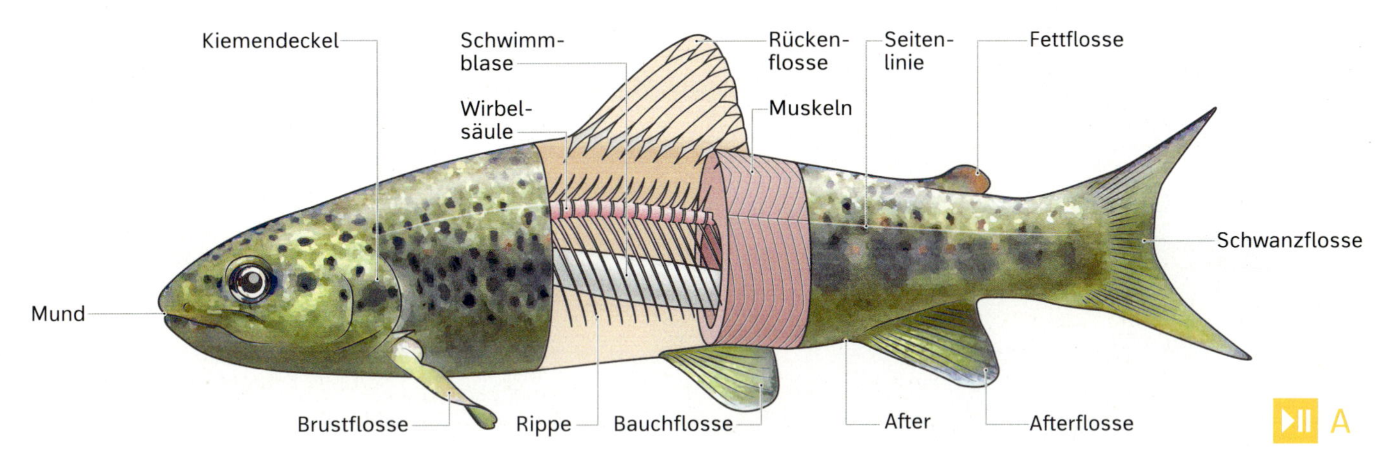

2 Körperbau der Bachforelle

Körperbau

Den Körper der Bachforelle durchzieht eine **Wirbelsäule**. Sie besteht aus einzelnen Wirbeln. Fische sind Wirbeltiere. Die Rippen setzen an den Wirbeln an und schützen die inneren Organe. Zwischen den Muskeln liegen feine, verknöcherte Stäbe, die **Gräten**. Sie festigen den Rumpf und sind nicht mit der Wirbelsäule verbunden.

Ernährung

Die Bachforelle hat spitze Zähne und ernährt sich von kleinen Fischen und anderen Kleintieren. Der Wels ertastet am Grund von Seen mit langen Fäden am Maul, den Barteln, kleine Fische. Die Bachforelle und der Wels zählen zu den **Raubfischen**. Der Karpfen sucht mit seinen Barteln den Boden nach Nahrung ab. Er frisst Pflanzen und Kleintiere. Er zählt zu den **Friedfischen**. Diese haben meistens gar keine Zähne im Kiefer.

A Nenne Angepasstheiten von Fischen an ihre Fortbewegung im Wasser.

Material mit Aufgaben

M2 Raubfisch und Friedfisch

1. Beschreibe die Köpfe und die Körperform der beiden Fische.
2. Erkläre, ob der Hecht ein Friedfisch oder ein Raubfisch ist.
3. Wähle eine der Aufgaben aus:
   a Erkläre mithilfe der Körperform, welcher der beiden Fische der schnellere Schwimmer ist.
   b Bei manchen Raubfischen ist die Position der Rückenflosse und Afterflosse so verändert, dass sie die Aufgabe der Schwanzflosse unterstützen. Erkläre diese Angepasstheit der Flossen mancher Raubfische.

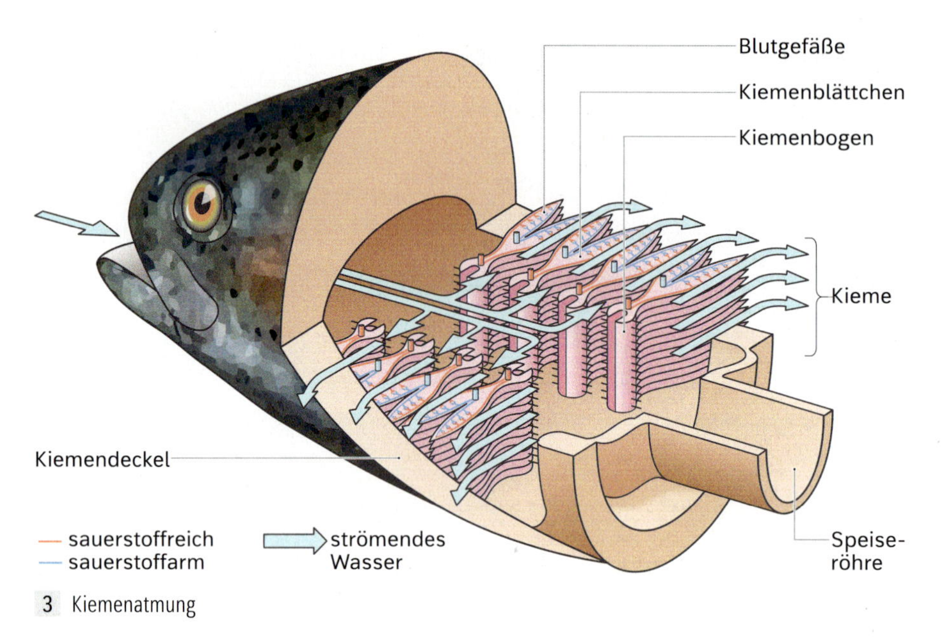

3 Kiemenatmung

Atmung unter Wasser

Fische können unter Wasser atmen. Sie nehmen den im Wasser gelösten Sauerstoff mit ihren Atmungsorganen, den **Kiemen**, auf. Diese liegen an beiden Kopfseiten und werden von harten Kiemendeckeln geschützt. Die Kiemen bestehen aus knöchernen Kiemenbögen, an denen hunderte hauchdünne, stark durchblutete **Kiemenblättchen** befestigt sind.

Atmungsvorgang

Beim Einatmen öffnet der Fisch sein Maul und saugt bei geschlossenen Kiemendeckeln Wasser ein. Beim Ausatmen presst er das Wasser mit pumpenden Bewegungen des Mauls durch die geöffneten Kiemendeckel nach außen. Das Wasser strömt an den Kiemenblättchen vorbei. Dabei wird Sauerstoff aus dem Wasser in die Blutgefäße der Kiemenblättchen aufgenommen. Der Sauerstoff wird dann mit dem Blut im Körper verteilt. Gleichzeitig wird das Kohlenstoffdioxid aus dem Blut über die Kiemenblättchen an das Wasser abgegeben.

Fische atmen mit Kiemen. Der im Wasser gelöste Sauerstoff wird über die Kiemenblättchen aufgenommen.

Körpertemperatur

Die Körpertemperatur der Bachforelle hängt von der Wassertemperatur ab. Fische zählen zu den **wechselwarmen** Tieren. Bachforellen bevorzugen kühle und sauerstoffreiche Gewässer.

B Beschreibe den Bau der Kiemen mithilfe von Bild 3.

Material mit Aufgaben

M3 Kiemenatmung

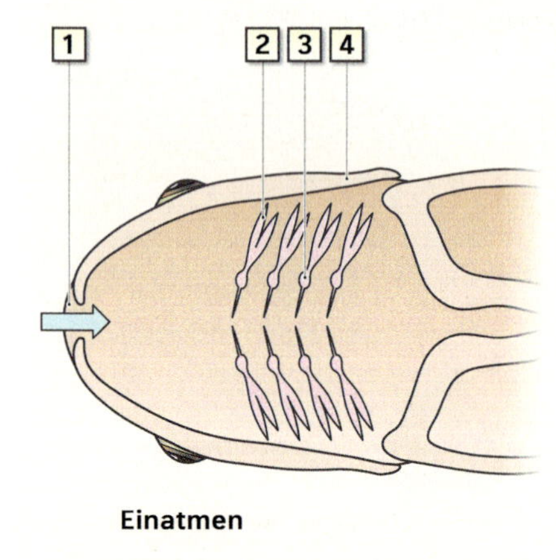

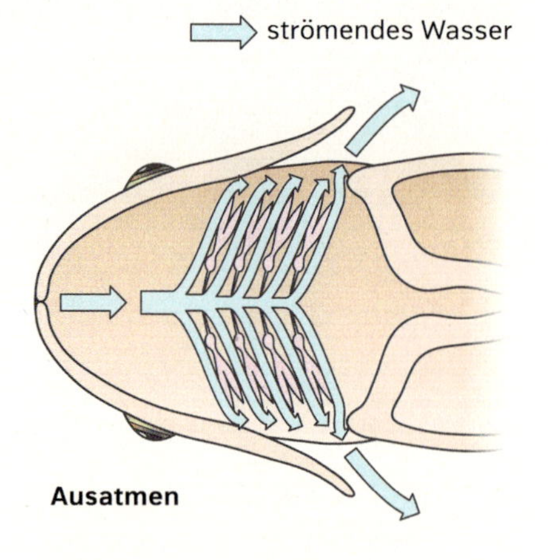

1. Benenne die mit Ziffern gekennzeichneten Bestandteile des Fischkopfes.
2. Beschreibe das Ein- und Ausatmen des Fisches. Beachte den Mund und die Kiemendeckel.
3. Erkläre, weshalb die Kiemenblättchen sehr dünn und stark durchblutet sind.
4. Begründe, warum viele Kiemenblättchen übereinander gestapelt sind. Beachte das Prinzip der Oberflächenvergrößerung.

Schwimmblase

Fische wie die Bachforelle können im Wasser schweben, aufsteigen oder auch absinken. Die Forelle hat direkt unter der Wirbelsäule einen mit Gas gefüllten Sack, die **Schwimmblase**. Die Gase gelangen über das Blut in die Schwimmblase und so auch wieder hinaus. In der Schwimmblase kann sich unterschiedlich viel Gas befinden. Wenn die Bachforelle nach oben steigt, nimmt die Schwimmblase mehr Gas auf. Sie wird größer. Wenn die Bachforelle im Wasser absinkt, gibt die Schwimmblase Gas an das Blut ab. Sie wird kleiner. So kann die Bachforelle in unterschiedlichen Wassertiefen schweben.

Sinnesorgane

An beiden Seiten der Bachforelle ist vom Kopf bis zur Schwanzflosse eine feine Linie zu erkennen, die **Seitenlinie**. Mit ihr kann die Bachforelle Strömungen des Wassers wahrnehmen. So kann sie Hindernissen ausweichen oder auch Fressfeinde wahrnehmen. Die Augen der Bachforelle befinden sich seitlich am Kopf. Sie kann dadurch gut nach vorn und nach hinten sehen. Mit ihren Geschmacksknospen am Mund kann die Bachforelle ihre Nahrung im Wasser aufspüren. ■

C Beschreibe die Aufgabe der Schwimmblase.

D Erkläre, warum ein Fisch in unterschiedlichen Wassertiefen schweben kann.

E Erkläre, wie Fische auch im trüben Wasser Beutetiere oder Hindernisse erkennen können.

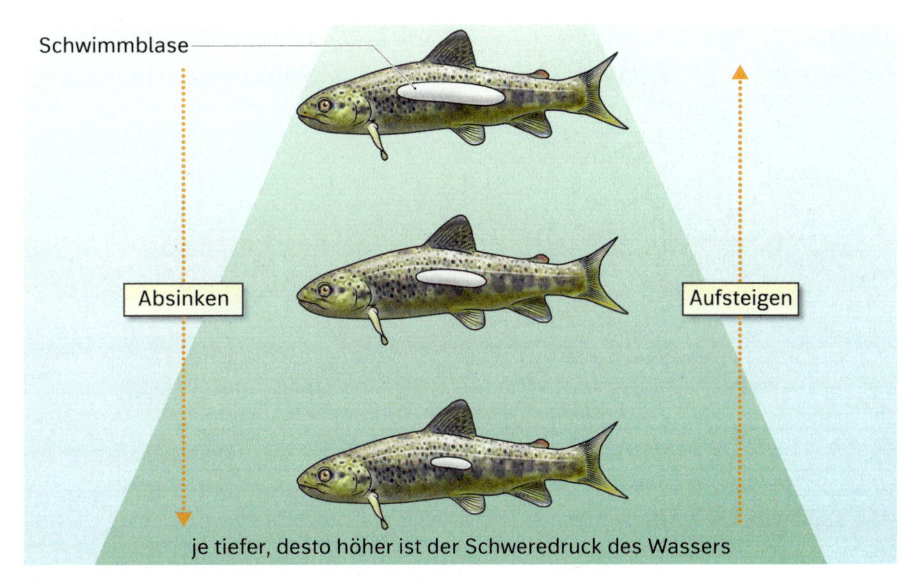

4 Funktion der Schwimmblase

Material mit Aufgaben

M4 Funktion der Schwimmblase

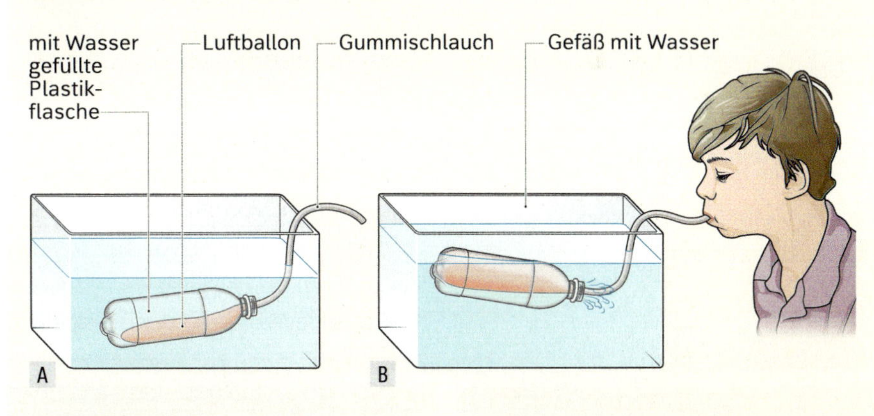

1. Beschreibe den Aufbau und die Durchführung des Versuchs.
2. Beschreibe die Versuchsbeobachtungen.
3. Erkläre, wie du vorgehen musst, damit die Plastikflasche in halber Höhe im Wasser schwebt. ■
4. Wähle eine der Aufgaben aus:
   - **a** Ordne die Teile des Modellversuches den Körperteilen des Fisches und seinem Lebensraum zu.
   - **b** Erkläre, ob dieser Modellversuch alle Vorgänge an der Schwimmblase zeigt.

1 Forellenweibchen schlägt eine Grube

Fortpflanzung und Entwicklung bei Fischen

Fortpflanzung

Während der Paarung gibt das Forellenweibchen bis zu 1500 unbefruchtete Eier, den **Laich**, ins Bachbett ab. Gleichzeitig gibt das Forellenmännchen eine milchige Flüssigkeit ins Wasser über den Laich. Die in der Flüssigkeit enthaltenen Spermienzellen befruchten die Eizellen. Die Befruchtung erfolgt außerhalb des Körpers des Weibchens. Diesen Vorgang nennt man **äußere Befruchtung**. Nach der Befruchtung bedeckt das Weibchen die Eier mit Kies und überlässt sie sich selbst. Es entwickelt sich im befruchteten Ei ein **Embryo**.

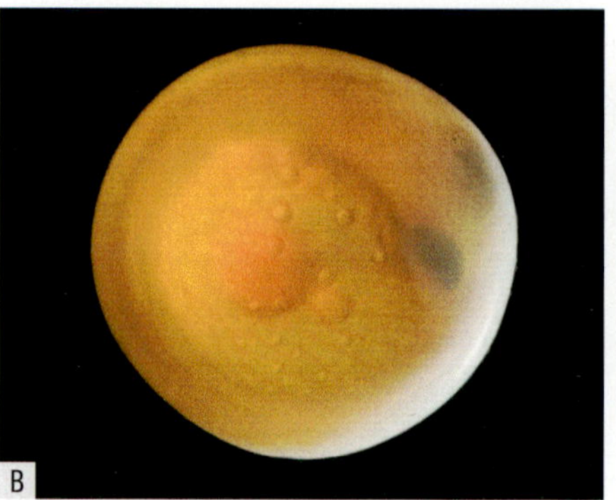

2 Entwicklung der Forelle: **A** Eier, **B** Ei mit Embryo, **C** Larven beim Schlüpfen, **D** Larven mit Dottersack, **E** Jungforelle, **F** erwachsene Forelle

Entwicklung

Etwa zwei Monate nach der Befruchtung schlüpfen aus den befruchteten Eiern die Jungtiere, die **Larven**. Die Larve der Forelle ist fast durchsichtig und ist nur wenige Millimeter groß. Sie ernährt sich zunächst von ihrem nährstoffreichen Dottersack an ihrer Bauchseite. Sie schwimmt zwischen den Kieselsteinen des Bachbetts, damit sie nicht von Fressfeinden entdeckt und gefressen wird. Erst wenn die Nährstoffe ihres Dottersacks fast aufgebraucht sind, verlässt sie als **Jungforelle** das schützende Bachbett und sucht im offenen Wasser nach Nahrung. Am Ende des ersten Jahres ist die Jungforelle etwa 10 bis 12 Zentimeter groß. Im Alter von zwei bis vier Jahren ist die Forelle etwa 30 Zentimeter groß. Sie ist nun geschlechtsreif und kann sich fortpflanzen.

A Erkläre, warum man bei der Forelle von einer äußeren Befruchtung spricht.

B Erkläre, weshalb das Forellenweibchen vor der Paarung eine Grube mit ihrer Schwanzflosse ins Bachbett schlägt.

Material mit Aufgaben

M1 Entwicklung der Forelle

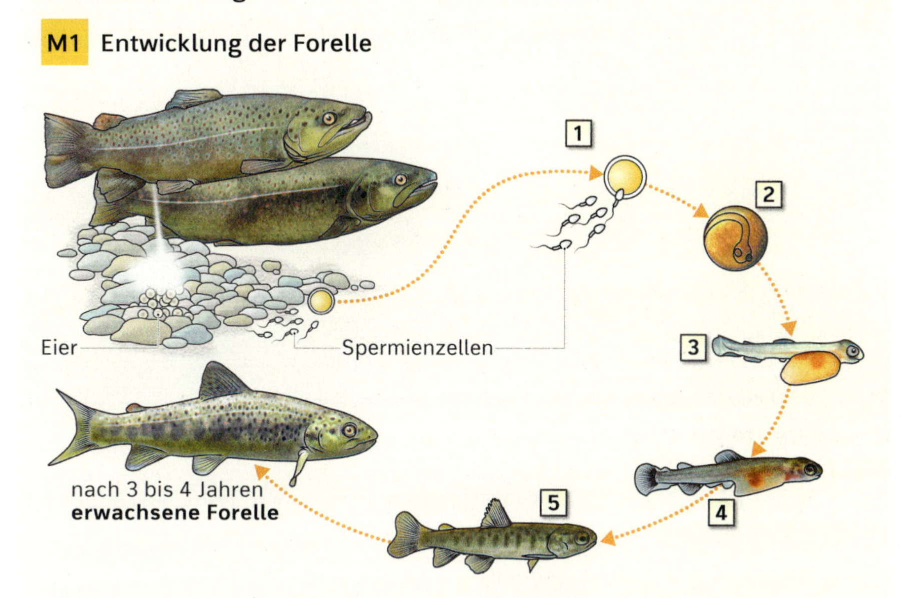

1. ▮▯▯ Ordne den Zahlen die folgenden Begriffe zu: Jungforelle, befruchtetes Ei, Embryo im Ei, Larve (3,5 Monate alt), Larve (2,5 Monate alt).
2. ▮▯▯ Beschreibe die Entwicklung der Forelle von der Larve zur erwachsenen Forelle. ⊞
3. ▮▮▯ Erkläre, warum sich die Größe des Dottersacks während der Entwicklung verändert. ⊞
4. Wähle eine der Aufgaben aus:
   a ▮▮▯ Erkläre, warum das Forellenweibchen und das Forellenmännchen bei der Paarung ganz dicht zusammen schwimmen.
   b ▮▮▮ Stelle Vermutungen an, weshalb Forellenweibchen eine große Anzahl von Eiern ins Bachbett ablegen.

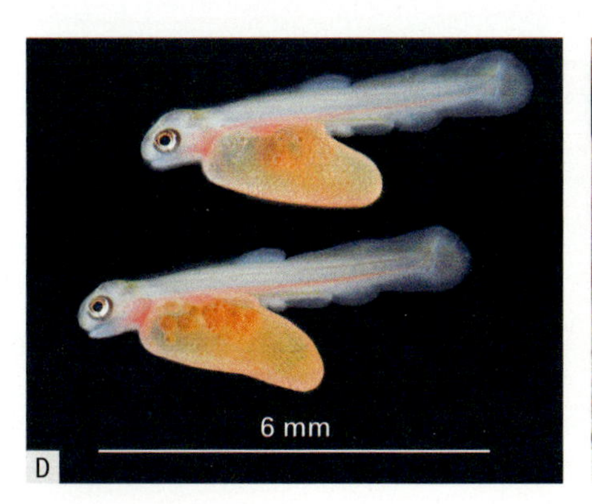

D

E

F

1 Ein Wasserfrosch

Die Amphibien

Das Wort Amphibie stammt aus dem Griechischen: amphi – beides, bios – Leben

Sinnesorgane

Der Wasserfrosch sitzt gut getarnt zwischen Wasserpflanzen. Seine kugeligen Augen sitzen seitlich am Kopf. Dahinter liegen die runden Ohröffnungen. Durch die Lage seiner Augen und Ohren kann der Wasserfrosch Geräusche und Bewegungen von Feinden und Beutetieren frühzeitig erkennen.

Ernährung

Der Wasserfrosch frisst Insekten. Dazu sitzt er regungslos an einer Stelle und wartet. Ist ein Beutetier nah genug, schleudert er seine Zunge aus dem Mund heraus. Das Beutetier bleibt an seiner klebrigen **Schleuderzunge** kleben. Beim Hereinziehen der Zunge ins Maul wird es als Ganzes verschluckt.

2 Beutefang beim Wasserfrosch

Körperbau

Mit den langen Hinterbeinen kann der Wasserfrosch gut schwimmen. Er zieht seine Hinterbeine zunächst an und stößt sie kräftig nach hinten. **Schwimmhäute** zwischen den Zehen verbessern den Abstoß im Wasser. Mit seinen muskulösen Hinterbeinen kann er an Land weit springen. Die Sprünge federt er mit seinen Vorderbeinen und Schulterblättern ab. Die Wirbelsäule ist starr. Der Wasserfrosch ist ein **Wirbeltier**. Er lebt im Wasser und an Land. Er ist ein Lurch oder eine **Amphibie**. Der Wasserfrosch

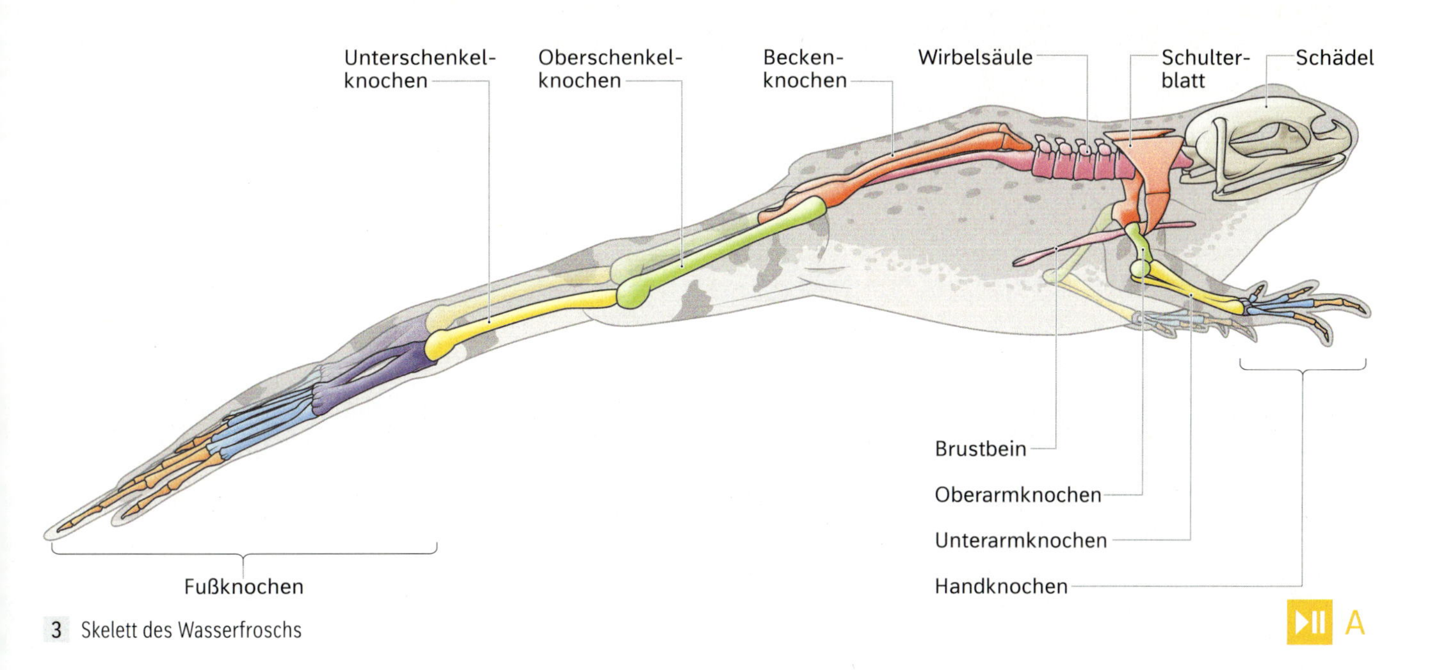

3 Skelett des Wasserfroschs

A

hat keinen Schwanz und zählt wie die Erdkröte zu den **Froschlurchen**. Der Teichmolch hat einen Schwanz und gehört wie der Feuersalamander zu den **Schwanzlurchen**. An Land bewegt sich der Teichmolch kriechend fort, mit seinem langen, abgeplatteten Schwanz schlängelt er schnell durchs Wasser.

Atmung

Der Wasserfrosch kann mit seiner Lunge an Land atmen. Beim Tauchen kann er einige Minuten unter Wasser bleiben. Dabei atmet er durch die Haut und kann so Sauerstoff aus dem Wasser aufnehmen. Amphibien sind Doppelatmer mit **Lungen**- und **Hautatmung**.

Aktivität

Die Körpertemperatur des Wasserfroschs ist in etwa so hoch wie seine Umgebungstemperatur. Amphibien sind **wechselwarme Tiere**. Wird es im Herbst kälter, bewegen sie sich kaum noch und fallen in **Kältestarre**. Seinen im Winter geringeren Sauerstoffbedarf deckt der Wasserfrosch über die Hautatmung.

Material mit Aufgaben

M1 Körperbau von Wasserfrosch und Teichmolch

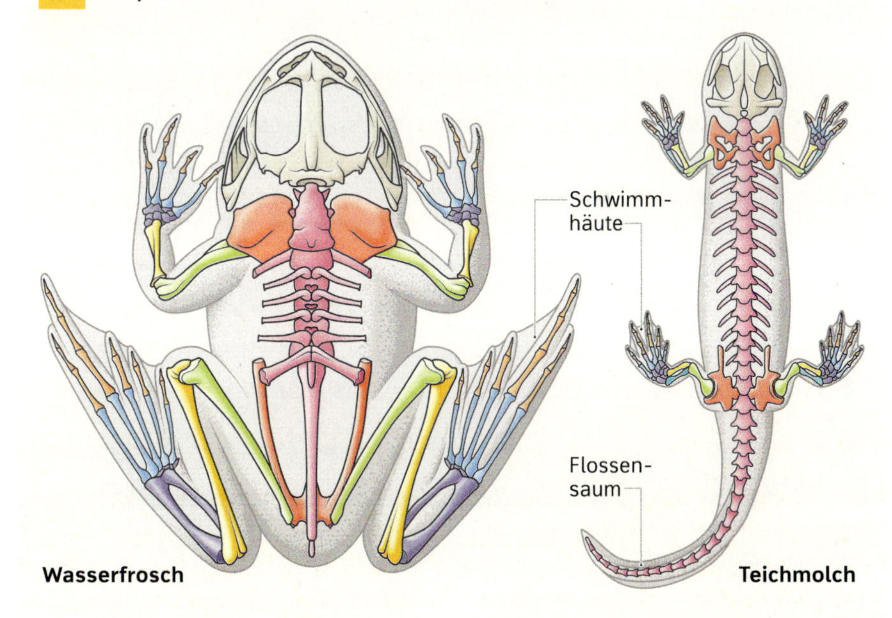

1. Beschreibe die Unterschiede im Körperbau von Wasserfrosch und Teichmolch. Beachte folgende Merkmale: Gliedmaßen, Schwanz und Schulterblätter.
2. Erkläre, warum der Wasserfrosch zu den Amphibien zählt.
3. Erkläre, wie der Teichmolch an die Fortbewegung im Wasser angepasst ist.
4. Erkläre, warum sich der Wasserfrosch sowohl im Wasser als auch an Land schnell fortbewegen kann.

Atmung bei Amphibien

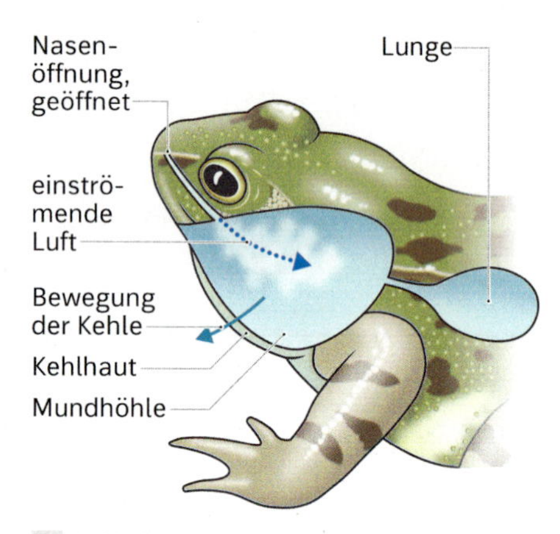

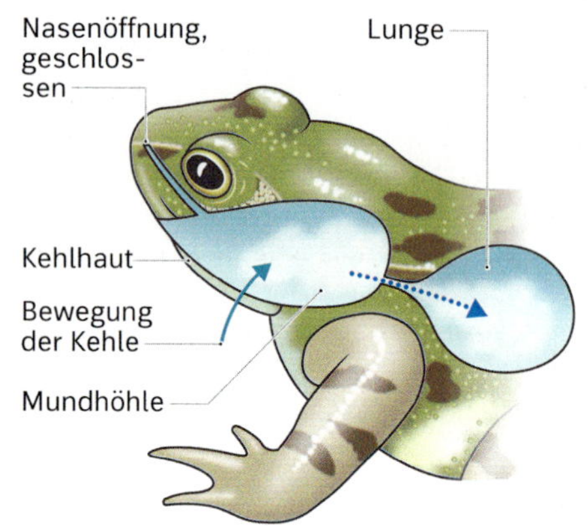

1 Schluckatmung

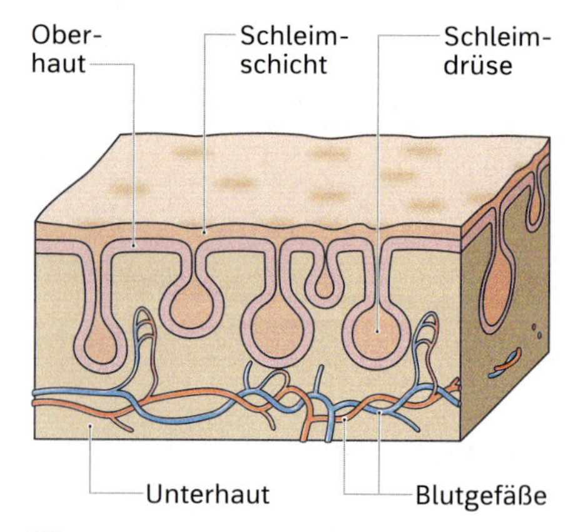

2 Querschnitt der Haut vom Wasserfrosch

Material mit Aufgaben

M1 Atmung bei Amphibien

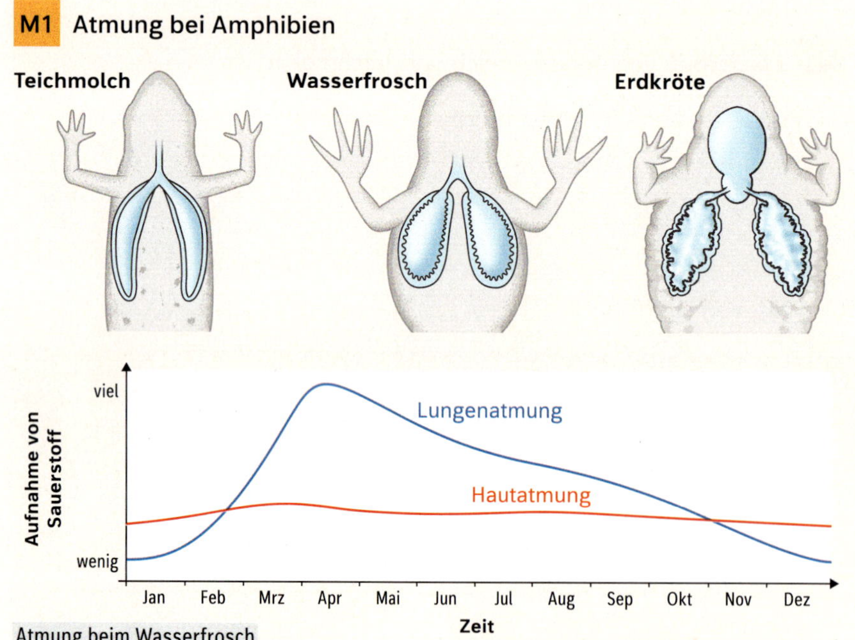

Atmung beim Wasserfrosch

1. Vergleiche die Lungen von Teichmolch, Wasserfrosch und Erdkröte.
2. Erkläre, welche der abgebildeten Lungen mehr Sauerstoff an Land aufnehmen kann.
3. Vergleiche die beiden Kurven im Diagramm miteinander.
4. Erläutere, warum der Wasserfrosch auf die Hautatmung angewiesen ist.
5. Stelle Vermutungen an, ob der Teichmolch oder die Erdkröte den Sauerstoffbedarf mehr über die Hautatmung deckt.

Atmung an Land und im Wasser

Der Wasserfrosch kann im Wasser und an Land über die Haut atmen. Über seine dünne und stark durchblutete Haut kann der Frosch Sauerstoff aus dem Wasser oder der Luft aufnehmen. Dafür muss die Haut immer feucht sein. Schleimdrüsen in der Haut produzieren deshalb einen Schleim, der die Haut überzieht.

Beobachtet man einen an Land sitzenden Wasserfrosch, fallen die ständigen Bewegungen der Kehlhaut auf. Frösche besitzen keine Rippen und keinen Brustkorb. Sie atmen anders als Menschen. Zunächst gelangt die Luft in den Mund des Frosches. Danach schließt der Frosch Mund und Nasenlöcher. Er drückt die Kehlhaut nach innen und presst so die Luft in seine Lungen. Man bezeichnet dies als **Schluckatmung**.

Über die innere Oberfläche der Lunge und die Schleimhaut der Mundhöhle wird der Sauerstoff aus der Luft aufgenommen. Amphibien wie die Erdkröte, die vorwiegend an Land leben, haben leistungsfähigere Lungen mit einer großen inneren Oberfläche.

Tiere bestimmen

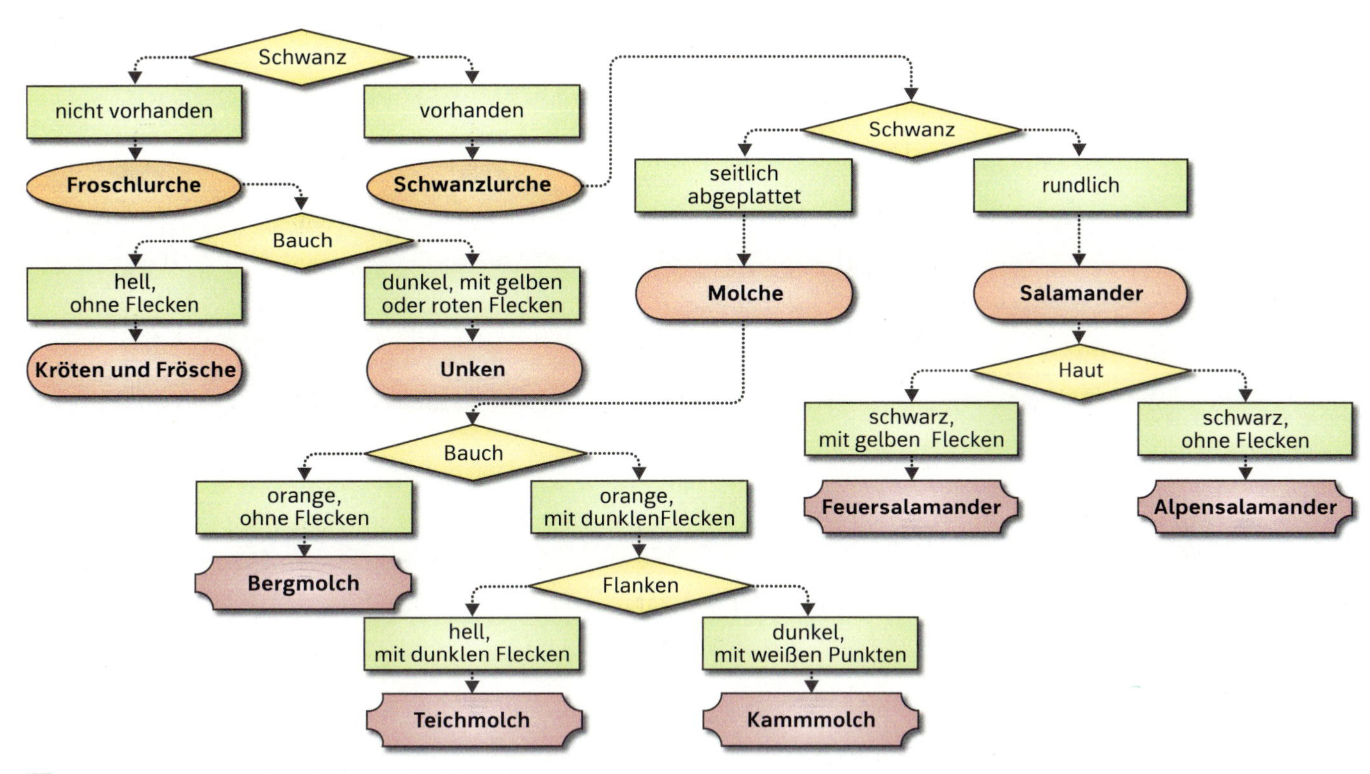

1 Bestimmungsschlüssel für einige heimische Schwanzlurche

Bestimmungsschlüssel

Teichmolch, Bergmolch oder doch der Kammmolch? Viele Amphibien sehen sich sehr ähnlich und doch sind es verschiedene Arten.

Biologen nutzen zur Bestimmung eines Tieres einen Bestimmungsschlüssel. In einem Bestimmungsschlüssel werden immer zwei Merkmale gegenübergestellt. In den gelben Vierecken stehen die Merkmale, nach denen gefragt wird. In den grünen Vierecken stehen die Möglichkeiten, wie das Merkmal ausgeprägt sein kann.

Nun hat man das zu bestimmende Tier einer Gruppe zugeordnet. Nach der Untersuchung mehrerer Merkmale kommt man schließlich bei dem zu bestimmenden Tier an.

Material mit Aufgaben

M1 Amphibien bestimmen

1. Bestimme die abgebildeten Amphibien mithilfe des Bestimmungsschlüssels.
2. Recherchiere Informationen zu einer Amphibie deiner Wahl. Erstelle einen Steckbrief.

A

B

C

1 Grasfrösche

Fortpflanzung und Entwicklung bei Amphibien

Fortpflanzung

Im Frühjahr beginnt die Paarungszeit des Grasfroschs. Dann blasen die Männchen die Schallblase an ihrer Kehle auf und erzeugen so knurrende Laute. Dies zeigt ihre Paarungsbereitschaft und so locken sie Weibchen an. Nähert sich ein Weibchen, klettert das Männchen auf seinen Rücken und umklammert es mit den Vorderbeinen. Beide bleiben verbunden, bis das Weibchen seine Eizellen, den **Laich**, in Laichballen ins Wasser ablegt. Gleichzeitig gibt das Männchen seine Spermienzellen über die Eizellen ins Wasser. Die Spermienzellen durchdringen die noch dünne, durchsichtige Gallerthülle der Eizellen und befruchten diese außerhalb des Körpers des Weibchens. Nach einigen Tagen sind die Embryonen als schwarze Striche zu sehen. Sie nehmen Nährstoffe für ihr Wachstum aus dem Eidotter auf.

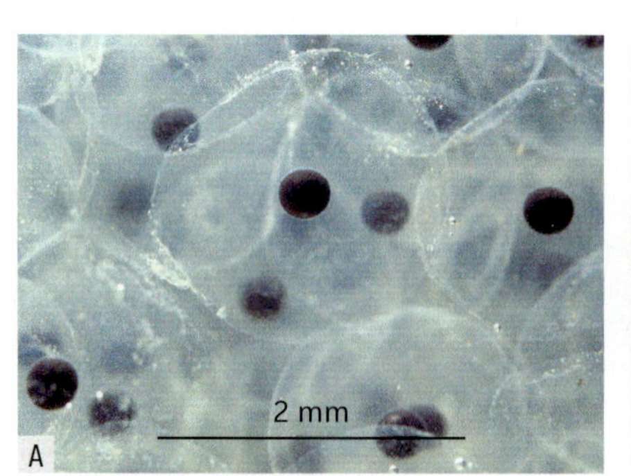

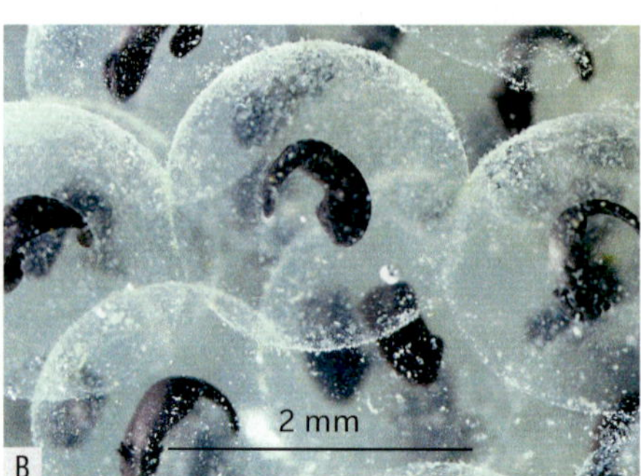

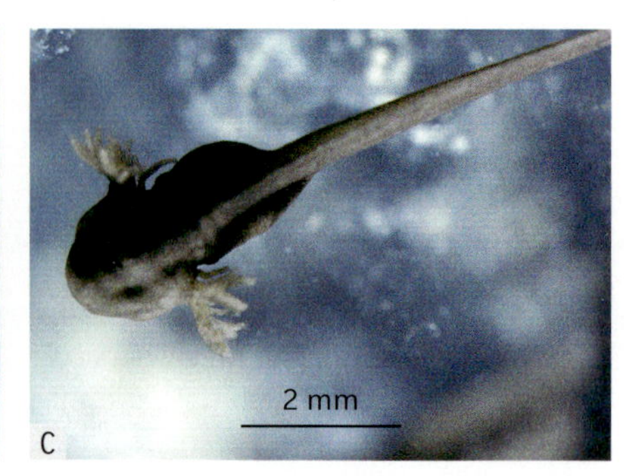

2 Entwicklung beim Grasfrosch: **A** Laichballen, **B** Embryo im Ei, **C** 1. Larvenstadium, **D** 2. Larvenstadium, **E** 3. Larvenstadium, **F** Jungfrosch

Entwicklung

- **Erstes Larvenstadium** • Aus den Embryonen entwickeln sich nach dem Schlüpfen aus der Eihülle Larven, die **Kaulquappen**. Sie ernähren sich vom Dottersack. An den Seiten des Kopfes liegen Außenkiemen, mit denen sie im Wasser atmen.
- **Zweites Larvenstadium** • Zunächst entwickeln sich die Augen und die Mundöffnung. Mit ihr ernähren sich die Kaulquappen von Algen. Die Kiemen werden von einer Hautfalte überwachsen und sind als Innenkiemen nicht mehr sichtbar. Der Schwanz wächst zu einem Ruderschwanz mit Flossensaum heran.
- **Drittes Larvenstadium** • Nach etwa 8 Wochen entwickeln sich zuerst die Hinterbeine, dann die Vorderbeine. Die inneren Kiemen werden zurückgebildet. Die Lungen entwickeln sich.
- **Jungfrosch** • Der Ruderschwanz bildet sich zurück. Der Jungfrosch erbeutet nun Würmer und kleine Insekten mit seiner klebrigen Zunge. Etwa 12 Wochen nach dem Schlüpfen kann er auch an Land leben.

Die Umwandlung der Larve zum erwachsenen Tier heißt **Metamorphose**.

Material mit Aufgaben

M1 Entwicklung des Grasfrosches

1. Benenne die dargestellten Entwicklungsstadien des Grasfroschs.
2. Beschreibe die Entwicklung der Larven an folgenden Merkmalen: Atmungsorgane, Gliedmaßen und Schwanz.
3. Erkläre, warum man die Entwicklung der Amphibien als Metamorphose bezeichnet.
4. Beschreibe mithilfe der unten gezeigten Tabelle ein ideales Laichgewässer für den Grasfrosch. Erläutere.

	Licht und Wärme	Wasserströmung	Flachwasser mit Pflanzen	Verstecke unter Wasser
Grasfrosch	benötigt	nicht benötigt	benötigt	nicht benötigt

D

E

F

1 Erdkröten auf Wanderung

Schutz von Amphibien

Frühjahrswanderung

In den ersten warmen Frühlingsnächten verlassen oft tausende Erdkröten ihre Winterverstecke, die **Winterquartiere**. Die Erdkröten machen sich auf den Weg zu ihren **Laichgewässern**. Sie bevorzugen für ihre Wanderung kühle, dunkle Nächte, weil sie dann besser vor Austrocknung und Fressfeinden geschützt sind. Wenn die Erdkröten ihr Laichgewässer nach der **Krötenwanderung** erreichen, laichen die Weibchen innerhalb weniger Tage ab.

2 Krötenwanderung: **A** Hinweisschild, **B** Wanderung im Lebensraum

Der Weg zum Sommerquartier

Einige Tage nach dem Ablaichen verlassen die Erdkröten das Gewässer und wandern in ihre **Sommerquartiere**. Diese sind mehrere Kilometer vom Laichgewässer entfernt. Sie bevorzugen feuchte Wälder und suchen dort nach Nahrung.

Der Weg zum Winterquartier

Im Herbst wandern die Erdkröten zurück in ihre Winterquartiere. An Waldrändern oder unter Gebüschen graben sie sich in den Boden ein. Bei niedrigen Temperaturen verfallen sie in **Kältestarre**. Sie bewegen sich dann kaum noch. Nicht nur Erdkröten, sondern fast alle Amphibien suchen je nach Jahreszeit unterschiedliche Lebensräume auf. Dort finden sie jeweils Umweltbedingungen, die sie zur Fortpflanzung oder zum Überleben brauchen.

Gefährdung und Schutz

Heute leben bei uns viel weniger Amphibien als früher. Sie finden oft keine geeigneten Lebensbedingungen mehr vor. Viele Feuchtgebiete oder Laichgewässer sind verschmutzt oder verschwunden. Der Mensch hat sie zugeschüttet oder ausgetrocknet, vor allem für den Bau von Städten oder für Ackerflächen.

Erdkröten müssen bei ihrer Wanderung auch befahrene Straßen überqueren. Dabei werden viele Kröten überfahren. Oft weisen Warnschilder die Autofahrer auf die gerade stattfindende Krötenwanderung hin. Es werden auch entlang der Straßen Krötenzäune gebaut. Diese leiten die Kröten zu einer Unterführung der Straße oder zu Eimern. Tierschützer bringen dann die Kröten in den Eimern jeden Abend auf die andere Seite der Straße.

Material mit Aufgaben

M1 Gefährdung und Schutz

1. Beschreibe Veränderungen von Neudorf im Jahr 2020 im Vergleich zum Jahr 1920.
2. Nenne mögliche Gefahren, denen die Amphibien auf ihren Wanderungen ausgesetzt sind.
3. Erkläre, warum viele Erdkröten in einem Gebiet sterben, selbst wenn nur ein kleiner Tümpel zugeschüttet wird. +
4. Beschreibe mögliche Schutzmaßnahmen. Begründe deine Vorschläge mit dem Bild. +

1 Ein Zauneidechsen-Paar sonnt sich.

Die Reptilien

Das Wort Reptil stammt aus dem Lateinischen: reptilis – kriechend

Körperbau

Die Zauneidechse lebt an sonnigen Waldrändern, auf Wiesen und auf trockenen, steinigen Plätzen wie Trockenmauern. Sie besitzt eine Wirbelsäule und zählt daher zu den **Wirbeltieren**. Ihre kurzen Beine sitzen seitlich am Rumpf und können den Körper kaum vom Boden anheben. Beim Laufen schleift ihr Bauch auf dem Boden. Sie bewegt sich kriechend fort. Aufgrund dieses Kriechens zählt die Zauneidechse zu den Kriechtieren, den **Reptilien**.

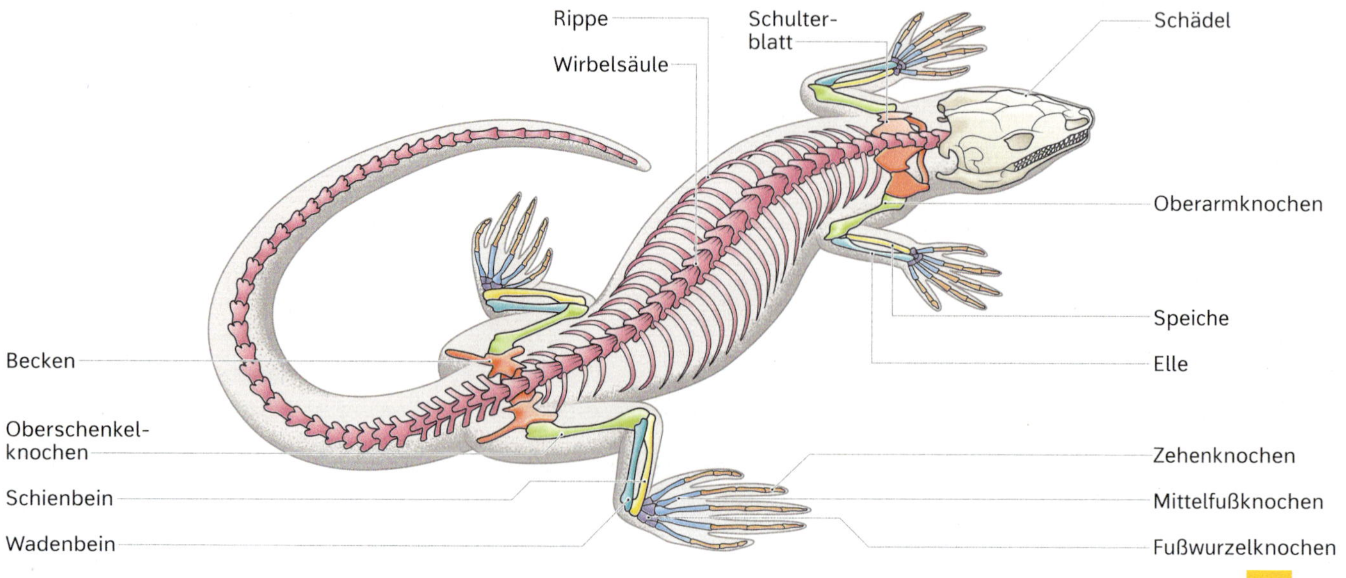

2 Skelett der Zauneidechse

A

Körperbedeckung und Atmung

Die Zauneidechse hat eine trockene Haut aus **Hornschuppen**. Diese schützen den Körper der Zauneidechse vor Verletzungen und vor Austrocknung. Sie kann daher in trockenen Gebieten leben. Durch die Hornschuppen gelangt kein Sauerstoff. Sie ist daher auf die Atmung mit ihren gut ausgebildeten **Lungen** angewiesen. Ihre Haut kann wegen der Hornschuppen beim Wachsen des Körpers nicht mitwachsen. Sie wird mit der Zeit zu eng, reißt an mehreren Stellen ein und blättert ab. Die Zauneidechse häutet sich.

Ernährung

Die Zauneidechse ernährt sich von Spinnen, Insekten und Würmern. Häufig lässt sie ihre gespaltene Zunge aus dem Maul herausschnellen. Sie züngelt. So nimmt sie Geruchsstoffe aus ihrer Umgebung wahr. Erkennt die Zauneidechse ein Beutetier, schnappt sie mit ihren spitzen Zähnen blitzschnell zu. Anschließend schluckt sie ihre Beutetiere in einem Stück hinunter.

Aktivität

Die Zauneidechse sonnt sich gern. Sie versucht, die Wärme des Sonnenlichtes einzufangen. Ist ihr Körper aufgewärmt, ist sie besonders aktiv und bewegt sich schnell . Bei kühlem Wetter ist sie träge und verkriecht sich in einem Versteck. Die Körpertemperatur gleicht in etwa der Temperatur ihrer Umgebung. Die Zauneidechse zählt daher wie alle Reptilien zu den **wechselwarmen** Tieren. Wenn es im Winter zu kalt wird, fallen Reptilien in **Kältestarre**.

Material mit Aufgaben

M1 Körperbedeckung und Atmung

Reptilien

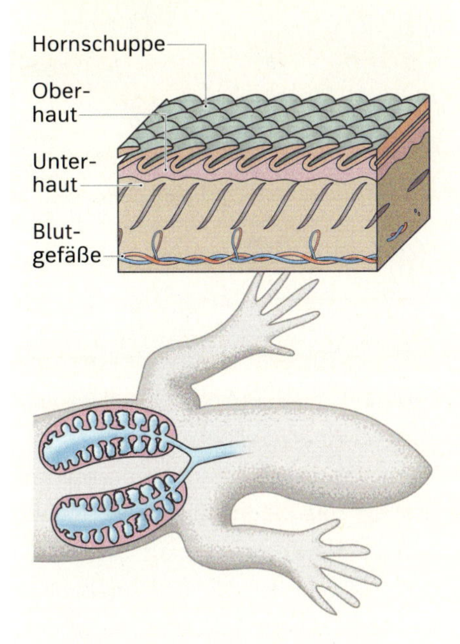

Amphibien

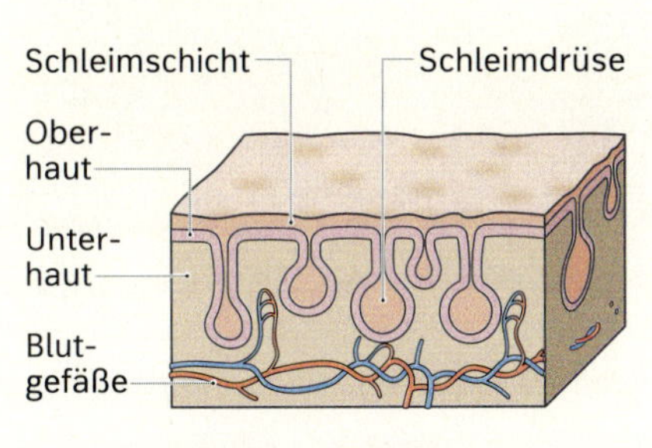

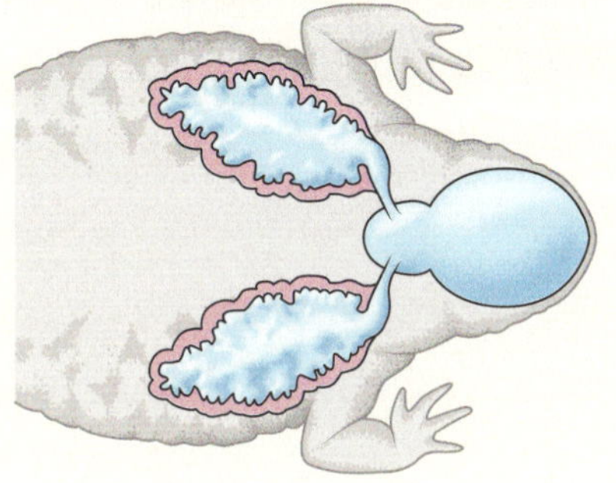

1. Beschreibe den Aufbau der Haut der Zauneidechse.
2. Vergleiche die Haut der Zauneidechse mit der Haut der Erdkröte.
3. Vergleiche die Lunge der Zauneidechse mit der Lunge der Erdkröte.
4. Erkläre, warum die Zauneidechse nicht über die Haut atmen kann.
5. Wähle eine der Aufgaben aus:
   a Erkläre, warum die Zauneidechse auf gut ausgebildete Lungen angewiesen ist.
   b Erkläre am Beispiel der Lunge der Zauneidechse das biologische Prinzip der Oberflächenvergrößerung.
6. Stelle Vermutungen an, warum die Amphibienhaut stärker durchblutet ist als bei Reptilien.

A Beschreibe die Fortbewegung der Zauneidechse.

B Erkläre, warum man Zauneidechsen bei kühlem Wetter selten sieht.

C Erkläre, weshalb sich Zauneidechsen häuten.

3 Entwicklung der Zauneidechse: **A** Paarung, **B** Jungtier beim Schlüpfen, **C** geschlüpfte Jungtiere

Fortpflanzung

Im Frühling beginnt die Paarungszeit der Zauneidechsen. Das Männchen ist dann auffällig grün gefärbt. Es wirbt um Weibchen und imponiert männlichen Rivalen. Trifft es ein Weibchen, ergreift es das Weibchen mit dem Maul. Danach umschlingt das Männchen das Weibchen und presst seine Kloakenöffnung auf die des Weibchens. Die Spermienzellen gelangen in die Kloake des Weibchens. Die Eizellen werden im Körper des Weibchens befruchtet. Diesen Vorgang nennt man **innere Befruchtung**.

Nach etwa vier Wochen gräbt das Weibchen an einem sonnigen Platz ein Erdloch und legt bis zu 15 Eier durch seine Kloake ab. Danach bedeckt es die Eier mit Erde. Die Eier sind durch ihre feste, ledrige Schale vor Austrocknung geschützt. Die Embryonen entwickeln sich in den Eiern und ernähren sich von einem Dottervorrat. Nach etwa acht Wochen schlüpfen die fertig entwickelten Jungtiere. Sie ritzen dazu mit ihrem Eizahn die Eischale auf. Sie suchen sofort selbstständig nach Nahrung.

Material mit Aufgaben

geschlechtsreifes Tier
Paarung
Eiablage
frisch geschlüpftes Tier
Jungtier

M2 Fortpflanzung bei Reptilien

1. Beschreibe die Fortpflanzung der Zauneidechse.
2. Erkläre, warum Reptilien ihre Eier an Land ablegen können.
3. Wähle eine der Aufgaben aus:

a Vergleiche die Fortpflanzung von Reptilien und Amphibien.

b Stelle Vermutungen an, warum Reptilien weniger Eier ablegen als Amphibien.

1 Kreuzotter

2 Europäische Sumpfschildkröte

3 Leistenkrokodil

Schlangen

Weltweit gibt es über 3600 Arten von Schlangen. Manche Giftschlangen wie die Mamba aus Afrika zählen zu den giftigsten Tieren der Welt. Zu den bekanntesten der 7 heimischen Schlangenarten zählt die Kreuzotter. Ihr Gift ist für den Menschen kaum gefährlich. Alle Schlangen besitzen einen langen Körper ohne Gliedmaßen. Sie bewegen sich schlängelnd fort. Dabei drücken sie sich mit den großen Bauchschuppen und kräftigen Muskeln vom Boden ab und schieben den Körper nach vorne.

Schildkröten

Weltweit gibt es etwa 340 Arten von Wasser-, Land- und Meeresschildkröten. Die europäische Sumpfschildkröte ist die einzige heimische Schildkrötenart. Zwischen ihren mit Hornschuppen bedeckten Zehen besitzt sie Schwimmhäute, mit denen sie sich in langsam fließenden Gewässern fortbewegen kann. Schildkröten besitzen einen Panzer, in den sie den Kopf und die Beine als Schutz vor Feinden einziehen können. Der Panzer besteht aus knöchernen Platten. Die Rippen und Wirbelsäule sind mit dem Panzer verwachsen.

Krokodile

Weltweit gibt es 25 Arten von Krokodilen. Zu ihnen zählen Kaimane, Alligatoren und der Gavial. Sie leben in und an warmen Gewässern und liegen häufig am Ufer, um sich zu sonnen. In Europa gibt es keine Krokodile. Mit einer Körperlänge von bis zu 8 Metern ist das Leistenkrokodil die größte Krokodilart und somit eines der größten Raubtiere. Der gesamte Körper der Krokodile ist von einem harten, mehrschichtigen Schuppenpanzer bedeckt. Krokodile wachsen ihr Leben lang.

Material mit Aufgaben

M1 Verbreitung von Reptilien

1. Beschreibe, was die Karte veranschaulicht.
2. Stelle Vermutungen an, warum die Artenviefalt in wärmeren Gebieten größer ist als in kühleren.
3. Stelle Vermutungen an, warum in Polargebieten keine Reptilien überleben können.

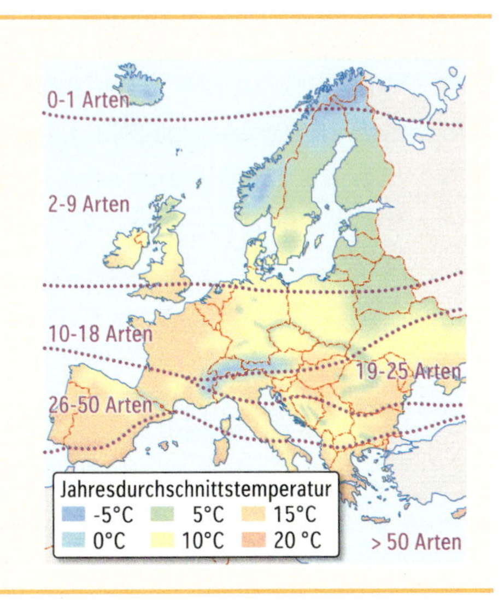

Die Klassen der Wirbeltiere

Fische

Fortpflanzung:
- äußere Befruchtung
- Eier mit Gallerthülle
- Larven

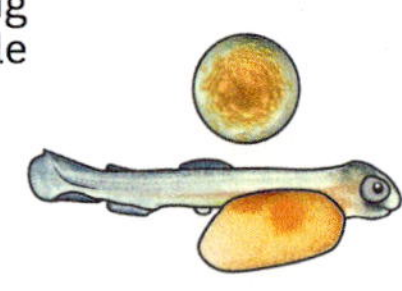

Körperbedeckung: Haut mit Knochenschuppen

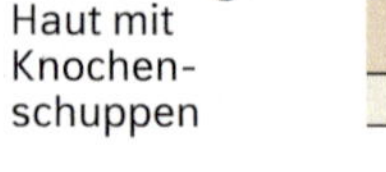

Atmung: Kiemen

Körpertemperatur: wechselwarm

Amphibien

Fortpflanzung:
- äußere Befruchtung
- Eier mit Gallerthülle
- Kaulquappen
- Metamorphose

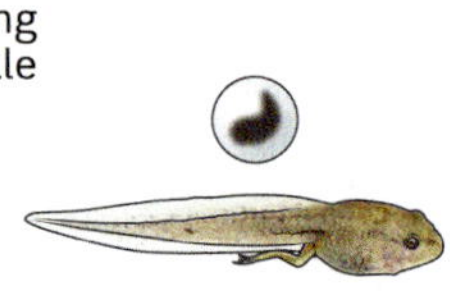

Körperbedeckung: Haut feucht und drüsenreich

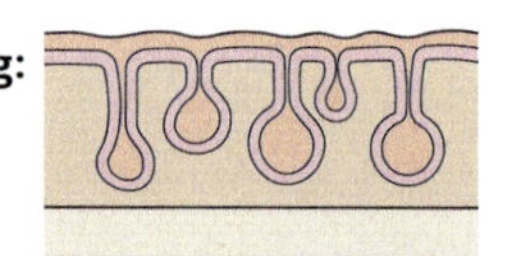

Atmung: Kaulquappen mit Kiemen, erwachsene Amphibien mit Lunge und Haut

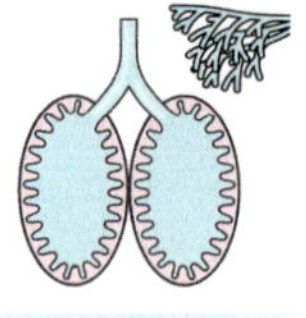

Körpertemperatur: wechselwarm

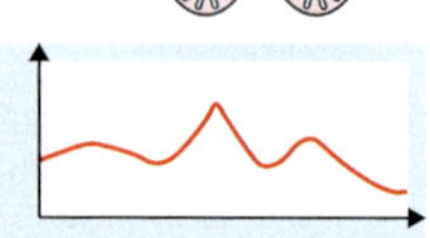

Reptilien

Fortpflanzung:
- innere Befruchtung
- Eier mit lederartiger Hülle

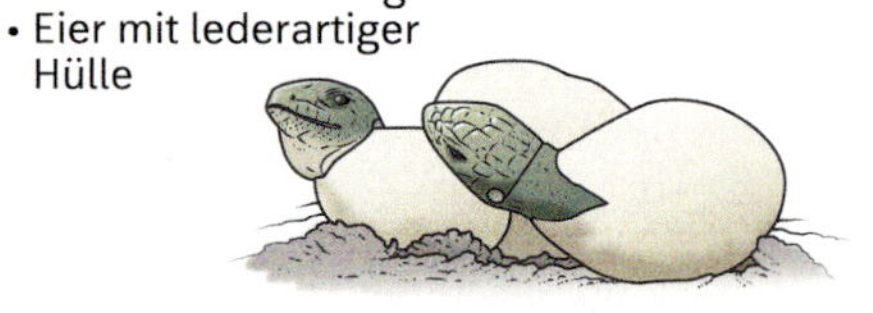

Körperbedeckung: Haut mit Hornschuppen

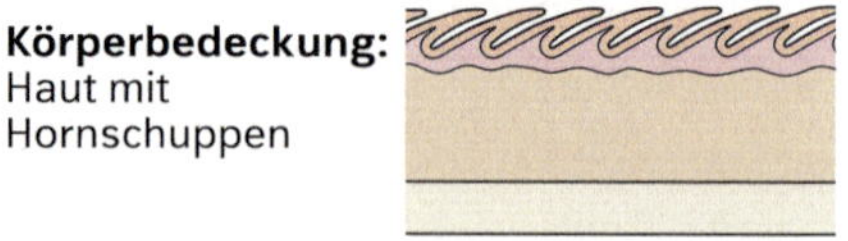

Atmung: Lungen

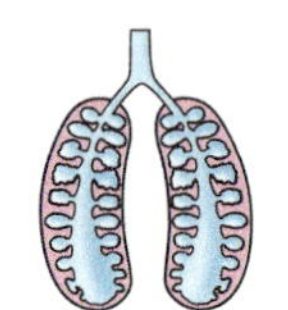

Körpertemperatur: wechselwarm

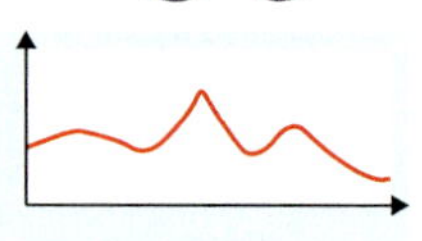

Alle Wirbeltiere lassen sich in fünf **Klassen** ordnen. Die fünf Klassen der Wirbeltiere sind Fische, Amphibien, Reptilien, Vögel und Säugetiere. Tiere, die zu einer Klasse gehören, sind eng miteinander verwandt und haben gemeinsame Merkmale. Diese betreffen vor allem die Fortbewegung, Atmung, Körperbedeckung und die Fortpflanzung und Entwicklung.

Vögel

Fortpflanzung:
- innere Befruchtung
- Eier mit harter Kalkschale

Atmung:
- Lungen mit Luftsäcken

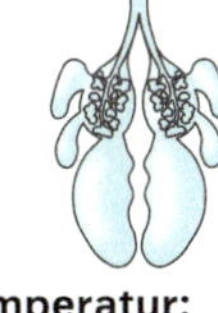

Körperbedeckung: Haut mit Federn

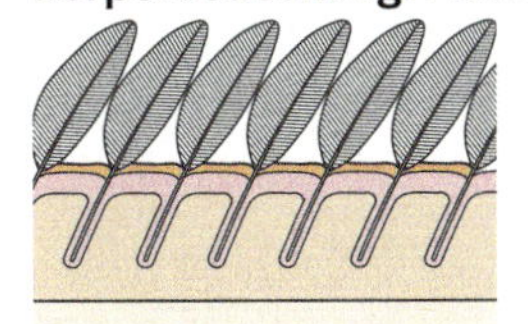

Körpertemperatur: gleichwarm

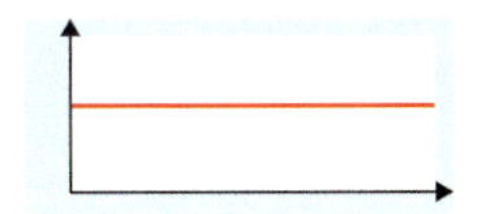

Säugetiere

Fortpflanzung:
- innere Befruchtung
- lebend gebärend
- Säugen mit Muttermilch

Atmung: Lungen

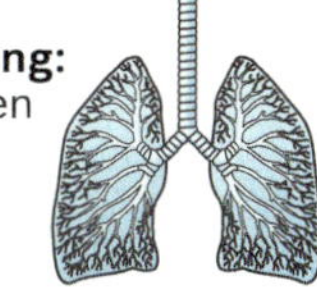

Körperbedeckung: Haut mit Fell

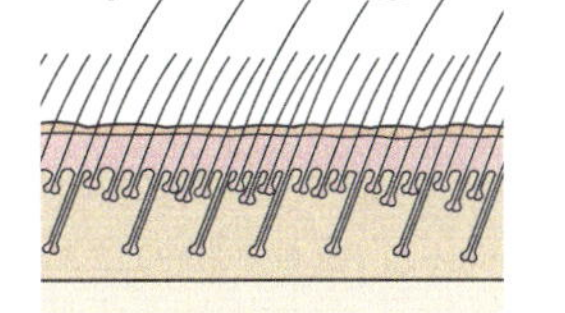

Körpertemperatur: gleichwarm

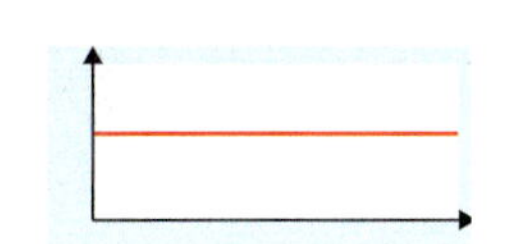

1. Übertrage die Tabelle in dein Heft und fülle sie für die fünf Klassen der Wirbeltiere aus.
2. Ordne den Menschen einer Wirbeltierklasse zu. Begründe deine Zuordnung.
3. Wähle eine Wirbeltierklasse aus:
   a Beschreibe die Fortbewegung der Tiere dieser Klasse in ihrem Lebensraum.
   b Erläutere am Beispiel der Körperbedeckung und Atmung, wie Tiere dieser Klasse an ihren Lebensraum angepasst sind.
4. Der Schutz der Nachkommen nimmt von den Fischen bis zu den Säugetieren zu. Begründe diese Beobachtung.

Klasse	Befruchtung	Ort der Eiablage	Entwicklung der Jungtiere	Körperbedeckung	Atmung	Lebensraum	Körpertemperatur
Fische	...	Wasser	im Wasser/Fischlarve	...	...	...	wechselwarm
Amphibien	...	...	...	...	...	...	...
...	...	...	...	...	...	...	...

1 Fischotter springt ins Wasser

Natur- und Artenschutz

Angepasstheiten des Fischotters

Der Fischotter ist ein an das Leben im Wasser angepasstes Säugetier. Er zählt zu den besten Schwimmern unter den Landraubtieren. Er kann bis zu acht Minuten unter Wasser bleiben, ohne aufzutauchen. Mit seinem runden, muskulösen Schwanz steuert er im Wasser. Sein Körper ist gestreckt und walzenförmig, seine Beine sind kurz. Dies erleichtert das Gleiten im Wasser. Zwischen den Zehen befinden sich Schwimmhäute. Sein bräunliches Fell ist besonders dicht und wasserabweisend. Es schützt den Fischotter gegen Kälte und Nässe. Der Fischotter jagt vor allem Fische, Amphibien und kleine Vögel. Mit den scharfen Zähnen seines Raubtiergebisses kann er das Fleisch zerteilen. Kleinere Beutetiere frisst er im Wasser, größere zieht er an Land.

2 Fischotter beim Fressen

Lebensraum des Fischotters

Der Fischotter kommt natürlicherweise in ganz Europa vor. Er bevorzugt flache, fischreiche Flüsse mit zugewachsenen Ufern und Überschwemmungsflächen. Am Ufer gräbt der Fischotter seinen Bau, dessen Eingang unter der Wasseroberfläche liegt. Im Bau bringt das Weibchen seine Jungtiere zur Welt.

Gefährdung des Fischotters

Fischotter wurden in der Vergangenheit vor allem wegen ihres wertvollen Fells gejagt. Die Bejagung führte in Deutschland fast zu seiner Ausrottung. Nur in wenigen Gebieten konnte eine geringe Zahl von Fischottern überleben. Erst durch ein Jagdverbot und weitere Schutzmaßnahmen erholte sich der Bestand an Fischottern wieder.
Durch viele Wiederansiedlungsprojekte konnte der Fischotter in seinen natürlichen Lebensraum zurückkehren. Doch durch die Begradigung von Flüssen, die Bebauung von Ufern oder Überfischungen fehlt es dem Fischotter an intakten Lebensräumen. Der Fischotter ist daher in Deutschland sehr selten und durch die Zerstörung der Lebensräume durch den Menschen immer noch gefährdet.

Die Rote Liste

Viele Tier- und Pflanzenarten auf der Welt sind bedroht oder bereits ausgestorben. Gefährdete Arten werden in die Rote Liste eingetragen. Die Rote Liste gibt Auskunft darüber, wie stark eine Pflanzen- oder Tierart gefährdet ist. Es gibt in Deutschland 478 Wirbeltierarten. Davon stehen 207 Arten auf der Roten Liste.

Erhaltung der Artenvielfalt

Jedes Lebewesen ist Teil einer Lebensgemeinschaft. Diese Lebensgemeinschaft festigt das biologische Gleichgewicht innerhalb eines Ökosystems. Daher werden seltene oder noch intakte Lebensräume geschützt. Dazu werden sie zu Naturschutzgebieten oder zu Nationalparks erklärt. In diesen Gebieten darf nicht gejagt, gefischt oder die Natur verändert werden. Gefährdete Lebewesen können sich in diesen Gebieten ungestörter aufhalten und sich besser vermehren. Wegen der dichten Besiedelung in Deutschland sind viele Naturschutzgebiete recht klein und oft weit voneinander entfernt. Wandernde Arten wie die Geburtshelferkröte erreichen dadurch nicht ihre Laichgewässer und Überwinterungsgebiete.

A Beschreibe, wie der Fischotter an seinen Lebensraum angepasst ist.

Material mit Aufgaben

M1 **Artenschutz**

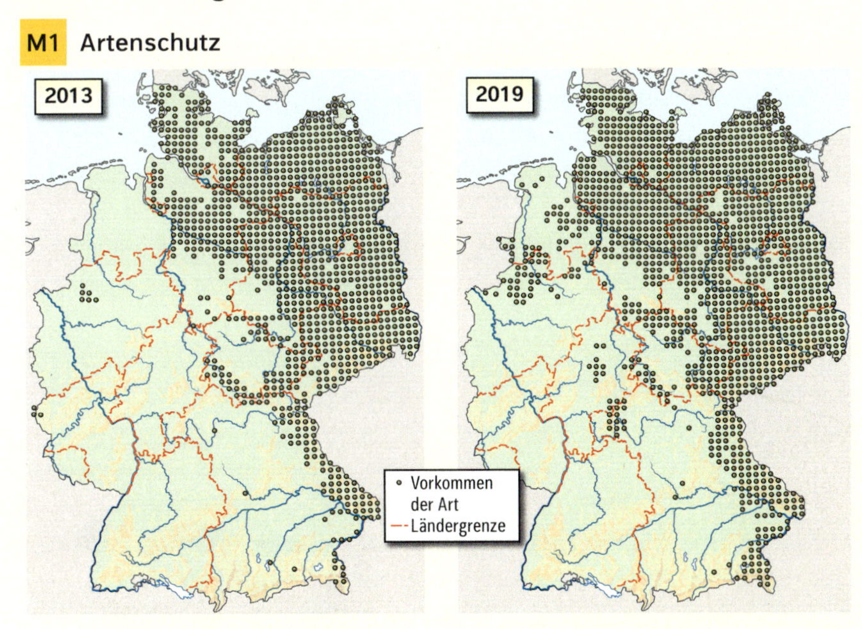

1. Vergleiche das Vorkommen des Fischotters im Jahr 2013 und im Jahr 2019.
2. Erkläre, warum der Fischotter früher und auch noch heute gefährdet ist.
3. Beschreibe mögliche Maßnahmen, wie der Fischotter geschützt werden kann.
4. Beurteile die Entstehung von Naturschutzgebieten und Nationalparks.

Zusammenfassung Wirbeltiere

Der Hund

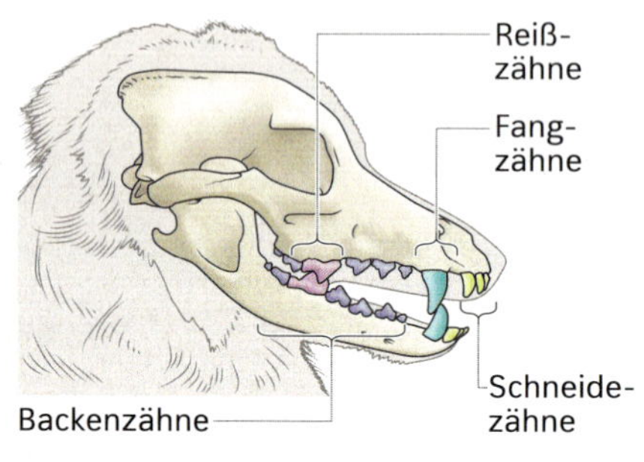

Der Hund ist ein Fleischfresser. Er hat ein Fleischfressergebiss, welches an seine Ernährung angepasst ist.
Hunde besitzen außerdem einen sehr guten Geruchssinn und Gehörsinn. Beim Laufen tritt der Hund nur auf seinen Zehen und nicht mit der ganzen Sohle auf. Er ist ein Zehengänger und Hetzjäger. Der Hund stammt vom Wolf ab. Der Wolf ist die Stammform des Hundes. Wölfe schlossen sich vor Jahrtausenden den Menschen an. Aus den Wildtieren entwickelten sich mit der Zeit Haustiere. Der Mensch züchtete viele verschiedene Hunderassen. Er nutzt die verschiedenen Merkmale. Hunde werden zum Beispiel als Spürhund, Wachhund oder Blindenhund eingesetzt.

Die Katze

Katzen haben ein gutes Gehör und gute Augen. So können sie sich gut bei wenig Licht orientieren. Sie haben scharfe, einziehbare Krallen und laufen als Zehengänger auf ihren Zehen. Als Fleischfresser haben sie ein Fleischfressergebiss. Katzen sind Schleichjäger.

Das Rind

Das Hausrind stammt vom Wildrind, dem Auerochsen, ab. Der Mensch hält Rinder vor allem als Milch- und Fleischlieferanten. Er hat verschiedene Rinderrassen gezüchtet. Fleischrinderrassen setzen schnell viel Muskelfleisch an. Milchrinderrassen geben viel Milch.
Rinder sind Zehenspitzengänger. Sie haben paarige Zehen und zählen zu den Huftieren. Sie haben ein Pflanzenfressergebiss. Ihr Wiederkäuermagen besteht aus vier Teilen: dem Pansen, dem Netzmagen, dem Blättermagen und dem Labmagen.

Das Schwein

Das Hausschwein stammt vom Wildschwein ab. Wie das Wildschwein ist das Hausschwein ein Zehenspitzengänger und ein Huftier. Es hat ein Allesfressergebiss. Der Mensch hat im Laufe der Jahre vor allem Hausschweinrassen gezüchtet, die sich schnell vermehren, schnell wachsen und viel Muskelfleisch ansetzen.

Die Vögel

Vögel haben hohle, mit Luft gefüllte Knochen. Sie atmen mit Lungen. Ihre Körper sind von zahlreichen Luftsäcken durchzogen. Die Schnäbel sind zahnlos und mit leichtem Horn überzogen. Vögel haben keine Harnblase und verdauen sehr schnell. Diese Merkmale machen den Vogelkörper viel leichter als den anderer Wirbeltiere. Man spricht von der Leichtbauweise des Vogelkörpers. Die Befruchtung erfolgt im Körper des Weibchens. Vögel legen dotterreiche Eier mit einer schützenden Kalkschale. Die Küken entwickeln sich im Ei außerhalb des weiblichen Körpers.

Die Fische

Die Haut der Fische ist mit Schuppen bedeckt. Fische atmen mit Kiemen. Durch eine Vielzahl von dünnen, gestapelten Kiemenblättchen haben sie eine große Oberfläche. Damit nehmen sie den im Wasser gelösten Sauerstoff auf. Fische sind wechselwarme Tiere. Bei der Paarung gibt das Weibchen die Eizellen ins Wasser ab und das Männchen gibt seine Spermienzellen über diesen Laich. Nach der äußeren Befruchtung schlüpfen aus den Eiern Larven, die sich zu Fischen entwickeln.

Zusammenfassung

Die Reptilien

Die Haut der Reptilien besteht aus wasserundurchlässigen Hornschuppen. Sie schützen die wechselwarmen Tiere vor Austrocknung und vor Verletzungen. Da ihre Haut nicht mitwächst, müssen sie sich häuten. Reptilien atmen mit Lungen.

Die Weibchen legen ihre Eier in einem trockenen Versteck ab. Eine ledrige Schale schützt die Eier vor Austrocknung. Die Eier werden im Gegensatz zu Vogeleiern nicht bebrütet. Aus den Eiern schlüpfen die Jungtiere, die sofort selbstständig sind.

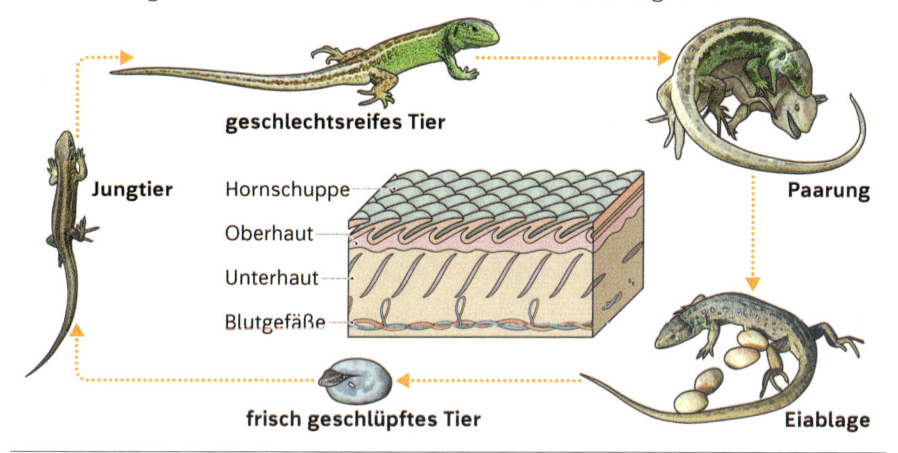

Die Säugetiere

Säugetiere zählen zu den gleichwarmen Tieren. Der Körper der Säugetiere ist mit Fell bedeckt. Dies dient auch dazu die Körpertemperatur konstant zu halten. Säugetiere atmen mit Lungen. Je nach Ernährungsweise haben Säugetiere unterschiedlich angepasste Gebissformen. So hat der Maulwurf ein Insektenfressergebiss zum Zerkauen von harten Insektenpanzern. Das Eichhörnchen hat ein Nagetiergebiss mit meißelförmigen, verlängerten Schneidezähnen.

Die Befruchtung und die Entwicklung der Jungtiere erfolgt im Körper des Weibchens. Es bringt lebende Jungtiere zur Welt. Nach der Geburt werden diese von der Mutter gesäugt.

Die Amphibien

Die meisten Amphibien besitzen vier Gliedmaßen. Schwanzlurche wie der Teichmolch haben zusätzlich einen langen Schwanz. Froschlurche wie der Wasserfrosch haben verlängerte Hinterbeine, mit denen sie weit springen können. Amphibien besitzen eine nackte Haut, die von einer Schleimschicht bedeckt ist. Sie können über ihre Haut Sauerstoff aufnehmen und Kohlenstoffdioxid abgeben. Amphibien atmen zusätzlich mit Lungen. Sie zählen zu den wechselwarmen Tieren. Amphibien suchen je nach Jahreszeit unterschiedliche Lebensräume auf.

Die Fortpflanzung und Entwicklung findet im Wasser statt. Nach der äußeren Befruchtung entwickeln sich im Wasser aus den Eiern Larven. Aus den Larven entstehen die erwachsenen Tiere, die an Land leben können. Diese Umwandlung der Gestalt nennt man Metamorphose.

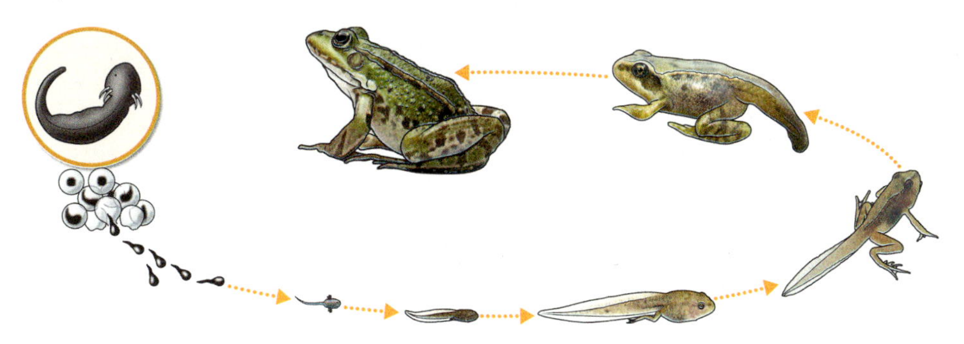

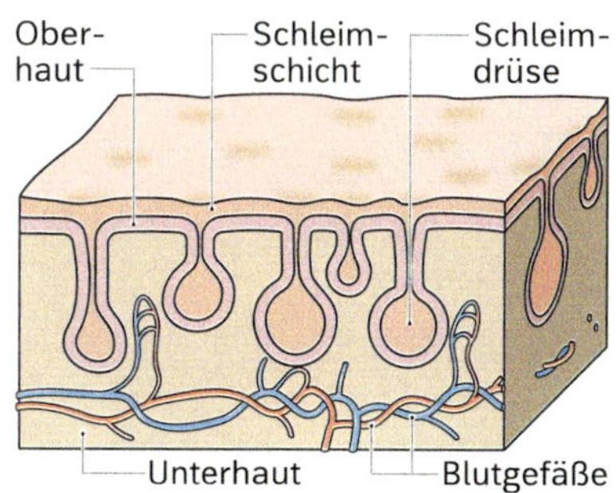

Trainer Wirbeltiere

1 Rinder sind Nutztiere

A Nenne die Zuchtziele, die der Mensch bei der Züchtung von Rinderrassen verfolgt.

B Beschreibe verschiedene Haltungsformen bei Rindern.

C Erläutere, was man unter artgerechter Nutztierhaltung versteht.

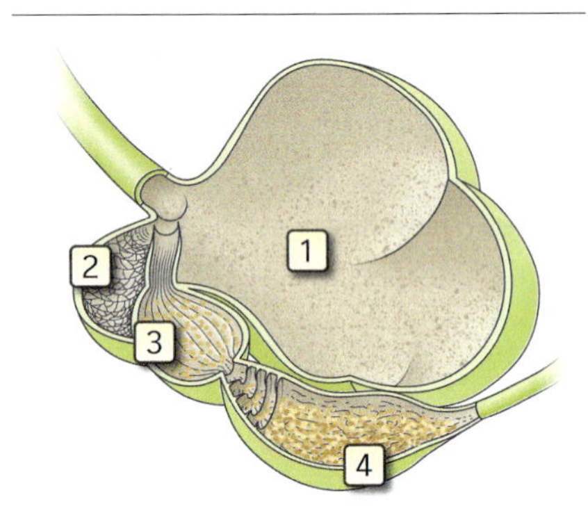

2 Rindermagen

A Benenne die einzelnen Teile des Rindermagens.

B Erstelle eine Tabelle und ordne den einzelnen Teilen des Rindermagens ihre Funktionen zu.

C Erkläre, warum Rinder zu den Wiederkäuern zählen.

3 Beine

A Nenne je ein Beispiel für Zehenspitzengänger, Zehengänger und Sohlengänger.

B Erläutere mithife des Bildes den Unterschied zwischen Paarhufer und Unpaarhufer.

C Erkläre an einem Beispiel, warum ein Paarhufer besser an einen matschigen Boden angepasst ist als ein Unpaarhufer.

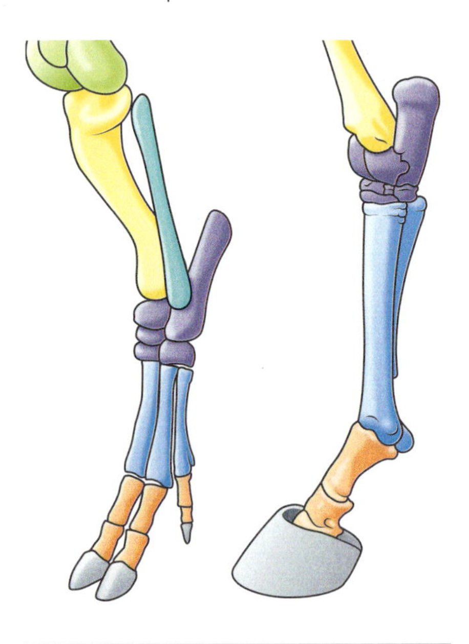

4 Ernährung

A Ordne die drei Schädel einem Fleischfresser, Allesfresser und Pflanzenfresser zu. Begründe.

B Erkläre, welche Zähne für das jeweilige Gebiss typisch sind. Ordne Funktionen für diese Zähne zu.

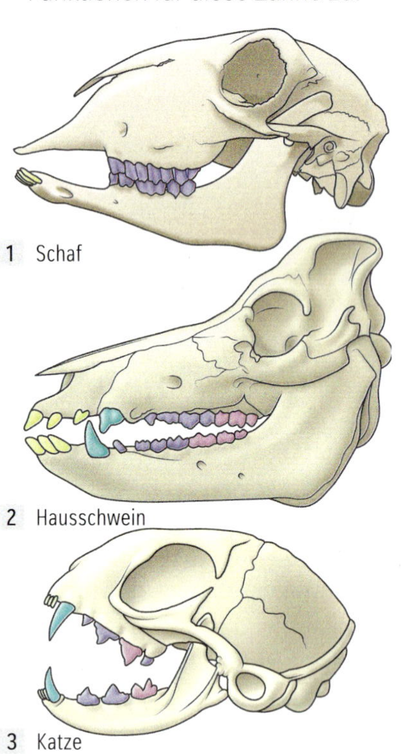

1 Schaf

2 Hausschwein

3 Katze

5 Vordergliedmaßen im Vergleich

A Beschreibe den Bau der abgebildeten Gliedmaßen von Wirbeltieren.

B Beschreibe die jeweilige Fortbewegung der Tiere in ihren Lebensräumen.

C Erkläre, warum der Bau der verschiedenen Gliedmaßen eine Angepasstheit an den jeweiligen Lebensraum ist.

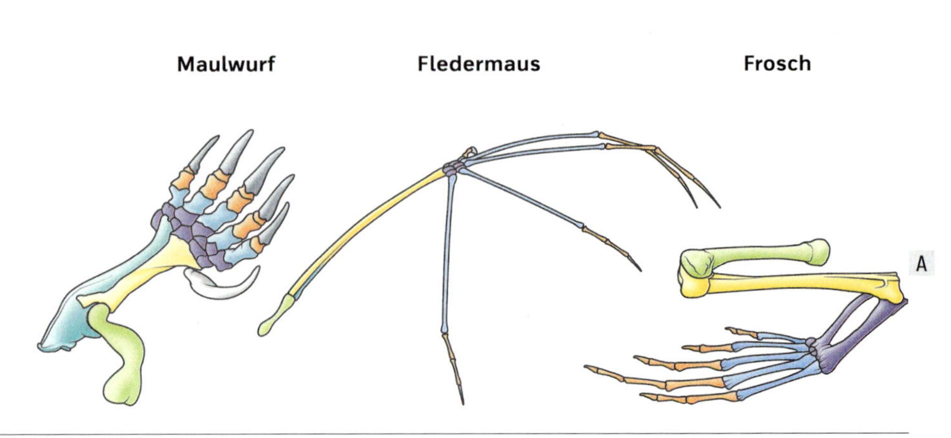

6 Schädel im Vergleich

A Benenne die mit Ziffern gekennzeichneten Bestandteile.

B Vergleiche die Gebisse von Fledermaus und Hausmaus.

C Ordne den beiden Tieren die Begriffe Nagetiergebiss und Insektenfressergebiss zu. Begründe deine Zuordnungen.

D Erläutere, wie die Nagezähne bei Nagetieren scharfkantig bleiben.

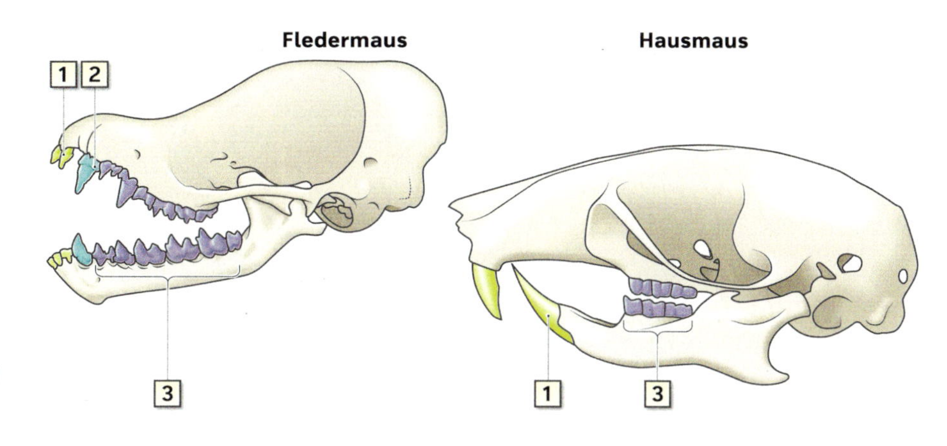

7 Vögel können fliegen

A Nenne mindestens fünf Merkmale des Vogelkörpers, die ihn leicht machen.

B Benenne die mit Ziffern gekennzeichneten Bestandteile.

C Erkläre, wie Schwungfedern eine nahezu luftundurchlässige Fahne bilden.

D Erkläre, warum Schwungfedern eine nahezu luftundurchlässige Fahne bilden.

E Nenne verschiedene Federtypen und beschreibe ihren Aufbau und ihre jeweilige Funktion.

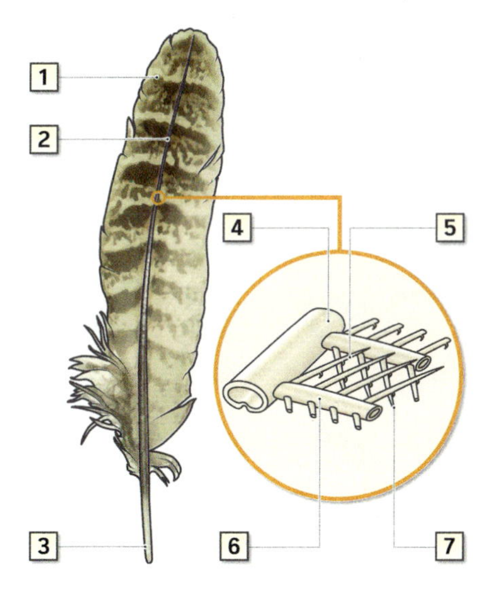

8 Flugformen der Vögel

A Nenne verschiedene Flugformen der Vögel.

B Ordne dem Bild eine Flugform zu. Begründe deine Zuordnung.

C Erkläre, warum ein Vogel beim Ruderflug mehr Energie verbraucht, als beim Segelflug.

9 Entwicklung von Wirbeltieren

A Beschreibe die Entwicklung des Kammmolchs.w

B Erkläre, warum man die Entwicklung der Amphibien Metamorphose nennt.

C Vergleiche die Entwicklung des Kammmolchs mit der Entwicklung des Wasserfroschs. Nenne Gemeinsamkeiten und Unterschiede.

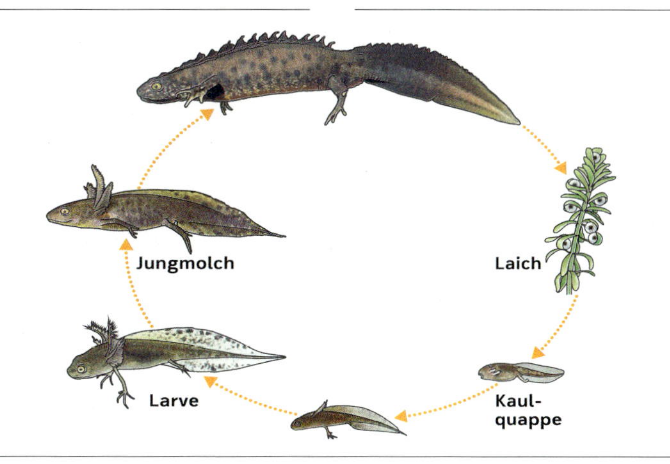

Wirbellose

3

Was unterscheidet Wirbellose von Wirbeltieren?
Welche Gruppen von Wirbellosen gibt es?
Wie ist der Körper von Wirbellosen aufgebaut?

Ein Schwalbenschwanz sitzt auf einer Blütenpflanze, um mit seinem langen Saugrüssel den Nektar der Pflanze aufzusaugen. Dieser Schmetterling gehört zu den zahlreichen wirbellosen Tieren, die in unserer Umgebung leben. Im Gegensatz zu Wirbeltieren sind die Wirbellosen deutlich in der Überzahl.

1 Schmetterlinge und Schnecken sind Wirbellose.

Vielfalt der Wirbellosen

Wirbellose

In Deutschland leben über 48.000 Tierarten. Größere Tiere wie Fuchs oder Hirsch besitzen ein Innenskelett mit einer Wirbelsäule und zählen daher zu den Wirbeltieren. 95 Prozent aller Tiere haben jedoch keine Wirbelsäule und kein Innenskelett. Diese Tiere zählen zu den **Wirbellosen**.

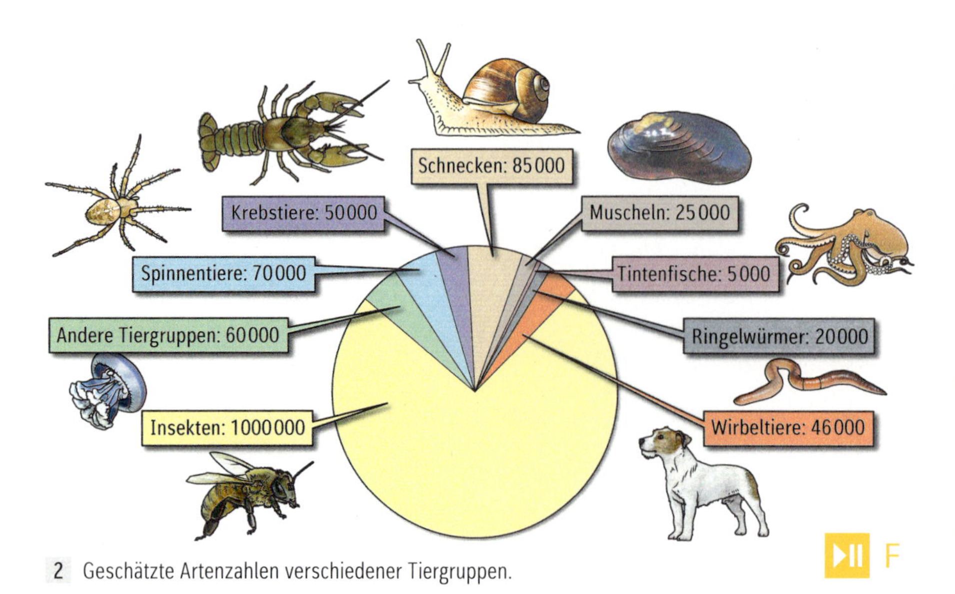

2 Geschätzte Artenzahlen verschiedener Tiergruppen.

Stämme der Wirbellosen

Die Wirbellosen sind sehr vielfältig. Mithilfe von bestimmten Körpermerkmalen können sie geordnet werden. Bis auf das Fehlen einer Wirbelsäule und eines knöchernen Innenskeletts, zeigen sie nur wenige Gemeinsamkeiten in ihrem Körperbau. Weichtiere und Gliederfüßer sind nur weit entfernt miteinander verwandt. Sie werden nicht wie die Wirbeltiere in einem Stamm eingeordnet, sondern in viele verschiedene **Stämme**. Die einzelnen Stämme unterteilen sich wiederum in verschiedene Klassen. Zum Stamm der Gliederfüßer zählen die Klasse der Spinnentiere, Krebstiere, Insekten und Tausendfüßer. Auch die Insekten können weiter in Käfer, Schmetterlinge und weitere unterteilt werden. Diese Ordnungen werden noch weiter in Familien, Gattungen und Arten unterteilt. So gehört der Schwalbenschwanz zur Familie der Ritterfalter. Die Familie der Ritterfalter gehört zur Ordnung der Schmetterlinge.

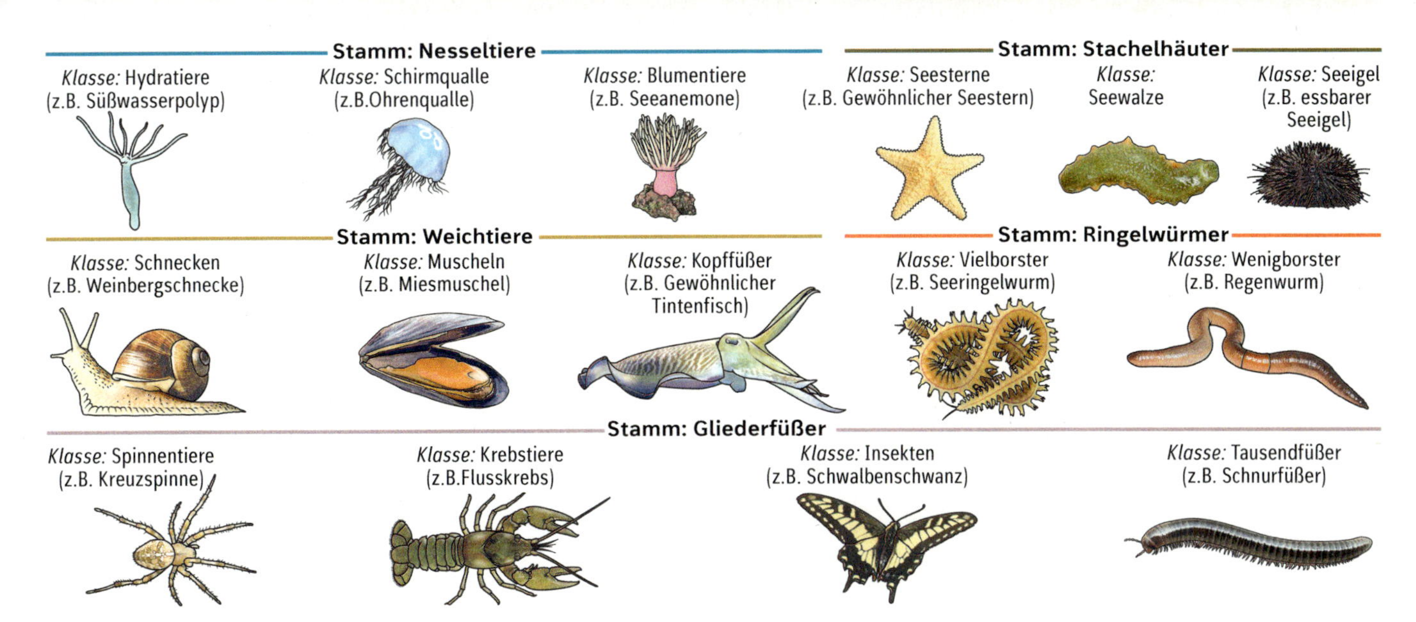

3 Gruppen der Wirbellosen

Stamm der Ringelwürmer

Der Regenwurm hat keine Gliedmaßen. Er besitzt eine stabile Haut, die mit darunterliegenden Muskeln einen festen Hautmuskelschlauch bildet. Sein Körper ist in zahlreiche Abschnitte gegliedert. Man erkennt den Regenwurm an seiner geringelten Oberfläche. Der Regenwurm ist ein Ringelwurm.

Stamm der Weichtiere

Der Körper von Schnecken, Muscheln und Kopffüßern wie Kraken ist weich. Sie zählen zum Stamm der Weichtiere. Sie besitzen keine Gliedmaßen. Manche Weichtiere haben ein Gehäuse aus Kalk.

Stamm der Gliederfüßer

Der Stamm der Gliederfüßer umfasst über eine Million Arten weltweit. Er ist der artenreichste Stamm im Tierreich. Ihre Gliedmaßen sind in Abschnitte unterteilt. Gliederfüßer haben ein Außenskelett. Ihr Körper wird durch eine harte Schale aus Chitin geschützt. Anhand der Anzahl ihrer Beine können die verschiedenen Klassen der Gliederfüßer unterschieden werden.

A Recherchiere Informationen zu einem Wirbellosen. Ordne ihn in die Systematik ein: Art, Gattung, Familie, Ordnung, Klasse, Stamm.

Material mit Aufgaben

M1 Wirbellose bestimmen

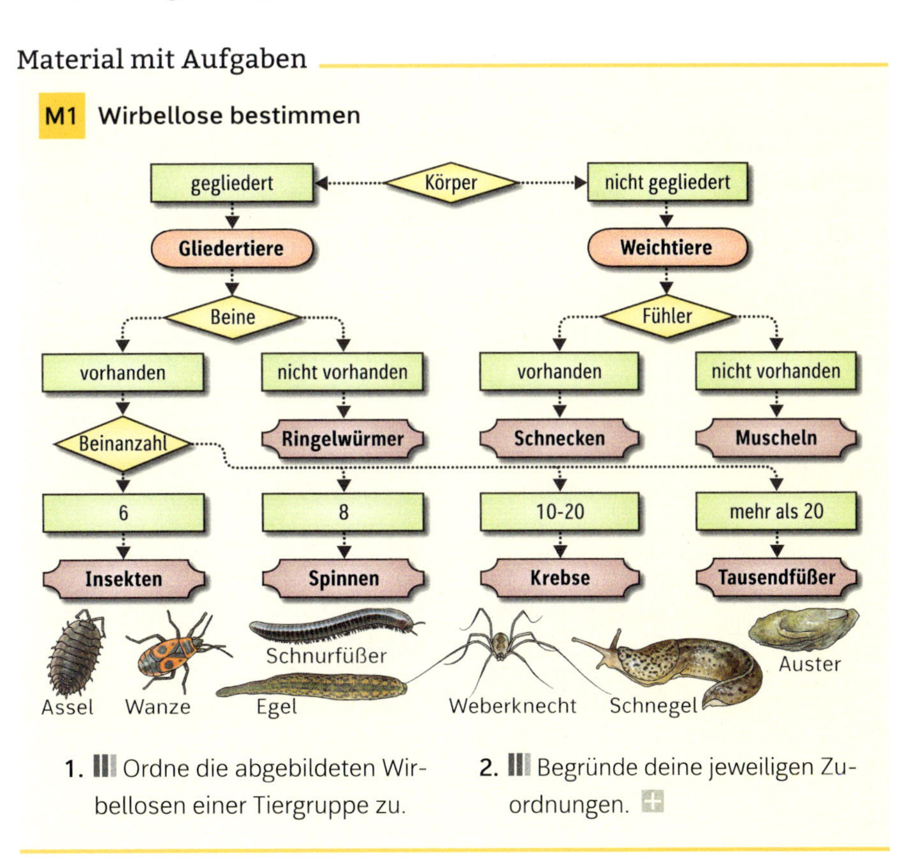

1. Ordne die abgebildeten Wirbellosen einer Tiergruppe zu.

2. Begründe deine jeweiligen Zuordnungen.

1 Maikäfer vor dem Abflug

Körperbau der Insekten

Körperbau des Maikäfers

Insekten, wie der Maikäfer, besitzen kein Innenskelett aus Knochen. Sie haben keine Wirbelsäule und zählen zu den wirbellosen Tieren. Der Körper des Maikäfers ist von einem festen Panzer umhüllt und somit gut geschützt. Dieses **Außenskelett** besteht aus Chitin. Der Körper gliedert sich in **Kopf**, **Brust** und **Hinterleib**. Diese Abschnitte sind durch Gelenkhäute beweglich verbunden. Wie alle Insekten hat der Maikäfer **sechs Beine**. Die Beine sind gegliedert.

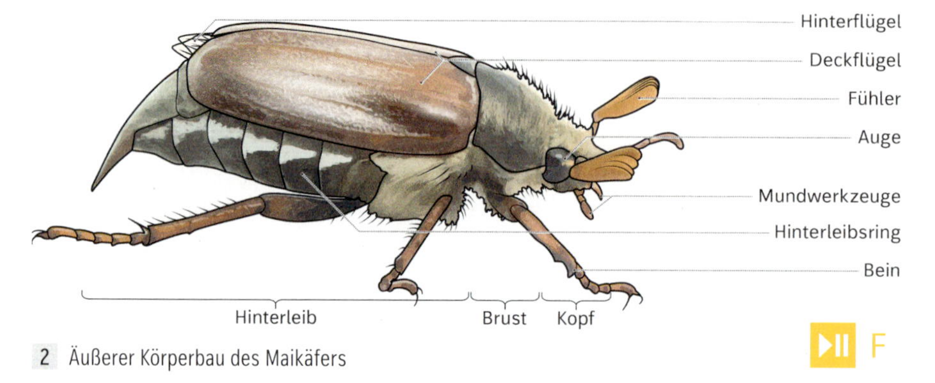

2 Äußerer Körperbau des Maikäfers

F

Kopf des Maikäfers

Am Kopf des Maikäfers erkennt man zwei große Augen. Ihre Oberfläche sieht aus wie ein Netz. Jedes der beiden großen **Facettenaugen** besteht aus tausenden Einzelaugen. Am Kopf hat der Maikäfer außerdem zwei große, gefächerte Fühler. An den Enden der gegliederten Fühler befinden sich fächerförmige Blättchen. Damit riecht der Maikäfer. An der Unterseite des Kopfes besitzt er **Mundwerkzeuge** aus Chitin. Damit kann er Blätter zerbeißen.

Flügel des Maikäfers

An der Rückseite der Brust des Maikäfers setzen zwei paar Flügel an. Die harten Vorderflügel bedecken und schützen den Körper. Sie werden auch als **Deckflügel** bezeichnet. Die weichen, beweglichen Hinterflügel ermöglichen dem Maikäfer das Fliegen. Beim Flug werden die Deckflügel schräg nach oben gestellt.

Atmung und Blutkreislauf

Insekten besitzen, anders als Wirbeltiere, kein Netz aus Blutgefäßen. Das Innere des Insektenkörpers wird von farblosem Blut durchströmt. Das Blut wird vom schlauchförmigen Herzen von hinten nach vorn durch den Körper gepumpt. Wie alle Insekten hat der Maikäfer einen **offenen Blutkreislauf**. Für das Fliegen nutzt er eine starke Flugmuskulatur. Sauerstoff nimmt er durch seitliche Öffnungen am Hinterleib auf. Verzweigte Atemröhren, die **Tracheen**, gelangt er ins Blut und wird zu den Organen transportiert.

Nervensystem

In der unteren Seite des Körpers liegt das Nervensystem des Maikäfers. Dieses **Bauchmark** besteht aus Paaren von Nervenknoten, die man als **Ganglien** bezeichnet. Die Ganglien sind mit Nervensträngen verbunden, sodass das Bauchmark an eine Strickleiter erinnert. Ein solches Nervensystem nennt man **Strickleiternervensystem**. Im Kopf des Maikäfers befindet sich ein großer Nervenknoten. Man bezeichnet ihn als **Oberschlundganglion**. Es erfüllt die Aufgabe eines Gehirns.

A Beschreibe die Gliederung und den äußeren Körperbau des Maikäfers.

B Beschreibe die Funktionen der Flügel des Maikäfers.

C Begründe, warum man das Nervensystem des Maikäfers als Strickleiternervensystem bezeichnet.

D Stelle Vermutungen an, warum die Fühler des Maikäfers stark gefächert sind.

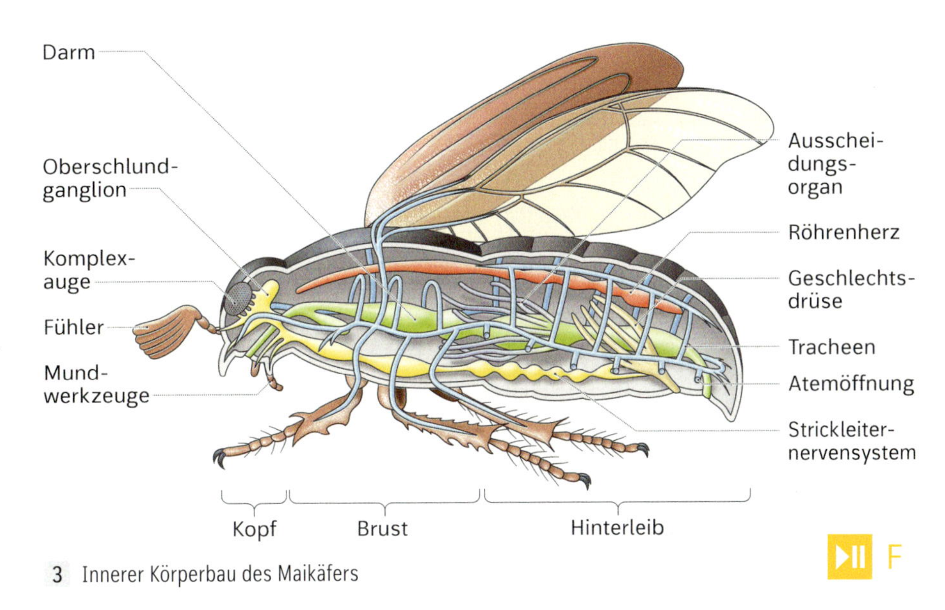

3 Innerer Körperbau des Maikäfers

F

Material mit Aufgaben

F

M1 Wirbellose und Wirbeltiere

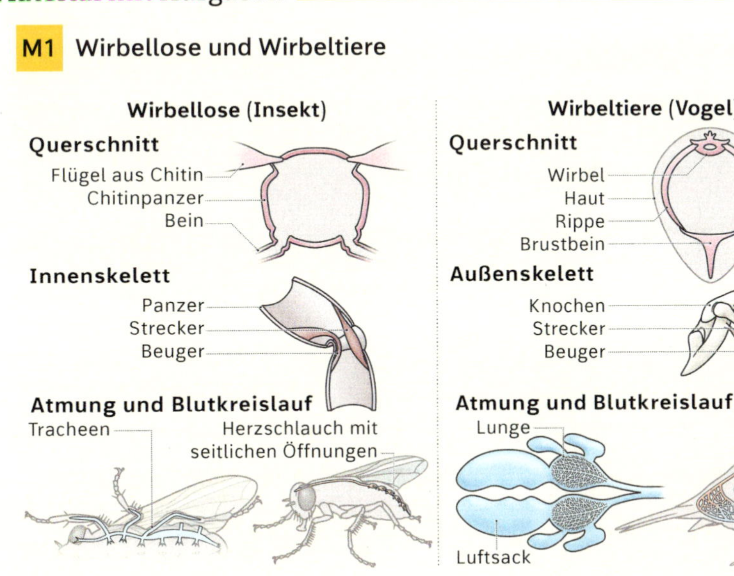

1. Vergleiche das innere Stütz- und Bewegungssystem des Vogels und des Insekts mithilfe des Bildes.
2. Vergleiche die Atmung und den Blutkreislauf des Vogels und des Insekts mithilfe des Bildes.
3. Begründe, warum man bei der Fliege von einem offenen und bei Wirbeltieren von einem geschlossenen Blutkreislauf spricht.
4. Wenn eine Fliege ins Wasser fällt, erstickt sie nach kurzer Zeit. Erläutere diesen Sachverhalt.

Expertenwissen

Wie Insekten sehen

1 Kopf einer Honigbiene

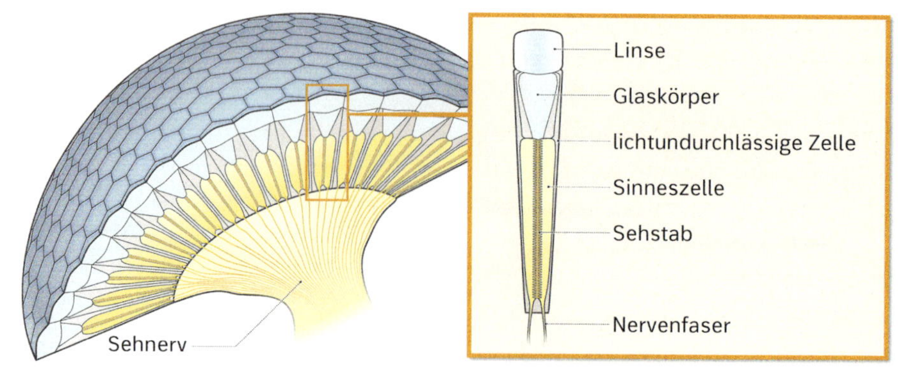

2 Bau des Facettenauges

Material mit Aufgaben

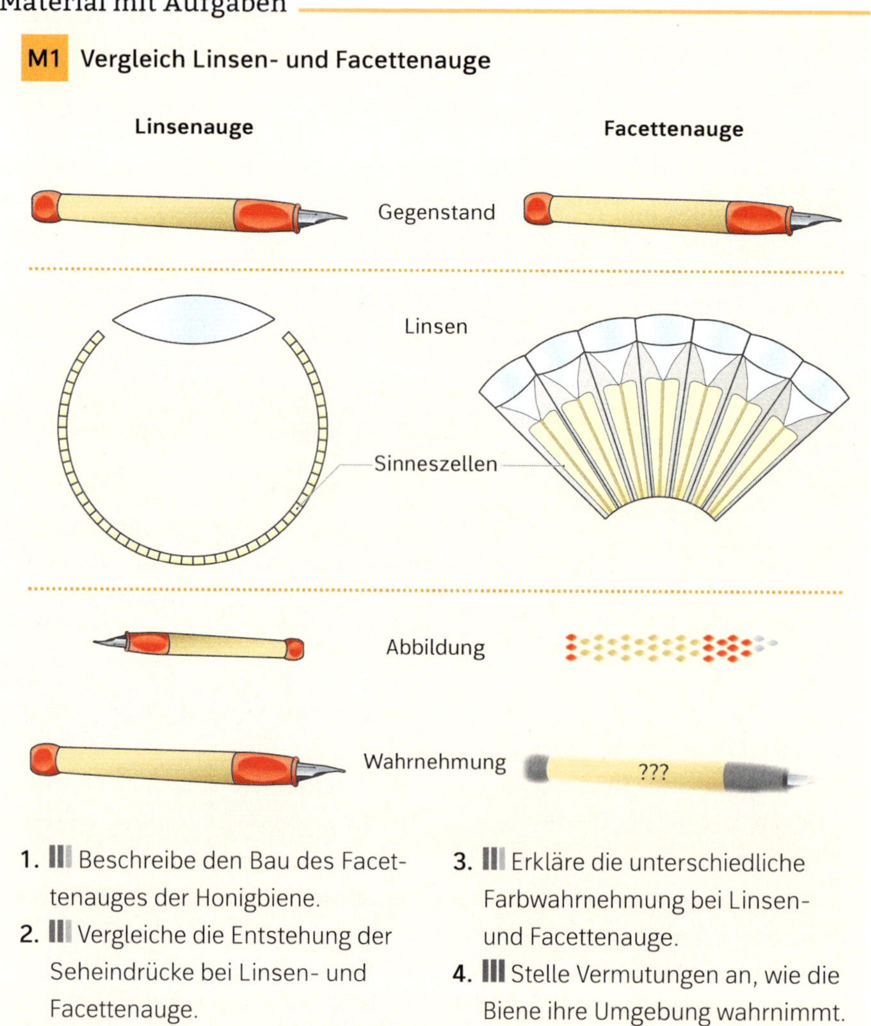

1. Beschreibe den Bau des Facettenauges der Honigbiene.
2. Vergleiche die Entstehung der Seheindrücke bei Linsen- und Facettenauge.
3. Erkläre die unterschiedliche Farbwahrnehmung bei Linsen- und Facettenauge.
4. Stelle Vermutungen an, wie die Biene ihre Umgebung wahrnimmt.

Facettenauge

Am Kopf vieler Insekten wie der Honigbiene fallen neben den Fühlern große, kugelige Augen auf. Die Oberfläche der Augen weist ein regelmäßiges, sechseckiges Muster auf. Die Augen der Insekten bestehen aus vielen tausend **Einzelaugen**. Jedes Sechseck ist die Linse eines Einzelauges. Unter der Linse befindet sich jeweils ein Glaskörper. Augen, die wie bei der Honigbiene aus vielen Einzelaugen zusammengesetzt sind, bezeichnet man als **Facettenauge**. Jedes Einzelauge des Facettenauges nimmt beim Sehen einen einzigen Bildpunkt wahr. Das Gehirn der Insekten verarbeitet die Informationen der einzelnen Bildpunkte. Alle Bildpunkte der Einzelaugen ergeben zusammen ein Gesamtbild, wie bei einem aus vielen Teilen bestehenden Puzzle.

Farbensehen

Die Honigbiene sieht Farben anders als der Mensch. Bienen können kein rotes Licht erkennen. Rot wird daher nur als Grauton wahrgenommen. Anders als Menschen kann die Honigbiene ultraviolettes Licht, kurz UV-Licht, sehen.

Wie Insekten fliegen

1 Blaugrüne Mosaikjungfer

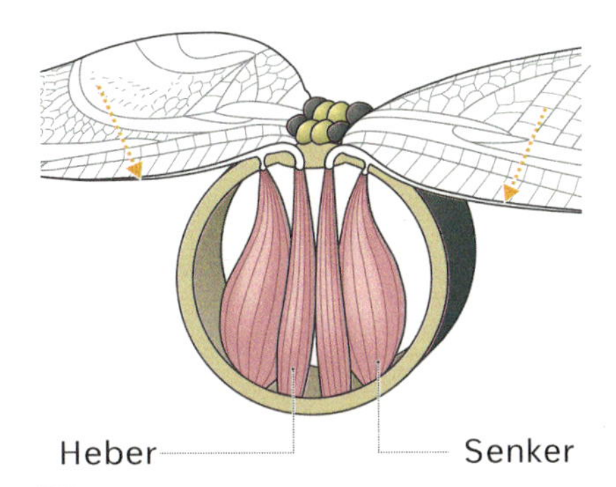

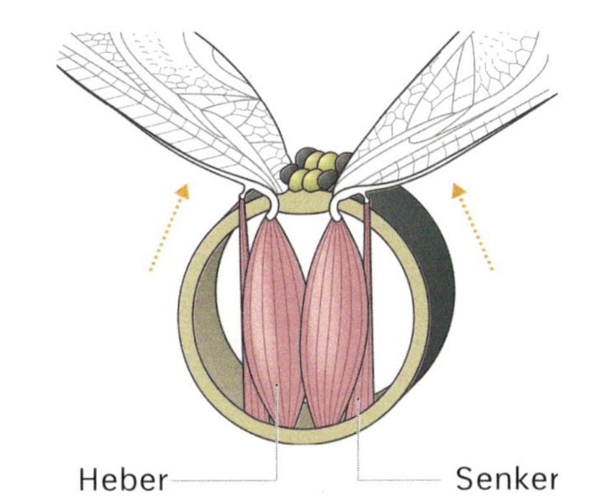

2 Direkte Flugmuskulatur

Flug der Libelle

Libellen, wie die Mosaikjungfer, sind prachtvolle Insekten, die durch ihre leuchtenden Farben auffallen und häufig an Gewässern zu beobachten sind. Sie sind wendige Flieger, die in der Luft stehen und blitzschnell ihre Flugrichtung ändern können. Die vier großen Flügel der Libelle werden mithilfe der kräftigen **Flugmuskeln** bewegt. Bei einem Querschnitt durch den Brustraum der Libelle fällt auf, dass ihre Flügel direkt mit zwei Muskelpaaren verbunden sind. Wenn sich die **Senker** anspannen und verdicken, bewegen sich die Flügel der Libelle nach unten. Spannen sich die **Heber** an, bewegen sich ihre Flügel nach oben. Die Heber und Senker arbeiten dabei als **Gegenspieler** zusammen.

Die Libelle kann ihre Flügel einzeln und unabhängig voneinander bewegen. Somit kann sie schnelle Kurvenflüge und rasante Richtungswechsel durchführen, aber auch wie ein Helikopter in der Luft schweben. Die Flugmuskeln der Libelle sind direkt mit ihren Flügeln verbunden. Aus diesem Grund bezeichnet man die Flugmuskulatur der Libellen auch als **direkte Flugmuskulatur**.

Material mit Aufgaben

M1 Indirekte Flugmuskulatur

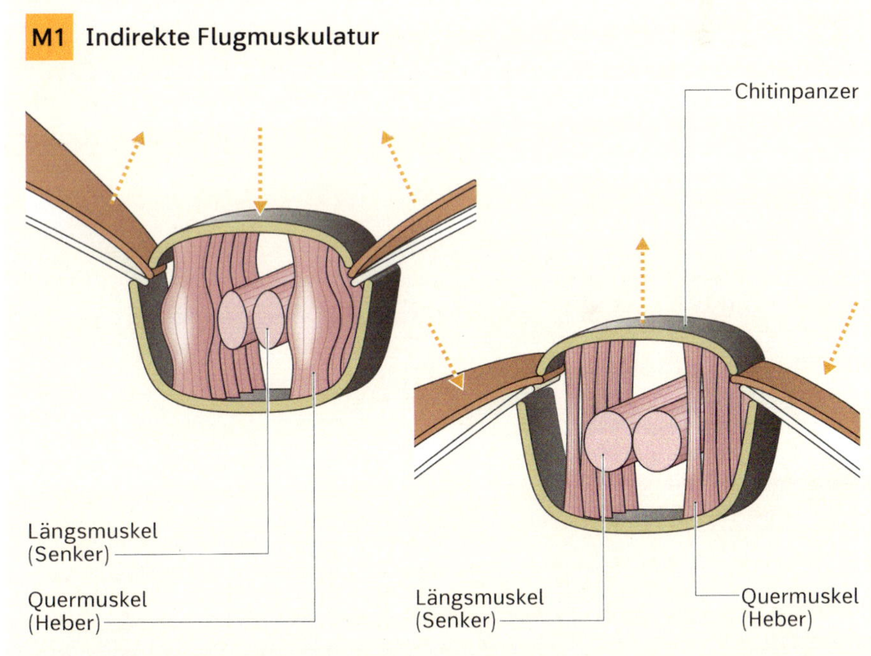

Beim Maikäfer setzen die Flugmuskeln direkt am Chitinpanzer an. Die Flügel bewegen sich durch die Verformung des Panzers.

1. Beschreibe den Aufbau der Flugmuskulatur beim Maikäfer und wie die Flügelbewegungen durchgeführt werden.
2. Begründe, warum man beim Maikäfer von indirekter Flugmuskulatur spricht.
3. Vergleiche die direkte und indirekte Flugmuskulatur miteinander.
4. Stelle begründete Vermutungen an, ob der Maikäfer wie die Libelle in der Luft schweben und schnell die Richtung ändern kann.

1 Europäische Gottesanbeterin

Angepasstheiten von Insekten

Mundwerkzeuge

Insekten haben unterschiedliche Ernährungsweisen. Dafür haben sie verschieden gestaltete **Mundwerkzeuge**. Diese bestehen wie der Panzer aus hartem Chitin. Über der Mundöffnung ist die **Oberlippe**, darunter ist die **Unterlippe**. Dazwischen befinden sich je zwei Zangen, die **Oberkiefer** und **Unterkiefer**. Mit Tastern an Unterlippe und Unterkiefer kann die Nahrung abgetastet werden. Die Gottesanbeterin ernährt sich von kleinen Beutetieren. Mit ihren kräftigen Mundwerkzeugen, die wie **Beißzangen** gestaltet sind, zerteilt sie ihre Beutetiere. Andere Insekten, wie Schmetterlinge, ernähren sich von Nektar. Sie haben einen langen **Saugrüssel**. So können sie Nektar aus tiefen Blüten saugen. Die Hummel leckt und saugt Nektar mit ihrem kurzen **Saug-Leckrüssel** aus flacheren Blüten. Die Stechmücke besitzt verlängerte Mundwerkzeuge. Mit ihrem **Stechrüssel** kann sie die Haut von Tieren durchstechen und Blut aufsaugen.

Material mit Aufgaben

M1 Mundwerkzeuge

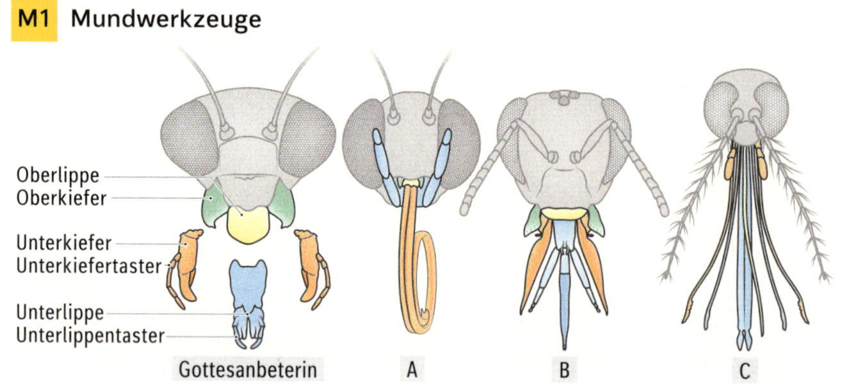

1. Beschreibe den Bau der Mundwerkzeuge der Gottesanbeterin.
2. Ordne den Mundwerkzeugen A-C die Begriffe Stechrüssel, Saugrüssel, Saug-Leckrüssel zu.
3. Erläutere an einem Beispiel die Angepasstheit der Mundwerkzeuge an die Nahrungsaufnahme. +

Beine der Insekten

Insekten haben sechs Beine. Diese bestehen aus mehreren Gliedern, die beweglich miteinander verbunden sind. Die Grundform ist das **Laufbein**. Auch die Gottesanbeterin bewegt sich mit Laufbeinen. Die Vorderbeine der Gottesanbeterin sind kräftig und verlängert. Sie können taschenmesserartig eingeklappt werden. Schiene und Schenkel dieser **Fangbeine** haben auf der einander zugewandten Seite scharfe Sägezähne, die das eigeklemmte Beutetier festhalten.

Je nach Lebensweise des Insekts sind manche Beine besonders geformt. Der im Wasser lebende Gelbrandkäfer besitzt verlängerte **Schwimmbeine** mit Borsten, die er wie ein breites Paddel benutzt. Die Maulwurfsgrille besitzt schaufelartig verbreiterte **Grabbeine**, mit denen sie sich durch den Boden gräbt. Die hinteren Beine des Flohs sind kräftig und zu **Sprungbeinen** umgeformt. Am verdickten Schenkel setzt innen die starke Sprungmuskulatur an, die dem Floh weite Sprünge ermöglicht.

2 Gottesanbeterin frisst ein Beutetier

A Nenne die verschiedenen Formen der Mundwerkzeuge von Insekten.

B Erkläre, warum ein Floh besser springen als schwimmen kann.

Material mit Aufgaben

M2 Insektenbeine

1. Beschreibe den Bau des Laufbeins.
2. Ordne den Beinen in den Bildern A-D die Begriffe Schwimmbein, Grabbein, Fangbein und Sprungbein zu.
3. Wähle eines der Beine A-D aus und vergleiche den Bau mit dem Bau des Laufbeins.
4. Erläutere am Beispiel eines Insektenbeins den Zusammenhang zwischen Struktur und Funktion.

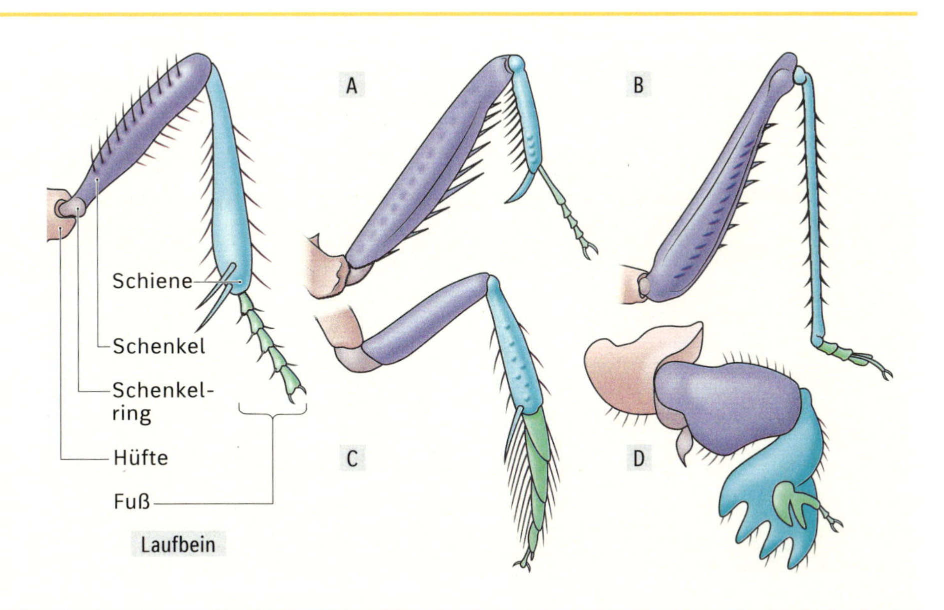

1 Gelbrandkäfer

Entwicklung von Insekten

Entwicklung des Gelbrandkäfers

Der Gelbrandkäfer ist ein im Wasser lebender Käfer. Zur Paarungszeit im März begibt sich das Männchen auf die Suche nach Weibchen. Dafür fliegt es nachts auch in andere Gewässer. Bei der **Paarung** hält sich das Männchen mit den Saugnäpfen seiner Vorderbeine am glatten Rücken des Weibchens fest.

2 Entwicklung des Gelbrandkäfers

Im April legt das Weibchen des Gelbrandkäfers bis zu 1000 **Eier** in Wasserpflanzen. Nach zwei Monaten schlüpfen aus den Eiern die **Larven.** Sie sehen anders als die ausgewachsenen Käfer aus: Sie sind lang, dünn und haben weder Flügel noch eine harte Schale. Die Larve ernährt sich von kleinen Fischen und Kaulquappen. Dabei wächst sie und häutet sich mehrmals.

Nach fünf Wochen kriecht die Larve des Gelbrandkäfers ans Ufer und gräbt im feuchten Untergrund eine Höhle. Dort wird sie zur **Puppe.** Während des Puppenstadiums nimmt sie keine Nahrung auf. In dieser Zeit werden in der festen Puppenhülle die Organe der Larve zu den Organen des Käfers. Nach vier Wochen schlüpft aus der Puppe ein fertiger Gelbrandkäfer, das **Vollinsekt.**

Diese **vollständige Verwandlung** wird auch als **Metamorphose** bezeichnet.

Entwicklung des Wasserläufers

Wasserläufer bewegen sich ruckartig auf der Wasseroberfläche. Im Frühjahr erfolgt die **Paarung**. Die **Eier** werden dicht unter der Wasseroberfläche an Wasserpflanzen angeklebt. Die daraus schlüpfenden **Larven** sehen den Eltern ähnlich. Sie bewegen sich auch auf der Wasseroberfläche. Mit ihrem Rüssel saugen die Larven an lebenden oder toten Insekten. Sie wachsen und häuten sich mehrmals. Nach der fünften Häutung ist das Wachstum zum fertigen **Vollinsekt** abgeschlossen. Da dem Wasserläufer ein Puppenstadium fehlt, spricht man von einer **unvollständigen Verwandlung.**

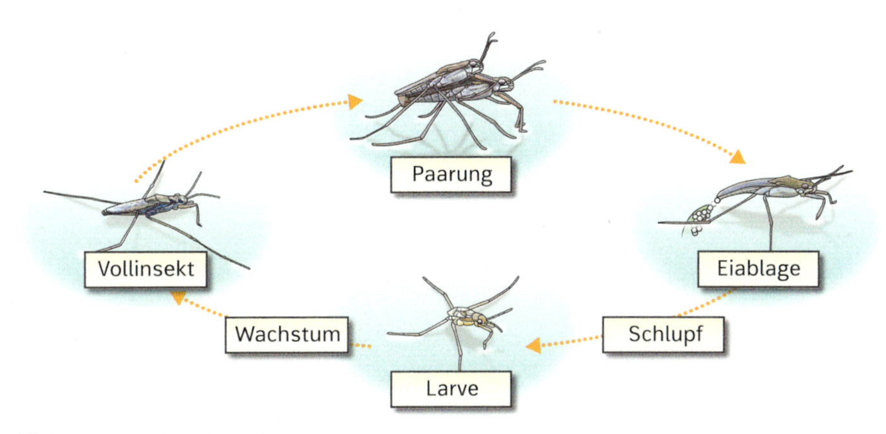

3 Entwicklung des Wasserläufers

A Nenne die Stadien der Entwicklung des Gelbrandkäfers und des Wasserläufers.

Material mit Aufgaben

F

M1 Entwicklung von Maikäfer und Grashüpfer

1. Beschreibe die Entwicklung von Maikäfer und Grashüpfer.
2. Vergleiche die Entwicklung der Insekten mithilfe der Tabelle.

	Maikäfer	Heupferd
Ei	...	...
Larve	...	...
Puppe	...	...
Vollinsekt	...	...
Verwandlung	...	...

3. Erkläre, warum die Entwicklung des Maikäfers eine vollständige Verwandlung ist.
4. Stelle Vermutungen an, warum die Entwicklung dieser Insektenarten eine Angepasstheit an den Jahresverlauf ist.

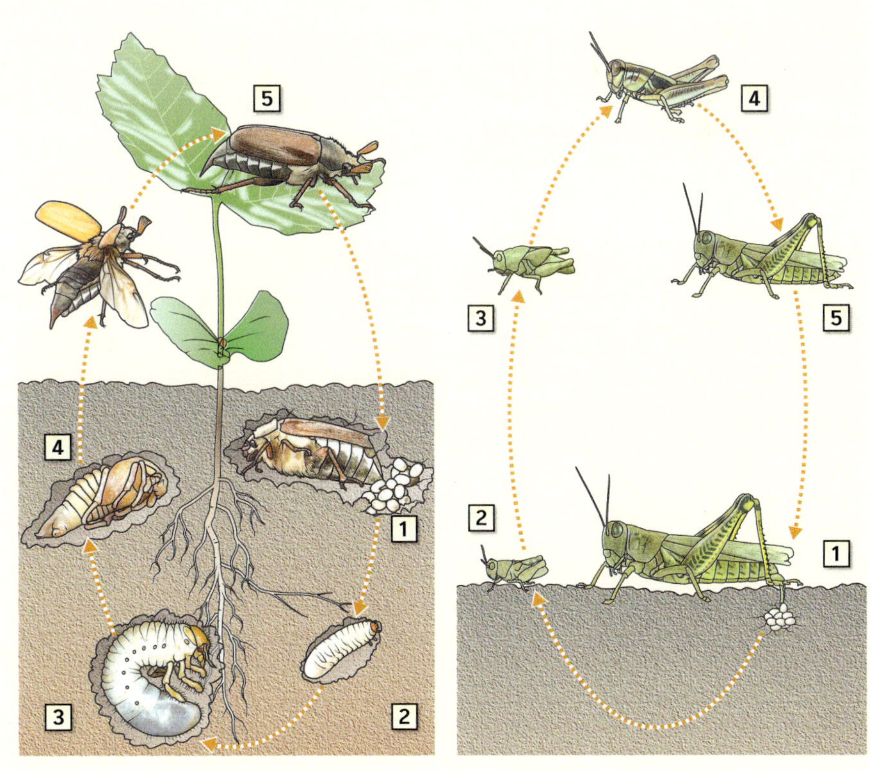

Bienen leben mit vielen tausenden Artgenossen zusammen in einem Bienenstock. Wie ist ihr Bienenstaat aufgebaut?

1 Blick in einen Bienenstock

Bienen leben in Staaten

Bedeutung der Honigbiene

Honigbienen zählen zu den Insekten. Sie sind wichtige Bestäuber von Pflanzen. Der Mensch ist auf die Honigbiene angewiesen, denn sie bestäubt auch die Nutzpflanzen. Ohne die Bestäubung durch Insekten wie die Honigbiene würden sich keine Früchte wie Äpfel, Birnen oder Kirschen entwickeln. Ohne die Honigbiene gäbe es also sehr viele Produkte im Supermarkt nicht zu kaufen.

Körbchen

Pollenschieber

A

B

2 Sammelbeine der Honigbiene: **A** Außenseite Schema, **B** Biene mit Pollenkörnern

Besonderheiten der Honigbiene

Um an den süßen Nektar der Blüten zu kommen, hat die Honigbiene einen **Saugrüssel**. Diesen kann sie ausfahren, damit sie bis auf den Blütenboden gelangt. Den Nektar speichert sie in ihrem **Honigmagen**. Bei einem Blütenbesuch bleiben Pollenkörner an ihrem Pelz hängen. Mit ihren Vorderbeinen befördert sie die hängengebliebenen Pollenkörner in Richtung ihrer oberen Hinterbeine. An diesen befinden sich viele kurze Bürsten. Damit werden die Pollenkörner weiter aus dem Pelz zu den unteren Hinterbeinen gefegt. An der Außenseite der unteren Hinterbeine befindet sich eine tiefe Delle, das **Körbchen**. Die Honigbiene knetet mit dem Fußglied einen Pollenballen, den sie ins Körbchen drückt. Ist das Körbchen voll, fliegt die Honigbiene zurück in ihren Bienenstock. Die gesammelten Pollenkörner dienen den Honigbienen als Nahrung.

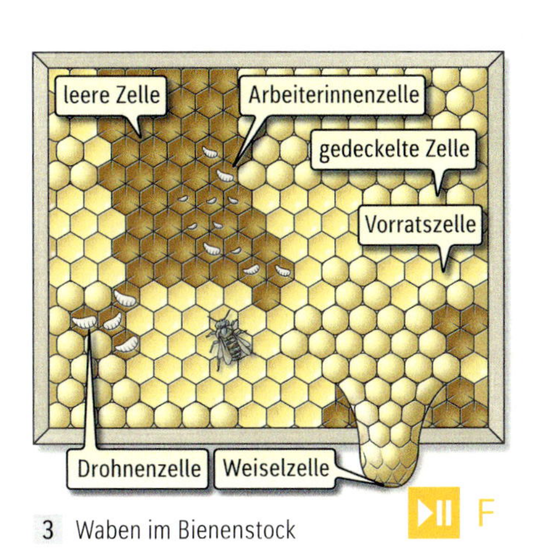

3 Waben im Bienenstock

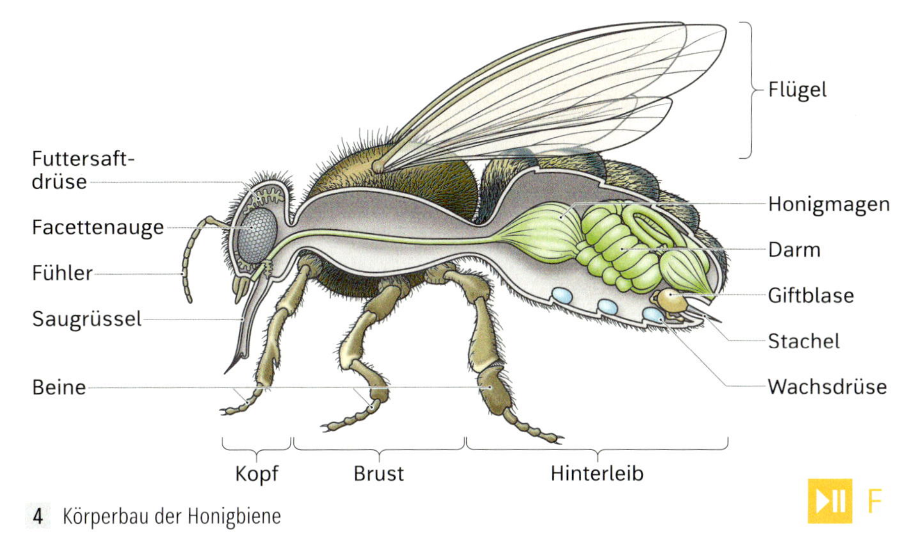

4 Körperbau der Honigbiene

Das Leben in einem Bienenstaat

Die heimische Honigbiene zählt zu den **staatenbildenden Insekten**. Bis zu 80 000 Bienen leben in einem Bienenstock. Dieser ist aus **Waben** aufgebaut. Waben bestehen aus tausenden sechseckigen **Wachszellen**. **Arbeitsbienen** bauen große **Brutzellen**, in denen sich Bienenlarven entwickeln. Die **Königin** legt täglich bis zu 2000 Eier. Bei Hochzeitsflügen paart sie sich mit den männlichen Bienen, den **Drohnen**. Aus den so befruchteten Eiern entwickeln sich Larven, die sich verpuppen. Aus den **Puppen** schlüpfen Arbeitsbienen. Aus unbefruchteten Eiern entwickeln sich Drohnen. Wenn der Staat zu groß wird, werden einige Larven mit einem besonderen Saft gefüttert, dem **Gelée royale**. Diese Larven entwickeln sich in speziellen Zellen, den **Weiselzellen**, zu Königinnenlarven. Die erste geschlüpfte Königin tötet die anderen mit ihrem Stachel. Die alte Königin verlässt den Stock mit etwa der Hälfte der Arbeitsbienen und gründet einen neuen Staat.

Material mit Aufgaben

M1 Entwicklung der Arbeitsbiene

A

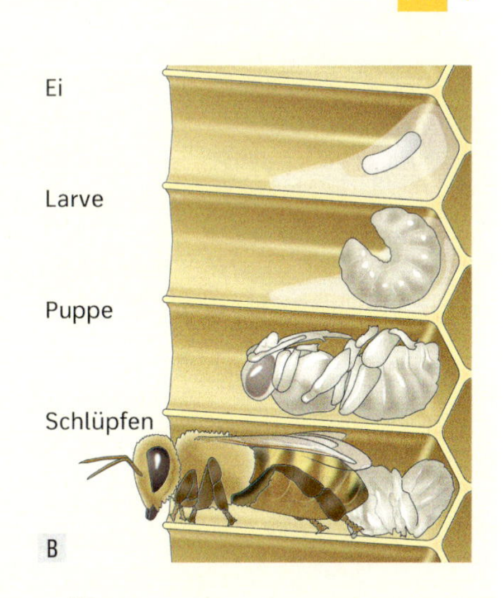

B

1. Vergleiche Königin, Drohne und Arbeitsbiene. Beachte das Aussehen und die Entwicklung.
2. Beschreibe die Entwicklung einer Arbeitsbiene mit Bild B.
3. Erkläre, ob es sich bei der Entwicklung der Biene um eine vollständige oder unvollständige Verwandlung handelt.
4. Manche Larven werden mit Gelée royale gefüttert. Erkläre die Funktion dieser Futtergabe.
5. Eigentlich sind Arbeitsbienen unfruchtbar. Es kommt doch manchmal vor, dass sie Eier legen. Stelle Vermutungen an, welche Bienenwesen aus den Eiern schlüpfen würden.

Entwicklung	
1. Tag	Königin legt Ei
3. Tag	Larve schlüpft
10. Tag	Larve verpuppt sich
21. Tag	Biene schlüpft

Arbeitstage	
1. - 5. Tag	Biene reinigt Waben und füttert ältere Larven
6. - 12. Tag	Biene füttert junge Larven und Königinnenlarven
13. - 18. Tag	Biene baut und verdeckelt Waben und verarbeitet anschließend Futter
17. - 21. Tag.	Biene wacht am Flugloch
22. - 35. Tag	Biene sammelt Pollen und Nektar bis zu ihrem Tod
ca. 35. Tag	Biene stirbt

5 Leben einer Arbeitsbiene

F

Das Leben einer Arbeitsbiene

Das Leben einer Arbeitsbiene dauert etwa sechs Wochen. In den ersten 18 Tagen ihres Lebens arbeitet die Arbeitsbiene als **Stockbiene** im Bienenstock. Zunächst reinigt sie dort drei Tage lang als **Putzbiene** leere Waben und bereitet sie für die Eiablage der Königin vor. Danach pflegt und füttert die Arbeitsbiene als **Ammenbiene** die Bienenlarven im Bienenstock. Zunächst versorgt sie die älteren Bienenlarven mit Futtersaft aus ihren neu entwickelten Futtersaftdrüsen mit Pollen und Honig. Vom sechsten bis zum 12. Tag kümmert sie sich nur noch um die jüngeren Larven. Ab dem 13. Tag bilden sich die Futtersaftdrüsen zurück. Nach der Brutpflege ist die Arbeitsbiene als **Baubiene** für den Wabenbau verantwortlich. Mit Wachs aus ihren Wachsdrüsen baut sie neue Waben und Wabendeckel, mit denen sie die Waben verschließt. Von Sammelbienen nimmt sie den Nektar und den Pollen entgegen. Aus dem Nektar stellt sie den Honig her und lagert ihn in Wabenzellen ein. Er dient als Nahrungsvorrat für den Winter. Mit Wachs aus ihren Wachsdrüsen verschließt die Biene die Waben.

Nach ihren Tätigkeiten im Inneren des Bienenstocks bewacht die Arbeitsbiene als **Wächterbiene** das Flugloch des Bienenstocks. Sie lässt nur die Bienen des eigenen Staates hindurch. Fremde Tiere tötet sie. Ab dem 22. Tag arbeitet die Arbeitsbiene als **Sammelbiene**. Sie sammelt Pollen und Nektar von Blüten und bringt beides zum Bienenstock. Dabei werden Pflanzen durch die Sammelbiene bestäubt. Nach etwa 35 Tagen stirbt die Arbeitsbiene.

Gewinnung von Honig

Bienen stellen den Honig vor allem aus Nektar her. Diesen speichert die Biene in ihrem Honigmagen. Dort wird er durch Drüsensäfte verändert. Dadurch entsteht Honig. Er wird in Waben gefüllt und mit einem Wachsdeckel verschlossen. Früher sammelte man Honig von Wildbienen. Heute kommt er meist von gezüchteten Honigbienen. Sie werden oft in Holzkästen mit Rahmen gehalten, in die die Bienen ihre Waben bauen. Bei der Ernte entnimmt der **Imker** die Rahmen und kratzt die Wabendeckel ab. Danach wird der Honig aus den Waben geschleudert.

Bienen in Gefahr

Große Gefahr für die Honigbiene geht von der **Varroamilbe** aus. Diese lebt als Parasit im Bienenstock. Sie sitzt auf den Bienen und Larven und ernährt sich von den Körperflüssigkeiten der Tiere. Ihre Eier legt die Milbe in die Brutzellen der Bienen. Die neugeschlüpften Milben befallen sofort weitere Larven.

Auf einer Wiese mit vielen verschiedenen Wildkräutern finden Bienen monatelang Nahrung. Durch die Landwirtschaft sind viele Wiesen durch Felder mit nur einer Nutzpflanze ersetzt worden, den **Monokulturen**. Die Nutzpflanzen blühen nur kurz. Danach fehlen den Bienen Nahrungsquellen.

In Deutschland leben mehr als 500 Wildbienenarten. Sie bauen ihre Nester im Boden, in Baumstämmen oder in Mauerritzen. Durch das Anlegen von Rasen und landwirtschaftlichen Flächen sowie den Bau von Städten verlieren Wildbienen ihren Lebensraum.

Material mit Aufgaben

M2 Das Leben einer Arbeitsbiene

ca. 35. Tag
Biene stirbt
1. - 2. Tag
Putzen der Waben
3. - 5. Tag
Pflege und Fütterung älterer Larven
6. - 12. Tag
Pflege und Fütterung jüngerer Larven
13. - 18. Tag
Wabenbau
15. - 18. Tag
Übernahme des Nektars, Verarbeitung zu Honig, Einstampfen von Pollen
17. - 21. Tag
Wache am Flugloch
22. - 35. Tag
Sammeln von Pollen und Nektar
SAMMELBIENE
STOCKBIENE

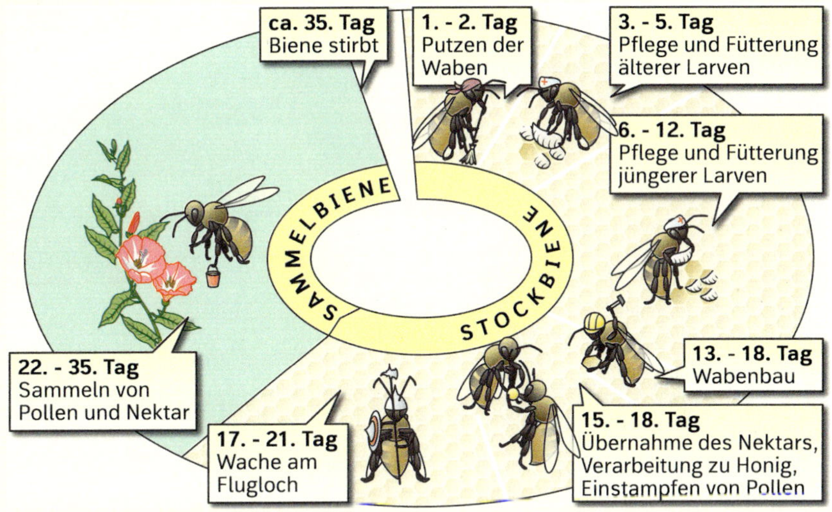

1. Beschreibe das Leben einer Arbeitsbiene mithilfe des Bildes.
2. Erkläre, warum die Bienenkönigin täglich Eier legt.
3. Im Bienenstaat herrscht das Prinzip der Arbeitsteilung. Erläutere diesen Sachverhalt.

M3 Bienensterben

F

1. Erkläre die Bedeutung der Honigbiene und wildlebender Bienen für die Landwirtschaft.
2. Beschreibe die Auswirkungen von massenhaftem Bienensterben auf die Landwirtschaft.
3. Nenne Gründe für das Bienensterben.
4. Stelle Vermutungen an, warum Ernteerträge ohne Bienen unterschiedlich ausfallen.
5. Bauern werden vom Staat finanziell gefördert, wenn sie an den Rand des Ackers Wildblumen sähen und nicht bewirtschaften. Bewerte diese Maßnahme.

Gefahren für Bienen

Intensive Landwirtschaft
Pestizide
Düngemittel
Monokultur

Krankheitserreger
Varroamilbe
Bakterien und Pilze

Verringerung der Ernteerträge durch das Bienensterben

-10 %
-10 % bis -40 %
-40 % bis -90 %
-90 %

1 Rundtanz der Honigbiene

Verständigung bei Bienen

Bienentanz

Damit sich die Mitglieder eines Bienenvolks verständigen können, nutzen sie besondere Kommunikationsformen. Findet eine Sammelbiene eine geeignete Futterquelle, fliegt sie zum Stock zurück. Sie überreicht den anderen Bienen Kostproben der Nahrung. Wird die Nahrung akzeptiert, fordern die anderen Arbeiterinnen die heimgekehrte Sammelbiene zum Tanz auf. Sie übermittelt ihren Artgenossen mit Tänzen Informationen zum Standort der Futterquelle.

Rundtanz

Befindet sich eine Futterquelle weniger als 100 Meter vom Bienenstock entfernt, fängt die Sammelbiene an zu tanzen. Sie läuft bis zu drei Minuten auf einer Wabe umher. Hat sich die Biene einmal ganz gedreht, wechselt sie die Richtung. Dieser Tanz wird als **Rundtanz** bezeichnet. Die anderen Arbeiterinnen stehen dicht gedrängt um die Tänzerin herum. Sie ertasten ihre Bewegungen im dunklen Stock mithilfe ihres Tastsinns. Dann tanzen sie mit. Wenn der Rundtanz beendet ist, fliegen die Arbeiterinnen zur nahegelegenen Futterstelle. Beim Rundtanz werden nur Informationen zur groben Entfernung weitergegeben.

2 Rundtanz (Schema)

Schwänzeltanz

Ist die Futterquelle mehr als 100 Meter vom Stock entfernt, ist eine präzisere Wegbeschreibung für die anderen Bienen notwendig. Bei der Ankunft im Stock läuft die Biene auf einer Wabe einen kurzen Abschnitt geradeaus und wackelt dabei heftig mit dem Hinterleib. Sie **schwänzelt**. Nach dieser Schwänzelstrecke bewegt sie sich nach links oder rechts im Bogen zurück zum Ausgangspunkt. Diesen Tanz bezeichnet man als **Schwänzeltanz**.

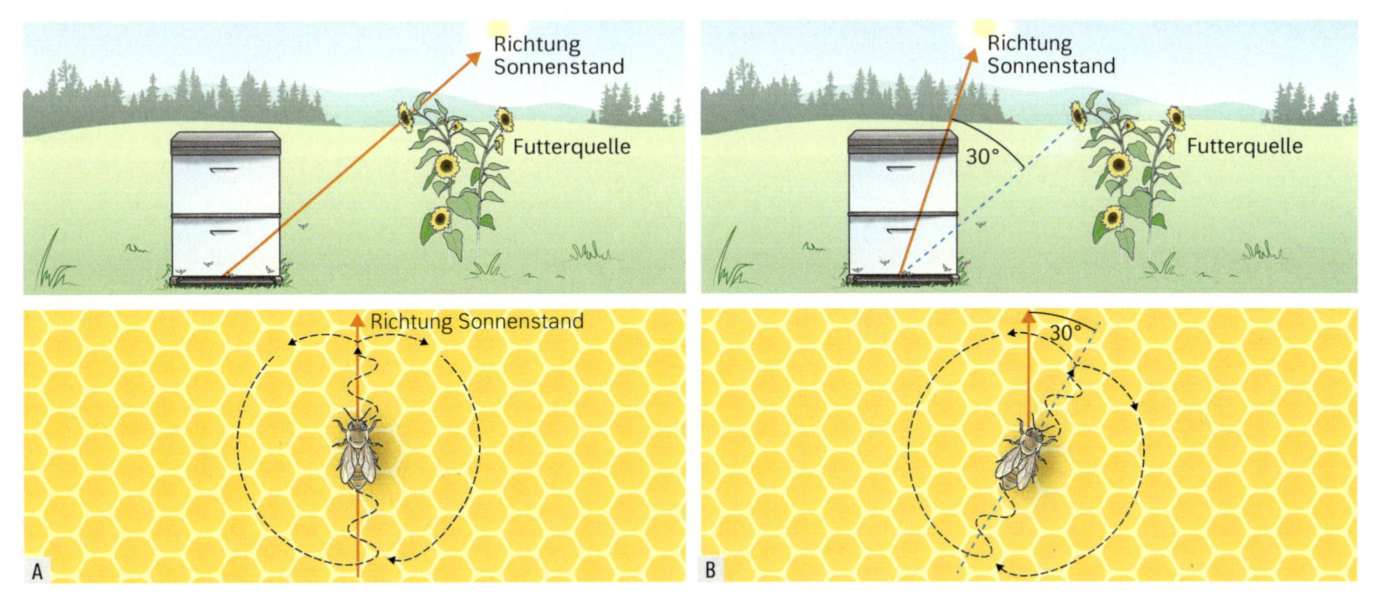

3 Schwänzeltanz (Schema): **A** Nahrungsquelle in Sonnenrichtung, **B** im Winkel von 30° rechts zur Sonnenrichtung

Richtungsbestimmung

Für die Orientierung der Biene ist die Sonne ein wichtiger Fixpunkt. Befindet sich die Futterquelle vom Stock aus gesehen genau in Richtung der Sonne, tanzt die Biene den Schwänzeltanz auf der Wabe senkrecht nach oben. Meist befindet sich die Futterquelle nicht genau in Richtung der Sonne. Die Biene verändert daher die Tanzrichtung ihrer Schwänzelstrecke. Dabei weicht die Schwänzelstrecke im gleichen Winkel von der Senkrechten auf der Wabe ab, wie die Futterquelle zur Sonne. Ist die Futterquelle 30° rechts von der Sonne, liegt die Schwänzelstrecke in einem Winkel von 30° rechts zur Senkrechten der Wabe. Je weiter die Futterquelle entfernt ist, desto langsamer tanzt die Biene. Die mittanzenden Arbeiterinnen erfahren so die Richtung und Entfernung der Futterquelle und fliegen dorthin.

A Beschreibe die beiden Tanzformen der Biene.

B Zeichne das Schema eines Schwänzeltanzes, wenn die Futterquelle im Winkel von 90° rechts der Sonne ist.

Material mit Aufgaben

M1 Richtungsbestimmung

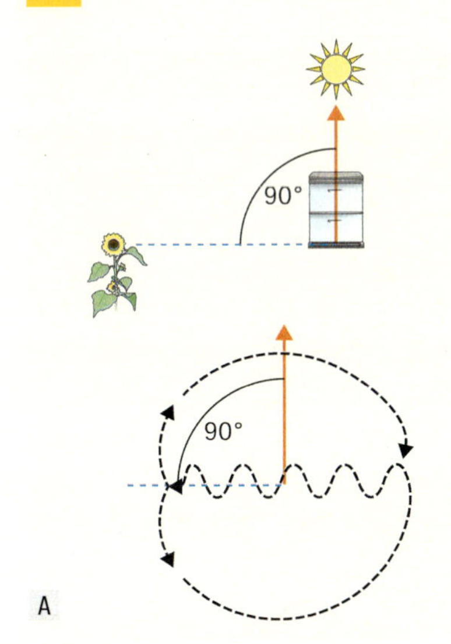

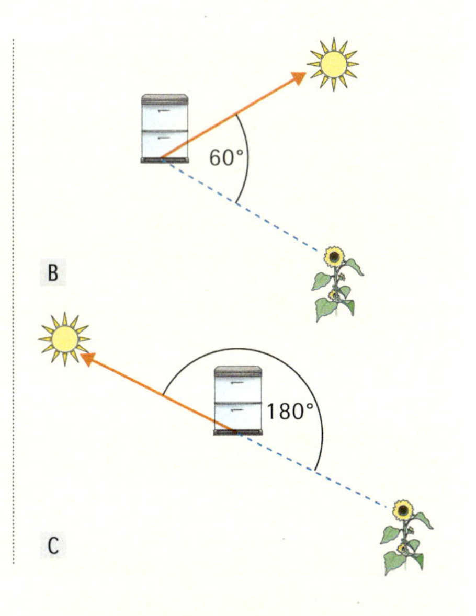

1. Stelle die Informationen zur Futterquelle in Bild A dar. Nutze folgenden Satzanfang: die Futterquelle befindet sich ...
2. Erkläre das in Bild A gezeigte Schema des Bienentanzes. Beachte, welche Informationen die tanzende Biene ihren Artgenossen mitteilt.
3. Wähle eine Aufgabe aus:
   a Skizziere ein Schema für den Bienentanz für die Futterquelle in Bild B. Verwende dazu ein Geodreieck.
   b Skizziere ein Schema für den Bienentanz für die Futterquelle in Bild C. Verwende dazu ein Geodreieck.

1 Kreuzspinne

Spinnen und Krebse

Spinnentiere

Oft werden Spinnen fälschlicherweise für Insekten gehalten. Zwar besitzt die Kreuzspinne ein **Außenskelett** aus Chitin wie die Insekten, jedoch ist ihr Körper anders gegliedert. Der Körper der Kreuzspinne besteht aus einem verwachsenen **Kopf-Brust-Stück** sowie einem **Hinterleib**. Ihre acht gegliederten Laufbeine sind mit dem Kopf-Brust-Stück verbunden. Spinnen sind Gliederfüßer. Die Kreuzspinne zählt zu den Spinnentieren. Sie hat keine Fühler, sondern ertastet ihre Beutetiere mit den Tastern an ihren Mundwerkzeugen. Am Kopf sitzen punktförmige Augen. Das Strickleiternervensystem verläuft als Bauchmark durch den Körper. Die Kreuzspinne besitzt zwei unterschiedliche Atmungsorgane. Wie bei den Insekten durchzieht ein verzweigtes Röhrensystem, die **Tracheen**, den Körper. Zusätzlich besitzt die Kreuzspinne eine einfache Lunge. Über diese **Fächertrachee** gelangt der Sauerstoff in das Blut. Ein einfaches **Röhrenherz** verteilt das Blut durch einen **offenen Blutkreislauf**.

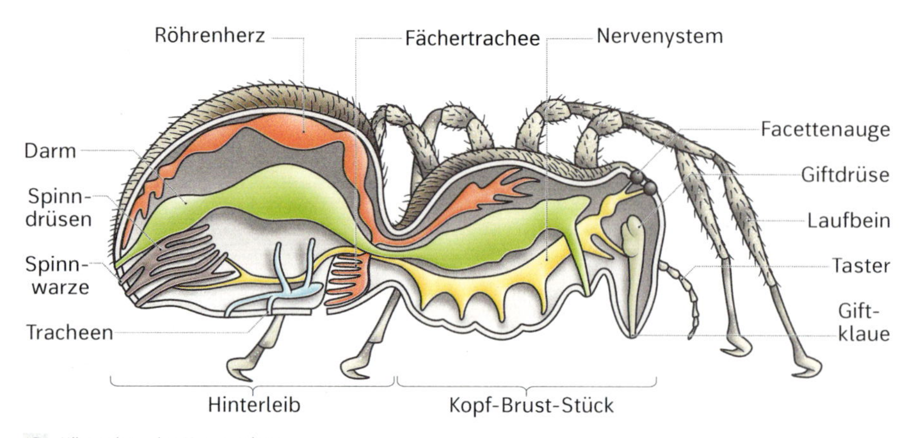

2 Körperbau der Kreuzspinne

Fortpflanzung

Für die Paarung kommt das Männchen zum Netz des Weibchens. Es zupft am Netz und zeigt so, dass es kein Beutetier ist. Das Weibchen legt die befruchteten Eier im Herbst in eine Eihülle, den Kokon, ab. Darin überwintern die Eier und die Jungspinnen schlüpfen im Frühjahr.

Beutefang

Die Kreuzspinne ernährt sich hauptsächlich von Insekten. Sie fängt ihre Beutetiere mit einem Netz, das sie aus feinen Fäden spinnt. Im Hinterleib der Kreuzspinne wird in den **Spinndrüsen** eine **Spinnflüssigkeit** gebildet und erhärtet sofort, wenn sie an die Luft kommt. Das fertige Netz der Kreuzspinne besteht aus einem Gerüst von Rahmen und Speichen. Das Zentrum des Netzes ist die **Warte**. Die Kreuzspinne lauert in der Warte oder in einer Ecke ihres Netzes auf Beutetiere. Wartet sie am Netzrand, spinnt die Kreuzspinne einen **Signalfaden**. Wenn sich ein Insekt in der klebrigen **Fangspirale** verfängt, nimmt die Kreuzspinne durch den Signalfaden die Erschütterungen wahr. Das Beutetier wird von der Kreuzspinne mit einem Spinnfaden eingewickelt und dadurch bewegungsunfähig gemacht.

Ernährung

Die Kreuzspinne tötet ihre Beutetiere mit den Giftklauen. Sie kann die Beutetiere aber nicht mit Mundwerkzeugen zerkleinern. Daher spritzt sie einen Verdauungssaft in die Beutetiere und saugt sie dann mit ihrem **Saugmagen** aus. Da die Vorverdauung außerhalb des Körpers der Kreuzspinne stattfindet, spricht man von **Außenverdauung**.

A Nenne Merkmale, die den äußeren Bau eines Spinnentieres kennzeichnen.

B Recherchiere Informationen zum Jagdverhalten der Wolfsspinne. Vergleiche das Verhalten mit der Kreuzspinne.

Material mit Aufgaben

M1 Radnetz der Kreuzspinne

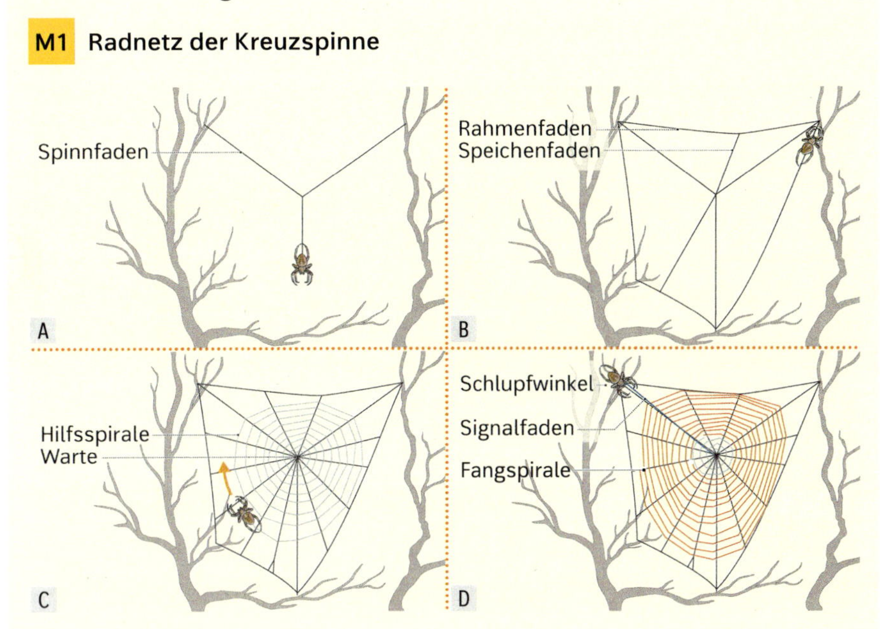

1. Beschreibe den Aufbau des fertigen Radnetzes der Kreuzspinne.
2. Beschreibe schrittweise den Bau des Radnetzes (A-D).
3. Erkläre die Funktion der Fangspirale und der Signalfäden.
4. Erläutere, warum Kreuzspinnen Lauerjäger sind.

M2 Insekt oder Spinne?

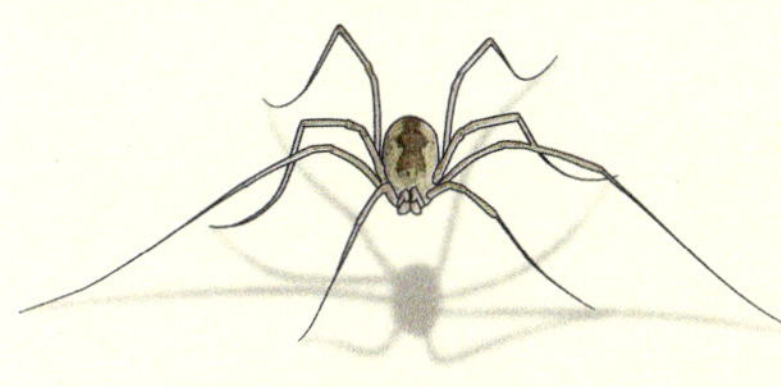
Weberknecht

Wasserläufer

1. Vergleiche die Anzahl der Beine von Weberknecht und Wasserläufer.
2. Ordne die beiden Tiere den Insekten oder Spinnentieren zu. Begründe.
3. Vergleiche Insekten und Spinnentiere miteinander. Nimm die Tabelle als Hilfe.

Merkmal	Insekten	Spinnen
Körpergliederung	...	...
Anzahl Beine	...	...
Atmung	...	...
Nervensystem	...	...
Blutkreislauf	...	...

3 Europäischer Flusskrebs

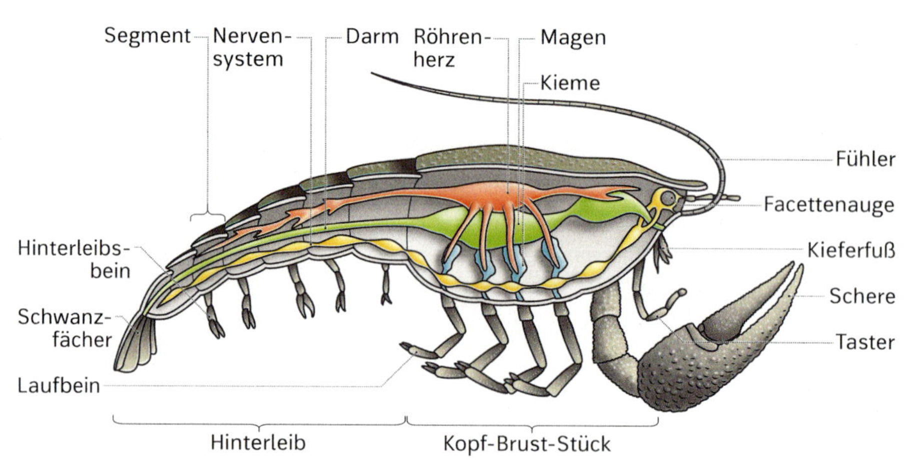

4 Körperbau des Flusskrebses

Körperbau des Flusskrebses

Der Europäische Flusskrebs hat ein hartes **Außenskelett** aus Chitin, das durch Kalkeinlagerung zusätzlich verhärtet ist. Weil es nicht mitwächst, muss er sich regelmäßig häuten. Am Kopf hat er vier Fühler. Die beiden Facettenaugen sitzen auf Stielen seitlich am Kopf. Sein Körper teilt sich in ein **Kopf-Brust-Stück** und einen beweglichen Hinterleib, der in Segmente unterteilt ist. Der Flusskrebs hat unterschiedliche, gegliederte Beine. Krebstiere sind **Gliederfüßer**. Da die Beine gespalten sind, werden sie als **Spaltbeine** bezeichnet. Mit den sechs kräftigen Kieferfüßen um die Mundöffnung zerkleinert der Flusskrebs seine Nahrung, bevor sie im Darm verdaut wird. Hinter den Kieferfüßen sind zwei **Scheren**, mit denen er die Nahrung festhält. Dahinter befinden sich acht Laufbeine. Sie haben oben kleine Fortsätze, die **Kiemen**. Mit ihnen nimmt der Flusskrebs Sauerstoff in den offenen Blutkreislauf auf. Ein **Röhrenherz** verteilt das Blut im Körper. Am Hinterleib befinden sich zehn kleine Hinterleibsbeine und ein Schwanzfächer, mit dem der Flusskrebs schwimmt.

Ernährung

Der Flusskrebs frisst Insekten, Schnecken oder kleinere Fische, die er mit seinen Scheren erbeutet. Manchmal werden auch andere Flusskrebse gefressen, wenn sie sich frisch gehäutet haben. Auch Aas, das Fleisch toter Tiere, gehört zur Nahrung des Flusskrebses. Flusskrebse sind **Allesfresser**. ■

Material mit Aufgaben

M3 Spinne oder Krebs?

Skorpion

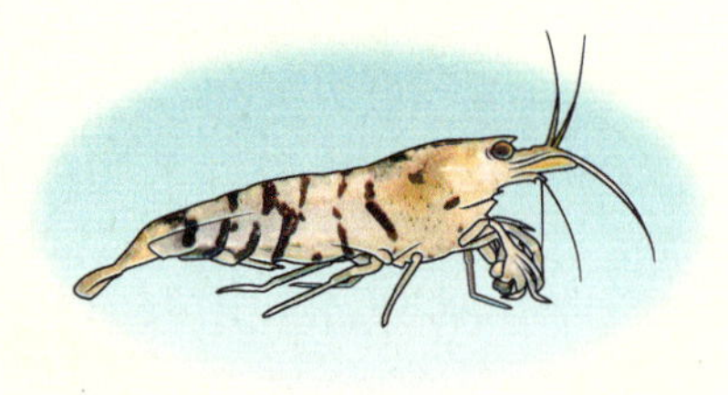

Garnele

1. Vergleiche den Körperbau von Skorpion und Garnele.

2. Ordne die beiden Tiere den Spinnen oder Krebsen zu. Begründe. ⊞

M4 Systematisierung der Gliederfüßer

A

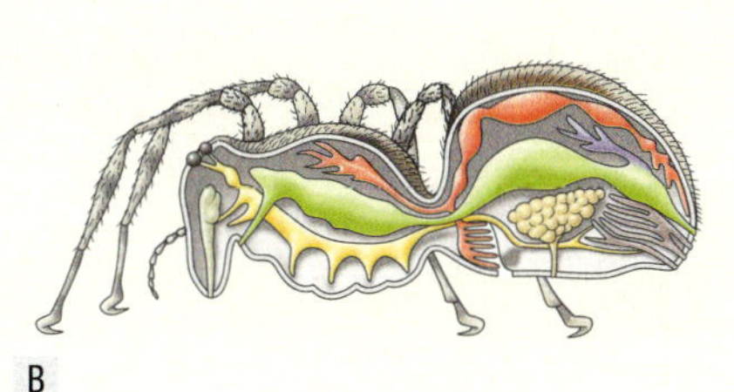
B

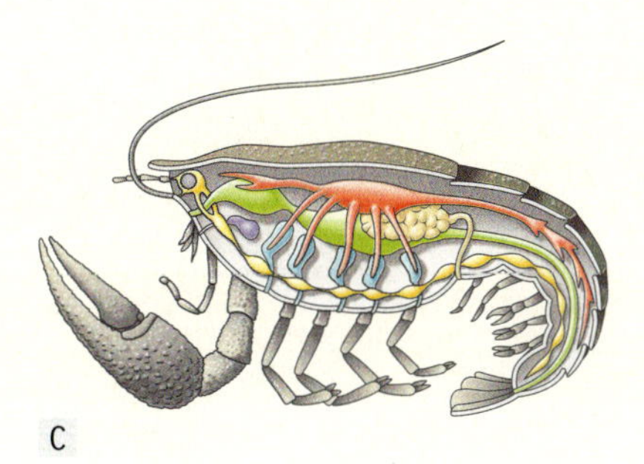
C

1. Ordne die abgebildeten Tiere (A-C) den verschiedenen Klassen der Wirbellosen zu. Begründe.
2. Erkläre, warum alle drei abgebildeten Tiere zum Stamm der Gliederfüßer zählen.
3. Vergleiche den äußeren Bau und die Körpergliederung der drei abgebildeten Wirbellosen.
4. Vergleiche den inneren Bau der drei abgebildeten Tiere mithilfe der Tabelle.
5. Erkläre, warum die Kreuzspinne im Wasser ersticken würde, der Flusskrebs jedoch nicht.

Merkmal	Maikäfer	Kreuzspinne	Flusskrebs
offener Blutkreislauf	Ja	?	?
Atmung mit...	?	?	?
Augen	?	?	?
Strickleiternervensystem	?	Ja	?

M5 Mauerassel

Die Mauerassel kann sich mit ihrem abgeflachten Körper in schmale Spalten verkriechen. Sie lebt in dunklen und dauerhaft sehr feuchten Umgebungen an Land.

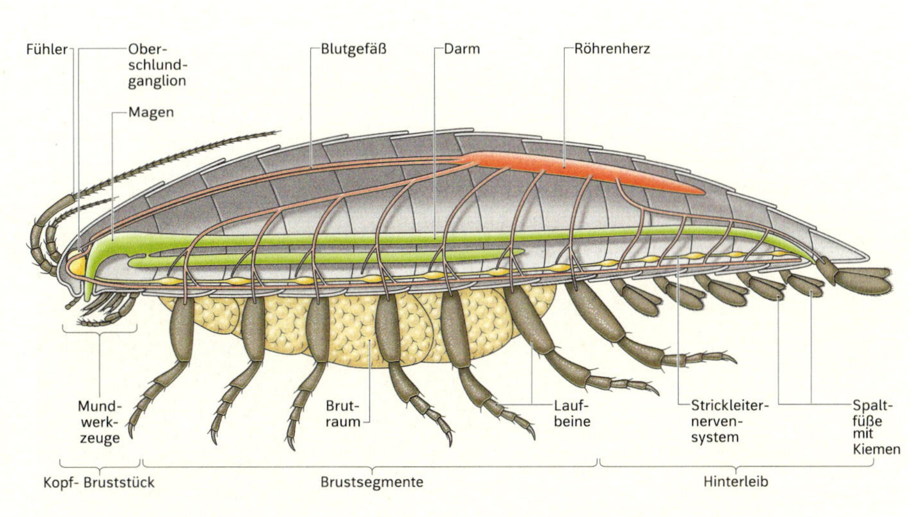

1. Beschreibe Besonderheiten im Körperbau der Mauerassel.
2. Ordne die Mauerassel einer Klasse der Gliederfüßer zu. Begründe.
3. Erkläre, warum die Mauerassel auf eine sehr feuchte Umgebung angewiesen ist. Beachte die Atmung.

1 Regenwurm im Boden

Der Regenwurm

Lebensweise des Regenwurms

Der Regenwurm gräbt seine Wohnröhren im dunklen, feuchten Boden. Er atmet über die Haut. Diese **Hautatmung** ist nur mit einer feuchten Körperoberfläche möglich. Daher meidet der Regenwurm Sonnenlicht und Trockenheit. Die Körpertemperatur des Regenwurms entspricht in etwa der Umgebungstemperatur. Er ist **wechselwarm**. Im Winter zieht er sich in tiefere Bodenschichten zurück, weil der Boden dort nicht friert. Er baut Ruhehöhlen, in denen er bewegungslos eingerollt den Winter verbringt.

Ernährung des Regenwurms

Beim Graben lockert der Regenwurm den Boden auf. Die Erde wird besser durchlüftet und kann mehr Wasser aufnehmen. Der Regenwurm zieht mit seinem Mund Blätter in seine Röhren. Wenn diese Blätter vermodert sind, werden sie zusammen mit Erde gefressen. Unverdauliche Nahrungsreste scheidet er durch den After aus. Pilze und Bakterien zersetzen den Kot. Es werden Mineralstoffe frei. Diese sind wichtig für das Wachstum der Pflanzen. Der Regenwurm erhöht die **Bodenfruchtbarkeit**.

2 Äußerer Körperbau des Regenwurms

Äußerer Bau des Regenwurms

Der Regenwurm ist ein wirbelloses Tier. Sein Mund befindet sich am rundlichen Vorderende, der After am flacheren Hinterende. Der Körper des Regenwurms ist in viele Abschnitte, die **Segmente**, gegliedert. Die Körperoberfläche sieht deshalb geringelt aus. Der Regenwurm zählt zu den **Ringelwürmern**. An jedem Segment befinden sich acht Borsten.

Fortbewegung

Die Haut des Regenwurms ist sehr fest. Dicht darunter befindet sich eine Schicht von **Längsmuskeln** und eine weitere Schicht von **Ringmuskeln**. Durch diesen **Hautmuskelschlauch** aus Muskeln und Haut wird der Körper des Regenwurms stabilisiert. Die Längsmuskeln und Ringmuskeln arbeiten bei der Fortbewegung wie **Gegenspieler** zusammen. Wenn sich der Regenwurm vorwärtsbewegt, sind zunächst die Längsmuskeln erschlafft und die Ringmuskeln ziehen sich zusammen. Dadurch wird die vordere Körperregion gestreckt und dünn. Dann erschlaffen die Ringmuskeln wieder. Nun ziehen sich die Längsmuskeln des Regenwurms zusammen. Dadurch wird die vordere Körperregion des Regenwurms wieder dick und der Rest des Körpers wird nach vorne gezogen. Durch dieses abwechselnde Zusammenziehen der Muskelschichten bewegt sich der Regenwurm vorwärts. Beim Zusammenziehen der Längsmuskeln drücken sich seine Borsten in den Erdboden. So rutscht der Regenwurm nicht zurück.

Sinnesorgane

In der Haut des Regenwurms liegen verschiedene Sinneszellen. Besonders viele befinden sich am Vorderende. Mit ihnen kann der Regenwurm Wärme und Kälte unterscheiden. Pflanzenreste als Nahrung findet er mithilfe seines guten Geruchs- und Geschmackssinns. Mit den Lichtsinneszellen kann der Regenwurm hell und dunkel unterscheiden. ▶

A Beschreibe den äußeren Körperbau des Regenwurms.

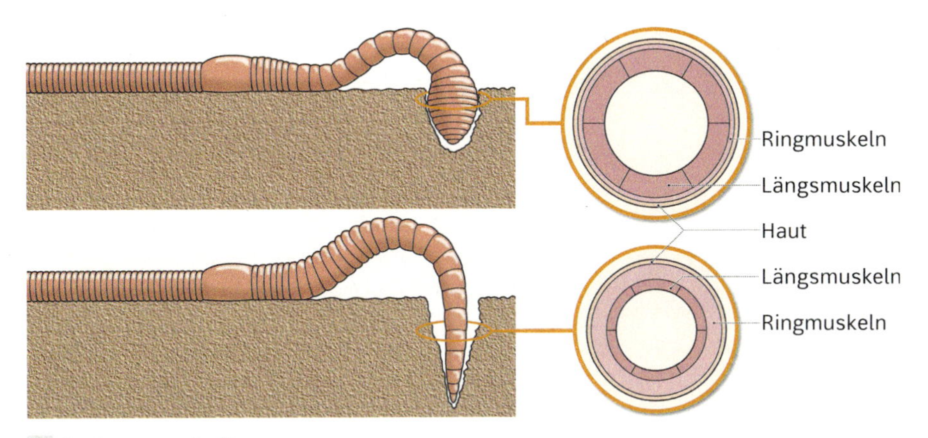

3 Fortbewegung des Regenwurms

B Beschreibe die Fortbewegung des Regenwurms.

C Erkläre die Funktion der Längs- und Ringmuskeln sowie der Borsten bei der Fortbewegung.

Material mit Aufgaben

M1 Regenwurm und Licht

Im Boden leben neben Regenwürmern viele wirbellose Kleinlebewesen. Mit einer Berlese-Apparatur kann man die Lebewesen aus der Erde heraustreiben.

1. ▮ Beschreibe das im Bild dargestellte Verhalten des Regenwurms.
2. ▮▮ Erkläre das Verhalten des Regenwurms. ⊞
3. ▮▮ Beschreibe, welchen Umweltfaktoren der Regenwurm im Versuch ausgesetzt ist und wie er diese aufnimmt. ⊞
4. ▮▮▮ Erläutere, warum man nach starken Regenfällen Regenwürmer an der Erdoberfläche findet.

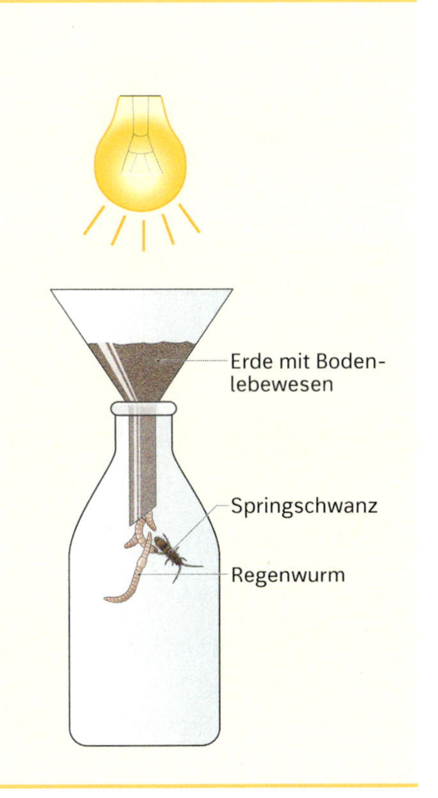

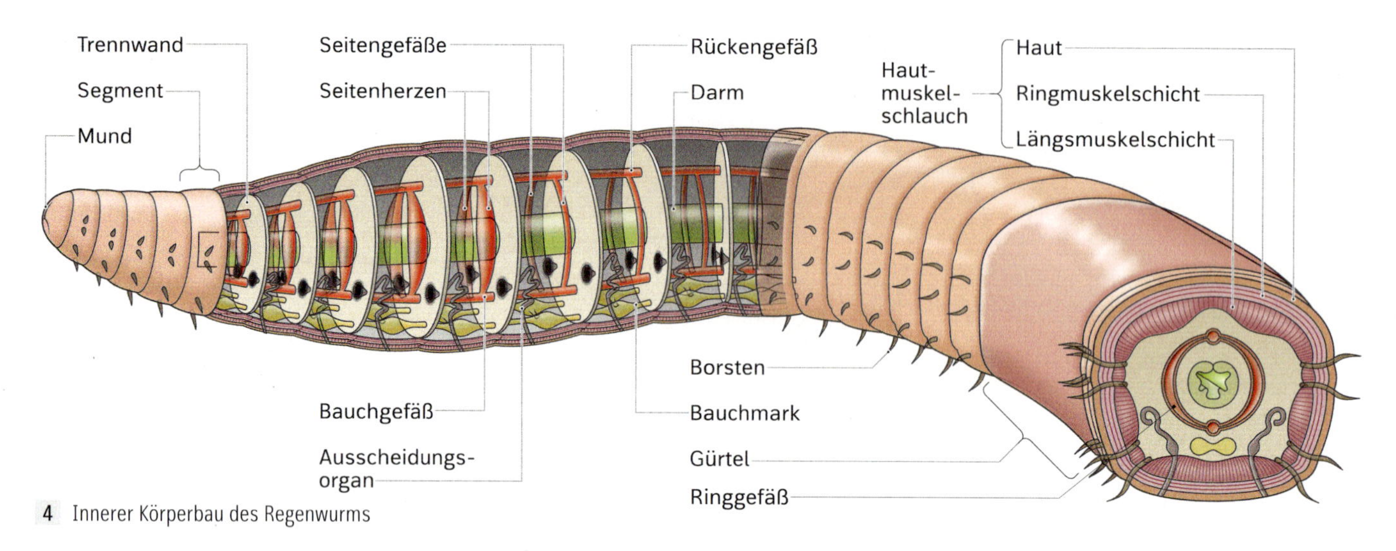

4 Innerer Körperbau des Regenwurms

Innerer Bau des Regenwurms

Der Regenwurm besitzt einen innenliegenden Darm. Er geht vom Mund bis zum After. Über und unter dem Darm verläuft ein großes Blutgefäß. Man spricht vom **Rückengefäß** und vom **Bauchgefäß**. Beide Gefäße sind in jedem Segment über **Ringgefäße** verbunden. Im siebten bis zum elften Körpersegment sind die Ringgefäße dicker und können sich zusammenziehen. Dabei schieben sie das Blut des Regenwurms durch den Körper. Der Regenwurm hat also kein echtes Herz. Im Gegensatz zu den Insekten hat der Regenwurm aber einen geschlossenen Blutkreislauf. Auf der Bauchseite verlaufen Nerven als Längsstränge vom Kopf bis zum After. Dieses **Bauchmark** ist in jedem Segment über Querstränge verbunden und bildet ein **Strickleiternervensystem**.

Material mit Aufgaben

M2 Innerer Körperbau

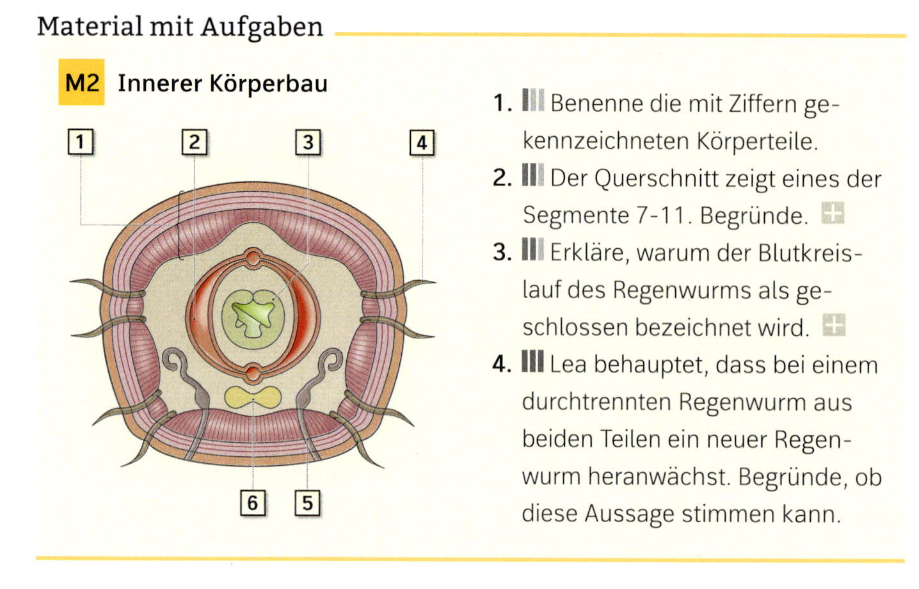

1. Benenne die mit Ziffern gekennzeichneten Körperteile.
2. Der Querschnitt zeigt eines der Segmente 7-11. Begründe.
3. Erkläre, warum der Blutkreislauf des Regenwurms als geschlossen bezeichnet wird.
4. Lea behauptet, dass bei einem durchtrennten Regenwurm aus beiden Teilen ein neuer Regenwurm heranwächst. Begründe, ob diese Aussage stimmen kann.

Regeneration

Oft werden Regenwürmer beim Graben im Garten durch den Hieb eines Spatens in zwei Teile zerlegt. Nur der vordere Teil des Regenwurms kann überleben, wenn der verlorene Hinterteil nicht zu groß ist. Der Regenwurm kann ein neues Hinterteil ausbilden. Er ist also in der Lage, fehlende Körperteile zu ersetzen. Der Regenwurm besitzt die Fähigkeit zur **Regeneration**.

D Erkläre, warum man das Nervensystem des Regenwurms als Strickleiternervensystem bezeichnet.

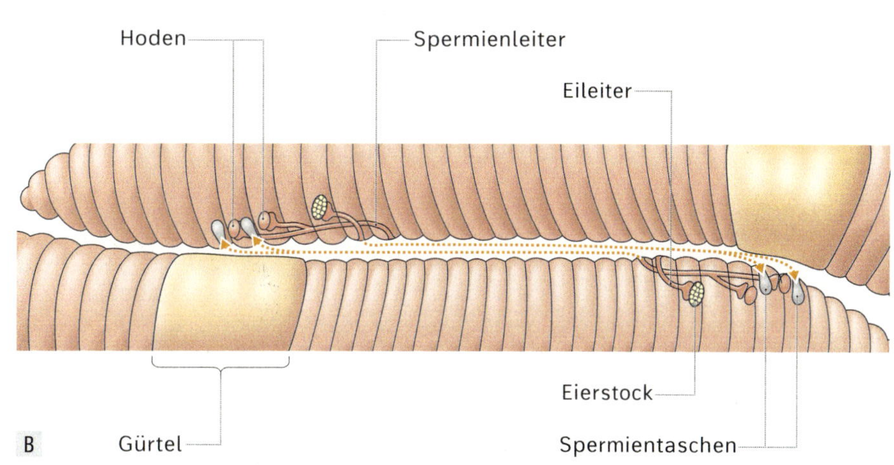

5 Fortpflanzung beim Regenwurm: **A** Regenwurm bei der Paarung, **B** Schema

Fortpflanzung

Wenn sich Regenwürmer paaren, legen sie sich auf feuchtem Boden dicht zusammen. Ein Teil des Körpers ist verdickt. Dieser **Gürtel** gibt Schleim ab, der die beiden Regenwürmer bei der Paarung verbindet. Jeder Regenwurm kann sowohl männliche Spermienzellen als auch weibliche Eizellen bilden. Es gibt also keine rein männlichen oder weiblichen Regenwürmer. Der Regenwurm ist ein **Zwitter**. Bei der Paarung tauschen die Regenwürmer Spermienzellen aus, die zunächst in einer **Spermientasche** des Partners gespeichert werden. Wenn sie später Eier ablegen, werden diese von den zuvor aufgenommenen Spermienzellen befruchtet. Die Schleimhüllen der Eier erhärten zu einem Kokon. Nach wenigen Wochen schlüpft aus jedem Ei ein junger Regenwurm.

Material mit Aufgaben

M3 Ein Leben im Boden

1. Beschreibe die Verhaltensweisen des Regenwurms in den Teilbildern 1-6.
2. Beschreibe, wie sich der Regenwurm ernährt.
3. Erkläre, warum der Regenwurm seine Ruhehöhlen in tiefen Erdschichten anlegt.
4. Gärtner freuen sich über viele Regenwürmer in ihrem Garten. Erläutere diesen Sachverhalt.

1 Paarung von Weinbergschnecken

Weichtiere

Körperbau der Weinbergschnecke

Langsam gleitet die Weinbergschnecke über trockene Steine. Sie hinterlässt sie eine feuchte Schleimspur. Den Schleim scheidet die Weinbergschnecke aus den Schleimdrüsen ihres Fußes aus. Auf der Schleimschicht gleitet die Schnecke mit wellenförmigen Bewegungen ihrer Kriechsohle. Der Schleim schützt sie vor Verletzungen, wenn sie über scharfkantige Steinchen kriecht. Schnecken haben einen weichen Körper. Sie sind Weichtiere. Die Weinbergschnecke schützt ihren Körper mit einem Gehäuse aus Kalk. Sie gehört zu den Gehäuseschnecken. Bei Gefahr kann sie sich mit dem Rückziehmuskel komplett in ihr Gehäuse zurückziehen. Im Winter und bei Trockenheit verschließt sie ihr Gehäuse mit einem Kalkdeckel. Es gibt auch Nacktschnecken ohne Gehäuse.

Mantel
Fortpflanzungsorgan
Darm
Gehäuse
Mitteldarmdrüse
Rückziehmuskel
Fuß mit Kriechsohle
Magen
Schleimdrüse
Röhrenherz
Mantelhöhle
Samentasche
Auge
Nervensystem
Fühler
Radula

2 Körperbau der Weinbergschnecke

Sinnesorgane und Ernährung

Am Kopf der Schnecke sind zwei Paar **Fühler**. Das obere Paar trägt einfach gebaute Augen, mit denen die Schnecke Hell und Dunkel unterscheiden kann.

Mit dem unteren Fühlerpaar ertastet sie Nahrung, riecht und schmeckt. Im Mund hat sie eine Raspelzunge, die **Radula**. Auf ihr befinden sich tausende harte Chitinzähnchen, die wie bei einer Küchenreibe angeordnet sind. Damit kann die Weinbergschnecke Pflanzen abschaben und zerkleinern. Die Nahrung gelangt anschließend in den Darm mit der **Mitteldarmdrüse**. Diese zerlegt Nährstoffe aus der Nahrung. Alle inneren Organe im Gehäuse liegen im Eingeweidesack, der von einer Hautfalte überdeckt wird, dem **Mantel**.

Atmung

Durch ein **Atemloch** im Mantel der Weinbergschnecke gelangt Luft in einen Hohlraum zwischen Mantel und Eingeweidesack, die Mantelhöhle. Über Blutgefäße in der Wand der Mantelhöhle wird Sauerstoff ins Blut aufgenommen. In einem **offenen Blutkreislauf** pumpt das Herz das Blut zu den inneren Organen der Schnecke.

Fortpflanzung

Treffen sich im Frühjahr zwei paarungsbereite Weinbergschnecken, pressen sie ihre Fußsohlen aneinander. Bei der stattfindenden Begattung übertragen beide Tiere die **Spermienzellen** in die Geschlechtsöffnung des anderen Partners. Jede Weinbergschnecke besitzt männliche und weibliche Fortpflanzungsorgane. Die Weinbergschnecke ist ein **Zwitter**. Beide Schnecken graben nach der Paarung ein Loch und legen bis zu 60 weichschalige Eier ab. Nach etwa vier Wochen schlüpfen die jungen Schnecken.

Material mit Aufgaben

M1 Radula

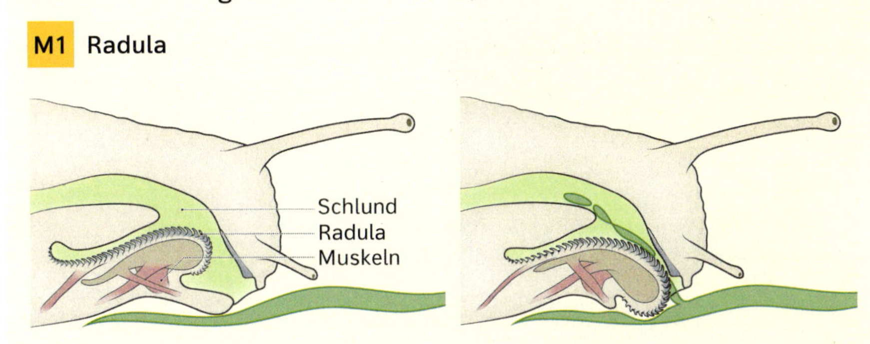

1. Beschreibe den Bau der Radula mithilfe der Bilder.
2. Beschreibe den Fressvorgang der Schnecke.
3. Erläutere, warum die Chitinzähnchen an der Radula nach innen zum Schlund gerichtet sein müssen.

M2 Überwinterung der Weinbergschnecke

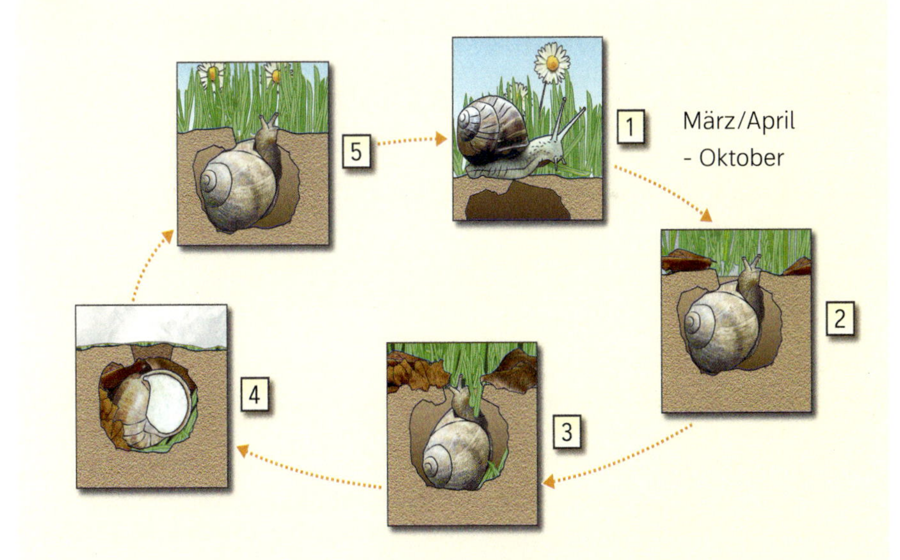

Die Weinbergschnecke ist, wie alle Wirbellosen, wechselwarm. Ihre Körpertemperatur hängt von der Umgebungstemperatur ab. Ist es sehr kalt, fällt sie in Winterstarre.

1. Beschreibe das Verhalten der Schnecke im Jahresverlauf.
2. Begründe, dass sich die Weinbergschnecke vor dem Winter ein Winterquartier sucht.
3. Die Weinbergschnecke kann ihr Gehäuse mit einem Kalkdeckel verschließen. Erläutere, warum diese Funktion für die Schnecke überlebenswichtig ist.

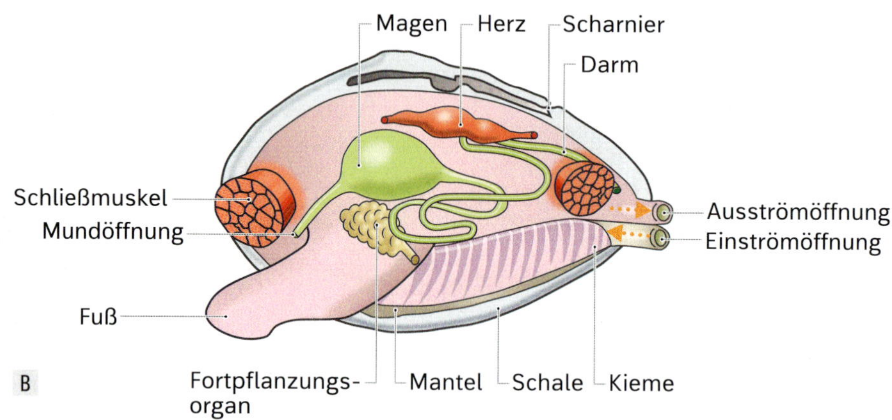

1 **A** Teichmuschel, **B** Körperbau der Teichmuschel

Körperbau der Teichmuschel

Am Ufer von Teichen findet man manchmal die Kalkschalen der Teichmuschel. Ihre beiden Schalenhälften sind über das Scharnier verbunden. Die Muschel kann ihre Schale öffnen und ihren **Fuß** wie eine Zunge ausfahren. Mit ihm gräbt sie sich in den Untergrund ein und bewegt sich fort. Bei Gefahr verschließt sie die Schale mit den **Schließmuskeln**.

Ernährung und Atmung

Zwischen den Schalenhälften liegt die **Mantelhöhle**, in die die **Kiemen** ragen. Die Muschel erzeugt mit Flimmerhärchen einen Wasserstrom, der an den Kiemen und dem Mund vorbeigeführt wird. Aus dem Wasser wird über die Kiemen Sauerstoff in das Blut aufgenommen. Das Herz verteilt es über einen offenen Blutkreislauf. Kleine, schwebende Nahrungspartikel bleiben an den Kiemen wie in einem Filter hängen und werden zur Mundöffnung gestrudelt. Die Muschel ist ein **Filtrierer**. Eine häufige Muschelart der Nordsee ist die Miesmuschel. Sie bildet dicht zusammenliegend auf Felsen Muschelbänke.

Fortpflanzung

Zur Fortpflanzung gibt die männliche Teichmuschel Spermienzellen ins Wasser. Die weiblichen Tiere filtrieren diese aus dem Wasser und befördern sie zum Eierstock, wo sie die Eizellen befruchten.

A Vergleiche Fortbewegung, Atmung und Ernährung von Teichmuschel und Weinbergschnecke.

Material mit Aufgaben

M3 Miesmuscheln

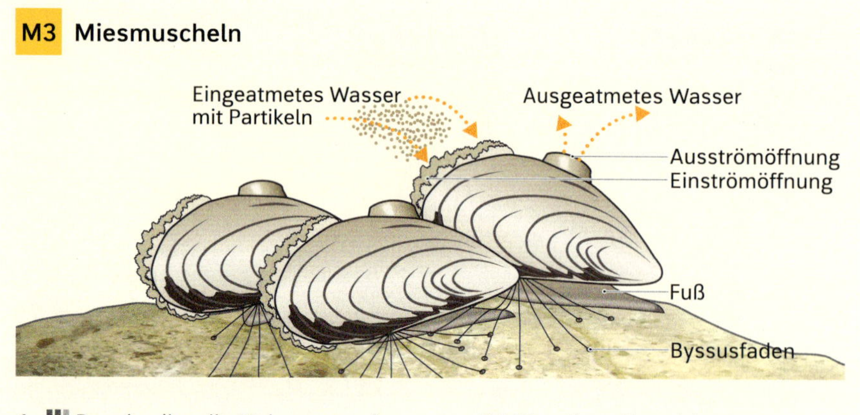

1. Beschreibe die Nahrungsaufnahme der Miesmuschel.
2. Miesmuscheln werden „Kläranlage des Meeres“ genannt. Erkläre diese Bezeichnung.
3. Stelle Vermutungen an, welche Funktion die Byssusfäden der Miesmuschel erfüllen.

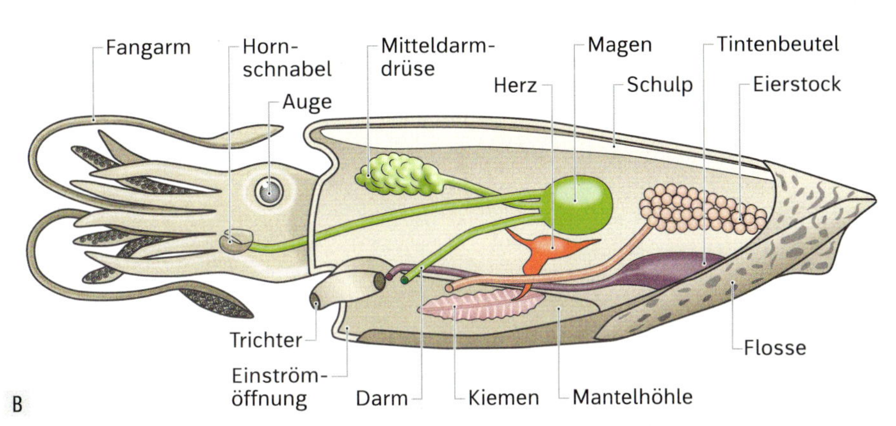

1 **A** Sepia-Tintenfisch, **B** Körperbau des Tintenfischs

Körperbau von Tintenfischen

Tintenfische leben im Meer. In der Nordsee kommt vor allem der Gewöhnliche Tintenfisch oder Sepia vor. Wenn Tintenfische langsam schwimmen, benutzen sie ihre Flossen seitlich am Kopf. Bei Gefahr saugen sie ihre Mantelhöhle mit Wasser voll und stoßen es durch den Trichter wieder aus. Wie eine Rakete schießen die Tintenfische durch den Rückstoß des Wasserstrahls durch das Wasser. Man nennt dies **Rückstoß-Prinzip**. Dabei wird der weiche Körper des Tintenfischs durch eine kalkhaltige Platte, den **Schulp**, gefestigt.

Ernährung und Atmung

Mit zwei gut entwickelten Augen kann der Tintenfisch Beutetiere wie Fische im Wasser erkennen. Seine zehn Fangarme sind mit Saugnäpfen besetzt. Damit kann er Beutetiere ergreifen und zum Mund führen. Mit dem kräftigen Hornschnabel werden sie zerbissen und zum Magen geschoben. In die Mantelhöhle ragen Kiemen. Wenn der Tintenfisch Wasser in die Mantelhöhle saugt, nimmt er Sauerstoff aus dem Wasser auf.

Fortpflanzung

Während der Begattung halten sich Tintenfische gegenseitig mit den Armen fest. Zwei Arme der männlichen Tintenfische sind zu Begattungsarmen umgewandelt. Mit ihnen schieben sie Samenpakete mit Spermienzellen in die Mantelhöhle des Weibchens. Dort werden die Eier befruchtet und danach in das Wasser abgegeben.

Material mit Aufgaben

M4 Fortbewegung

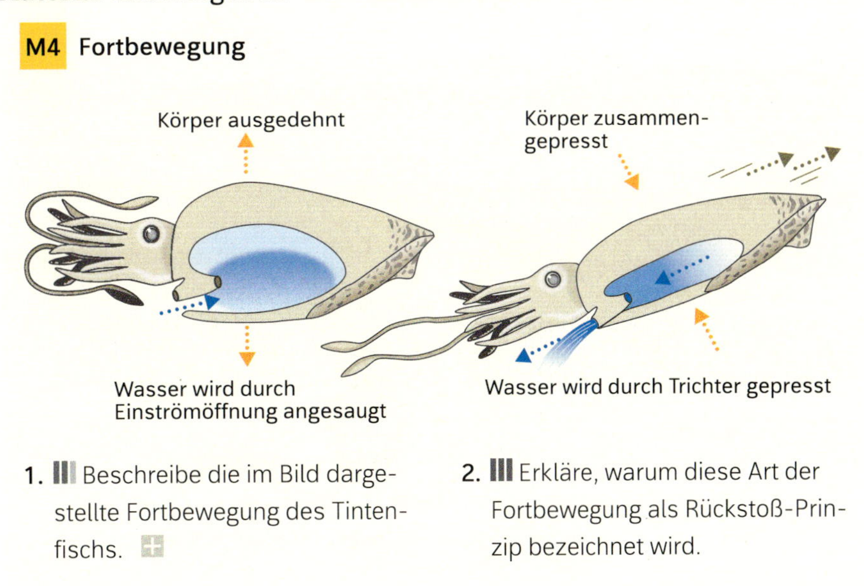

1. Beschreibe die im Bild dargestellte Fortbewegung des Tintenfischs.
2. Erkläre, warum diese Art der Fortbewegung als Rückstoß-Prinzip bezeichnet wird.

Zusammenfassung Wirbellose

Tiergruppen	Beispiele	Merkmale
1 Weichtiere **Körpergliederung:** äußerlich ungegliederter Körper; Kopf Fußsack, Mantel, Eingeweide	 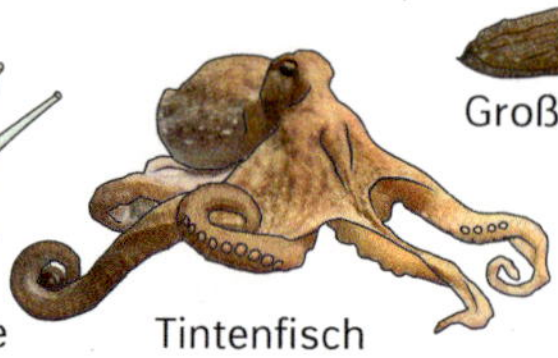   Große Wegschnecke Weinbergschnecke Tintenfisch Teichmuschel	• Keine Beine • Mit oder ohne Gehäuse • Flacher, schleimiger Fuß • Atmungssystem: einfache Lungen, Kiemen oder Hautatmung • Blutkreislauf: meist offen • Nervensystem: Nervenknoten, Gehirn bei Tintenfischen
2 Insekten **Körpergliederung:** Kopf, Brust, Hinterteil	 Maikäfer  Tagpfauenauge  Taufliege  Honigbiene  Marienkäfer	• 3 Beinpaare • 2 Fühler • Meist mit Flügeln • Larven sehen ganz anders aus • Außenskelett • Atmungssystem: Tracheen • Blutkreislauf: offen • Nervensystem: Strickleiternervensystem
3 Spinnentiere **Körpergliederung:** Kopf-Brust-Stück + Hinterteil	 Kreuzspinne  Weberknecht  Gemeiner Holzbock (Zecke)	• 4 Beinpaare • Keine Fühler • Keine Flügel • Außenskelett • Atmungssystem: Tracheen • Blutkreislauf: offen • Nervensystem: Strickleiternervensystem
4 Krebstiere **Körpergliederung:** Kopf-Brust-Stück + Hinterteil	 Europäischer Flusskrebs  Kellerassel  Strandkrabbe	• 5 – 10 Beinpaare • Fühler • Keine Flügel • Außenskelett • Atmungssystem: Kiemen • Blutkreislauf: offen • Nervensystem: Strickleiternervensystem
5 Tausendfüßer **Körpergliederung:** Kopf und Rumpf	 Hundertfüßer  Doppelfüßer	• Viele Beinpaare • Fühler • Langgestreckter Körper • Außenskelett • Atmungssystem: Tracheen • Blutkreislauf: offen • Nervensystem: Strickleiternervensystem
6 Ringelwürmer **Körpergliederung:** Segmente	 Regenwurm	• Keine Beine • Keine Augen • Gleichförmiger Körperbau • Atmungssystem: Hautatmung • Blutkreislauf: geschlossen • Nervensystem: Strickleiternervensystem

1 Die Honigbiene

A Beschreibe mithilfe des Bildes die Körpergliederung und den Körperbau der Honigbiene.

B Erkläre, woran man erkennt, dass die Honigbiene ein wirbelloses Tier ist.

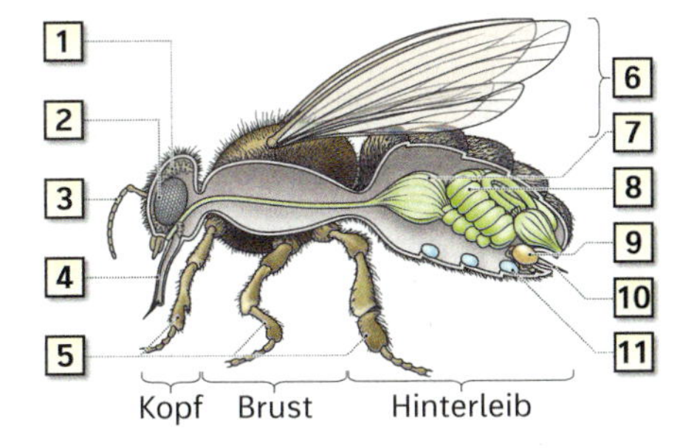

2 Staat der Honigbiene

A Benenne die verschiedenen Mitglieder des Bienenstaats in den Bildern A-D.

B Erläutere die Aufgabenteilung der verschiedenen Bienen im Bienenstaat.

3 Wirbellose und Wirbeltiere

A Vergleiche die Querschnitte von Biene und Amsel

B Vergleiche Atmung, Blutkreislauf und Nervensystem von Biene und Amsel.

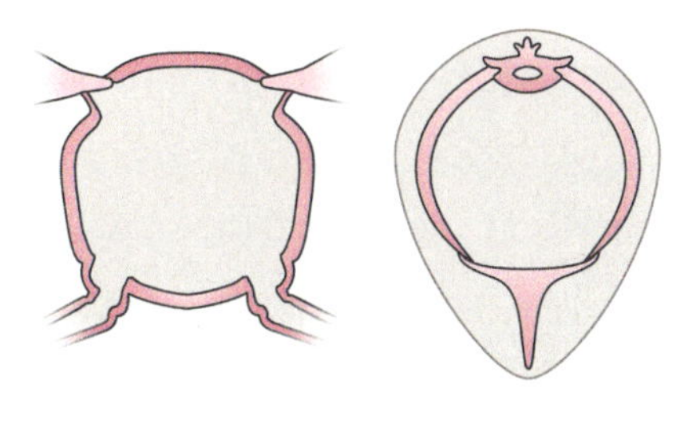

Biene Amsel

4 Wirbellose und Wirbeltiere

A Beschreibe die Entwicklung der Stubenfliege mithilfe des Bildes.

B Erkläre, um welche Art der Entwicklung es sich bei der Stubenfliege handelt.

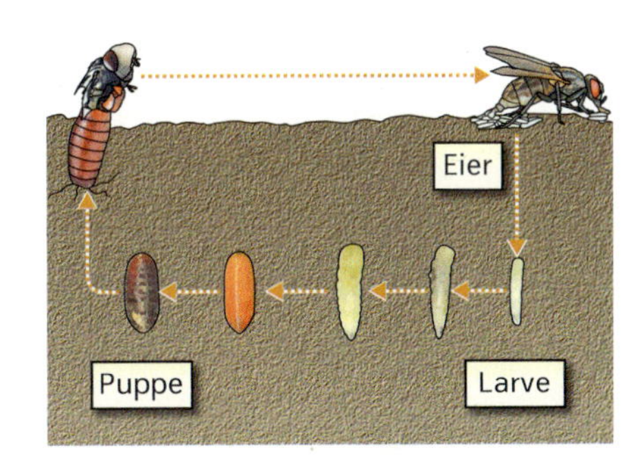

5 Vielfalt der Wirbellosen

A Ordne die Tiere 1 bis 10 den passenden Stämmen des Tierreiches zu.

B Gib für 1, 2, 5 die Klassen an.

C Begründe deine Zuordnungen aus Aufgabe A und B.

Pflanzen

4

Wie funktioniert die Bestäubung von Blüten? Warum bilden Pflanzen Samen und Früchte?

Im Frühling sind Wiesen und Felder voller Blumen. Obwohl sie alle unterschiedlich aussehen, sind sie doch ähnlich aufgebaut.
Hummeln, Bienen oder Schmetterlinge fliegen zwischen den Blumen hin und her. Mit ihren Rüsseln saugen sie den Nektar aus den Blüten. Dabei übertragen sie Pollen von einer Blüte zur anderen und ermöglichen so die Fortpflanzung der Blütenpflanzen.

1 Raps und Kirschen sind Blütenpflanzen.

Bau von Blütenpflanzen

Grundbauplan

Pflanzen, die wie die Rapspflanze Blüten bilden, nennt man **Blütenpflanzen**. Sie sind aus **Wurzel, Sprossachse** und **Laub-** und **Blütenblättern** aufgebaut. Diese Pflanzenorgane bilden den **Grundbauplan** einer Blütenpflanze.

Material mit Aufgaben

M1 Wurzelhärchen

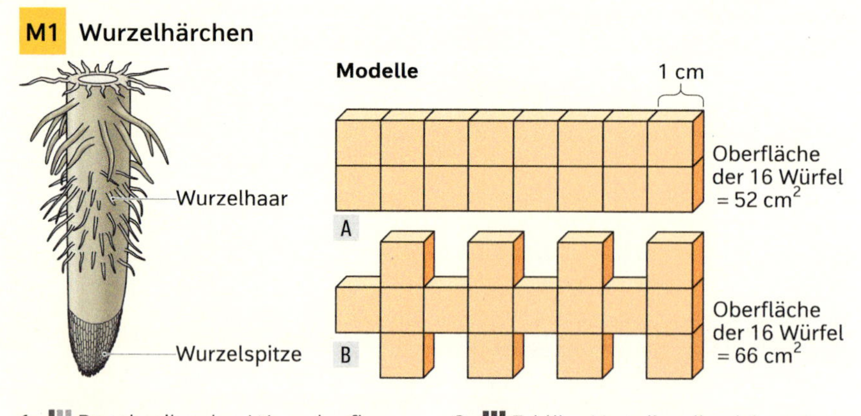

1. Beschreibe den Wurzelaufbau.
2. Vergleiche die Würfelmodelle mit dem Bau der Wurzel.
3. Erkläre Vorteile, die sich aus der großen Zahl von Wurzelhärchen ergeben.

Wurzel

Blütenpflanzen sind mit ihrer Wurzel im Boden verankert. Die Rapspflanze hat eine Hauptwurzel, von der zahlreiche kleinere Nebenwurzeln abzweigen. Mit ihren Wurzeln nimmt die Rapspflanze Wasser und die darin gelösten Mineralstoffe aus dem Boden auf. An der Wurzel befinden sich zahlreiche, dünne Härchen, die **Wurzelhärchen**. Sie vergrößern die **Oberfläche** der Wurzel und verbessern so die Aufnahme von Wasser und Mineralstoffen aus dem Boden.

Sprossachse

Die oberirdischen Teile einer Blütenpflanze werden **Spross** genannt. Er besteht aus der **Sprossachse** und den **Blättern**. Die Sprossachse gibt der Pflanze ihre typische Form und Stabilität. Sie trägt die Laubblätter und die Blütenblätter. In der Sprossachse verlaufen röhrenförmige Bahnen, die Leitungsbahnen. Sie transportieren

Wasser, Mineralstoffe und Nährstoffe. Bei unverholzten, **krautigen Pflanzen**, wie dem Raps, nennt man die Sprossachse auch Stängel. **Bäume** besitzen eine verholzte Sprossachse, den Stamm. Durch die Bildung von Holz wird ihre Sprossachse fest und stabil. Andere Holzgewächse, die **Sträucher**, haben mehrere dünne Stämmchen.

Blätter

Die Laubblätter vieler Blütenpflanzen sind durch den grünen Blattfarbstoff **Chlorophyll** grün gefärbt. Sie stellen mithilfe des Lichts aus Kohlenstoffdioxid und Wasser energiereichen Traubenzucker und Sauerstoff her. Diese Stoffumwandlung nennt man **Fotosynthese**. Das für die Fotosynthese notwendige Gas Kohlenstoffdioxid gelangt über Blattöffnungen an der Unterseite aus der Luft in die Blätter. Auf umgekehrten Weg wird Sauerstoff an die Luft abgegeben. Die Blattöffnungen nennt man **Spaltöffnungen**. Über sie wird auch Wasser an die Luft abgegeben.
Blütenblätter sind umgewandelte Laubblätter. Sie sind oft bunt gefärbt und locken so Insekten an. Blüten dienen der geschlechtlichen Fortpflanzung. Aus den weiblichen Blütenteilen können sich Früchte entwickeln, in denen die Samen heranreifen. Mit diesen vermehren und verbreiten sich Blütenpflanzen.

A Nenne die Pflanzenorgane einer Blütenpflanze.

B Beschreibe die Aufgaben der Pflanzenorgane.

C Vergleiche die Wuchsformen von Blütenpflanzen mithilfe von Bild 3.

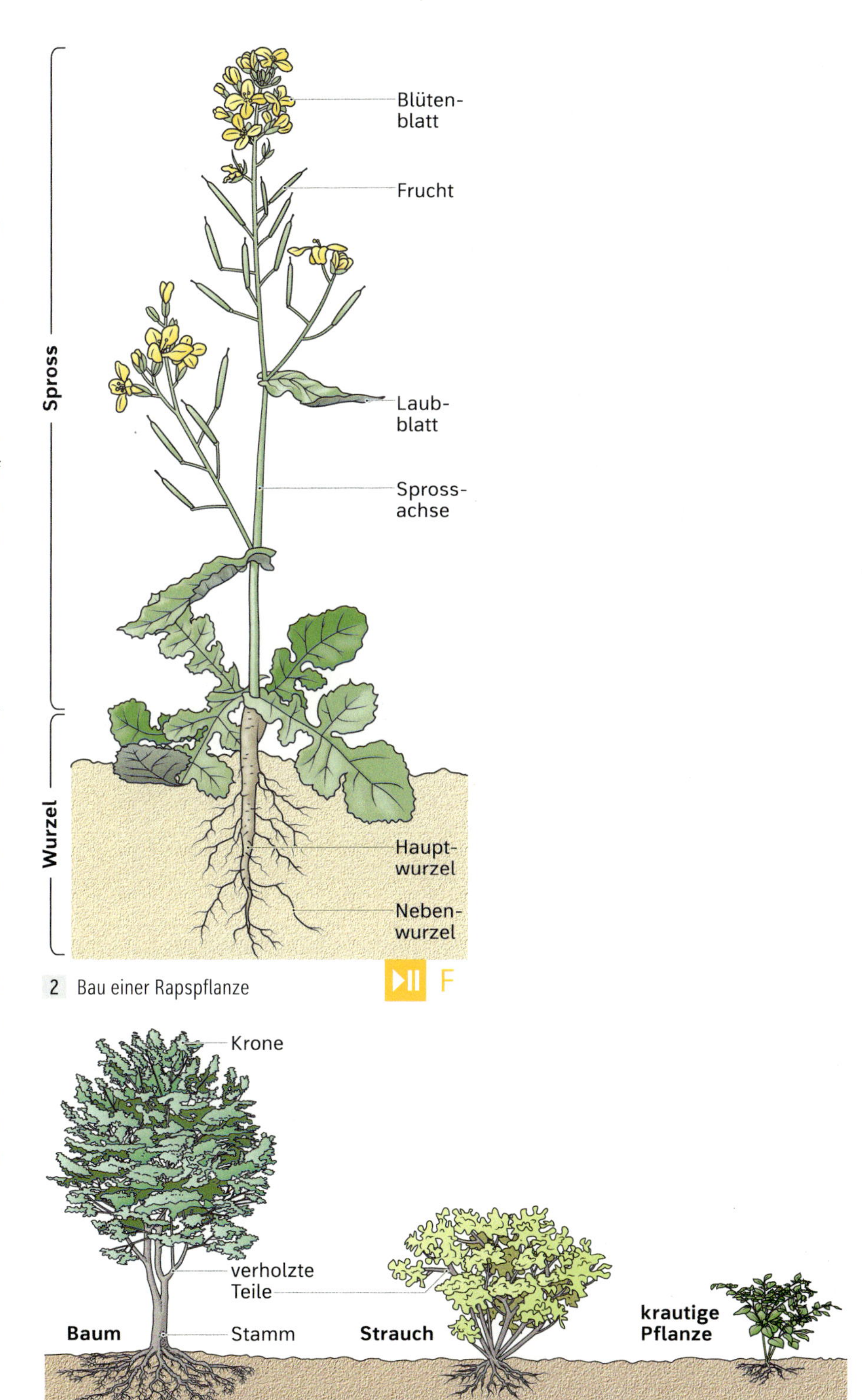

2 Bau einer Rapspflanze

3 Wuchsformen von Blütenpflanzen

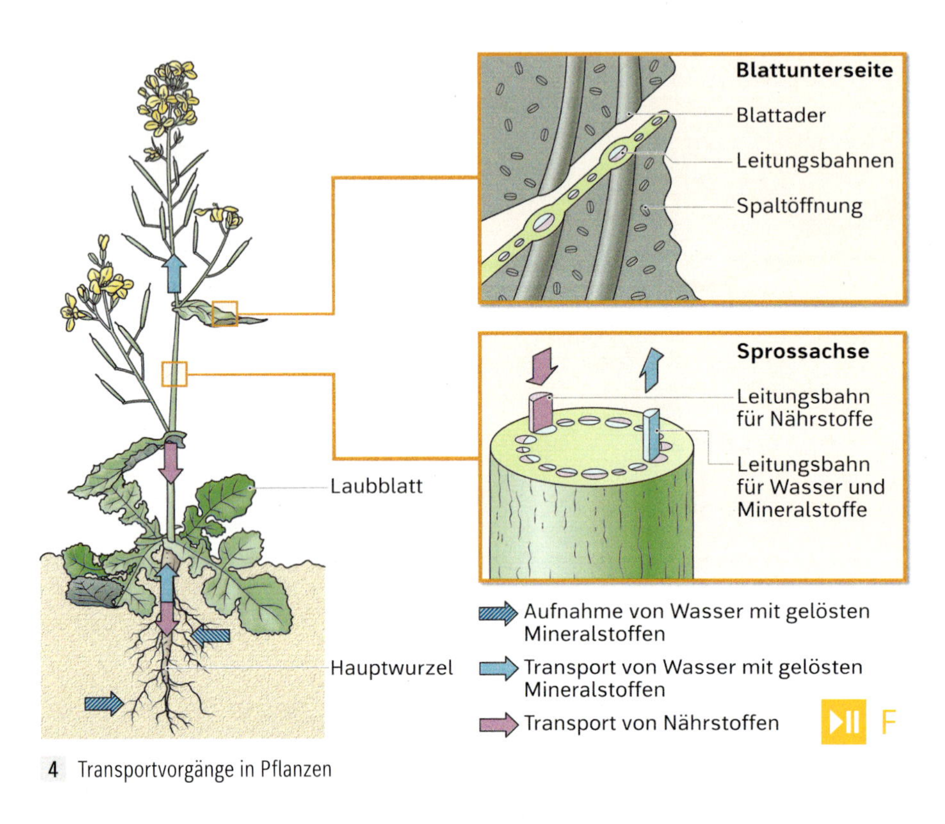

4 Transportvorgänge in Pflanzen

Leitungsbahnen

Wurzeln, Sprossachse, Blätter und Blüten von Pflanzen sind von Leitungsbahnen durchzogen. In diesen langen Röhren werden Wasser und darin gelöste Stoffe transportiert. In den Laubblättern kann man diese Leitungsbahnen besonders gut als Blattadern sehen.

Transport von Wasser

Die Nebenwurzeln haben feine Wurzelhaare. Über deren große Oberfläche dringt Wasser aus dem Boden in die Pflanze. Die **Wasserleitungsbahnen** transportieren das Wasser in den Spross bis zu den Laubblättern und Blüten. In den Blättern wird bei der Fotosynthese Traubenzucker gebildet. Bei der Fotosynthese wird Sauerstoff frei und über die Spaltöffnungen der Blätter abgegeben. Ein großer Teil des aufgenommenen Wassers wird über die Spaltöffnungen als Wasserdampf abgegeben. Man spricht von **Verdunstung**. Je höher die Temperatur ist, desto mehr Wasserdampf wird abgegeben.

Transport von Nährstoffen

Die bei der Fotosynthese in den Blättern gebildeten Nährstoffe müssen auch zu den Blüten und Wurzeln gelangen. Dort werden sie genutzt, um Energie für die Lebensvorgänge zu gewinnen. Sie werden über **Nährstoffleitungsbahnen** in der Pflanze verteilt.

D Beschreibe den Transport von Wasser und Nährstoffen in Pflanzen.

E Beschreibe, wie ein Großteil des Wassers wieder abgegeben wird.

Material mit Aufgaben

M2 Verdunstung von Wasser

Eine Ölschicht auf einer Wasseroberfläche verhindert Verdunstung.

1. Beschreibe den Versuchsaufbau.
2. Stelle Vermutungen an, wie sich die Wasserstände in den Gläsern im Laufe der Zeit verändern.
3. Wähle eine der Aufgaben aus:

a Erläutere, wie sich der Wasserstand ändern würde, wenn die Pflanze in A mehr Blätter hätte.

b Erläutere, welchen Einfluss die Umgebungstemperatur auf die Ergebnisse des Versuchs hat.

Angepasstheiten von Pflanzen

Expertenwissen

1 Haftwurzeln des Efeus

2 Sprossranken des wilden Weins

3 Blattranken der Waldrebe

Umwandlungen

Die Pflanzenorgane mancher Pflanzen sind umgewandelt, damit sie bestimmte Aufgaben erfüllen. Pflanzen, wie Kletterpflanzen, sind so an ihren Lebensraum angepasst.

Efeu

Der Efeu ist eine Kletterpflanze, die in vielen Wäldern und Gärten wächst. Die Wurzeln des Efeus sind nicht nur im Boden zu finden. Manche seiner Wurzeln wachsen auch an der Sprossachse. Mit ihnen kann die Pflanze an einem Baum hochklettern, damit sie im dunklen Wald genügend Sonnenlicht bekommt. Die Wurzeln an der Sprossachse des Efeus sind zu **Haftwurzeln** umgebildet.

Wilder Wein

Auch der Wilde Wein ist eine bekannte Kletterpflanze, die häufig an Zäunen und Wänden hochklettert oder sich um andere Pflanzen windet. Die Sprossachse bildet viele Seitensprosse aus, die als Kletterhilfen dienen. Der Wilde Wein bildet **Sprossranken** aus.

Waldrebe

Die Waldrebe hat eine verholzte Sprossachse und wächst oft an Waldrändern. Sie wächst an Bäumen empor. Die Stiele der Blätter, die **Blattranken**, dienen der Waldrebe dabei als Kletterhilfe.

Material mit Aufgaben

M1 Kakteen

A

B

In vielen Wüsten wachsen Kakteen. Ihre Blätter sind zu Dornen umgewandelt. Sie können in ihrer mit Blatdornen besetzten Sprossachse viel Wasser speichern. Die Blattdornen haben zusammen eine geringe Oberfläche.

1. Beschreibe die Ausformungen der Pflanzenorgane des Kaktus.
2. Stelle Vermutungen an, welche Funktionen die Dornen an den Sprossachsen der Kakteen haben.
3. Erläutere die Angepasstheit des Kaktus an seinen Lebensraum.

1 Kirschblüten an einem Ast

Bau von Blüten

Grundbauplan der Blüten

Die Blüten verschiedener Pflanzen können unterschiedlich aussehen. Ihr Aufbau und die Reihenfolge der Bestandteile von außen nach innen ist aber gleich. Sie unterscheiden sich in Anzahl und Aussehen der Blütenbestandteile. An vielen Pflanzen sind die Blüten nicht einzeln, sondern stehen dicht beieinander. Sie bilden einen Blütenstand.

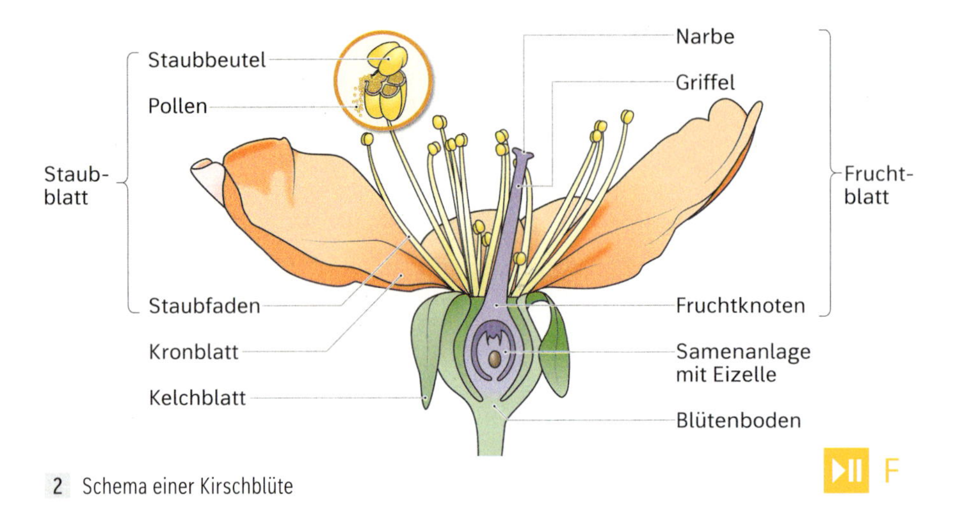

2 Schema einer Kirschblüte

Aufbau der Kirschblüte

An einer Kirschblüte kann man den Blütenaufbau besonders gut erkennen.

- **Kelchblätter** • Am Rande des kelchförmigen Blütenbodens sind grüne Kelchblätter. Sie schützen das Innere der Blüte.

- **Kronblätter** • Besonders auffallend sind die fünf weißen Kronblätter. Sie locken Insekten an. Bei geschlossener Blüte schützen sie die inneren Blütenblätter.

- **Staubblätter** • Im Inneren der Blüten sind über 30 Staubblätter. Jedes besteht aus dem **Staubfaden** und dem **Staubbeutel**. Der Staubbeutel enthält den Blütenstaub, der auch **Pollen** genannt wird. In den Pollen befinden sich die männlichen Geschlechtszellen. Die Staubblätter sind die männlichen Blütenorgane.

▸ **Fruchtblatt** • In der Mitte der Blüte ragt das auffällige Fruchtblatt hervor. Es besteht unten aus einem verdickten **Fruchtknoten**, dem langgezogenen **Griffel** und der klebrigen **Narbe**. Im verdickten Fruchtknoten liegt die Samenanlage. Hier befindet sich die weibliche Geschlechtszelle, die Eizelle.

Zwitterblüten

An jeder einzelnen Kirschblüte befinden sich ein Fruchtblatt und mehrere Staubblätter. Solche Blüten, wie die Kirschblüte, tragen männliche und weibliche Blütenorgane. Deshalb nennt man sie **Zwitterblüten**.

Legebild und Blütendiagramm

Damit die Anzahl und die Anordnung von Blütenblättern besser verglichen werden können, fertigt man **Legebilder** an. Dazu werden um einen Punkt drei Kreise gezogen. Auf dem Punkt liegt das Fruchtblatt. Entsprechend der Anordnung wie in der Blüte werden auf die Kreise die Blütenblätter gelegt. Die schematische Darstellung einer Blüte bezeichnet man als **Blütendiagramm**.

A Beschreibe anhand der Kirschblüte den Grundbauplan einer Zwitterblüte.

B Nenne die Funktion der verschiedenen Blütenbestandteile. Fertige dazu eine Tabelle an.

C Beschreibe, wie in einem Legebild die verschiedenen Blütenbestandteile angeordnet werden.

D Erkläre, weshalb Blüten oft auffällig gefärbt sind und duften.

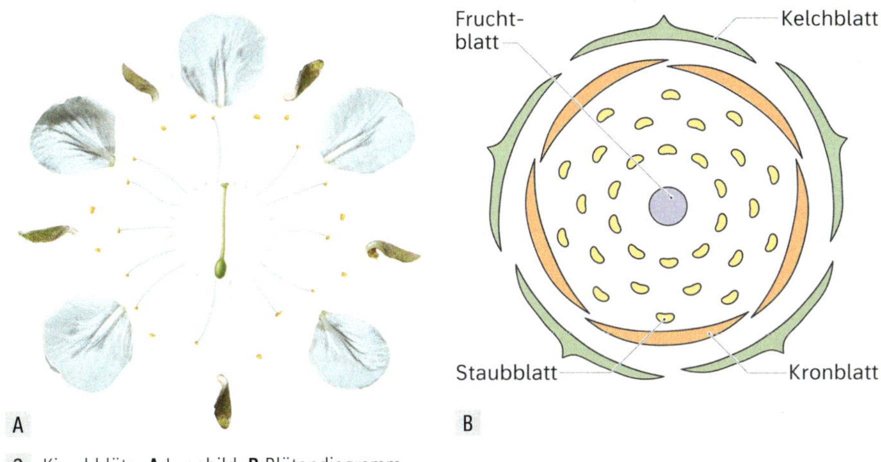

3 Kirschblüte: **A** Legebild, **B** Blütendiagramm

Material mit Aufgaben

M1 Blütendiagramme

1. Vergleiche die Blütendiagramme A und B. Nenne Gemeinsamkeiten und Unterschiede.

2. Ordne den Raps und den Hahnenfuß begründet den beiden Blütendiagrammen zu.

Ein Herbarium anlegen

1 Beispiel für Herbariumsbögen

Ein Herbarium erstellen

In einem Herbarium werden getrocknete und gepresste Pflanzen aufbewahrt. Neben den Pflanzen stehen Informationen wie der Name, die Pflanzenfamilie oder der Fundort. Biologen nutzen Herbarien für wissenschaftliche Zwecke.

Vorgehensweise

- **Sammeln und bestimmen** • Gehe zum Beispiel in den Schulgarten und sammle verschiedene Pflanzen. Schneide dafür die Pflanzen knapp über dem Boden ab und notiere den Fundort. Damit du keine geschützten Pflanzen abschneidest, bestimme vor dem Sammeln die Pflanze mithilfe eines Bestimmungsbuchs oder einer Bestimmungs-App.
- **Pflanzen pressen** • Nach dem Sammeln werden die Pflanzen direkt gepresst. Dafür werden sie zwischen unbeschichtetes Zeitungspapier gelegt. Achte darauf, dass keine Pflanzenteile geknickt werden. Beschwere dann das Zeitungspapier mit den Pflanzen mithilfe von schweren Büchern oder anderen Gegenständen. Tausche das Zeitungspapier täglich aus, bis die Pflanzen vollständig getrocknet sind.
- **Herbariumsbogen anlegen**• Nach dem Trocknen wird jede Pflanze auf ein einzelnes Blatt, dem Herbariumsbogen, mit Klebestreifen geklebt. Verwende als Herbariumsbogen am besten dünne Pappe. Beschrifte den Bogen mit Angaben zur Pflanze und dem Fundort. Verwende keine Klarsichtfolien, da die Pflanzen darin leicht schimmeln.

Material mit Aufgaben

P1 Ein Herbarium anlegen

Material: Gartenschere, Bestimmungsbuch oder Bestimmungs-App, Zeitungspapier, Klebestreifen, Herbariumsbögen, schwere Bücher

Durchführung:
Sucht in der Umgebung der Schule verschiedene Pflanzen. Bestimmt die Pflanzen, bevor sie gesammelt werden. Presst anschließend die gesammelten Pflanzen, bis sie vollständig getrocknet sind.

1. Erstelle aus den gesammelten Pflanzen ein Herbarium. Nutze den Beispielbogen als Hilfe.

Blüten untersuchen

Methode

1 Blüten untersuchen: **A** Kreisschema, **B** Legebild, **C** Blütendiagramm

Legebild und Blütendiagramm

Damit Biologen den Aufbau von verschiedenen Blüten besser vergleichen können, fertigen sie **Legebilder** an. Um einen noch einfacheren Überblick zu erhalten, kann man **Blütendiagramme** aus den Legebildern erstellen.

Vorgehensweise

- **Kreisschema erstellen** • Nimm ein Stück Pappe und zeichne mit einem Zirkel einen kleinen Kreis. Vergrößere danach den Abstand der Zirkelhälften um 3 cm. Nutze die gleiche Einstichstelle für den Zirkel und ziehe einen weiteren Kreis. Wiederhole dieses Vorgehen, bis du insgesamt vier Kreise hast.
- **Legebild erstellen** • Zupfe mit einer Pinzette zuerst die äußersten, gleichen Blütenbestandteile ab. Achte beim Zupfen darauf, möglichst dicht an der angewachsenen Stelle anzusetzen. Verteile die äußersten Bestandteile gleichmäßig auf dem äußersten Kreis. Zupfe danach die nächsten Blütenbestandteile ab und verteile sie auf dem nächsten freien Kreis. Fahre so lange fort, bist du in der Mitte der Blüte angekommen bist. Ist dein Legebild fertig, decke es mit einer selbstklebenden Folie ab. Jetzt kann man das Legebild noch vereinfacht als Blütendiagramm darstellen.

Material mit Aufgaben

P1 Ein Legebild erstellen

Material: Pinzette, Pappe, Zirkel, verschiedene Blüten

Durchführung:
Zeichne mit dem Zirkel mehrere Kreisschema auf die Pappe. Sucht dann in der Umgebung der Schule verschiedene Blüten.

1. Erstelle aus den gesammelten Blüten Legebilder.
2. Vergleicht in der Klasse Legebilder von veschiedenen Blüten.
3. Zeichne mithilfe von Bild 1C ein Blütendiagramm von einem deiner Legebilder.

1 Hummel auf einer Kirschblüte

Bestäubung von Blüten

Bestäubung

Bienen und Hummeln werden von den auffällig gefärbten Kronblättern und vom Duft der Blüten angelockt. Am Blütenboden bilden Drüsen einen zuckerhaltigen, duftenden Saft, den **Nektar**. Dieser dient Bienen, Hummeln und anderen Insekten als Nahrung. Zudem sammelt die Biene den Pollen zur Aufzucht ihrer Nachkommen. Bei ihrer Nahrungssuche in der Blüte drückt sie die Staubblätter auseinander. Dabei bleibt der Pollen am Pelz der Biene hängen. Fliegt die Biene zu einer weiteren Kirschblüte, bringt sie den Pollen mit in die Blüte. Die Übertragung eines Pollenkorns auf die Narbe einer Blüte nennt man **Bestäubung**. Sie ist eine Voraussetzung dafür, dass sich aus einer Blüte eine Frucht mit Samen bildet.

Insektenbestäubung

Bei den zweigeschlechtlichen, zwittrigen Kirschblüten sind die Staubblätter und der Stempel meist nicht gleichzeitig reif. Zuerst öffnen sich die Narben und werden klebrig. Erst später reifen die Staubblätter. Landet eine Biene auf einer Blüte, drückt sie die Staubblätter zur Seite.

reifer Pollen
Narbe
Griffel
reifer Staubbeutel
Staubfaden
Eizelle
Samenanlage
Kronblatt
Kelchblatt
Pollenkorn
unreifer Staubbeutel

2 Fremdbestäubung bei der Kirsche

F

Bei älteren Blüten platzen die reifen Staubbeutel auf und die klebrigen Pollenkörner bleiben am Pelz der Biene hängen. Fliegt die Biene danach zu einer jungen Blüte, sind deren Fruchtblätter reif und die Narbe klebrig. Es kann nur eine Bestäubung von einer älteren zu einer jüngeren Blüte stattfinden. Die **Selbstbestäubung** der Blüte, die zu anfälligeren Nachkommen führt, wird so verhindert. Die Blüten eines Kirschbaums werden durch die Blüten eines anderen Kirschbaums bestäubt. Diesen Vorgang nennt man **Fremdbestäubung**. Da im Fall des Kirschbaums die Bienen die Pollenkörner übertragen, spricht man von **Insektenbestäubung**.

Vielfalt der Bestäuber

Insekten haben unterschiedlich ausgeformte Mundwerkzeuge. Die Biene kann mit ihrem kurzen Saugrüssel Nektar aus flachen und kurzen Blüten saugen. Fliegen haben sehr kurze Mundwerkzeuge. Daher findet man sie häufig nur an sehr flachen Blüten. Schmetterlinge haben dagegen je nach Art unterschiedlich lange, aufrollbare Saugrüssel. Damit gelangen sie sogar an den Nektar von Blüten, deren Kronblätter lange, röhrenförmige Blüten bilden. Bestimmte Blüten können also nur von gewissen Insekten mit besonders angepassten Mundwerkzeugen bestäubt werden.

A Beschreibe die Funktion des Nektars für die Bestäubung von Kirschblüten.

B Erkläre, wie die Kirsche eine Bestäubung der Blüte mit Pollenkörnern derselben Blüte verhindert.

Material mit Aufgaben

M1 Fremdbestäubung bei der Schlüsselblume

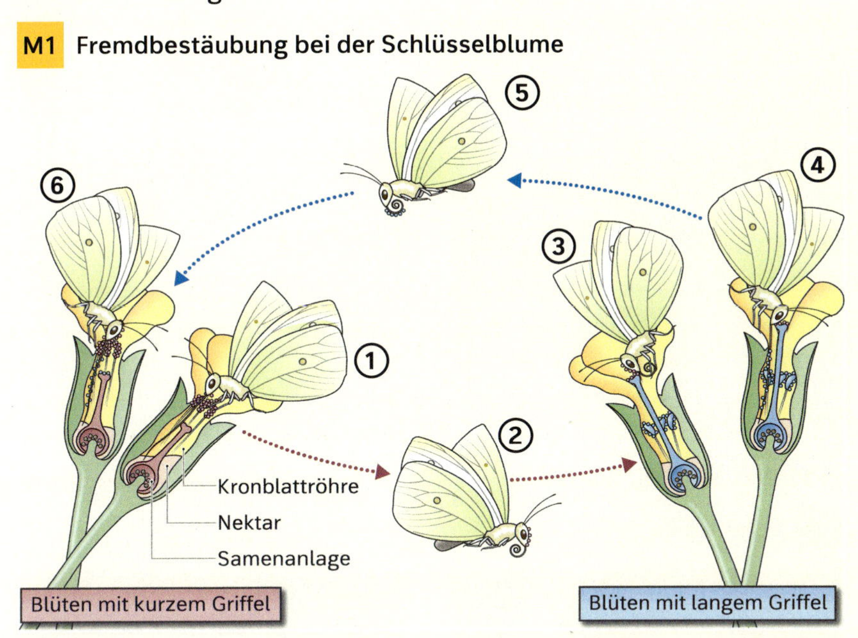

Schlüsselblumen haben tiefe Blüten und werden von Schmetterlingen bestäubt. Ihre Blüten sind unterschiedlich gebaut. Manche Blüten haben einen kurzen Griffel und lange Staubblätter. Andere haben lange Griffel und kurze Staubblätter.

1. Beschreibe die Bestäubung der Schlüsselblume.
2. Erkläre, welche Art der Bestäubung gezeigt wird.
3. Erkläre, wie bei der Schlüsselblume die Selbstbestäubung verhindert wird.

M2 Vielfalt der Bestäuber

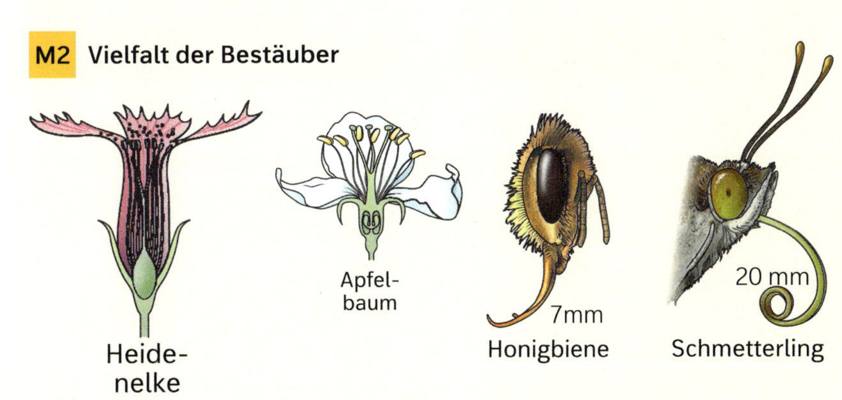

1. Vergleiche die Blüten der abgebildeten Pflanzen.
2. Vergleiche die Mundwerkzeuge der abgebildeten Insekten.
3. Erkläre, welche Insekten in welchen Blüten erfolgreich Nektar finden.

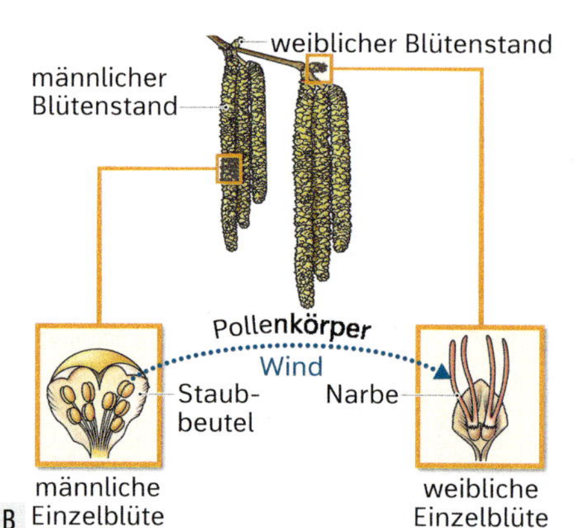

3 Hasel: **A** weiblicher und männlicher Blütenstand, **B** Windbestäubung

Material mit Aufgaben

M3 Pollenkörner

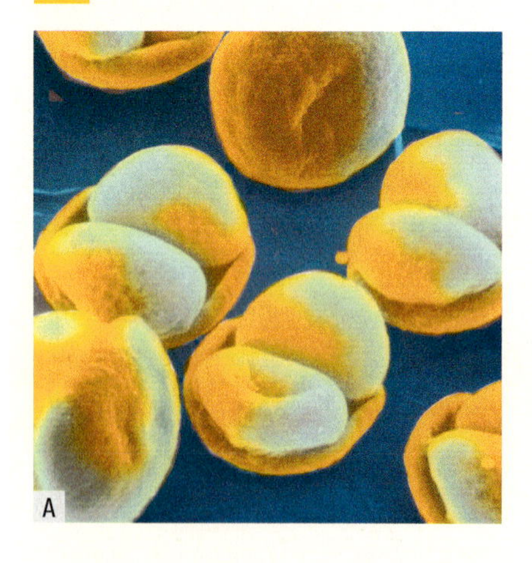

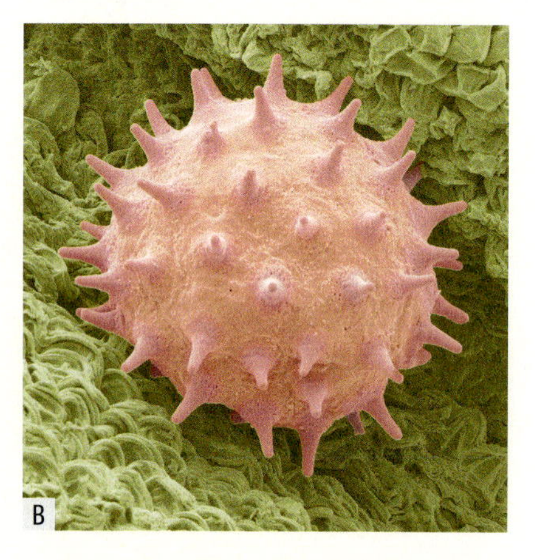

Windblütige Pflanzen besitzen meist nicht klebrige Pollenkörner, die eine glatte Oberfläche haben. Manche besitzen auch Flugeinrichtungen. Die Pollenkörner insektenblütiger Pflanzen sind meist größer, duften und sind klebrig. Manche besitzen auch hakenartige Fortsätze.

1. Vergleiche die Pollenkörner in den Bildern A und B.
2. Ordne die Pollenkörner der Windbestäubung und der Insektenbestäubung zu. Begründe.
3. Erkläre, warum windblütige Pflanzen meist eine große Anzahl von Pollenkörnern bilden.
4. Beim Haselstrauch entwickeln sich die Blüten vor dem Austreiben der Blätter. Erläutere diesen Sachverhalt.

Windbestäubung bei der Hasel

Der Haselstrauch blüht schon sehr früh im Jahr, wenn bei kalten Temperaturen noch keine Insekten aktiv sind. An seinen noch kahlen Zweigen hängen gelbe Blütenstände aus eng zusammenliegenden Einzelblüten. Bei diesen gelben „Kätzchen" handelt es sich um die männlichen Blüten des Haselstrauchs. Die Staubblätter liegen frei, damit sie dem Wind ausgesetzt sind. Bei jedem Windstoß werden aus den Staubbeuteln der Kätzchen Millionen von Pollenkörnern freigesetzt. Mit dem Wind gelangen die Pollenkörner auf die unscheinbaren, weiblichen Blüten des Haselstrauchs. Aus ihnen ragen pinselartige, klebrige Narben heraus. Da die Pollenkörner durch den Wind auf die Narben übertragen werden, spricht man bei dem Haselstrauch von **Windbestäubung**.

Geschlechter bei Pflanzen

Beim Haselstrauch liegen die männlichen und weiblichen Blütenorgane in unterschiedlichen Blüten. Sie wachsen aber am selben Strauch. In der Botanik sagt man daher auch „in einem Haus". Die Hasel ist **getrenntgeschlechtlich** und **einhäusig**. Dabei sind an einem Strauch meist nicht beide Blüten gleichzeitig reif. So können die weiblichen Blüten also nur durch die männlichen Blüten eines anderen Haselstrauchs bestäubt werden. Auch Birken, Eichen, Nadelbäume und Gräser werden durch den Wind bestäubt. Pflanzen, die durch Wind bestäubt werden, bilden eine sehr große Anzahl winziger Pollenkörner. Ihre Blüten sind meist unauffällig, bilden keinen Nektar und duften daher kaum.

Fremdbestäubung der Salweide

Schon aus der Ferne kann man bei der Salweide unterschiedlich blühende Bäume unterscheiden. Eine gelb blühende Salweide trägt nur Blüten mit Staubblättern. Sie besitzt nur männliche Blüten. Ein Baum mit weiblichen Blüten erkennt man an den grünen Stempeln.
Sowohl die männlichen als auch die weiblichen Blüten stehen in Blütenständen, den sogenannten Kätzchen. Da es bei der Salweide männliche und weibliche Bäume gibt, ist die Salweide **getrenntgeschlechtlich** und **zweihäusig**.
An den ersten warmen Tagen im Frühjahr fliegen Bienen und Hummeln zwischen den Kätzchen der Weiden hin und her. So werden Weiden fremdbestäubt. Die Salweide ist insektenbestäubt.

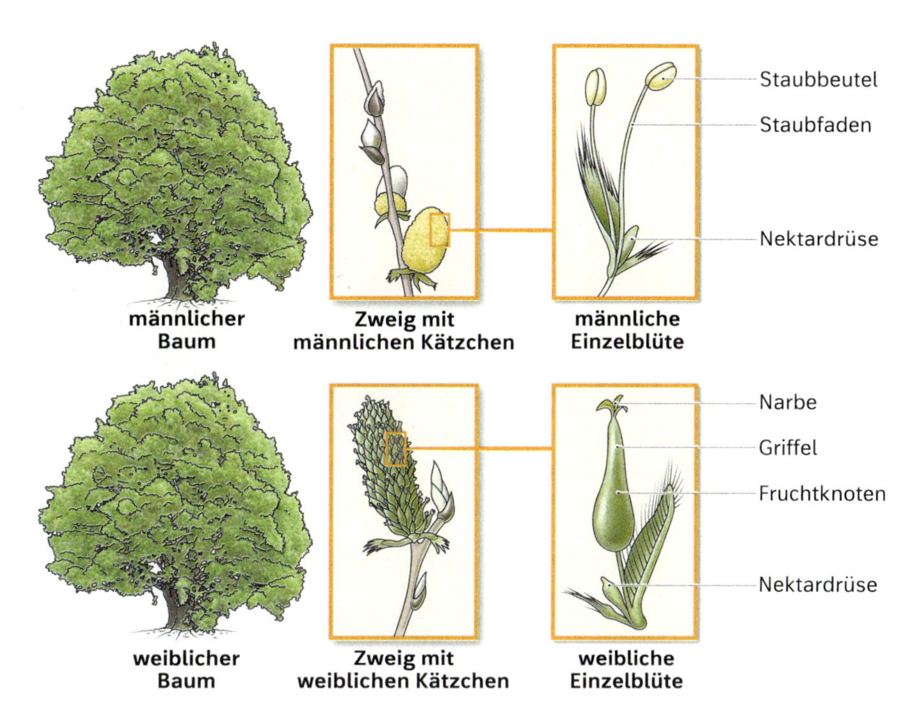

4 Bestäubung bei der Salweide

Material mit Aufgaben

M4 Geschlechter von Pflanzen

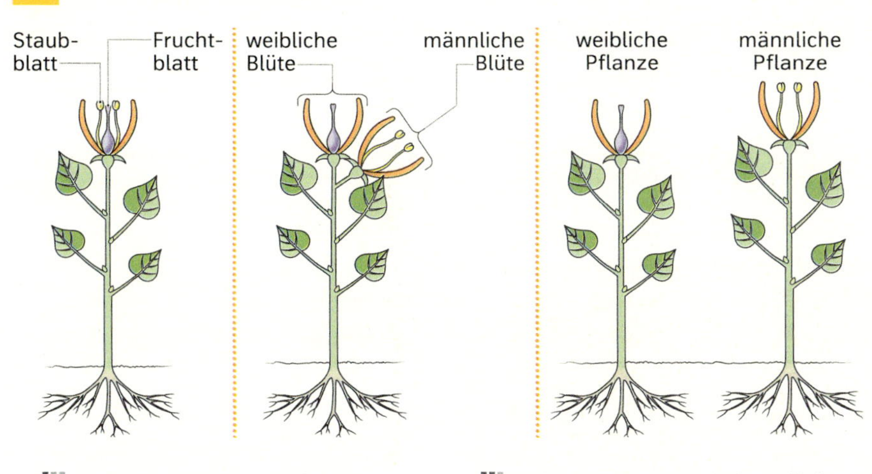

1. Ordne den Schemazeichnungen die Begriffe einhäusig, zweihäusig, getrenntgeschlechtlich und zwittrig zu. Begründe deine Zuordnung.

2. Erkläre, warum es bei zweihäusigen Pflanzen wie der Salweide keine Selbstbestäubung geben kann.

3. Bei einhäusigen Seggen und Rohrkolben sind die männlichen Blüten oberhalb der weiblichen Blüten. Erläutere mögliche Formen der Bestäubung.

1 Reife Kirschen am Baum

Von der Blüte zur Frucht

Befruchtung

Nach der Bestäubung einer Kirschblüte liegen Pollenkörner auf der klebrigen Narbe. Sie enthalten die männlichen Geschlechtszellen. Aus den Pollenkörnern wächst ein kleines, schlauchartiges Gebilde, der **Pollenschlauch**. Dieser wächst durch die Narbe und den Griffel bis ins Innere des Fruchtknotens. Hier liegt die Samenanlage mit der weiblichen Eizelle. Der Pollenschlauch, der am schnellsten wächst, dringt in die Samenanlage ein. Er öffnet sich und gibt seine männliche Geschlechtszelle ab. Die weibliche Eizelle und die männliche Geschlechtszelle verschmelzen. Auch die beiden Zellkerne verschmelzen miteinander. Diesen Vorgang bezeichnet man als **Befruchtung**.

Material mit Aufgaben

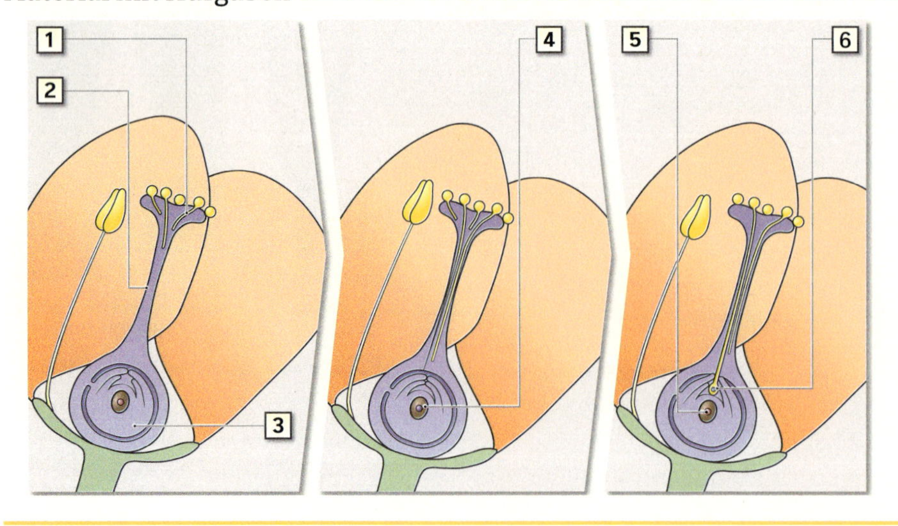

M1 Befruchtung

F

1. Bennene die mit Ziffern gekennzeichneten Bestandteile.
2. Beschreibe den dargestellten Vorgang.
3. Wähle eine der Aufgaben aus:

a Erkläre, warum der Kirschbaum nur nach einer erfolgreichen Befruchtung Samen bilden kann.

b Beschreibe Gemeinsamkeiten und Unterschiede bei der Fortpflanzung von Kirsche und Hund.

Entwicklung der Frucht

Nur wenn eine Befruchtung stattgefunden hat, entwickelt sich eine Kirsche. Zuerst welken die Kronblätter und fallen ab. Auch der Griffel mit der Narbe wird nicht mehr benötigt. Er vertrocknet und fällt ebenfalls ab. Der Fruchtknoten dagegen wird dicker.

Die kleine grüne Kirsche wächst und wird rot und süß. Aus der Wand des Fruchtknotens entwickelt sich die Fruchtwand. Sie besteht aus der äußere Fruchtschale, dem saftigen Fruchtfleisch und der inneren Fruchtschale. Umschlossen von der inneren Fruchtschale liegt der Kirschstein. In ihm bildet sich aus der befruchteten Eizelle ein Samen. Er enthält Nährstoffe und einen Pflanzenembryo mit Wurzel, Sprossachse und Blättern. Ungefähr drei Monate nach der Befruchtung ist die Kirsche reif. Fällt der Stein dann auf den Boden, kann der Samen im nächsten Jahr keimen und ein neuer Kirschbaum wächst heran.

Fruchtformen

Früchte, die wie die Kirsche aufgebaut sind, heißen **Steinfrüchte**. Auch Pflaumen und Aprikosen gehören zu den Steinfrüchten.

Beeren sind saftig und enthalten viele Samen. Zu ihnen zählen Stachelbeeren, Kiwis und Tomaten.

Bei den Früchten des Haselstrauchs, den **Nüssen**, ist die ganze Fruchtwand ausgehärtet. Innen liegt der weichere Samen.

Bei **Hülsenfrüchten** wie der Erbse entwickelt sich aus der Fruchtwand eine lange Fruchtschale mit vielen Samen.

Material mit Aufgaben

M2 Von der Blüte zur Frucht

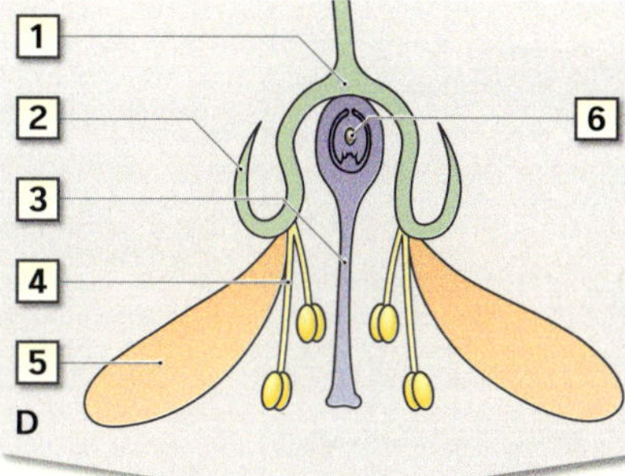

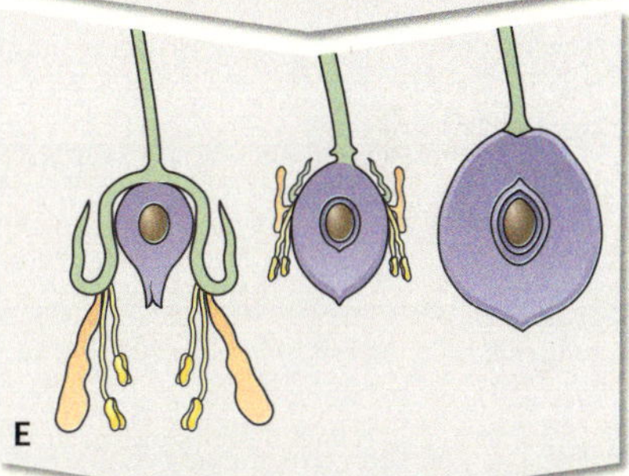

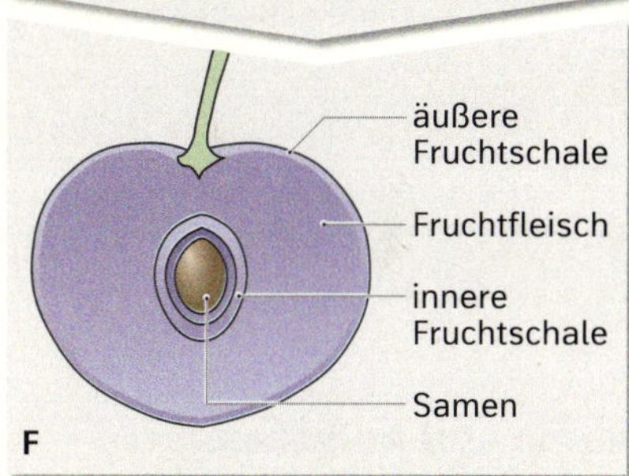

1. Benenne die mit Ziffern gekennzeichneten Bestandteile.
2. Vergleiche den Aufbau von Kirschblüte und Kirschfrucht.
3. Wähle eine der Aufgaben aus:
   a Beschreibe die Fruchtbildung der Kirsche. Beachte dabei, welche Teile der Blüte zu welchen Teilen der Frucht werden.
   b Stelle den Vorgang der Fruchtbildung mithilfe eines Fließschemas dar.

A Erkläre am Beispiel der Kirsche den Unterschied zwischen Bestäubung und Befruchtung.

B Bewerte die Aussage: „Bienen befruchten Kirschblüten."

1 Baum auf Felsen im Meer

Verbreitung von Früchten und Samen

Windverbreitung

Die Samen vieler Nadelbäume besitzen dünne Flughäute. Sie funktionieren wie die Flügel eines Segelfliegers. Die Samen werden durch den Wind verbreitet. Auf diese Weise erobern Nadelbäume neue Lebensräume.
Auch die Früchte des Löwenzahns werden durch den Wind verbreitet. Oben an der Frucht sitzt ein Stiel, der in einem Schirm aus kleinen Härchen endet. Ein solcher Schirmflieger fliegt bis zu zehn Kilometer weit. Nach der Landung verankert sich die Frucht mit Widerhaken im Boden. Der Samen keimt und wächst zu einer neuen Pflanze heran. Der Löwenzahn bildet **Flugfrüchte**.

Material mit Aufgaben

P1 Modell eines Schirmfliegers

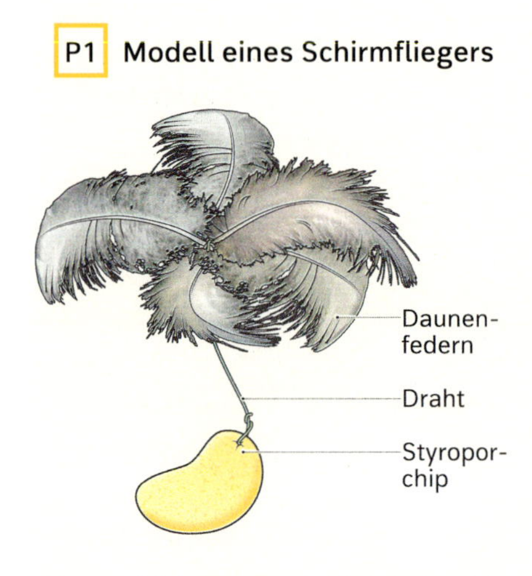

Material: Stoppuhr, Föhn, Maßband, Daunenfedern, Styroporchips, dünner Draht oder Nylonfaden, Klebstoff

Durchführung: Baue mithilfe des Bildes ein Modell eines Schirmfliegers. Lasse das Modell mehrmals aus etwa zwei Metern Höhe fallen. Erzeuge bei einigen Versuchen mit dem Föhn einen leichten Wind. Miss jeweils die Flugstrecken und die Flugzeiten. Notiere die Werte in einer Tabelle. Entferne den Schirm und wiederhole die Versuche.

1. Beschreibe, welche Teile des Modells welchen Teilen der Löwenzahnfrucht entsprechen.
2. Wähle eine der Aufgaben aus:
   a Vergleiche Strecken und Zeiten. Erläutere die Unterschiede.
   b Erläutere, welche Bedeutung Schirmflieger und andere Flugfrüchte für Pflanzen haben.

Verbreitung durch Tiere

Die **Klettfrüchte** verschiedener Pflanzen haben an der Oberfläche Haken. Mit diesen verankern sie sich im Gefieder oder im Fell von Tieren. Sie werden eine Zeit lang mitgeschleppt und an einem anderen Ort wieder abgestreift.

Die Samen der Schneeglöckchen haben fettreiche, nahrhafte Anhängsel, die von Ameisen gefressen werden. Solche Früchte heißen **Ameisenfrüchte**. Ameisen verlieren einige Früchte beim Transport und verbreiten so die Samen.

Die Früchte der Eberesche locken durch ihre auffällige Färbung Vögel an. Sie fressen diese **Lockfrüchte**. Die unverdaulichen Samen werden nach einiger Zeit mit dem Kot ausgeschieden. Der Kot der Vögel dient gleichzeitig als Dünger.

Selbstverbreitung

Wenn die Frucht des Springkrautes reif ist, trocknet sie ein. Bei Berührung platzt sie dann auf und der Samen wird herausgeschleudert. Das Springkraut hat **Schleuderfrüchte**. Bei einigen Pflanzen vertrocknen die Früchte und reißen auf. So werden die Samen bei solchen **Streufrüchten** ausgestreut.

Wasserverbreitung

Die Früchte von Pflanzen wie dem Riesen-Bärenklau, die im oder am Wasser leben, haben oft mit Luft gefüllte Kammern. Diese **Schwimmfrüchte** treiben auf dem Wasser und werden auf diese Weise weit verbreitet.

A Erkläre, durch welche Ausbreitungsart der Nadelbaum in Bild 1 auf den Felsen gelangt ist.

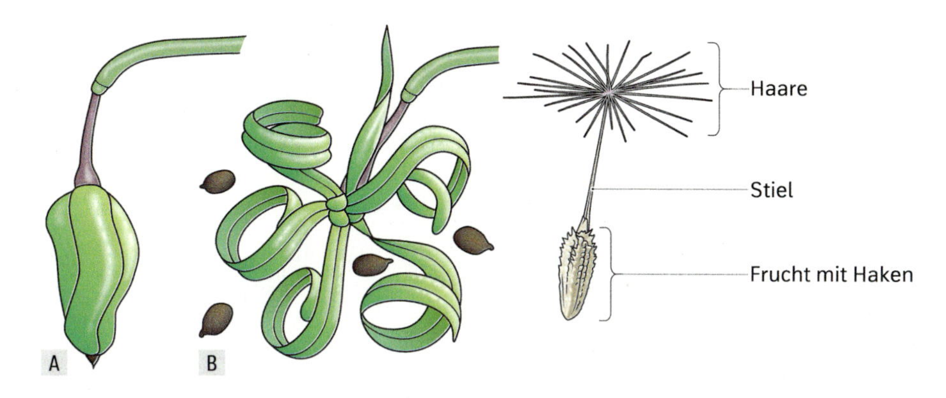

2 Frucht des Springkrauts: **A** geschlossen, **B** offen

3 Schirmflieger des Löwenzahns

Material mit Aufgaben

M2 Ausbreitung von Samen und Früchten

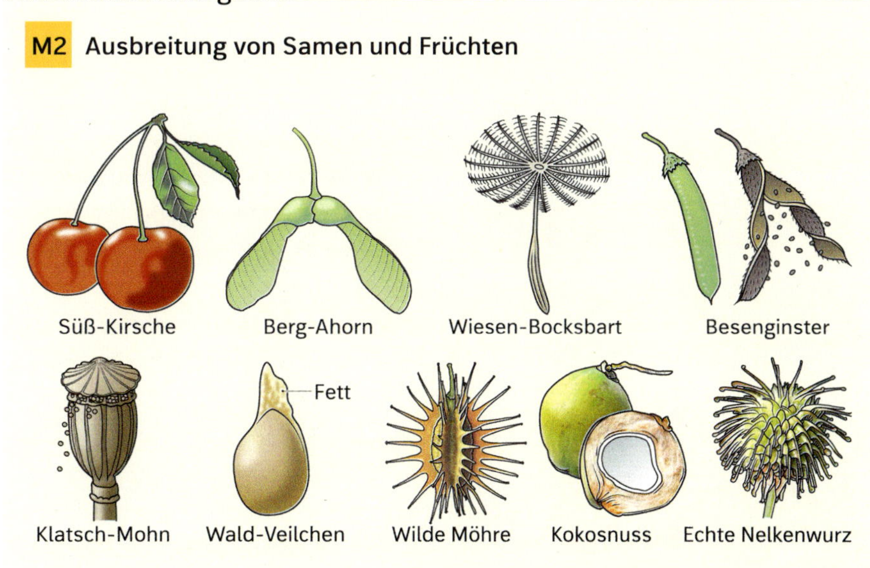

1. Ordne folgende Fruchttypen zu: Flugfrucht, Schwimmfrucht, Lockfrucht, Ameisenfrucht, Streuffrucht und Schleuderfrucht.
2. Erstelle eine Tabelle mit den Spalten: „Pflanzenart", „Fruchttyp", „Begründung" und ordne die abgebildeten Früchte zu.
3. Wähle eine der Aufgaben aus:
   a Erläutere Bau und Funktion einer Flugfrucht und einer Lockfrucht.
   b Erläutere, welche der gezeigten Früchte auch von Menschen verbreitet werden könnten.

1 Bohnensamen der Feuerbohne

Keimung und Wachstum

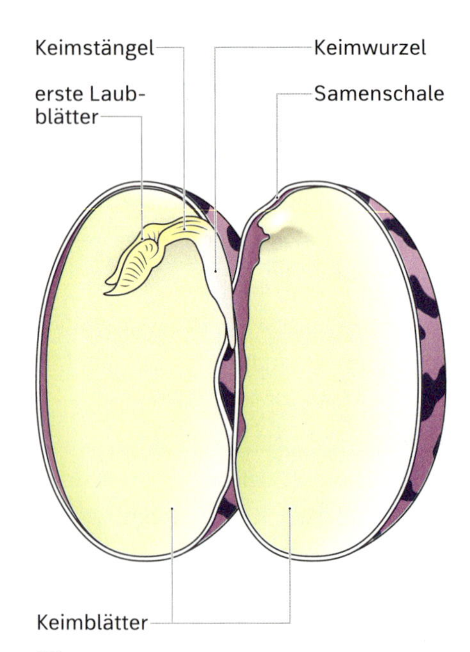

2 Aufbau eines gequellten Bohnensamens

Aufbau eines Samens

Feuerbohnensamen sind von einer harten **Samenschale** umgeben. Sie schützt den Samen vor Beschädigungen und Trockenheit. Im Inneren sind zwei große, dicke Hälften, die **Keimblätter**. In ihnen sind Nährstoffe für die Entwicklung gespeichert. Zwischen den beiden Hälften liegt der **Embryo**. Er besteht aus der **Keimwurzel**, dem **Keimstängel** und den **ersten Laubblättern**. Auch die Keimblätter gehören zum Embryo. Die Samen der Feuerbohne enthalten also eine vollständige kleine Pflanze, die nur noch heranwachsen muss.

Quellung

Samen können Trockenheit oder Frost auch über längere Zeit überstehen. Der Samen zeigt dann keine Veränderungen. Dies bezeichnet man als **Samenruhe**. Liegt ein Samen dagegen in feuchter Umgebung wie beispielsweise in feuchter Erde, dringt Wasser in den Samen ein. Er wird größer und schwerer. Nach einigen Tagen in feuchter Erde reißt die Samenschale auf. Diesen Vorgang nennt man **Quellung**.

Keimung

Nach einiger Zeit wächst die Keimwurzel senkrecht in die Erde und bildet Seitenwurzeln. Auch der gebogene Keimstängel und die ersten Laubblätter werden größer. Der Keimstängel wächst aus der Erde und richtet sich auf. Im Licht werden der Stängel und die ersten Laubblätter grün. Die Keimblätter bleiben in der Erde. Bei dieser Entwicklung werden die Nährstoffe aus den Keimblättern verbraucht. Die Keimblätter werden immer kleiner und sterben ab. Die Entwicklung von der Quellung bis zur Entfaltung der ersten grünen Laubblätter heißt **Keimung**.

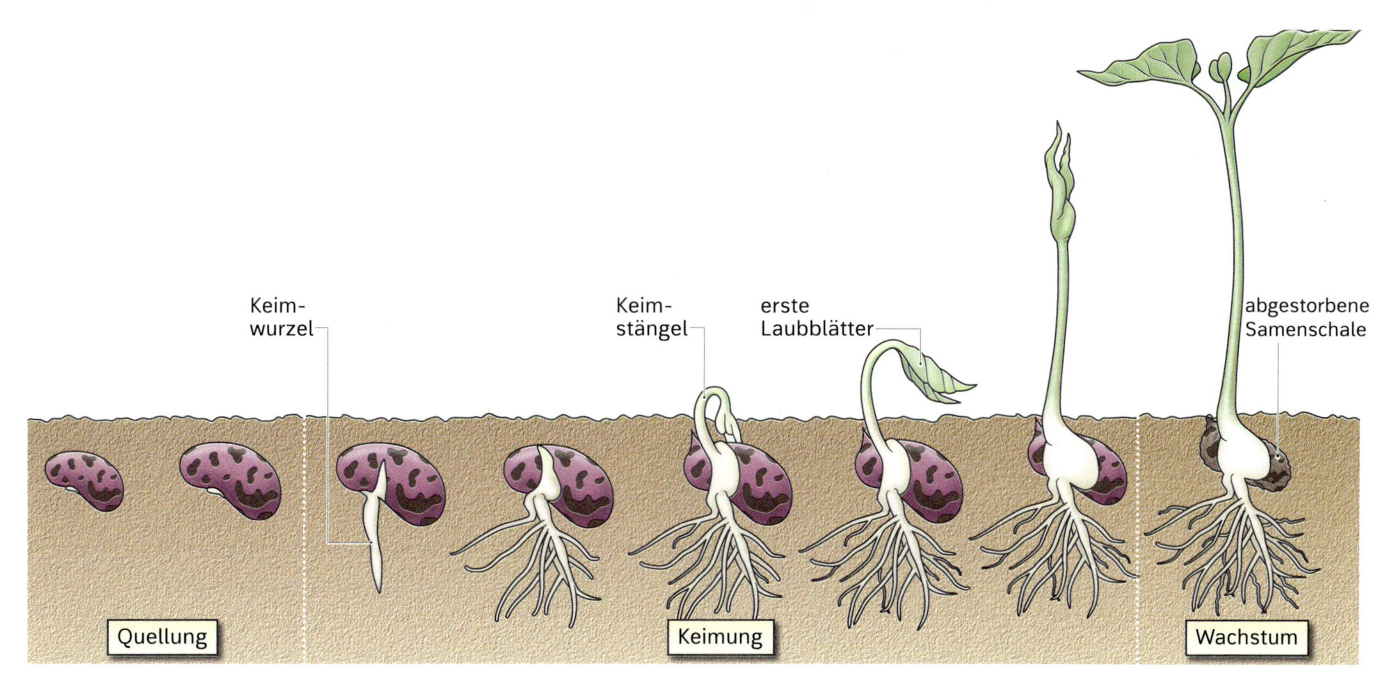

3 Quellung, Keimung und Wachstum der Feuerbohne

Wachstum

Nach der Keimung wächst die jetzt grüne Pflanze weiter. Wie gut sie sich entwickelt, hängt von Faktoren wie Licht, Temperatur, Wasser, Luft und Art des Bodens ab. Diese Umweltbedingungen nennt man auch **abiotische Faktoren**.

A Beschreibe die Quellung, die Keimung und das Wachstum der Feuerbohne mithilfe von Bild 3.

B Fertige eine Zeichnung eines gequellten Bohnensamens an und beschrifte deine Zeichnung mit den richtigen Fachbegriffen.

Material mit Aufgaben

M1 Keimungsbedingungen

1. Das Bild zeigt Keimungsversuche mit Kressesamen. Beschreibe die Versuchsdurchführung.
2. Beschreibe die Versuchsergebnisse. Übertrage dazu die Tabelle in dein Heft und ergänze sie.

Versuch	Abiotische Faktoren					Versuchs-ergebnis
1	keine Erde	Wasser	Licht	Wärme	Luft	Samen keimt
2	...	...	...	...	...	...

3. Erkläre, welche abiotischen Faktoren die Kresse für die Keimung benötigt.

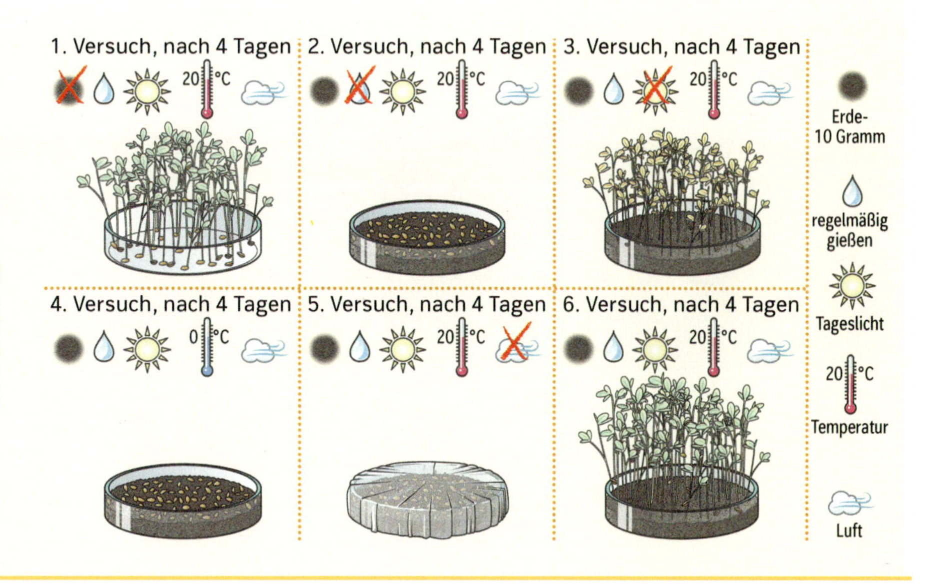

Material mit Aufgaben

P2 Wachstum der Sprossachse

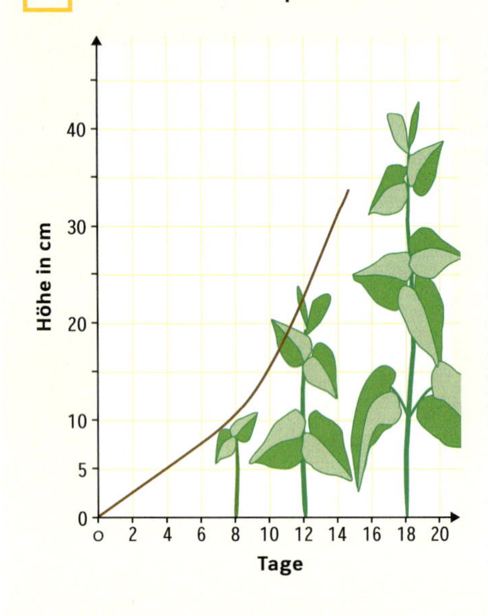

Anna-Lena hat eine Bohnenpflanze erst zum Keimen und dann zum Wachsen gebracht. Sie hat das Längenwachstum der Sprossachse regelmäßig gemessen und in einem Diagramm dargestellt.

Material: gequollene Samen der Feuerbohne oder Gartenbohne, Blumentopf, Blumenerde, Lineal, Zeichenmaterial

Durchführung: Bringe die gequollenen Bohnensamen zum Keimen. Setze die Keimlinge in einen Topf mit Blumenerde. Miss über einen Zeitraum von 3 Wochen das Längenwachstum der Sprossachse.

1. Halte das Längenwachstum der Sprossachse in einer Tabelle fest.
2. Zeichne aus deinen eigenen Werten ein Liniendiagramm, welches das Längenwachstum der Bohnenpflanze zeigt.

M3 Keimungsbedingungen

1. Benenne die mit Ziffern gekennzeichneten Bestandteile.
2. Beschreibe die Keimung der Erbse.
3. Beschreibe, wann der Keimstängel grün wird.
4. Erkläre, warum viele Samen bei Frost nicht keimen können.
5. Erläutere, welche Funktion die Samenruhe für viele Pflanzen hat.

Eine digitale Präsentation erstellen

Methode

Digitale Präsentationen

Mit Präsentationsprogrammen kann man digitale Präsentationen am Computer erstellen. Mit diesen kannst du Vorträge unterstützen. Es ist sehr wichtig, eine digitale Präsentation richtig aufzubauen und zu gestalten. Im Vordergrund des Vortrages steht immer die vortragende Person und nicht die Präsentation. Eine Präsentation enthält nicht nur Text, sondern auch Bilder, Diagramme oder Videos. Das macht sie interessanter für die Zuhörer.
Wenn die Präsentation in das Internet, beispielsweise auf eine Homepage, gestellt wird, oder sie außerhalb des Klassenzimmers gezeigt wird, braucht man die Erlaubnis vom Ersteller des Bildes, Tons oder des Videos.

Aufbau einer Präsentation

Die einzelnen Seiten einer digitalen Präsentation nennt man **Folie**. Eine Präsentation wird in unterschiedliche Abschnitte eingeteilt:

- **Titelfolie** • Auf der ersten Folie stehen der Titel der Präsentation und die Namen der Präsentierenden. Es kann auch ein Untertitel und ein passendes Bild hinzugefügt werden. Die Titelfolie sollte das Interesse der Zuhörenden wecken.
- **Gliederung** • Die Gliederung zeigt dem Publikum, worüber du sprechen wirst. Sie sollte kurz und knapp sein und dem Publikum nur einen groben Überblick geben.
- **Inhalt** • Auf den nächsten Folien werden die wichtigsten Stichpunkte, ergänzende Bilder oder Videos kurz und übersichtlich gezeigt.
- **Zusammenfassung** • Zum Schluss führst du die wichtigsten Aussagen deines Vortrags auf. Die Zusammenfassung sollte kurz sein und keine unnötigen Details beinhalten.
- **Quellen** • Schreibe auf die letzte Folie die Quellen aller Bilder, Töne und Videos, die du nicht selbst erstellt hast. Nenne den Ersteller und wo du den Inhalt gefunden hast.

Material mit Aufgaben

M1 Digitale Präsentation

Keimung

und Wachstum

Yusra Tosun und Florian Groß, Klasse 5c

A

Keimung

- Nach einiger Zeit wächst die Keimwurzel
- Keimstängel und erste Laubblätter brechen durch Samenschale

B

Gliederung

- Aufbau eines Samens
- Quellung
- Keimung
- Wachstum
- Keimung und Wachstum im Überblick

C

Keimung und Wachstum im Überblick

- Schritte: Quellung – Keimung – Wachstum
- neue Bohnenpflanze ist entstanden

D

Aufbau eines Samens

- Samen sind von einer Samenschale umgeben
- Im Inneren sind zwei Keimblätter und der Keimling

Keimstängel
erste Laubblätter
Keimwurzel
Samenschale
Keimblätter

E

Quellen

Folie 2: www.quelle1.de/keimung
Folie 8: www. quelle2.com/bohnen
Folie 15: www.quelle3.net/samen

F

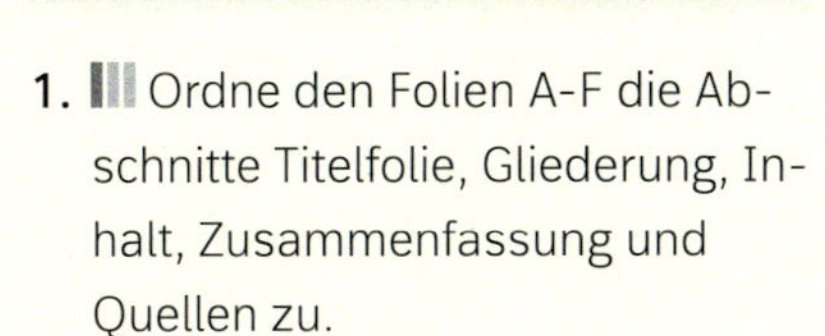

1. Ordne den Folien A-F die Abschnitte Titelfolie, Gliederung, Inhalt, Zusammenfassung und Quellen zu.

2. Nenne Vorteile und Nachteile von digitalen Präsentationen.

Auf einen Blick

Entwicklung der Kirsche

In den Blüten befinden sich die Fortpflanzungsorgane. Eine Blüte muss zur Fortpflanzung bestäubt werden. Die Bestäubung erfolgt zum Beispiel durch Insekten oder durch den Wind.

Nach der Bestäubung folgt die Befruchtung. Dabei verschmilzt die männliche Geschlechtszelle mit der weiblichen Eizelle. Aus der befruchteten Eizelle entwickeln sich die Früchte mit den Samen.

Die Samen oder die Früchte werden zum Beispiel durch Tiere, Wind oder Wasser verbreitet. Wenn die Samen auf den Boden fallen, keimen sie und entwickeln sich zu einer neuen Pflanze.

1. Benenne die in den Bildern A bis D dargestellten Vorgänge.
2. Erkläre, warum es wichtig ist, dass Bienen oder andere Insekten Kirschblüten besuchen.
3. Beschreibe den Vorgang, der in der Kirschblüte in Bild B stattfindet.
4. Erkläre, warum Früchte wie die Kirsche oft auffällig gefärbt sind.

1 Pflanzen einer Wiese

Pflanzenfamilien

Verwandtschaft

Pflanzen kann man vor allem an ihren Blüten unterscheiden. Wichtig sind dabei Anzahl, Form und Farbe der Blütenblätter. Weitere Merkmale können die Position der Blüten an der Pflanze, die Form der Blätter und die Früchte sein. Pflanzen mit ähnlichen Merkmalen gehören zu einer **Pflanzenfamilie**.

2 Kreuzblütengewächse: **A** Raps, **B** Blütenschema und Querschnitt

Kreuzblütengewächse

Die Rapsblüte hat vier kreuzförmig angeordnete Kelch- und Kronblätter. Im Inneren der Blüte befinden sich vier lange, auch kreuzförmig angeordnete Staubblätter. Zwei weitere Staubblätter sind kurz. Zu den Kreuzblütengewächsen zählen Kohl, Senf und Rettich.

3 Rosengewächse: **A** Heckenrose, **B** Blütenschema und Querschnitt

Rosengewächse

Die Blüte der Heckenrose besteht aus fünf Kelchblättern. Darauf folgen fünf Kronblätter. Ein Kranz vieler Staubblätter umgibt mehrere Fruchtblätter. Zu den Rosengewächsen zählen Kräuter wie Erdbeeren, Brombeeren, aber auch Bäume wie Kirsche und Apfel.

Lippenblütengewächse

Bei der Gefleckten Taubnessel sind die Kelchblätter miteinander verwachsen. Die Kronblätter sind am Grund zu einer Röhre verwachsen und bilden im oberen Bereich eine helmartige Oberlippe und eine Unterlippe. Vier Staubblätter umgeben ein Fruchtblatt. Der Stängel ist vierkantig. Zu den Lippenblütengewächsen zählen Minze, Salbei und Basilikum.

4 Lippenblütengewächse: **A** Gefleckte Taubnessel, **B** Blütenschema und Querschnitt

Schmetterlingsblütengewächse

Die Kelchblätter der Gartenerbse sind verwachsen. Die fünf Kronblätter sind verschieden: Das größte Kronblatt bildet nach oben die Fahne. Die beiden seitlichen bilden die Flügel, die beiden unteren sind zum Schiffchen verwachsen. Neun der zehn Staubblätter sind zu einer Röhre verwachsen, die die Fruchtblätter umgeben. Bohnen und Erbsen sind Schmetterlingsblütengewächse.

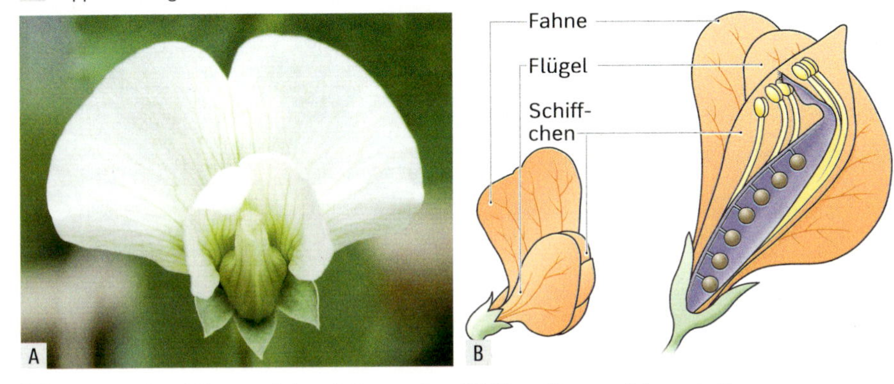

5 Schmetterlingsblütengewächse: **A** Gartenerbse, **B** Blütenschema und Querschnitt

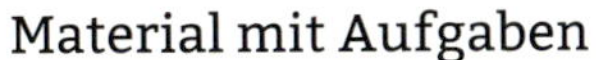

Material mit Aufgaben

F

M1 Pflanzenfamilien

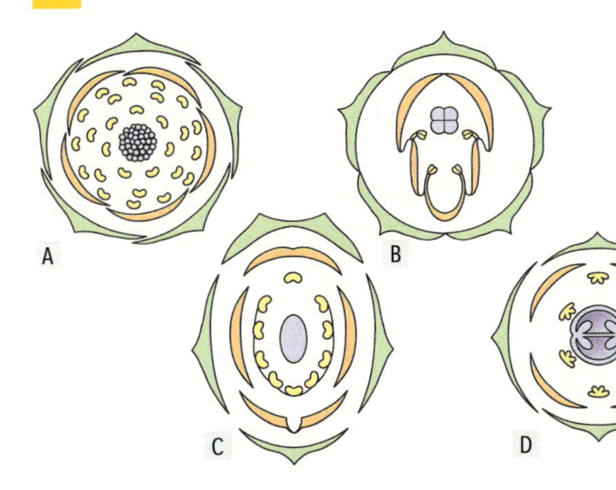

1. Ordne die Blütendiagramme A-D je einer Pflanzenfamilie zu.
2. Ordne die Blüten in Bild E und F je einer Pflanzenfamilie zu.
3. Erkläre die Namensgebung von Lippenblütengewächsen.

1 Weizenfeld

Gräser ernähren uns

Ähre
Halm
Blatt
Knoten
A
B

2 Weizen: **A** Pflanze, **B** Körner

Getreidepflanzen sind Gräser

Alle Getreidearten gehören zu den Gräsern. An einer Weizenpflanze erkennt man gut die Merkmale der Gräser. Ein gemeinsames Merkmal aller Gräser ist die hohle Sprossachse, auch **Halm** genannt. Er ist durch Knoten untergliedert. So knickt er nicht so schnell ein. Die unscheinbaren Blüten des Weizens stehen in einem Blütenstand, der **Ähre**, zusammen. Die Bestäubung erfolgt durch den Wind. Die Früchte des Weizens sind kleine, harte **Körner**.

Bau eines Getreidekorns

Jedes Getreidekorn ist von einer harten Schale umgeben. Sie besteht aus der Fruchtschale und der Samenschale. Beide Schalen enthalten viele Ballaststoffe und Mineralstoffe. Im Inneren des Korns befinden sich der Keimling und der Mehlkörper. Der Mehlkörper besteht aus Stärke, Zucker und Eiweißstoffen. Er ist von einer Eiweißschicht umgeben. Die Eiweißschicht enthält neben Eiweiß auch Mineralstoffe und Vitamine.

Lebensmittel aus Getreide

Viele unserer Lebensmittel bestehen aus Getreide. Nahrungsmittel aus Weizen sind zum Beispiel Brot, Brötchen und Nudeln. Genutzt werden dabei die Körner. Weißes Mehl wird nur aus dem Mehlkörper hergestellt. Es enthält kaum Ballaststoffe. Bei **Vollkornprodukten** wird das ganze Korn verarbeitet. Sie enthalten Stärke, Zucker und Eiweißstoffe und auch Vitamine und viele Ballaststoffe. Vollkornprodukte sind daher wichtig für eine gesunde Ernährung.

Züchtung durch Auslese

Der Mensch baut seit mehreren tausend Jahren Getreide an. Alle Getreidearten wurden aus Wildgräsern gezüchtet. Ziele der Züchtung waren mehr und größere Körner und ein standfester Stängel. Man säte immer nur die Samen von Pflanzen mit den gewünschten Eigenschaften aus. So wurde durch diese Auslesezüchtung die Größe und das Gewicht eines Weizenkorns im Vergleich zu den ersten Zuchtformen verdreifacht.

Getreidearten

- **Roggen** • Roggen ist neben Weizen ein wichtiges Brotgetreide. Er hat lange Fortsätze an den Blüten und den Körnern, die sogenannten Grannen. Roggenbrot ist dunkler als Brot aus Weizenmehl. Statt Roggen wird heute eine Kreuzung aus Roggen und Weizen, das Triticale, angebaut.
- **Gerste** • Gerste wird hauptsächlich als Viehfutter angebaut. Dieses Getreide bildet eine wichtige Grundlage für die Herstellung von Bier.
- **Hafer** • Hafer bildet keine dichte Ähre. Er dient vor allem als Viehfutter. Der Anbau ist zurückgegangen, da andere Getreidesorten, wie Mais, für die Versorgung des Viehs verwendet werden. Aus Haferkörnern werden Haferflocken für Müsli hergestellt.
- **Mais** • Mais stammt aus Mittelamerika. Heute gibt es auch in Europa große Anbaugebiete. Maiskörner werden überwiegend als Viehfutter genutzt. Die Maiskolben werden auch so gegessen. In weiten Teilen Deutschlands wird Mais angebaut, um elektrischen Strom in Biogasanlagen zu erzeugen.
- **Reis** • Reis stammt aus Ostasien und wird in vielen Teilen der Welt angebaut. Er benötigt viel Wasser und Wärme. Ungefähr die Hälfte der Erdbevölkerung ernährt sich von Reis. Der Reis hat keine Ähre.

A Erkläre mithilfe der Bilder, an welchen Merkmalen man die einzelnen Getreidearten unterscheiden kann.

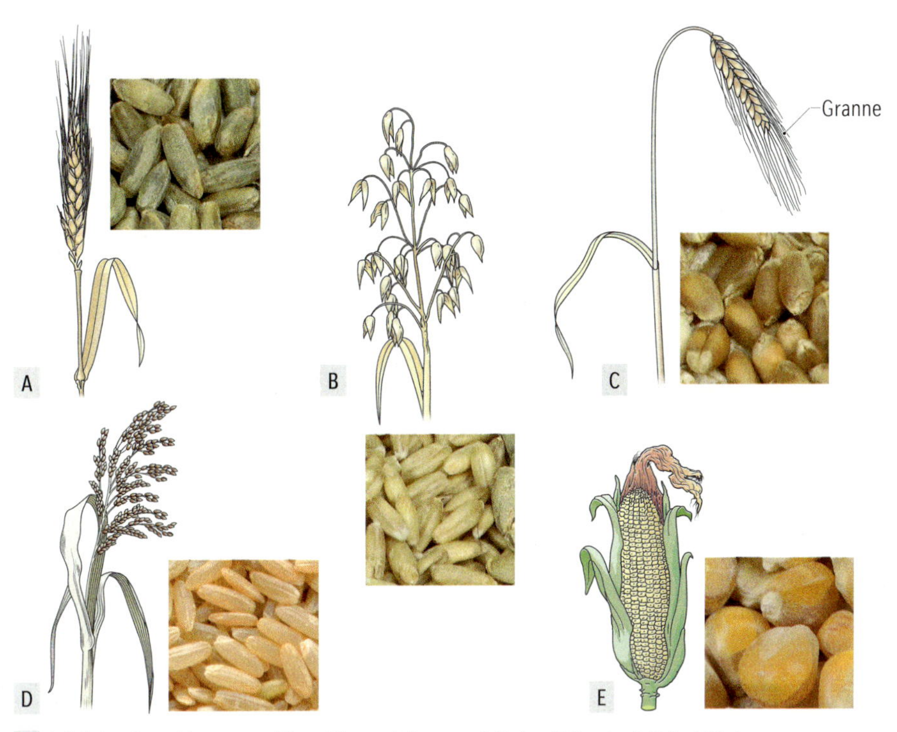

3 Wichtige Getreidearten und ihre Körner: **A** Roggen, **B** Hafer, **C** Gerste, **D** Reis, **E** Mais

Material mit Aufgaben

P1 Bau eines Weizenkorns

Material: Becherglas, Pinzette, Skalpell, Lupe, Weizenkörner (12 Stunden in Wasser gequollen)

Durchführung: Stelle von einem gequollenen Weizenkorn einen Längsschnitt her. Arbeite vorsichtig mit dem Skalpell. Betrachte die Schnittfläche mit der Lupe.

1. Fertige eine Zeichnung an und beschrifte sie.
2. Ergänze deine Zeichnung durch die in den Schichten jeweils enthaltenen Stoffe.

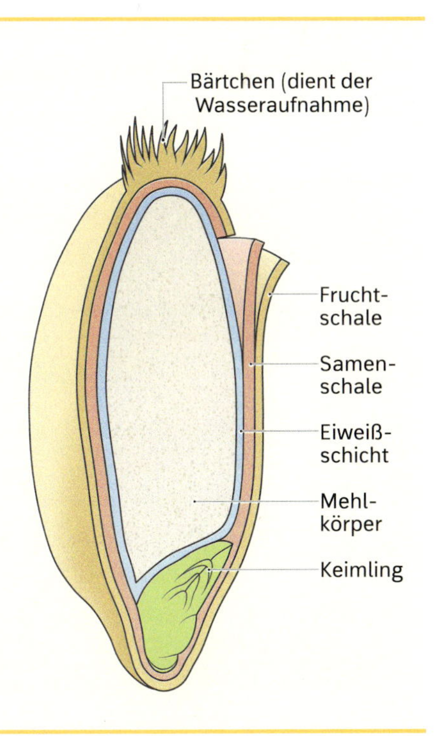

1 Marktstand mit Gemüse

Weitere Nutzpflanzen

Essbare Pflanzenteile

Pflanzen enthalten neben Vitaminen und Mineralstoffen auch wichtige Nährstoffe. Diese werden in verschiedenen Speicherorganen gespeichert, die der Mensch als Nahrung nutzt.

Samen, Früchte und Blüten

Besonders viele Nährstoffe werden in Samen und Früchten gespeichert. Pflaumen, Äpfel, Kirschen und Melonen sind Früchte. Von manchen Früchten werden die Samen gegessen, wie zum Beispiel von Erbsen, Bohnen oder Sonnenblumen. Beim Blumenkohl sind die verdickten Blütenstände der Pflanzen essbar. Kamillenblüten werden getrocknet und als Tee genutzt.

Blätter, Sprossachse und Wurzeln

Vom Spinat und Salat werden die Blätter gegessen. Blätter werden auch zum Würzen benutzt, beispielsweise die Blätter vom Basilikum. Vom Spargel wird die verdickte Sprossachse der Spargelpflanze gegessen. Auch Radieschen sind Teile der Sprossachse. Bei Möhre und Rettich werden die verdickten Wurzeln als Nahrung verwendet.

Kartoffeln sind keine Früchte

Kartoffeln sind ein wichtiges Nahrungsmittel. Sie enthalten viele Nährstoffe wie Stärke. Legt man eine Kartoffel in die Erde, entwickeln sich kleine, weiße Sprosse, die **Triebe**. Sie wachsen aus den Knospen, den „Augen", der Kartoffel. An den Trieben sind kleine Wurzeln. Einige Triebe durchbrechen die Erde und entwickeln sich zu einer grünen Pflanze. Die Triebe unter der Erde bleiben weiß. Sie bilden unterirdische Ausläufer. Ihre Enden verdicken sich zu Knollen, in denen Stärke speichert wird. Die Kartoffelknolle ist eine **Sprossknolle**. Nur die Sprossknollen der Kartoffelpflanze sind essbar. Die grünen Früchte sind giftig.

Vermehrung der Kartoffel

Vermehrt man Kartoffelpflanzen mithilfe der Kartoffelknollen, so sind keine Pollenkörner oder Eizellen beteiligt. Man spricht von einer **ungeschlechtlichen Vermehrung**. Bei ungeschlechtlicher Vermehrung gleichen die Nachkommen in ihren Eigenschaften der Mutterpflanze. In Saatzuchtbetrieben werden neue Kartoffelsorten aber auch durch geschlechtliche Fortpflanzung gezüchtet. So erhalten die Pflanzen Eigenschaften beider Elternpflanzen.

A Betrachte Bild 1 und nenne verschiedene Nutzpflanzen.

B Beschreibe den Unterschied zwischen ungeschlechtlicher Vermehrung und geschlechtlicher Fortpflanzung am Beispiel der Kartoffel.

C Bewerte die Aussage: „Die Spross-

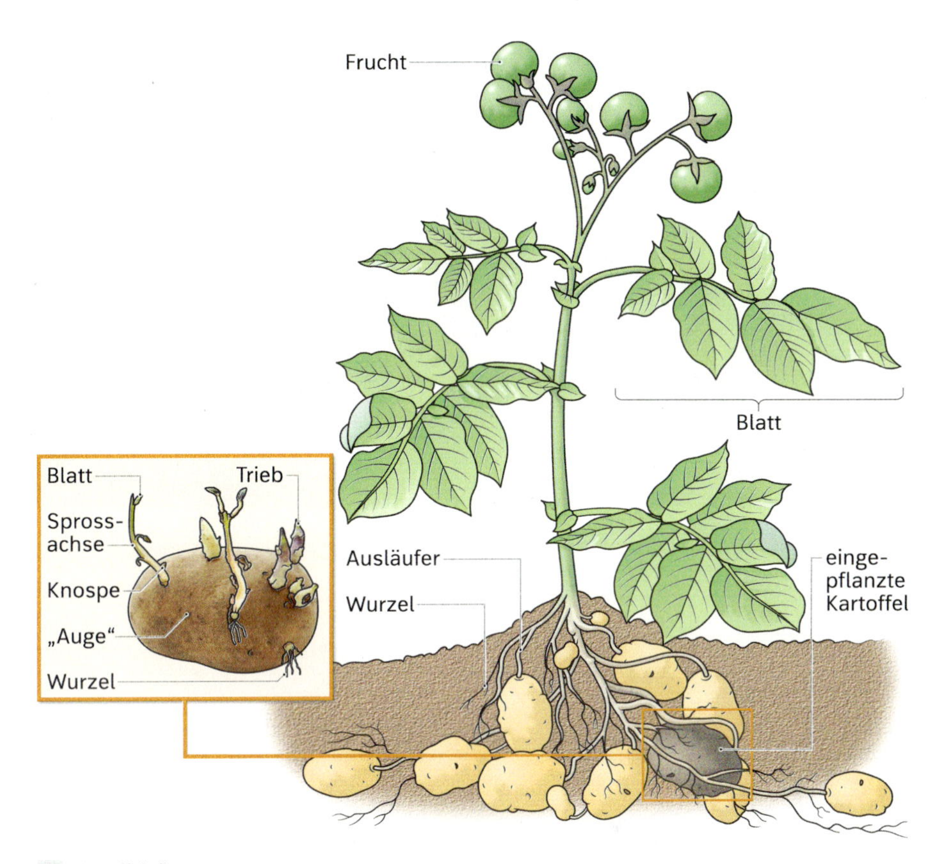

2 Kartoffelpflanze

Material mit Aufgaben

M1 Kohlsorten

Aus dem Wildkohl wurden verschiedene Kohlsorten gezüchtet, die alle zur gleichen Art gehören.

1. Benenne die Teile der jeweiligen Kohlsorte, die genutzt werden. Erstelle eine Tabelle.
2. Beschreibe welche Pflanzenteile bei folgenden Pflanzen genutzt werden: Möhre, Spinat, Tomate, Birne, Weizen.
3. Erläutere am Beispiel des Kohls den Begriff der Züchtung.

1 Wald mit Buchen und Kiefern im Herbst

Laub- und Nadelbäume

Die Rotbuche ist ein Laubbaum

Die Rotbuche kann bis zu 50 Meter hoch werden. Im Frühling entfaltet sie ihre breiten, dünnen Blätter. Diese Laubblätter haben eine große Oberfläche, mit denen die Buche in der warmen Jahreszeit viel Wasser verdunsten und viel Licht für die Fotosynthese einfangen kann. Ende April erscheinen die Blüten. Die Staubblätter und Samenanlagen sind nicht wie beim Kirschbaum in einer Blüte, sondern liegen in verschiedenen Blüten an einem Baum. Die Buche ist getrenntgeschlechtlich einhäusig. Nach der Bestäubung durch den Wind und der Befruchtung entwickeln sich aus den Blüten die Früchte, die **Bucheckern**. Im frühen Herbst fallen die Bucheckern zu Boden und keimen dann im nächsten Frühjahr.

2 Rotbuche: **A** Baum, **B** Zweig mit Blättern und Blüten, **C** Frucht

Im Herbst entzieht die Rotbuche den Blättern die zuvor aufgebauten Nährstoffe und speichert sie im Stamm. Die Laubblätter verfärben sich zunächst gelb. Sie sterben dann ab und fallen zu Boden. Im Winter gefriert das Wasser im Boden und die Wurzeln der Rotbuche können kein Wasser aufnehmen. Mit dem **Laubabwurf** schützen Laubbäume ihre empfindlichen Blätter vor Frostschäden und verringern ihren Wasserbedarf. Wenn das Wasser in den Blättern

3 Waldkiefer: **A** Baum, **B** Zweig mit Blättern und Blütenständen, **C** verholzte Zapfen

gefriert, würden sich Eiskristalle bilden und die Blätter zerstören. Wenn das Wasser in Stamm und Ästen gefriert, kann der Baum sogar absterben.

A Vergleiche Blätter und Blüten von Rotbuche und Waldkiefer.

B Erkläre, warum die Waldkiefer zu den immergrünen Pflanzen zählt.

Die Waldkiefer ist ein Nadelbaum

Die Waldkiefer kann bis zu 35 Meter hoch werden. Sie hat schmale, nadelförmige Blätter. Sie zählt, wie die Gewöhnliche Fichte und die Weißtanne, zu den Nadelbäumen. Die Nadeln haben im Vergleich zu den Blättern von Laubbäumen eine geringere Blattoberfläche. Die Oberfläche der Nadeln ist zusätzlich von einer dicken wasserundurchlässigen Wachsschicht überzogen. Die Nadeln verdunsten daher nur wenig Wasser und überstehen so Frost. Die immergrünen Nadelbäume behalten im Winter daher ihre Blätter. Die Waldkiefer kann ganzjährig Fotosynthese betreiben.
Die männlichen Blütenstände sind unten an den Äste. Die weiblichen, zapfenförmigen Blütenstände sind an den Spitzen der Äste. Die Waldkiefer ist getrenntgeschlechtlich einhäusig.

Material mit Aufgaben

M1 Aussehen eines Laubbaums

1. Benenne die jeweilige Jahreszeit in den Bildern A-D. Begründe.
2. Beschreibe die Veränderungen im Aussehen des Laubbaumes.
3. Erläutere, warum die Veränderungen im Laufe des Jahres für den Baum lebenswichtig sind.

Material mit Aufgaben

M2 Laubbäume bestimmen

1. Bestimme die abgebildeten Laubbäume A-C mithilfe des Bestimmungsschlüssels.

2. Beschreibe an einem Beispiel, anhand welcher Merkmale der Laubbaum bestimmt wurde.

3. Informiere dich zur Waldkiefer, Tanne, Fichte und Lärche. Erstelle einen Bestimmungsschlüssel.

Bedecktsamer und Nacktsamer

Expertenwissen

Bedecktsamer

Bei der Rotbuche ist die Samenanlage in der Blüte von einem Fruchtknoten umschlossen. Die Samenanlage der Rotbuche liegt also nicht frei, sondern sie ist von den Fruchtblättern bedeckt. Die Rotbuche zählt daher, wie alle Laubbäume, zu den **Bedecktsamern**. Die meisten Pflanzenarten auf der Welt sind Bedecktsamer. Sie bilden alle zu ihrer jeweiligen Blütezeit Blüten aus.

Nacktsamer

Im Frühjahr geben die Staubblätter der männlichen Blütenstände der Waldkiefer großen Mengen an Pollenkörnern in die Luft ab. Sie sind sehr leicht und können vom Wind weite Strecken transportiert werden. Die Pollenkörner gelangen zu den unscheinbaren, weiblichen Blütenständen der Waldkiefer. Die Blütenstände haben viele dünne Deckschuppen und die Samenschuppen. Auf den Samenschuppen liegen die Samenanlagen frei und können gut von den angewehten Pollenkörnern bestäubt werden. Da die Samenanlagen nicht von einem Fruchtknoten bedeckt sind, sondern freiliegen, zählt man die Waldkiefer zu den **Nacktsamern**. Nach der Bestäubung schließt sich der Blütenstand. Die Befruchtung und anschließende Bildung des Embryos findet auf der Innenseite der Samenschuppe statt. Zunächst ist der Blütenstand noch grün, später verholzt er zu einem Zapfen. Wenn es warm ist, öffnen sich die verholzten Zapfen und die geflügelten Samen werden vom Wind verbreitet. Die Waldkiefer bildet Samen, aber keine Früchte aus.

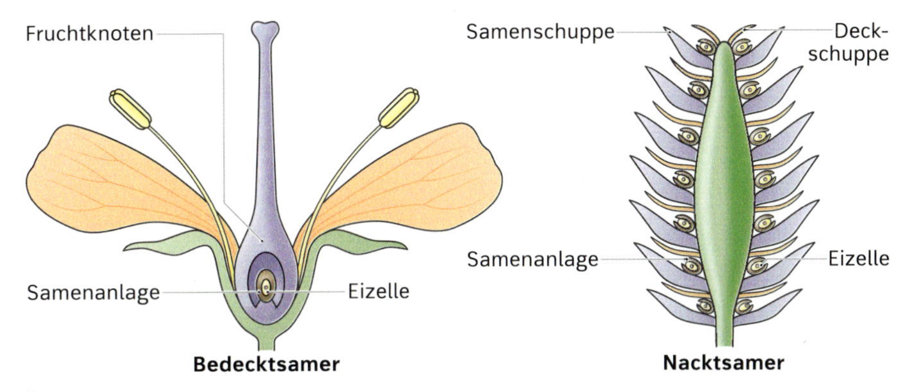

1 Bedecktsamer und Nacktsamer

Material mit Aufgaben

M1 Samenbildung der Waldkiefer

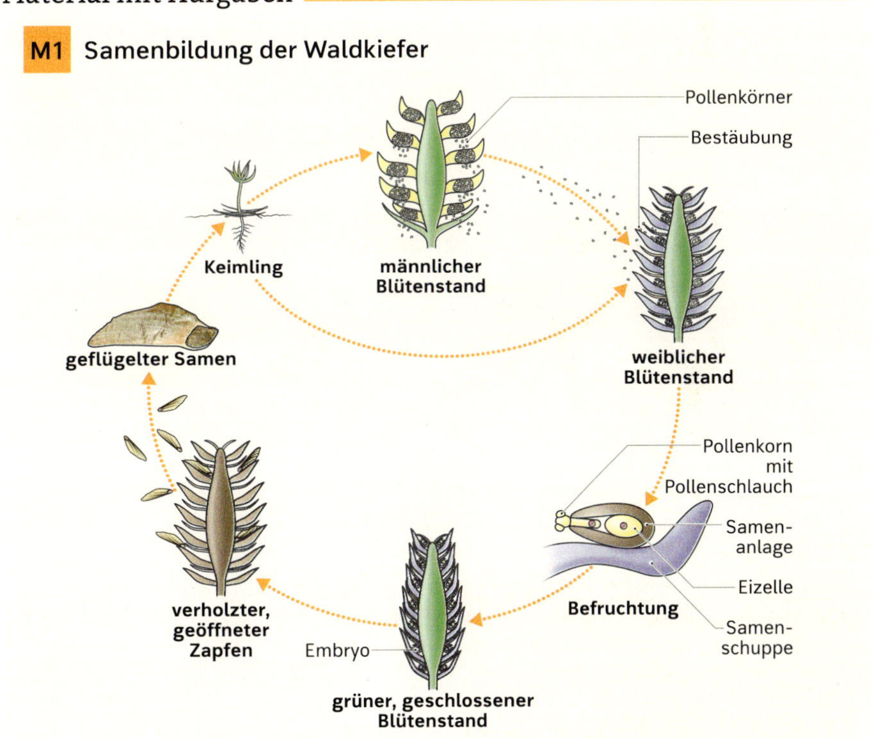

1. Beschreibe die Samenbildung der Waldkiefer.
2. Begründe, warum man die Waldkiefer als Nacktsamer und die Rotbuche als Bedecktsamer bezeichnet.
3. Die Pollenkörner und Samen der Waldkiefer werden durch den Wind verbreitet. Beschreibe die jeweiligen Angepasstheiten.
4. Erkläre, warum die Waldkiefer keine Früchte bilden kann, sondern lediglich Samen.

Zusammenfassung Pflanzen

Aufbau von Blütenpflanzen und Blüten

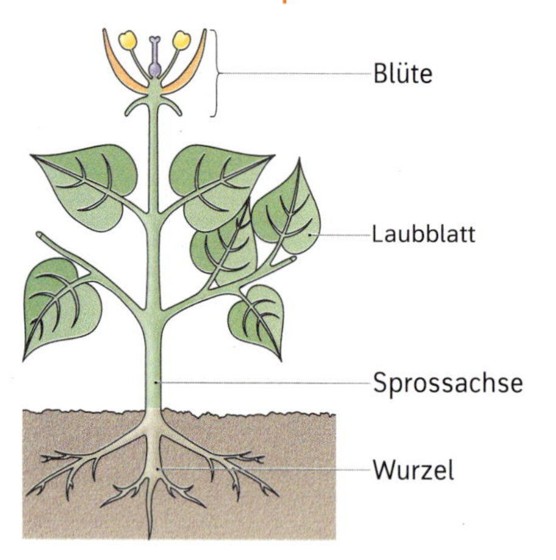

Blütenpflanzen haben Wurzeln und einen Spross aus der Sprossachse und den Blättern. Manche Blätter sind zu Blüten umgewandelt. Durch die gesamte Pflanze verlaufen Leitungsbahnen. Über die Wurzeln nimmt die Pflanze Wasser und darin gelöste Mineralstoffe auf und verteilt diese über Wasserleitungsbahnen in der Pflanze. Über Nährstoffleitungsbahnen verteilt die Pflanze die durch die Fotosynthese gebildeten Nährstoffe in der Pflanze.

Das weibliche Blütenorgan ist das Fruchtblatt. Es besteht aus der Narbe, dem Griffel und dem Fruchtknoten. In ihm befindet sich die Eizelle mit der Samenanlage. Die Staubblätter sind die männlichen Blütenorgane. Sie bestehen aus dem Staubfaden und dem Staubbeutel mit den Pollenkörnern. In jedem Pollenkorn liegt eine männliche Geschlechtszelle. Blüten mit weiblichen und männlichen Blütenorganen nennt man Zwitterblüten.

Bestäubung und Befruchtung

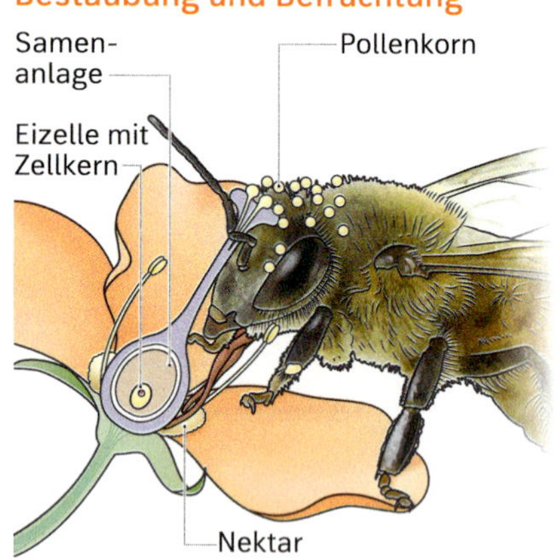

Die Übertragung von Pollen auf die Narbe heißt Bestäubung. Je nachdem, wie die Pollenkörner übertragen werden, unterschiedet man Insekten- und Windbestäubung.

Die Verschmelzung der männlichen Geschlechtszelle aus dem Pollenkorn mit der weiblichen Eizelle im Fruchtknoten nennt man Befruchtung. Nach der Befruchtung entwickelt sich aus dem Fruchtknoten die Frucht.

Verbreitung und Vermehrung

Früchte und Samen können durch den Wind, Tiere und Wasser verbreitet werden. Flugfrüchte findet man etwa beim Löwenzahn. Lockfrüchte und die darin enthaltenen Samen wie die Vogelbeere werden durch Tiere verbreitet. So besiedeln Pflanzen neue Lebensräume. Manche Pflanzen vermehren sich auch ungeschlechtlich ohne Bildung von Samen. Die Kartoffel vermehrt sich mithilfe von Sprossknollen.

Pflanzenfamilien

Pflanzen kann man vor allem an ihren Blüten unterscheiden. Wichtig sind dabei Anzahl, Form und Farbe der Blütenblätter. Weitere Merkmale können die Position der Blüten an der Pflanze, die Form der Blätter und die Früchte sein. Pflanzen mit ähnlichen Merkmalen gehören zu einer Pflanzenfamilie. Sie sind eng miteinander verwandt.

Zu den bekanntesten heimischen Pflanzenfamilien gehören Schmetterlingsblütengewächse, Kreuzblütengewächse, Lippenblütengewächse und Rosengewächse.

1 Aufbau einer Pflanze und Blüte

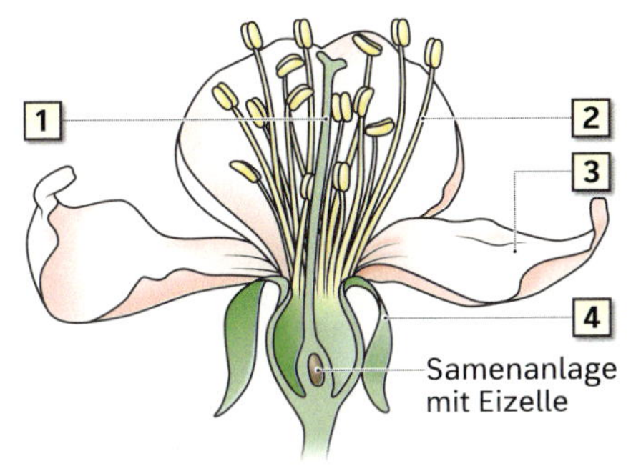

A Nenne die Bestandteile einer Blütenpflanze und ordne ihnen ihre Aufgabe zu.

B Benenne die mit Ziffern gekennzeichneten Bestandteile der Blüte.

C Beschreibe die Aufgaben der einzelnen Blütenbestandteile. Erstelle dazu eine Tabelle.

2 Von der Bestäubung zur Frucht

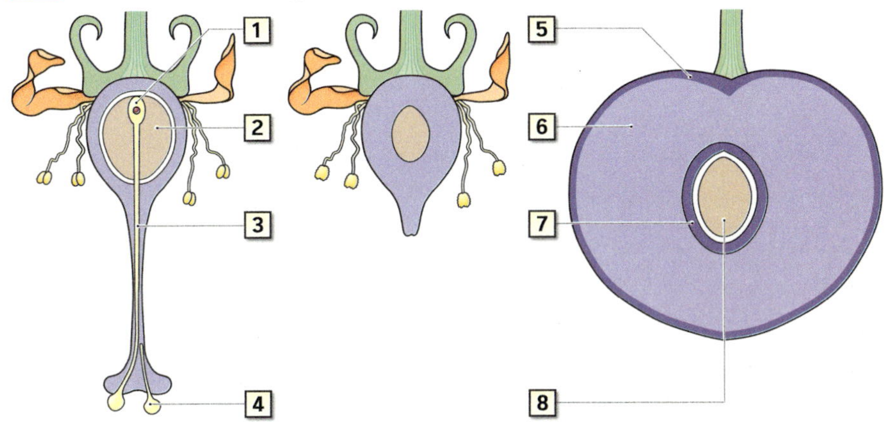

A Beschreibe den Vorgang der Bestäubung der Kirsche.

B Erkläre, was bei der Kirschblüte zwischen der Bestäubung und der Befruchtung geschieht.

C Benenne die mit Ziffern gekennzeichneten Bestandteile.

D Beschreibe, wie sich aus der Kirschblüte nach der Befruchtung die Kirsche entwickelt.

3 Keimung und Wachstum

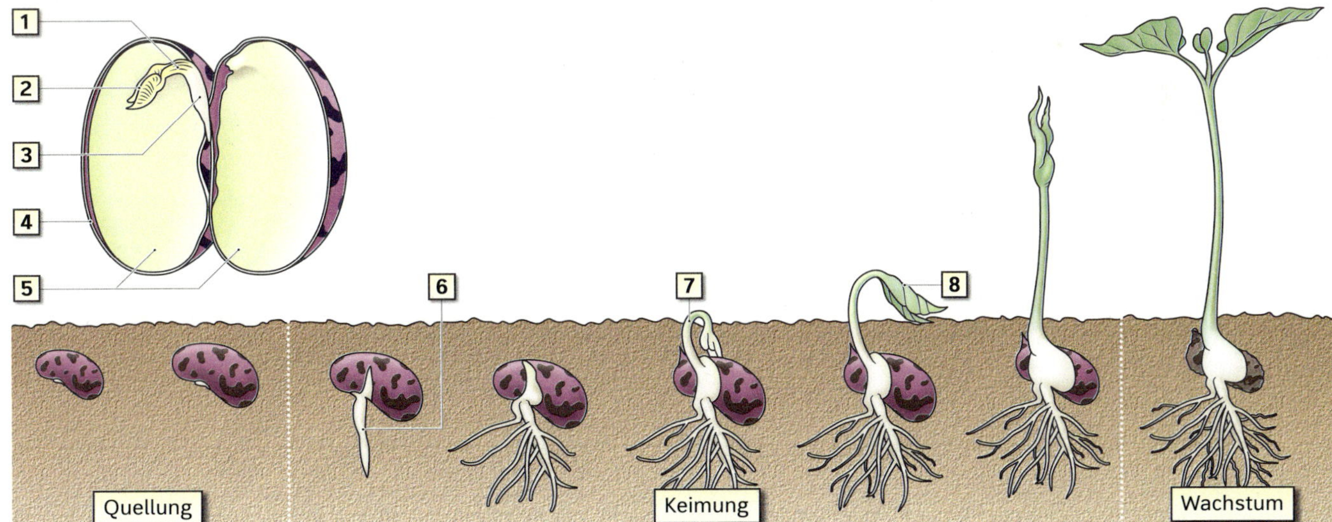

A Benenne die mit Ziffern gekennzeichneten Bestandteile.

B Beschreibe, was mit dem Samen bei der Quellung passiert.

C Beschreibe den Vorgang der Keimung der Feuerbohne.

D Erläutere die Bedeutung des Lichts für das Pflanzenwachstum.

E Beschreibe einen Versuch, mit dem du herausfinden kannst, unter welchen Voraussetzungen Samen keimen.

Ökologie

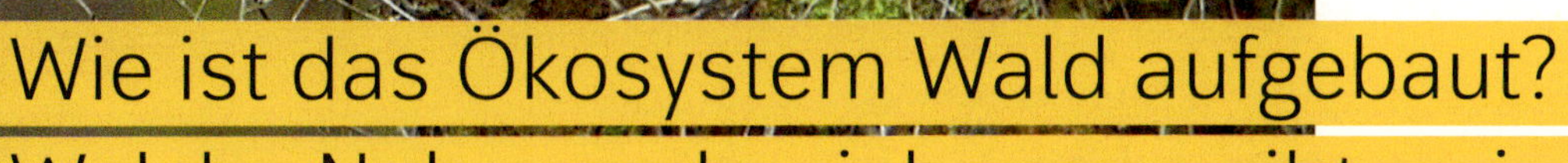

Wie ist das Ökosystem Wald aufgebaut?
Welche Nahrungsbeziehungen gibt es im Wald?
Wie beeinflusst Sonnenlicht das Ökosystem?

In einem Wald leben viele verschiedene Lebewesen. Riesige Bäume wachsen in die Höhe. Darunter wächst eine Vielzahl von weiteren Pflanzenarten. Im Wald gibt es auch viele unterschiedliche Tiere. Am Boden leben Rehe und Dachse, weiter oben fliegen Vögel wie Spechte und Eulen. Auch der Waldboden bietet einer Vielzahl von Lebewesen einen Lebensraum.

1 Luftbildaufnahme

Lebensräume

Die Umgebung ist vielfältig

Auf einer Luftbildaufnahme kann man entdecken, dass unsere Umgebung sehr vielfältig ist. Man erkennt nicht nur Straßen und Wohnhäuser, sondern auch Wiesen, Äcker, Wälder und vielleicht auch einen Teich. In vielen Gebieten gibt es auch einen Bach oder einen Fluss.

Merkmale eines Lebensraums

Wenn Pflanzen und Tiere in einem Gebiet dauerhaft vorkommen, spricht man von einem **Lebensraum**. Neben Wäldern, Wiesen und Flüssen, sind auch Mauern und Hecken Lebensräume. Lebensräume unterscheiden sich in den dort vorherrschenden Umweltbedingungen. Für Pflanzen sind Licht, Wasser und die Zusammensetzung des Bodens wichtig. Aber auch Tiere sind vom Wasserangebot, der Temperatur oder den Lichtverhältnissen abhängig. Alle diese Umweltbedingungen bezeichnet man als **abiotische Faktoren**.

Lebensraum Gewässer

Es gibt verschiedene Gewässertypen. Ein See oder ein Teich zählen zu den **stehenden Gewässern**.
Flüsse sind **Fließgewässer**. Aus einer Quelle gelangt Wasser an die Erdoberfläche. Ein kleiner Fluss heißt Bach, einen großen Fluss nennt man auch Strom. Ein Fluss endet an seiner Mündung, wo er ins Meer, einen See oder einen anderen Fluss fließt.
Je schneller das Wasser fließt, desto kälter und sauerstoffreicher ist es. In einem Fluss leben viele verschiedene Fische, Kleinstlebewesen und Wasserpflanzen.

Lebensraum Wald

Stehen viele hohe Bäume dicht zusammen, spricht man von einem **Wald**. Die Bäume bilden ein dichtes Blätterdach und lassen kaum Licht auf den Waldboden. In einem Wald ist es daher auch bei hohen Temperaturen kühl. In naturnahen Wäldern ist der Boden nur wenig bewachsen und meist feucht. Der Wald ist ein Lebensraum für verschiedene Tiere. Viele Vogelarten, wie der Buntspecht oder die Waldohreule, bauen in den Bäumen ihre Nester und suchen dort nach Nahrung. Auch größere Säugetiere, wie Rehe und Füchse, leben in den Wäldern.

Lebensraum Wiese

Auf einer Wiese leben viele verschiedene Pflanzen und Tiere. Die Pflanzen stehen das ganze Jahr im vollen Sonnenlicht. Das schützende Blätterdach von Bäumen fehlt auf einer Wiese. Der starke Pflanzenbewuchs verhindert jedoch, dass der Boden austrocknet. Daher können auch Schnecken und Regenwürmer dort leben. Diese Tiere sind auf eine feuchte Umgebung angewiesen. Zwischen den Pflanzen spannen Spinnen ihre Netze. Im Boden gräbt der Maulwurf seine Gänge. Seine ausgeworfenen Maulwurfshügel kann man auf vielen Wiesen entdecken. Zu jeder Jahreszeit verändert die Wiese ihr Aussehen, weil die verschiedenen Pflanzen zu unterschiedlichen Jahreszeiten blühen. Viele Insekten finden zur Blütezeit ihre Nahrung. Eine Wiese wird 2-3 Mal im Jahr gemäht. Landwirte benutzen die gemähten Kräuter und Gräser als wertvolles Viehfutter. ▶

A

B

C

D

2 Lebensräume: **A** stehendes Gewässer, **B** Wald, **C** Wiese, **D** Fließgewässer

Material mit Aufgaben

M1 Temperatur im Wald und auf der Wiese

Uhrzeit	7:00	9:00	11:00	13:00	15:00	17:00	19:00	21:00
Temperatur Wald in °C	6	8	13	17	20	17	15	11
Temperatur Wiese in °C	4	6	20	28	32	29	20	12

Am selben Tag wurde die Temperatur an der Bodenoberfläche im Wald und auf einer Wiese gemessen.

1. Vergleiche den Temperaturverlauf der beiden untersuchten Lebensräume im Verlauf des Tages.
2. Erkläre die Unterschiede der Temperaturen. +
3. Erstelle aus den Werten der Tabelle für den Wald und die Wiese ein Liniendiagramm.

3 Lebensräume: **A** Rasen, **B** Pflasterritze

Material mit Aufgaben

M2 Veränderung von Lebensräumen

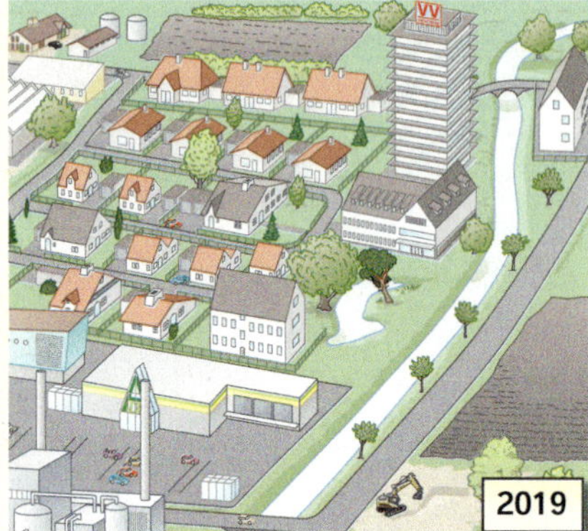

1. Nenne die Lebensräume im Jahr 1950 und 2019.
2. Beschreibe die Veränderung der Landschaft.
3. Erläutere mögliche Auswirkungen für die in den verschiedenen Lebensräumen vorkommenden Lebewesen.

M3 Wiese und Rasen

1. Vergleiche Wiese und Rasen miteinander.
2. In vielen Städten werden großflächig Rasenflächen angelegt. Bewerte dieses Vorgehen.

Lebensraum Rasen

Im Garten werden oft Grasflächen angelegt. Auf diesem Rasen wachsen nur wenige Pflanzen. Neben Gräsern findet man auch Gänseblümchen. Im Gegensatz zur Wiese wird der Rasen sehr häufig gemäht. Die Pflanzen haben kaum Zeit zu wachsen und Blüten oder Samen zu bilden. Auf einem Rasen leben nur wenige Tier- und Pflanzenarten.

Lebensraum Pflasterritze

Viele Gehwege und Schulhöfe sind gepflastert. Zwischen den Pflastersteinen ist sehr wenig Platz. In diesen Pflasterritzen haben Pflanzen nur wenig Raum zum Wachsen. Bei starkem Regen überfluten die Pflasterritzen sehr schnell. Bei sonnigem Wetter trocknen sie schnell aus. Die Pflanzen, die dort wachsen, sind meist sehr klein. Sie sind fest und biegsam und unempfindlichen gegenüber Verletzungen durch Tritte.

Lebensraum Hecke

Zwischen Feldern, Äckern und Wegen wachsen oft Hecken. Hecken werden oft auch als Begrenzung zwischen Grundstücken angelegt. Sie dienen als Sichtschutz und schützen vor Lärm und Wind. Landwirte legen auch zwischen ihren Äckern Hecken an. Sie verhindern, dass

4 Lebensraum Hecke

der Wind Boden und Saat wegweht.
In naturnahen Hecken wachsen verschiedene Straucharten und Baumarten nebeneinander. In der Mitte stehen Bäume wie der Feldahorn und die Hainbuche. Darunter wachsen schattenliebende Sträucher wie Hasel, Holunder oder Weißdorn. Sie bilden ein für uns undurchdringbares Dickicht.
Am Rand der Hecke und unter den Sträuchern und Bäumen wachsen viele verschiedene Kräuter, die auf den landwirtschaftlichen Äckern nicht wachsen können. An der kühleren Schattenseite der Hecke wachsen typische Waldkräuter, auf der eher sonnigen Seite Gräser und Kräuter. Sie vertragen die Trockenheit besser.
Viele verschiedene Tiere halten sich in den Hecken auf. Bienen und Schmetterlinge suchen an den Blüten der Pflanzen nach Nahrung. Viele Vögel ernähren sich dort von den Früchten oder fangen Insekten. Die Hecke ist ein artenreicher Lebensraum.

A Beschreibe was abiotische Faktoren sind.

B Nenne verschiedene Formen vom Lebensraum Gewässer.

C Erkläre, warum die Hecke ein artenreicher Lebensraum ist.

Material mit Aufgaben

M4 Die Hecke

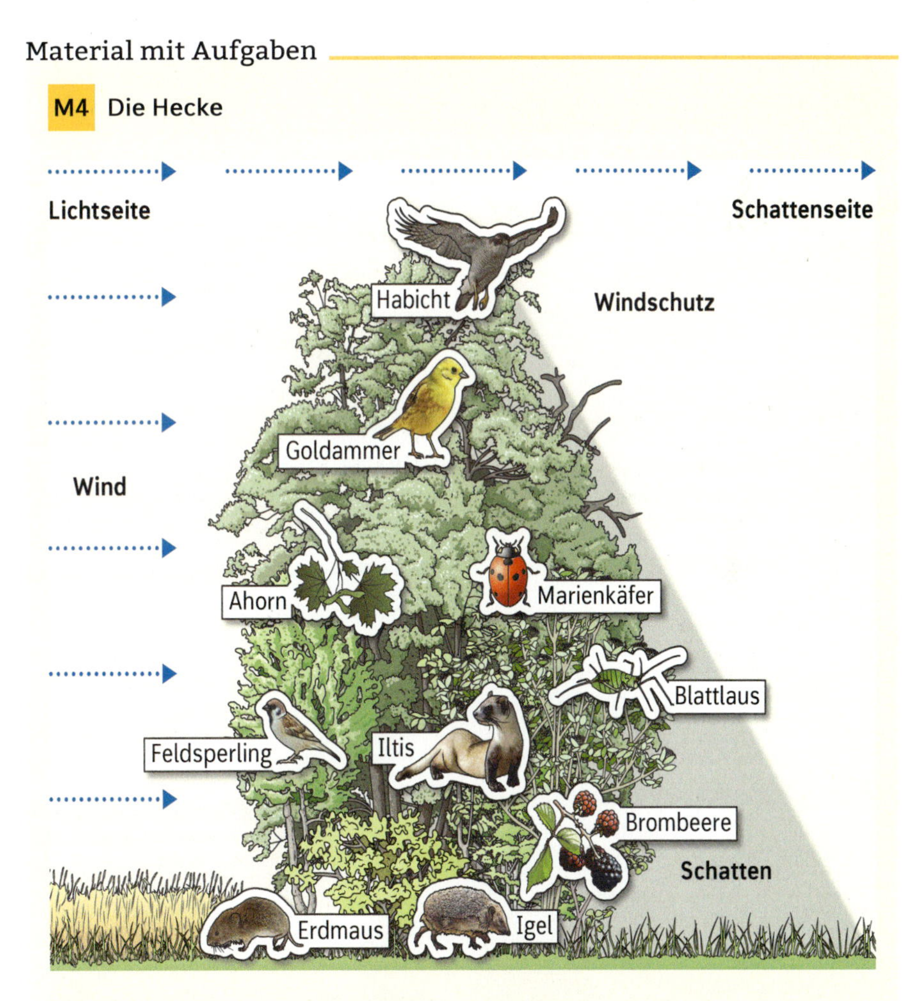

1. Nenne die abiotischen Faktoren, die auf dem Bild dargestellt werden.
2. Beschreibe die Bedeutung der Hecke mithilfe des Bildes.
3. Erkläre die Bedeutung der Hecke für die Landwirtschaft.
4. Erkläre, warum viele verschiedene Tiere und Pflanzen in diesem Lebensraum vorkommen.

1 Verschiedene Lebensräume

Ökosysteme

Lebensräume unterscheiden sich

Wiesen, Wälder, Seen, Gebirge, Felder, aber auch Städte sind verschiedene Lebensräume oder **Biotope** mit unterschiedlichen Lebensbedingungen. Diese werden durch Umwelteinflüsse wie Temperatur, Bodeneigenschaften, Niederschlag, Licht und Wind beeinflusst. Solche Einflüsse der unbelebten Umwelt heißen **abiotische Umweltfaktoren**.

Lebensgemeinschaft

In jedem Biotop sind die dort lebenden Pflanzen und Tiere an die vorhandenen abiotischen Umweltfaktoren des Lebensraumes angepasst. Zwischen den einzelnen Lebewesen bestehen ganz verschiedene Beziehungen: Tiere ernähren sich entweder von Pflanzen oder auch von anderen Tieren. Insekten bestäuben Pflanzen und sorgen so für deren Fortpflanzung. Manche Arten ernähren sich auf sehr ähnliche Weise und sind so Rivalen. Manche Vogelarten bauen an ganz ähnlichen Standorten ihre Nester. Sie sind Konkurrenten.

Alle Lebewesen eines Biotops bilden zusammen eine Lebensgemeinschaft oder **Biozönose**. Die Mitglieder einer Biozönose beeinflussen sich aber auch gegenseitig. Sie stellen also füreinander Umweltfaktoren dar. Weil es sich dabei um Faktoren aus der belebten Umwelt handelt, bezeichnet man diese als **biotische Umweltfaktoren**.

Abiotische Umweltfaktoren
Licht
Temperatur
Wind
Niederschlag
Luftfeuchtigkeit
Gelände

Eichhörnchen

Biotische Umweltfaktoren
Nahrungsangebot
Fressfeinde
Konkurrenten
Vegetation

2 Biotische und abiotische Umweltfaktoren

3 Ökosystem

Ökosystem

Biotop und Biozönose bilden zusammen ein **Ökosystem**. Ökosysteme unterscheiden sich durch ihre Größe und die Vielfalt der Tier- und Pflanzenwelt. Ackerflächen oder Hecken sind in der Regel kleine und artenarme Ökosysteme. Der Tropische Regenwald ist dagegen ein großes und artenreiches Ökosystem. Zu Landökosystemen gehören unter anderem Wälder, Wiesen, Felder, Gebirge und Wüsten. Bäche, Flüsse, Teiche, Seen und Meere dagegen sind Wasserökosysteme. Alle Ökosysteme bilden die **Biosphäre** der Erde.

Ökologische Nischen

Tiere und Pflanzen leben in einem Ökosystem oft auf engem Raum zusammen. So kommen in einem Wald beispielsweise viele verschiedene Vogelarten vor. Dies ist möglich, weil die Tiere auf unterschiedliche Weise verschiedene Nahrung erwerben und beispielsweise auch verschiedene Brutplätze bevorzugen. Man sagt, sie nutzen unterschiedliche **ökologische Nischen**.

A Nenne jeweils drei biotische und drei abiotische Faktoren eines Ökosystems.

B Erkläre die Begriffe Biotop, Biozönose und Ökosystem.

Material mit Aufgaben

M1 Ökosysteme

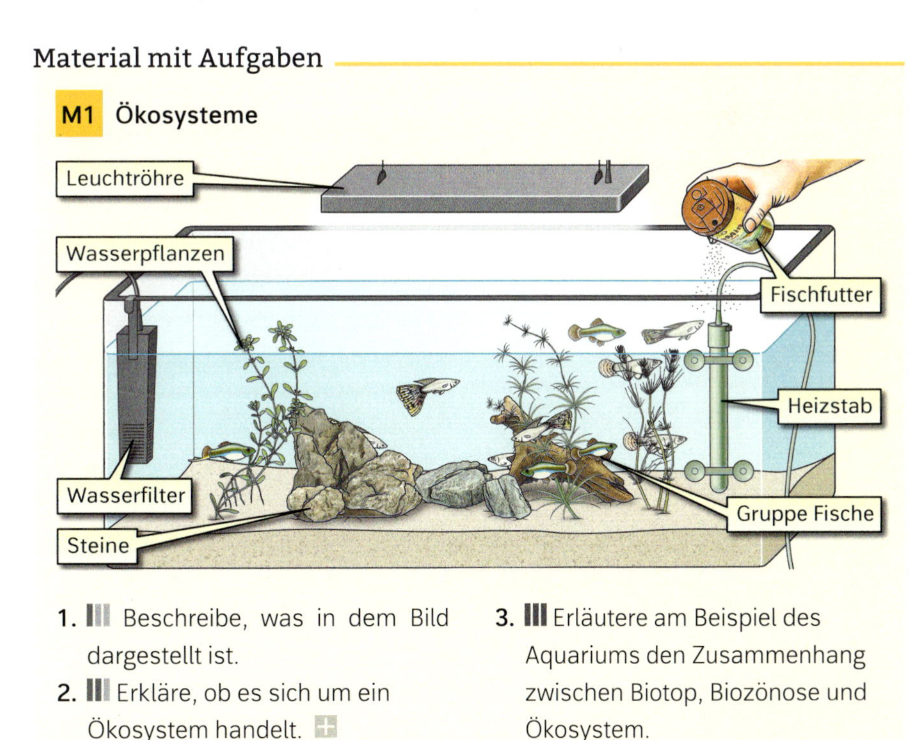

1. Beschreibe, was in dem Bild dargestellt ist.
2. Erkläre, ob es sich um ein Ökosystem handelt.
3. Erläutere am Beispiel des Aquariums den Zusammenhang zwischen Biotop, Biozönose und Ökosystem.

1 Laubmischwald

Ökosystem Wald

Der Wald

Wälder sind in mehrere Schichten oder **Stockwerke** untergliedert. In jedem Stockwerk sind die **Umweltfaktoren** verschieden ausgeprägt. Deshalb leben unterschiedliche Tiere und Pflanzen in den unterschiedlichen Stockwerken.

Die Baumschicht

Zu den bis zu 40 Meter hohen Bäumen eines Mischwaldes gehören neben Nadelbäumen wie Kiefer und Fichte auch Laubbäume wie Stieleiche und Rotbuche. Ihre Laub- oder Nadelblätter bilden das Kronendach der **Baumschicht** des Waldes. Das dichte Kronendach lässt nur wenig Sonnenlicht in die darunterliegenden Stockwerke. Zudem fängt das Kronendach Niederschläge wie Regen auf, sodass Wasser nur langsam zum Boden kommt. In der Baumschicht leben neben Insekten auch Spechte, Fledermäuse und Eichhörnchen.

Die Strauchschicht

Bis zu einer Höhe von fünf Metern wachsen Sträucher wie Hasel und Holunder. Aber auch junge Bäume und Kletterpflanzen wie Efeu und Waldrebe sind in der **Strauchschicht** zu finden. Sie bilden eine dichte Schicht, die nur wenig Wind zwischen den Stämmen der Bäume hindurchlässt. Neben Insekten leben und nisten hier Vögel wie die Amsel.

Die Krautschicht

Unter der Strauchschicht wachsen die Pflanzen der **Krautschicht**. Sie werden selten höher als einen Meter. Im Frühjahr findet man hier viele Frühblüher wie das Buschwindröschen. Im Sommer blühen hier nur Pflanzen, die mit wenig Licht zurechtkommen. Auch Gräser und Farne gehören zur Krautschicht. Hier leben Insekten, Spinnen aber auch Waldeidechsen und Vögel wie das Rotkehlchen, die am Boden brüten.

Die Moosschicht

An schattigen Stellen im Wald breiten sich Moose aus. In dieser **Moosschicht** wachsen neben Moosen auch die Fruchtkörper von Pilzen. Moose speichern Wasser und geben es langsam an den Boden ab. Die Moosschicht speichert Wasser und ist für den Wasserhaushalt des Waldes wichtig. Bis in die Moosschicht kommt wenig Sonnenlicht. Insekten, Schnecken und Spinnen finden hier Verstecke und Nahrung.

Wurzelschicht

Die Wurzeln der Pflanzen des Waldes reichen bis in den Waldboden. Sie durchziehen zusammen mit einem Pilzgeflecht den Boden. Über die Wurzeln nehmen die Pflanzen Wasser und Mineralstoffe auf. In dieser **Wurzelschicht** leben Regenwürmer und Kleinstlebewesen wie Tausendfüßer und Milben. Bakterien und Pilze zersetzen heruntergefallene Blätter und geben Mineralstoffe an den Boden ab.

Forst

In einem **Forst** werden auf einer Fläche Bäume einer Art gleichzeitig gepflanzt. Man bezeichnet ihn deshalb auch als **Monokultur**. Meist werden schnellwachsende Nadelbaumarten zur Holzproduktion gepflanzt. Fichten bilden ein dichtes Kronendach. Es lässt kaum Licht in die darunterliegenden Stockwerke. Im Fichtenforst ist es sehr dunkel. Heruntergefallene Nadeln werden nur sehr langsam zersetzt und sammeln sich deshalb an. Auf diesem Boden können kaum Pflanzen leben. Nur an wenigen lichten Stellen leben Kräuter und Moose.

2 Stockwerke des Waldes

A Beschreibe den Aufbau eines Mischwaldes.

B Begründe, warum heute statt Monokulturen Mischwälder gepflanzt werden.

Material mit Aufgaben

M1 Mischwald und Forst

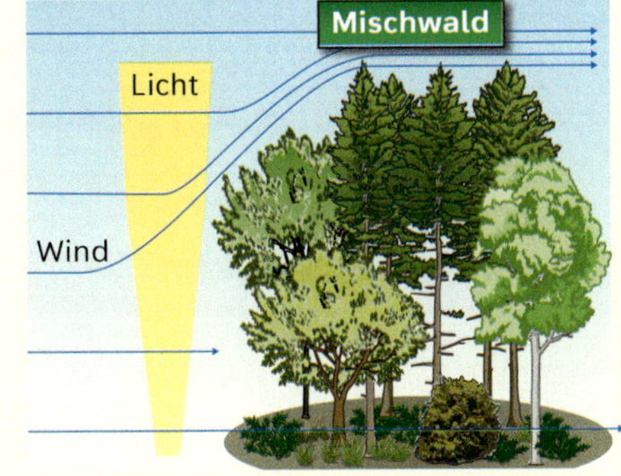

1. Beschreibe den Stockwerkaufbau im Mischwald und im Forst.
2. Vergleiche den Lichteinfall von Mischwald und Forst.
3. Erkläre, warum es im Forst mehr Wind gibt.
4. Erkläre, warum es in einem Forst keine Krautschicht und Strauchschicht gibt.
5. Begründe, warum in einem Mischwald mehr Tierarten leben als in einer Monokultur.

Einen Wald untersuchen

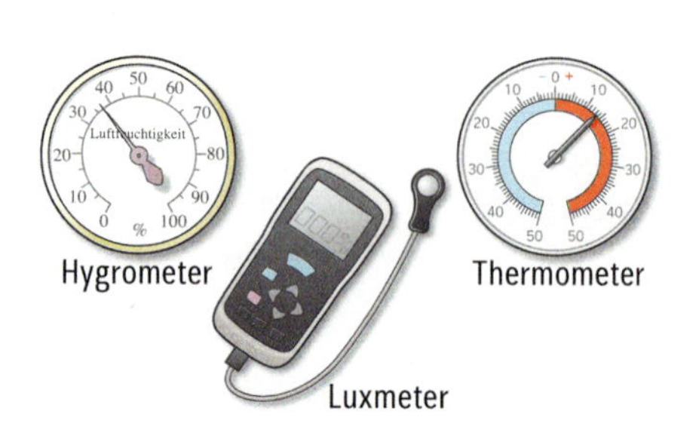

1 Hilfsmittel zur Messung abiotischer Faktoren

2 Messungen im Wald

Walduntersuchung

Um das Ökosystem Wald näher zu beschreiben, untersucht man den Lebensraum und die Lebensgemeinschaft des Waldes.

Den Lebensraum, das Biotop, kann man beispielsweise durch Bodenuntersuchungen und durch die Messung abiotischer **Umweltfaktoren** bestimmen.

Untersuchungen des Biotops

Eine Wiese, ein Laubwald oder ein Nadelwald unterscheiden sich durch die unterschiedliche Ausprägung der abiotischen Umweltfaktoren. Dies kann nicht nur mit den Sinnen erfahren werden, sondern auch mit **Messgeräten** genau bestimmt werden. Lass dich von deiner Lehrkraft im sicheren Umgang mit diesen Messgeräten einweisen.

Oft werden Lichtmessungen mit einem **Luxmeter** durchgeführt. Das Luxmeter misst die Beleuchtungsstärke in der Einheit Lux, abgekürzt lx, an einem Ort.

In einem Laubwald ist es an einem heißen Sommertag oft spürbar kühler als auf einer sonnenbeschienenen Wiese. Mithilfe eines **Thermometers** kann die Temperatur in Grad Celsius, kurz °C, bestimmt werden.

Die relative Luftfeuchtigkeit in einem Wald kann mithilfe eines **Hygrometers** bestimmt werden. Die relative Luftfeuchtigkeit wird in Prozent angegeben. Bei 100% relativer Luftfeuchtigkeit ist die Luft vollständig mit Wasserdampf gesättigt. Enthält die Luft nur 50% der Wasserdampfmenge, die maximal bei der vorherrschenden Temperatur enthalten sein könnte, spricht man von 50% relativer Luftfeuchtigkeit.

Material mit Aufgaben

P1 Abiotische Umweltfaktoren messen

Protokoll der Waldexkursion nach Klingberg:

Datum: Uhrzeit:		Wiese	Waldrand	im Wald
Temperatur	am Boden	? °C	? °C	? °C
	in 1,5m Höhe	? °C	? °C	? °C
Relative Luftfeuchtigkeit:		? %	? %	? %
Lichtstärke:		? lx	? lx	? lx

1. Erstellt einen Protokollbogen für eure Messwerte.
2. Beschreibt die Unterschiede der abiotischen Umweltfaktoren.
3. Plant eine ähnliche Untersuchung in einem Nadelwald. Vergleicht die Messungen mit den Messungen des Laubwalds.

Material: Schreibunterlage, Papier, Bleistift, Luxmeter, Hygrometer, Thermometer, Smartphone

Durchführung: Arbeitet in einer Gruppe mit etwa 4-6 Personen zusammen. Sucht euch zur Messung der abiotischen Umweltfaktoren einen geeigneten Laubwald oder Mischwald in eurer Nähe aus. Legt zunächst drei Messpunkte im und am Wald fest. Einer der Messpunkte sollte außerhalb des Waldes sein, einer am Waldrand und einer im Waldinneren. Ihr könnt die Lage eurer Messpunkte auch fotografieren.
Legt zuvor einen Protokollbogen wie in der Vorlage an. Führt nun Messungen der abiotischen Umweltfaktoren mit den verschiedenen Messgeräten durch. Beachtet, dass ihr die Messungen in einer Höhe von etwa 1,50 Meter durchführt. Die Temperatur kann zusätzlich auch in Bodennähe gemessen werden.
Erstellt einen Protokollbogen für eure Messungen.

Untersuchungen der Biozönose

Damit die Lebensgemeinschaft, die Biozönose, genauer beschrieben werden kann, müssen die im Lebensraum vorkommenden Arten bestimmt werden. Dazu werden Pflanzen, Tiere und Pilze bestimmt. Es eignen sich dazu Bestimmungsbücher, Bestimmungsschlüssel oder auch Bestimmungsapps.

Spuren von Tieren

Viele Tierarten des Waldes sind scheu und lassen sich nicht leicht im Wald entdecken. Man findet jedoch Spuren von Tieren, die auf deren Anwesenheit hindeuten. Dazu zählen Fraßspuren, Trittspuren oder auch verlorene Federn. Auch der Kot von Tieren dient als Nachweis für die Anwesenheit einer Tierart.

Material mit Aufgaben

P2 Einfache Bestandsaufnahme im Wald

Material: Schnur, Stöcke (Zeltheringe), Maßband, Bestimmungshilfen (Bücher oder Apps)

Hinweis: Lange Hosen und lange Armbedeckung tragen!

Durchführung: Sucht euch eine geeignete Stelle im Wald, bei der auch eine Moos-, Kraut- und Strauchschicht vorhanden ist. Steckt nun mit Stöcken und einer Schnur eine quadratische Waldfläche von 4x4 Metern ab. Bestimmt die verschiedenen Pflanzen und Tiere in diesem Quadrat mithilfe von Bestimmungsbüchern oder Bestimmungsapps. Dokumentiert mithilfe einer Tabelle, wie viele verschiedenen Arten ihr in den einzelnen Stockwerken des Waldes gefunden habt.

Schicht	Pflanzen	Tiere
Moosschicht	5	7
Krautschicht	?	?
Strauchschicht	?	?

1. Fertigt eine Bestandsaufnahme einer Waldfläche an.
2. Fertigt eine Bestandsaufnahme an einer anderen Stelle im Wald oder in einem anderen Waldtyp an. Vergleicht eure Beobachtungen.

P3 Spurensuche

1. Sucht im Wald nach verschiedenen Spuren, die Tiere im Wald hinterlassen haben.
2. Versucht gemeinsam herauszubekommen, wer diese Spuren im Wald hinterlassen haben könnte. Bewahrt eure Spuren in Gläsern auf, zeichnet sie oder fotografiert sie ab. Wenn ihre Spuren einsammelt, sollten Einmalhandschuhe getragen werden.

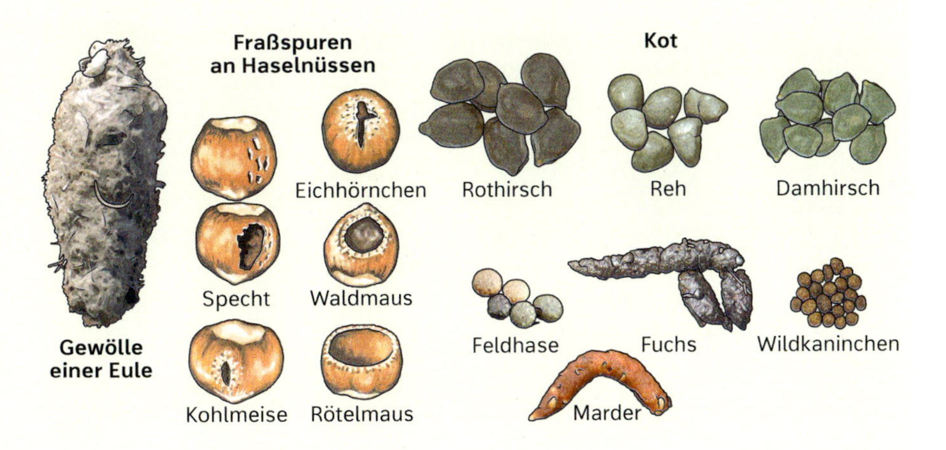

1 Eine Wiese im Frühjahr

Ökosystem Wiese

Wiesen

Wiesen sind von Menschen geschaffene Ökosysteme. Werden Wiesen nicht gemäht, siedeln sich Büsche und Bäume an, die krautige Pflanzen überwachsen und ihnen so das Licht nehmen.

Stockwerke einer Wiese

Wie auch der Wald lassen sich bei einer Wiese Stockwerke erkennen. In der obersten Schicht sind die Blüten der hochwachsenden Kräuter und Gräser zu finden. Viele Insekten wie Hummeln, Bienen und Schmetterlinge kommen in diese **Blütenschicht**, um sich von Pollen und Nektar der Pflanzen zu ernähren. Es kommt viel Licht in die darunterliegende **Stängel- und Blattschicht**. Je nach vorkommenden Pflanzen kann diese Schicht locker oder dicht bewachsen sein. An Stängeln von Pflanzen saugen Blattläuse Pflanzensaft, dazwischen bauen Spinnen ihre Netze. Raupen ernähren sich von Blättern. Abgestorbene Pflanzenteile fallen zu Boden und bilden dort die **Streuschicht**. Hier haben neben kleineren Pflanzen die größeren Pflanzen der Wiese wie Löwenzahn oft auch viele Blätter. Hier ist es sehr feucht. Wind dringt kaum bis zum Boden vor. In der **Bodenschicht** sind die Pflanzen mit ihren Wurzeln verankert. Regenwürmer fressen abgestorbene Pflanzenteile und düngen mit ihrem Kot die Wiese.

Material mit Aufgaben

M1 Stockwerke von Mischwald und Wiese im Sommer

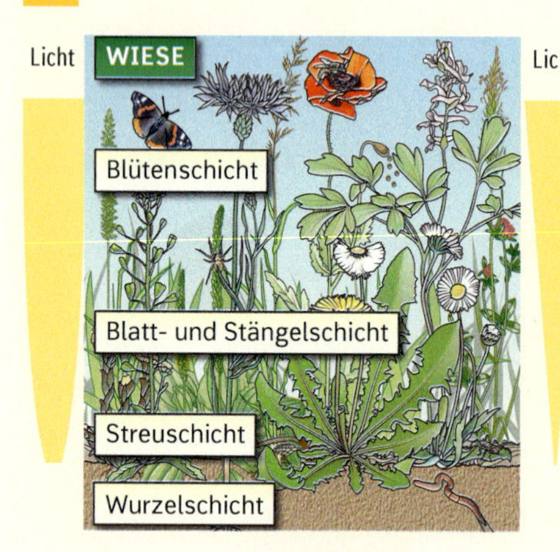

1. Vergleiche den Stockwerkbau des Mischwaldes und der Wiese.
2. Vergleiche den Lichteinfall bei Mischwald und Wiese.
3. Erkläre den unterschiedlichen Lichteinfall in den beiden Ökosystemen.

Wiese im Jahresverlauf

Wenn es im März wärmer wird, beginnen Wiesenpflanzen wie Schlüsselblumen, Löwenzahn und Gräser zu wachsen. Im Juni ist der **erste Hochstand** der Pflanzen erreicht. Viele Wiesen werden jetzt gemäht. Bei der **Mahd** werden die Pflanzen kurz über dem Boden abgeschnitten. Pflanzen wie der Löwenzahn werden wenig geschädigt, da die meisten ihrer Blätter direkt auf dem Boden liegen und nicht mit abgeschnitten werden. Die Schlüsselblume ist dann bereits verblüht und ihre Blätter sind abgestorben. Pflanzen wie die Schafgarbe verlieren durch die Mahd ihre Blätter und Blüten. Sie müssen neu austreiben. Vor allem Gräser wachsen schnell nach. Zusammen mit dem erstmals im Jahr blühenden Wiesen-Salbei erreichen sie Ende August einen **zweiten Hochstand**. Nach einer weiteren **Mahd** wachsen die Pflanzen kaum noch. Im Herbst werden auch die Blätter der Gräser braun.

Typen von Wiesen

Das Aussehen von Wiesen wird durch abiotische Faktoren wie der Bodenfeuchte, den Mineralstoffgehalt des Bodens und die Häufigkeit der Mahd bestimmt.

Auf dauerhaft feuchten Böden, zum Beispiel in der Nähe von Bächen, findet man **Feuchtwiesen** mit feuchtigkeitsliebenden Arten wie dem Wollgras.

Auf trockenen, mineralstoffarmen Böden, die selten gemäht werden, wachsen **Magerwiesen**. Weil schnellwachsende Arten wie die Brennnessel hier nicht wachsen können, sind Magerwiesen sehr artenreich.

Mineralstoffreiche oder gedüngte Wiesen bezeichnet man als **Fettwiesen**. Die Pflanzen wachsen schnell und können deshalb auch mehrmals pro Jahr gemäht werden. Viele Wildkräuter vertragen den hohen Mineralstoffgehalt im Boden allerdings nicht. Die Fettwiese ist darum eher artenarm.

2 Mahd einer Wiese

Material mit Aufgaben

M2 Mahd

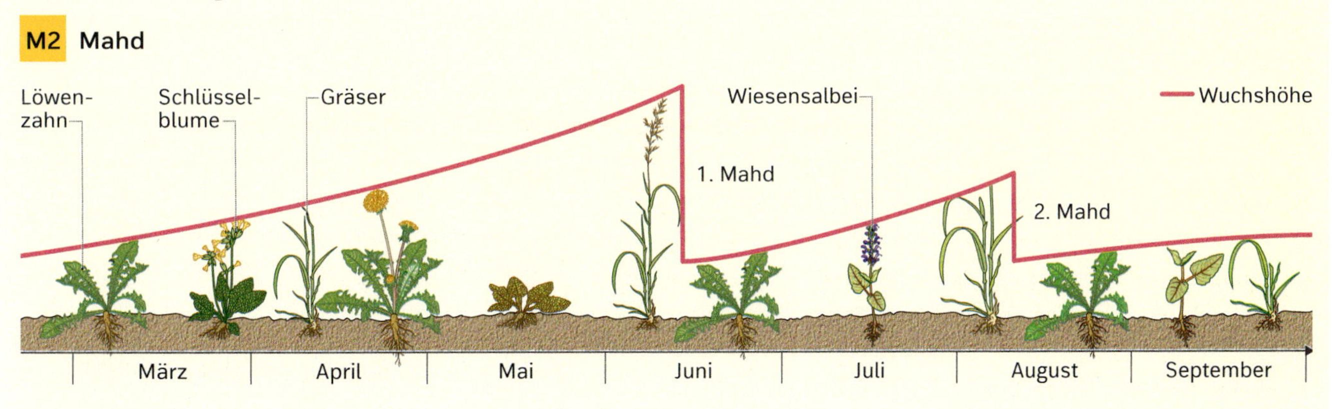

1. Beschreibe die Auswirkungen der zweifachen Mahd auf die dargestellten Wiesenpflanzen.
2. Stelle Vermutungen über die Auswirkungen der zweifachen Mahd auf die Tiere der Wiese an.
3. Beurteile die zweifache Mahd aus Sicht eines Landwirtes und aus Sicht eines Naturschützers.

Auf einen Blick Lebensräume

1 Nadelwald
In kühlen Gebieten wachsen viele Nadelwälder. In Skandinavien, Russland oder auch Alaska bedecken sie riesige Flächen.

2 Sommergrüner Wald
In den kühlen, feuchten Gebieten verlieren die Laubbäume im Winter ihre Blätter. Im Laufe der Jahreszeiten leben hier unterschiedliche Tiere.

3 Grasland
In Grasländern ist es im Sommer sehr heiß und im Winter sehr kalt. Hier leben viele Pflanzenfresser.

4 Mittelmeer
In den trockenen Gegenden um das Mittelmeer wachsen überwiegend Pflanzen, die mit wenig Wasser auskommen. Man findet in dieser Region sehr viele Insekten.

5 Tundra
Südlich der Polargebiete taut die Oberfläche des Bodens der Tundra nur im Sommer auf. In dieser Zeit ziehen mehr Tiere in die Region.

6 Wüste
In Wüsten ist es am Tag sehr heiß und in der Nacht sehr kalt. In ihnen leben Tiere und Pflanzen, die an das Klima angepasst sind.

7 Tropischer Regenwald
Regenwälder wachsen entlang des Äquators und sind immergrün. Sie gehören zu den artenreichsten Lebensräumen.

8 Polargebiet
Auf den Eisdecken der Polargebiete leben Tiere, die an die Kälte angepasst sind. Hier wachsen sehr wenige Pflanzen. Viele Tiere leben oder jagen im kalten Meer.

9 Savanne
Savannen sind große Graslandschaften mit Trocken- und Regenzeiten. Hier leben unter anderem Weidetiere in sehr großen Herden.

10 Hochgebirge
Auf den hohen Bergen herrschen sehr kalte Temperaturen. Zusätzlich müssen die Tiere und Pflanzen mit wenig Platz in dem Lebensraum auskommen.

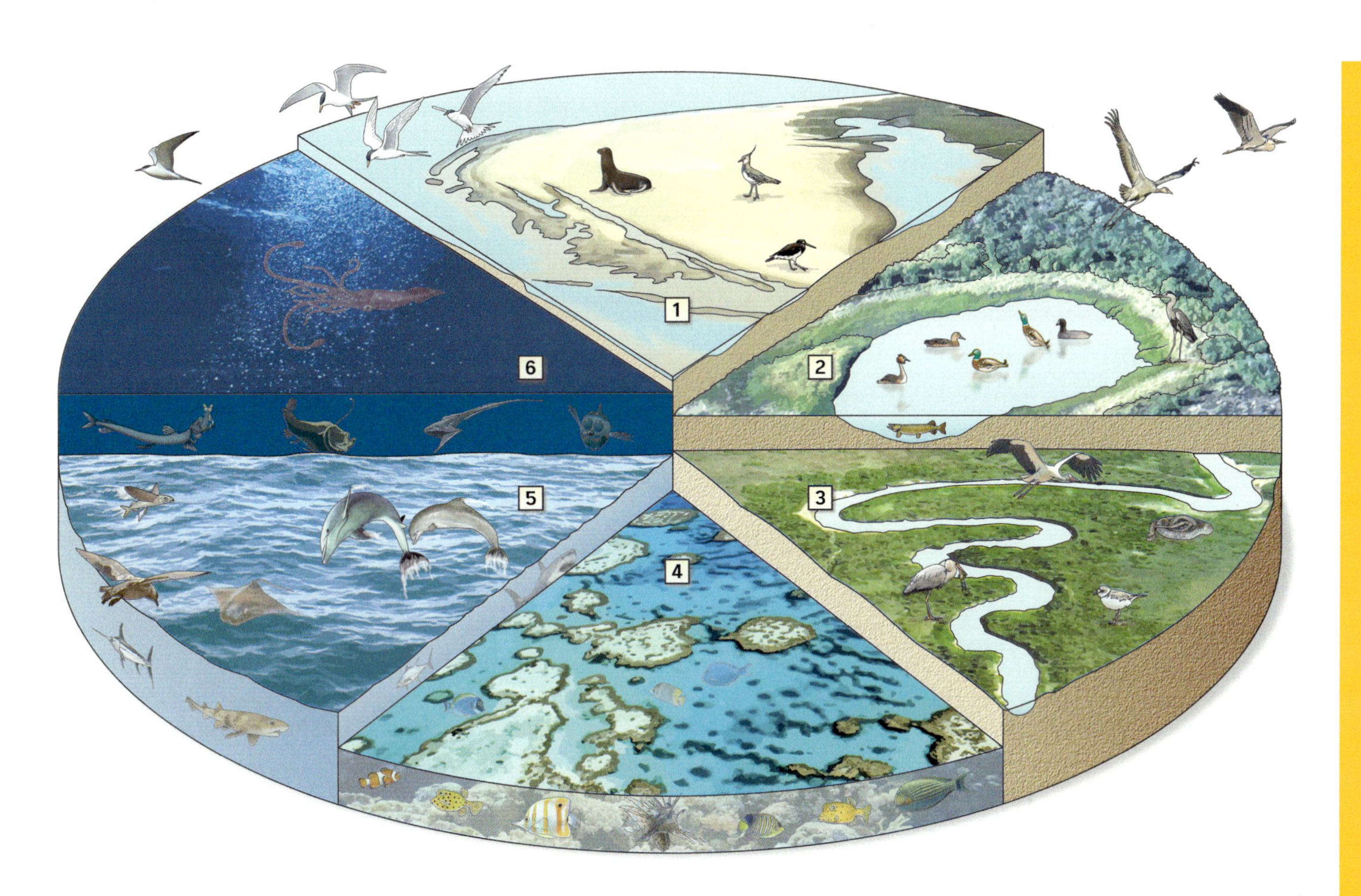

1 Wattenmeer
Dieser Lebensraum ist von der Ebbe und der Flut geprägt. Salzwiesen, Dünen, Priele und Strände schaffen vielfältige Lebensräume.

2 Stehendes Gewässer
Zu den stehenden Gewässern zählen zum Beispiel Seen und Teiche. In und an ihnen leben verschiedene Pflanzen und Tiere.

3 Fließendes Gewässer
Flüsse und Bäche sind fließende Gewässer. Flüsse sind von der Quelle bis zur Mündung vielfältige Lebensräume, beispielsweise durch unterschiedliche Fließgeschwindigkeiten oder Sauerstoffgehalte.

4 Korallenriff
Korallenriffe gehören zu den artenreichsten Lebensräumen. Die Korallen besiedeln sowohl die Tiefsee als auch flachere Gewässerzonen an der Meeresoberfläche.

5 Offener Ozean
Der offene Ozean erstreckt sich über die gesamte Welt und ist geprägt von verschiedenen Meeresströmungen. Er ist nährstoffarm und hat daher ein geringes Nahrungsangebot. Deshalb wandern viele Fische und Säugetiere durch den Ozean, um an küstennahen Regionen nach weiteren Nahrungsquellen zu suchen.

6 Tiefsee
In die Tiefsee dringt kein Sonnenlicht mehr vor. In dieser dunklen und dadurch kalten Umgebung wachsen keine Pflanzen. Trotzdem existiert eine vielfältige Tierwelt in der Tiefsee.

1 Laubwald

Vielfalt von Wäldern

Wald ist nicht gleich Wald

Wälder gibt es im Flachland und im Gebirge. Sie wachsen an Flüssen, auf Hügeln und an steilen Hängen.

Je nach ihrem Standort unterscheiden sich die Wälder sehr stark voneinander. Das liegt daran, dass an jedem Standort andere **abiotische Standortfaktoren** herrschen. So bestimmen Temperatur, Bodeneigenschaften, Niederschlagsmenge, Licht und Wind das Aussehen eines Waldes. Häufig wachsen in einem Wald nur bestimmte Baumarten, die an die jeweiligen abiotischen Umweltfaktoren angepasst sind.

In der Nähe von Gewässern ist es kühl und feucht. Hier wachsen Erlen, Weiden und Pappeln, die mit nassem Boden und Überflutungen zurechtkommen.

Rotbuchen bevorzugen mineralstoffreichen, feuchten Boden. Sie benötigen für ihr schnelles Wachstum wenig Licht und verdrängen so andere Baumarten. Rotbuchen sind **konkurrenzstark**.

Waldkiefern findet man eher auf trockenen, mineralstoffarmen oder feuchteren Böden. Da sie für ihr langsames Wachstum sehr viel Licht benötigen, werden sie oft von anderen Baumarten wie Rotbuchen überwachsen. Waldkiefern sind **konkurrenzschwach**.

Material mit Aufgaben

M1 Rotbuche und Waldkiefer

Rotbuche ohne Konkurrenz

Verbreitung

trocken | frisch | **Boden** | feucht | nass

Waldkiefer ohne Konkurrenz

Verbreitung

trocken | frisch | **Boden** | feucht | nass

Rotbuche und Waldkiefer in Konkurrenz

Verbreitung

trocken | frisch | **Boden** | feucht | nass

1. Vergleiche die konkurrenzfreie Verbreitunge von Rotbuche und Waldkiefer.

2. Erkläre, was passiert, wenn sich in einem feuchten Kiefernwald die Rotbuche ausbreitet.

2 Nadelwald

3 Gebirgswald

4 Auwald

Waldtypen

Im Flachland Deutschlands ist der **Laubwald** mit Eichen oder Rotbuchen die vorherrschende Waldart.
In höheren und kälteren Lagen des Berglandes bilden Fichten und Tannen zusammen mit Rotbuchen und Bergahorn einen **Mischwald**. Dieser besteht aus Nadel- und Laubbäumen. Mischwälder sind artenreiche Lebensräume mit vielen Pflanzen- und Tierarten.
Auf sandigen Böden wachsen Kiefernwälder, die mit der Trockenheit zurechtkommen. Auch im Gebirge oberhalb einer Höhe von 1000 Metern ist es für Laubbäume zu kalt. Nur Nadelbäume wie die Fichte, deren Nadeln eine dicke Wachsschicht haben, können hier leben. Diese **Nadelwälder** sind artenarm, da kaum Licht auf den Boden fällt.
Mit zunehmender Höhe im Gebirge wird es kälter, windiger und steiler. Bäume wachsen nur bis in eine Höhe von etwa 2400 Meter aufrecht. Darüber ist die **Krummholzzone**, in der Latschenkiefern liegend und verzweigt wachsen. Man spricht von der **Baumgrenze**.
In der Nähe von Flüssen bilden Erlen und Pappeln **Auwälder**. Diese Wälder sind durch den Wechsel von Wasser und Land sehr artenreiche Lebensräume.

Material mit Aufgaben

M2 Waldtypen

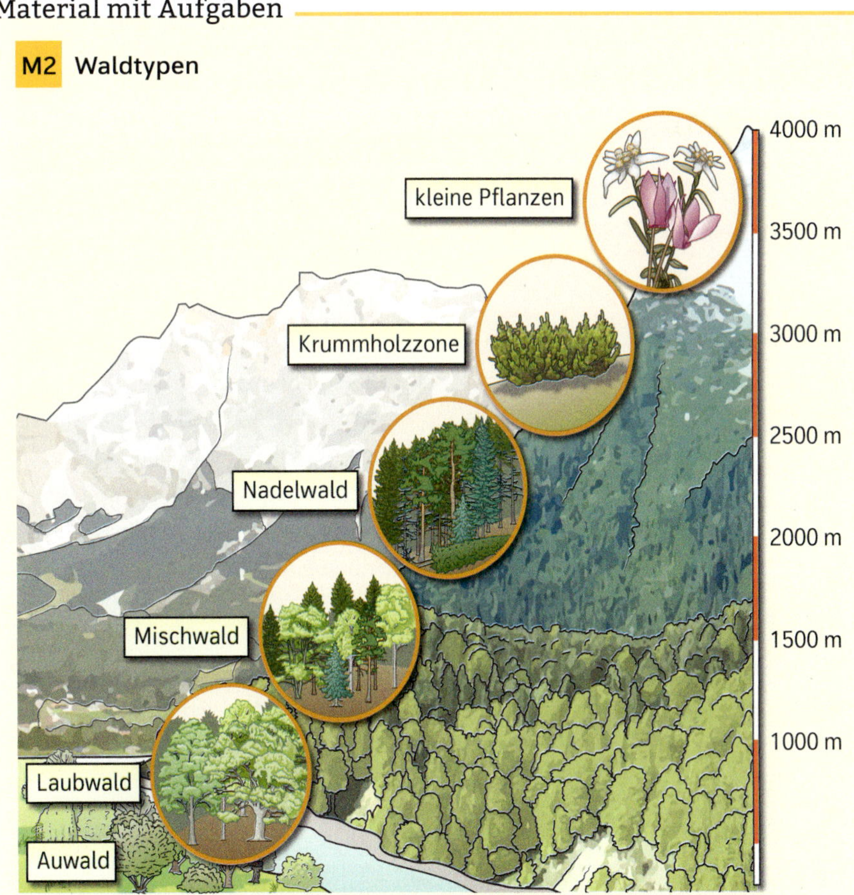

1. Beschreibe die unterschiedlichen Waldarten im Gebirge.
2. Beschreibe Umweltfaktoren, mit denen Baumarten im Gebirge zurechtkommen müssen.
3. Begründe, warum oberhalb von 2500 Metern in den Alpen keine Bäume mehr wachsen können.
4. Erkläre die unterschiedliche Verteilung der Vegetation.

1 Spaziergänger im Wald an einem Holzstapel

Leistungen des Waldes

Nutzung der Wälder

Ohne menschliche Besiedlung wären große Flächen Deutschlands von Wald bedeckt. Der Mensch nutzte in den vergangenen Jahrhunderten vor allem das Holz der Wälder zum Bauen und Heizen. Wälder wurden großflächig abgeholzt. Auf den freien Flächen wurden landwirtschaftliche Nutzflächen zur Versorgung der wachsenden Bevölkerung angelegt.

2 Bedeutung des Waldes

Erholungsort

Für viele bietet der Wald Erholung, die Möglichkeit saubere Luft einzuatmen und seine Freizeit mit Wandern oder Mountainbikefahren zu verbringen.

Wasserhaushalt

Die Bäume der Wälder bilden dichte Baumkronen. Ein Teil des Regenwassers wird von den Baumkronen aufgefangen und gelangt nicht bis zum Boden. Auf der Blattoberfläche verdunstet dann das Wasser.

Fällt dennoch Regenwasser bis auf den Waldboden, versickert es langsam. Beim Durchlaufen durch die verschiedenen Bodenschichten wird das Wasser von **Schadstoffen** gereinigt. Es wird gefiltert. Die vielen Wurzeln der Bäume halten den Boden zusammen. Auch bei starken Regenfällen wird so der Boden nicht weggespült. Die Wurzeln schützen vor Bodenverlust, vor **Erosion**.

Klimaverbesserung

Eine 100 Jahre alte Rotbuche gibt bei der **Fotosynthese** jeden Tag etwa 12 kg Sauerstoff ab und versorgt damit etwa 10 Menschen. Für die Fotosynthese nimmt die Rotbuche Kohlenstoffdioxid auf. Dieses Gas wandelt die Pflanze in andere Kohlenstoffverbindungen um. Der Kohlenstoff ist dann etwa in Kohlenhydraten wie Glukose, Stärke oder Zellulose enthalten. Der Kohlenstoff wird in der **Biomasse** der wachsenden Rotbuche gebunden. Den Wald mit seinen Pflanzen bezeichnet man daher als **Kohlenstoffsenke**. Er hilft, das für den Klimawandel mitverantwortliche Kohlenstoffdioxid aus der Luft zu binden.

Kühlen und Reinigen der Luft

An heißen Sommertagen ist es in einem Wald kühler als auf einer Wiese. Da Bäume viel Wasser verdunsten, geben sie viel Wasserdampf an die Luft ab. Sie erhöhen die Luftfeuchtigkeit. Die Verdunstung hat auch einen kühlenden Effekt für die Umgebungsluft.

Durch Bebauung und den Verkehr heizen sich Städte auf. Die warme Luft strömt zu benachbarten Wäldern. Dort kühlt sich die Luft ab. Durch die Wälder wird die Luft angefeuchtet und auch von Staub gereinigt. Die kühlere, feuchte Luft strömt wieder zurück zu den Städten.

A Erkläre den Begriff Kohlenstoffsenke.

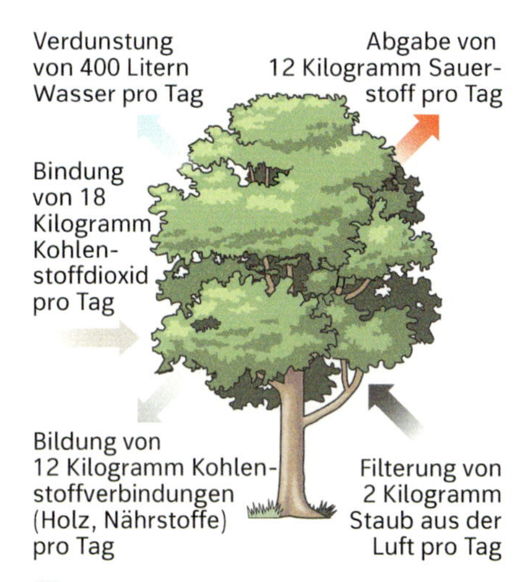

3 Leistungen einer 100-jährigen Rotbuche

Material mit Aufgaben

M1 Wasserhaushalt

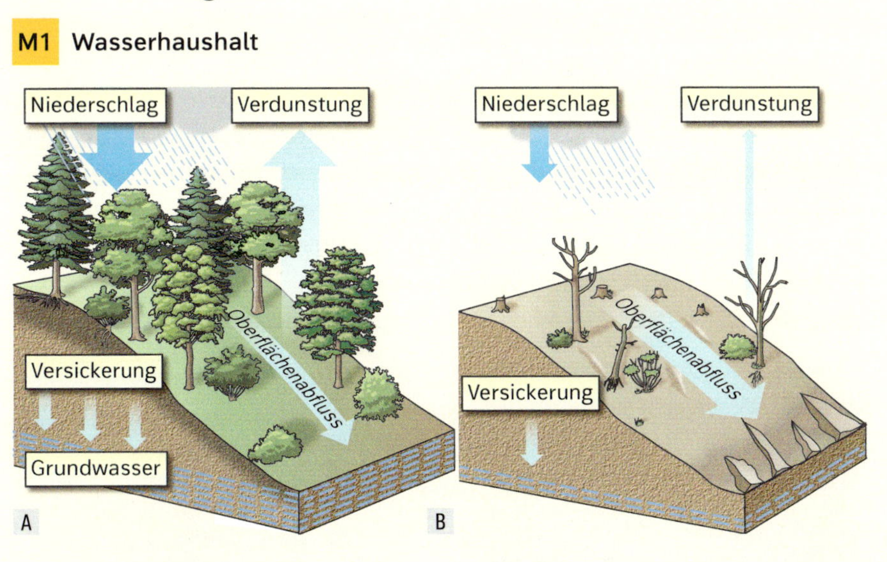

1. Beschreibe den Einfluss von Wäldern auf den Wasserhaushalt.
2. Vergleiche die Grundwasserbildung und den Oberflächenwasserabfluss in A und B.
3. Erkläre, warum Wälder wichtig für unsere Trinkwasserversorgung sind.
4. Erkläre, warum es vor allem bei kahl geschlagenen Berghängen zu Erosion kommen kann.

M2 Kohlenstoffdioxid

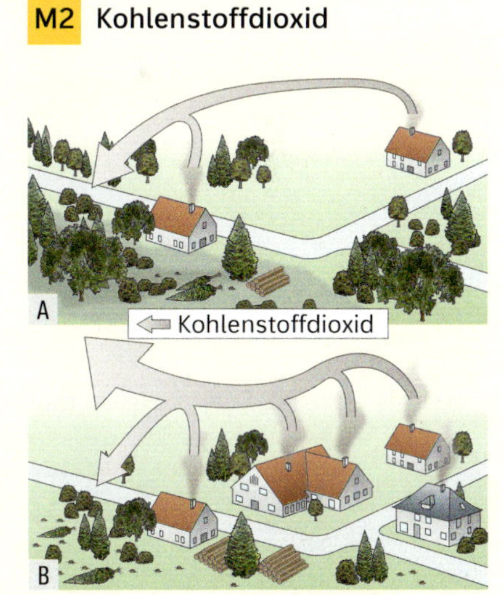

1. Vergleiche Aufnahme und Freisetzung von Kohlenstoffdioxid in A und B.
2. Erkläre, warum das Nutzen von Holz als Brennstoff Auswirkungen auf den Klimawandel hat.

1 Waldschäden im Fichtenforst

Gefährdung der Wälder

Waldschäden

Jeder Baum altert und stirbt mit der Zeit ab. Daher findet man in einem natürlichen Wald auch dürre, abgestorbene Bäume. Lange Kälte- und Dürrephasen schädigen Bäume. Oft verfärben sich ihre Nadeln und Blätter. Die vertrockneten Bäume sind nun anfälliger gegenüber starken Winden und können abknicken. Durch Sturmschäden können so größere Kahlflächen entstehen.

Auch durch den **Klimawandel** kommt es heute vermehrt zu starken Stürmen und zu längeren Trockenphasen, bei denen Bäume vertrocknen. Vor allem in Monokulturen wie einem **Fichtenforst** breiten sich Waldschäden großflächig aus, weil Bäume einer einzigen Art dicht zusammenstehen. Schädlinge, die bevorzugt eine Baumart befallen, können sich in Monokulturen schnell ausbreiten.

2 Kronenverlichtung: **A** keine Kronenverlichtung, **B** schwache Kronenverlichtung, **C** deutliche Kronenverlichtung, **D** abgestorben

Borkenkäfer

Der Borkenkäfer ist ein Schädling, der vor allem Nadelbäume wie Fichten befällt. Der männliche Käfer frisst unter der Rinde eine **Rammelkammer**, in der er sich mit dem Weibchen paart. Dieses frisst einen Gang, in den es in bestimmten Abständen Eier legt. Aus den Eiern schlüpfen Larven. Sie fressen sich zu den Nährstoffbahnen des Baumes, über die bei der Fotosynthese produzierte Nährstoffe in der Pflanze verteilt werden. Ist der befallene Baum alt oder vorgeschädigt, kann er durch den Fraß der Larven absterben. Milde Winter begünstigen die Vermehrung des Borkenkäfers. Treten Borkenkäfer massenhaft auf, können auch gesunde Bäume geschädigt werden und so auch schnell immer weitere Bäume befallen werden.

Zustand des Waldes

Jährlich wird der Zustand des Waldes im **Waldzustandsbericht** festgehalten. In ihm wird das Ausmaß der Waldschäden aufgeführt. Wenn bei einer Fichte manche Nadeln gelb verfärbt sind und sich ihre Krone von außen nach innen zu lichten beginnt, zeigt sie eine leichte **Kronenverlichtung**. Die Fichte zeigt Merkmale der Schadstufe 1.
Bei Schadstufe 2 hat eine Fichte bereits eine sehr lichte Baumkrone und sie hat einen Teil ihrer Nadeln verloren.
Mit einer teilweise abgestorbenen Baumkrone kann die Fichte kaum noch wachsen. Sie hat die Schadstufe 3. Es besteht die Gefahr, dass sie abstirbt.

A Beschreibe die Schadstufen einer Fichte in Bild 2.

Material mit Aufgaben

M1 Borkenkäfer

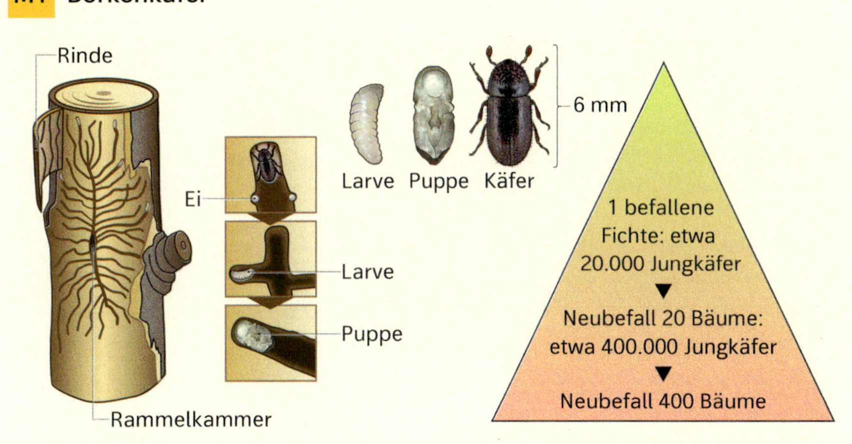

1. Beschreibe die Entwicklung des Borkenkäfers.
2. Erkläre, warum Bäume durch den Befall des Borkenkäfers geschädigt werden.
3. Erkläre, warum sich der Borkenkäfer vor allem in dichten Forsten schnell ausbreitet.
4. Bei Borkenkäferbefall entfernen Förster großflächig Bäume. Erläutere diese Maßnahme.

M2 Waldzustand in Deutschland

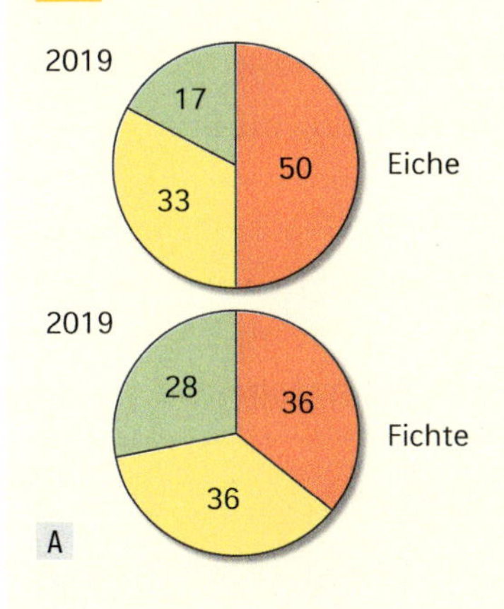

deutliche Kronenverlichtung
schwache Kronenverlichtung
keine Kronenverlichtung

Zustand aller Baumarten in Prozent

B	deutliche Kronenverlichtung	schwache Kronenverlichtung	keine Kronenverlichtung
2020	37	43	20
2015	24	43	33
2010	23	39	38
2005	29	42	29
2000	23	42	35
1995	23	41	36
1990	23	39	38
1985	24	34	42

1. Betrachte die Kreisdiagramme in A. Vergleiche die Schadstufen von Eiche und Fichte im Jahr 2019.
2. Nenne mögliche Gründe, warum Bäume geschädigt werden.
3. Beschreibe mithilfe von Diagramm B den Waldzustand in Deutschland.
4. Erläutere Auswirkungen des Klimawandels auf den Baumbestand in unseren Wäldern.

1 Steinkauz erbeutet eine Maus.

Nahrungsbeziehungen im Wald

Pflanzen sind Produzenten

Pflanzen bilden bei der Fotosynthese energiereiche Nährstoffe wie Traubenzucker. Man bezeichnet die Pflanzen daher als Erzeuger oder **Produzenten**.

Tiere sind Konsumenten

Die Rötelmaus lebt in Wäldern und Hecken. Sie ernährt sich von Gräsern, Nüssen und Beeren. Tiere wie die Rötelmaus, die sich von Pflanzen ernähren, nennt man **Pflanzenfresser**.

Die über die pflanzliche Nahrung aufgenommenen Nährstoffe werden von der Rötelmaus zum Aufbau körpereigener Stoffe und zum Erhalt der Körperfunktionen verwendet. Die in den Nährstoffen enthaltene chemische Energie wird genutzt, damit sich die Rötelmaus bewegt oder die Körpertemperatur aufrechterhalten wird. Da die Rötelmaus energiereiche Nährstoffe „verbraucht", ist sie ein Verbraucher oder **Konsument**.

2 Nahrungskette: **A** Brombeeren, **B** Rötelmaus, **C** Steinkauz

Die Rötelmaus wird von anderen Tieren, wie dem Steinkauz, gefressen. Der Steinkauz frisst keine Pflanzen, sondern ernährt sich von anderen Tieren. Tiere wie der Steinkauz, die sich hauptsächlich von anderen Tieren ernähren, zählen zu den **Fleischfressern**. Auch Fleischfresser zählen daher zu den Konsumenten. Sie nutzen die über die Nahrung aufgenommenen Nährstoffe ebenfalls zum Aufbau körpereigener Stoffe und als Energielieferanten.

Nahrungskette

Die Brombeere wird von der Rötelmaus gefressen, die Rötelmaus wird vom Steinkauz gefressen. Die Nahrungsbeziehung von Brombeeren über die Rötelmaus bis zum Steinkauz kann als **Nahrungskette** dargestellt werden:
Brombeere → Rötelmaus → Steinkauz
Der Pfeil bedeutet: ...wird gefressen von...

Nahrungsnetz

Der Steinkauz ernährt sich nicht nur von der Rötelmaus, sondern frisst auch andere Beutetiere wie junge Eichhörnchen. Auch der Rotfuchs ernährt sich wie der Steinkauz von der Rötelmaus. Es gibt auch andere Tiere neben der Rötelmaus, die Nüsse und Beeren als Nahrungsgrundlage haben. Die Lebewesen sind also durch viele verschiedene Nahrungsketten miteinander verbunden. Da die Nahrungsketten wie die Fäden eines Netzes miteinander verknüpft sind, bezeichnet man diese Nahrungsbeziehungen als **Nahrungsnetz**.

A Erläutere die Begriffe Produzent und Konsument.

Material mit Aufgaben

M1 Nahrungsnetz im Wald

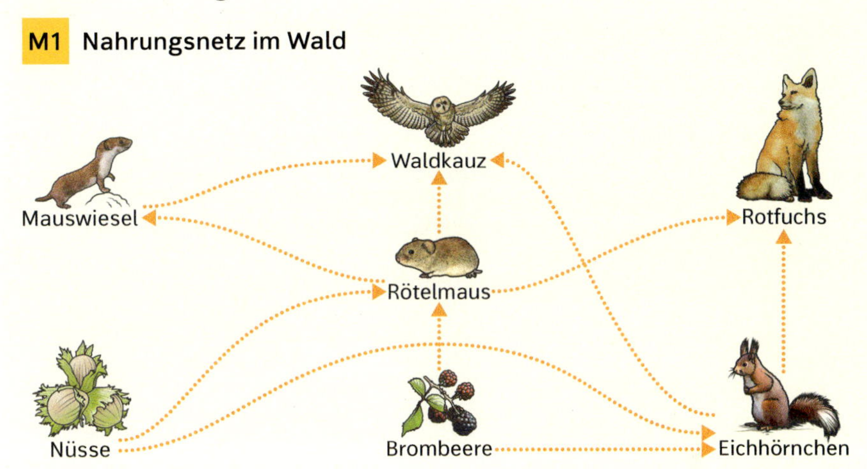

1. Ordne den abgebildeten Tieren die Begriffe Pflanzenfresser und Fleischfresser zu.
2. Erstelle mithilfe des Nahrungsnetzes drei möglichst lange Nahrungsketten.
3. Begründe, warum grüne Pflanzen immer am Anfang einer Nahrungskette stehen.

M2 Nahrungsnetz erstellen

1. Erstelle aus den abgebildeten Lebewesen eine möglichst lange Nahrungskette.
2. Erstelle aus den abgebildeten Lebewesen ein Nahrungsnetz.
3. Erkläre was passiert, wenn sich plötzlich die Anzahl der Buchen durch vermehrtes Fällen von Bäumen schlagartig verringert.

1 Buschwindröschen im Frühling

Jahreszeiten im Laubwald

Frühling

Am Ende des Winters tragen die Bäume keine Blätter. Durch die blattlosen Baumkronen fällt das Sonnenlicht bis auf den Boden. Bei einigen Pflanzen am Waldboden sind jetzt bereits die ersten Blüten zu sehen. Man nennt diese Pflanzen **Frühblüher**. Dazu zählen zum Beispiel das Buschwindröschen und das Scharbockskraut. Alle Frühblüher haben unterirdische **Speicherorgane**. Bereits im Vorjahr haben sie in diesen Nährstoffe gespeichert. So können sie früher als die übrigen Pflanzen austreiben.

Ende April können die Wurzeln die Bäume und Sträucher wieder mit Wasser vorsorgen. Dadurch öffnen sich die Blattknospen und die Laubblätter der Bäume entwickeln sich. Durch die Blätter an den Zweigen fällt nun weniger Licht auf den Boden.

2 Schneeglöckchen und Buschwindröschen

Sommer

Im Laufe des Sommers blühen die Bäume und bilden Früchte und Samen. Zweige und Äste wachsen so, dass möglichst viel Sonnenlicht auf die Blätter fallen kann. Dadurch entsteht ein dichtes Blätterdach. Durch dieses fällt nur noch wenig Licht auf den Boden. Zu Beginn der Laubbildung im April gelangt etwa die Hälfte des Lichtes auf den Boden. Im August gelangt kaum noch Licht durch das dichte Blätterdach auf den Boden. Die oberirdischen Teile der Frühblüher sterben jetzt ab. Die Speicherorgane überdauern im Boden bis zum nächsten Jahr. Am Waldboden wachsen im Sommer nur noch Pflanzen, die mit wenig Licht gut zurecht kommen. Zu diesen **Schattenpflanzen** gehören zum Beispiel der Wald-Ziest, die Goldnessel und die Schattenblume.

Herbst

Im Herbst bilden die Pflanzen mithilfe der Nährstoffe aus dem Sommer die Früchte. Alle Pflanzen stellen sich auf den Winter ein und wachsen nicht mehr. Bei vielen Bäumen setzt die Laubfärbung ein. Die Blätter färben sich rot oder gelb und werden schließlich abgeworfen. Dies schützt die Pflanze vor Austrocknung, da über die Blätter ständig Wasser verdunstet, das Wasser im Boden im Winter aber gefroren ist und so nicht aufgenommen werden kann.
Zusätzlich schützt das auf den Boden gefallene Laub unterirdische Pflanzenteile und Bodenlebewesen vor Kälte.
Nur Pflanzen wie der Efeu oder der Sauerklee werfen ihre Blätter nicht ab. Sie sind **immergrüne Pflanzen**.

Winter

Bei den tiefen Temperaturen im Winter erfrieren viele kleinere Pflanzen und sterben ab. Die Laubbäume haben nun keine Blätter mehr und befinden sich in einem Ruhezustand. So überstehen sie die niedrigen Temperaturen im Winter. Der Efeu und der Sauerklee werfen ihre Blätter im Winter nicht ab. Die Blätter von immergrünen Pflanzen sind häufig kräftig und lederartig. Oft befindet sich eine schützende Wachsschicht auf den Blättern. Diese verhindert, dass über die Blätter zu viel Wasser verdunstet. Dadurch erfrieren die immergrünen Pflanzen nicht im Winter.

A Erkläre, warum Laubbäume im Winter ihre Blätter abwerfen, aber immergrüne Pflanzen ihre Blätter behalten.

Material mit Aufgaben

M1 Lichtverhältnisse im Laubwald

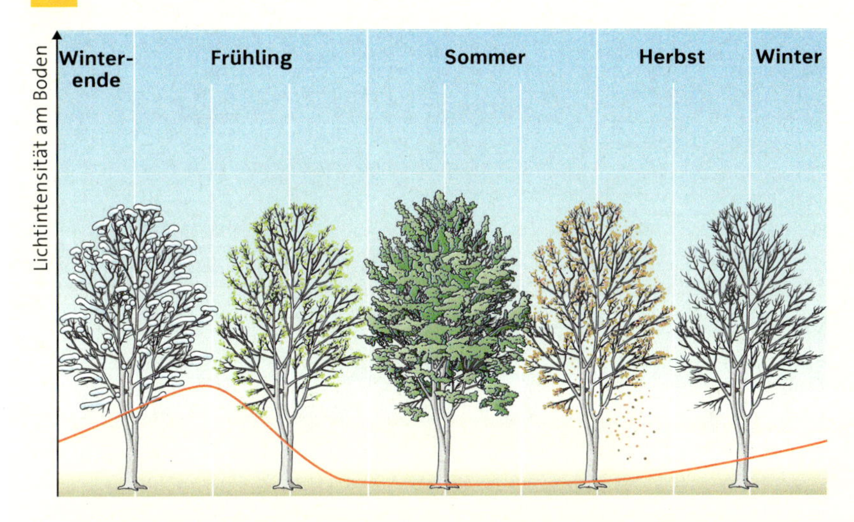

1. Beschreibe die Veränderungen der Lichtverhältnisse am Boden des Laubwaldes im Jahresverlauf.
2. Erläutere, warum am Boden im Sommer weniger Pflanzen wachsen als im Frühling.

M2 Speicherorgane

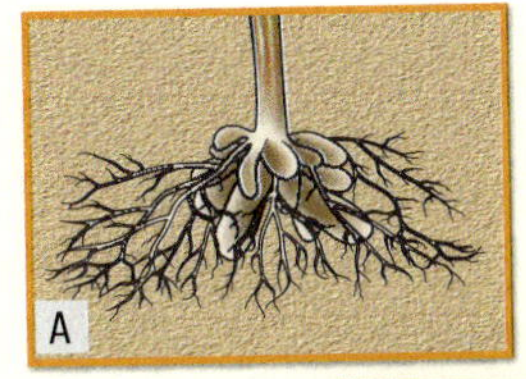

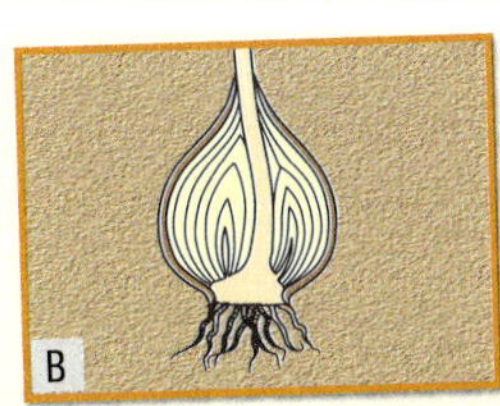

1. Ordne den abgebildeten Speicherorganen A-D folgende Begriffe zu: Sprossknolle, Wurzelknolle, Zwiebel, Erdspross.
2. Gib an, aus welchem Grundorgan der Pflanze das Speicherorgan jeweils gebildet wird.
3. Erkläre den Unterschied zwischen einer Zwiebel und einer Sprossknolle.
4. Stelle Vermutungen an, welche Vorteile es für Frühblüher hat, dass ihre Speicherorgane unterirdisch sind.

Zusammenfassung Ökologie

Ökosystem Wald

In einem Biotop herrschen unterschiedliche abiotischen Umweltfaktoren wie Temperatur, Wind und Niederschlag. Alle Lebewesen eines Biotops bilden zusammen eine Lebensgemeinschaft oder Biozönose und stellen füreinander biotische Faktoren dar. Die jeweiligen Umweltfaktoren eine Ökosystems begünstigen das Vorkommen bestimmter Baumarten. Deshalb unterscheiden sich Wälder voneinander. So findet man Nadelwälder, die aus kältebeständigen Nadelbäumen bestehen vor allem in größeren Höhen. Weiter in Richtung Tal findet man Mischwälder und Laubwälder. Laubwälder und Mischwälder sind in Stockwerke aus Boden-, Kraut-Strauch- und Baumschicht gegliedert. Sie verändern durch den herbstlichen Laubfall ihr Aussehen stark.

Nahrungsbeziehungen

Pflanzen bilden während der Fotosynthese energiereiche Nährstoffe wie Glukose sowie Sauerstoff. Sie sind Produzenten. Tiere können Nährstoffe nicht selbst herstellen. Sie erhalten sie durch die Aufnahme der Biomasse anderer Lebewesen. Tiere sind Konsumenten. Pflanzenfresser sind Konsumenten 1. Ordnung. Diese werden von kleinen Fleischfressern oder Allesfressern erbeutet, die die Konsumenten 2. Ordnung bilden. Große Raubtiere bilden die Konsumenten 3. Ordnung. Diese Nahrungsbeziehungen können als Nahrungskette dargestellt werden. Mehrere Nahrungsketten bilden zusammen ein Nahrungsnetz.

Pflanzen im Jahresverlauf

Über die Blätter verdunsten Pflanzen viel Wasser. Ist der Boden kalt oder gefroren, können die Pflanzen kein Wasser aufnehmen. Sie würden „verdursten" und vertrocknen. Durch das Abwerfen der Blätter im Herbst wird die Verdunstung eingestellt. Der Laubabwurf im Herbst ist eine Anpassung an die kalte Jahreszeit.

Immergrüne Pflanzen werfen ihre Blätter im Winter nicht ab. Ihre kräftigen, ledrigen Blätter sind häufig mit einer Wachschicht überzogen, die vor starker Verdunstung schützt. Pflanzen passen ihre Ruhezeiten, ihr Wachstum und den Zeitpunkt der Blüte an die jeweiligen Jahreszeiten an.

Gefährdung von Wäldern

Wälder dienen neben der Erholung unter anderem auch der Holzgewinnung. Dafür oft angelegte Forste sind Monokulturen. Da sie aus nur einer einzigen Baumart bestehen, sind sie sehr anfällig für Schäden durch Sturm, Hitze- und Trockenperioden. Diese werden durch den Klimawandel verstärkt.

Auch Schädlinge wie der Borkenkäfer können sich in einer Monokultur schnell ausbreiten und vermehren. So können durch seinen Fraß unter der Rinde viele Bäume geschädigt werden. Das Ausmaß von Waldschäden wird unter anderem anhand der Kronenverlichtung im Waldzustandsbericht erfasst.

1 Lebensräume

A Benenne die abgebildeten Lebensräume.

B Beschreibe, was einen Lebensraum kennzeichnet.

C Beschreibe anhand von zwei der abgebildeten Lebensräume, wie sie sich in den abiotischen Faktoren unterscheiden.

A

B

C

2 Ökosysteme

A Nenne drei abiotische und drei biotische Umweltfaktoren eines Ökosystems.

B Erkläre, woraus sich ein Ökosystem zusammensetzt.

C Begründe, ob es sich jeweils um ein Ökosystem handelt.

3 Stockwerkbau des Waldes

A Nenne die Stockwerke des Waldes.

B Beschreibe den Lichteinfall in einem Laubwald.

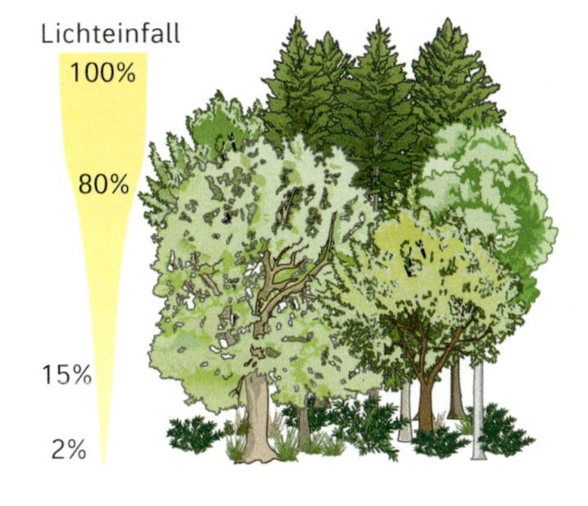

4 Bedeutung des Waldes

A Beschreibe die Leistung einer 100 Jahre alten Buche.

B Beschreibe, welche Bedeutung der Wald für Menschen und Tiere hat.

C Erkläre, warum man einen Wald als Kohlenstoffsenke bezeichnet.

5 Pflanzen im Jahresverlauf

A Nenne drei Frühblüher und ihre jeweiligen Speicherorgane.

B Nenne die besondere Anpassung von Schattenpflanzen.

C Erkläre, warum man Frühblüher meistens in Laubwäldern findet.

D Begründe, warum immergrüne Pflanzen ihre Blätter im Winter nicht abwerfen.

E Erläutere, warum der Laubabwurf bei Pflanzen im Herbst eine Anpassung an den Winter darstellt.

F Beschreibe, wie die Laubfärbung im Herbst zustande kommt.

Entwicklung des Menschen

6

In der Pubertät werden Kinder allmählich erwachsen. Ihr Körper verändert sich dabei deutlich: Bei Jungen wachsen die ersten Barthaare. Sie kommen in den Stimmbruch und haben anschließend eine tiefere Stimme. Bei Mädchen beginnen die Brüste zu wachsen. Das Becken und die Hüften werden breiter. Aber auch innerhalb des Körpers finden Veränderungen statt.

Sind Jungen und Mädchen wirklich so verschieden?
Was passiert mit dem Körper in der Pubertät?
Wie entsteht ein neues Leben?

1 Zusammen erwachsen werden

Die Pubertät

Material mit Aufgaben

M1 Änderungen im Verhalten

1. Beschreibe die dargestellte Situation.
2. Entwickle einen Lösungsvorschlag für die Situation.
3. Erkläre, warum es in der Pubertät zu solchen Diskussionen kommen kann.

Erwachsen werden

Die Pubertät ist eine Zeit, in der Veränderungen auftreten. Es ist der Übergang vom Kind zum Erwachsenen. Die Pubertät setzt bei jedem zu einem anderen Zeitpunkt ein und kann auch unterschiedlich lange andauern.

Hormone

Die Veränderungen, die in der Pubertät auftreten, werden durch **Hormone** ausgelöst. Hormone sind Botenstoffe, die von Hormondrüsen gebildet werden. Sie werden ins Blut abgegeben und im gesamten Körper verteilt. So gelangen sie auch zu den Orten im Körper, an denen sie wirken sollen. Sie sorgen zum Beispiel für das Wachstum der Geschlechtsorgane und die Ausbildung der Geschlechtsmerkmale. Auch das Einsetzen der Menstruation beim Mädchen und die Bildung von Sperma beim Jungen werden durch Hormone ausgelöst.

Verhalten und Gefühlswelt

Hormone haben Einfluss auf die Gefühle. Gerade am Anfang der Pubertät kann es deshalb dazu kommen, dass man oft schlecht gelaunt ist oder Stimmungsschwankungen hat. Auch die Interessen verändern sich. Neue Ansichten können sich entwickeln und komplett anders sein als zuvor.
Viele Jugendliche verlieben sich in der Pubertät zum ersten Mal und sammeln viele neue Erfahrungen. In dieser Zeit ist es besonders wichtig, sich mit Freunden auszutauschen, die sich auch in der Pubertät befinden. Sie haben vergleichbare Interessen, ähnliche Probleme und auch die gleichen Unsicherheiten. Jugendliche wollen immer mehr Verantwortung für ihr eigenes Leben übernehmen und möchten mehr Freiheiten haben. Dies und auch die mitunter wechselhafte Laune können zu Konflikten mit Eltern führen.

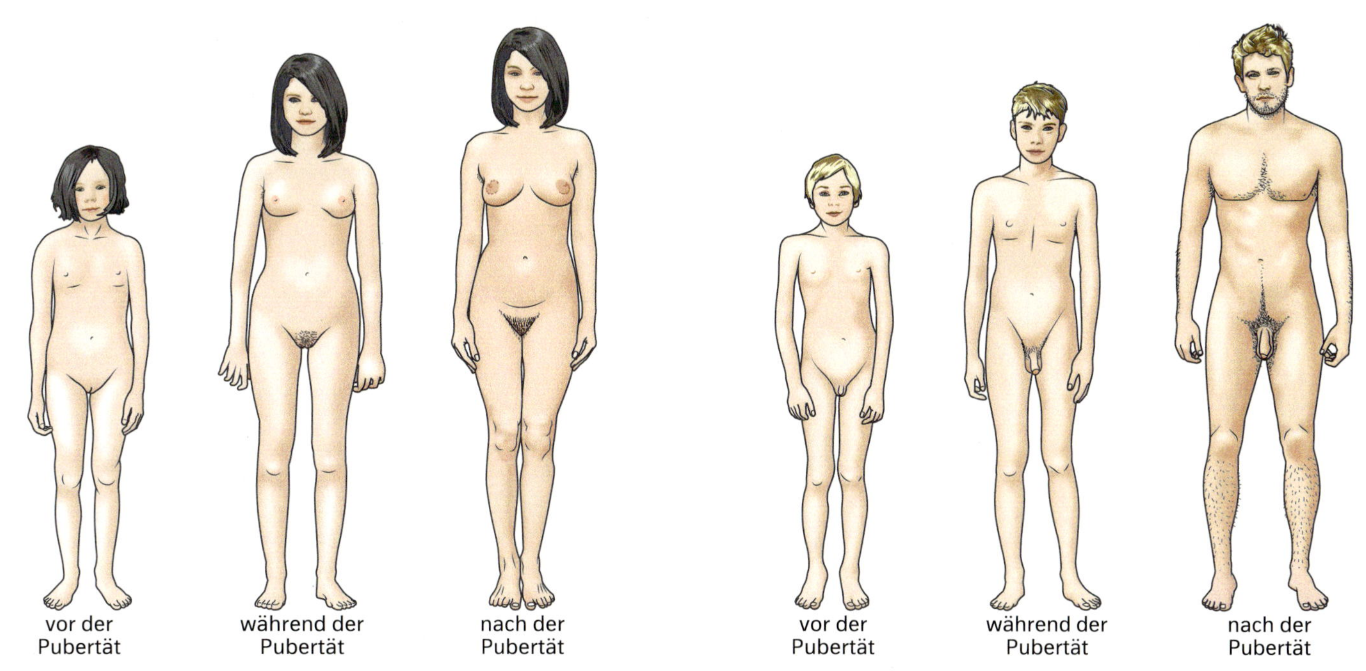

2 Erwachsen werden: **A** bei Mädchen, **B** bei Jungen

Körperliche Veränderungen

Einige Geschlechtsmerkmale sind seit der Geburt vorhanden. Sie werden als **primäre Geschlechtsorgane** bezeichnet. Zu ihnen zählen beim Jungen der Penis und die Hoden. Beim Mädchen sind es die Scheide, die Gebärmutter und die Eierstöcke. In der Pubertät wachsen die Geschlechtsorgane und nehmen ihre Funktion auf. Sie werden funktionsfähig.

Sekundäre Geschlechtsmerkmale bilden sich erst mit dem Beginn der Pubertät aus. Zu ihnen zählen unter anderem die Achselbehaarung und die Schambehaarung.

Bei den Jungen setzt der Bartwuchs ein und die Stimme verändert sich. Man spricht von einem Stimmbruch. Währenddessen wird die Stimme etwas tiefer, zwischendurch ist sie aber auch noch wieder höher. Bei Jungen kommt es während der Pubertät zum ersten Spermaerguss.

Bei Mädchen wachsen die Brüste und es kommt zur ersten Menstruation.

Material mit Aufgaben

M2 Körperliche Veränderungen

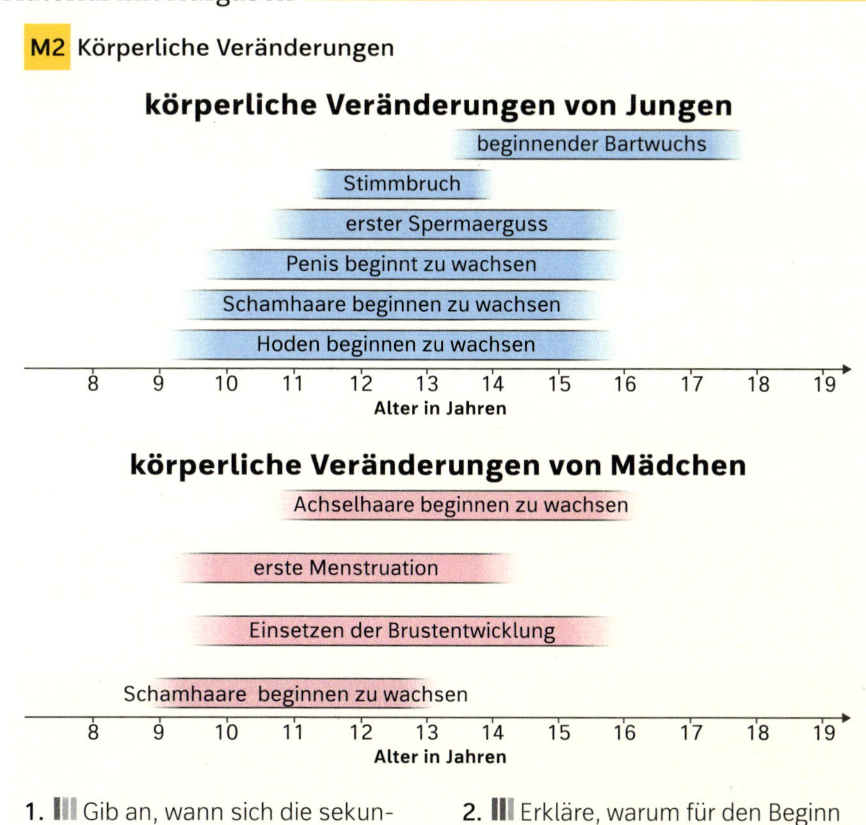

1. Gib an, wann sich die sekundären Geschlechtsmerkmale bei Jungen und Mädchen entwickeln.

2. Erkläre, warum für den Beginn der Pubertät kein eindeutiger Zeitpunkt bestimmt werden kann.

1 Jungen entwickeln sich unterschiedlich

Die männlichen Geschlechtsorgane

Bau und Funktion

Zu den äußeren Geschlechtsorganen zählen der Penis und der Hodensack. Die übrigen Geschlechtsorgane zählen zu den inneren Geschlechtsorganen. Die Geschlechtsorgane können sich in Form und Größe bei jedem etwas unterscheiden. Dies ist, ebenso wie der unterschiedliche Beginn der Entwicklung, ganz normal.

Geißel
Mittelstück
Kopfteil
30 µm

2 Spermienzelle

Penis, Schwellkörper und Eichel

Der größte Teil vom **Penis** ist von außen sichtbar. Er dient der Übertragung von Spermienzellen während des Geschlechtsverkehrs.

Den Penis durchzieht ein Netz aus vielen Blutgefäßen, die **Schwellkörper**. Wenn sich diese mit Blut füllen, wird der Penis steif. Dies wird als **Erektion** bezeichnet und ist wichtig für den Geschlechtsverkehr.

Die berührungsempfindliche **Eichel** bildet den vorderen Bereich des Penis. Sie ist von der Vorhaut bedeckt. Diese schützt die Eichel vor Verletzungen, Schmutz und Krankheitserregern.

Hoden und Hodensack

Der **Hodensack** ist von außen sichtbar. Darin befinden sich die zwei Hoden mit den beiden Nebenhoden. In den **Hoden** werden bis zum Lebensende täglich mehrere Millionen Spermienzellen gebildet. Sie werden in den **Nebenhoden** gespeichert. Die **Spermienzellen** sind die männlichen Geschlechtszellen und dienen der Fortpflanzung. Jede Spermienzelle besteht aus einem Kopfteil und einer Geißel zur Fortbewegung.

Der Weg der Spermienzellen

Die im Hoden gebildeten Spermienzellen gelangen über den Nebenhoden in den **Spermienleiter**. Dieser führt in die **Prostata**. Diese Drüse produziert eine Flüssigkeit, in der sich die Spermienzellen mit ihrer Geißel fortbewegen können. Die Flüssigkeit aus der Prostata und die Spermienzellen bilden zusammen das **Sperma**. Während eines Spermaergusses gelangt das Sperma über den **Harn-Spermienleiter** nach außen. Dies wird als **Ejakulation** bezeichnet. Kommt es nicht zu einer Ejakulation, sterben die gespeicherten Spermienzellen im Nebenhoden nach etwa einem Monat ab.

Hygiene

Zwischen Eichel und Vorhaut befinden sich Drüsen, die fetthaltige Stoffe abgeben. Um die abgesonderten Stoffe und Bakterien zu entfernen, ist eine tägliche Körperpflege wichtig. Sonst können die Bakterien Entzündungen hervorrufen. Zur Reinigung muss die Vorhaut vorsichtig zurückgezogen werden. Eichel und Penis werden mit warmem Wasser und milder Seife oder Duschgel gewaschen.

A Nenne die äußeren und die inneren männlichen Geschlechtsorgane.

B Erkläre die Fachbegriffe Erektion und Ejakulation.

C Erläutere, weshalb tägliche Hygiene sehr wichtig ist.

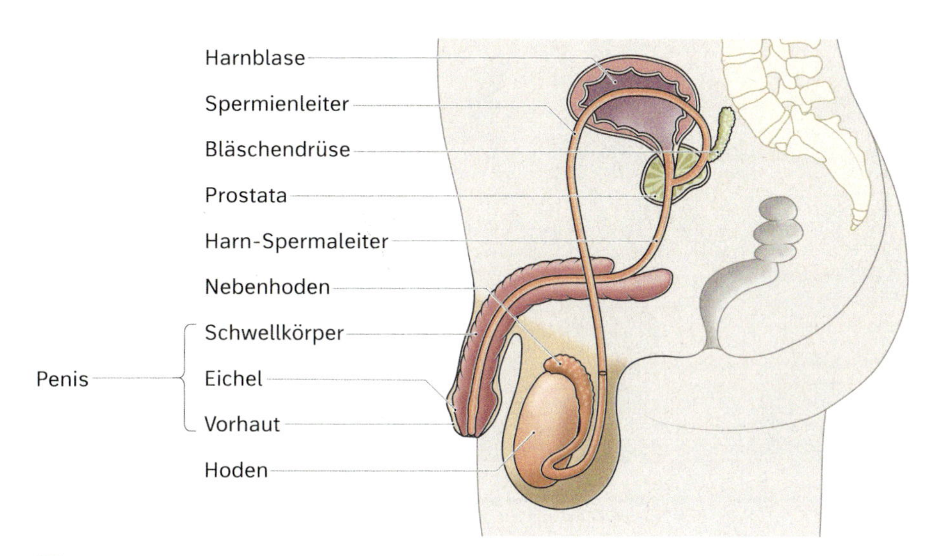

3 Die männlichen Geschlechtsorgane sowie Darm und Blase

Material mit Aufgaben

M1 Männliche Geschlechtsorgane

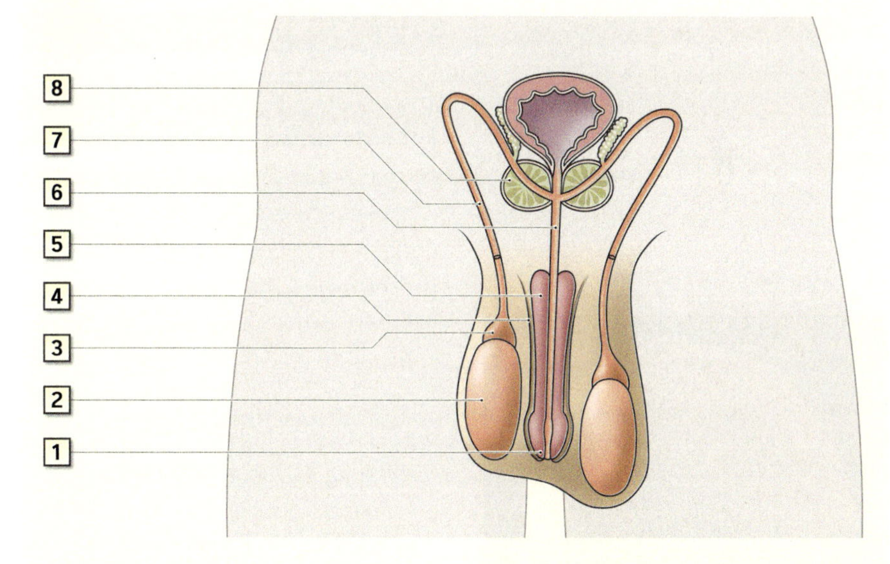

1. Benenne die mit Ziffern gekennzeichneten männlichen Geschlechtsorgane.
2. Erkläre die jeweilige Funktion der männlichen Geschlechtsorgane.
3. Wähle eine der Aufgaben aus:
   a Beschreibe anhand des Bildes den Weg der Spermienzellen von der Bildung bis zur Ejakulation.
   b Erstelle für den Weg der Spermienzellen ein Fließschema.

1 Mädchen entwickeln sich unterschiedlich

Die weiblichen Geschlechtsorgane

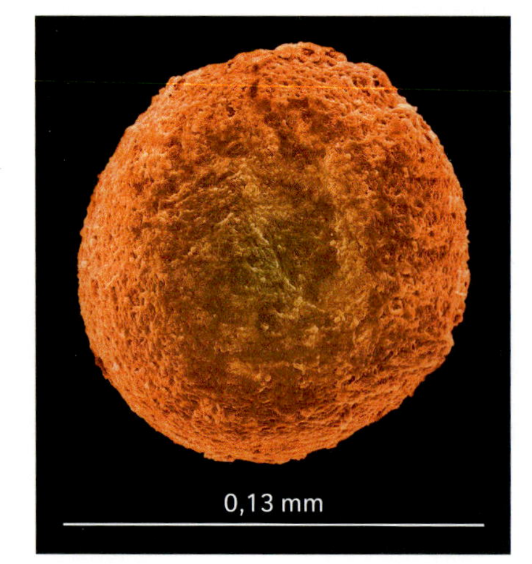

2 Eizelle

Scheide und Schamlippen

Zu den äußeren Geschlechtsorganen zählen nur die großen Schamlippen. Die übrigen Geschlechtsorgane liegen im Inneren des Körpers. Die großen Schamlippen umschließen und schützen die kleinen Schamlippen. Diese umschließen und schützen wiederum die **Scheidenöffnung** und die Harnröhrenöffnung. Am oberen Ende der kleinen Schamlippen liegt der berührungsempfindliche Kitzler, auch **Klitoris** genannt. Hinter den kleinen Schamlippen liegt die Scheide oder **Vagina**. Sie stellt die Verbindung zur Gebärmutter dar. Der Scheideneingang kann mit einem dünnen Häutchen, dem Jungfernhäutchen, verschlossen sein. Es schützt vor Schmutz und Krankheitserregern.

Gebärmutter

An die Scheide schließt sich die Gebärmutter an. Die Gebärmutterwand besteht zum großen Teil aus Muskeln. Innen ist sie mit einer Schleimhaut ausgekleidet. In dieser Schleimhaut kann sich eine befruchtete Eizelle einnisten. Während der Schwangerschaft wächst dann in der Gebärmutter ein Kind heran.

Eierstöcke und Eileiter

In den zwei Eierstöcken befinden sich seit der Geburt etwa 400.000 Eizellen. Die Eileiter stellen die Verbindung zum rechten und linken Eierstock her. Durch den Eileiter gelangt die Eizelle aus dem Eierstock zur Gebärmutter. Die Befruchtung der Eizelle durch eine Spermienzelle findet ebenfalls im Eileiter statt.

Eireifung und Eisprung

Mit Beginn der Pubertät und dem Einsetzen der Menstruation reift in einem der Eierstöcke etwa einmal im Monat eine Eizelle in einem **Eibläschen** heran. In welchem der beiden Eierstöcke dies passiert, ist zufällig.

Das Eibläschen wandert dann zum Rand des Eierstocks. Dort platzt es auf und die reife Eizelle wird in den **Eileiter-Trichter** freigesetzt. Über diesen gelangt die Eizelle in den Eileiter. Nach diesem Eisprung kann die Eizelle 12 bis 24 Stunden lang von einer Spermienzelle befruchtet werden.

Der Weg zur Gebärmutter

Mithilfe von Muskelbewegungen und Flimmerhärchen im Inneren des Eileiters wird die Eizelle zur Gebärmutter transportiert.

Während die Eizelle zur Gebärmutter transportiert wird, verdickt sich die Schleimhaut der Gebärmutter und wird stärker durchblutet. Kommt es im Eileiter zur Befruchtung der Eizelle, nistet sich die befruchtete Eizelle in der Gebärmutterschleimhaut ein.

Der Weg von der Befruchtung bis zur Einnistung dauert bis zu 8 Tage. Wenn die Eizelle nicht befruchtet wird, stirbt sie ab. Die Gebärmutterschleimhaut wird dann wieder abgebaut und zusammen mit der nicht befruchteten Eizelle ausgestoßen. Es kommt zur Monatsblutung. ▶

A Nenne die äußeren und die inneren weiblichen Geschlechtsorgane.

B Erkläre die Fachbegriffe Eireifung und Eisprung.

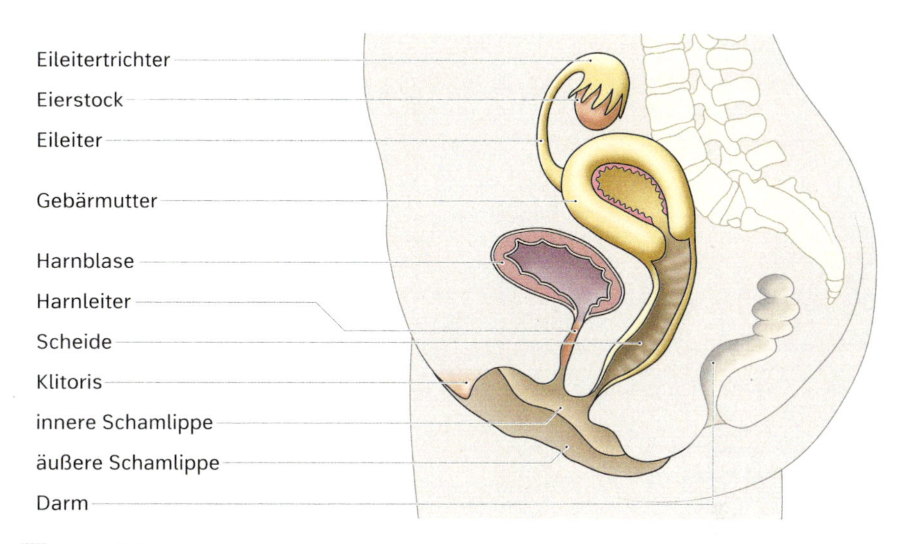

3 Die weiblichen Geschlechtsorgane sowie Darm und Blase

Material mit Aufgaben

M1 Weibliche Geschlechtsorgane

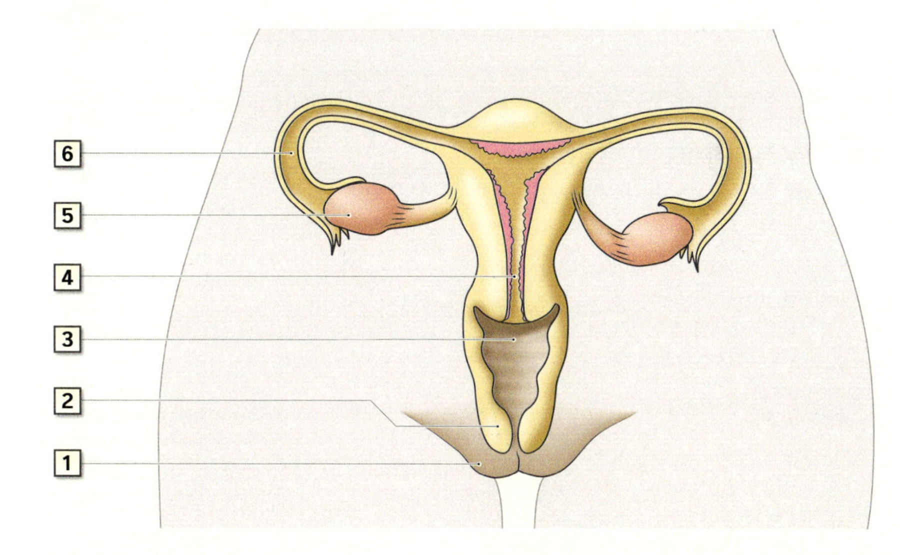

1. Benenne die mit Ziffern gekennzeichneten weiblichen Geschlechtsorgane.
2. Erkläre die jeweilige Funktion der Geschlechtsorgane. +
3. Wähle eine der Aufgaben aus:
   a Beschreibe mit dem Bild den Weg der Eizelle.
   b Erstelle ein Fließschema zum Weg der Eizelle vom Eierstock bis zur Gebärmutter.

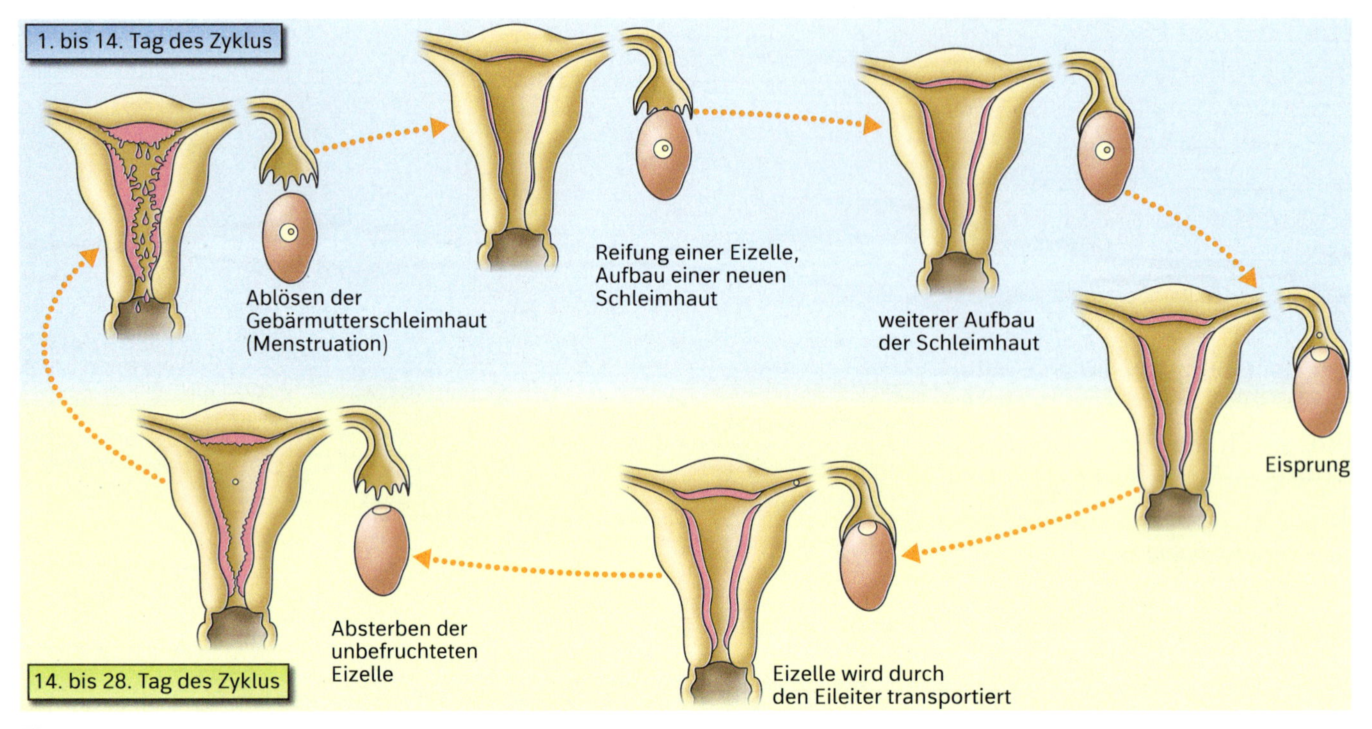

4 Ablauf des Menstruationszyklus

Material mit Aufgaben

M2 Der Menstruationszyklus

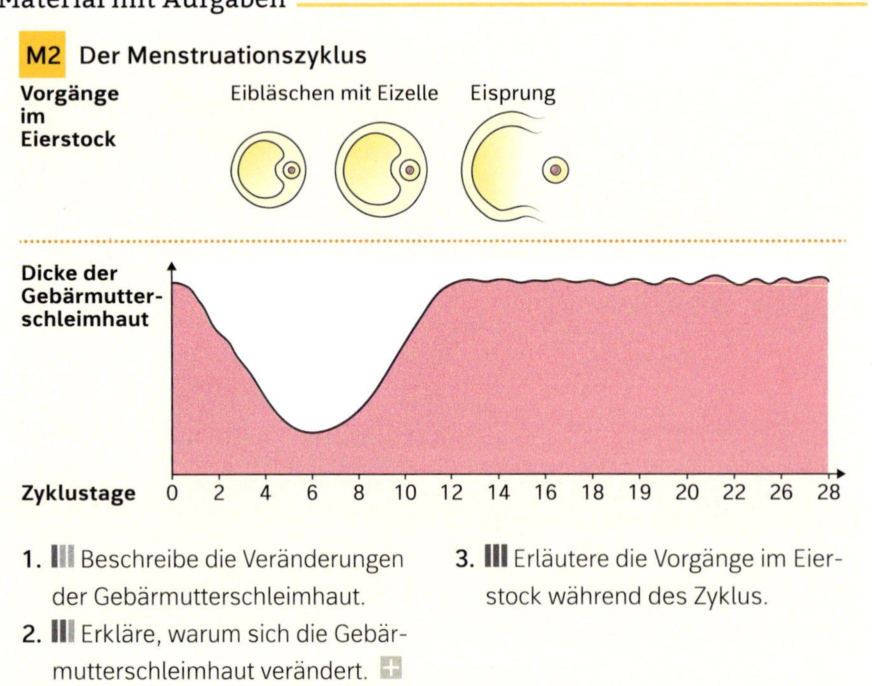

1. Beschreibe die Veränderungen der Gebärmutterschleimhaut.
2. Erkläre, warum sich die Gebärmutterschleimhaut verändert.
3. Erläutere die Vorgänge im Eierstock während des Zyklus.

Die Menstruation

Nach dem Eisprung wird die Eizelle zur Gebärmutter transportiert. Wird die Eizelle nicht befruchtet, nistet sie sich auch nicht in der Gebärmutter ein. Sie stirbt schließlich ab und die zuvor in der Gebärmutter aufgebaute Schleimhaut löst sich ab. Es kommt zur Monatsblutung, die auch als **Menstruation** bezeichnet wird. Dabei wird die Schleimhaut mit einer Blutung ausgestoßen. Die Menstruation dauert meist drei bis sieben Tage. Insgesamt vergeht vom Eisprung bis zum letzten Tag der Blutung ungefähr ein Monat.

Der Menstruationszyklus

Während der Menstruation reift in einem der beiden Eierstöcke bereits die nächste Eizelle heran. Der gesamte Vorgang

wiederholt sich deshalb jeden Monat. Wegen dieser regelmäßigen Wiederholung spricht man auch von einem Zyklus. Ein Zyklus dauert vom ersten Tag der Blutung bis zum ersten Tag der nächsten Blutung ungefähr 28 Tage. Bei jungen Mädchen ist die Menstruation jedoch oft noch unregelmäßig, so dass ein Zyklus auch mal länger oder kürzer sein kann. Ein Menstruationskalender hilft dabei, die Übersicht zu behalten.
Viele Mädchen und Frauen haben während der Menstruation Bauchschmerzen oder Rückenschmerzen. Die Beschwerden kommen daher, dass sich die Schleimhaut der Gebärmutter durch Zusammenziehen der Unterleibsmuskeln ablöst.

Hygiene

Die Schamlippen sollten regelmäßig mit warmem Wasser und einer milden Waschlotion gewaschen werden. Der Intimbereich sollte stets von der Scheide in Richtung After gewaschen werden, dadurch beugt man Infektionen vor. Andernfalls können Krankheitserreger in die Scheide und die Harnröhre gelangen.
Während der Menstruation ist eine gründliche Hygiene wichtig. Mit Binden kann das Blut aufgefangen werden. Diese sind selbstklebend und werden in den Slip eingelegt. Tampons werden in die Scheide eingeführt und saugen so das Blut auf. Binden und Tampons müssen regelmäßig gewechselt werden.

C Erläutere, warum tägliche Hygiene nicht nur während der Menstruation sehr wichtig ist.

Material mit Aufgaben

M3 Menstruationskalender

Februar

Mo	Di	Mi	Do	Fr	Sa	So
1	2	3	4	5	6	7
8	9	10	11	12	13	14
~~15~~	~~16~~	~~17~~	~~18~~	~~19~~	~~20~~	21
22	23	24	25	26	27	28

März

Mo	Di	Mi	Do	Fr	Sa	So
1	2	3	4	5	6	7
8	9	10	11	~~12~~	~~13~~	~~14~~
~~15~~	~~16~~	17	18	19	20	21
22	23	24	25	26	27	28
29	30	31				

April

Mo	Di	Mi	Do	Fr	Sa	So
			1	2	3	4
5	6	7	8	9	10	11
12	13	14	15	16	17	18
19	20	21	22	23	24	25
26	27	28	29	30		

In einem Menstruationskalender wurden für die Monate Februar und März bereits die Tage der Blutungen eingetragen.

1. Bestimme jeweils, wann der Eisprung stattgefunden hat.
2. Bestimme den ersten Tag der Menstruation im Monat April.

M4 Monatshygiene

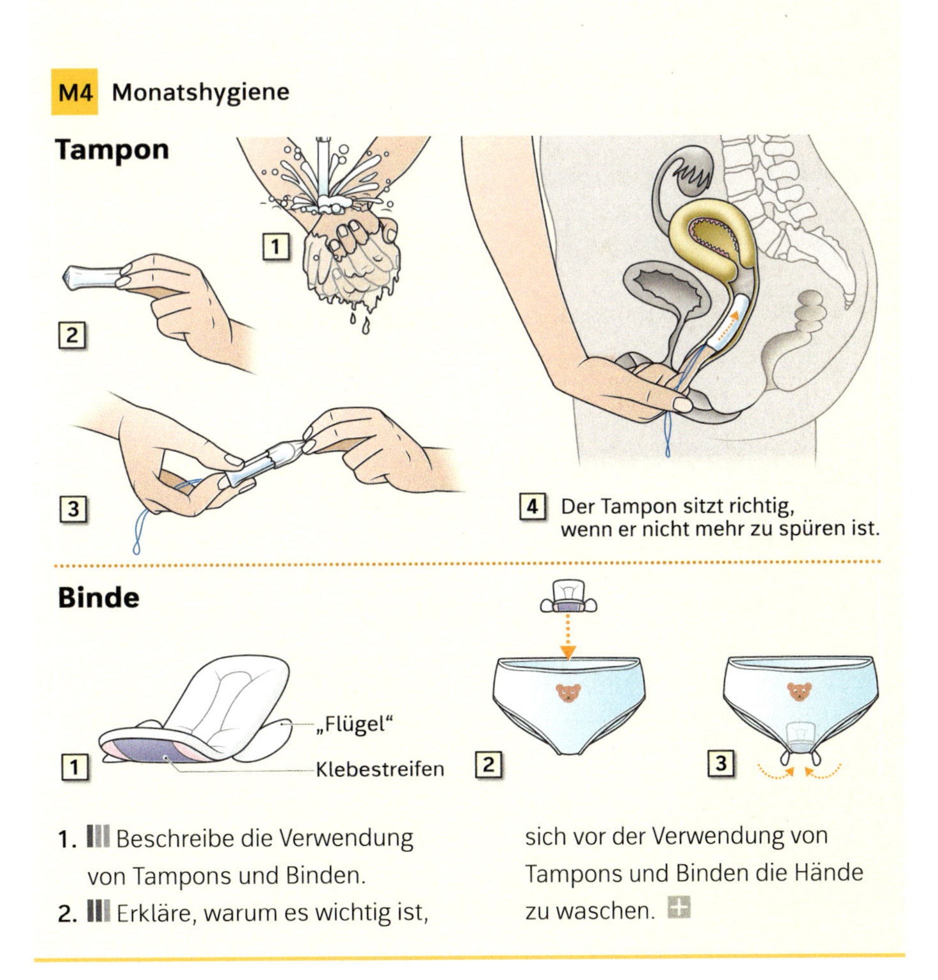

1. Beschreibe die Verwendung von Tampons und Binden.
2. Erkläre, warum es wichtig ist, sich vor der Verwendung von Tampons und Binden die Hände zu waschen.

1 Schwangere Frau

Von der Schwangerschaft bis zur Geburt

Geschlechtsverkehr

Damit eine Frau schwanger wird, muss eine Befruchtung stattfinden. Dies passiert oft durch Geschlechtsverkehr.

Nachdem Frau und Mann sich gegenseitig durch Schmusen, Küssen und Streicheln sexuell erregt haben, wird der steife Penis des Mannes in die Scheide der Frau eingeführt. Rhythmische Bewegungen fühlen sich für beide sehr schön an und können bei beiden zu einem **Orgasmus** führen.

Beim Orgasmus des Mannes kommt es zur Ejakulation. Dadurch gelangen Spermienzellen nach einem Spermaerguss in die Scheide der Frau. Sie schwimmen in die Gebärmutter und weiter in den Eileiter. Dort können die Spermienzellen bis zu 5 Tage lang überleben. Nur wenige Spermienzellen gelangen zu der reifen Eizelle der Frau. Die erste eintreffende Spermienzelle befruchtet die Eizelle.

Eileiter
aus diesen Zellen entwickelt sich der Embryo
Eizelle
aus diesen Zellen entwickelt sich die Plazenta
heranreifende Eizelle
Gebärmuttermuskel
Eierstock
Gebärmutterschleimhaut

2 Befruchtung und Einnistung

Die Befruchtung der Eizelle

Während der fruchtbaren Tage kann eine Eizelle auf dem Weg durch den Eileiter zur Gebärmutter 12 bis 24 Stunden lang durch Spermien befruchtet werden. Bei der **Befruchtung** dringt die Spermienzelle in die Eizelle ein. Jetzt kann keine weitere Spermienzelle mehr in die Eizelle eindringen. Die beiden Zellkerne verschmelzen. Aus der befruchteten Eizelle kann sich ein Kind entwickeln.

Einnistung

Direkt nach der Befruchtung teilt sich die befruchtete Eizelle zum ersten Mal. Auf dem Weg zur Gebärmutter finden weitere Zellteilungen statt. Es entsteht ein Zellverband. Nach sechs Tagen hat dieser den 15 Zentimeter langen Weg durch den Eileiter in die Gebärmutter zurückgelegt und nistet sich in die Gebärmutterschleimhaut ein. Der Zellverband wird nun als Embryo bezeichnet. Mit der **Einnistung** beginnt die Schwangerschaft.

Die Embryonalphase

Der Embryo schwimmt in einer mit Fruchtwasser gefüllten Blase, der **Fruchtblase**. Sie schützt ihn vor Erschütterungen. Über ein stark durchblutetes Gewebe der Gebärmutterwand, die **Plazenta**, und die Nabelschnur wird der Embryo mit Sauerstoff und Nährstoffen durch die Mutter versorgt. Dabei vermischt sich das Blut der Mutter nicht mit dem Blut des Kindes. Der Körper der Mutter versorgt in der gesamten Schwangerschaft das Kind mit. Abfallstoffe des Embryos werden über die Nabelschnur entsorgt. ▶

Material mit Aufgaben

M1 Die Plazenta

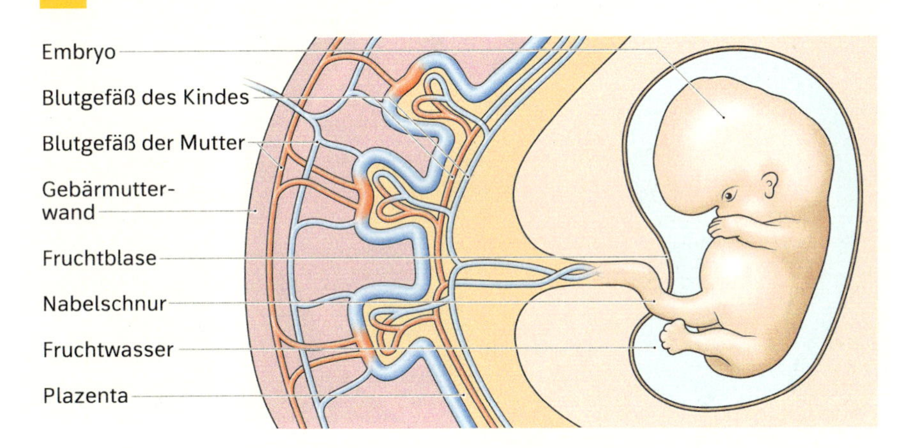

1. Beschreibe die Vorgänge in der Plazenta mithilfe des Bildes.
2. Erkläre, weshalb es wichtig ist, dass Nährstoffe und Sauerstoff von der Mutter zum Kind gelangen können und Abfallstoffe wie Kohlenstoffdioxid vom Kind zur Mutter gelangen können. ⊞

M2 Die Fruchtblase im Modell

Mit diesem Modell kann die Funktion der Fruchtblase verdeutlicht werden. Wenn das Gefäß geschüttelt wird, bleibt das Ei heil und nimmt keinen Schaden.

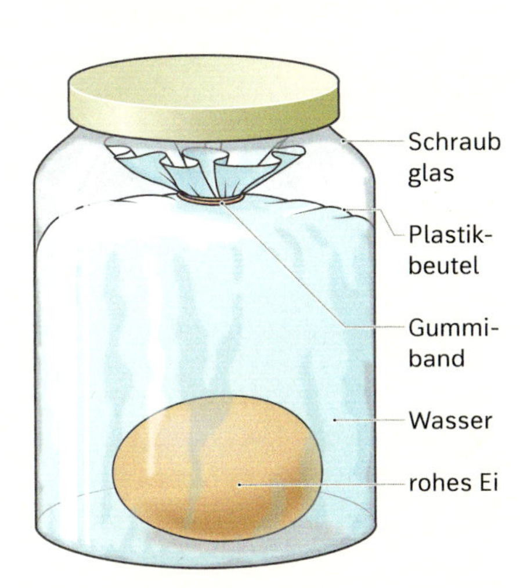

1. Beschreibe den Aufbau des Modells.
2. Ordne den Bauteilen des Modells die Teile der Wirklichkeit zu Erstelle eine Tabelle. ⊞
3. Erkläre die Funktion der Fruchtblase für den Fetus. ⊞
4. Erläutere, was das Modell nicht veranschaulicht.

A Beschreibe den Weg der Eizelle von der Befruchtung bis zur Einnistung. Nimm Bild 2 zur Hilfe.

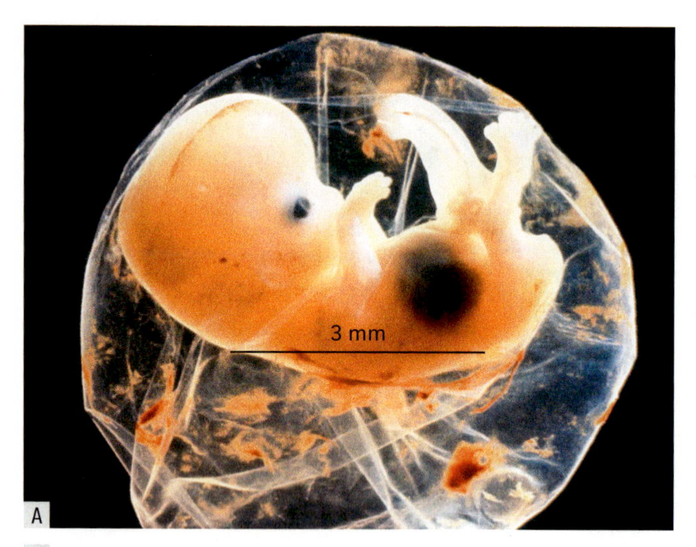

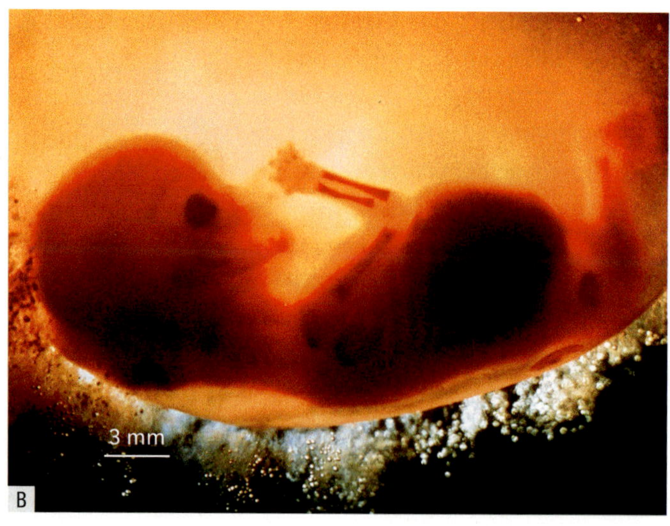

3 Kind im Mutterleib: **A** 5. Woche, **B** 10. Woche

Material mit Aufgaben

M3 Die Fetalphase

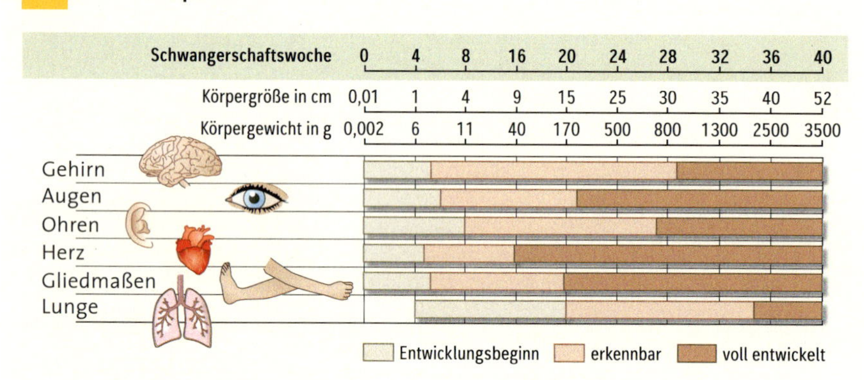

1. Beschreibe mithilfe des Bildes, welche Organe des Kindes sich im Mutterleib zuerst voll entwickeln. Erstelle eine Rangliste.
2. Beschreibe das Wachstum des Kindes während der Schwangerschaft. Beachte Körpergröße und Körpergewicht.
3. Erkläre, warum Kinder schon während der Schwangerschaft auf Geräusche reagieren.
4. Wähle eine der Aufgaben aus:
   a Erläutere mithilfe des Bildes, warum es meist kein Problem ist, wenn ein Kind 3 Wochen zu früh geboren wird.
   b Erläutere, warum die Gefahr einer Schädigung des Kindes größer wird, je früher es geboren wird.

Die Fetalphase

Ab dem vierten Monat bezeichnet man das Kind als **Fetus**. Der Fetus ist jetzt 10 Zentimeter groß. Arme und Beine sind voll ausgebildet. Man kann nun das Geschlecht erkennen. Ab dem fünften Monat spürt die Mutter Bewegungen des Fetus. Die Herztöne sind nun auch messbar. Der Fetus kann jetzt die Stimme der Mutter und andere Geräusche hören. Im sechsten Monat ist der Fetus 26 Zentimeter groß. Er nimmt jetzt Licht wahr. Im siebten Monat öffnen sich die Augen. Der Fetus ist jetzt 35 Zentimeter groß. Im achten Monat ist die Lunge voll ausgebildet, aber noch mit Fruchtwasser gefüllt. Der Fetus wächst bis zur Geburt weiter und nimmt vor allem kurz vor der Geburt viel an Gewicht zu. Während der Fetalphase wachsen also die Anlagen aller Organe des Kindes heran und entwickeln sich. Im Laufe der Entwicklung nähern sich die Körperproportionen denen eines Neugeborenen an. Die Fetalphase endet mit der Geburt des Kindes.

Die Geburt

Eine Schwangerschaft dauert im Durchschnitt etwa 265 Tage. Vier Wochen vor der Geburt dreht sich der Fetus, so dass der Kopf Richtung Scheide zeigt. Die Geburt lässt sich in zwei Phasen unterteilen.

- **Eröffnungsphase** • Die Geburt beginnt mit dem Einsetzen von **Wehen** und dem Reißen der Fruchtblase. Eine Wehe ist eine Muskelkontraktion der Gebärmutter. Ist das Fruchtwasser abgeflossen und die Scheide weit genug geöffnet, beginnt die Austreibung.

- **Austreibung** • In der zweiten Phase werden die Wehen stärker. Das Kind wird mit dem Kopf voran aus der Scheide gepresst. Der Rest des Körpers folgt mit weiteren Wehen.

Nach der Geburt

Das Kind befindet sich nun außerhalb der Mutter. Es heißt jetzt Säugling. Der Säugling muss zum ersten Mal atmen. Seine Lungen werden mit Luft gefüllt. Die Nabelschnur wird in der Nähe des Nabels des Kindes abgebunden und durchschnitten. Man spricht daher von einer **Entbindung**. Bei der Mutter beginnen nach der Geburt die Nachgeburtswehen. Die Plazenta löst sich. Zusammen mit der Fruchtblase und der Gebärmutterschleimhaut wird sie als Nachgeburt abgestoßen.

B Erstelle ein Fließschema mit den Entwicklungsschritten von der Befruchtung bis zur Geburt.

Material mit Aufgaben

M4 Die Geburt

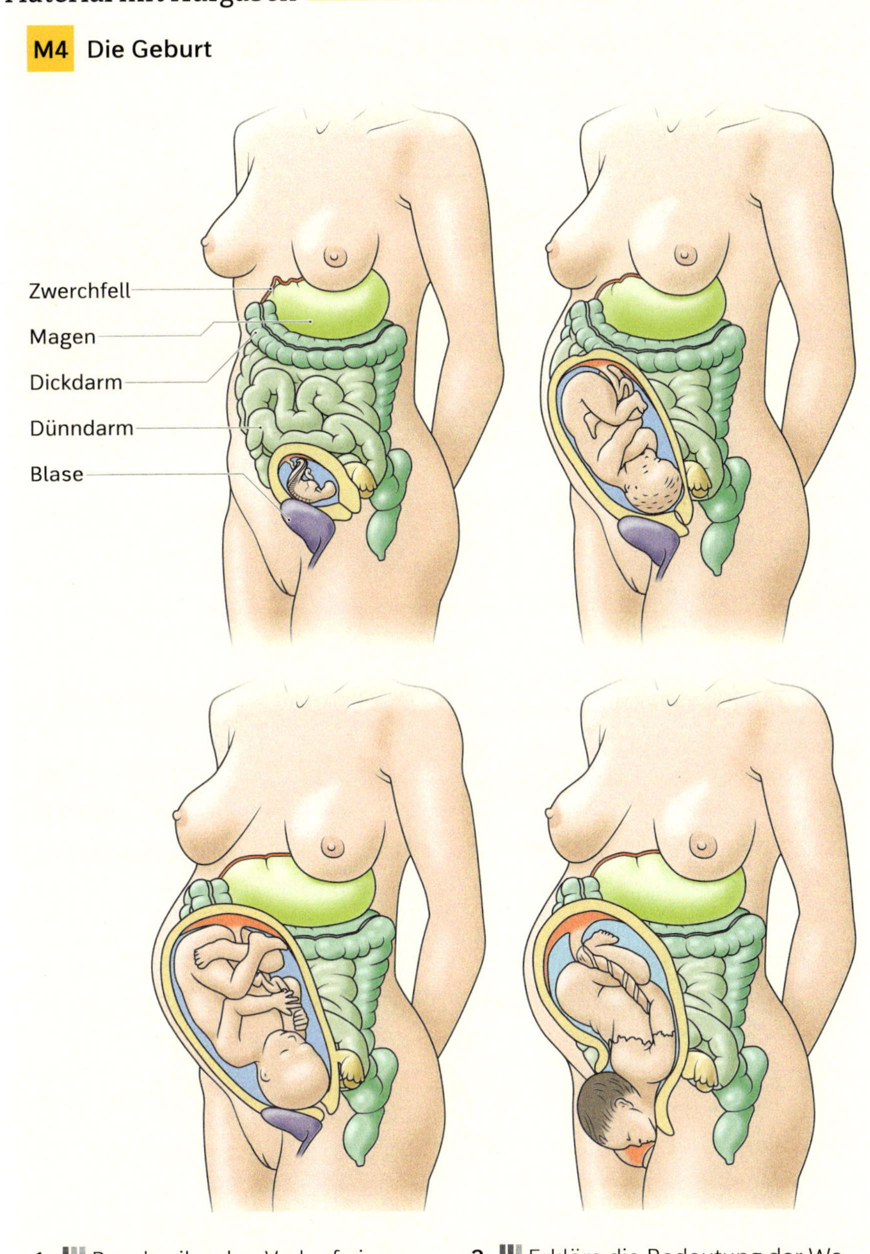

1. Beschreibe den Verlauf einer Schwangerschaft. Beachte die Größe und Lage des Kindes und die Größe der Gebärmutter.
2. Beschreibe den Geburtsvorgang.
3. Erkläre die Bedeutung der Wehen.
4. Erkläre mithilfe der Bilder, warum Schwangeren das Atmen gegen Ende der Schwangerschaft schwerfällt.

1 Eine unangenehme Situation

Nein heißt nein!

Regeln für das Miteinander:
- Dein Körper gehört dir.
- Du bestimmst allein, wer dich wie anfassen darf.
- Gefallen dir Berührungen nicht, so sage laut und deutlich „Nein!"
- Kein Mensch darf dir unter die Kleidung fassen.
- Du musst niemanden anfassen oder Körperstellen anschauen.
- Achte auf dein Bauchgefühl.
- Stelle sicher, dass jemand weiß, wo du bist.
- Stelle sicher, dass du jederzeit Hilfe holen kannst.

Beratungsstellen:
- ProFamilia
- Zartbitter e.V.
- Jugendamt
- Nummer gegen Kummer: 116111

Beziehungen zu anderen

Zur Entwicklung der eigenen Persönlichkeit gehört es auch, neue Beziehungen zu anderen Menschen zu knüpfen. Dabei ist es wichtig, eigene **Grenzen** zu setzen und die Grenzen anderer zu respektieren. Jede und jeder entscheidet selbst, welche Situationen und körperlichen Kontakte angenehm sind und welche nicht. Freundschaft und Partnerschaft bedeuten **Vertrauen** und **Respekt**. Das gilt für dich, aber auch für deinen Umgang mit Anderen.

Grenzüberschreitung

Immer wieder werden Grenzen überschritten. Das gilt nicht nur für körperliche **Berührungen**, wie zum Beispiel Küssen und Anfassen, sondern auch, wenn dich jemand per Handy belästigt, bedrängt, filmt oder fotografiert. In Gesetzen ist geregelt, welche Grenzüberschreitungen strafbar sind. Das Recht am eigenen Bild bedeutet zum Beispiel, dass niemand ohne deine **Zustimmung** ein Foto von dir veröffentlichen darf. Wenn jemand ein Bild von dir nutzen möchte, muss er oder sie dich zuvor fragen. Wenn du noch nicht volljährig bist, müssen deine Eltern ihre Zustimmung geben.

Auch im **Internet** ist Vorsicht geboten. Sage deinen Eltern immer, in welchen sozialen Netzwerken und auf welchen Internetseiten du online bist. Gib nie deine Adresse oder deine Telefonnummer heraus. Wenn du online von fremden Personen eingeladen wirst, solltest du dich nicht mit ihnen treffen. Du kannst nicht wissen, ob die Person wirklich ein Junge oder Mädchen in deinem Alter ist und dir die Wahrheit sagt. In sozialen Netzwerken kann jeder so tun, als sei er jemand ganz anderes.

2 Gefahren im Internet

Hilfe finden

Du musst keine **Geheimnisse** für dich behalten. Falls du selbst schon eine bedrohliche oder unangenehme Grenzüberschreitung erlebt hast, kannst du dir bei deiner Familie, Freunden oder deinem Lehrer **Hilfe holen**. Du hast keine Schuld an dieser Situation.
Wenn du dir bei der Einschätzung einer Situation unsicher bist, sprich mit Freunden, Eltern oder Lehrern darüber. Wenn du das Gefühl hast, dass du dich keiner Person in deinem Umfeld anvertrauen kannst, gibt es auch **Beratungsstellen**. Diese Beratungsstellen können dir bei verschiedenen Problemen weiterhelfen. Auch helfen sie dir, eine Situation einzuschätzen. Sie behandeln dein Anliegen streng vertraulich. Auch das Gesetz schützt dich vor Übergriffen anderer Personen.

A Beschreibe die Situation in Bild 1.

B Bewerte die Situation in Bild 1.

C Recherchiere Regeln zum Thema Chatiquette und Netiquette.

Material mit Aufgaben

M1 Nein heißt nein!

Dem Bauchgefühl zu vertrauen und Wünsche auszusprechen, ist nicht immer leicht. Du darfst aber immer sagen, wenn du etwas nicht willst.

1. Nenne Situationen, in denen du Nein sagen würdest.
2. Nenne Gründe, warum es einem vielleicht schwer fallen könnte, in unangenehmen Situationen Nein zu sagen.
3. Bewerte anhand der Regeln folgende Situationen:
   a Dein bester Freund möchte dich küssen. Du möchtest das nicht.
   b Ein Mitschüler schickt dir Nacktfotos auf dein Handy. Du möchtest das nicht.

Zusammenfassung Entwicklung des Menschen

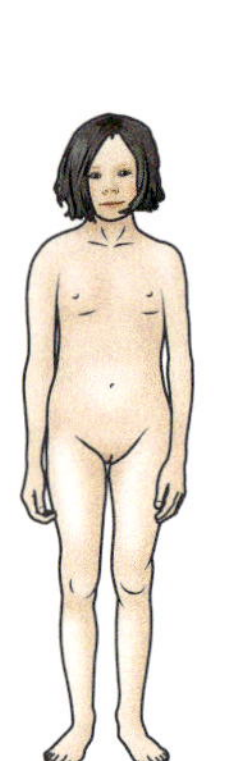

vor der Pubertät

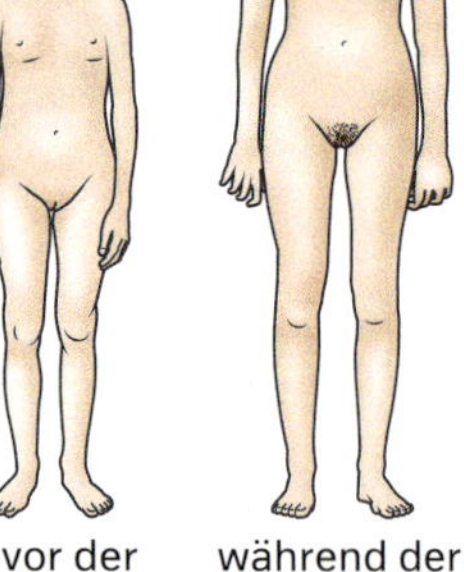

während der Pubertät

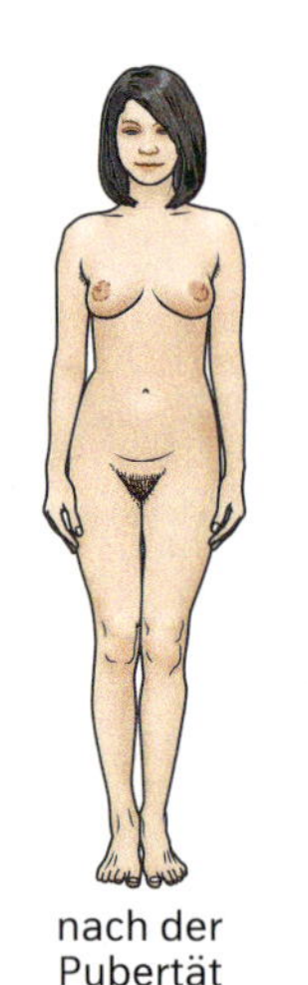

nach der Pubertät

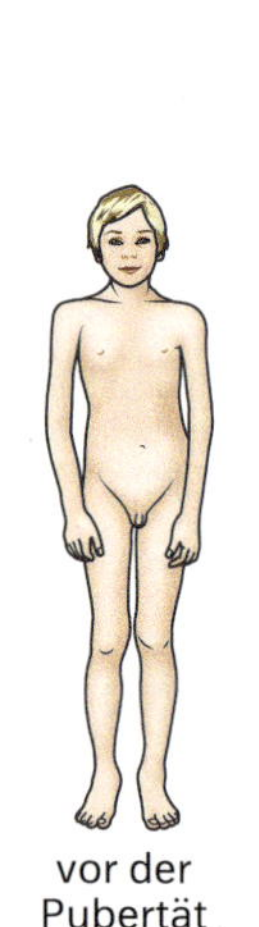

vor der Pubertät

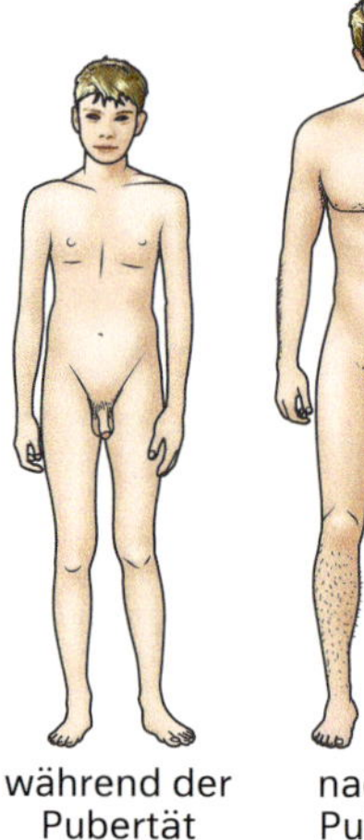

während der Pubertät

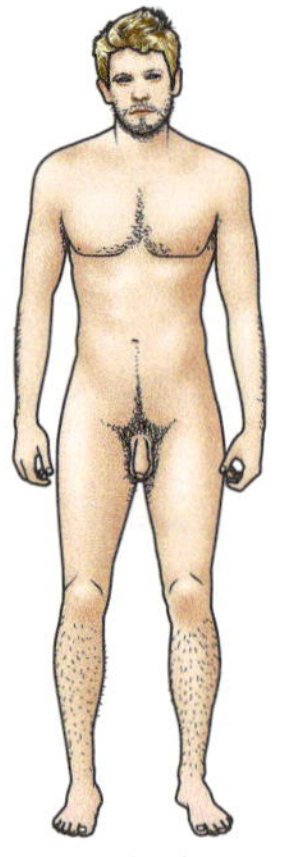

nach der Pubertät

Pubertät

Die Pubertät beginnt ungefähr in einem Alter zwischen 10 und 14 Jahren. In der Pubertät kommt es zu körperlichen Veränderungen. Die primären Geschlechtsmerkmale wachsen und die sekundären Geschlechtsmerkmale beginnen sich zu entwickeln. Hormone, die mit dem Beginn der Pubertät produziert werden, sorgen für diese jeweilige Entwicklung.

Neben den körperlichen Veränderungen kommt es auch zu Veränderungen der Gefühlswelt. Ansichten und Meinungen können sich ebenfalls ändern. Häufig verliebt man sich in der Pubertät zum ersten Mal.

Befruchtung

Damit eine Frau schwanger wird, muss eine Befruchtung stattfinden. Dies passiert meist durch Geschlechtsverkehr. Bei der Ejakulation des Mannes gelangt Sperma in die Scheide der Frau. Die Spermienzellen schwimmen in die Gebärmutter und weiter in den Eileiter. Dort verschmilzt die schnellste Spermienzelle mit der reifen Eizelle. Dabei verschmelzen auch die beiden Zellkerne miteinander. Die befruchtete Eizelle teilt sich auf ihrem Weg durch den Eileiter mehrmals und nistet sich schließlich in der Gebärmutterschleimhaut ein.

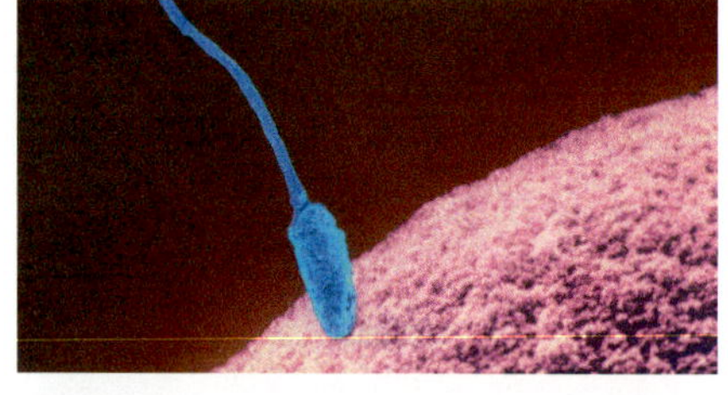

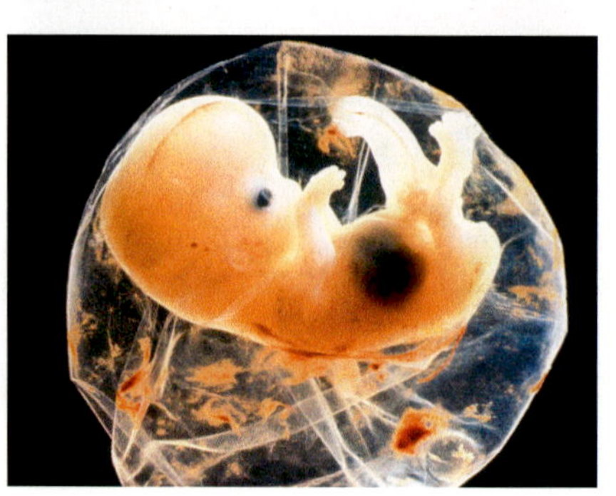

Geschlechtsorgane

Zu den äußeren Geschlechtsmerkmalen des Mannes zählen der Penis und der Hodensack. Die übrigen Geschlechtsorgane wie die beiden Hoden, die beiden Nebenhoden und die Prostata zählen zu den inneren Geschlechtsmerkmalen. In den Hoden werden ab der Pubertät die männlichen Geschlechtszellen, die Spermienzellen gebildet. Von diesem Zeitpunkt an ist ein Mann geschlechtsreif und kann ein Kind zeugen.

Zu den äußeren Geschlechtsmerkmalen der Frau zählen die äußeren Schamlippen. Zu den inneren Geschlechtsorganen zählen die beiden inneren Schamlippen, die Scheide, die beiden Eileiter, die beiden Eierstöcke und die Gebärmutter. In den Eierstöcken reift wechselseitig ab der Pubertät jeden Monat eine Eizelle heran. In der Gebärmutter wächst die Schleimhaut und wird stärker durchblutet. Wenn die Eizelle nicht befruchtet wird, löst sich die Schleimhaut ab und wird mit einer Blutung ausgestoßen. Es kommt bei Mädchen zur ersten Monatsblutung oder Menstruation.

Schwangerschaft und Geburt

Mit der Einnistung der befruchteten Eizelle beginnt die Schwangerschaft. Nach zwölf Wochen sind alle Organe des Embryos vorhanden. Der Embryo wird nun Fetus genannt. Nach etwa 40 Wochen wird das Kind geboren. Die Geburt teilt sich in Eröffnungs- und Austreibungsphase.

1 Geschlechtsorgane

A Nenne die primären und sekundären Geschlechtsmerkmale von Jungen und Mädchen.

B Stelle in einer Tabelle die männlichen und weiblichen Geschlechtsorgane und ihre jeweiligen Funktionen zusammen.

C Erkläre, was man unter dem Fachbegriff Erektion versteht.

D Erstelle ein Fließschema für den Weg der Spermienzellen von der Bildung bis zur Ejakulation.

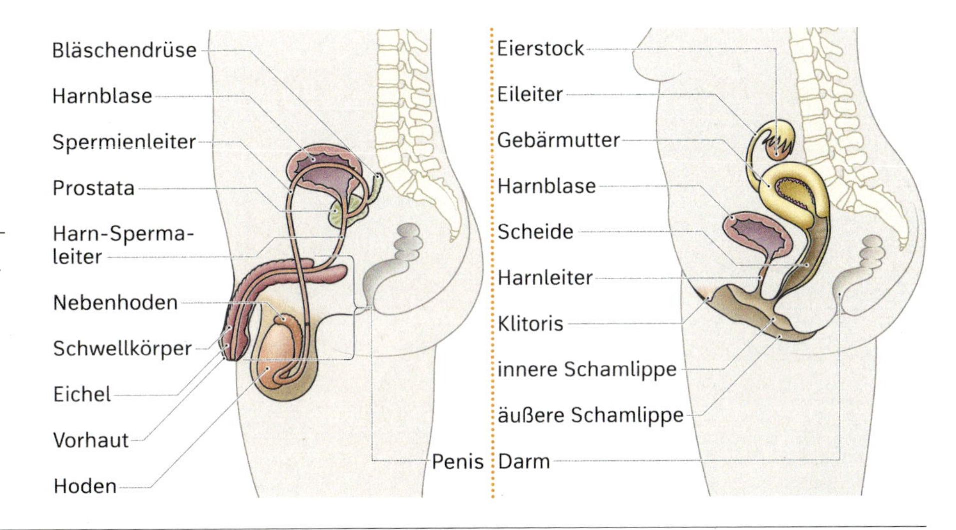

2 Menstruationszyklus

A Ordne die sechs Bilder zum Menstruationszyklus in der richtigen Reihenfolge an.

B Beschreibe den Menstruationszyklus mit deinen eigenen Worten.

C Beschreibe die Aufgabe der Gebärmutterschleimhaut und ihre Veränderung während des Zyklus.

D Bewerte den Begriff „Monatsblutung."

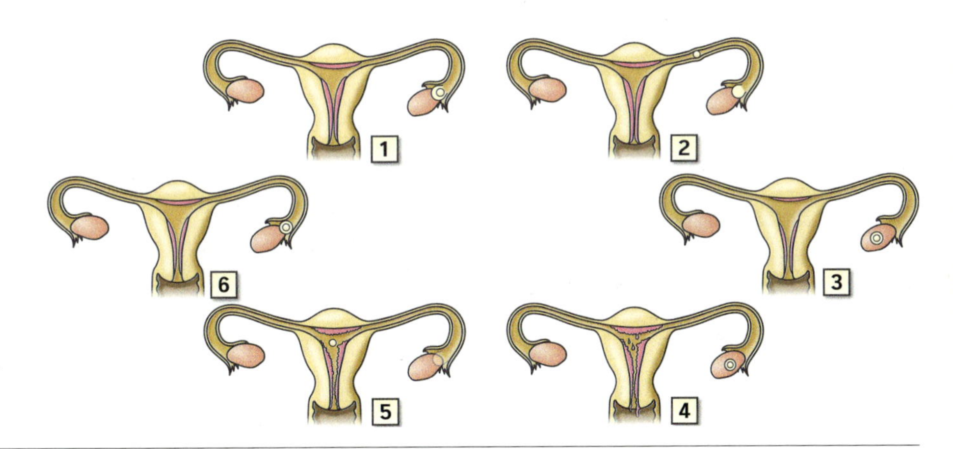

3 Befruchtung, Einnistung und Schwangerschaft

A Vergleiche den Bau der Eizelle und der Spermienzelle miteinander.

B Benenne die mit Ziffern gekennzeichneten Teile.

C Beschreibe die Vorgänge vom Eisprung bis zur Einnistung.

D Erkläre, warum eine Frau nicht an jedem Tag des Zyklus schwanger werden kann.

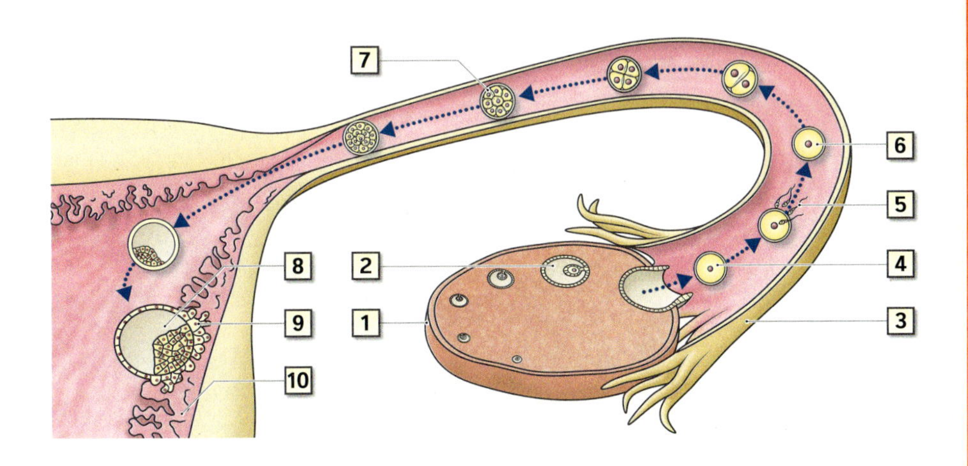

Was für Formen von Energie gibt es?
Was ist Wärme?
Wie leben Tiere und Pflanzen im Winter?

7 Energie effizient nutzen

Wenn zu Beginn jeden Jahres die Tage wieder länger werden und die Temperaturen steigen, wachsen aus dem Boden die ersten Blumen heraus. Zwischen dem Schnee sind dann überall Schneeglöckchen zu sehen. Viele Tiere kommen wieder aus ihren Verstecken hervor. Der Frühling ist da.

1 Ein Bogenschütze

Energieformen

Energieformen

Damit Vorgänge ablaufen, muss Energie zur Verfügung stehen. So kann man zum Beispiel nur einen Bogen spannen, wenn man die Bogensehne mit der Kraft seines Armes spannt. Energie kann auf unterschiedlichste Weisen zur Verfügung stehen. Man spricht von verschiedenen **Energieformen**.

Strahlungsenergie

Licht und andere Strahlungsarten besitzen Energie. Diese Energieform wird **Strahlungsenergie** genannt. Ein Großteil der Strahlungsenergie auf der Erde stammt von der Sonne. Sie wird deutlich, wenn beispielsweise in einem Sonnenkollektor die Energie genutzt wird, um das Wasser in den Rohren zu erwärmen. Das warme Wasser wird für die Erwärmung des Hauses genutzt.

2 Thermische Energie bei einem Toaster

Thermische Energie

Wird einem Körper oder Stoff viel Energie zugeführt, dann erwärmt er sich. Er besitzt dann mehr **thermische Energie**. Je höher die Temperatur eines Körpers oder Stoffes ist, desto größer ist seine thermische Energie. Einige Stoffe fangen bei einer hohen thermischen Energie auch an zu Glühen.

Spannenergie

Zieht man zum Beispiel eine Feder oder ein Gummiband auseinander, dann besitzen sie anschließend Energie. Diese Form der Energie bezeichnet man als **Spannenergie**. Spannt man die Sehne eines Bogens, dann verbiegt sich der Bogen. Er hat Spannenergie. Auch zusammengedrückte Federn aus Metall oder Gummibälle besitzen Spannenergie.

Höhenenergie

Beim Start einer Achterbahn werden die Wagen mit den Sitzen nach oben gezogen. Wegen ihrer erhöhten Lage, besitzen sie nun mehr Energie. Diese Form der Energie nennt man **Höhenenergie** oder auch Lageenergie. Je höher und schwerer ein Körper ist, desto mehr Höhenenergie besitzt er. Auch ein Bungeespringer hat mehr Höhenenergie je höher sein Absprungsort ist.

Bewegungsenergie

Beim Bowling wirft man eine Kugel in Richtung der Pins. Die Kugel rollt auf der Bahn und stößt die Pins um. In der Bewegung der Kugel steckt Energie. Diese Energieform bezeichnet man daher als **Bewegungsenergie**. Je schneller und schwerer ein Körper ist, desto mehr Bewegungsenergie besitzt er.

Elektrische Energie

Immer wenn elektrischer Strom in einem Stromkreis fließt, wird auch Energie übertragen. Ohne diese **elektrische Energie** funktioniert kein elektrisches Gerät, wie zum Beispiel ein Computer oder ein Smartphone.

Chemische Energie

Brennstoffe wie Kohle haben **chemische Energie**. Bei ihrer Verbrennung wird die Energie als Strahlungsenergie und thermische Energie nutzbar. Auch Nahrungsmittel haben chemische Energie. Durch Vorgänge im Körper wird sie beispielsweise für Bewegungen nutzbar.

A Erstelle eine Mind-Map zu den verschiedenen Energieformen.

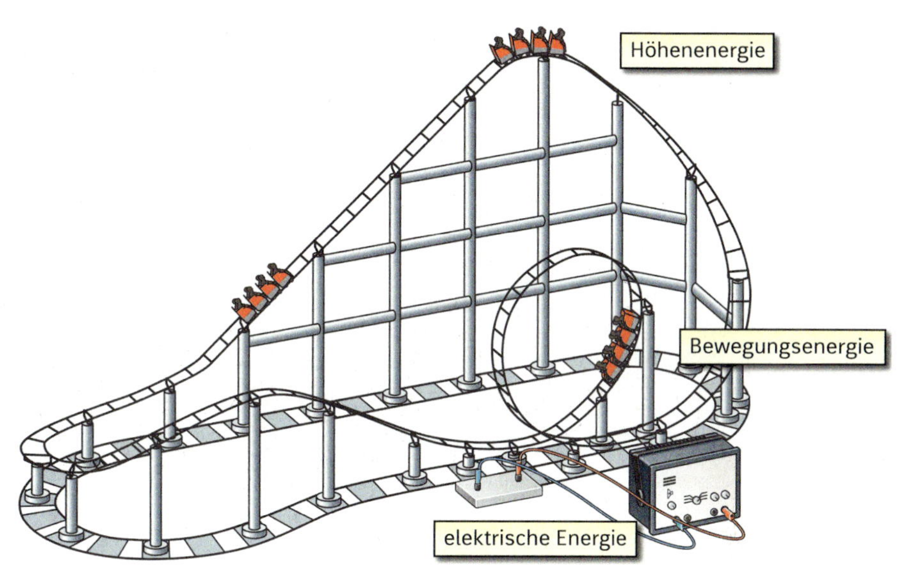

3 Verschiedene Energieformen einer Modellachterbahn

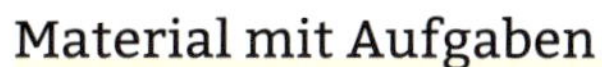

Material mit Aufgaben

M1 Sonnenkollektor und Solarzelle

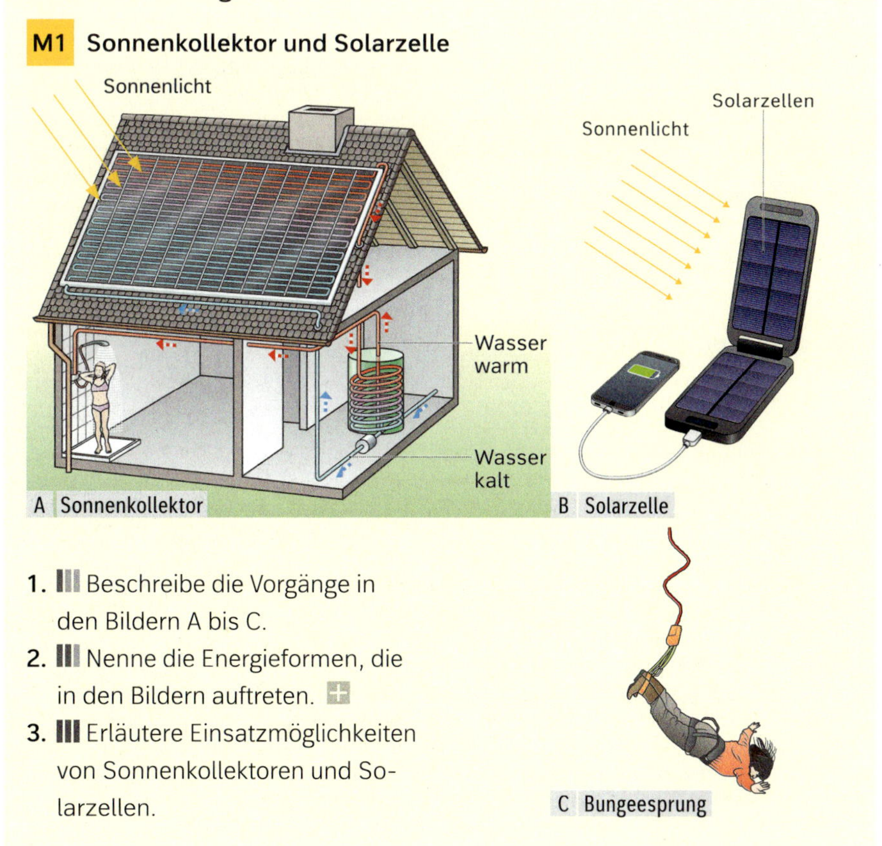

A Sonnenkollektor

B Solarzelle

C Bungeesprung

1. Beschreibe die Vorgänge in den Bildern A bis C.
2. Nenne die Energieformen, die in den Bildern auftreten.
3. Erläutere Einsatzmöglichkeiten von Sonnenkollektoren und Solarzellen.

1 Ein Freefall-Tower

Energieumwandlungen

Energie geht nicht verloren

Im Freizeitpark bieten Freefall-Tower für Mutige einen aufregenden Nervenkitzel. Wenn die Gondel an der Spitze des Turms stehen bleibt, blickt man in den Abgrund. Befindet sich die Gondel eines Freefall-Towers immer weiter über den Boden, dann besitzt sie immer mehr Höhenenergie. Wird die Gondel gelöst, fällt sie immer schneller nach unten. Sie hat nun immer mehr Bewegungsenergie. Die Höhenenergie der Gondel des Freefall-Tower wird in Bewegungsenergie **umgewandelt.** Energie kann nicht verloren gehen, sie wird immer nur in andere Energieformen umgewandelt.

Energiewandler

Ein Toaster wandelt elektrische Energie in thermische Energie und in Strahlungsenergie um. Man erkennt die Energieformen an den glühenden Drähten im Toaster und an der Bräunung des Toastbrotes.
Die Kerze ist dagegen ein Beispiel, dass auch chemische Energie in Strahlungsenergie und thermische Energie umgewandelt werden kann.

Material mit Aufgaben

M1 Stabhochsprung

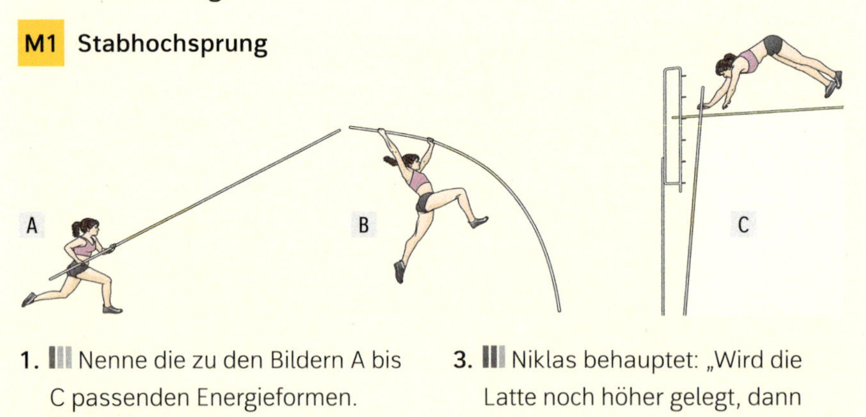

1. Nenne die zu den Bildern A bis C passenden Energieformen.
2. Beschreibe die Energieumwandlungen, die während eines Stabhochsprungs stattfinden.
3. Niklas behauptet: „Wird die Latte noch höher gelegt, dann muss mehr Energie umgewandelt werden.“ Nimm Stellung zu seiner Aussage.

Auch Smartphones wandeln Energie um. In ihnen wird zunächst die chemische Energie, die in dem Akkumulator gespeichert ist, in elektrische Energie umgewandelt. Anschließend wird ein Teil der elektrischen Energie in Strahlungsenergie umgewandelt, sodass das Display leuchtet. Ein anderer Teil der Energie wird in thermische Energie umgewandelt. Man merkt das daran, dass Smartphones bei langem Betrieb warm werden.

Beim Bogenschießen spannt man die Sehne des Bogens. Dadurch biegt sich der Bogen. Er hat dann Spannenergie. Lässt man die Sehne los, fliegt der Pfeil. Die Spannenergie der Sehne wurde in die Bewegungsenergie des Pfeils umgewandelt. Alle Geräte, Körper oder auch Lebewesen, die eine Energieform in andere Energieformen umwandeln, bezeichnet man in den Naturwissenschaften als **Energiewandler**.

Energiespeicher

Energie kann in verschiedenen Formen gespeichert werden. Solche Energiespeicher können beispielsweise Treibstoffe wie Benzin sein oder technische Geräte wie Akkumulatoren. Energiespeicher dienen der Speicherung von verschiedenen Energieformen.

A Beschreibe die Energieumwandlung bei einem Toaster.

B Beschreibe mögliche Energieumwandlungen bei einer Fahrt mit einer Achterbahn.

C Beschreibe den Unterschied zwischen einem Energiewandler und einem Energiespeicher.

Material mit Aufgaben

M2 Energieumwandlungen

zugeführte Energieform \ abgegebene Energieform	Bewegungsenergie	elektrische Energie	thermische Energie	Strahlungsenergie	chemische Energie
Bewegungsenergie	Wasserrad	?	reibende Hände		
elektrische Energie	?	Transformator	Tauchsieder	Leuchtdiode	Akkuladegerät
thermische Energie	Dampflokomotive	Thermoelement	?	glühende Bremsen	
Strahlungsenergie	Lichtmühle	?	Sonnenkollektor		Fotosynthese
chemische Energie	Bewegung	Batterie	?	Knicklicht	Verdauung

1. Beschreibe auf folgende Weise drei Energieumwandlungen in der Tabelle: Ein Wasserrad wandelt die Bewegungsenergie des Wassers in die Bewegungsenergie des Wasserrads um.
2. Ordne folgende Energiewandler den Fragezeichen zu: Ventilator, Gasbrenner, Heizung, Solarzelle und Fahrraddynamo. Begründe deine Zuordnungen.
3. Die thermische Energie bei der Dampflok stammt von verbrannter Kohle. Beschreibe alle Energieumwandlungen.
4. Stelle Vermutungen an, warum die Höhenenergie und die Spannenergie in der Tabelle fehlen.

P3 Energieumwandlung im Versuch

Material: Flummi

Durchführung: Nimm den Flummi hoch und lasse ihn fallen.

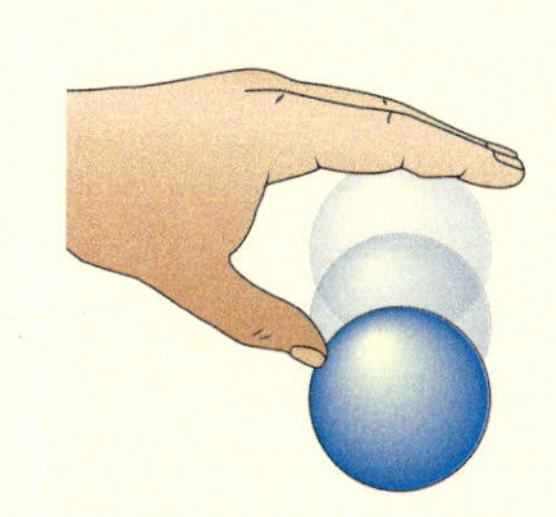

1. Beschreibe die Energieumwandlungen, die beim Fallenlassen des Flummis ablaufen.

1 Solarzellen und Windräder

Die Energie der Sonne

Die Sonne ist eine Energiequelle

Die Sonne gibt ihre Energie in Form von **Strahlungsenergie** ab. Wir nehmen diese Strahlung als Licht und Wärme wahr. Pflanzen nehmen diese Energie auf und speichern sie in Form von Nährstoffen. Bei diesem Vorgang wandeln die Pflanzen die Strahlungsenergie der Sonne in **chemische Energie** um. Die chemische Energie ist in den Nährstoffen gebunden. Auch andere Lebewesen wie Tiere und Menschen benötigen Energie, damit sie sich bewegen, wachsen und fortpflanzen können. Wenn man eine Birne isst, nutzt der Körper die in ihr gespeicherte Energie. Der Körper wandelt die chemische Energie in **Bewegungsenergie** und **Wärme** um. Der Körper ist ein **Energiewandler**. Die Energiewandlungen bildet man in einem **Energieflussdiagramm** ab.

Strahlungsenergie → chemische Energie → chemische Energie → Bewegungsenergie und Wärme

2 Energieflussdiagramm

Solarzellen

Auf vielen Dächern kann man dunkle Platten, die Solarzellen, finden. Viele dieser einzelnen Solarzellen sind zu großen **Photovoltaikanlagen** zusammengefasst. Diese sind nicht nur auf Dächern, sondern auch auf Feldern. Sie wandeln die Strahlungsenergie der Sonne in elektrische Energie um. Die elektrische Energie kann vor Ort genutzt oder ins Stromnetz eingespeist werden.

Sonnenkollektoren

Trifft die energiereiche Strahlung der Sonne auf Gegenstände, werden diese erwärmt. In Sonnenkollektoren wird die Energie der Sonne in Form von Wärme an das Wasser im Sonnenkollektor übertragen. Dadurch erhöht sich die Temperatur des Wassers. Das Warmwasser strömt dann von den Kollektoren über Rohrleitungen in einen Wasserspeicher. Das Warmwasser im Wasserspeicher kann dann für Heizkörper, zum Duschen oder den Abwasch verwendet werden. ▶

3 Sonnenenergie nutzen: **A** Solarzellen, **B** Sonnenkollektoren

Material mit Aufgaben

M1 Solarzelle

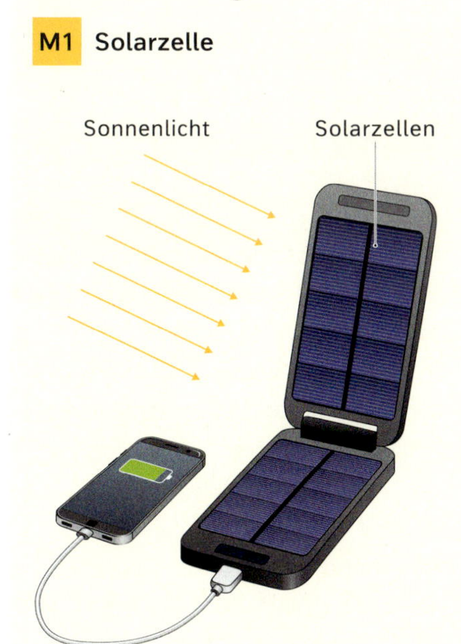

1. Beschreibe den im Bild dargestellten Aufbau.
2. Beschreibe alle im Bild dargestellten Energiewandlungen.
3. Erstelle für dieses Beispiel ein Energieflussdiagramm.

M2 Sonnenkollektor

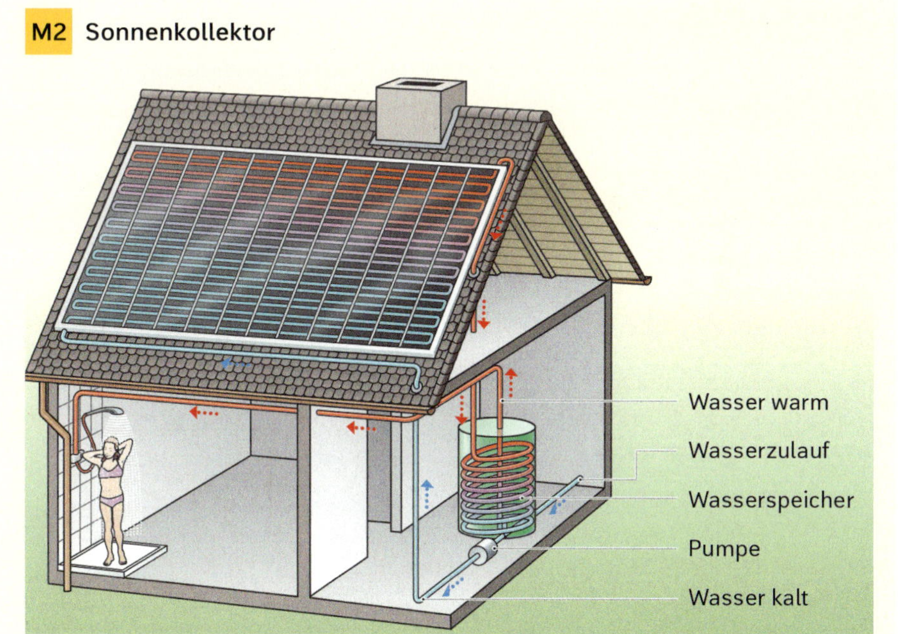

1. Beschreibe den Aufbau des Sonnenkollektors.
2. Erkläre die Funktionsweise eines Sonnenkollektors.
3. Beschreibe die Energieumwandlung in einem Sonnenkollektor.
4. Wähle eine der Aufgaben aus:
   a Erkläre den Unterschied zwischen einer Solarzelle und einem Sonnenkollektor.
   b Erstelle ein Energieflussdiagramm für einen Sonnenkollektor.

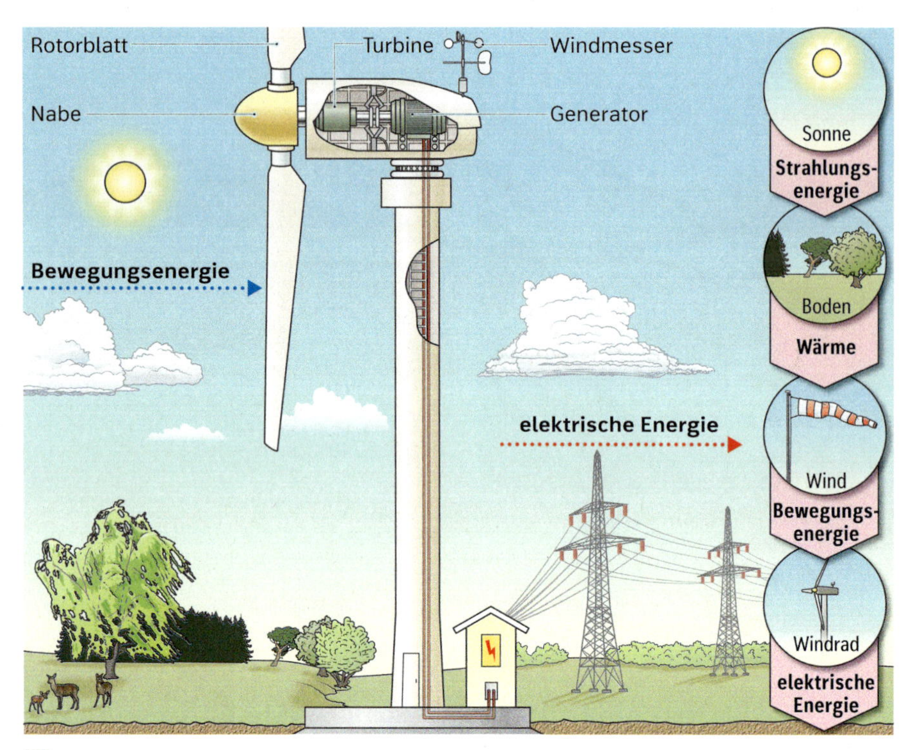

4 Funktionsweise einer Windenergieanlage

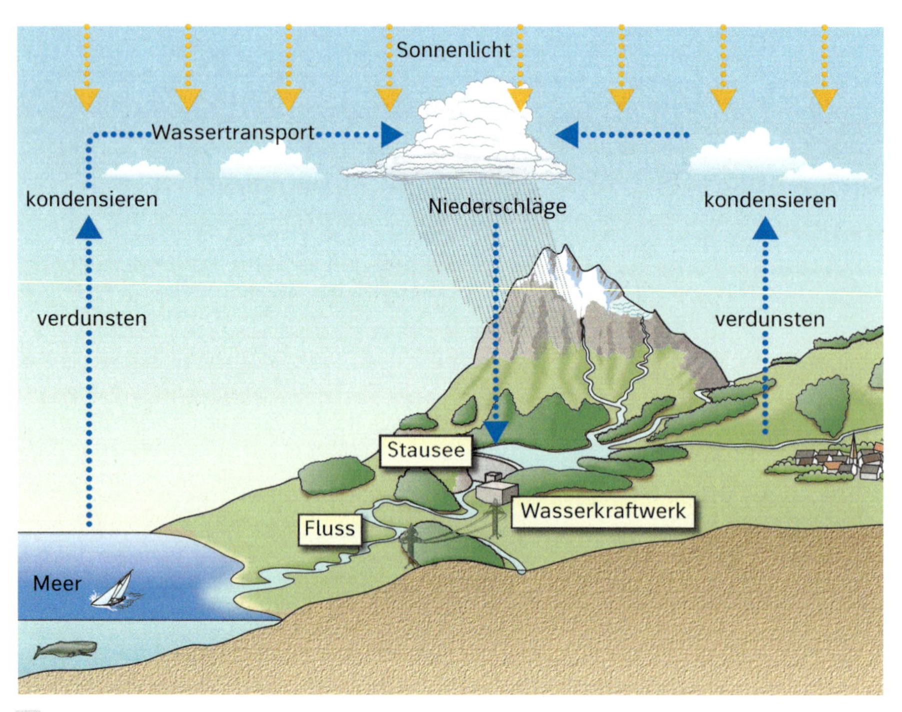

5 Nutzung der Wasserkraft

Windenergieanlagen

Durch die Energie der Sonne wird die Erdoberfläche erwärmt. Der Boden nimmt die Strahlungsenergie auf und gibt Wärme ab. Die Luft über dem Boden nimmt die Wärme in Bodennähe auf und steigt nach oben. Wenn warme Luft nach oben steigt, wird sie durch kältere Luft ersetzt, die von allen Seiten nachströmt. So entsteht Wind.

Windenergieanlagen werden durch den Wind angetrieben. Sie nutzen die Bewegungsenergie der sich bewegenden Luft. Der Wind treibt die Windräder mit Turbinen und somit Generatoren an. Diese wandeln die Bewegungsenergie in elektrische Energie um.

Wasserkraftwerk

Durch die Energie der Sonne verdunstet das Wasser aus Meeren, Seen, Flüssen und von der Erdoberfläche. Gasförmiger Wasserdampf steigt nach oben. Je höher er steigt, desto mehr kühlt sich der Wasserdampf ab. Dabei entstehen Wassertropfen, die **Wolken** bilden. Wind weht sie über das Land. Wenn die Tropfen zu schwer werden, fallen sie als **Regen** zur Erde. Über Bäche und Flüsse strömt das Wasser zum Meer. In Wasserkraftwerken wird mithilfe von Turbinen die Bewegungsenergie des strömenden Wassers in elektrische Energie umgewandelt.

A Beschreibe die Energieumwandlungen bei einer Windenergieanlage mithilfe von Bild 4.

B Erkläre, warum bei Windenergieanlagen und Wasserkraftwerken die Energie der Sonne indirekt genutzt wird.

Kohle, Erdöl, Erdgas

Kohle, Erdöl und Erdgas entstanden vor Millionen von Jahren. Deshalb werden sie als **fossile Brennstoffe** bezeichnet. Die Energie der Sonne bewirkte auch damals, dass Pflanzen wuchsen und dabei die Energie der Sonne in chemische Energie umwandelten. Wenn sie abgestorben waren, vermoderten sie und wurden überlagert von Erdschichten, Gestein und Geröll. Der Druck dieser Schichten auf die toten Pflanzen wurde mit der Zeit sehr groß. Dadurch wurde aus ihnen Kohle. Erdöl und Erdgas haben sich aus Kleinstlebewesen gebildet, die vor Urzeiten im Meer lebten und abgestorben sind.

Nachhaltige Energie

Fossile Brennstoffe entstehen sehr langsam. Sie bilden sich bei weitem nicht so schnell nach, wie die Menschen sie verbrauchen.
Zukünftig werden die Vorräte von Erdöl, Erdgas und auch Kohle auf der Erde erschöpft sein. Für sie muss eine Alternative gefunden werden. Die Sonne wird noch mehrere Milliarden Jahre lang scheinen und der Erde ständig Energie liefern. Der Vorrat an Strahlungsenergie ist also nicht begrenzt. Strom und Wärme, die direkt aus der Strahlungsenergie erzeugt werden, sind **nachhaltig**.

C Beschreibe die Bildung von Kohle und Erdöl.

D Erkläre, warum Kohle energiereich ist.

E Erkläre, warum die fossilen Brennstoffe irgendwann aufgebraucht sind.

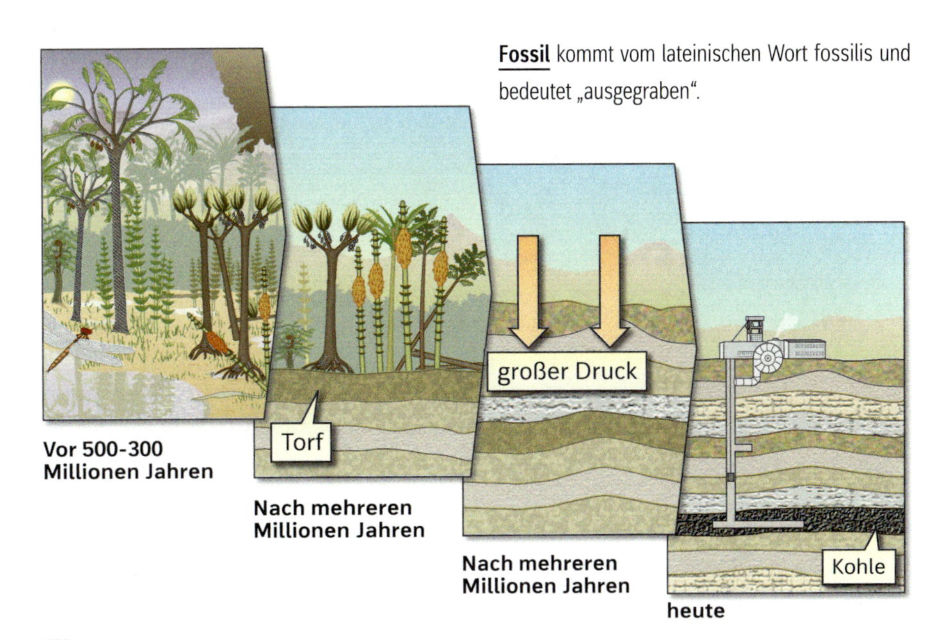

6 Entstehung von Kohle

Fossil kommt vom lateinischen Wort fossilis und bedeutet „ausgegraben“.

Material mit Aufgaben

M3 Kohlekraftwerk

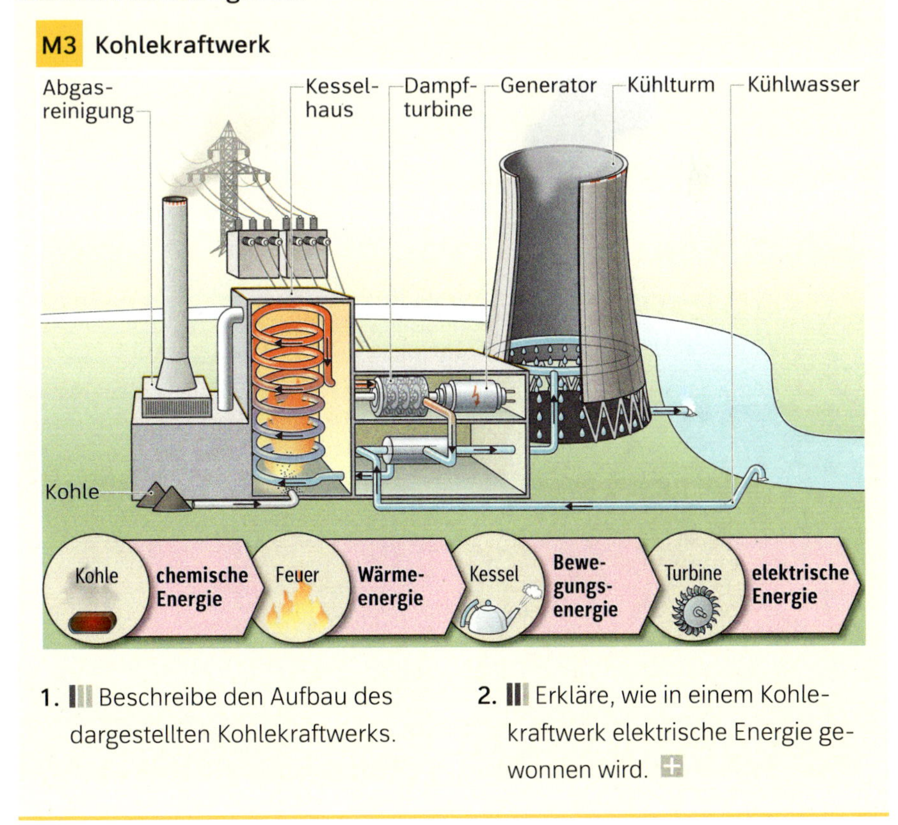

1. Beschreibe den Aufbau des dargestellten Kohlekraftwerks.

2. Erkläre, wie in einem Kohlekraftwerk elektrische Energie gewonnen wird.

1 Ein Getreidefeld

Pflanzen liefern Energie

Kein Leben ohne Sonne

Die Sonne liefert allen Pflanzen Energie in Form von Licht und Wärme. Die Pflanzen nutzen die **Lichtenergie** für die Fotosynthese. Bei der Fotosynthese bauen Pflanzen aus den energiearmen Ausgangsstoffen Wasser und Kohlenstoffdioxid energiereiche Nährstoffe auf. Zu diesen energiereichen Stoffen zählen Traubenzucker, Stärke, Fett, Eiweißstoffe oder auch Zellulose. Diese Stoffe benötigt die Pflanze zum Wachsen.

2 Getreide: **A** Getreidekorn, **B** Mahlen von Mehl

Wo steckt die Energie?

In allen Teilen einer Pflanze steckt Energie. Dabei ist die Energie in den unterschiedlichen Stoffen gespeichert. Man spricht von **chemischer Energie**.

Die Samen von Weizen enthalten Stärke, Fett und Eiweißstoffe. In diesen Stoffen ist viel chemische Energie gespeichert. Der Mensch nutzt die Samen, um sie zu Mehl zu mahlen. Aus dem Mehl können dann zum Beispiel Brot oder Brötchen hergestellt werden. Wenn man die Produkte isst, nimmt man die darin enthaltene chemische Energie auf. Diese Energie stammt ursprünglich von der Sonne. Die Pflanze hat die Lichtenergie in chemische Energie **umgewandelt**.

Der Stängel der Weizenpflanze bestehen vor allem aus dem Baustoff Zellulose. Aus diesem Grund ist die Energie dort hauptsächlich in der Zellulose gespeichert. Da der Mensch die Zellulose nicht verdauen kann, kann er die darin enthaltene chemische Energie kaum nutzen.

3 Die Energie der Sonne wird umgewandelt

Produkte aus Getreide

Getreide gehört zu den Grundnahrungsmitteln. Das Getreide wird geerntet und zum Beispiel zu Mehl weiterverarbeitet. Ein großer Teil des angebauten Getreides wird auch als Futter für Nutztiere verwendet. Getreide kann auch industriell genutzt werden. Aus ihm wird zum Beispiel Biokraftstoff zum Antrieb von Maschinen und Fahrzeugen gewonnen.

Energie auf dem Esstisch

Nahrungsmittel enthalten die umgewandelte Energie aus der Sonne. Mit dem Brot nimmt man die Energie direkt aus den Pflanzen auf. Aber auch beim Verzehr von Fleisch oder Milch nimmt man chemische Energie auf. Nutztiere wie Rinder ernähren sich von den energiereichen Pflanzenteilen. Dadurch können sie wachsen und sich bewegen. Die Tiere wandeln einen Teil der energiereichen Stoffe in körpereigene energiereiche Stoffe um. Aus den Nutztieren gewinnet der Mensch neben Milchprodukten wie Käse auch Fleischprodukte wie Wurst. Daher enthalten alle Nahrungsmittel die umgewandelte Lichtenergie der Sonne.

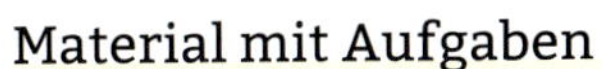

Material mit Aufgaben

M1 Vom Acker auf den Tisch

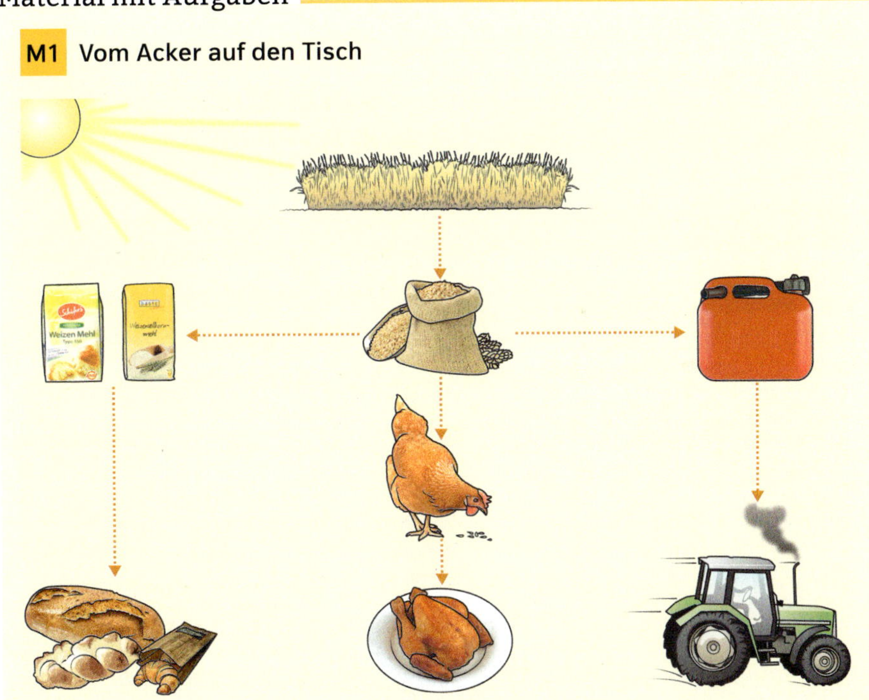

1. Beschreibe mithilfe der Abbildung, wie unterschiedlich Getreide genutzt werden kann.
2. Erkläre, warum Getreide ein Grundnahrungsmittel ist.
3. Beschreibe den Energiefluss von der Sonne zum Grillhähnchen.
4. Wähle eine der Aufgaben aus:
   a Erstelle ein Fließschema für die Herstellung von Brot.
   b Stelle Vermutungen an, wie die Energieumwandlungen von der Energie der Sonne bis zur Wurst sind.

1 Schutzhülle der Erde

Die Luft

Luft ist lebensnotwendig

Die Luft der Erde ist für uns unsichtbar. Sie ist geschmacklos, geruchlos und farblos. Vom Weltraum aus zeigen Satellitenaufnahmen die Luft als hauchdünne, blau schimmernde Gashülle.
Je mehr man sich anstrengt, desto mehr Luft atmet man ein und aus. Die Luft enthält neben anderen Gasen auch **Sauerstoff**. Dieses Gas benötigt man, um Energie für alle Lebensprozesse zu gewinnen.

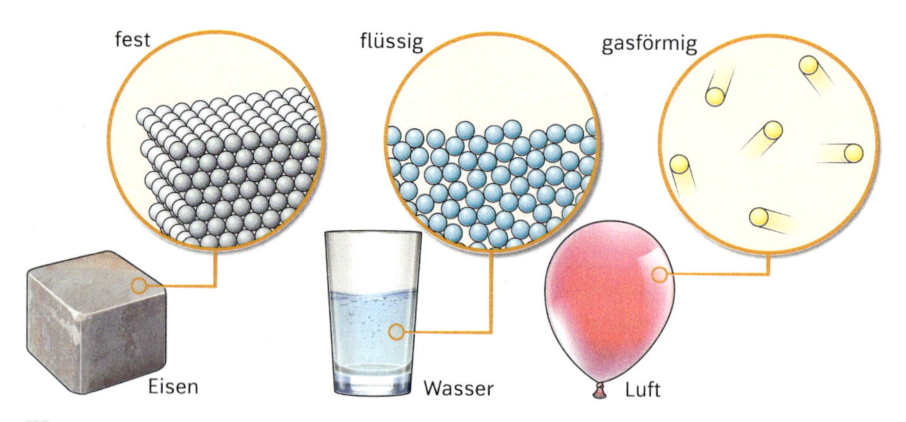

2 Stoffe im Teilchenmodell

Nutzung der Luft

Menschen nutzen Luft überall im Alltag. Mithilfe von Luft kann Strom erzeugt werden. Dazu benutzt man Windräder, die sich im Wind drehen. Wenn keine Luft da wäre, könnten Flugzeuge oder Heißluftballons nicht fliegen. Die Bewegung der Luft ist ein Grund für die Entstehung des Wetters auf der Erde.

Luft im Teilchenmodell

Alle Stoffe bestehen aus kleinen Teilchen. Zur besseren Vorstellung werden die Teilchen oft als Kugeln dargestellt. Man bezeichnet diese Modellvorstellung als **Teilchenmodell**.
Stoffe können drei Formen annehmen. Sie können **fest**, **flüssig** oder **gasförmig** sein. Luft ist ein Gemisch von verschiedenen Gasen. Sie ist gasförmig. Das heißt, die Teilchen sind in der Luft sehr weit voneinander entfernt. Dadurch können sich die Luftteilchen frei bewegen. Bei flüssigen und festen Stoffen sind die Teilchen immer näher beieinander.

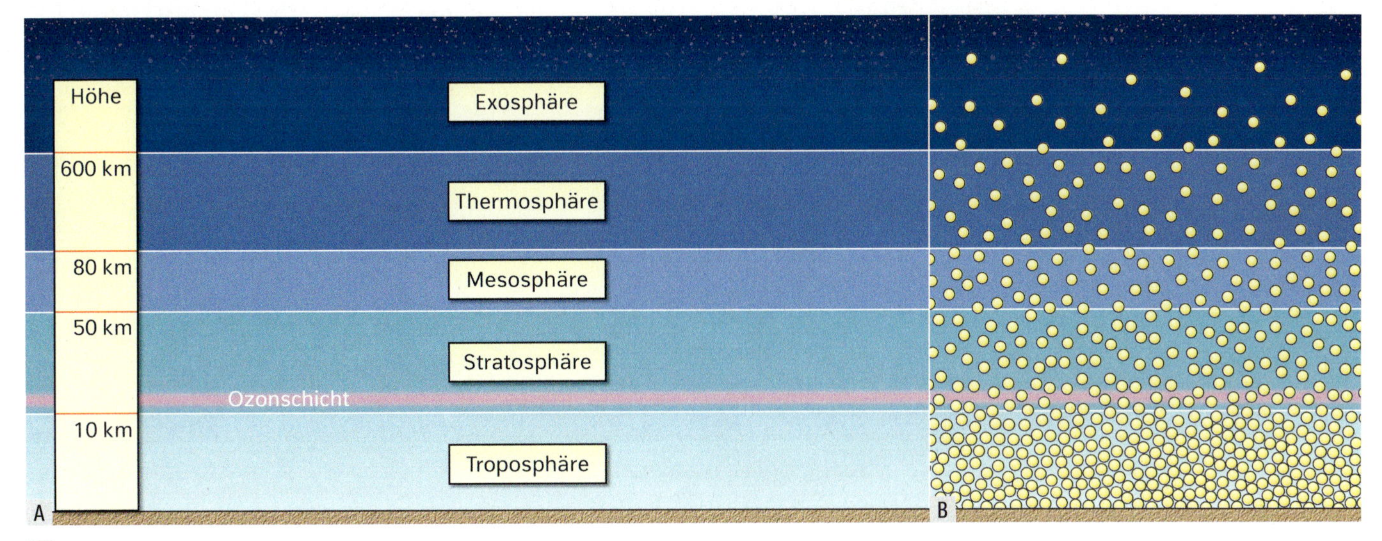

3 **A** Schichten der Atmosphäre, **B** Luftteilchen in der Atmosphäre

Die Erdatmosphäre

Die gesamte gasförmige Hülle, die die Erde umgibt, nennt man **Atmosphäre**. Sie besteht aus Luft, Wasser sowie anderen Stoffen und ist in mehrere Schichten aufgeteilt. Je höher man in der Atmosphäre aufsteigt, desto weniger Luftteilchen sind vorhanden. Man sagt, die Luft wird „dünner". Die unterste Schicht der Atmosphäre bezeichnet man als **Troposphäre**. Sie ist bis zu 10 Kilometer hoch. In ihr entsteht das Wetter. Über der Troposphäre befindet sich die **Stratosphäre**. Sie reicht in eine Höhe von bis zu 50 Kilometern. In der Stratosphäre befindet sich die Ozonschicht. Ozon ist ebenfalls ein Gas und schützt die Erde vor gefährlicher Sonnenstrahlung. Oberhalb der Stratosphäre ist die **Mesosphäre**. Sie erstreckt sich bis in eine Höhe von 80 Kilometern. Meteore aus dem All, die auf der Erde einschlagen könnten, verglühen oft in dieser Schicht. Die letzten Schichten der Atmosphäre sind die **Thermosphäre** und die **Exosphäre**. Sie sind der fließende Übergang zum Weltraum. Dort befinden sich die wenigsten Luftteilchen.

Material mit Aufgaben

M1 Die Erdatmosphäre

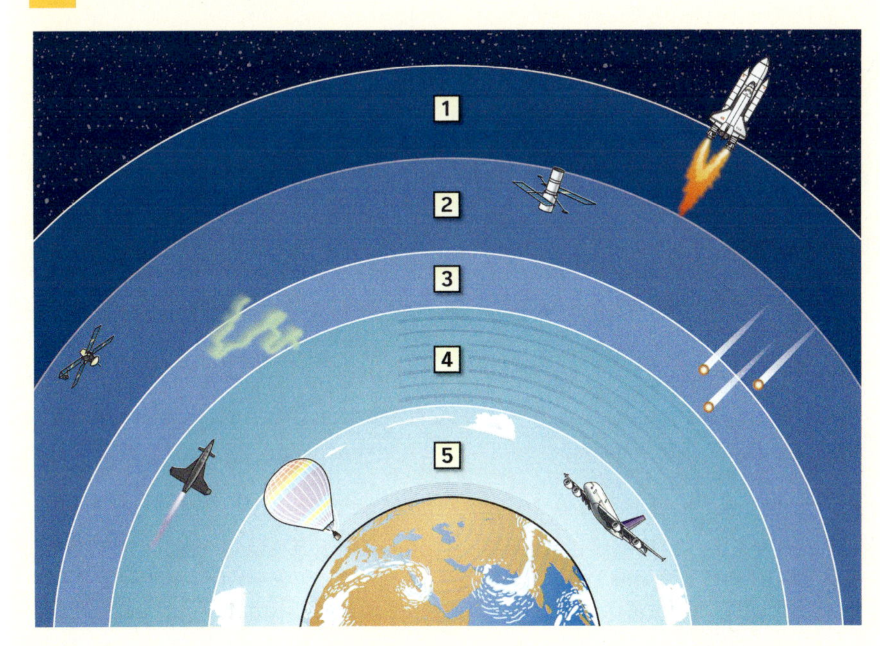

1. Benenne die fünf Schichten der Atmosphäre.
2. Beschreibe mithilfe des Bildes, was in den Schichten der Atmosphäre stattfindet. +
3. Beschreibe die Änderung der Luftteilchen in den Schichten. +
4. Wähle eine der Aufgaben aus:
   a Stelle Vermutungen an, warum man auf einem Berg schneller atmet.
   b Stelle Vermutungen an, warum Flugzeuge am oberen Rand der Troposphäre fliegen.

1 Mädchen atmet aus

Luft ist ein Gasgemisch

Bestandteile der Luft

Alle Bestandteile der Luft sind farb- und geruchlos. Die Luft ist ein Gemisch aus vielen verschiedenen Gasen. Die einzelnen Gase kann man nicht einfach unterscheiden. Es ist aber möglich, die einzelnen Bestandteile zu trennen. Jedes Gas wird in einer bestimmten Flasche mit festgelegter Farbe transportiert.

Stickstoff

Der Hauptbestandteil von Luft ist ein Gas, das zum Beispiel Flammen ersticken kann. Es wird daher **Stickstoff** genannt.

Von einem Liter Luft sind 780 Milliliter Stickstoff. Wenn Lebewesen nur Stickstoff einatmen, würden sie dadurch ersticken.

Sauerstoff

Sauerstoff ist ein weiteres Gas in der Luft. Von einem Liter Luft sind 210 Milliliter Sauerstoff. Für Lebewesen ist er überlebenswichtig. Menschen atmen die Luft ein und nehmen den darin enthaltenen Sauerstoff über die Lunge auf. Mithilfe des Sauerstoffs gewinnt der Körper Energie für alle seine Lebensvorgänge. Das Gas Sauerstoff brennt nicht. Es unterstützt aber die Verbrennung von anderen Stoffen.

Material mit Aufgaben

M1 Bestandteile der Luft

?

?

Restgase (Kohlenstoffdioxid, Edelgase)

1. Nenne die Bestandteile der Luft.
2. Zeichne einen etwa 10 Zentimeter langen Balken ähnlich der Abbildung in dein Heft. Trage die Bestandteile der Luft und ihre Anteile in Milliliter pro Liter Luft in den Balken ein.

Kohlenstoffdioxid

In der Luft sind auch geringste Mengen **Kohlenstoffdioxid** enthalten. Von einem Liter Luft sind etwa 0,37 Milliliter Kohlenstoffdioxid. Wenn Lebewesen ausatmen, geben sie Kohlenstoffdioxid ab. In der ausgeatmeten Luft ist der Anteil an Kohlenstoffdioxid daher höher, als bei der eingeatmeten Luft.

Pflanzen bauen mithilfe des Lichts aus Kohlenstoffdioxid und Wasser den Nährstoff Traubenzucker auf. Als Nebenprodukt entsteht Sauerstoff, den sie an die Luft abgeben. Diesen Vorgang nennt man **Fotosynthese**. Durch die Fotosynthese und die Atmung bleiben die Anteile an Kohlenstoffdioxid und Sauerstoff in der Luft in etwa gleich.

Weitere Gase

Die Luft enthält ganz geringe Mengen an **Edelgasen**. Zu ihnen zählen Gase wie Helium, Neon, Argon und Xenon.

Luftfeuchtigkeit

Durch die Wärme der Sonne verdampft Wasser aus dem Meer und vom Land. Es entsteht unsichtbarer, gasförmiger **Wasserdampf**. Die Masse an Wasserdampf in einem gedachten Würfel Luft, mit einer Kantenlänge von einem Zentimeter, bezeichnet man als **absolute Luftfeuchtigkeit**. Der Wasserdampf ist jedoch kein Bestandteil trockener Luft. Kühlt warme Luft ab, bilden sich aus dem Wasserdampf wieder feine Wassertröpfchen, die die Wolken bilden. Warme Luft kann mehr Wasserdampf aufnehmen als kalte. Daher hängt die Luftfeuchtigkeit immer auch von der Temperatur ab.

Material mit Aufgaben

M2 Erste Hilfe

Wenn ein Mensch nicht selbstständig atmen kann, müssen Maßnahmen ergriffen werden. Nach dem Absetzen des Notrufs (112), kann eine Atemspende Leben retten.

1. Vergleiche die Zusammensetzung von eingeatmeter und ausgeatmeter Luft.
2. Erkläre, wie die Unterschiede von Einatemluft und Ausatemluft entstehen.
3. Erläutere, warum die Ausatemluft eines Ersthelfers einem Bewusstlosen helfen kann.

Bestandteile der Atemluft in Prozent

	Stickstoff	Sauerstoff	Kohlenstoffdioxid	Restgase
Einatemluft	78	21	0,04	ca. 1
Ausatemluft	78	17	4	ca. 1

M3 Atmung und Fotosynthese

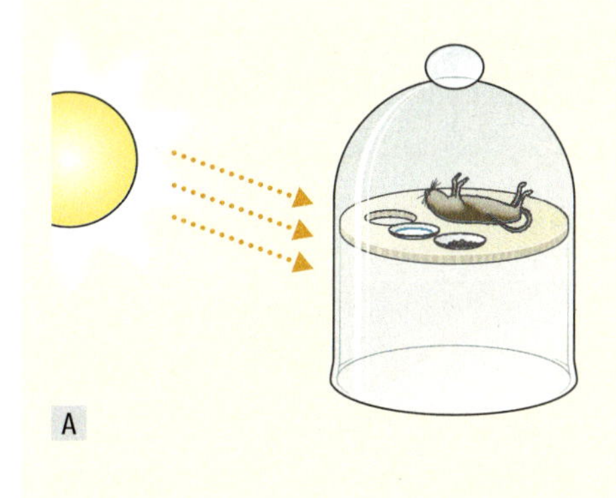
A

B

Joseph Priestley erforschte die Zusammensetzung der Luft. Dazu untersuchte er verschiedene Versuchsansätze mit luftdichten Behältern. Nach einiger Zeit erhielt er das in dedargestellte Ergebnis.

1. Beschreibe die Versuchsbeobachtungen.
2. Erkläre die Ergebnisse von Priestley.
3. Wähle eine der Aufgaben aus:

a Erläutere den Kreislauf zwischen Sauerstoff und Kohlenstoffdioxid, der im unteren Behälter entsteht.

b Erläutere, was passiert, wenn zwei Mäuse im unteren Behälter untersucht werden.

Nachweise der Luftbestandteile

1 Glimmspanprobe

Nachweisverfahren

Alle Bestandteile der Luft sind farb- und geruchslos. Trotzdem gibt es verschiedene Methoden, mit denen man ihr Vorhandensein nachweisen kann.
Diese Methoden geben jedoch nicht an, wie viel von einem Gas vorhanden ist. Man kann nur feststellen, dass sie vorhanden sind.

Glimmspanprobe

Wenn man einen Holzspan entzündet und ihn anschließend wieder auspustet, glimmt er weiter. Hält man den glimmenden Holzspan nun in eine Gasprobe, die ausschließlich reinen Sauerstoff enthält, flammt der glimmende Holzspan wieder hell auf.
Mit dieser **Glimmspanprobe** lässt sich das Gas Sauerstoff nachweisen. Führt man die Glimmspanprobe mit einer Gasprobe durch, die reinen Stickstoff oder Kohlenstoffdioxid enthält, flammt der glimmende Holzspan nicht auf. Er geht aus.

Kalkwasserprobe

Leitet man Kohlenstoffdioxid oder ein kohlenstoffdioxidhaltiges Wasser in klares Kalkwasser ein, bildet sich eine weiße Trübung. Diese Nachweisreaktion ist nur für Kohlenstoffdioxid empfindlich, nicht zum Beispiel für Sauerstoff. Mit der Kalkwasserprobe lässt sich auch Kohlenstoffdioxid im Atem nachweisen.

2 Kalkwasserprobe

Bestimmung von Stickstoff

Stickstoff reagiert nur mit sehr wenigen Stoffen. Es gibt daher keine einfache Nachweisreaktion für Stickstoff. Man kann aber Stickstoff über ein Ausschlussverfahren bestimmen. Bei einem unbestimmten Gas wird zuerst die Glimmspanprobe angewendet. Wenn sich der Span nicht entzündet, wird anschließend die Kalkwasserprobe durchgeführt. Führen beide Proben zu keinem Ergebnis, ist es vermutlich Stickstoff.

A Beschreibe die verschiedenen Nachweisverfahren.

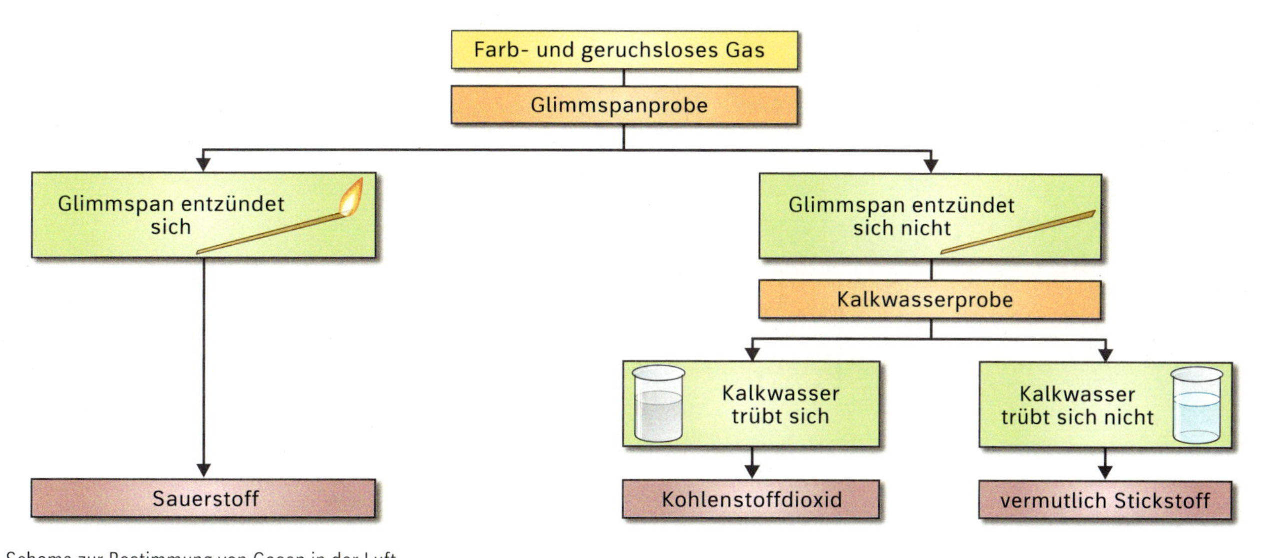

3 Schema zur Bestimmung von Gasen in der Luft.

Material mit Aufgaben

M1 Nachweisverfahren

In jedem der drei Luftballons befindet sich ein anders Gas. In einem ist Sauerstoff, in einem Stickstoff und im anderen Kohlenstoffdioxid.

1. Plane einen Versuchsreihe, mit dem du die Gase in den Luftballons bestimmen kannst.

M2 Alte Nachweisverfahren

In Bergwerken kann es passieren, dass sehr viel Kohlenstoffdioxid austritt. Früher wurde zur Warnung Kanarienvögel genutzt. Wenn sie von der Stange gefallen sind, haben alle Arbeiter das Bergwerk verlassen.

1. Beschreibe, warum zu viel Kohlenstoffdioxid in der Luft gefährlich ist.
2. Stelle Vermutungen an, warum ein Kanarienvogel als Warnsystem funktionierte.
3. Stelle Vermutungen an, was heute als Warnsystem in Bergwerken genutzt wird.

1 Ein Brand

Verbrennungen

Ein Feuer machen

Wenn man ein Lagerfeuer machen möchte, muss zunächst Holz gesammelt werden. Ein Lagerfeuer lässt sich aber nur mit großen Holzstücken schwer entzünden. Daher legt man zunächst kleine Holzspäne in die Mitte der Feuerstelle und stapelt etwas größere Holzstücke um die Holzspäne herum. Allerdings dürfen die Holzstücke nicht zu eng angeordnet werden. Ein Feuer lässt sich nur entzünden, wenn genügend Luft an die Holzspäne und an das Holz kommt.

Brennstoff

Jedes Feuer benötigt einen **Brennstoff**. Beim Lagerfeuer ist dies zum Beispiel Holz. Wenn das Lagerfeuer brennt, muss immer wieder neues Brennmaterial draufgelegt werden, damit das Feuer nicht erlischt. Bei einer Kerze ist der Brennstoff das Kerzenwachs. Bei einer Heizungsanlage im Haus sind zum Beispiel Erdgas oder Heizöl.

Sauerstoff

Das Gas **Sauerstoff** ist ein Bestandteil der Luft. Ohne Sauerstoff kann kein Brennstoff brennen. Deswegen lodert Feuer auch auf, wenn man hineinbläst.

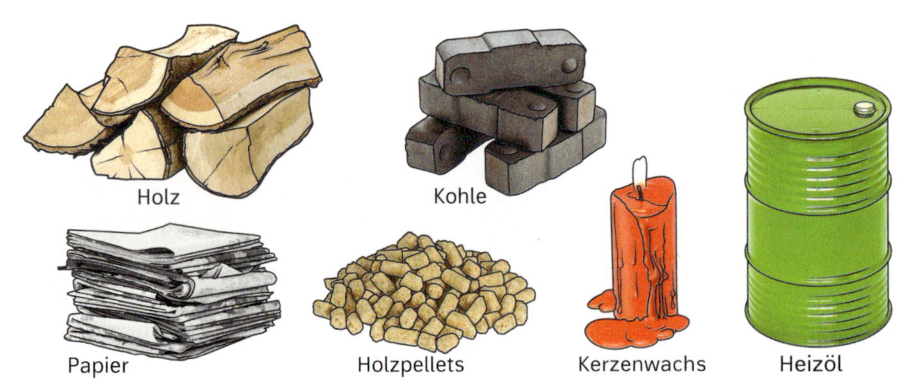

2 Unterschiedliche Brennstoffe

Zündtemperatur

Damit ein Brennstoff brennt, muss er bis zu seiner **Zündtemperatur** erhitzt werden. Je niedriger die Zündtemperatur ist, desto leichter brennt ein Brennstoff. Jedoch entzünden sich verschiedene Materialien unterschiedlich schnell. Der oft bunt gefärbte Kopf eines Streichholzes entzündet sich bei etwa 60 °C. Holz entzündet sich je nach Art bei Temperaturen zwischen 250 °C und 300 °C. Jedes Material hat seine eigene Zündtemperatur.

Verbrennungsdreieck

Damit ein Feuer entfacht wird, müssen ein Brennstoff und ausreichend Sauerstoff vorhanden sein. Außerdem muss die Zündtemperatur erreicht werden. Diese drei Voraussetzungen kann man in einem **Verbrennungsdreieck** darstellen. Fehlt nur eine Voraussetzung, entsteht kein Brand und auch ein brennendes Feuer erlischt.

Energie

Jedes Feuer ist ein **Energiewandler**. Durch das Feuer wird Energie in Form von thermische Energie und Lichtenergie an die Umgebung abgegeben. Die Energie für den Umwandlungsprozess stammt aus dem Brennstoff, zum Beispiel dem Holz. Im Holz ist Energie in Form von chemischer Energie gespeichert. Die chemische Energie des Holzes stammt aus der Fotosynthese. Bei der Fotosynthese werden mithilfe des Sonnenlichts energiereiche Stoffe wie Traubenzucker aufgebaut. Diese werden unter anderen zum Wachstum der Pflanzen genutzt.

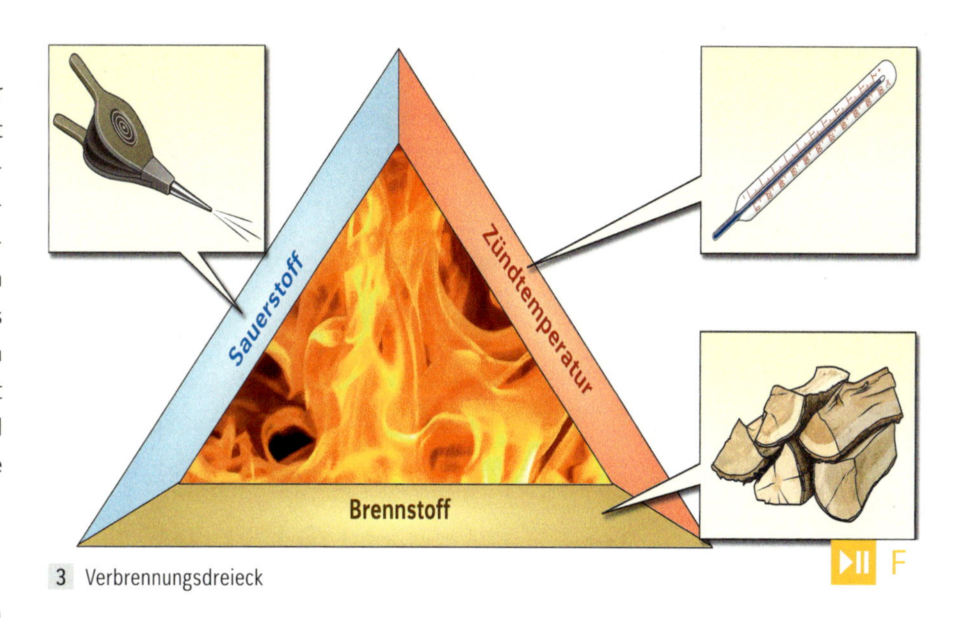

3 Verbrennungsdreieck

Material mit Aufgaben

M1 Luftzufuhr

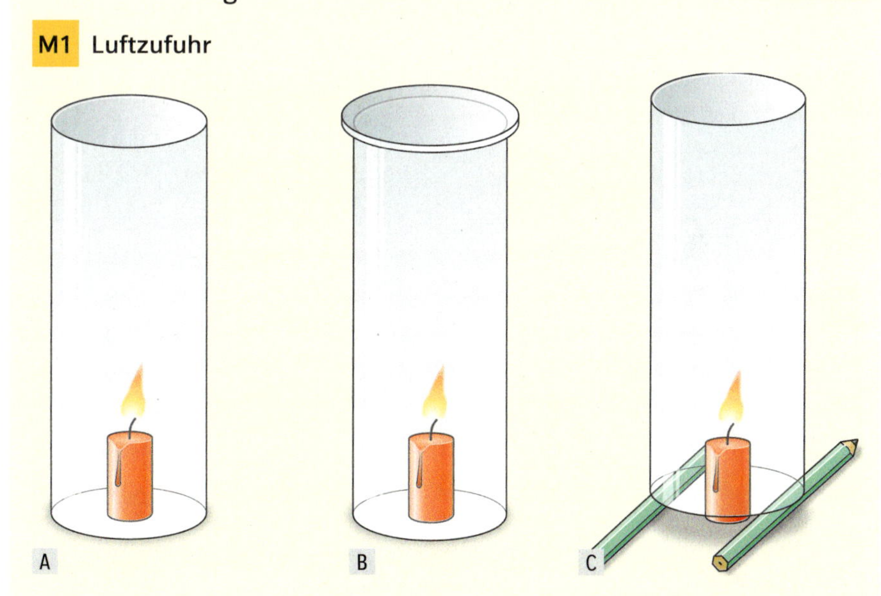

1. Beschreibe den Versuchsaufbau.
2. Nenne den Brennstoff im abgebildeten Versuch.
3. Entwickle eine Forscherfrage, die mit dem Versuch beantwortet werden soll.
4. Erkläre, welche der Kerzen A-C als erstes ausgeht und welche am längsten brennt. Erstelle eine Rangfolge.
5. Stelle Vermutungen an was passiert, wenn in Bild C ein Deckel auf das Rohr gelegt wird.

1 Ein Feuer wird gelöscht

Feuer löschen

Zerteilungsgrad

Bei einem Lagerfeuer kann man nicht einfach die großen Holzstücke anzünden. Ein dickes Holzstück lässt sich nicht so gut entzünden wie kleinere Holzspäne oder ganz feines Holzmehl. Je kleiner der Brennstoff zerteilt ist, desto schneller läuft die Verbrennung ab. Man sagt auch, dass der **Zerteilungsgrad** des Brennstoffs sehr hoch ist. Brennstoffe mit einem hohen Zerteilungsgrad brennen leichter, da durch ihre größere Oberfläche mehr Sauerstoff an das Holz gelangt. Feuerspucker pusten zum Beispiel fein zerteilten Brennstoff in die Luft.

Staubexplosionen

Trockene Stäube aus Mehl oder Holz können mit Luft hochexplosive Gemische bilden. Ein kleiner Zündfunke genügt, um die Explosion auszulösen. Es kann allerdings erst zu einer Explosion kommen, wenn eine bestimmte Menge Staub in der Luft ist. Der Staub ist gleichmäßig in der Luft verteilt und besitzt eine sehr große Oberfläche. Wenn ein Funke oder eine offene Flamme hinzukommt, können die vielen Staubteilchen schnell verbrennen. Eine **Staubexplosion** ist eine schnelle und heftige Verbrennung.

Material mit Aufgaben

M1 Zerteilungsgrad

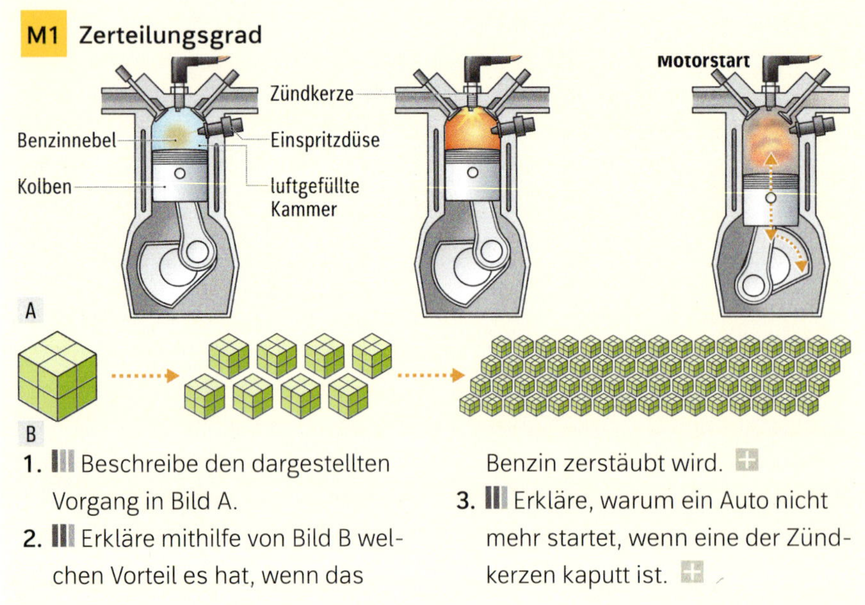

1. Beschreibe den dargestellten Vorgang in Bild A.
2. Erkläre mithilfe von Bild B welchen Vorteil es hat, wenn das Benzin zerstäubt wird.
3. Erkläre, warum ein Auto nicht mehr startet, wenn eine der Zündkerzen kaputt ist.

Feuer löschen

Um ein Feuer zu löschen werden meist zwei oder drei Löschmethoden gleichzeitig angewandt.

Zündtemperatur herabsetzen

Die Feuerwehr setzt bei kleinen Waldbränden Löschflugzeuge ein. Diese werfen Wasser ab. Das Wasser verdampft durch die große Hitze. Dabei nimmt es die Wärme des Feuers auf und kühlt damit den Brennstoff. Wenn er unter seine Zündtemperatur abkühlt, erlischt das Feuer.

Brennstoff entziehen

Große Waldbrände können nicht immer mit Wasser gelöscht werden. Damit sie sich nicht ausbreiten können, werden viele Bäume gefällt. Es werden Brandschneisen angelegt. Das Feuer kann von der einen Seite des Waldes nicht auf die andere Seite übergreifen. Dem Feuer wird der Brennstoff entzogen.

Sauerstoff entziehen

Brennende Fette und Öle dürfen nicht mit Wasser gelöscht werden! Das Wasser zerteilt das Fett in viele kleine Fetttröpfchen. Es kann deswegen zu gefährlichen Stichflammen kommen. In diesen Fällen kann Wasser die Zündtemperatur nicht senken. Es bleibt nur eine Möglichkeit: **Sauerstoff entziehen.** Kleinere Fettbrände werden mit einer Löschdecke oder Löschsand abgedeckt und so erstickt. Die Feuerwehr setzt bei großen Bränden Schaum- und Gaslöscher ein. Diese enthalten das Gas Kohlenstoffdioxid. Dadurch wird der Sauerstoff vom Brandherd verdrängt.

2 Löschen durch: **A** Ersticken, **B** Brennstoff entziehen

Material mit Aufgaben

F

M2 Feuer löschen

1. Beschreibe die Löschmethoden in den Bildern A bis C.
2. Ordne den drei Bildern je eines der drei Verbrennungsdreiecke zu. Erläutere deine Zuordnungen.

Verhalten bei einem Brand

1 Die Feuerwehr im Einsatz

Gefahren des Feuers

Schon ein brennendes Streichholz oder ein weggeworfener Zigarettenstummel kann ein Haus, eine Wohnung oder einen Wald entzünden. Dies kann Menschenleben gefährden. In Deutschland gibt es jedes Jahr etwa 200 000 Brände mit etwa 500 Todesopfern. Oft werden die Brände durch defekte Elektrogeräte ausgelöst. Vor allem die Abgase des Feuers sind gefährlich. Bei einem Brand entstehen Rauchgase. Sie sind so giftig, dass wenige Atemzüge ausreichen, damit man ohnmächtig wird und erstickt.

Bedeutung von Rauchmeldern

Brandexperten der Feuerwehr raten, in Wohnungen **Rauchmelder** einzubauen. Bei einem Wohnungsbrand bleiben nur wenige Minuten Zeit, die Wohnung zu verlassen und so das eigene Leben zu retten. Ein Rauchmelder gibt bei einem Brand einen schrillen Alarmton ab, sodass man auch im Schlaf geweckt wird. Danach sollte man schnellstmöglich die Wohnung verlassen und sich geduckt in Bodennähe unter dem aufsteigenden Rauch bewegen. Ist die Rauchentwicklung sehr stark, sollte man sich ein nasses Handtuch vor die Nase und den Mund halten. So können giftige Bestandteile des Rauchs etwas zurückgehalten werden.

Aufbau von Rauchmeldern

Im Inneren eines Rauchmelders befinden sich ein Leuchtmittel und ein Fotoelement. Das Leuchtmittel sendet ständig Lichtstrahlen aus, die im Normalfall nicht auf das Fotoelement treffen. Bei einem Brand gelangt Rauch in den Rauchmelder. Treffen die Lichtstrahlen auf den Rauch, werden sie abgelenkt. Das Licht wird gestreut. Manche Lichtstrahlen treffen nun auf das Fotoelement. Dadurch wird der Alarmton ausgelöst.

Material mit Aufgaben

M1 Rauchmelder

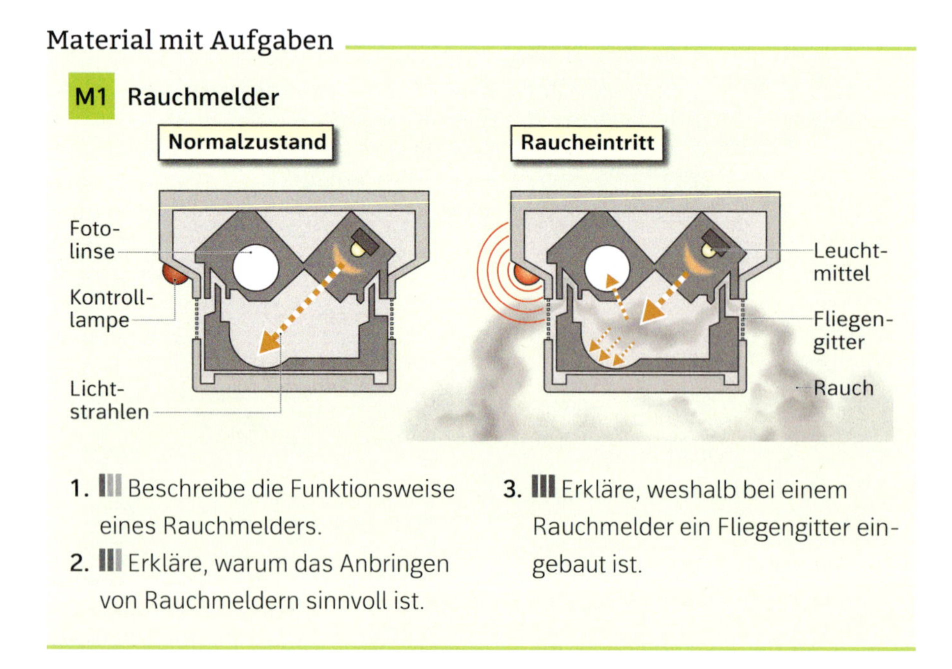

1. Beschreibe die Funktionsweise eines Rauchmelders.
2. Erkläre, warum das Anbringen von Rauchmeldern sinnvoll ist.
3. Erkläre, weshalb bei einem Rauchmelder ein Fliegengitter eingebaut ist.

Feuermelder: Bei einem Brand sofort den Feuermelder betätigen.

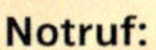

Notruf: Bei einem Brand muss so schnell wie möglich die Feuerwehr benachrichtigt werden:
1. Wähle die Telefonnummer 112
2. Melde dich mit deinem Namen
3. Nenne den Ort wo es brennt
4. Erzähle kurz, was passiert ist
5. Befolge die Hinweise der Feuerwehr

Feuerlöscher: Bei kleinen Bränden kann mit einem geeigneten Löschmittel ein Löschversuch unternommen werden. Hinweisschilder sagen einem, wo sich Feuerlöscher oder Löschdecken befinden. Kann der Brand nicht gelöscht werden, muss der Brandort sofort verlassen werden. Wenn möglich, die Fenster und Türen schließen.

Fluchtweg: Verlasse das Gebäude über die gekennzeichneten Fluchtwege. Ist der Fluchtweg verqualmt, gehe tief gebückt. Der Rauch ist am Boden nicht so dicht. Halte wenn möglich ein Tuch vor Mund und Nase. Benutze auf dem Weg nach draußen keine Aufzüge.

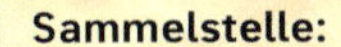

Sammelstelle: Suche nach dem Verlassen des Gebäudes unverzüglich eine Sammelstelle auf.

2 Verhalten bei einem Brand

F

Verhalten bei einem Brand

Wenn es in deiner Schule brennt, gibt es bestimmte Regeln die eingehalten werden müssen. Jede Schülerin und jeder Schüler sollte über Fluchtwege, Feuermelder und Löschmittel informiert sein. Es ist wichtig, sich damit vertraut zu machen.

Brände meldet man umgehend bei der Feuerwehr, Telefon **112.** Den Brandort sollte man sofort verlassen. Rauchgase sind sehr gefährlich.

A Beschreibe die Bedeutung von Rauchmeldern in Wohnungen und Häusern.

B Beschreibe das Verhalten bei einem Brand in der Schule mithilfe von Bild 2.

C Erkläre, warum man verrauchte Räume nur gebückt durchqueren sollte.

D Erkläre, welche Punkte man bei der Brandmeldung für die Feuerwehr beachten sollte.

1 Kochen von Nudeln

Wärmetransport

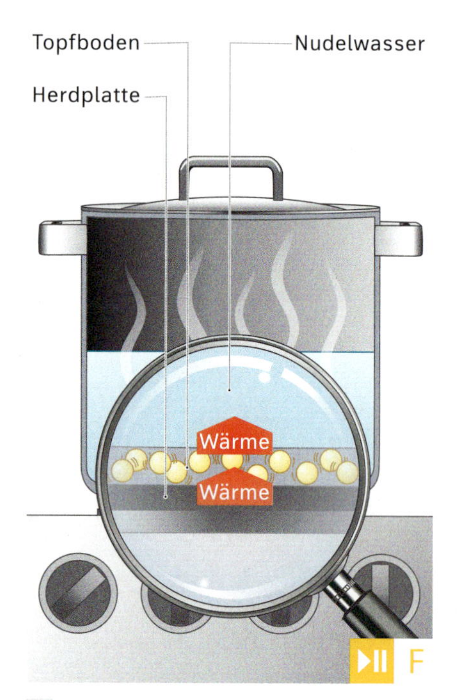

2 Wärmetransport beim Kochtopf

Arten des Wärmetransports

Lässt man einen Löffel aus Metall längere Zeit in einer heißen Suppe liegen, erwärmt sich dieser sehr schnell. Dadurch kann man sich leicht am Löffel verbrennen.

Wenn man Sport treibt, entsteht durch die Bewegungen der Muskeln Wärme. Über den Blutkreislauf wird diese Körperwärme in alle Regionen des Körpers transportiert. Damit der Körper nicht zu heiß wird, wird die nicht benötigte Wärme an die Luft abgeben.

Steht man im Sommer mit dem Auto im Stau, kann es im Inneren des Autos schnell sehr heiß werden. Durch die Strahlung der Sonne hat sich der Innenraum des Autos aufgewärmt.

In allen drei genannten Situationen wird Wärme auf unterschiedliche Weise transportiert. Die drei Arten des Wärmetransports sind: die **Wärmeleitung**, die **Wärmemitführung** und die **Wärmestrahlung**.

Wärmeleitung

Beim Nudelkochen kann man sich ganz leicht am Kochtopf verbrennen. Der Edelstahltopf erwärmt sich schnell und wird sehr heiß. Die Herdplatte gibt Wärme an den Topfboden ab. Die Wärme wird dann im Topf an das Wasser und auch an die Nudeln weitergegeben. Diese Art des Wärmetransports bezeichnet man als **Wärmeleitung**. Ein Löffel aus Metall, der längere Zeit im heißen Wasser liegt, kann sehr heiß werden. Das Metall nimmt die Wärme der Flüssigkeit auf. Die Wärme wird von der warmen Seite des Löffels zur kälteren Seite geleitet. Auch die heiße Herdplatte gibt ihre Wärme an den kalten Topfboden ab. Die Wärme wird immer von einem Ort mit hoher Temperatur zu einem Ort mit niedriger Temperatur transportiert.

Bei der Wärmeleitung wird Wärme innerhalb eines Stoffes geleitet. Der Stoff bewegt sich dabei nicht.

Wärmeleitung im Teilchenmodell

Die meisten Topfböden bestehen aus Edelstahl. Dieser Feststoff besteht aus Teilchen. Die Teilchen haben alle einen festen Platz und können nur auf diesem hin und her schwingen. Je mehr Wärme zugeführt wird, desto stärker schwingen die Teilchen auf ihren Plätzen. Wird der Topfboden unten erwärmt, schwingen die Teilchen immer schneller. Irgendwann schwingen sie so stark, dass sie benachbarte Teilchen anstoßen und diese zum Schwingen bringen. Dadurch kann die Wärme von Teilchen zu Teilchen weitergeleitet und durch den Stoff transportiert werden.

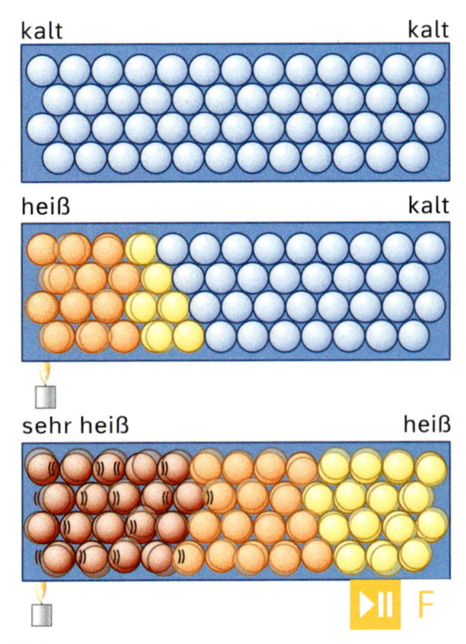

3 Wärmeleitung im Teilchenmodell

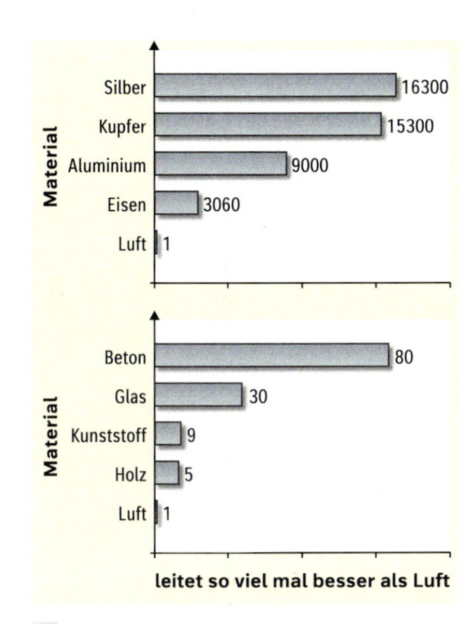

4 Wärmeleitfähigkeit verschiedener Stoffe

Gute und schlechte Wärmeleiter

Viele Metalle wie Silber, Kupfer, Aluminium und Eisen können die Wärme besser weiterleiten als andere Materialien. Sie sind **gute Wärmeleiter**. Daher werden diese Stoffe sehr oft für Böden von Töpfen und Pfannen oder für die Herstellung von Heizkörpern und Bügeleisen verwendet. Glas und Beton leiten die Wärme schlechter. Bei ihnen dauert es länger, bis die zugeführte Wärme weitergegeben wird. Ein besonders schlechter Wärmeleiter ist Kunststoff. Man bezeichnet Kunststoff daher auch als **Isolator**. Neben Kunststoff zählen auch Holz, Gummi, Kork und Schaumstoffe zu den Isolatoren. ▶

A Beschreibe den Vorgang der Wärmeleitung beim Kochtopf mithilfe des Teilchenmodells.

B Erkläre, weshalb die Griffe von Kochtöpfen und Pfannen oft mit Kunststoff überzogen sind.

Material mit Aufgaben

M1 Wärmeleitung

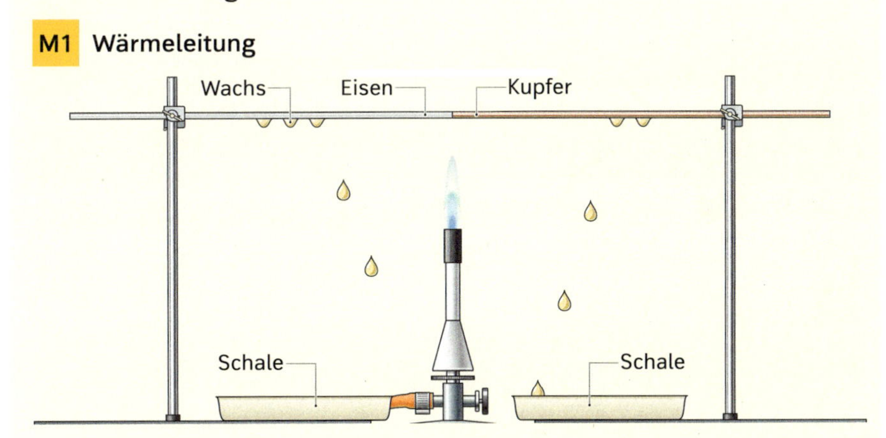

Mit Wachskugeln, einem Gasbrenner und Stangen aus verschiedenen Materialien kann man gut beobachten, wie Wärme geleitet wird.

1. Beschreibe den Versuchsaufbau.
2. Stelle eine Forscherfrage, die mit diesem Versuch überprüft wird. ⊞
3. Erkläre, warum bei beiden Stangen die Wachskügelchen nacheinander herunterfallen. ⊞
4. Wähle eine der Aufgaben aus:

   a Erkläre, warum die Wachskugeln bei Kupfer schneller abfallen.

   b Stelle Vermutungen über das Ergebnis an, wenn statt Kupfer Glas getestet wird.

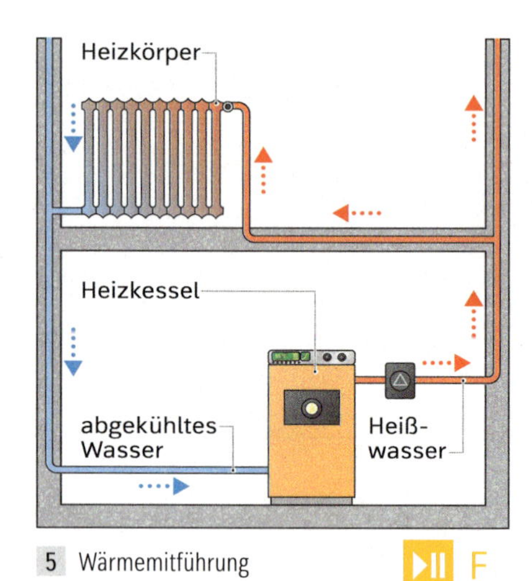

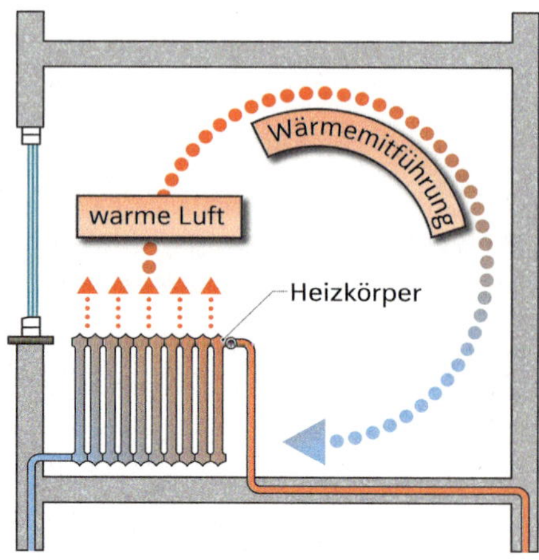

5 Wärmemitführung F

Wärmemitführung

Wenn man seine Hand über einen warmen Heizkörper oder über eine Kerze hält, kann man fühlen, dass erwärmte Luft nach oben steigt. Warme Luft ist leichter als kalte Luft. Die Luft in der Nähe des warmen Heizkörpers wird erwärmt und steigt nach oben zur Zimmerdecke. Sie strömt unter der Decke entlang und wird dabei langsam abgekühlt. Dadurch sinkt die kältere, schwerere Luft auf der anderen Zimmerseite wieder nach unten. Nach einiger Zeit ist das Zimmer überall etwa gleich warm. Bei dieser Art des Wärmetransports wird die Wärme von der strömenden Luft mittransportiert. Man spricht von **Wärmemitführung**. Sie findet nicht nur in Luft, sondern in allen Gasen statt. Auch in Flüssigkeiten gibt es Wärmemitführung. Der Heizkörper wird warm, weil in ihn warmes Wasser strömt. Das Wasser kommt aus dem Heizkessel im Keller. Dort wird kaltes Wasser in einem Heizkessel erhitzt. Das erwärmte Wasser steigt in Heizungsrohren nach oben in die Heizkörper. Das strömende Wasser gibt über den Heizkörper die Wärme an die Raumluft ab. Da die Wärme mit dem Wasser mittransportiert wird, spricht man ebenfalls von Wärmemitführung. Das abgekühlte Wasser strömt über die Rohre wieder zum Heizkessel.

Wärmemitführung im Teilchenmodell

In Feststoffen haben die Teilchen einen festen Platz und können sich nicht bewegen. Daher gibt es bei Feststoffen keine Wärmemitführung. Bei Flüssigkeiten und Gasen schwingen die Teilchen nicht nur hin und her. Sie bewegen sich von ihren Stellen. Je stärker eine Flüssigkeit oder ein Gas erwärmt wird, desto schneller bewegen sich die Teilchen und desto besser ist die Wärmemitführung.

Bei der Wärmemitführung wird Wärme dadurch transportiert, dass Flüssigkeiten und Gase sie mit sich mitführen.

Material mit Aufgaben

M2 Heizung im Modell

Gibt man Tinte in Wasser, bilden sich Schlieren, bis sich die Tinte gelöst hat.

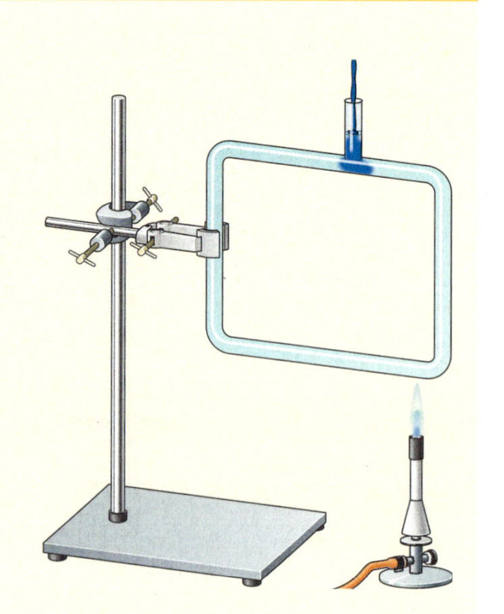

1. Stelle eine Forscherfrage, die mit diesem Versuch überprüft wird.
2. Stelle eine Vermutung an, wie sich die Tinte im Rohr bewegt. +
3. Erkläre, wie du die Geschwindigkeit der Tinte ändern kannst.
4. Erläutere mithilfe des Modells die Funktionsweise einer Heizung.

Wärmestrahlung

Die Strahlung der Sonne ist eine Form von Energie. Die Sonne strahlt ständig Licht und Wärme ab. Ein Teil davon gelangt zur Erde. Zwischen der Erde und der Sonne befindet sich der Weltraum. Dieser Raum ist jedoch luftleer. Die Wärme kann daher nicht mit Luft mitgeführt werden. Die Sonne sendet Wärme in Form von **Wärmestrahlung** aus.

Die Sonne sendet Wärmestrahlung aus. Für diese Art des Wärmetransports wird kein Stoff benötigt.

6 Wärmestrahlung: **A** Absorption, **B** Reflexion

Körper strahlen Wärme ab

Auch ein heißes Bügeleisen strahlt Wärme ab. Man spürt die abstrahlende Wärme, wenn man vorsichtig die Hand vor die Heizplatte hält.
Jeder Gegenstand gibt Energie in Form von Wärmestrahlung an die Umgebung ab. Je höher die Temperatur eines Gegenstandes ist, desto mehr Wärmestrahlung sendet er aus. Auch der menschliche Körper gibt ständig Wärme in Form von Wärmestrahlung an seine Umgebung ab.

Aufnahme von Wärmestrahlung

Im Sonnenlicht nehmen alle Gegenstände Energie in Form von Wärmestrahlung auf. Die Gegenstände erwärmen sich. In der Mittagssonne wird der Sand am Strand oft so heiß, dass man kaum darauf laufen kann. Im Schatten ist er dagegen deutlich kühler. Dunkle Oberflächen nehmen die Strahlung besonders gut auf. Sie **absorbieren** die Strahlung besser als helle Oberflächen. Daher erwärmen sich dunkle Gegenstände schneller. Gegenstände mit hellen und glänzenden Oberflächen werfen einen Großteil der auftreffenden Wärmestrahlung zurück. Sie **reflektieren** sie. In vielen heißen Ländern nutzen die Einwohner dieses Wissen. Sie streichen ihre Häuser oft weiß.

Material mit Aufgaben

M3 Arten des Wärmetransports

1. Ordne den Bildern eine Art des Wärmetransports zu.
2. Beschreibe an einem der Beispiele den Wärmetransport. Nenne ein weiteres Beispiel
3. Erkläre, warum bei der Wärmemitführung und Wärmeleitung ein Stoff vorhanden sein muss.
4. Erkläre die Unterschiede der drei Arten des Wärmetransports.

1 Ein aufgeplustertes Rotkehlchen

Wärmedämmung

Schutz vor Kälte

Viele Säugetiere und Vögel müssen im Winter die Abgabe von Körperwärme verringern. Vögel haben eine Körpertemperatur zwischen 38 °C und 42 °C. Das Gefieder der Vögel verhindert, dass kein Luftzug direkt über die Haut streicht. Die Federn verhindern die Wärmemitführung. Im Winter plustern viele Vögel ihr Gefieder zusätzlich mit Luft auf. Das Rotkehlchen wirkt im Winter dicker als im Sommer. Zwischen seinen Federn befindet sich ein großes Luftpolster. Da Luft Wärme sehr schlecht weiterleitet, verringert das Luftpolster die Abgabe der Körperwärme über die Haut.

2 Materialien zur Wärmedämmung: **A** Hohlziegel, **B** Glaswolle

F

Wärmedämmung

Jedes Haus gibt Wärme an die Umgebung ab. Im Winter müssen die Häuser beheizt werden, damit es innen nicht zu kalt wird. Häuser werden heute so gebaut, dass sie möglichst wenig Wärme verlieren. Dazu verbaut man Materialien, die viel Luft enthalten. Sie sind wärmedämmend. Hohlziegel und Gasbetonsteine enthalten Luftkammern, die wärmedämmend wirken. Auch Matten aus Glaswolle haben einen hohen Anteil an eingeschlossener Luft. Die Mauern und Wände werden daher mit diesen Materialien verkleidet. Sie verbessern die **Wärmedämmung** des Hauses.

Wärmebildkamera

Eine Wärmebildkamera kann die abgegebene Wärmestrahlung messen und in einem Wärmebild darstellen. Sie macht unterschiedlich hohe Temperaturen für uns in einem Wärmebild sichtbar. Bei einem Wärmebild sind die wärmsten Bereiche des Bildes weiß dargestellt, kalte Bereiche sind blau dargestellt. Die Zwischenbereiche werden in rot, gelb und grün gezeigt.
Die Polizei setzt zum Beispiel Wärmebildkameras an Helikoptern oder in Wäldern ein, um vermisste Personen aufzuspüren.

3 Suche nach Personen mit einer Wärmebildkamera.

Material mit Aufgaben

M1 Thermoskanne

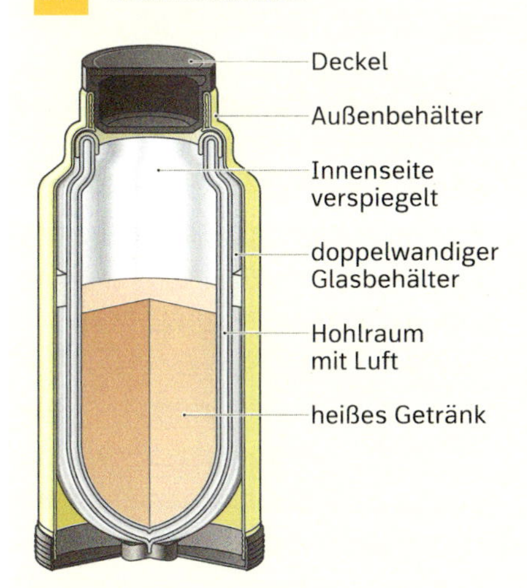

1. Beschreibe den Aufbau einer Thermoskanne.
2. Erkläre, warum warme Getränke in einer Thermoskanne lange warm bleiben.
3. Stelle eine begründete Vermutung an, weshalb Thermoskannen innen verspiegelt sind.

M2 Wärmebildkamera

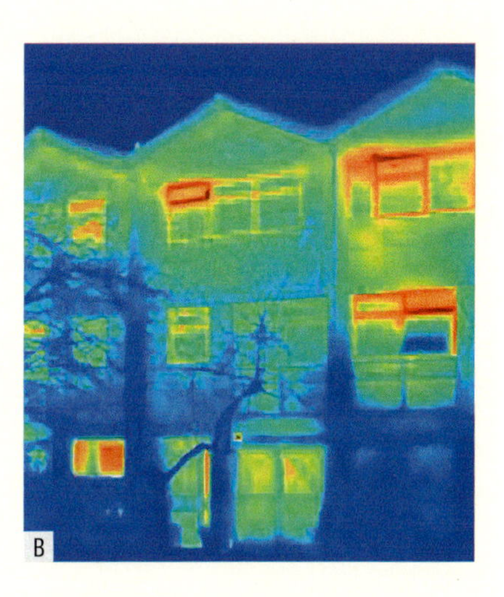

1. Vergleiche die beiden dargestellten Wärmebilder.
2. Erläutere, welche Häuser der Wärmebilder eine bessere Wärmedämmung besitzen.
3. Wähle eine Aufgabe aus:
   a Erläutere mithilfe der Wärmebilder, welche Teile eines Hauses am schlechtesten gedämmt sind.
   b Erläutere, warum gut gedämmte Häuser eine wichtige Maßnahme sind, Energie einzusparen.

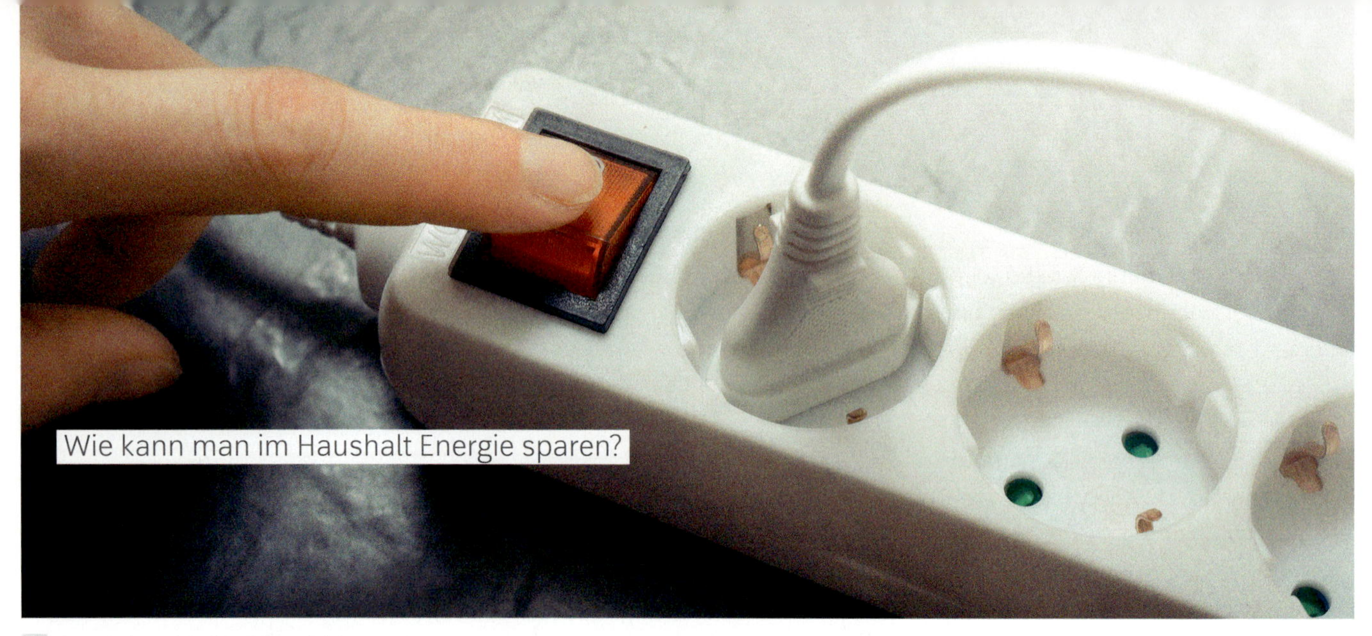

1 Ausschalten einer Steckdosenleiste

Energie sparen

Im Haushalt sparen

Ein großer Teil der täglich benötigten Energie wird durch die Umwandlung der chemischen Energie aus fossilen Energieträgern gestellt. Da diese Ressourcen begrenzt sind, sind sie kostbar. Außerdem ist die Bereitstellung oft eine Belastung für die Umwelt, da die fossilen Energieträger sich tief im Boden befinden. Zum Schutz der Umwelt ist es wichtig, Energie zu sparen. Am effektivsten ist es Häuser und Wohnungen optimal zu dämmen, sodass wenig Energie an die Umgebung abgegeben wird. Das ist aber sehr teuer und oft hat man als Mieter keinen Einfluss darauf, wie gedämmt wird. Ein geringes Senken der Heiztemperatur reduziert aber oft auch den Energiebedarf.

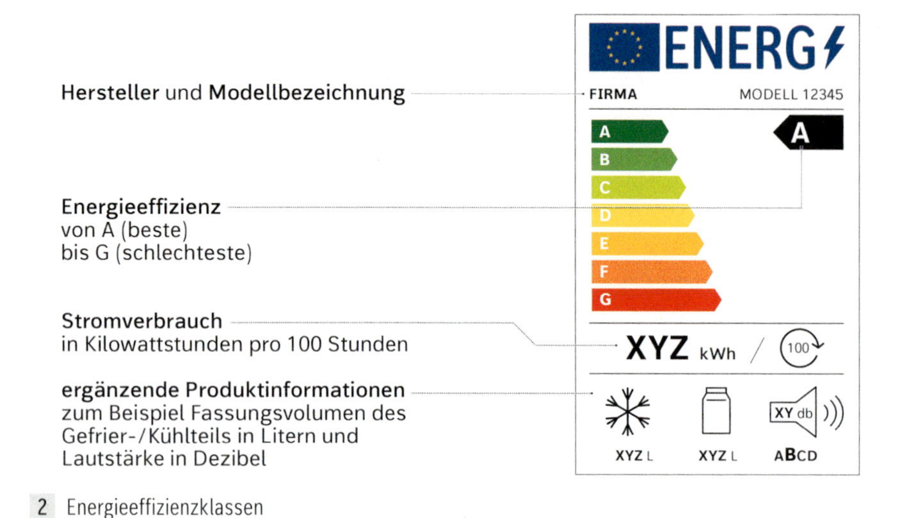

2 Energieeffizienzklassen

Energieeffizienklassen

Eine effektive Nutzung der Energie ist eine weitere Möglichkeit um Energie zu sparen. Dazu muss man **effizientere** Energiewandler einsetzen. Dadurch kann der Energiefluss an die Umgebung bei der Nutzung der Geräte stark reduziert werden. Für elektrische Geräte sind **Energieeffizienzklassen** eine Orientierung, wie viel Energie als thermische Energie abgegeben wird. Je kleiner dieser Anteil ist, desto besser ist die Effizienz. Die beste Effizienz haben elektrische Geräte mit der Effizienzklasse A.

Nachhaltigkeit

In einem bewussten Umgang mit Energie spielen unterschiedliche Aspekte eine Rolle. Sie werden unter dem Begriff **Nachhaltigkeit** zusammengefasst. Zum einen muss der **ökologische** Aspekt berücksichtigt werden. Dieser umfasst alle Auswirkungen auf die Umwelt, wie Klimaveränderungen oder die Zerstörung von Lebensräumen. Zum Beispiel müssen Geräte mit geringer Lebensdauer häufig ausgetauscht werden. Um neue Geräte herzustellen, werden wieder mehr Rohstoffe benötigt. Das führt zu einem stärkeren Eingriff in die Umwelt und zu einer größeren Müllmenge, die entsorgt werden muss. Zum anderen müssen auch wirtschaftliche, **ökonomische**, Aspekte beachtet werden. Jedes Gerät hat Anschaffungskosten. Diese müssen mit den Ersparnissen durch einen geringeren Energieverbrauch verglichen werden. Es lohnt sich der Kauf effizienterer Energiewandler, wenn die Kosten der eingesparten Energie größer sind als die Anschaffungskosten. Außerdem ist es oft noch wichtig, die unterschiedliche Lebensdauer der Geräte zu berücksichtigen. Preiswerte Geräte sind oft weniger effizient und gehen in der Regel schneller kaputt. Auch **soziale** Aspekte müssen betrachtet werden. Viele Geräte werden außerhalb Europas hergestellt. In vielen Ländern arbeiten die Menschen leider unter schlechten Arbeitsbedingungen. Jedoch sind die Menschen auf die Arbeit zur Ernährung ihrer Familien angewiesen.

A Beschreibe die verschiedenen Aspekte der Nachhaltigkeit.

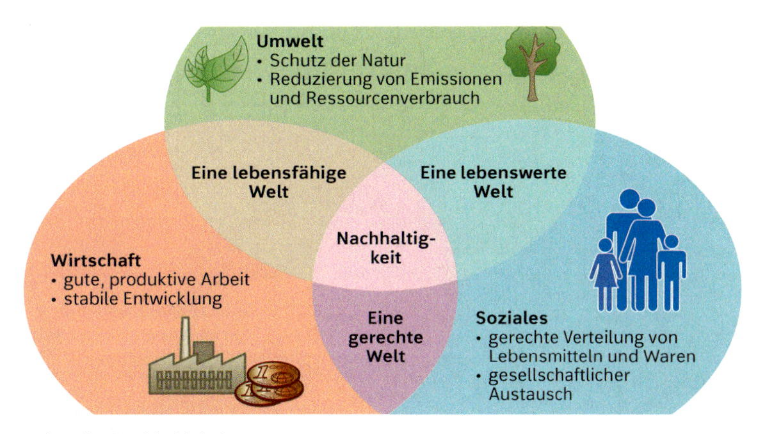

3 Aspekte der Nachhaltigkeit

Material mit Aufgaben

M1 Nachhaltigkeit

Herr Mink kauft sich eine neue Waschmaschine. Die neue Waschmaschine benötigt weniger Energie als die alte. Die alte Waschmaschine hat die Effizienzklasse D. Allerdings war die alte Maschine noch voll funktionsfähig und würde laut Herstellerangabe noch mindestens 3 Jahre funktionieren. In einem Bericht wird deutlich, dass die neue Waschmaschine unter schlechten Bedingungen gefertigt wurde. Auch lässt sich die neue Waschmaschine nicht reparieren und hat eine geringere Nutzungsdauer.

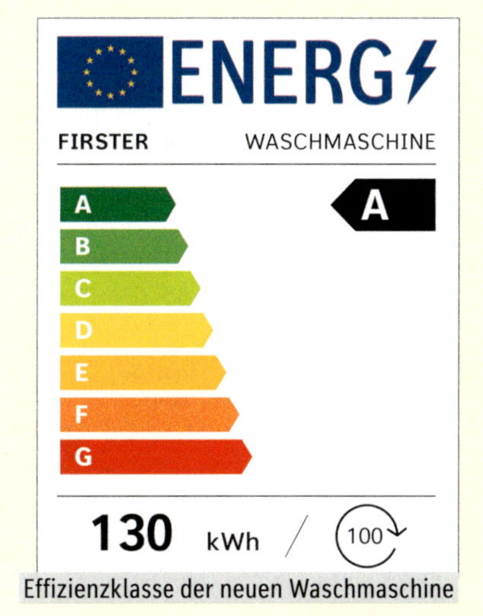

Effizienzklasse der neuen Waschmaschine

1. Beschreibe die ökologischen, ökonomischen und sozialen Auswirkungen des Kaufs der neuen Waschmaschine.
2. Beurteile die Nachhaltigkeit des Kaufs der neuen Waschmaschine.
3. Wähle eine der Aufgaben aus:
   a Beurteile die Entscheidung, die alte Waschmaschine noch 3 Jahre länger zu benutzen in Bezug auf die Nachhaltigkeit.
   b Erläutere, wie du dich in der Situation entscheiden würdest.

1 Ein leeres Storchennest

Überwinterung von Vögeln

Standvögel

Alle Vögel können sich mit ihrem Gefieder vor der Kälte schützen. Dafür plustern sie sich auf. Durch das Aufplustern gelangt mehr Luft ins Gefieder, wodurch die Vögel auch bei starkem Frost nicht erfrieren. Schwierig ist im Winter aber die Futtersuche. Körnerfresser wie zum Beispiel der Stieglitz und der Grünfink ernähren sich im Winter von den Samen stehengebliebener Pflanzen. Diese Körnerfresser verlassen im Winter ihre europäischen Brutgebiete nicht. Solche Vögel werden **Standvögel** genannt.
Schwieriger ist die Futtersuche im Winter für die Vögel, die sich von Insekten ernähren. Sie finden dann kaum Nahrung. Dennoch gehören auch einige insektenfressende Vögel zu den Standvögeln. Der Zaunkönig sucht zum Beispiel im Winter unter Laub, an Zweigen und unter Baumrinden nach Insekten. Andere Vögel wie die Amsel und Meisen ändern ihre Ernährung im Winter. Im Sommer fressen sie überwiegend Regenwürmer, Insekten oder Schnecken. Im Winter ernähren sie sich dagegen von Samen und Früchten.

Material mit Aufgaben

M1 Standvögel im Winter

Amseln ändern wie alle heimischen Vögel je nach Umgebungstemperatur ihre Körperform, indem sie ihr Federn aufstellen und sich so aufplustern.

1. Ordne den Bildern A-D folgende Temperaturen zu: 35 °C, 18 °C, –15 °C und 0 °C.
2. Erkläre, warum das Aufplustern vor Kälte schützt.

Strichvögel

Einige Vögel bleiben zwar im Winter in ihren europäischen Brutgebieten, ziehen aber auf der Suche nach Nahrung weit umher. Diese Vögel verlassen bei ungünstigen Bedingungen ihre Reviere und suchen Gebiete auf, in denen sie im Winter noch Nahrung finden. Man bezeichnet sie als **Strichvögel**. Dazu gehört beispielsweise der Eisvogel, der Fische frisst. Auf der Suche nach eisfreiem Wasser legt er im Winter oft größere Strecken zurück. Auch der Buntspecht ist ein Strichvogel. Er ernährt sich meist von Insekten. Im Winter frisst er aber auch Nüsse und Samen von Nadelbäumen.

2 Überwinterung von Vögeln: **A** Standvogel (Blaumeise), **B** Strichvogel (Buntspecht)

Material mit Aufgaben

M2 Schutz vor Wärmeverlust

Mit dem gezeigten Versuch wurde untersucht, wie gut Federn vor Wärmeverlust schützen. Alle fünf Minuten wurde die Temperatur gemessen. Im Diagramm sind die Ergebnisse des Versuchs dargestellt.

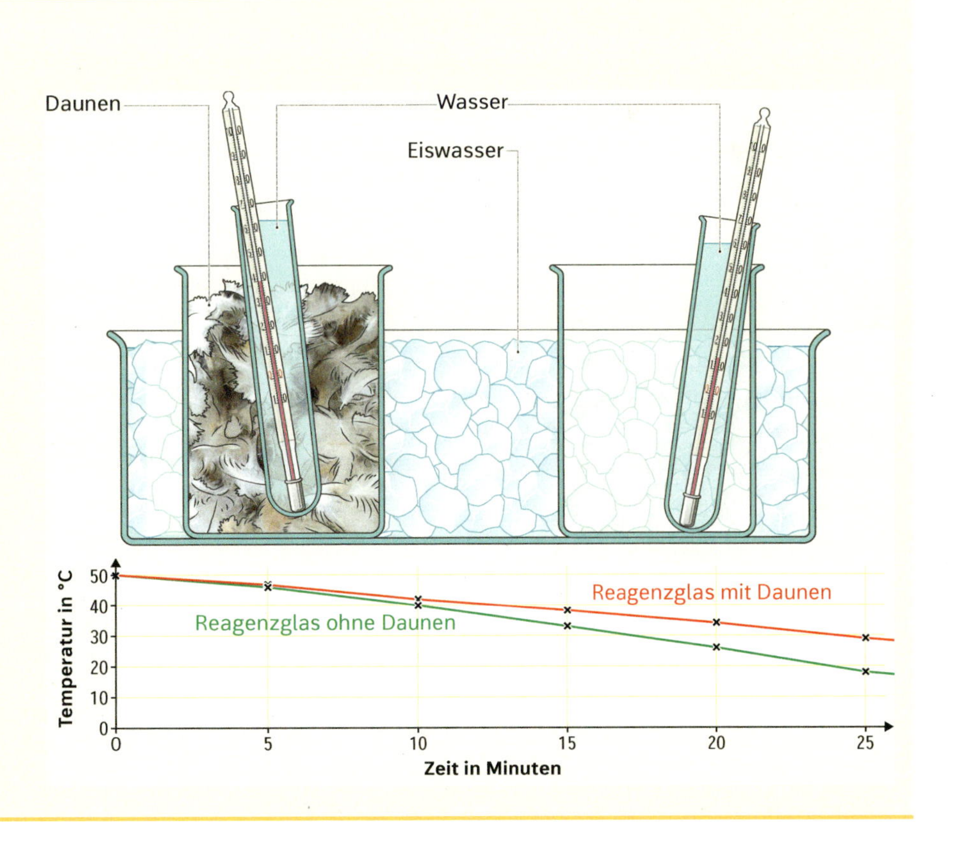

1. Beschreibe den Versuchsaufbau.
2. Beschreibe die Ergebnisse des Versuchs mithilfe des Diagramms.
3. Wähle eine der Aufgaben aus:

a Erläutere mithilfe der Ergebnisse, wie sich Vögel vor Kälte schützen.

b Erläutere, weshalb viele Winterjacken mit locker gepackten Daunen gefüllt sind.

3 Stare auf Wanderung

Regeln für die Winterfütterung von Vögeln:
- Nur geeignetes Futter aus dem Fachhandel verwenden.
- Keine Essensabfälle verfüttern.
- Geeignete Futterhäuschen verwenden.
- Futterhäuschen regelmäßig reinigen.
- Futterstellen vor Katzen geschützt aufstellen.

Winterfütterung

Viele Menschen füttern im Winter die freilebenden Vögel. Dabei müssen einige Regeln beachtet werden. Ob die Winterfütterung sinnvoll ist oder nicht, darüber sind Wissenschaftler unterschiedlicher Meinung. Einige sagen, Vögel sollten im Winter regelmäßig gefüttert werden. Andere sind der Meinung, an die Futterstellen würden hauptsächlich die Vögel kommen, die auch ohne Winterfütterung überleben könnten. Bedrohte Vogelarten erreiche man selten bei der Winterfütterung. Deshalb sei das Füttern im Winter kein geeignetes Mittel zum Schutz dieser Vögel.

Zugvögel

Stare verbringen nur den Sommer in Deutschland und ziehen hier ihre Jungtiere auf. Wenn der Herbst beginnt, versammeln sie sich auf Stromleitungen, Bäumen und Hausdächern. Gemeinsam fliegen sie dann in ihre Überwinterungsgebiete in Spanien oder in Nordafrika. Stare gehören zu den **Zugvögeln**.

Ungefähr zwei Drittel der in Deutschland heimischen Vogelarten fliegen im Winter in wärmere Gebiete, um Kälte, Schnee und Nahrungsmangel zu entgehen. Dazu gehören auch die Störche. Sie legen tausende Kilometer zurück, bevor sie ihre Überwinterungsgebiete in Südeuropa oder Nordafrika erreichen. Im Verlauf des Frühjahres entgehen viele Zugvögel der Trockenheit des afrikanischen Sommers und kehren wieder zurück. Bei uns finden sie wieder ein großes Nahrungsangebot, wie zum Beispiel Insekten.

Zugvögel orientieren sich mithilfe ihrer Sinnesorgane. **Tagzieher** nutzen zur Orientierung den Sonnenstand, Gebirge und Küstenlinien. **Nachtzieher** richten sich nach dem Stand der Sterne. Aber auch das Magnetfeld der Erde hilft den Vögeln bei der Orientierung. Sie können die Richtung und Stärke des Magnetfeldes wahrnehmen.

Erforschung der Zugwege

Forscher befestigen manchen Vögeln Ringe mit Erkennungscodes am Fuß. Mithilfe dieser **Beringung** können sie die Zugwege erforschen. Unterwegs und am Ziel werden die beringten Vögel erneut eingefangen. So kann man Karten ihrer Zugwege erstellen. Eine andere Möglichkeit ist die Satellitenbeobachtung. Dabei werden einzelne Vögel mit kleinen Sendern versehen und die Flugroute wird aufgezeichnet.

A Nenne die unterschiedlichen Arten der Überwinterung von Vögeln.

Material mit Aufgaben

M3 Winterfütterung

Verschiedene Menschen wurden nach ihrer Meinung zu der Winterfütterung von Vögeln befragt.

1. Lies zuerst alle Texte. Erstelle dann eine Tabelle. Nenne in der ersten Spalte alle Argumente, die für eine Winterfütterung sprechen. In der zweiten Spalte nennst du Argumente, die gegen eine Winterfütterung sprechen.
2. Bewerte, ob die Winterfütterung von Vögeln sinnvoll ist oder nicht.

A *Vogelarten sterben nicht aus, wenn sie im Winter nicht gefüttert werden. Vögel, die im Winter verhungern, sind meistens krank oder alt. Viele Vogelarten brüten im Sommer mehrmals. Die hohe Zahl an Jungtieren gleicht die Verluste im Winter wieder aus. Die Winterfütterung ist also für den Vogelschutz von geringer Bedeutung.*

B *Im Winter brauchen Vögel wegen der niedrigen Temperatur mehr Energie als zu anderen Jahreszeiten. Die Vögel müssen also mehr fressen. Viele Vögel finden aber bei Schnee keine oder nicht genügend Nahrung.*

C *In Wäldern und naturnahen Gärten finden Vögel auch bei Schnee noch Nahrung. Sie ernähren sich dann von Beeren an Sträuchern und Samen von Gräsern. Durch falsches Futter oder unsaubere Futterstellen können die Vögel krank werden.*

D *An den Futterstellen kann man Vögel gut beobachten. Dies ist vor allem in der Stadt sonst kaum möglich. Auf diese Weise wird bei vielen Menschen das Interesse an Vögeln geweckt. Aus der Beobachtung der Vögel lassen sich auch geeignete Maßnahmen zu ihrem Schutz ableiten.*

M4 Zugwege von Zugvögeln

1. Ordne die Vögel im Bild nach der Länge ihrer Zugwege von kurz nach lang.
2. Beschreibe den Verlauf der drei Zugwege von Europa nach Afrika.
3. Wähle eine der Aufgaben aus: Störche fressen unter anderem Frösche, Kröten und Mäuse.

a Erkläre mithilfe der abgebildeten Karte, warum man bei Störchen von Westziehern und Ostziehern spricht.

b Erkläre, warum Störche vor dem Winter ihr Brutgebiet bei uns verlassen.

4. Stelle Vermutungen an, warum Störche nicht über das Meer fliegen.

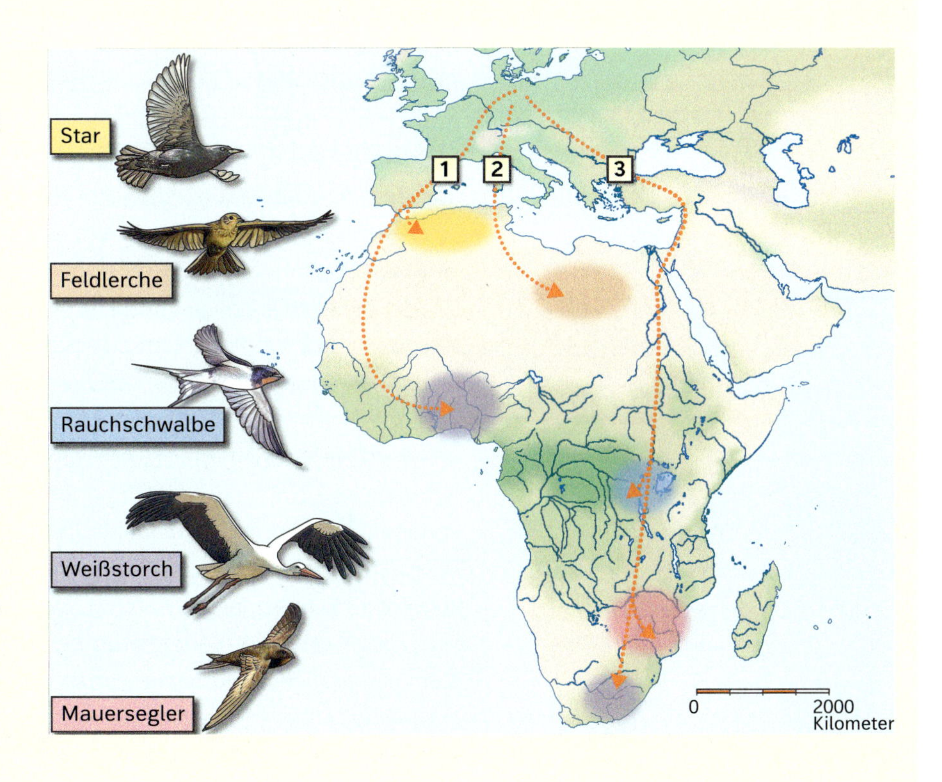

1 Rotfuchs mit Winterfell

Überwinterung von Säugetieren

2 Reh im Winter

Schutz vor Kälte

Im Herbst verändert sich das Fell des Rotfuchses und vieler anderer Säugetiere. Bei diesem Haarwechsel wachsen zusätzlich viele, dicht beieinander stehende Wollhaare. Die Luft zwischen den Haaren bildet eine isolierende Schicht, die vor Wärmeverlust schützt. Sie schützt so gut, dass Schnee auf dem Winterfell nicht schmilzt. Einige Tiere haben im Winter auch eine andere Fellfarbe als im Sommer. Das Sommerfell von Polarfüchsen ist braun-beige. Im Winter haben sie oft ein weißes Fell. So sind sie im Schnee gut getarnt.

Das Fettgewebe von Säugetieren besteht aus weißen und braunen Fettzellen. Weiße Fettzellen speichern Energie. Die Zellen des braunen Fettgewebes wandeln diese Energie in Wärme um.

Aktive Überwinterer

Rotfüchse, Wildschweine, Hirsche und Rehe sind den ganzen Winter über **aktiv**. Ihre Körpertemperatur bleibt das ganze Jahr in etwa gleich hoch. Dafür benötigen sie Nahrung. Wie viele Säugetiere sorgen sie für die nahrungsarme Zeit im Winter vor. Bereits im Herbst fressen sie sich ein Fettpolster an. Bei hohem Schnee finden die Tiere nicht immer genug Nahrung. Die angefressenen Fettreserven liefern dann die notwendige Energie zur Aufrechterhaltung der Körperfunktionen. Außerdem bewegen sich die Tiere nur wenig. Das spart auch Energie. Der Maulwurf ist ebenfalls ein aktiver Überwinterer. Bei Frost verlegt er seine Jagdgänge in tiefere, frostfreie Bodenschichten. Er ernährt sich hier von Insektenlarven und Regenwürmern.

Winterruhe

Das Eichhörnchen frisst sich vor dem Winter eine dicke Fettschicht an. Gleichzeitig legt es auch vor dem Winter Nahrungsvorräte an. Es vergräbt in mehreren Verstecken Nüsse, Eicheln, Bucheckern und Zapfen von Fichten und Kiefern. Während des Winters hält das Eichhörnchen dann einen Ruheschlaf in seinem kugelförmigen Nest, dem Kobel. Dieser ist mit Moos und Laub ausgepolstert, sodass die Tiere gut vor Kälte geschützt sind. Die Körpertemperatur des Eichhörnchens bleibt während des Schlafens gleich. Die Anzahl der Herzschläge und Atemzüge pro Minute nimmt dagegen leicht ab. Ab und zu erwacht das Eichhörnchen und verlässt den Kobel, um Kot und Urin auszuscheiden. Dann frisst es auch von seinen verschiedenen Nahrungsvorräten. Die Verstecke findet es sogar unter einer dichten Schneedecke wieder.

Säugetiere, die wie das Eichhörnchen überwintern, halten eine **Winterruhe**. Auch Braunbären und Dachse halten in geschützten Verstecken Winterruhe. Nahrungsvorräte legen sie aber nicht an. Sie fressen sich nur eine dicke Fettschicht an. Wenn sie im Winter aufwachen, machen sie sich auf die Suche nach Nahrung. ▶

A Vergleiche die Überwinterungsstrategie von Fuchs und Eichhörnchen.

3 Eichhörnchen im Winter

Material mit Aufgaben

M1 Winterfell und Sommerfell

Das Hermelin hat im Winter eine andere Fellfarbe als im Sommer. Sein Winterfell ist weiß, sein Sommerfell dagegen braun.

1. Vergleiche mithilfe der Bilder Winterfell und Sommerfell des Hermelins. Nenne Gemeinsamkeiten und Unterschiede.
2. Erkläre, warum das Winterfell gut vor Kälte schützt. ⊞
3. Beschreibe und erkläre, welche Vorteile die weiße Fellfarbe des Hermelins im Winter hat. ⊞

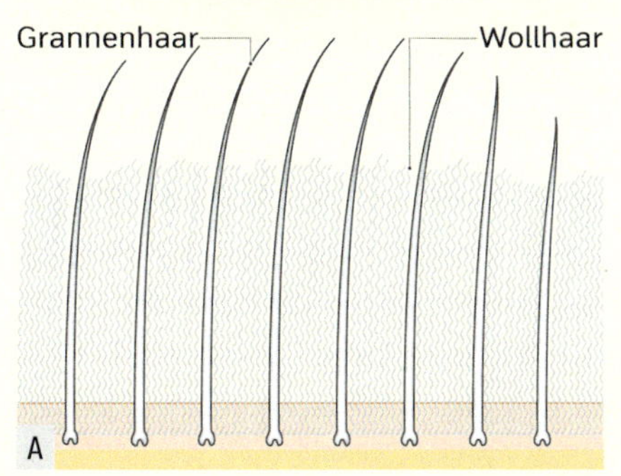

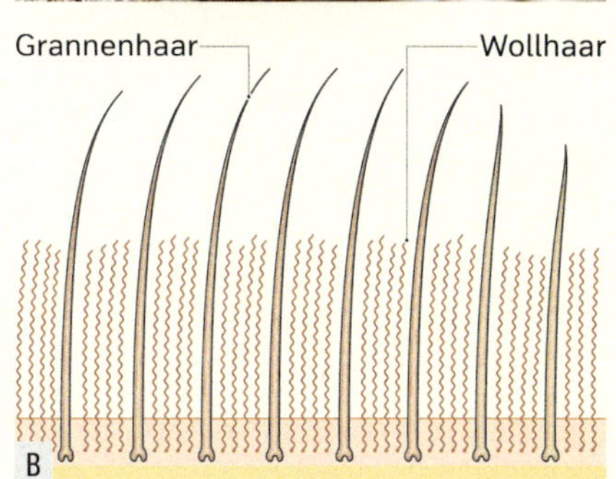

4 Igel im Winterschlaf

Winterschlaf

Einige Tiere schlafen den ganzen Winter über. Sie schlafen viele Wochen oder sogar einige Monate lang. Während dieser Zeit leben sie nur von den Fettreserven, die sie sich im Herbst angefressen haben. Während dieses **Winterschlafs** werden die Körpertemperatur und die Anzahl der Atemzüge und Herzschläge pro Minute stark verringert. Auf diese Weise wird der Energiebedarf des Körpers stark gesenkt. Sollte es so kalt werden, dass die Tiere während des Winterschlafes zu erfrieren drohen, wachen sie auf. Atmung, Herztätigkeit und Körpertemperatur erreichen dann wieder die normalen Werte. Da dies viel Energie kostet, ist ein häufiges Erwachen für das Tier lebensbedrohlich.

Der Igel sucht sich im Herbst unter einem Laubhaufen ein geeignetes, frostsicheres Versteck. Dort rollt er sich zusammen und fällt in einen tiefen Winterschlaf. Die Körpertemperatur des Igels fällt während des Winterschlafs von ungefähr 37 °Celsius auf 5 °Celsius. Sein Herz schlägt nur noch 2 bis 12 Mal in der Minute, statt sonst ungefähr 200 Mal. Die Zahl der Atemzüge wird von 50 Atemzüge pro Minute auf ungefähr 13 Atemzüge vermindert. Erwacht

Material mit Aufgaben

M2 Aktive Überwinterung und Winterschlaf

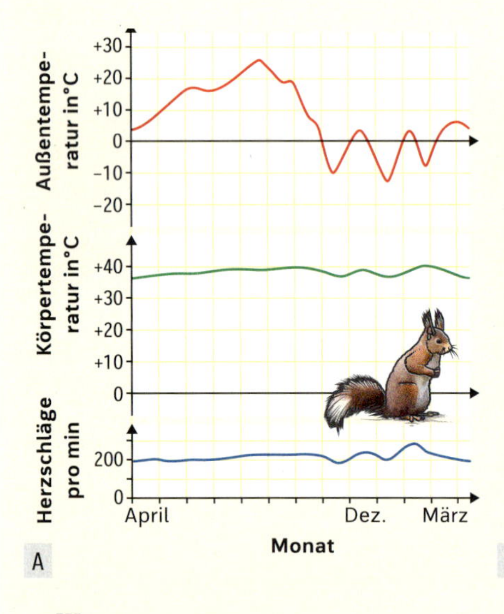

A

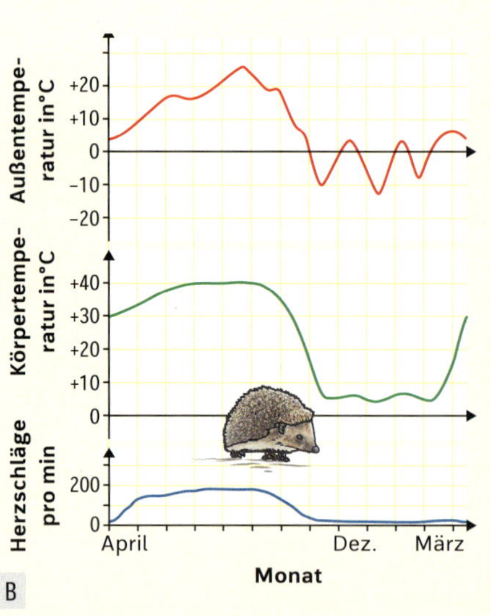

B

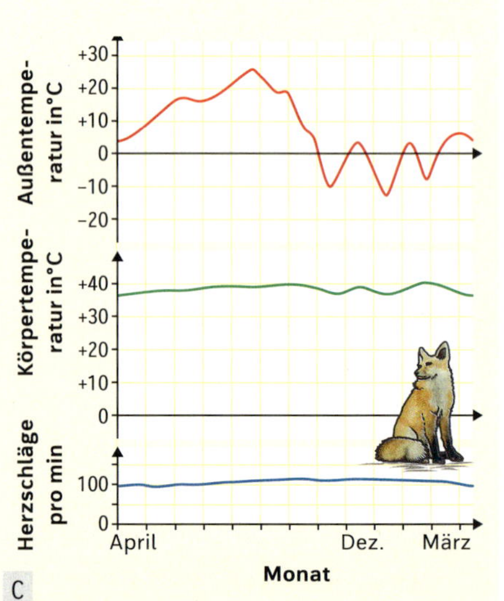

C

1. Ordne den Diagrammen begründet die drei Strategien Winterschlaf, aktive Überwinterung und Winterruhe zu.

2. Beschreibe und vergleiche die Zahl der Atemzüge, Herzschläge und die Körpertemperatur. Erstelle dazu eine Tabelle.

3. Ordne jeder Strategie zwei weitere Säugetiere zu, die auf diese Weise überwintern. Begründe deine Zuordnung.

der Igel während des Winters oder im Frühjahr aus dem Winterschlaf, muss die Körpertemperatur schnell wieder auf die normale Betriebstemperatur erhöht werden. Dies geschieht mithilfe des braunen Fettgewebes.

Fledermäuse suchen zu Beginn des Winters frostgeschützte Höhlen, Felsspalten oder hohle Bäume auf. Dort hängen sie dann kopfüber und dichtgedrängt nebeneinander und halten gemeinsam ihren Winterschlaf.

Der Siebenschläfer ist ein ausgesprochener Langschläfer. In seinem geschützten Versteck wie Baumhöhlen oder Nischen in alten Gebäuden, schläft er von Ende September bis in den folgenden Mai hinein.

B Vergleiche die Überwinterungsarten der Säugetiere. Lege dazu eine Tabelle an.

C Erläutere, warum der Haarwechsel für viele felltragende Tiere lebensnotwendig ist.

D Fledermäuse und Maulwürfe sind Insektenfresser. Begründe, warum die Fledermaus zu den Winterschläfern gehört und der Maulwurf zu den aktiven Überwinterern.

5 Siebenschläfer im Winterschlaf

Material mit Aufgaben

M3 Winterschläfer

Körpertemperatur
Außentemperatur
Temperatur in °C
35, 30, 25, 20, 15, 10, 5, 0, −5
August, Sept., Okt., Nov., Dez., Januar, Februar, März, April, Mai
Monat

1. Beschreibe die Veränderung der Körpertemperatur des Igels im Laufe des Jahres.
2. Erkläre, welche Ursache die „Zacken" in der Kurve haben.
3. Wähle eine der Aufgaben aus:
   a Erkläre, warum Igel im Winter nicht gestört werden dürfen.
   b Erkläre die Bedeutung des braunen Fettgewebes für den Igel.

1 Zitronenfalter im Winter

Überwinterung von wechselwarmen Tieren

Gleichwarm und wechselwarm

Vögel und Säugetiere sind gleichwarme Tiere. Egal wie niedrig die Außentemperatur ist, ihre Körpertemperatur bleibt meist gleich. Reptilien, Amphibien, Fische und wirbellose Tiere wie Insekten sind wechselwarm. Bei wechselwarmen Tieren passt sich die Körpertemperatur der Außentemperatur an.

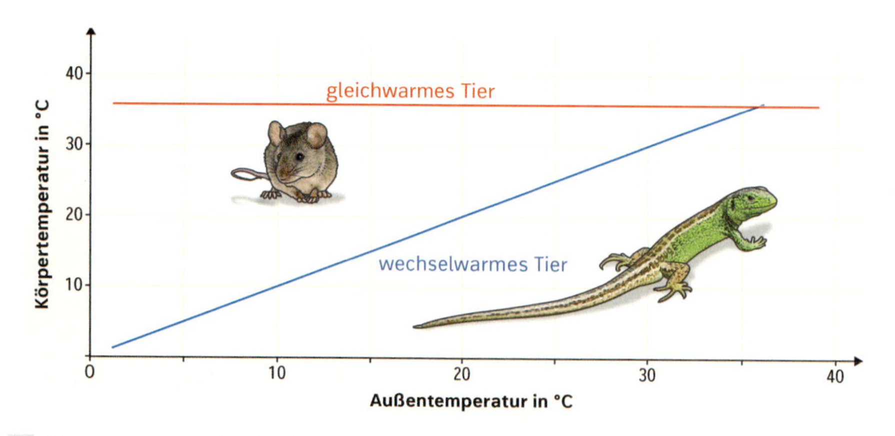

2 Körpertemperatur bei wechselwarmen und gleichwarmen Tieren

Kältestarre

Wechselwarme Tiere haben kein Fell, keine Fettschicht und keine Federn, die sie vor der Kälte schützen könnten. Bei niedrigen Temperaturen ist die Beweglichkeit der Tiere deshalb stark eingeschränkt. Im Winter sind wechselwarme Tiere bewegungsunfähig. Sie ruhen dann in frostsicheren Verstecken. Das Herz schlägt sehr langsam und sie atmen kaum. Dieser Ruhezustand heißt Winterstarre oder **Kältestarre**. Sinkt die Temperatur in ihrem Versteck unter 0 °Celsius, erwachen die Tiere nicht. Sie können sich auch nicht bewegen, um sich zum Beispiel tiefer einzugraben. Die Tiere erfrieren dann. Auf diese Weise überwintern zum Beispiel Eidechsen, Schlangen, Molche und Frösche. Auch viele Spinnen, Insekten und andere wirbellose Tiere verfallen in schützenden Verstecken in eine Kältestarre.

Fische

Ein See friert von der Wasseroberfläche her zu. Während die Temperatur an der Oberfläche unter 0 °Celsius liegt, beträgt die Wassertemperatur an der tiefsten Stelle des zugefrorenen Sees 4 °Celsius. Am Grund des Sees können deshalb Fische wie der Karpfen überwintern. Sie bewegen sich dann kaum. Ihre Körperfunktionen sind stark eingeschränkt und die Körpertemperatur ist abgesenkt.

Amphibien und Reptilien

Eidechsen und Erdkröten suchen im Winter frostsichere Höhlen unter Steinen oder Komposthaufen auf. Hier fallen die Tiere in Kältestarre und überwintern in kleinen Gruppen dicht beieinander liegend. Einige Amphibien und Reptilien überleben sogar kurzzeitig geringe Minustemperaturen. In ihrem Blut bildet sich eine Art Frostschutzmittel, das ein Erfrieren verhindert.

Insekten

Mitten im Winter sieht man manchmal Zitronenfalter an den Zweigen. Auch sie bilden eine Art Frostschutzmittel. Im Frühling erwachen die Falter aus der Kältestarre. Bei den meisten Schmetterlingsarten sterben die Falter im Herbst. Es überwintern nur die gelegten Eier. Bei Hummeln überleben nur die jungen Königinnen im Boden. Im Frühling gründen sie dann einen neuen Staat.

Regenwürmer

Regenwürmer überwintern in einer Tiefe von 40 bis 80 Zentimeter im Boden. Sie verlieren im Winter bis zu 80 Prozent ihres Körpergewichts.

Material mit Aufgaben

M1 Orte der Überwinterung

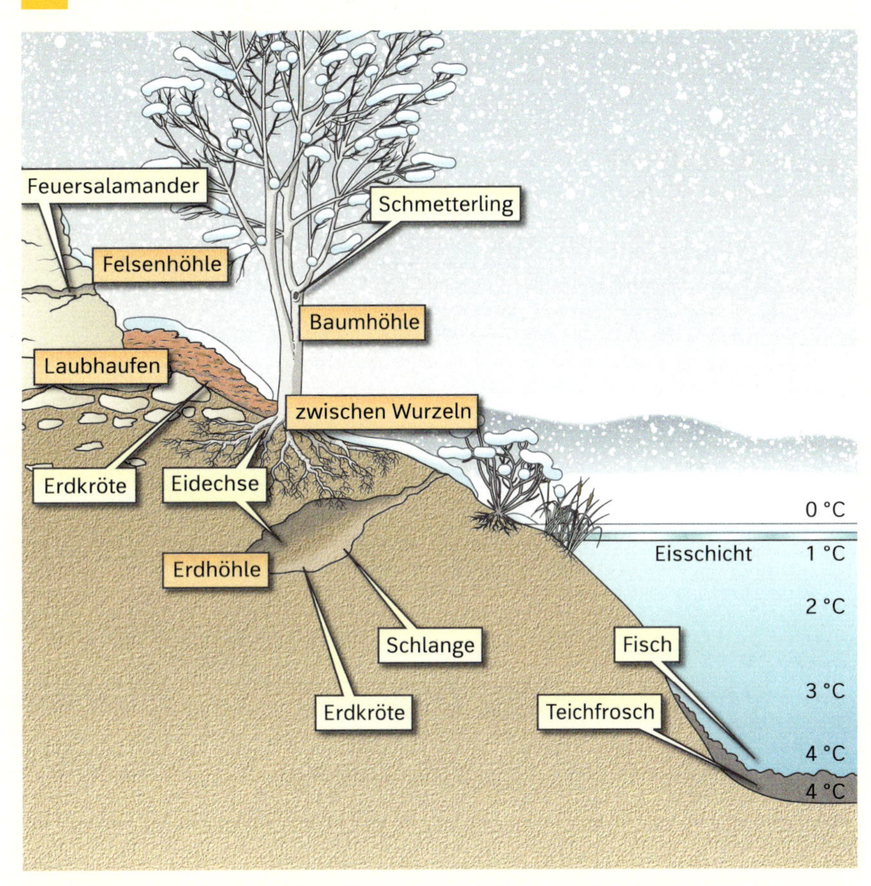

1. Gib an, welches Tier in welchem Winterquartier überwintert. Erstelle eine Tabelle mit den Spalten Tier und Winterquartier.
2. Erkläre, warum Gartenteiche eine Mindesttiefe von einem Meter haben sollten.
3. Wähle eine Aufgabe aus:
   a Beschreibe, wie Insekten überwintern.
   b Beschreibe für ein Tier deiner Wahl wo es überwintert und was bei dieser Art der Überwinterung passiert.

A Nenne drei gleichwarme und wechselwarme Tiere.
B Erkläre den Begriff Kältestarre.
C Erkläre, warum der Zitronenfalter in Bild 1 nicht erfriert.

Das Jahr von Igel und Eichhörnchen

Verschiedene Tiere überwintern auf unterschiedliche Arten. Sie können zum Beispiel Winterschlaf und Winterruhe halten oder in Winterstarre verfallen. Im Laufe eines Jahres bereiten sich die Tiere auf die Überwinterung vor. Igel und Eichhörnchen überwintern auf unterschiedliche Arten. Aus diesem Grund bereiten sie sich im Laufe eines Jahres auch unterschiedlich darauf vor.

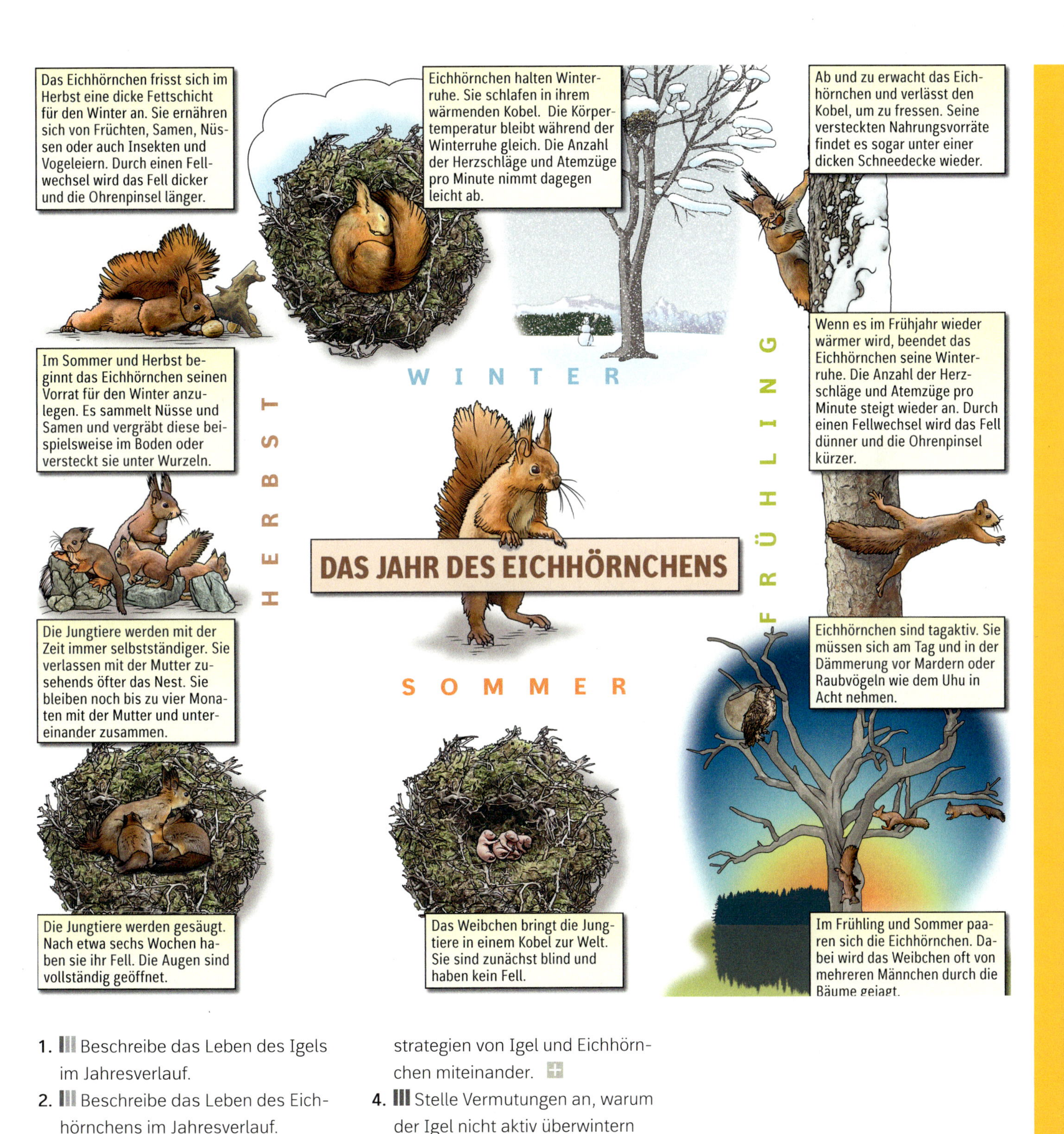

1. Beschreibe das Leben des Igels im Jahresverlauf.
2. Beschreibe das Leben des Eichhörnchens im Jahresverlauf.
3. Vergleiche die Überwinterungsstrategien von Igel und Eichhörnchen miteinander.
4. Stelle Vermutungen an, warum der Igel nicht aktiv überwintern kann.

1 Kaiserpinguine mit Küken

Leben im Eis

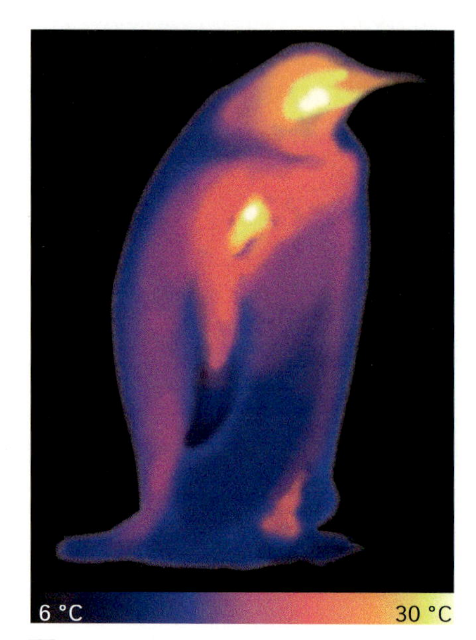

2 Wärmebild von einem Pinguin

Arktis und Antarktis

Die Nordpolregion, ein eisbedecktes Meer, wird **Arktis** genannt. Die Temperaturen liegen hier im Winter zeitweise unter –40 °Celsius. Im Sommer steigen sie kaum über 0 °Celsius. Der Südpol liegt auf einem eisbedeckten Kontinent, der **Antarktis**. Hier ist der Boden ständig gefroren. Im Sommer steigen die Temperaturen kaum über –10 °Celsius, im Winter sinken sie bis auf –50 °Celsius. Nur wenige Tierarten sind an diese lebensfeindlichen, sehr kalten **Eiswüsten** angepasst.

Kaiserpinguin

Der Kaiserpinguin lebt in der Antarktis. Sein Körper ist mit einem dichten Federkleid bedeckt. Über einer dicken Daunenschicht liegen kurze, schuppenartig angeordnete Deckfedern. So entsteht eine wasserabweisende und windundurchlässige Schicht. Zusammen mit der dicken Fettschicht unter der Haut schützen die Federn vor Nässe und Kälte. Der Kaiserpinguin brütet auf dem Eis und zieht dort auch seine Jungtiere auf. Zu Beginn des Winters im Mai suchen die Pinguine ihre Brutplätze auf. Bis zu 20 000 Tiere stehen dort ganz dicht beieinander und wärmen sich so gegenseitig. Dabei wechseln sie regelmäßig die Plätze. Jedes Tier steht so mal am Rand und mal in der Mitte.

Fasst man einen sehr kalten Gegenstand an, schmilzt durch die Körperwärme etwas Eis an der Oberfläche und gefriert durch den kalten Gegenstand wieder. Deshalb „klebt“ man fest.

Kaiserpinguine stehen auf dem Eis, frieren aber nicht fest. Wärmebilder zeigen, dass die Temperatur in den Füßen niedriger ist als im übrigen Körper. Über die Füße wird also kaum Wärme abgegeben. Die Pinguine frieren deshalb nicht fest.

Eisbär

Der Eisbär lebt in der Arktis. Bis auf die Nase und die Ballen an der Unterseite der Tatzen ist sein Körper vollständig behaart. Sein dichtes Fell sieht weiß aus. Jedes Haar ähnelt aber einer durchsichtigen Glasröhre. Die vielen Haare halten auf der Haut ein Luftpolster, das vor Wärmeverlust schützt. Das Fell ist sehr fettig und wasserabweisend, was das Schwimmen im Meer erleichtert. Eine dicke Fettschicht unter der Haut schützt zusammen mit dem Fell vor Wärmeverlust.

Der Eisbär ist größer und schwerer als der Braunbär. Auch sein großer Körper schützt ihn vor Kälte. Denn ein großer, schwerer Körper produziert mehr Wärme und kühlt langsamer aus als ein kleiner, leichter Körper.

A Begründe, warum Pinguine zu den Vögeln gehören.

B Erkläre, warum Pinguine auf dem Eis nicht festfrieren.

C Beschreibe, wie der Eisbär an die Kälte angepasst ist.

3 Eisbär mit Jungtier

F

Material mit Aufgaben

M1 Lebensraum und Körperbau von Pinguinen

Pinguin-Art	A Galapagos-Pinguin	B Magellan-Pinguin	C Kaiser-Pinguin
Gewicht	2 kg	4 kg	35 kg
Körpergröße	50 cm	70 cm	120 cm

Die Jahresdurchschnittstemperatur ist in den Lebensräumen der drei gezeigten Pinguin-Arten unterschiedlich: In der Antarktis liegt sie bei –19 °Celsius und an der Küste Argentiniens bei 8 °Celsius. Auf den Galapagos-Inseln liegt sie dagegen bei 24 °Celsius.

1. Vergleiche die drei Pinguin-Arten mithilfe der Tabelle.
2. Ordne die drei Pinguin-Arten begründet jeweils einem der genannten Lebensräume zu. +
3. Stelle Vermutungen an, warum der Galapagos-Pinguin nur in seinem Lebensraum überleben kann.

P2 Wärmeverlust

Material: zwei Petrischalen, zwei Thermometer, Heizplatte, Gefäß (Topf), Wasser, eine kleine und eine große Kartoffel (vorgekocht)

Durchführung: Erwärme die Kartoffeln auf 45 °C. Lege jede Kartoffel in eine Petrischale und stecke in jede ein Thermometer. Warte, bis die Temperatur nicht mehr steigt. Lies dann die Temperatur nach 2, 5, 10 und 15 Minuten ab. Notiere die Messwerte in einer Tabelle.

1. Beschreibe die Versuchsergebnisse.
2. Begründe mithilfe deiner Messergebnisse, warum der Eisbär besser an das Leben in der Arktis angepasst ist als der kleinere Braunbär. +

1 Dromedar in der Wüste

Leben in der Wüste

Wüstenklima

In Wüsten herrschen extreme Lebensbedingungen. Es gibt kaum Wasser. Oft regnet es jahrelang nicht. Die Tiere in der Wüste müssen extreme Temperaturschwankungen aushalten. Tagsüber herrschen Temperaturen bis zu 50 °C, nachts können sie auf 0 °C absinken.

Dromedar

Das Dromedar ist hervorragend an das Leben in der Wüste angepasst. Es hat lange Beine, sodass der Körper weit vom heißen Boden entfernt ist. Die beiden Zehen der tellerförmigen Füße spreizen sich beim Laufen. Deshalb sinkt das Tier nicht in den Sand ein. Die dicke Horn-

Material mit Aufgaben

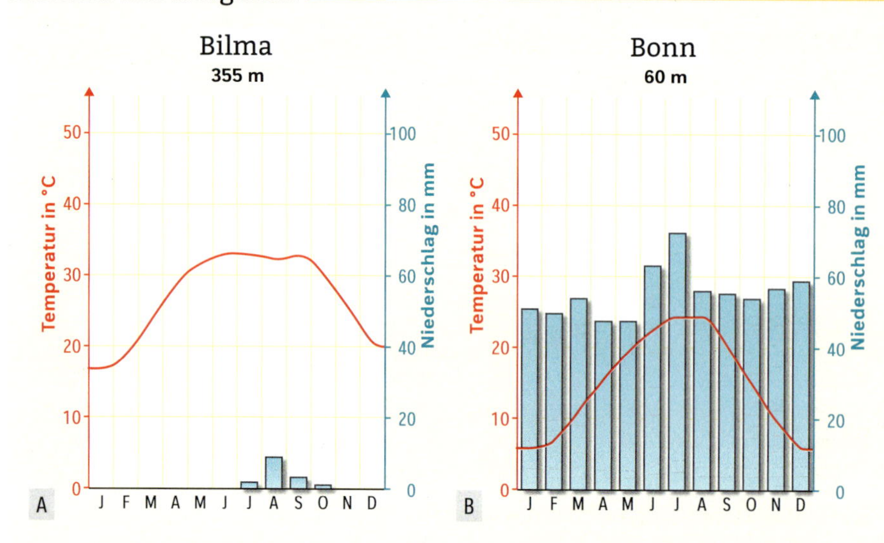

M1 Wüstenklima

Bilma ist eine Stadt in Zentralafrika in der Sahelzone. Bonn ist eine Stadt in Deutschland.

1. Vergleiche die Temperaturen und die Niederschlagsmengen über das Jahr in den beiden Städten.
2. Beschreibe mithilfe der Informationen in den Diagrammen die Lebensbedingungen in den beiden Städten.

schicht an den Fußsohlen schützt vor Verbrennungen. Dichte Wimpern, verschließbare Nasenlöcher und die dichten Haare an den Ohren verhindern das Eindringen von Sand. Das dichte Fell schützt am Tag vor Hitze und nachts vor Kälte. Zusätzlich ändert sich die Körpertemperatur des Dromedars um bis zu 8 °C. Nachts sinkt sie oft auf 34 °C und steigt am Tag bei Hitze auf 42 °C. Das Dromedar beginnt erst ab einer Umgebungstemperatur von über 42 °C zu schwitzen. Dadurch verliert es nicht so viel Wasser.
Ein Dromedar kann innerhalb von 15 Minuten bis zu 200 Liter Wasser trinken. Dieses wird zusammen mit Nährstoffen in speziellen Zellen gespeichert. Der Höcker speichert Fettreserven für nahrungsarme Zeiten. Das Tier scheidet auch nur wenig Wasser aus. Dem Urin und dem Kot wird möglichst viel Wasser entzogen. So kommt es bis zu vier Wochen ohne Wasser und Nahrung aus.

Wüstenfuchs

Auch der Wüstenfuchs ist gut an das Leben in heißen Sandwüsten angepasst. Seine behaarten Fußsohlen verhindern das Einsinken in den heißen Sand und schützen vor Verbrennungen. Auffällig sind seine sehr großen Ohren, mit denen er sehr gut hören kann. Sie dienen gleichzeitig zur Kühlung. Bei Hitze erweitern sich die Blutgefäße in den Ohren, sodass mehr Blut hindurchfließen kann. Dabei wird überschüssige Wärme abgegeben. In der Arktis wäre dieser Wärmeverlust gefährlich. Die Ohren würden dann abfrieren. Der Polarfuchs hat deshalb sehr kleine Ohren.

Material mit Aufgaben

M2 Lebensräume und Körperbau von Füchsen

A

B

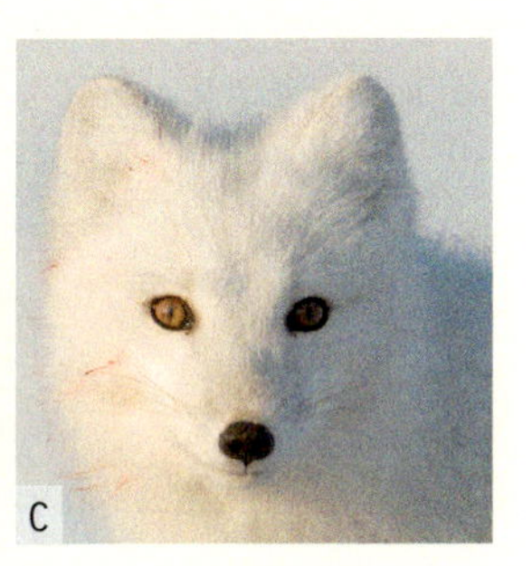
C

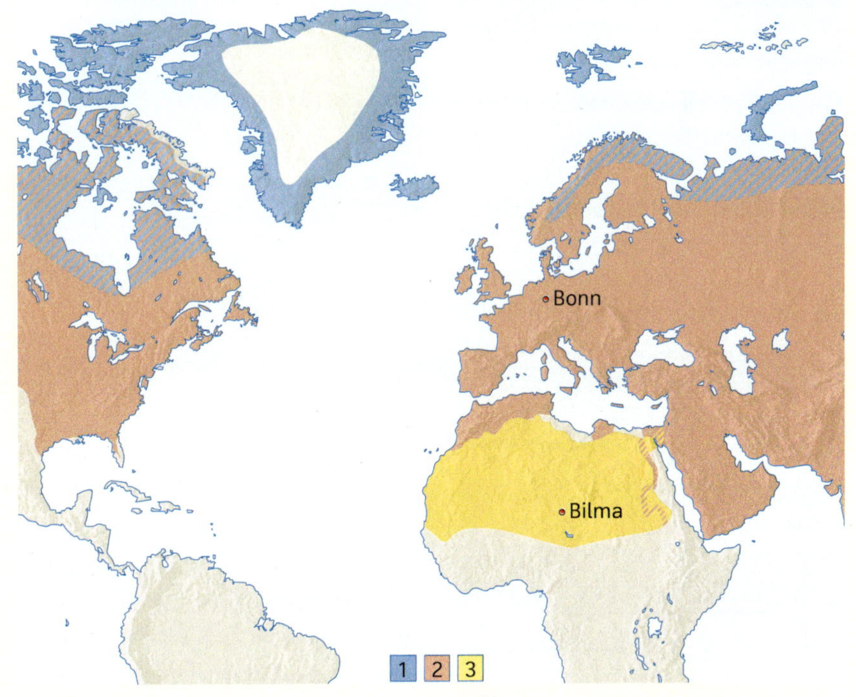

1. Ordne den Füchsen A bis C die richtigen Namen zu: Polarfuchs, Rotfuchs, Wüstenfuchs.
2. Beschreibe die Klimabedingungen in den Gebieten 1-3.
3. Ordne die Füchse dem jeweils richtigen Lebensraum zu.
4. Erkläre, wie dir die Größe der Ohren bei der Zuordnung helfen kann.

A Nenne Angepasstheiten des Dromedars an das Wüstenklima.

B Erkläre, wieso der Wüstenfuchs große Ohren hat.

Zusammenfassung Energie effizient nutzen

Energie

Damit Vorgänge ablaufen, muss Energie zur Verfügung stehen. So kann man zum Beispiel nur einen Bogen spannen, wenn man die Bogensehne mit der Kraft seines Armes spannt. Energie kann auf unterschiedlichste Weisen zur Verfügung stehen. Es gibt verschiedene Formen von Energie: Strahlungsenergie, thermische Energie, Spannenergie, Höhenenergie, Bewegungsenergie, elektrische Energie und chemische Energie. Energie wird immer umgewandelt. Sie geht nie verloren. Man bezeichnet dies als Energieerhaltung. Energieumwandlungen für einen Vorgang kann man mithilfe von Energieflussdiagrammen veranschaulichen.

Wärme breitet sich aus

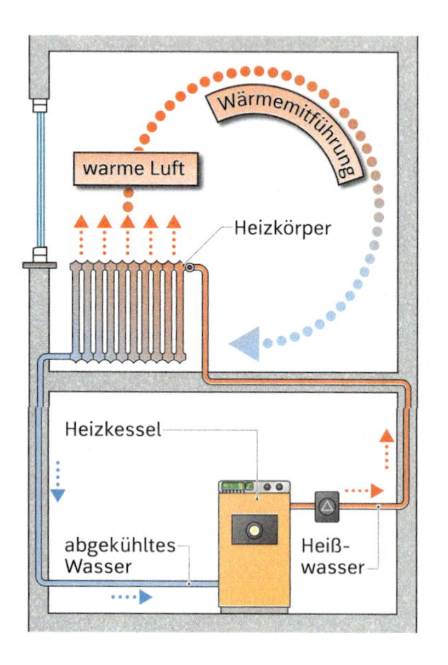

Wärme kann auf unterschiedliche Weisen transportiert werden. In Festkörpern wird Wärme durch Wärmeleitung transportiert. Dabei breitet sich die Wärme immer vom heißen zum kalten Ende aus. Metalle sind gute Wärmeleiter. Kunststoffe sind dagegen schlechte Wärmeleiter.

In Flüssigkeiten und auch in Gasen wird Wärme durch Konvektiom transportiert. Luft oder Wasser werden dabei erwärmt, strömen zu einem anderen Ort und geben die Wärme dort dann wieder ab.

Bei der Wärmestrahlung wird Wärme ohne übertragenden Stoff transportiert.

Wärmedämmung

Jedes Haus gibt Wärme an die Umgebung ab. Im Winter müssen die Häuser beheizt werden, damit es innen nicht zu kalt wird. Häuser werden heute so gebaut, dass sie möglichst wenig Wärme verlieren. Dazu verbaut man Materialien, die viel Luft enthalten. Sie erhöhen die Wärmedämmung des Hauses.

Zusammenfassung

Überwinterung gleichwarmer Tiere

Viele Säugetiere bekommen im Winter beim Fellwechsel ein dichtes, wärmendes Winterfell. Bei einigen Arten hat es eine andere Farbe als das Sommerfell. Vor der Kälte im Winter schützt zusätzlich eine dicke Fettschicht.

Aktive Überwinterer wie Rehe und Wildschweine bleiben im Winter aktiv und ernähren sich von dem, was die Natur ihnen bietet.

Winterruher wie das Eichhörnchen verschlafen einen Großteil der kalten Jahreszeit. Von Zeit zu Zeit erwachen die Tiere und fressen von den im Herbst angelegten Nahrungsvorräten.

Winterschläfer wie der Igel halten an geschützten Plätzen einen Winterschlaf. Während des Winterschlafs sind Herztätigkeit, Körpertemperatur und Atmung herabgesetzt. Notwendige Energie für die Körperfunktionen liefert eine dicke im Herbst angefressene Fettschicht.

Überwinterung wechselwarmer Tiere

Wechselwarme Tiere, dazu gehören Insekten, Fische, Reptilien und Amphibien, suchen im Herbst frostsichere Verstecke auf und fallen in Kältestarre. Dabei passt sich die Körpertemperatur der Außentemperatur an. Alle Körperfunktionen sind stark herabgesetzt. So verbraucht der Körper kaum Energie.

Vögel im Winter

Standvögel wie Dompfaff, Amsel und Meise verbringen den Winter in ihren Brutgebieten. Sie ernähren sich hauptsächlich von Pflanzensamen, Beeren und Früchten. Zugvögel fliegen im Herbst in ihre Überwinterungsgebiete. Im Frühjahr kehren sie zurück. Während des Vogelzugs orientieren sie sich am Sonnenstand, an der Landschaft und dem Erdmagnetfeld.

Tiere in extremen Lebensräumen

Wirbeltiere in den Hitzewüsten haben ein dichtes Fell, das isolierend wirkt. Es schützt die Tiere vor der Kälte der Nacht und vor Überhitzung am Tag. Einige Wüstentiere geben Wärme über ihre großen, stark durchbluteten Ohren ab. Tiere in der Wüste müssen Wasser sparen, deshalb geben sie zum Beispiel über Schweiß und Urin kaum Wasser ab.

Tiere in den Polargebieten schützen sich vor der dort herrschenden Kälte mit einem dichten Fell oder Gefieder. Zusätzlich haben viele Tiere noch ein Fettpolster unter der Haut. Tiere in Kältewüsten sind größer und schwerer als verwandte Arten in wärmeren Gebieten. Der große Körper schützt ebenfalls vor Wärmeverlust.

Energie effizient nutzen

1 Energieumwandlungen

A Nenne die in den Vorgängen A und B beteiligten Energieformen.

B Beschreibe die in den Bildern A und B dargestellten Energieumwandlungen.

C Erstelle für die dargestellten Vorgänge A und B jeweils ein Energieflussdiagramm.

D Erstelle ein Energieflussdiagramm, in dem chemische Energie umgewandelt wird.

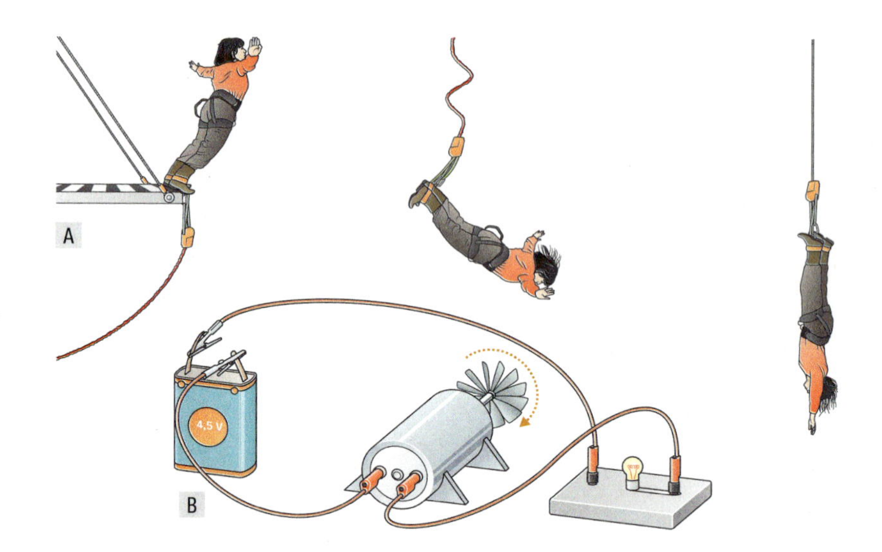

2 Wärmetransport

Die Weihnachtspyramide wird mit Kerzen zum Drehen gebracht.

A Nenne verschiedene Arten des Wärmetransports.

B Ordne den Bildern eine Wärmetransportart zu. Begründe.

C Erkläre die verschiedenen Arten des Wärmetransports.

Weihnachtspyramide

Wärmelampe

3 Wärmedämmung

A Vergleiche die in den Bildern A und B dargestellten Wärmebilder von zwei Häusern und gib an, welches Haus besser gedämmt ist.

B Erläutere mithilfe der beiden Wärmebilder, welche Teile eines Hauses am schlechtesten gedämmt sind.

C Erläutere, warum gut gedämmte Häuser eine wichtige Maßnahme sind, um Energie einzusparen.

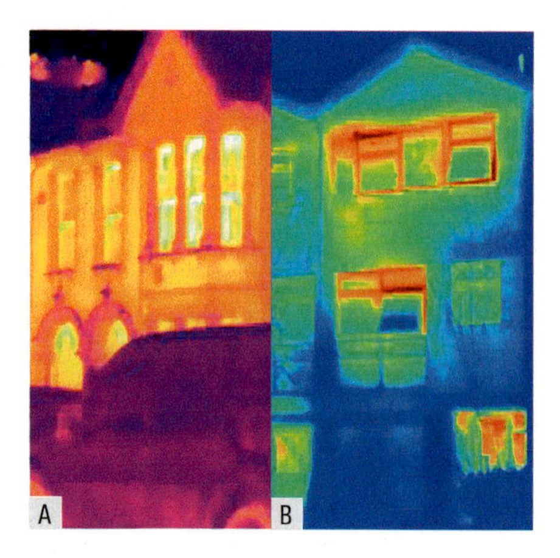

4 Luft – ein Gasgemisch

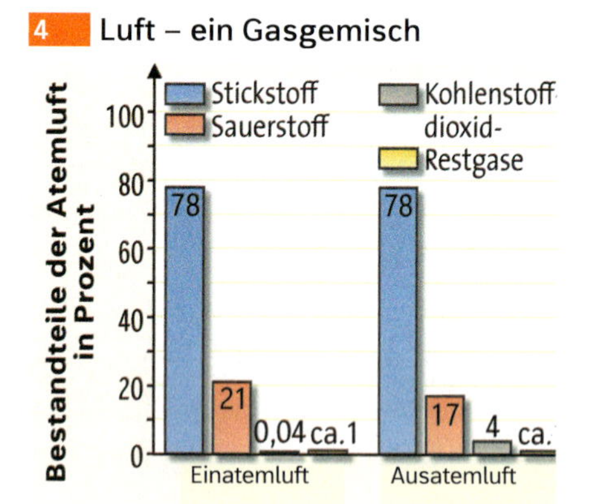

A Erkläre die verschiedenen Anteile an Sauerstoff und Kohlenstoffdioxid in der Atemluft.

In einem Gefäß befindet sich ein farbloses Gas.

B Beschreibe einen Versuchsaufbau, mit dem man überprüfen kann, ob in dem Gefäß Sauerstoff ist.

C Beschreibe einen Versuchsaufbau, mit dem man überprüfen kann, ob in dem Gefäß Kohlenstoffdioxid ist.

5 Tiere im Winter

A Erkläre folgende Begriffe: Aktive Überwinterung, Winterruhe, Winterschlaf und Kältestarre.

B Ordne den folgenden Tieren die richtige Überwinterungsart zu: Rotfuchs, Eichhörnchen, Frosch, Zitronenfalter, Igel, Reh, Eidechse, Siebenschläfer, Fledermaus, Dachs.

C Vergleiche die Überwinterung von Eichhörnchen und Igel.

D Ordne den Diagrammen die Begriffe aktive Überwinterer und Winterschläfer zu. Begründe deine Zuordnung.

E Begründe, warum Winterschläfer im Winter nicht gestört werden dürfen.

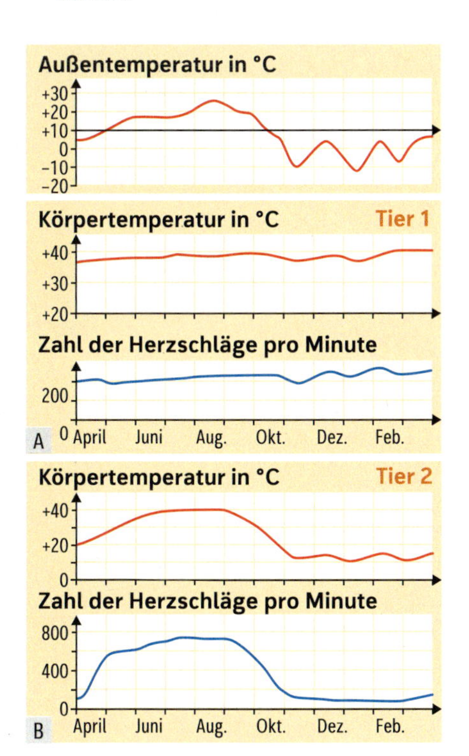

6 Zugvögel und Standvögel

A Erkläre die Begriffe Standvogel und Zugvogel.

B Ordne die folgenden Vögel in einer Tabelle nach Standvögeln und Zugvögeln: Kuckuck, Blaumeise, Buntspecht, Buchfink, Kranich, Rauchschwalbe, Storch, Amsel.

C Erkläre, warum Zugvögel im Winter ihre Brutgebiete verlassen und in wärmere Gebiete fliegen.

D Beschreibe, wie sich Zugvögel auf ihrem Weg in die Überwinterungsgebiete orientieren.

E Beschreibe die Wege, auf denen Mauersegler und Stare in ihre Überwinterungsgebiete ziehen.

F Beschreibe Methoden, mit denen der Vogelzug erforscht wird.

7 Tiere extremer Lebensräume

A Vergleiche die Lebensbedingungen in Hitzewüsten und Eiswüsten. Erstelle eine Tabelle.

B Beschreibe, wie der Eisbär an das Leben in der Kältewüste angepasst ist.

C Beschreibe, wie das Dromedar an das Leben in der Hitzewüste angepasst ist.

D Vergleiche, wie der Polarfuchs und der Wüstenfuchs an ihren jeweiligen Lebensraum angepasst sind. Erstelle eine dazu Tabelle.

A

B

Was ist ein Stoff?
Warum trennen wir unseren Müll?
Was passiert in einem Komposthaufen?

8

Materialien trennen

Möchte man beim Malen mit Wasserfarben die Farbe wechseln, wäscht man den Pinsel in einem Glas mit Wasser. Beim Auswaschen bildet die Farbe dünne Fäden im Glas, die sich langsam mit dem Wasser vermischen. Nach einiger Zeit hat sich das ganze Wasser verfärbt. Die Farbe und das Wasser sind mit dem Auge nicht mehr zu unterscheiden. Kann man Farbe und Wasser wieder voneinander trennen?

1 Löffel können aus vielen Stoffen hergestellt sein.

Stoff und Gegenstand

Die Welt der Stoffe

In den Naturwissenschaften interessiert man sich dafür, aus welchem Material ein **Gegenstand** besteht. Jeder Gegenstand besteht aus mindestens einem Material, einem **Stoff**. Damit ist nicht nur der Stoff eines Kleidungsstücks gemeint, sondern alle Materialien, aus denen Gegenstände hergestellt werden. Ein Nagel besteht zum Beispiel aus dem Stoff Eisen und ein Ballon kann mit dem Gas Helium gefüllt sein.

2 Ein Smartphone besteht aus vielen Stoffen.

Ein Gegenstand – viele Stoffe

Es gibt Gegenstände, die aus unterschiedlichen Stoffen bestehen oder hergestellt sein können. So gibt es Löffel aus Aluminium, Silber, Kunststoff, Porzellan oder Holz. Es gibt also eine große Vielfalt an Stoffen. Die Stoffe haben unterschiedliche Eigenschaften. Stahl und Silber leiten Wärme besser als Holz. Kunststoff und Holz sind weniger hart als Stahl oder Silber. Kochlöffel sind daher meist aus Holz oder Kunststoff, damit beim Umrühren die Beschichtung des Topfes nicht beschädigt wird und damit man sich nicht die Finger verbrennt. Die Wahl eines Stoffes zur Herstellung eines Gegenstands richtet sich also nach seiner Verwendung.
Viele Gegenstände wie Smartphones bestehen aus vielen Stoffen: So ist das Display aus Glas, das Gehäuse aus Kunststoff und im Innern sind viele verschiedene Metalle in den elektrischen Bauteilen verbaut.

Gegenstände sind Körper

Wenn eine Glasflasche zerbricht, kann man sie nicht mehr zum Trinken benutzen. Jedoch kann man aus dem Stoff Glas wieder neue Flaschen oder andere Gegenstände herstellen. In den Naturwissenschaften werden Gegenstände auch als Körper bezeichnet. So ist ein Löffel oder eine Flasche ein **Körper**. Damit man einen Körper genau beschreiben kann, gibt man oft zum Stoff noch seine Form an. Man spricht zum Beispiel von einer Glasflasche.

3 Viele Gegenstände aus einem Stoff

A Erläutere die Begriffe „Stoff“ und „Körper“.

Material mit Aufgaben

M1 Körper und Stoffe

Körper	Stoff
Eiswürfel	Wasser
Nagel	...
...	Luft

Eiswürfel, Aluminium, Buch, Eisen, Faden, Gummi, Holz, Kaffeetasse, Luftblase, Porzellan, Ehering

1. Übertrage die Tabelle in dein Heft. Trage alle Körper und Stoffe vom Zettel in die Tabelle ein.
2. Ergänze bei jedem Körper einen passenden Stoff und bei jedem Stoff einen passenden Körper.

M2 Sortierung

A

B

1. Erläutere, nach welchem Kriterium in den Bildern jeweils sortiert wurde.
2. Entscheide, welche Ordnung für eine Chemiesammlung die bessere Wahl ist. Begründe deine Entscheidung.
3. Auch in einem Kleiderschrank gibt es eine Ordnung. Beschreibe unter Verwendung von Fachbegriffen die Ordnung in einem Kleiderschrank.

1 Lösen von Zucker in Tee

Stoffe bestehen aus Teilchen

2 Zucker: **A** Haushaltszucker, **B** Puderzucker **C** Zuckerkristalle (vergrößert)

Haushaltszucker

Den alltäglichen Haushaltszucker gibt es in vielen unterschiedlichen Sorten. Es gibt staubfeinen Puderzucker, feinkörnigen Haushaltszucker oder auch Würfelzucker. Es handelt sich dabei jedoch immer um den gleichen Stoff, nämlich Haushaltszucker.

Zuckerkristalle

Bei allen Zuckersorten kann man mit der Lupe unterschiedlich große, aber ähnlich geformte Zuckerkristalle erkennen. Mit einem Mikroskop kann man selbst bei Puderzucker kleine, kantige Kristalle erkennen.

Zucker auflösen

Wenn man Würfelzucker in Wasser gibt, ist er nach einer Weile nicht mehr zu sehen. Er scheint verschwunden zu sein. Doch der süße Geschmack des Zuckerwassers zeigt, dass der Zucker nicht verschwunden ist. Der Zucker ist in dieser Lösung so klein, dass man ihn mit einem Mikroskop nicht mehr erkennen kann. Er hat sich **gelöst**.
Aus der Zuckerlösung kann man wieder festen Zucker zurückgewinnen. Dazu lässt man das Wasser verdunsten. Es bilden sich dann wieder Zuckerkristalle. So kann der Zucker in der Lösung nachgewiesen werden.

Zucker im Teilchenmodell

Die Vorgänge beim Lösen von Zucker lassen sich mit dem **Teilchenmodell** erklären. Nach diesem Modell bestehen alle Stoffe aus vielen kleinen Teilchen, die man nicht weiter zerlegen kann. Sie werden vereinfacht als Kugeln dargestellt. Man kann sie nicht sehen, weil sie so klein sind. Ein Stück Würfelzucker besteht aus sehr vielen kleinen Zuckerteilchen, die alle gleich sind.

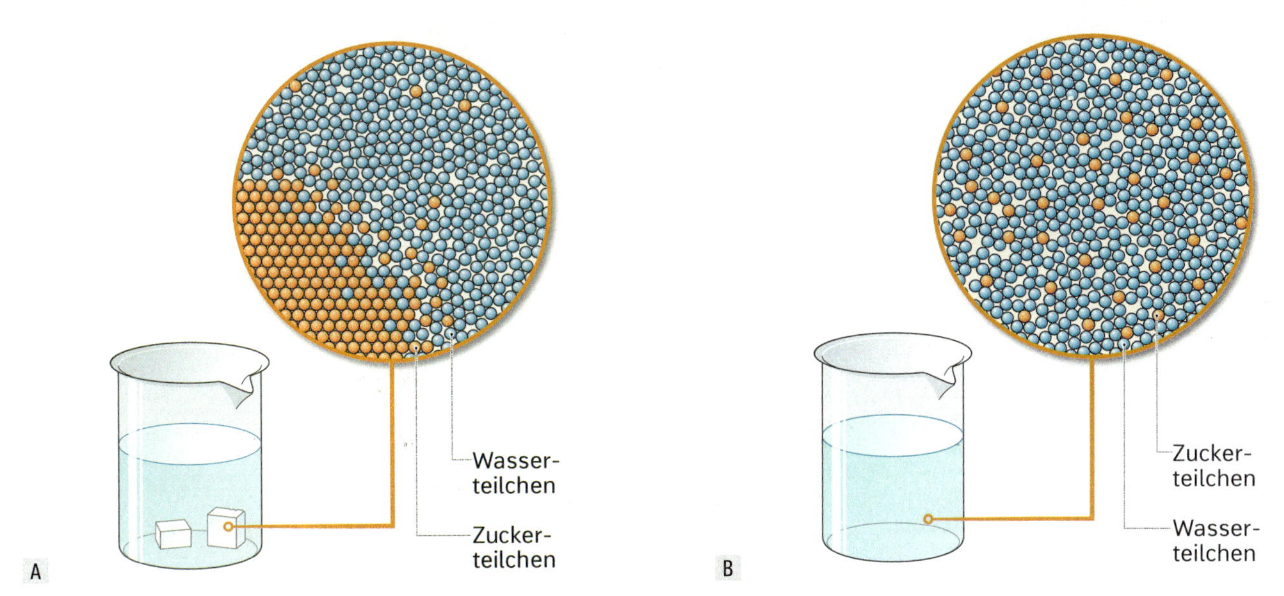

3 Ein Zuckerwürfel löst sich in Wasser

Zuckerwürfel im Wasser

In Bild 3A sieht man ein Becherglas, in dem sich ein Zuckerwürfel und Wasser befinden. Die Teilchen des Zuckers sind als orangene Kugeln dargestellt. Die Wasserteilchen sind als blaue Kugeln gezeichnet. In einem festen Zuckerwürfel sind die Teilchen dicht beieinander. Sie sind regelmäßig angeordnet. Zwischen ihnen gibt es kaum Abstände. In flüssigem Wasser sind die Wasserteilchen ebenfalls sehr dicht zusammen, aber unregelmäßiger angeordnet.

Lösen im Teilchenmodell

Legt man den Zuckerwürfel in Wasser, beginnen sich die Wasserteilchen zwischen die Zuckerteilchen zu schieben. Beide Teilchensorten verteilen sich gleichmäßig. Wenn man keinen festen Zucker mehr im Becherglas sieht, haben sich alle Zucker- und Wasserteilchen vermischt. Der Zucker ist gelöst.

A Erkläre, was man unter dem Teilchenmodell versteht.

B Beschreibe, was in Bild 1 mit den Zuckerwürfeln im Tee passiert.

Material mit Aufgaben

M1 Lösen von Kaliumpermanganat

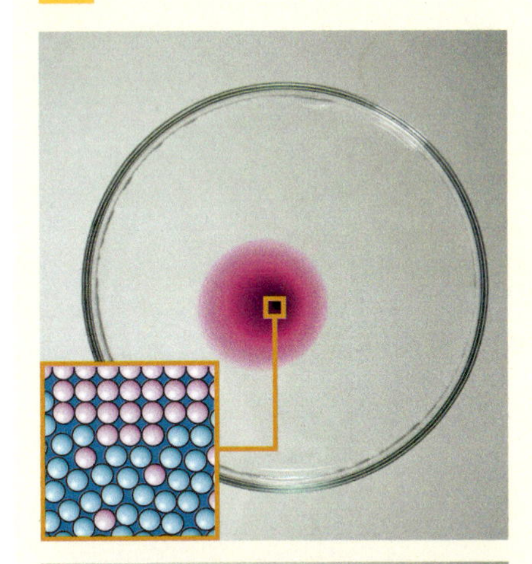

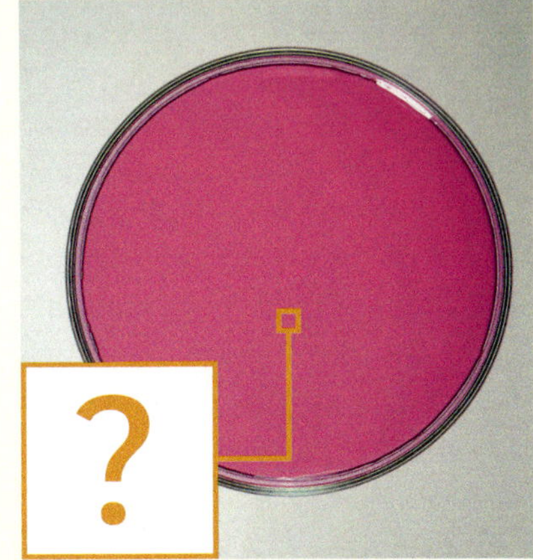

Kaliumpermanganat ist ein dunkelvioletter Feststoff. Gibt man einen kleinen Kristall Kaliumpermanganat in Wasser, löst er sich langsam auf. Mit der Zeit sind die Teilchen gleichmäßig verteilt.

1. I Beschreibe das Lösen von Kaliumpermanganat in Wasser.
2. II Erkläre den beginnenden Vorgang des Lösens mithilfe des Teilchenmodells. +
3. Wähle eine der Aufgaben aus:
   - a II Zeichne das Teilchenmodell, wenn sich das Kaliumpermanganat vollständig in Wasser gelöst hat.
   - b III Zeichne Zwischenschritte im Lösevorgang, in denen sich das Kaliumpermanganat noch nicht aufgelöst hat, im Teilchenmodell.

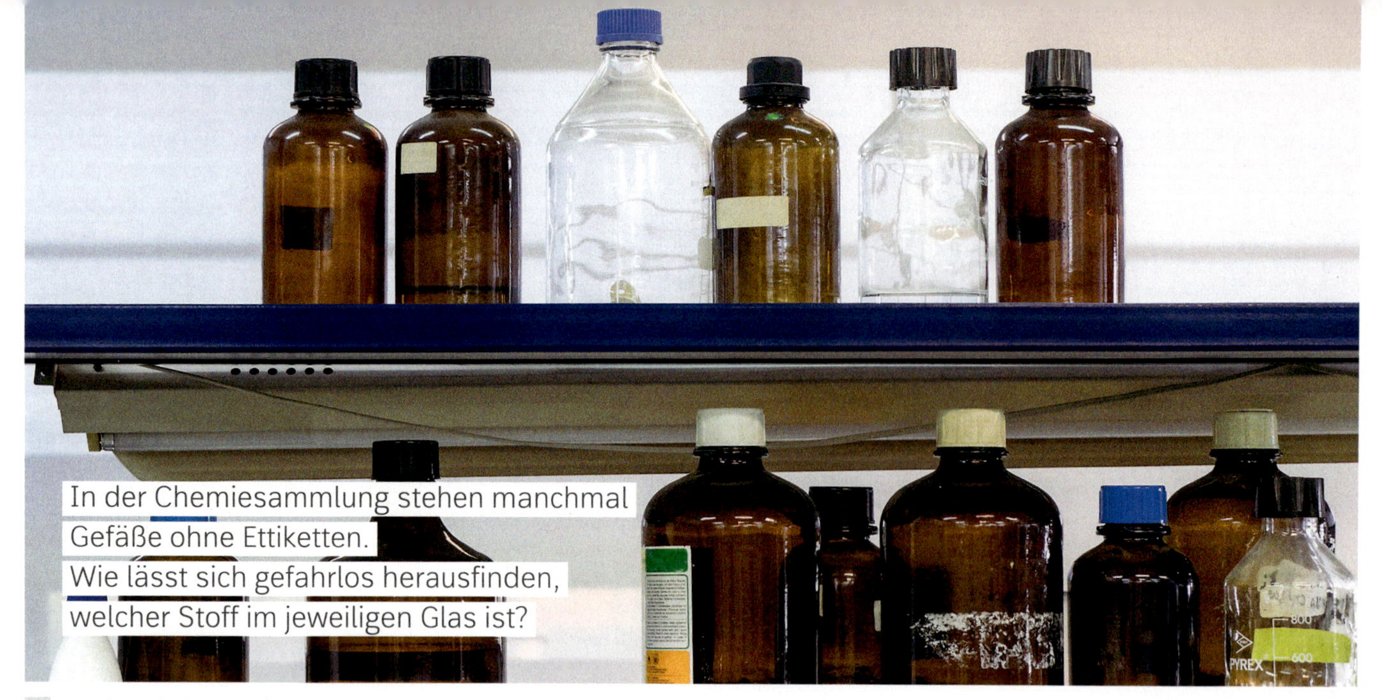

1 Unordnung in der Sammlung

Stoffeigenschaften mit Hilfsmitteln untersuchen

Stoffeigenschaften untersuchen

Einige Stoffe lassen sich mithilfe der Sinne sehr gut unterscheiden. Manchmal sehen die Stoffe aber sehr ähnlich aus. Zur besseren Unterscheidung benötigt man weitere **Stoffeigenschaften**. Es handelt sich dabei um Eigenschaften, die man misst und mit Werten festlegt, oder mit Hilfsmitteln testen kann.

Löslichkeit

Gibt man zu Hause etwas Salz in Wasser, so sieht man den Stoff nach einiger Zeit nicht mehr. Dass der Stoff nicht wirklich verschwunden ist, erkennt man am salzigen Geschmack des Wassers. Man sagt, dass sich das Salz in Wasser gelöst hat. Einige Stoffe wie Salz oder Zucker lösen sich sehr gut in Wasser. Die **Löslichkeit** in Wasser ist eine Stoffeigenschaft. Es gibt auch Stoffe, die schlecht oder gar nicht wasserlöslich sind. Hierzu gehören beispielsweise Fette und Öle.

Material mit Aufgaben

P1 Was löst sich?

1. Nenne die Stoffe, die sich lösen und die sich nicht lösen.

Material: Vier Bechergläser (200 ml), Glasstab, Spatel, Mehl, Zucker, Eisennagel, Speiseöl, Leitungswasser

Durchführung: Fülle die Bechergläser zur Hälfte mit 100 Mililiter Leitungswasser. Gib je eine Spatelspitze Zucker und Mehl, einen Eisennagel und fünf Tropfen Speiseöl in das Wasser eines der Gläser. Rühre danach jede Flüssigkeit mit dem Glasstab gut um.

Härte

Wenn man ein Holzstück mit einem Eisennagel ritzt, verursacht dies einen Kratzer im Holz. Umgekehrt kann man mit einem Holzstück keinen Kratzer in einem Eisennagel erzeugen. Durch solche wechselseitigen Ritzversuche, kann man Stoffe in der **Härte** vergleichen. Die Härte eines Stoffes ist ein Maß dafür, wie schwierig es ist, in einen Stoff einzudringen. Diamant ist der härteste Stoff. Ihm wurde auf der Härteskala der Wert 10 zugeordnet. Speckstein ist sehr weich und hat den Wert 1.

Verhalten beim Erhitzen

Manche Metalle können schmelzen, wenn man sie in die Flamme eines Gasbrenners hält. Eisen schmilzt erst bei sehr hohen Temperaturen. Wird Zucker über einer Kerze erhitzt, wird er zunächst braun und dann schwarz. Er verkohlt. Auch Holz verkohlt, wenn es im Reagenzglas erhitzt wird. Salz bleibt beim Erhitzen über einer Kerze weiß und körnig. Einige Stoffe verändern sich beim Erhitzen und andere nicht.

Material mit Aufgaben

P2 Härte

Material: Holz, Aluminium (Aluminiumblock), Keramik (Fliese), Gummi (Schlauch), Stahl (Stahlplatte), Eisennagel

Durchführung: Prüfe die Härte der unterschiedlichen Stoffe zunächst mit deinem Daumennagel. Versuche sie dann mit dem Eisennagel einzuritzen.

1. Sortiere die Stoffe nach der Härte in einer Tabelle.
2. Stelle Vermutungen an, an welcher Stelle Glas eines Wasserglases in deiner Reihenfolge der untersuchten Stoffe eingefügt werden muss.

Verformbarkeit

Manche Stoffe wie Eisen, Kupfer oder Aluminium lassen sich leicht verbiegen. Sie sind **verformbar**. Andere Stoffe wie Glas oder Porzellan zerbrechen, wenn man versucht sie zu verformen. Sie sind **spröde**. Die **Verformbarkeit** ist eine weitere Stoffeigenschaft.

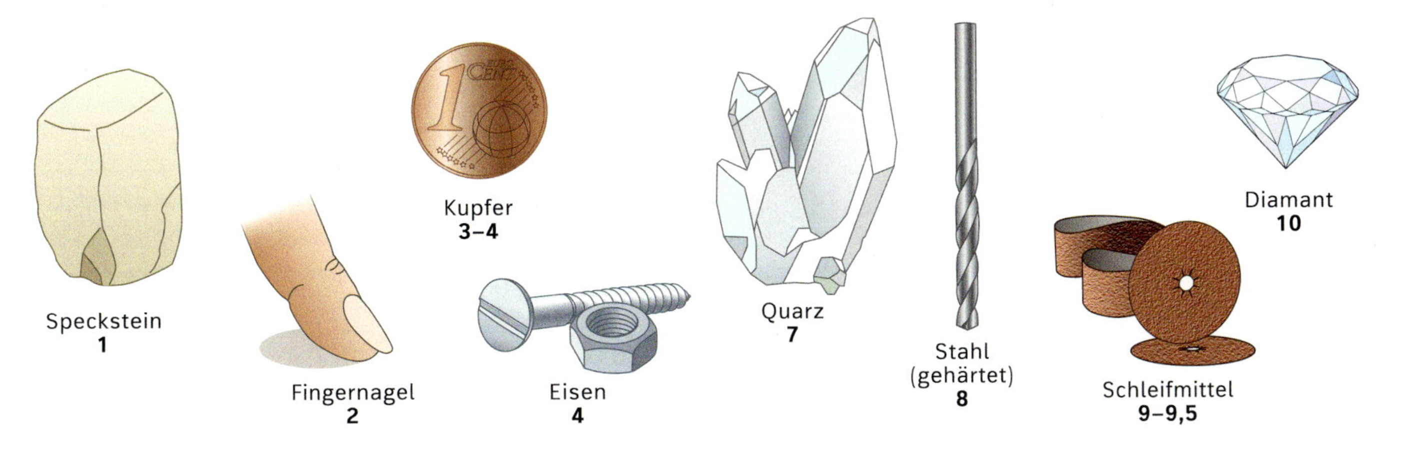

2 Härten verschiedener Stoffe

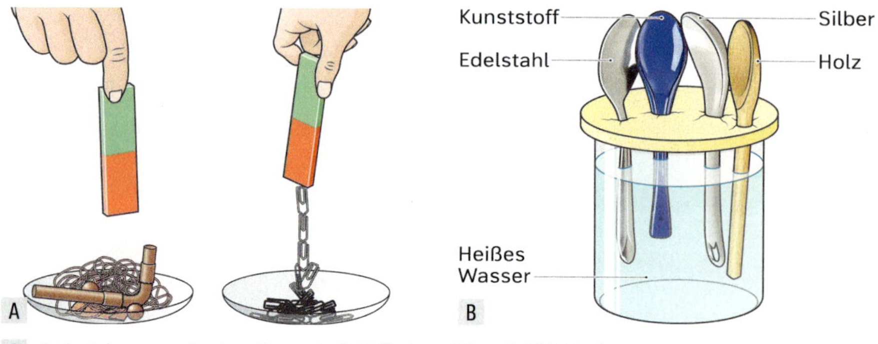

3 **A** Test der magnetischen Eigenschaft, **B** Test zur Wärmeleitfähigkeit

Wärmeleitfähigkeit

Stellt man einen Löffel aus Metall in warmes Wasser, fühlt er sich schnell warm an. Aluminium, Kupfer und Eisen leiten Wärme gut. Sie haben eine hohe **Wärmeleitfähigkeit**. Metalle sind gute Wärmeleiter. Ein Löffel aus Kunststoff im warmen Wasser fühlt sich länger kühl an. Holz, Porzellan oder Kunststoffe sind schlechte Wärmeleiter.

Magnetische Eigenschaften

Ein Stabmagnet zieht Eisennägel an. Aber nicht alle Metalle werden angezogen. Nur die Metalle Eisen, Kobalt und Nickel sind **magnetisch**. Kupfer oder Aluminium werden nicht von einem Stabmagneten angezogen. Auch andere Stoffe wie Holz, Glas oder Kunststoffe sind nicht magnetisch.

Elektrische Leitfähigkeit

Kupfer, Eisen und Aluminium leiten wie alle Metalle den elektrischen Strom. Metalle sind **elektrische Leiter**. Auch Flüssigkeiten wie Salzwasser oder Essig leiten den Strom. Holz, Glas, Zucker oder Kunststoff leiten den Strom nicht. Sie sind wie auch destilliertes Wasser oder Salatöl **elektrische Nichtleiter**. ▶

Material mit Aufgaben

P3 Welche Stoffe leiten den elektrischen Strom?

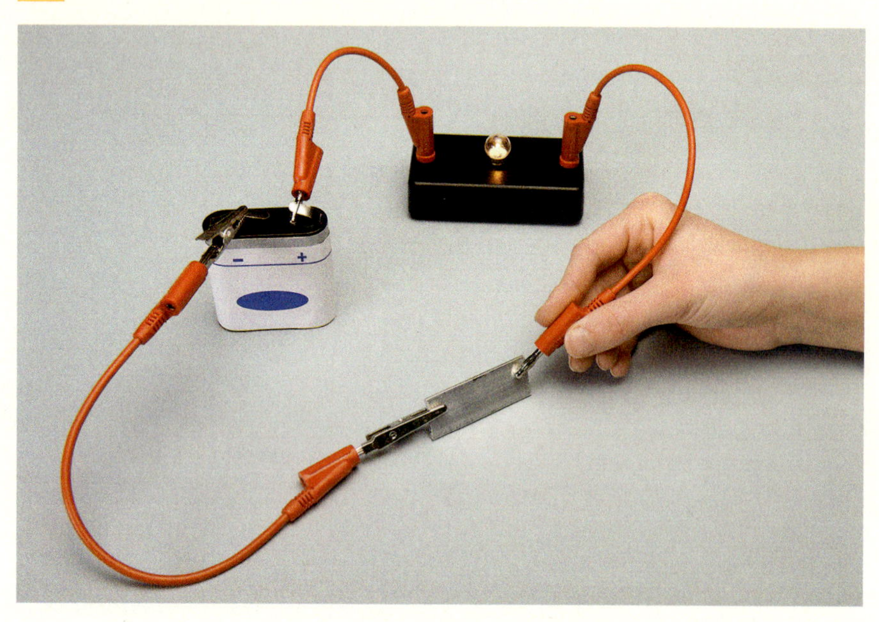

Material: Batterie, Glühlampe oder LED, Kabel, Krokodilklemmen, Eisennagel, Kunststoffteile, Bleistiftmine, Aluminiumfolie, Schälchen mit Zucker, Kupferblech

Durchführung: Baue den Stromkreis wie im Bild auf. Berühre die einzelnen Stoffe mit den beiden Krokodilklemmen. Wenn die Lampe leuchtet, leitet der Stoff den elektrischen Strom.

1. Nenne die Stoffe, die elektrische Leiter sind und die Stoffe, die den elektrischen Strom nicht leiten.

Material mit Aufgaben

M4 Stoffe unterscheiden

Die in den Fotos dargestellten Stoffpaare sind auf den ersten Blick kaum zu unterscheiden. Tabellen mit Stoffeigenschaften können bei der Unterscheidung helfen.

1. Wähle zunächst ein Stoffpaar aus. Beschreibe einen möglichen Versuch, mit denen du deine beiden Stoffe unterscheiden und somit bestimmen kannst. +
2. Bild C zeigt vier weiße Stoffe, die mit bloßem Auge schwer zu unterscheiden sind. Es handelt sich um Zucker, Kalk, Kochsalz und Mehl. Plane mithilfe der Tabelle eine Versuchsreihe, mit der man die Stoffe bestimmen kann, ohne Geschmacks- und Geruchsproben durchzuführen.

Stoffpaar A: Eisen und Aluminium

Stoffpaar B : Gummi und Graphit

C

Stoff	Zustandsform bei Raumtemperatur (20 °C)	Farbe	elektrisch leitfähig	magnetisch	wasserlöslich	Verhalten beim Erhitzen über einer Kerzenflamme
Eisen	fest	grau	ja	ja	nein	keine Veränderung
Aluminium	fest	silber	ja	nein	nein	keine Veränderung
Kalk	fest	weiß	nein	nein	nein	keine Veränderung
Gummi	fest	beliebig	nein	nein	nein	schmilzt
Kochsalz	fest	weiß	nein	nein	ja	keine Veränderung
Zucker	fest	weiß	nein	nein	ja	schmilzt
Mehl	fest	weiß	nein	nein	ja	wird schwarz
Graphit	fest	grau-schwarz	ja	nein	nein	keine Veränderung

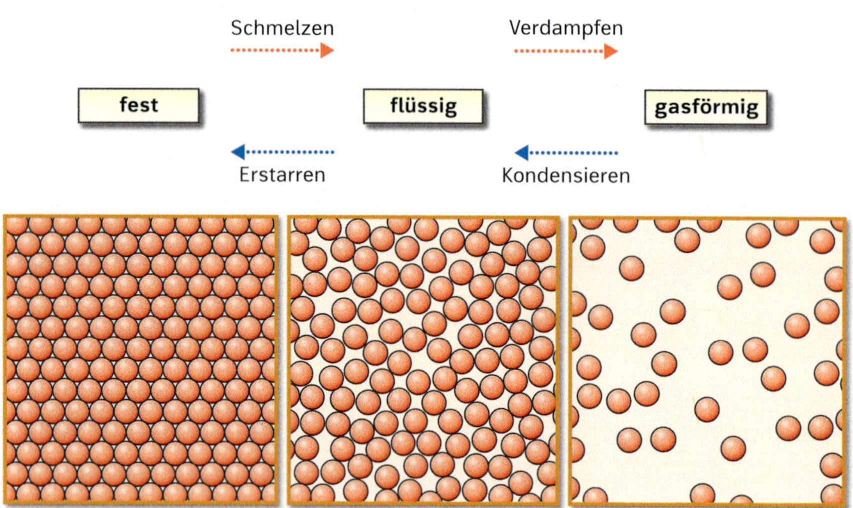

4 Aggregatzustände

Stoff	Schmelz-temperatur	Siede-temperatur
Wasser	0 °C	100 °C
Eisen	1538 °C	2862 °C
Aluminium	660 °C	2450 °C
Kerzenwachs	40 °C	250 °C
Gold	1064 °C	2940 °C
Blei	327 °C	1744 °C

5 Schmelz- und Siedetemperaturen

Material mit Aufgaben

M5 Kerze im Teilchenmodell

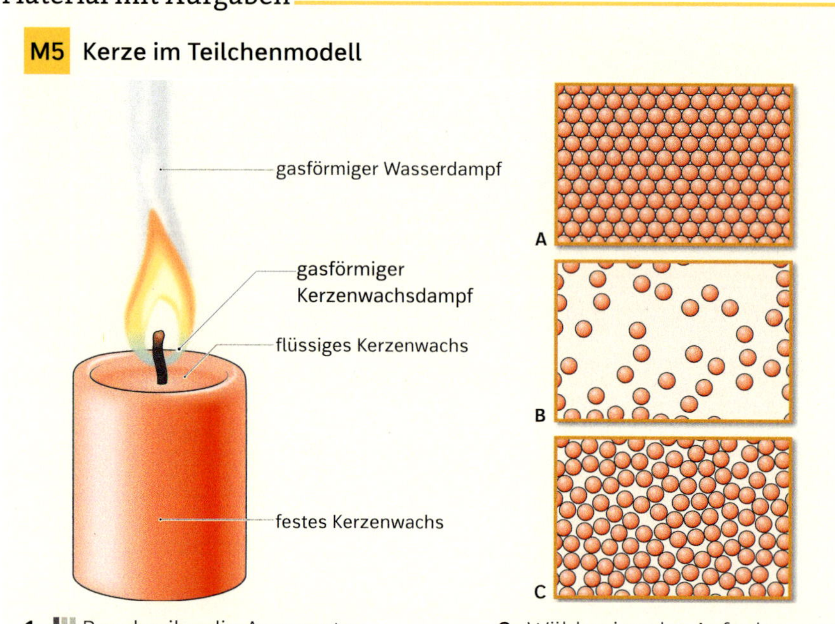

1. Beschreibe die Aggregatzustände einer Kerze.
2. Ordne die Teilchenmodelle den Aggregatzuständen zu.
3. Wähle eine der Aufgaben aus:
   a Beschreibe die Veränderung der Teilchen in den verschiedenen Aggregatzuständen.
   b Erläutere den Einfluss der Temperatur auf die Aggregatzustände des Kerzenwachses.

Schmelz – und Siedetemperatur

Brennt eine Kerze, wird das Kerzenwachs flüssig. Beim Auspusten der Kerze, steigt unsichtbarer gasförmiger Wachsdampf auf. Durch das Vermischen mit Luft und Ruß wird er sichtbar.
Stoffe können fest, flüssig oder gasförmig sein. Diese Zustandsformen nennt man **Aggregatzustände**. Der Aggregatzustand hängt von der Temperatur ab. Wenn ein Feststoff erhitzt wird, schmilzt er bei einer bestimmten Temperatur, der **Schmelztemperatur**. Er ist nun flüssig. Erhitzt man den flüssigen Stoff weiter, dann siedet er und verdampft dabei. Der Stoff wird gasförmig. Diese Temperatur nennt man **Siedetemperatur**. Oberhalb dieser Temperatur ist ein Stoff immer gasförmig. Verschiedene Stoffe haben unterschiedliche Schmelztemperaturen und Siedetemperaturen. Man kann sie zum Beispiel mit einem Thermometer bestimmen. Die Schmelztemperatur und Siedetemperatur sind messbare **Stoffeigenschaften**.

Stoffsteckbriefe erstellen 

Steckbriefe

Steckbriefe kennst du zum Beispiel aus Zoos. Dort werden oft Tiere mithilfe von Steckbriefen genau beschrieben. Damit die Tiere bestimmt werden können, werden viele unverwechselbare Merkmale und Eigenschaften so genau wie möglich angegeben: das Aussehen, die Größe, das Gewicht, der Lebensraum, die Verbreitung oder die Fortpflanzung. Steckbriefe kennst du auch von Pflanzen. Sie helfen die Lebewesen miteinander zu vergleichen.

Wie die Lebewesen werden auch die Stoffe durch eine Vielzahl von Eigenschaften bestimmt. Es ist jedoch wichtig, nicht nur eine Stoffeigenschaft zu benennen, sondern möglichst viele Stoffeigenschaften aufzulisten. Nur so kann der Stoff eindeutig beschrieben und bestimmt werden. Die Stoffeigenschaften in Steckbriefen sollten übersichtlich geordnet sein und möglichst kurz beschrieben werden. So ist ein Steckbrief leicht zu lesen.

Steckbrief von Kochsalz

Farbe:	weiß
Aggregatzustand bei Raumtemperatur:	fest
Schmelztemperatur:	801 °C
Siedetemperatur:	1465 °C
Härte:	hart
Elektrische Leitfähigkeit:	nein
Magnetische Eigenschaft:	nein
Dichte:	größer als die von Wasser (mit 2,16 g/cm³)
Löslichkeit in Wasser:	gut
Verhalten beim Erhitzen:	keine Veränderung

Material mit Aufgaben

M1 Steckbrief erstellen

1. Übertrage den Steckbrief von Zucker in dein Heft und vervollständige ihn.
2. Erstelle einen Steckbrief mit Eigenschaften für einen Mitschüler oder eine Mitschülerin, den dein Sitznachbar oder deine Sitznachbarin erraten soll.

Steckbrief von Zucker

Farbe:	...
Aggregatzustand bei Raumtemperatur:	...
Schmelztemperatur:	186 °C
Siedetemperatur:	keine
Härte:	...
Elektrische Leitfähigkeit:	...
Magnetische Eigenschaft:	...
Dichte:	...
Löslichkeit in Wasser:	...
Verhalten beim Erhitzen:	...

1 Kochsalz und Steinsalz

Reinstoffe und Stoffgemische

Reinstoffe – nur ein Stoff

Kochsalz besteht ausschließlich aus kleinen Salzkristallen. Sie lassen sich nicht mit dem Auge, mit einer Lupe oder unter einem Lichtmokroskop voneinander unterscheiden und haben alle die gleichen Stoffeigenschaften. Stoffe, die aus einer einzigen Stoffart bestehen, bezeichnet man als **Reinstoffe**.

Gemische – mehr als einen Stoff

Kochsalz kann aus Steinsalz gewonnen werden. Betrachtet man Steinsalz unter der Lupe, fallen unterschiedliche Stoffe auf: regelmäßig geformte, wasserlösliche Salzkristalle, nicht wasserlösliche Gesteinsstückchen sowie kleine andere Mengen an Stoffen wie Gips. Steinsalz besteht aus mehreren Stoffen mit unterschiedlichen Stoffeigenschaften. Es ist ein **Stoffgemisch**. Im Haushalt sind zum Beispiel Waschmittel oder Duschgels Gemische aus mehreren Stoffen.

Homogene Gemische

Wenn man wasserlösliche Feststoffe wie Kochsalz mit Wasser verrührt, erhält man eine **Lösung**. Auch Flüssigkeiten wie Tinte lösen sich in Wasser. In Sprudelwasser ist Kohlenstoffdioxid gelöst. Eine Lösung sieht wie ein einheitlicher Stoff aus. Selbst unter dem Mikroskop erkennt man die gelösten Stoffe nicht mehr. Eine Lösung ist ein **homogenes** Gemisch. Die Luft besteht vor allem aus den Gasen Stickstoff, Sauerstoff und Argon. Die Luft ist ein homogenes **Gasgemisch**. Zwei miteinander verschmolzene Metalle nennt man eine **Legierung**. Aus Kupfer und Zink entsteht zum Beispiel die Legierung Messing.

Heterogene Gemische

Gemische, bei denen man die einzelnen Bestandteile mit den Augen oder einem Mikroskop unterscheiden kann, heißen **heterogene** Gemische.

Wichtige heterogene Gemische

- **Gemenge** • Eine Gewürzmischung, Müsli oder auch Steinsalz sind Mischungen aus verschiedenen festen Bestandteilen. Stoffgemische, die aus mindestens zwei Feststoffen bestehen, nennt man **Gemenge**.
- **Suspension** • Vermischt man einen wasserunlöslichen Feststoff wie Lehm mit flüssigem Wasser, erhält man eine **Suspension**. Auf einer Flasche Orangensaft und anderen trüben Fruchtsäften findet man oft den Hinweis: „Vor Gebrauch schütteln". Dadurch verteilen sich die abgesetzten, festen Bestandteile der Frucht gleichmäßig. Sie sind in Wasser unlöslich und setzen sich mit der Zeit am Boden der Flasche ab.
- **Emulsion** • Bei einer Emulsion ist eine Flüssigkeit als Tröpfchen in einer anderen Flüssigkeit verteilt. Ein bekanntes Beispiel für eine **Emulsion** ist Milch.
- **Nebel** • Häufig tritt Nebel in Flusstälern auf. Dort verdunstet viel Wasser zu gasförmigem Wasserdampf. Wenn nachts die Luft abkühlt, kondensiert der Wasserdampf in der kühleren Luft zu kleinen flüssigen Wassertröpfchen. Verteilen sich diese feinsten Flüssigkeitströpfchen in einem Gas wie Luft, entsteht **Nebel**. Ein weiteres Beispiel für Nebel ist zerstäubtes flüssiges Parfum in der Luft.
- **Rauch** • Wenn sich feinste Feststoffteilchen in einem Gas verteilen, wird das Gemisch als **Rauch** bezeichnet. Beim Rauch des Feuers vermischen sich Staub und Ruß mit der Luft. ▶

2 Stoffgemische: **A** Gewürzmischung (Gemenge), **B** Milch (Emulsion)

Material mit Aufgaben

M1 Reinstoff und Stoffgemisch

Aggregatzustände der Bestandteile	Homogenes Gemisch	Beispiel	Heterogenes Gemisch	Beispiel
fest in fest	Legierung	…	…	Müsli
fest in flüssig	Lösung	…	…	Orangensaft
fest in gasförmig			Rauch	…
flüssig in flüssig	…	Tintenwasser	…	Milch
flüssig in gasförmig			Nebel	…
gasförmig in flüssig	…	Sprudel	Schaum	Sprühsahne
gasförmig in gasförmig	Gasgemisch	…		

1. Übertrage die Tabelle in dein Heft und ergänze die fehlenden Gemische und Beispiele.
2. Erläutere, welcher der Apfelsäfte eine Lösung und welcher eine Suspension ist.

klarer Apfelsaft

naturtrüber Apfelsaft

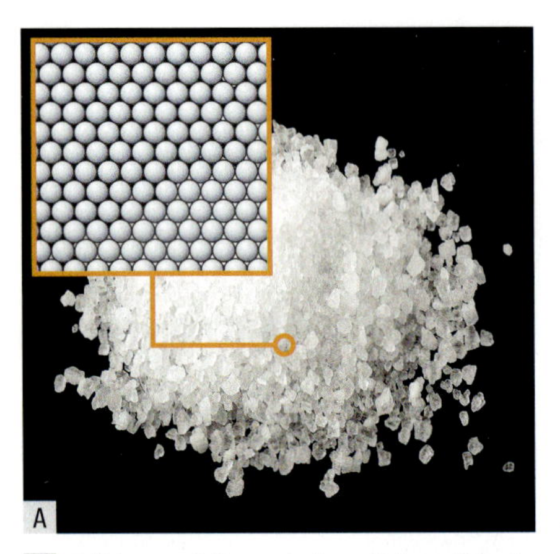

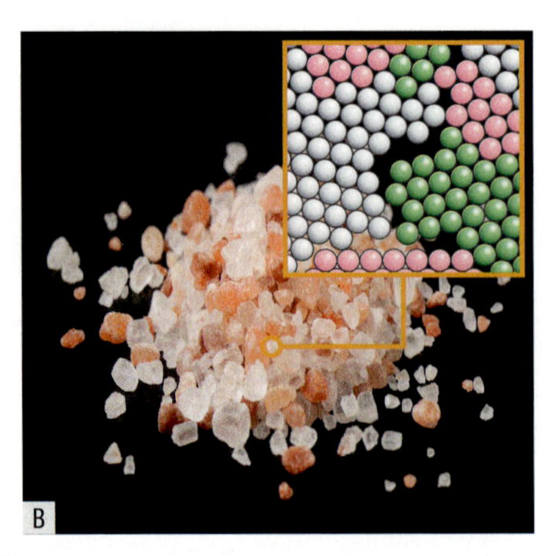

3 Teilchenmodell von: **A** einem Reinstoff, **B** einem Gemenge

Reinstoffe im Teilchenmodell

Alle Reinstoffe bestehen aus kleinen Teilchen. Die einzelnen Teilchen sind untereinander gleich. Reinstoffe bestehen aus einer einzigen Teilchensorte mit einer bestimmten Größe. Bekannte Beispiele sind Zucker und Kochsalz.

Gemenge im Teilchenmodell

Gemenge sind mindestens aus zwei Reinstoffen zusammengesetzt. Steinsalz ist ein Gemenge aus unterschiedlichen Feststoffen. Es besteht aus mehreren Teilchensorten.

Lösung im Teilchenmodell

Eine Zuckerlösung ist klar. Die unterschiedlichen Bestandteile erkennt man nicht. Das Wasser besteht nur aus Wasserteilchen, Zucker nur aus Zuckerteilchen. Im Zuckerwasser befinden sich die Zuckerteilchen zwischen den Wasserteilchen. Die Teilchen sind so klein, dass man sie mit einem Mikroskop nicht sehen kann. In homogenen Gemischen wie einer Lösung sind die einzelnen Teilchen der Stoffe gleichmäßig verteilt.

Suspension im Teilchenmodell

Wenn man einen Pinsel mit Tuschkastenfarbe in Wasser reinigt, erkennt man, dass feine Feststoffstückchen im Wasser schweben. Die Tuscheteilchen bleiben in größeren Gruppen zusammen. Die Tuscheteilchen sind in der Gruppe regelmäßig angeordnet. Dadurch bilden sich sichtbare Schwebstoffe im Wasser. Es handelt sich dabei um eine Suspension. In heterogenen Stoffgemischen wie einer Suspension liegen Teilchen von Feststoffen in größeren Gruppen in einer Flüssigkeit vor.

4 Teilchenmodell von: **A** einer Lösung (Zuckerwasser), **B** einer Suspension (Tusche-Wasser-Gemisch), **C** einer Emulsion (Milch)

Emulsion im Teilchenmodell

In Milch schweben kleine, flüssige Fetttröpfchen im Wasser. Das Fett in der Milch liegt als flüssiges Öl vor. Milch ist eine Emulsion.

Die Fettteilchen bleiben in größeren Gruppen zusammen. Die einzelnen Fettteilchen sind unregelmäßig angeordnet. In heterogenen Stoffgemischen wie einer Emulsion liegen größere Gruppen von flüssigen Teilchen in einer Flüssigkeit vor.

A Erkläre mithilfe des Teilchenmodells den Unterschied zwischen einer Lösung und einer Suspension.

Material mit Aufgaben

M2 Sprudelwasser

Mit einer Sprudelmaschine kann man selbst Sprudelwasser herstellen. Dabei wird das Gas Kohlenstoffdioxid mit hohem Druck in eine Flasche mit Wasser gepresst. Wird die Flasche wieder geöffnet, kann das Gas entweichen.

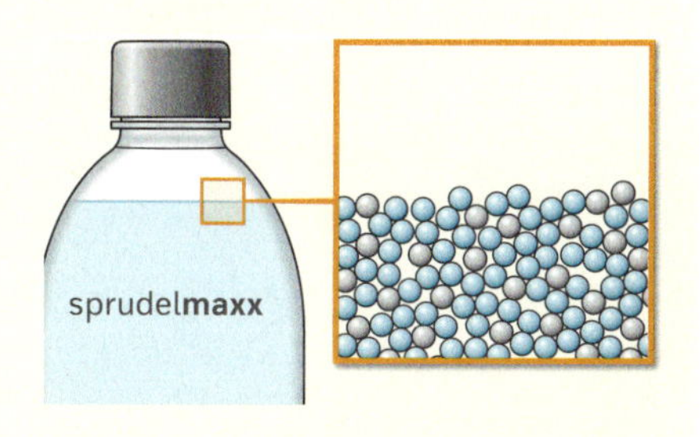

1. Ordne dem Sprudelwasser einen Gemischtyp zu. Begründe deine Zuordnung mithilfe des Teilchenmodells.
2. Skizziere im Teilchenmodell, wie sich die Darstellung ändert, wenn die Flasche längere Zeit offen steht.

Material mit Aufgaben

M3 Andere Stoffgemische

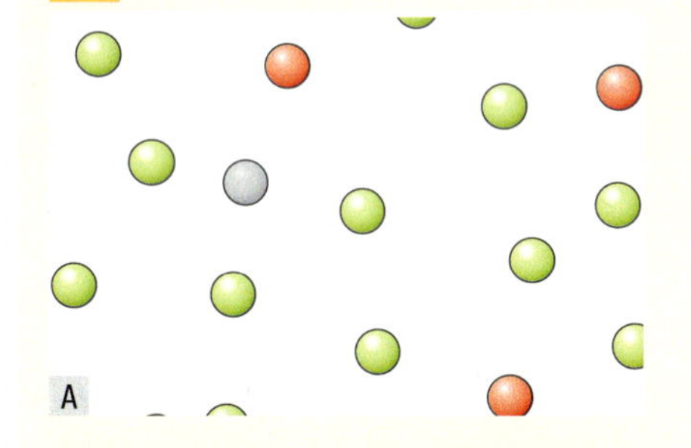

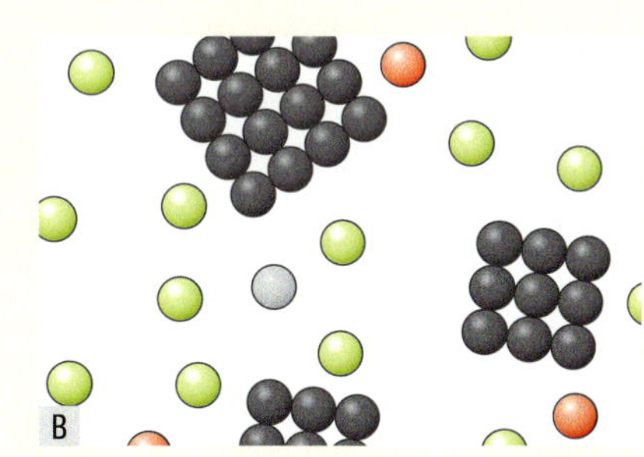

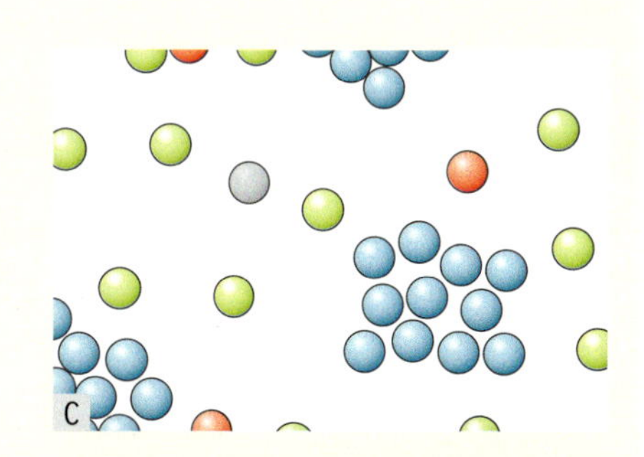

Nebel

Luft

Rauch

Welches Teilchenmodell gehört zu dem Gasgemisch Luft, welches zu Rauch und welches zu Nebel?

1. Ordne jedem der drei Bilder das passende Teilchenmodell zu. Begründe deine Zuordnungen.
2. Erläutere, welche der dargestellten Gemische zu den homogenen oder heterogenen Stoffgemischen zählen.

1 Abbau von Steinsalz

Gewinnung von Kochsalz

Kochsalz ist lebenswichtig

Wir essen jeden Tag Speisen, die mit Kochsalz zubereitet werden. Kochsalz spielt im unseren Alltag eine wichtige Rolle: als Gewürz, Konservierungsmittel oder auch als Streusalz. Für den menschlichen Körper ist Kochsalz überlebenswichtig. Es regelt zum Beispiel den Wasserhaushalt des Körpers.
Das Kochsalz wird heute preiswert aus unterirdischen Salzlagerstätten abgebaut oder aus dem Salzwasser des Meeres gewonnen.

Abbau von Steinsalz

Kochsalz kann aus dem Rohstoff Steinsalz gewonnen werden. Steinsalz liegt in unterirdischen Gesteinsschichten. Mithilfe von Baggern und Sprengstoff werden diese **Salzlagerstätten** abgebaut. Dabei gewinnt man ein **Gemisch**, das neben Steinsalzbrocken auch Steine und Sand enthält. Über Laufbänder und mithilfe von Ladefahrzeugen wird dieses Salz-Sand-Stein-Gemisch transportiert. In Förderschächten wird es an die Erdoberfläche gebracht und in Brechanlagen weiter verarbeitet.

Material mit Aufgaben

P1 Salzgewinnung

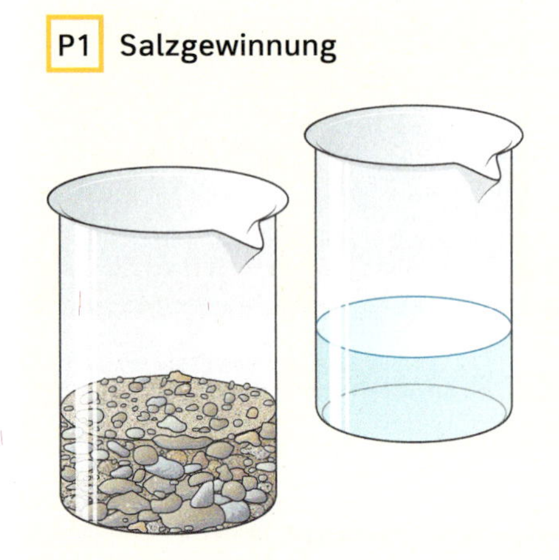

Material: Ein Gemisch aus Steinen, Salz und Sand, Wasser

Durchführung: Mische das Wasser mit dem Stein-Sand-Salz Gemisch. Trenne das fertige Gemisch mithilfe der im Text angegebenen Trennverfahren.

1. Beschreibe den Trennvorgang.
2. Stelle den Trennvorgang als Fließschema dar.

Gewinnung von Kochsalz

In den Brechanlagen werden zunächst große Gesteinsbrocken mit sichtbar wenig Steinsalz **aussortiert**. Anschließend wird das Gemisch durch große Walzen und Hämmer zerkleinert.

Danach wird das Gemisch mit Wasser vermengt. Kleinere Gesteinsbrocken setzen sich mit der Zeit aufgrund der höheren Dichte am Boden des Gefäßes ab. Dieses Absetzen bezeichnet man als **Sedimentieren**. In der Salz-Sand-Wasser-Suspension befinden sich aber immer noch kleine Schwebstoffe und Sandkörner.

Die Flüssigkeit läuft aus diesem Grund danach durch einen Filter. In den engen Poren des Filters bleiben kleine Feststoffe als Rückstand hängen. Die Flüssigkeit fließt durch den Filter und landet als **Filtrat** im Auffanggefäß. Es ist eine **Salzlösung** als Filtrat entstanden. Dieses Trennverfahren bezeichnet man als **Filtrieren**. Dabei werden die unterschiedlichen Teilchengrößen der Stoffe als Stoffeigenschaft genutzt.

Damit man anschließend das feste Kochsalz zurück gewinnt, wird die Salzlösung stark erhitzt. Das Wasser verdampft und das zuvor gelöste Salz bleibt zurück. Dabei nutzt man die unterschiedlichen Siedetemperaturen der Stoffe aus. Dieses Trennverfahren nennt man **Eindampfen**.

A Beschreibe, welche Rolle Kochsalz in unserem Leben spielt.

B Nenne die verschiedenen Trennverfahren, die bei der Gewinnung von Kochsalz aus Steinsalz eine Rolle spielen.

Material mit Aufgaben

M2 Kochsalz herstellen

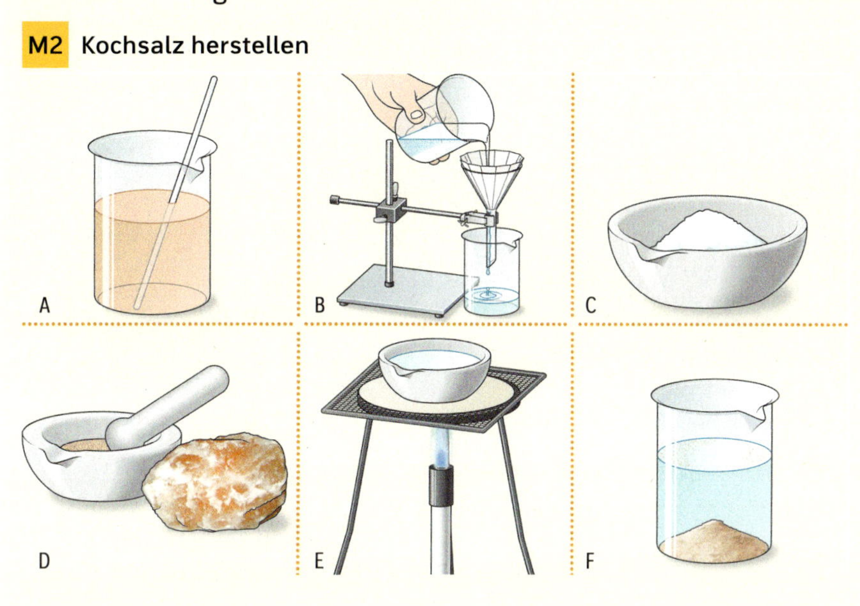

1. Bringe die Bilder in eine sinnvolle Reihenfolge.
2. Finde für die Bilder A-F passende Überschriften.

M3 Filtrieren und Eindampfen im Teilchenmodell

F

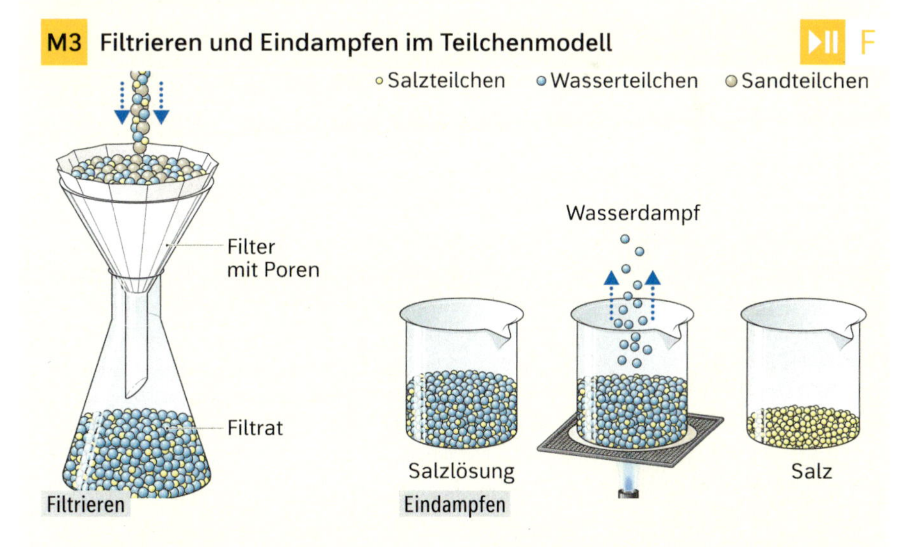

1. Beschreibe das Filtrieren und Eindampfen mithilfe des Teilchenmodells.
2. Erkläre, welche Art von Gemischen mit den Trennverfahren getrennt werden können.
3. Erläutere, welche Stoffeigenschaften bei den beiden Trennverfahren genutzt werden.

1 Sand sinkt zu Boden

Weitere Trennverfahren

Sedimentieren und Zentrifugieren

Gibt man Gartenerde in Wasser, entsteht ein Erde-Wasser-Gemisch. In diesem schweben viele Feststoffe. Es handelt sich dabei um eine **Suspension**. Die Erdeteilchen setzen sich mit der Zeit langsam am Boden ab. Sie haben im Vergleich zu Wasser eine höhere **Dichte**. Diesen Vorgang bezeichnet man als **Sedimentieren**. Die am Boden des Gefäßes abgesetzten Erdeteilchen nennt man Bodensatz oder **Sediment**. Den Vorgang des Sedimentierens kann man beschleunigen, indem man das Gemisch schnell dreht. Dabei werden die Feststoffe der Suspension nach außen geschleudert und setzen sich schneller ab. Dieses Trennverfahren bezeichnet man als **Zentrifugieren**.

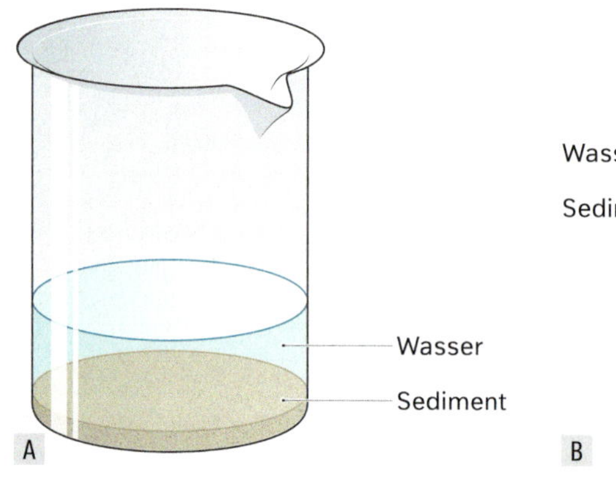

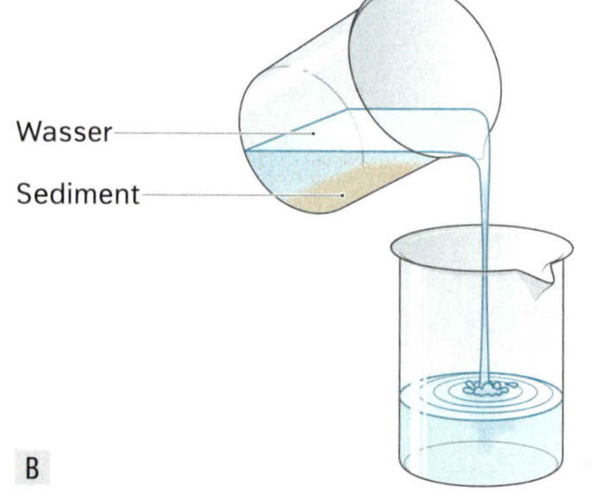

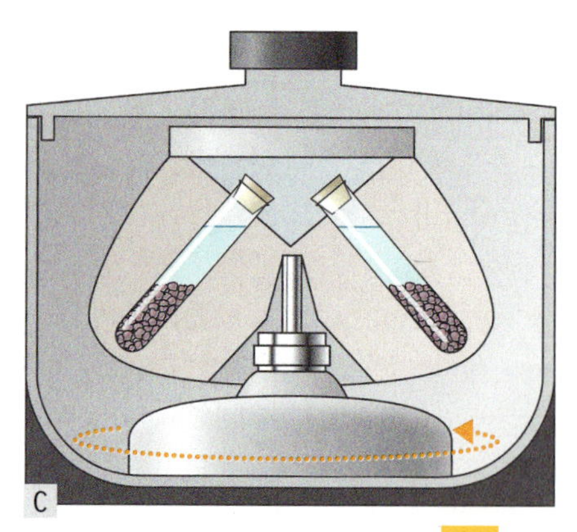

2 Trennverfahren: **A** Sedimentieren, **B** Dekantieren, **C** Zentrifugieren

F

Dekantieren

Nach dem Sedimentieren oder Zentrifugieren haben sich die Erdeteilchen wegen ihrer höheren Dichte am Boden abgesetzt. Darüber steht eine klarere Flüssigkeit. Diese Flüssigkeit kann man abgießen. Durch vorsichtiges und langsames Abgießen lässt sich die Flüssigkeit vom Bodensatz trennen. Dieses „Vorsichtig-über-die-Kante-Gießen" nennt man **Dekantieren**. Falls noch Feststoffe im Wasser vorhanden sind, kann das Gemisch noch filtriert werden.

Adsorbieren

Tintenwasser ist eine Lösung. Mithilfe eines Filters können die Tintenteilchen und Wasserteilchen nicht getrennt werden. Dafür kann man ein besonderes Trennverfahren nutzen. Dazu wird dem Tintenwasser Aktivkohle zugesetzt. Dieser Feststoff löst sich nicht im Tintenwasser. Aktivkohlekörnchen sind sehr rau und haben eine große Oberfläche. An dieser bleiben die Tintenteilchen aufgrund ihrer **Haftfähigkeit** hängen. Anschließend wird das Gemisch mit den anhaftenden Tintenteilchen filtriert. Das Trennverfahren, bei dem man das Haften eines Stoffs an einer Oberfläche nutzt, nennt man **Adsorbieren**. Bei diesem Trennverfahren nutzt man die unterschiedliche Haftfähigkeit von Stoffen. Die Aktivkohle wird bei diesem Trennverfahren als **Adsorptionsmittel** eingesetzt. Mit ihr können aus Flüssigkeiten und Gasen unerwünschte ungelöste und gelöste Stoffe entfernt werden.

A Nenne alle im Text genannten Trennverfahren und beschreibe sie.

Material mit Aufgaben

M1 Trennverfahren in der Küche

Salatschleuder

Fettkännchen

1. Beschreibe, wie die beiden abgebildeten Küchengeräte funktionieren.
2. Erkläre, welche Stofftrennverfahren und Stoffeigenschaften bei den Geräten genutzt werden.

M2 Filtration und Adsorption

F

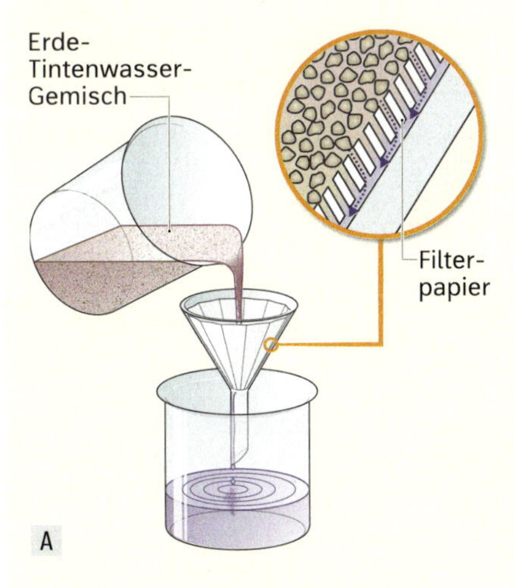

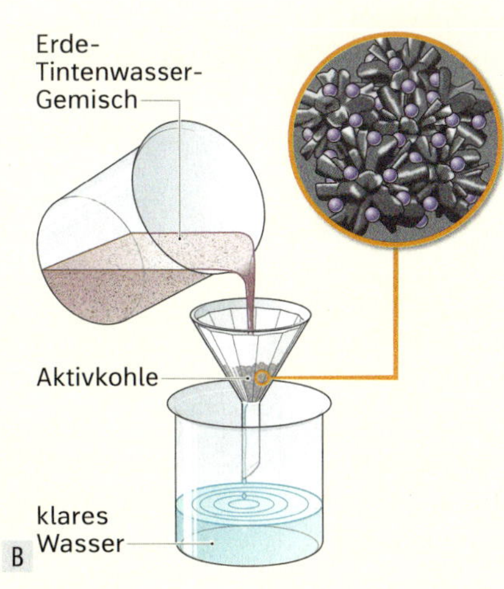

1. Beschreibe das Ergebnis in Bild B, wenn das Gemisch durch einen Aktivkohlefilter gegeben wird.
2. Nenne die in den Bildern A und B dargestellten Trennverfahren.
3. Wähle eine der Aufgaben aus:
   a Erkläre das Prinzip des Stofftrennverfahrens bei Bild A.
   b Erkläre das Prinzip des Stofftrennverfahrens bei Bild B.
4. Erkläre, weshalb die Aktivkohlekörnchen stark zerklüftet sind.

3 Extraktion

Extrahieren

Hält man einen Teebeutel mit Teeblättern in Wasser, bilden sich farbige Schlieren. Bei der Zubereitung von Tee löst das heiße Wasser die Geschmacks- und Farbstoffe aus den Teeblättern. Sie werden **extrahiert**. Das Wasser ist dabei das **Extraktionsmittel**. In den Teebeuteln bleiben nicht gelöste Feststoffe zurück. Bei der Extraktion wird die unterschiedliche **Löslichkeit** der Gemischbestandteile genutzt. Auch bei der Herstellung von Parfüm nutzt man das Verfahren der **Extraktion**. Viele Parfüms haben den Duft von Rosenblüten. Die Duft- und Farbstoffe der Rosenblüten sind schlecht in Wasser, aber gut im benzinhaltigen Lösemittel löslich. Daher legt man die Blätter für längere Zeit in Benzin ein und extrahiert die Duft- und Farbstoffe aus den Rosenblättern. Das so gewonnene Gemisch kann dann zu Parfüm verarbeitet werden.

Material mit Aufgaben

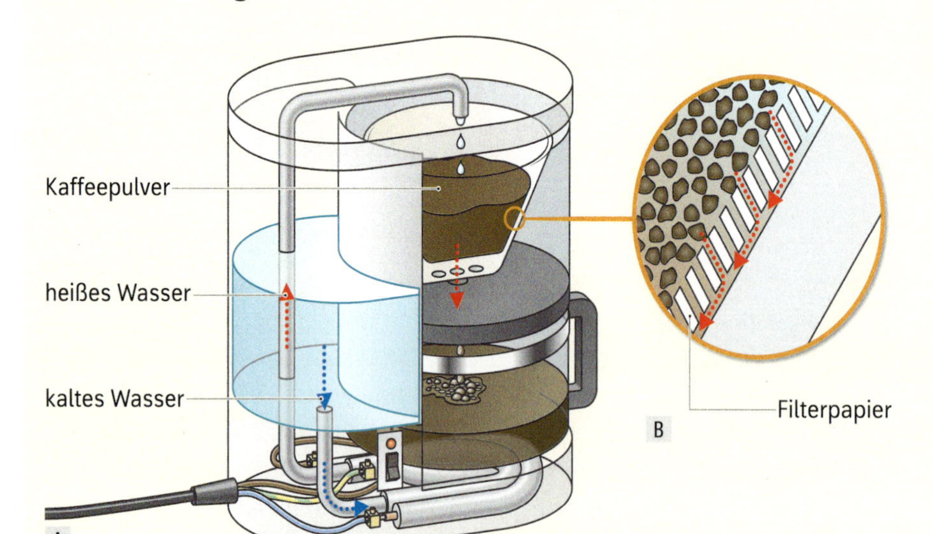

M3 Filterkaffee brühen

1. Beschreibe mithilfe von Bild A das Brühen von Filterkaffee.
2. Nenne die zwei Trennverfahren, die zum Einsatz kommen.
3. Erkläre mithilfe von Bild B das Trennverfahren Extraktion.
4. Wähle eine der Aufgaben aus:

a Erläutere, welche Stoffeigenschaft des Kaffepulvers genutzt wird.

b Erläutere, um welchen Gemischtyp es sich bei fertig gebrühtem Kaffee handelt.

Chromatografie

Schwarze und bunte Filzstiftfarben sind je nach Hersteller aus unterschiedlichen Farbstoffen zusammengesetzt. Es sind Gemische. Filzstiftfarbe verläuft auf Filtrierpapier, wenn sie mit Wasser in Verbindung kommt. Dabei kann man bunte Muster erkennen.

Hält man das Filtrierpapier mit den Filzstiftpunkten in Wasser, steigt das Wasser langsam im Papier nach oben. Die Farbstoffe der Filzstiftpunkte werden mittransportiert und dabei voneinander getrennt. Die Farbstoffe, die nur schlecht am Filtrierpapier haften, werden schneller mittransportiert. Farbstoffe, die gut am Papier haften, wandern langsamer durch das Filtrierpapier. Durch diese unterschiedliche **Haftfähigkeit** der Farbstoffe trennt sich das Farbstoffgemisch des Filzstifts auf. Man kann die unterschiedlichen Farbstoffe auf dem Filtrierpapier deutlich erkennen.

Zu Beginn

Nach einiger Zeit

1 Entstehung Chromatogramm

F

Man bezeichnet dieses Trennverfahren als **Chromatografie**. Das dabei entstandene Bild der getrennten Stoffe heißt **Chromatogramm**.

Material mit Aufgaben

P1 Chromatografie von Filzstiften

Material: 2 Rundfilterpapiere, 1 Petrischale, wasserlösliche Filzstifte

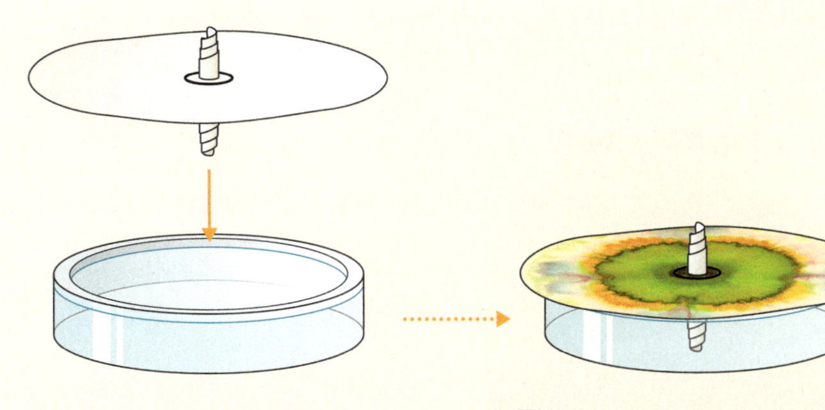

Durchführung: Fülle etwas Wasser in eine Petrischale. Stich in die Mitte des einen Rundfilterpapiers ein Loch. Male mit einem Filzstifte mit etwas Abstand einen Kreis um das Loch. Rolle danach das zweite Rundfilterpapier zu einem schmalen Docht zusammen und stecke ihn durch das Loch des ersten Rundfilterpapiers. Der Docht sollte dabei unten in das Wasser der Petrischale eintauchen. Dein gemalter Kreis sollte nach oben zeigen. Warte einige Zeit und beobachte was passiert.

1. Erkläre die Versuchsergebnisse.
2. Vergleicht die Chromatogramme in der Klasse. Stellt Vermutungen über die Unterschiede an.

1 Müll wird getrennt

Müll wird getrennt

Wachsender Müllberg

Im Supermarkt sind die meisten Waren mit unterschiedlichen Verpackungen verpackt. Manche Waren wie Schokolade oder Parfüm sind sogar mehrfach verpackt. Jährlich fallen in Deutschland pro Kopf etwa 600 Kilogramm Müll an.

Mülltrennung

Viele Müllbestandteile sind wertvoll. Müll wird daher in verschiedene Behälter sortiert. **Papier** kommt in die blaue Tonne, **Küchen- und Gartenabfälle** kommen als Biomüll in die braune Biotonne oder auf den Kompost. **Glas** wird nach Farben sortiert und kommt in Glascontainer. **Wertstoffe** wie Alufolie, Konservendosen und Kunststoffverpackungen werden in der gelben Tonne oder dem gelben Sack gesammelt. Metalle oder Elektrogeräte bringt man zum Wertstoffhof. Babywindeln, Staubsaugerbeutel oder Papiertaschentücher sind **Restmüll**. Dieser kommt in die schwarze Restmülltonne.

2 Müllberge

Sondermüll

Müll wie Farbreste oder Batterien sind für Mensch und Umwelt schädlich. Sie müssen als **Sondermüll** beim Händler oder auf Wertstoffhöfen gesammelt werden. Batterien können oft in Läden in Sammelbehälter eingeworfen werden.

In der Müllsortieranlage

Der Wertstoffmüll wird oft zu einer **Müllsortieranlage** gefahren. Trifft der Wertstoffmüll in der Sortieranlage an, wird er zunächst auf automatische Förderbänder verteilt. Bei vielen Sortieranlagen können Menschen bestimmte Materialien aufgrund ihres Aussehens und ihrer Größe **aussortieren**. Danach sortieren Maschinen die Materialien. Sie nutzen dabei die unterschiedlichen Stoffeigenschaften der Wertstoffe. Zuerst werden mithilfe von **Sieben** kleine von großen Gegenständen getrennt. Die Größe der Maschen eines Siebes bestimmt, was hindurchfällt und was nicht durchfällt.

- **Windsichten** Leichte Stoffe wie Papier oder Kunststofffolien werden durch starke Gebläse hoch und zur Seite in verschiedene Behälter geblasen. Die schweren Gegenstände bleiben auf dem Förderband.
- **Magnettrennen** Im Wertstoffmüll befinden sich auch Materialien, die Eisen, Nickel oder Kobalt enthalten. Diese Stoffe sind **magnetsierbar**. Sie werden mit einem Magneten aus dem Müll gezogen. Dazu läuft der Müll über einen feststehenden Magneten. Magnetisierbare Stoffe werden vom Magneten angezogen und so vom übrigen Müll getrennt.
- **Schwimm-Sink-Verfahren** Der übrig gebliebene Müll wird zerkleinert und im Wasserbecken nach der **Dichte** der Stoffe getrennt. Papier und Kunststoffe mit geringer Dichte schwimmen auf dem Wasser und werden dann abgefischt. Andere Kunststoffarten haben eine größere Dichte und sinken unterschiedlich schnell zu Boden. So lassen sie sich aussortieren. Glas oder im Müll gebliebene nicht magnetisierbare Metallteile sinken ebenfalls schneller zu Boden.

A Nenne die verschiedenen Müllsorten.

B Ordne folgende Materialien der passenden Müllsorte zu: Kartoffelreste, Zeitung, leere Gummibärchenverpackung, leeres Marmeladenglas, benutzte Babywindeln, Autolack.

C Erläutere, warum die Trennung von Müll wichtig ist.

Material mit Aufgaben

M1 Trennverfahren einer Müllsortieranlage

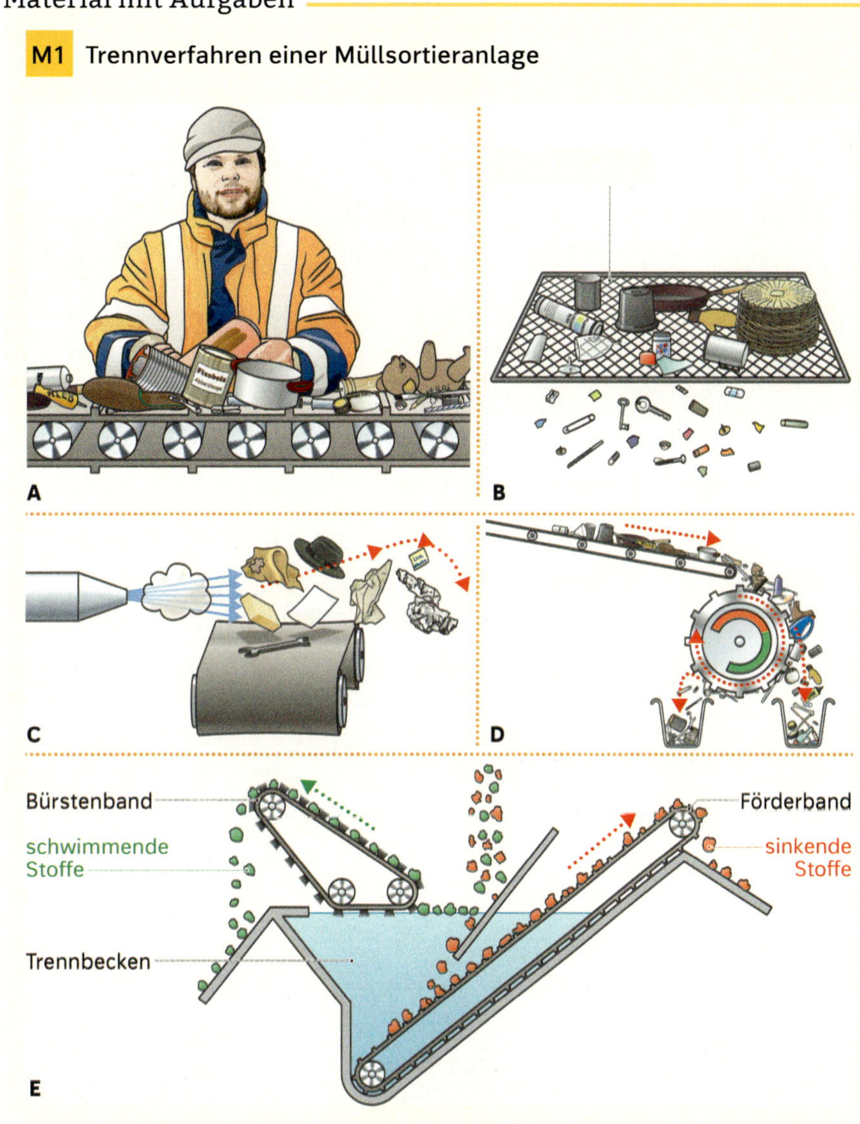

1. Beschreibe die abgebildeten Trennverfahren einer automatischen Sortieranlage.
2. Nenne jeweils die Stoffeigenschaft, die genutzt werden.
3. Erkläre, warum beim Magnettrennen keine Metalle wie Silber oder Kupfer vom Müll getrennt werden können.
4. Wähle eines der Müllgemische aus und plane, wie du sie mit einfachen Mitteln trennen kannst.

   a Metalldosen, Nägel (Messing und Eisen), Papier.

   b Verschiedene Kunststoffe, Schrauben, Stücke von Eisendraht, Stücke von Kupferdraht, Glas.

1 Taschen aus recyceltem Kunststoff

Müll wird wiederverwertet

Recycling ist ein englisches Wort. „Re" bedeutet „zurück" und „cycle" heißt „Kreislauf"

Recycling

In unserem Müll stecken viele wertvolle Stoffe wie Glas, Eisen oder Kupfer. Damit die Rohstoffreserven nicht unnötig verbraucht werden, ist es wichtig, die wertvollen Stoffe im Müll zurückzugewinnen. Aus diesen Stoffen können wieder neue Gegenstände hergestellt werden. Diese **Wiederverwendung** nennt man **Recycling**. Dadurch fällt weniger Müll an. Man benötigt weniger Rohstoffe und spart Energie für die Herstellung von Waren. Recycling ist nachhaltig.

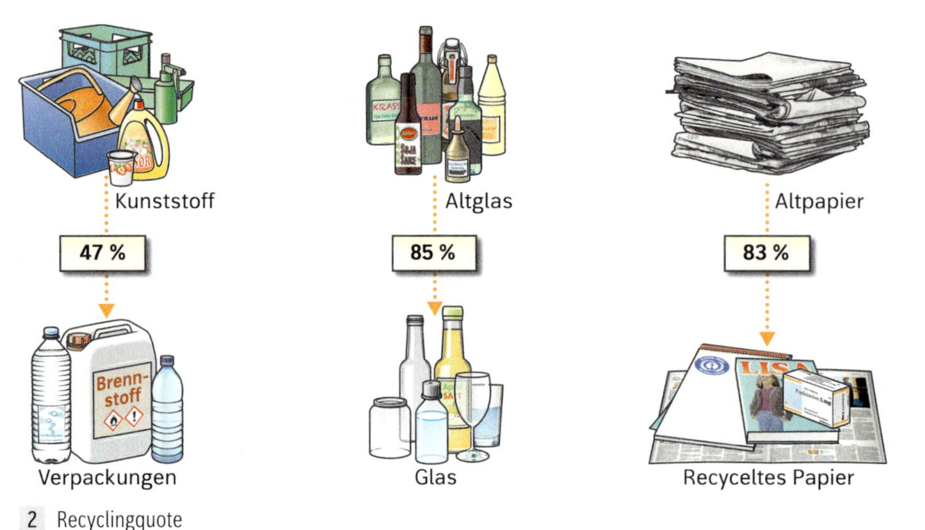

2 Recyclingquote

Recycling von Papier

Beim Recycling von Papier und Pappe werden diese zunächst zerkleinert und mit Wasser zu einem Brei verrührt. Fremdstoffe und Druckfarben werden dadurch herausgelöst. Anschließend wird der Brei getrocknet und wieder zu neuem Papier ausgerollt. Je mehr Recyclingpapier verwendet wird, desto weniger frisches Holz muss aus den Wäldern entnommen und verarbeitet werden. Papier, das vollständig aus Altpapier hergestellt wurde, trägt das Symbol „blauer Engel".

Recycling von Kunststoffen

Etwa die Hälfte des anfallenden Kunststoffmülls wird verbrannt. Der restliche Teil wird zu neuen Gegenständen verarbeitet. Der Kunststoff wird dazu geschmolzen und in eine neue Form gebracht.

Recycling von Elektroschrott

Alte Smartphones und andere elektrische Geräte enthalten wertvolle Metalle wie Kupfer, Silber oder Gold. Oft sind auch für die Umwelt schädliche Stoffe verbaut. Daher dürfen die Geräte nicht zu Hause in der Mülltonne entsorgt werden. Sie werden zum Händler zurückgebracht oder auf einem Wertstoffhof entsorgt.

Recycling von Glas

Glasflaschen werden aus dem Rohstoff Quarzsand hergestellt. Dieser wird dazu bei sehr hohen Temperaturen geschmolzen. Das benötigt viel Energie. Durch die Zugabe von Farbstoffen kann man neben Weißglas auch Braunglas oder Grünglas herstellen. Auch Altglas kann recycelt werden. Zunächst wird es nach Farben sortiert. Danach wird es zerkleinert. Die Verschlüsse und Deckel aus Kunststoff werden abgetrennt. Anschließend wird das Glas eingeschmolzen. Es entsteht eine flüssige Glasschmelze. Aus dieser Schmelze lassen sich neue Flaschen und Gläser herstellen.

A Erkläre, was man unter Recycling versteht.

B Beschreibe Recyclingprodukte, die aus Müll hergestellt werden können. Nimm Bild 1 und 2 zu Hilfe.

Material mit Aufgaben

M1 Recycling von Papier

1. Beschreibe das Recycling von Altpapier.
2. Begründe, warum die Verwendung von Recyclingpapier die Umwelt schont.

1 Kilogramm	Holz	Wasser
Recyclingpapier	0 kg	10-20 Liter
neues Papier	2 kg	30-100 Liter

M2 Recycling von Glas

1. Beschreibe das Recycling von Glas.
2. Erkläre, welche Trennverfahren beim Recycling von Glas eine Rolle spielen. Nenne die dabei genutzten Stoffeigenschaften.
3. Wähle eine der Aufgaben aus:
   - **a** Erkläre, warum auch für das Recycling von Glas Energie benötigt wird.
   - **b** Erkläre, warum bei der Herstellung von Weißglas aus Altglas eine vorherige Trennung nach Farben nötig ist.

Material mit Aufgaben

M3 Nachhaltiges Handeln

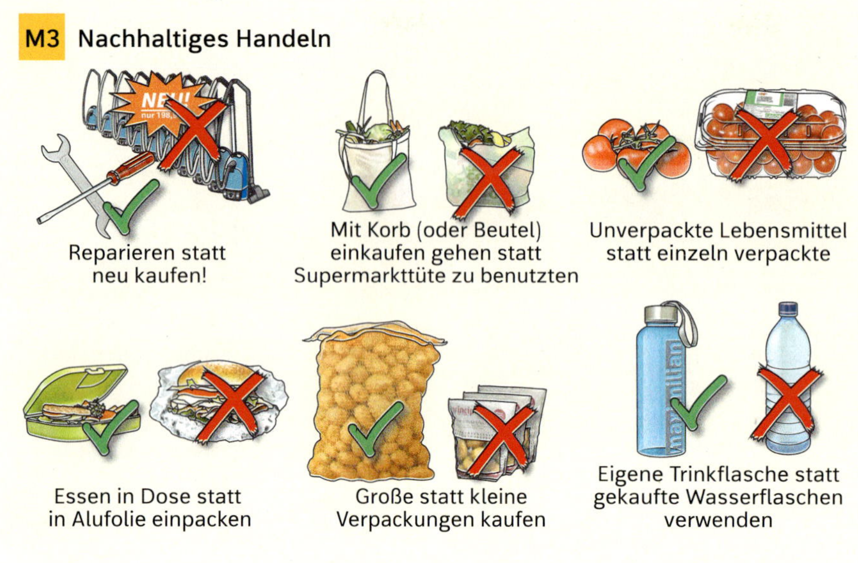

1. Beschreibe die dargestellten Maßnahmen Abfall zu vermeiden.
2. Erkläre, warum durch diese Maßnahmen die Umwelt geschont wird.
3. Wähle eine der Aufgaben aus:
   a Erläutere Vorgehen, wie du zu Hause Müll vermeiden kannst.
   b Erläutere die Bedeutung von „Unverpacktläden“ in Städten.

M4 Einweg und Mehrweg

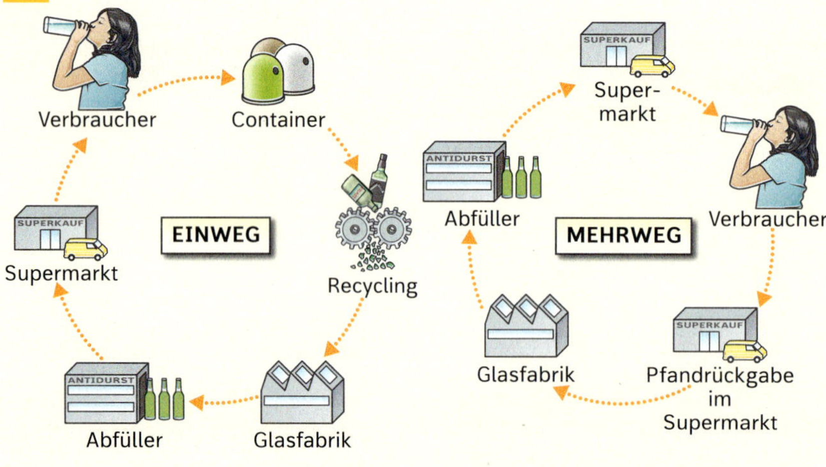

1. Beschreibe den Unterschied zwischen Mehrweg und Einweg.
2. Beschreibe die Vorteile von Mehrwegflaschen.
3. Beurteile die Maßnahme, dass auf Mehrwegflaschen Pfand erhoben wird.

Müll vermeiden ist wichtig

Nicht alle Wertstoffe können aus dem Müll sortiert und voneinander getrennt werden. Auch das Recyceln des Mülls verschmutzt Wasser und verbraucht Energie und Rohstoffe. Noch besser ist es, die Menge an Müll zu verringern. Ein Großteil des Mülls entsteht durch Verpackungen. Viele Lebensmittel sind mit Kunststoff verpackt. Wenn man Lebensmittel unverpackt kauft, kann viel Müll eingespart werden. Das gilt insbesondere für Obst, Gemüse, Wurst und Käse. Müll entsteht auch durch weggeworfene Kleidung und Möbel, sowie elektrische Geräte. Viele Geräte wie Smartphones werden häufig durch neuere Geräte ersetzt, obwohl die alten Geräte noch funktionieren. Wenn man die Geräte länger nutzt, kann man Müll vermeiden.

Einweg und Mehrweg

Manche Getränkeflaschen werden nur einmal verwendet. **Einwegflaschen** aus Glas werden nach Gebrauch als Altglas im Glascontainer gesammelt. Einwegflaschen aus Kunststoff werden eingeschmolzen und teilweise wieder zu neuen Flaschen geformt. Dieser Vorgang ist jedoch sehr energieaufwendig.

In Deutschland können Getränke, aber auch Milch und Joghurt, in speziellen **Mehrwegflaschen** gekauft werden. Diese Flaschen werden nach der Rückgabe im Supermarkt zum Getränkehersteller zurückgeschickt. Dort werden sie gründlich gereinigt und wieder neu befüllt. Mehrwegflaschen aus Glas können etwa 50-mal befüllt werden, Mehrwegflaschen aus Kunststoff etwa 20-mal.

Müllverbrennung

Normalerweise werden alle Wertstoffe aus dem Müll getrennt und recycelt. Der übrig gebliebene Restmüll wird in eine **Müllverbrennungsanlage** gebracht. In einer Müllverbrennungsanlage wird der Restmüll bei hohen Temperaturen verbrannt. Übrig bleiben giftige Reste, die Schlacke. Diese muss abtransportiert und auf speziellen **Mülldeponien** gelagert werden.

Bei der Müllverbrennung entstehen giftige Abgase. Diese dürfen nicht in die Luft gelangen. Daher werden diese Abgase durch verschiedene Abgasreinigungen geleitet. Diese halten einen Großteil der giftigen Abgase zurück. Zusätzliche Staubfilter halten den Feinstaub aus den Abgasen zurück. Das Zurückhalten von Abgasen und Feinstaub schont die Umwelt.

Heizen mit Müll

Bei der Müllverbrennung wird viel Energie frei. Die Energie wird dazu genutzt, heißen Wasserdampf zu erzeugen. Dieser wird durch Rohre in Wohngebiete geleitet. Als **Fernwärme** können damit Wohnungen und Häuser beheizt werden.

Strom aus Müll

Durch die Verbrennung von Müll kann auch elektrischer Strom erzeugt werden. Dazu wird der heiße Wasserdampf in Turbinen geleitet und treibt diese an. Die Turbine ist mit einem Generator verbunden. Die Bewegungsenergie der Turbine wird im Generator in elektrische Energie umgewandelt. Die elektrische Energie wird dann ins Stromnetz eingespeist.

1 Im Inneren einer Müllverbrennungsanlage

Material mit Aufgaben

M1 Müllverbrennungsanlage

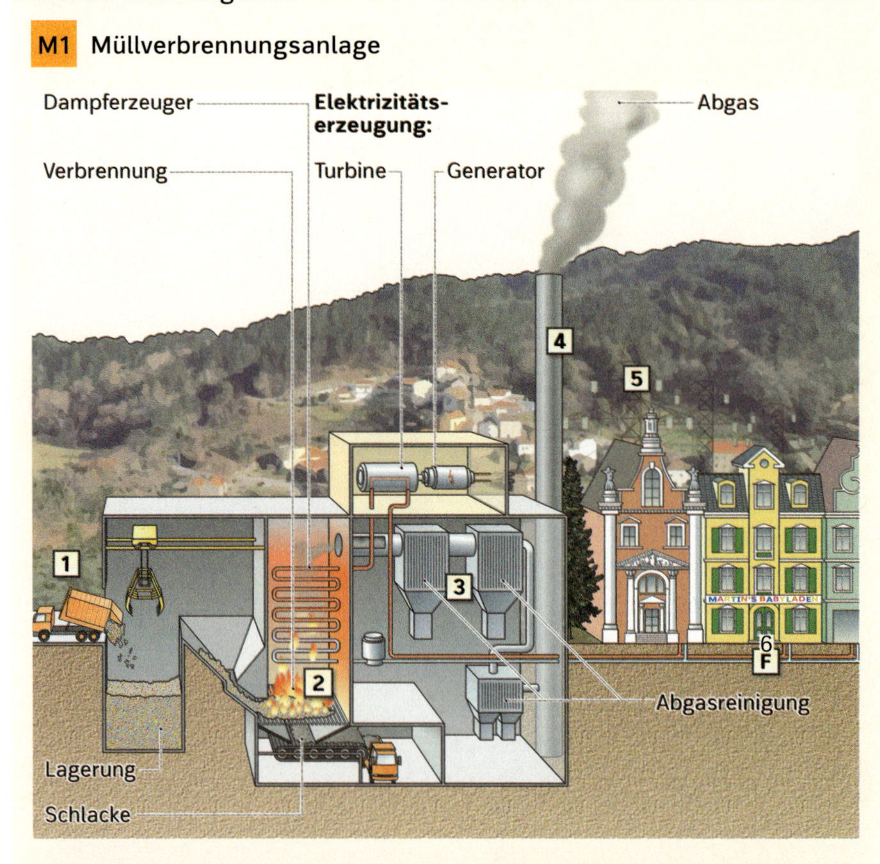

1. ❚❚ Beschreibe den Aufbau einer Müllverbrennungsanlage. Nimm die Zahlen im Bild zur Hilfe.
2. ❚❚❚ Erkläre, wie die Energie aus dem Müll in einer Müllverbrennungsanlage genutzt wird.

1 Altmetalle

Metalle recyceln

Recycling

In unserem Müll stecken viele wertvolle Metalle wie Eisen oder Kupfer. Damit die Rohstoffreserven nicht unnötig verbraucht werden, ist es wichtig, die wertvollen Stoffe in unserem Müll zurückzugewinnen. Aus diesen Stoffen können wieder neue Gegenstände hergestellt werden. Diese **Wiederverwendung** bezeichnet man als **Recycling**.

Recycling ist ein englisches Wort. „Re" bedeutet „zurück" und „cycle" heißt „Kreislauf"

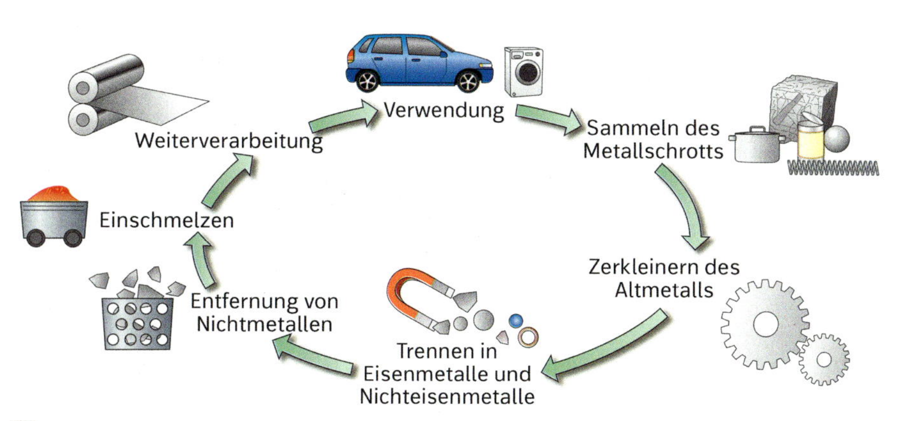

2 Recycling von Altmetall

Recycling von Altmetall

Metalle befinden sich in vielen Verpackungen. Zum Beispiel bestehen Getränkedosen zu einem großen Teil aus Aluminium. Diese können über den Hausmüll für Leichtverpackungen entsorgt werden.

Größere Mengen an nicht mehr verwendetem Metallschrott werden zum Beispiel auf Wertstoffhöfen gesammelt. Dieses **Altmetall** wird dann abgeholt und zu Recyclinganlagen transportiert. Dort wird es im ersten Schritt zerkleinert. Nach dem Zerkleinern werden mithilfe von Magneten eisenhaltige und nicht eisenhaltige Metallstücke voneinander getrennt. Aus den Nichteisenmetallen werden anschließend noch andere Stoffe wie Plastik aussortiert. Die verschiedenen Metallstücke werden nach dem Sortieren zum erneuten Einschmelzen in Werke gebracht und dort zu neuen Produkten verarbeitet.

Metalle in Smartphones

Ein Smartphone besteht aus vielen verschiedenen Stoffen. Neben Kunststoff, Glas und Keramik kommen zu großen Teilen auch Metalle vor. Dabei werden Metalle wie Kupfer, Eisen und Aluminium verarbeitet, aber auch sehr seltene Metalle wie Lanthan. Einige sehr seltene Metalle bezeichnet man auch als Metalle der **seltenen Erden**. Sie kommen teilweise nur in geringen Mengen vor. Zur Herstellung eines Smartphones werden aber auch nur geringe Mengen benötigt.

Seltene Erden kommen immer in Verbindungen vor und müssen erst in aufwändigen Verfahren voneinander getrennt werden. Bei der Gewinnung entstehen allerdings giftige Nebenprodukte wie Abgase, Staub und Schwefelsäure. Diese Abfallprodukte müssen aufwändig entsorgt werden.

Seltene Erden werden auch für die Herstellung von Akkus, Displays, Solarzellen, Dauermagneten und Lasern benötigt. Sie kommen hauptsächlich in China vor, werden dort abgebaut und werden nach der Reinigung in andere Länder transportiert. Da seltene Erden zu den endlichen Rohstoffen gehören, sollte man sein Smartphone möglichst lange nutzen und es anschließend recyceln. Oftmals ist das Recycling deutlich einfacher als die Erstgewinnung der Rohstoffe. Darüber hinaus fallen beim Recycling auch die giftigen Nebenprodukte weg, da diese bereits bei der Erstgewinnung entfernt wurden.

A Erkläre, warum es sinnvoll ist Metalle zu recyceln.

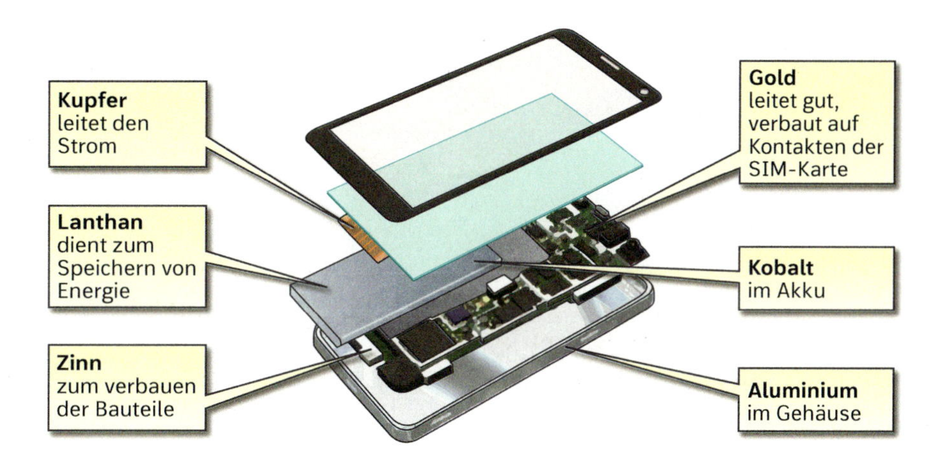

3 Metalle im Smartphone

Material mit Aufgaben

M1 Aluminium recyceln

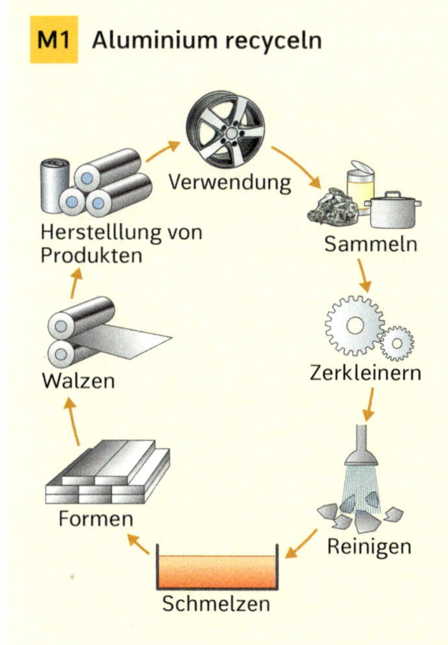

Aluminium wird aus dem Gestein Bauxit gewonnen. Die Tabelle zeigt die Produktion von Aluminium in 1000 t in Deutschland.

Jahr	aus Bauxit	aus Recycling
1999	520	561
2011	433	634
2013	492	597
2015	541	620
2017	550	763

1. Beschreibe den dargestellten Kreislauf zum Recycling von Aluminium.
2. Vergleiche das Recycling von Aluminium mit dem Recycling von Altmetall in Abbildung 2.
3. Wähle eine der Aufgaben aus:
   - **a** Beschreibe die Veränderung der Produktion von Aluminium in Deutschland mithilfe der Tabelle.
   - **b** Erkläre, warum immer mehr Aluminium aus Recycling hergestellt wird.

1 Ein Komposthaufen

Biologischer Abbau

Natürlicher Dünger

Viele Menschen bauen Gemüse in ihrem eigenen Garten an. Damit regelmäßig Gemüse geerntet werden kann, müssen die Beete ausreichend gedüngt werden. Wenn man keine chemischen Dünger verwenden möchte, kann man einen Komposthaufen anlegen. In diesem lässt sich nahrhafte Komposterde herstellen. Diese kann anschließend als **natürlicher Dünger** verwendet werden.

2 Zersetzung organischen Materials

Destruenten

Organische Stoffe am Boden wie abgestorbene Pflanzen, tote Tiere und Ausscheidungen von Tieren werden im Boden durch Kleinstlebewesen in immer kleinere Bestandteile zersetzt. Zu den **Zerkleinerern** gehören neben Insekten vor allem Regenwürmer, Asseln und Tausendfüßer. Sie fressen die Überreste anderer Lebewesen, um Energie und Stoffe zum Leben zu gewinnen. Die organischen Stoffe verschwinden so im Laufe der Zeit von der Bodenoberfläche. Die stark zerkleinerten Reste werden von Pilzen und Bakterien im Boden, den **Mineralisierern**, abgebaut. Je kleiner und zerklüfteter die Reste sind, desto besser können sie zersetzt werden. Dabei werden **Mineralstoffe** freigesetzt. Zerkleinerer und Mineralisierer werden zusammengefasst als **Destruenten** bezeichnet. Wie auch die Konsumenten benötigen sie für ihre Stoffwechselvorgänge Sauerstoff und Nährstoffe und geben dabei Kohlenstoffdioxid ab.

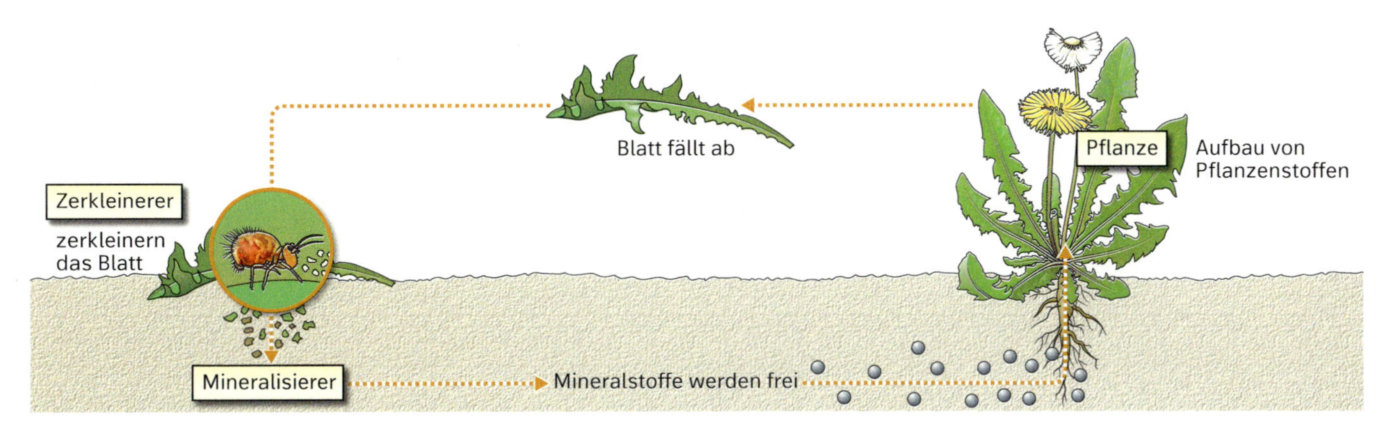

3 Mineralstoffkreislauf

Stoffkreisläufe

Aus den zersetzten organischen Stoffen entsteht mineralstoffreiche, fruchtbare Erde. Mineralstoffe sorgen für ein kräftiges Wachstum der Pflanzen. Pflanzen nehmen mit ihren Wurzeln Wasser und darin gelöste Mineralstoffe aus dem Boden auf. Das für die Fotosynthese benötigte Kohlenstoffdioxid nehmen sie aus dem Boden und aus der Luft auf. Zwischen Produzenten, Konsumenten und Destruenten eines Ökosystems bestehen für Sauerstoff, Kohlenstoffdioxid und Mineralstoffe **Stoffkreisläufe**.

Kreislauf der Mineralstoffe

Bei der Bildung von Blättern oder Früchten entziehen Pflanzen dem Boden Mineralstoffe. In der Natur werden absterbende Pflanzen von Destruenten zersetzt. Die für den Aufbau verwendeten Mineralstoffe gelangen so wieder in den Boden zurück. Der Mineralstoffkreislauf ist geschlossen. Im Garten wird jedoch Gemüse geerntet und Unkraut gejätet. Auf diese Weise werden dem Kreislauf Mineralstoffe entzogen. Mit der Zeit wird der Mineralstoffvorrat immer weiter aufgebraucht. Die Pflanzen wachsen schlechter und werden nicht mehr so groß. Damit sie weiterhin wachsen können, müssen dem Boden regelmäßig Mineralstoffe zugeführt werden. Der Boden muss gedüngt werden.

Material mit Aufgaben

M1 Mineralstoffkreislauf

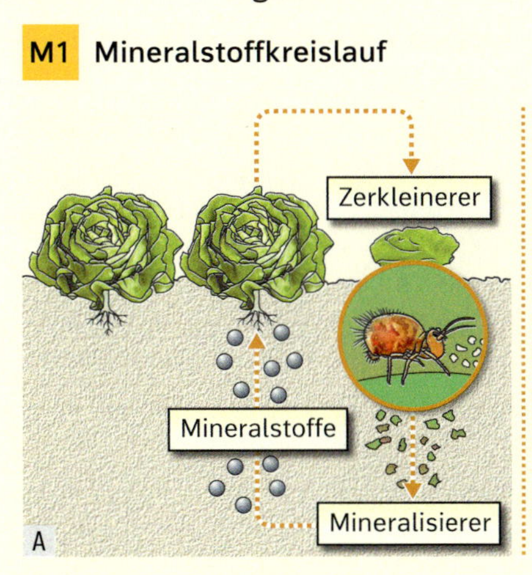

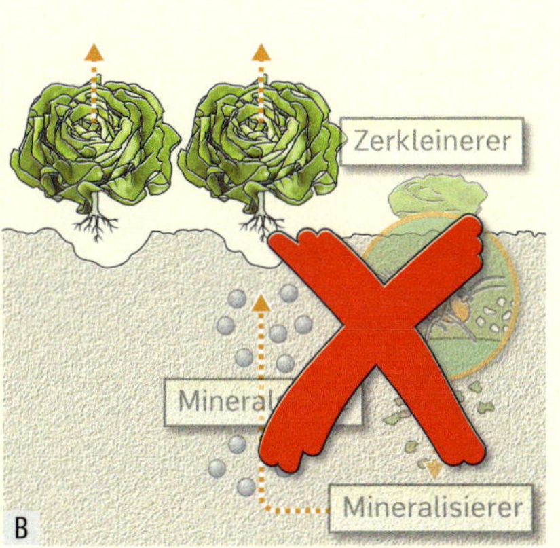

1. Beschreibe den Kreislauf in Bild A.
2. Erkläre mithilfe von Bild B was passiert, wenn der Salat geerntet wird.
3. Erkläre, warum man Felder regelmäßig düngen muss.
4. Erkläre, warum die Zersetzung ohne die Zerkleinerer langsamer ablaufen würde.

Abfälle auf dem Komposthaufen

Auf einem Komposthaufen können biologisch abbaubare Küchenabfälle, Grünschnitt oder verblühte Pflanzen entsorgt werden. Kunststoff, Glas oder Metall können nicht von Destruenten zersetzt werden. Sie sind nicht biologisch abbaubar und gehören auf keinen Komposthaufen. Gekochte Nahrungsmittel sollten auch nicht auf einen Komposthaufen kommen. Sie können Schädlinge wie Ratten anlocken. Die Kompostierung ist ein biologischer Prozess, an dem viele Lebewesen beteiligt sind. Um einen schnellen und reibungslosen Ablauf zu ermöglichen, müssen optimale Lebensbedingungen für die verschiedenen Lebewesen geschaffen werden.

Standort des Komposthaufens

Destruenten benötigen Feuchtigkeit zum Überleben. Der Komposthaufen darf daher auf keinen Fall austrocknen. Jedoch sollte er auch nicht nass sein, da ansonsten die organischen Materialien verfaulen können. Neben der Feuchtigkeit spielt auch die Temperatur im Inneren eines Komposts eine wichtige Rolle. Destruenten fühlen sich in einer warmen Umgebung besonders wohl. Ein Komposthaufen, der den ganzen Tag im Schatten steht, kühlt schnell aus. Um den Kompostierungsvorgang zu ermöglichen, sollte der Komposthaufen an einem halbschattigen Platz aufgestellt werden.

Füllen des Komposthaufens

Es ist wichtig, den Komposthaufen richtig zu befüllen. Viele Destruenten benötigen Sauerstoff für ihre Aktivität. Wird der Komposthaufen zu feucht oder zu dicht mit Abfällen befüllt, bekommen die Destruenten nicht genügend Sauerstoff. Der Kompostierungsvorgang wird verlangsamt und es kann zu unangenehmen Gerüchen kommen. Alle Abfälle sollten daher möglichst zerkleinert werden. Auch sollten nicht ausschließlich Grünschnitt oder Küchenabfälle im Kompost entsorgt werden. Eine gute Mischung aus verschiedenen Abfällen sorgt für einen optimalen Lebensraum für die Destruenten.

Material mit Aufgaben

M2 Schichten eines Komposthaufens

1. Beschreibe mithilfe des Bildes den Aufbau eines Komposthaufens.
2. Erkläre, warum Glas und Kunststoffe nicht auf einen Komposthaufen gehören.
3. Erkläre, warum die unterste Schicht am besten aus losen Ästen bestehen sollte. +
4. Erkläre, warum eine Mischung der verschiedenen Abfälle gut für einen Komposthaufen ist.

Temperatur im Komposthaufen

Die Temperatur im Komposthaufen bleibt während des Zersetzungsprozesses nicht durchgängig gleich. Das frische organische Material auf dem Komposthaufen enthält noch viele Nährstoffe. Die Destruenten benötigen diese Nährstoffe um Energie für den Ablauf ihrer Lebensprozesse zu gewinnen.
Beim Abbau des organischen Materials wird überschüssige Energie in Form von Wärme an die Umgebung abgegeben. Während dieser **Abbauphase** steigen die Temperaturen im Komposthaufen und können auch bis zu 70 °C reichen. Diese Temperaturerhöhung ist wichtig, da durch sie Keime abgetötet werden.
Während der **Umbauphase** kühlt der Komposthaufen wieder ab. Nun beginnen die Mineralisierer damit, das schwer abbaubare Material zu zersetzen. Der Mineralstoffgehalt im Komposthaufen beginnt nun immer weiter anzusteigen, während der Nährstoffgehalt weiter sinkt.
In der **Aufbauphase** gleicht sich die Temperatur des Komposthaufens wieder an die Umgebungstemperatur an. Die biologische Aktivität nimmt in dieser Phase langsam ab. Es entsteht die fruchtbare, mineralstoffreiche Komposterde. Diese kann dem Komposthaufen entnommen und zum Düngen verwendet werden.

A Beschreibe, worauf man beim Anlegen eines Komposthaufens achten sollte.

B Erkläre, warum sich die Temperatur in einem Komposthaufen ändert.

Material mit Aufgaben

M3 Temperatur im Komposthaufen

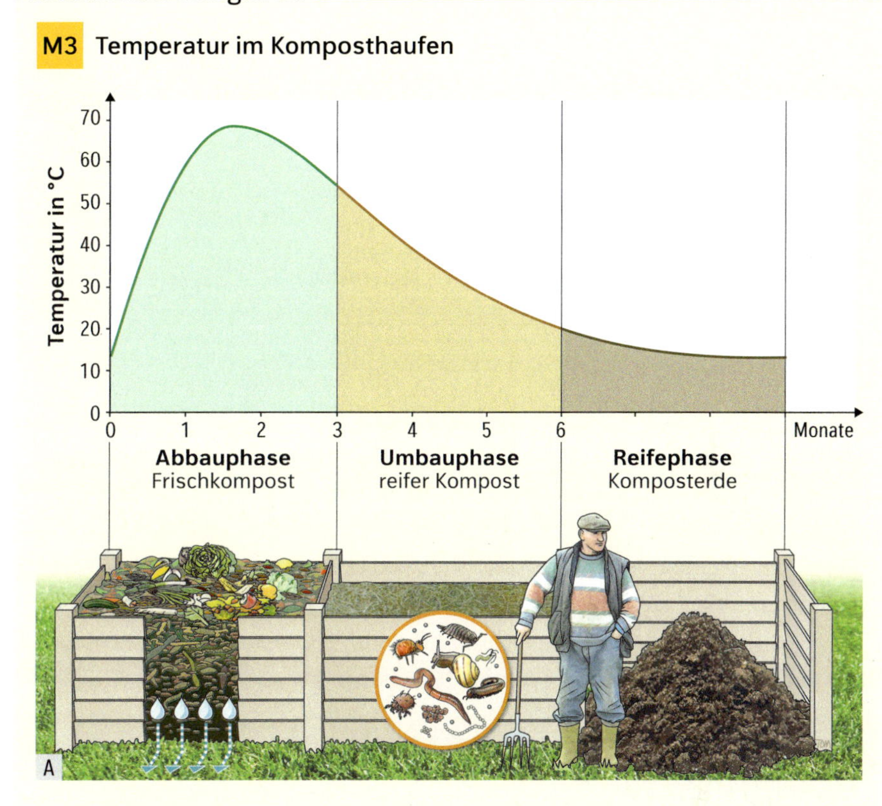

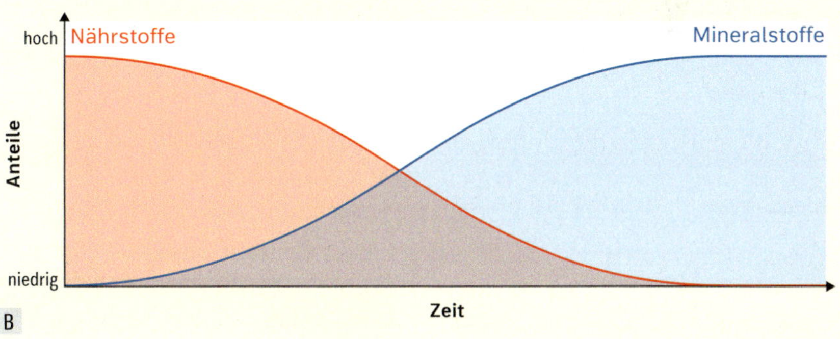

1. Beschreibe mithilfe von Bild A die Temperaturveränderungen in einem Komposthaufen während der verschiedenen Phasen.
2. Erkläre, warum sich der Temperaturverlauf in einem Komposthaufen mit der Zeit immer mehr verändert.
3. Erkläre mithilfe von Bild B die Veränderungen von Nähr- und Mineralstoffen in einem Komposthaufen.
4. Stelle Vermutungen an, wie sich ein gestörter Temperaturverlauf auf den Komposthaufen auswirken kann.

Zusammenfassung Materialien trennen

Stoff und Gegenstand

In den Naturwissenschaften ist ein Stoff das Material, aus dem ein Gegenstand besteht. Gegenstände werden auch als Körper bezeichnet. Manche Stoffeigenschaften wie die Farbe kann man mit den Sinnesorganen feststellen. Andere Stoffeigenschaften wie die Siedetemperatur kann man nur mit Hilfsmitteln feststellen.

mit den Sinnen feststellen	Farbe, Form Oberfläche 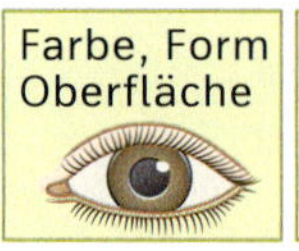	Geruch 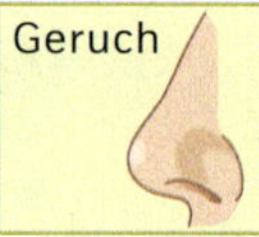	Geschmack 	Klang 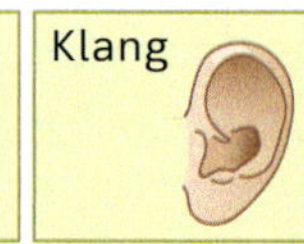	Wärmeleitfähigkeit, Oberfläche 
mit Hilfsmitteln feststellen	Schmelztemperatur, Siedetemperatur	Löslichkeit, Magnetisch	Verhalten beim Erhitzen	Härte, Verformbarkeit	elektrische Leitfähigkeit

Stoffeigenschaften

Jeder Stoff lässt sich durch eine charakteristische Kombination von Stoffeigenschaften in einem kurzen Steckbrief beschreiben.

Eisen ist bei Raumtemperatur fest und hat eine hohe Härte. Es schmilzt erst bei 1538 °C und siedet bei 2862 °C. Eisen ist ein guter elektrische Leiter. Außerdem lässt es sich nicht in Wasser lösen und ist magnetisch.

Steckbrief von Eisen

Farbe:	silberfarben
Aggregatzustand (20 °C):	fest
Schmelztemperatur:	1538 °C
Siedetemperatur:	2862 °C
Härte:	hart
Elektrisch leitfähig:	ja
Löslichkeit in Wasser:	nein
magnetisch:	ja

Stofftrennverfahren

Bei der Trennung von Gemischen werden die unterschiedlichen Eigenschaften der Stoffe im Gemisch genutzt. Erhitzt man zum Beispiel eine Salzlösung, verdampft das Wasser und das zuvor gelöste Salz bleibt zurück. Beim Eindampfen nutzt man die unterschiedlichen Siedetemperaturen der Stoffe. Die Stofftrennverfahren spielen bei der Gewinnung von Rohstoffen eine große Rolle.

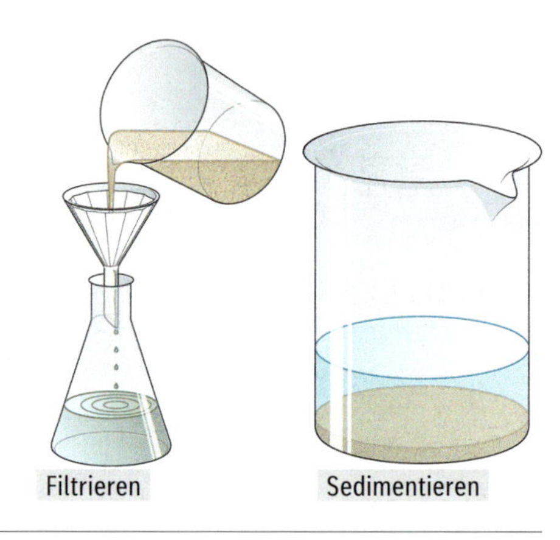

Müll trennen

Im Alltag trennt man den Hausmüll. Zum Beispiel kommt Papier in eine Papiertonne und der Biomüll in die Biotonne oder auf einen Komposthaufen. Ein Teil des Mülls, der im Haushalt anfällt, ist Sondermüll und muss auf Werkstoffhöfen oder Deponien entsorgt werden. Dazu gehören zum Beispiel Farbreste. Wertstoffmüll kommt oft in eine Müllsortieranlage. Dort wird er unter Nutzung der verschiedenen Stoffeigenschaften voneinander getrennt.

1 Stoffe mit Hilfsmitteln untersuchen

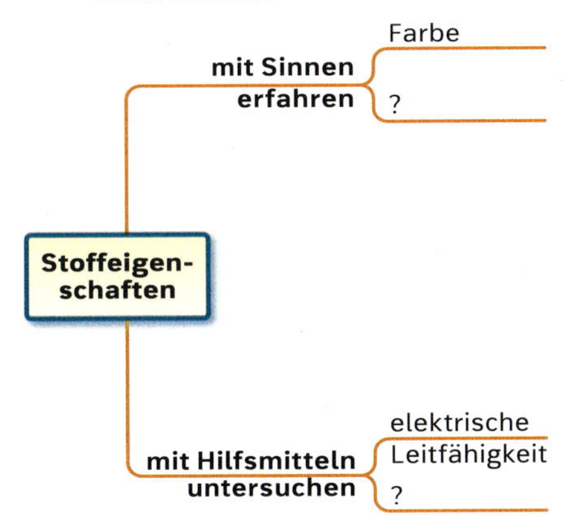

A Ergänze die vorgegebene Mindmap zu den Eigenschaften von Stoffen.

B Nenne Hilfsmittel zur Untersuchung von Stoffeigenschaften.

2 Härte von Stoffen

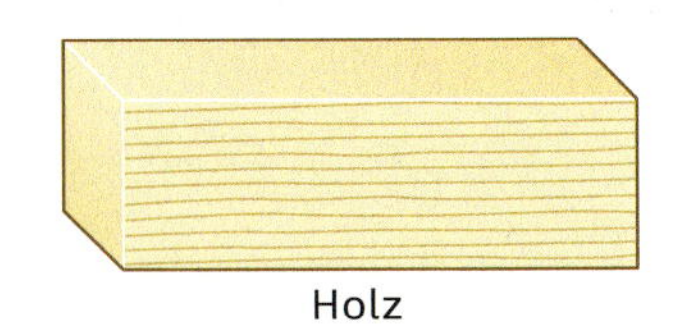

A Bringe die folgenden Stoffe im Bild in die richtige Reihenfolge. Beginne mit dem Stoff mit der geringsten Härte.

3 Stoffe trennen

A Nenne fünf verschiedene Trennverfahren.

B Ordne den Bildern verschiedene Trennverfahren zu.

C Beschreibe eine Möglichkeit, wie man ein Gemisch aus Wasser, kleinen Eisenkugeln und Kies trennen kann.

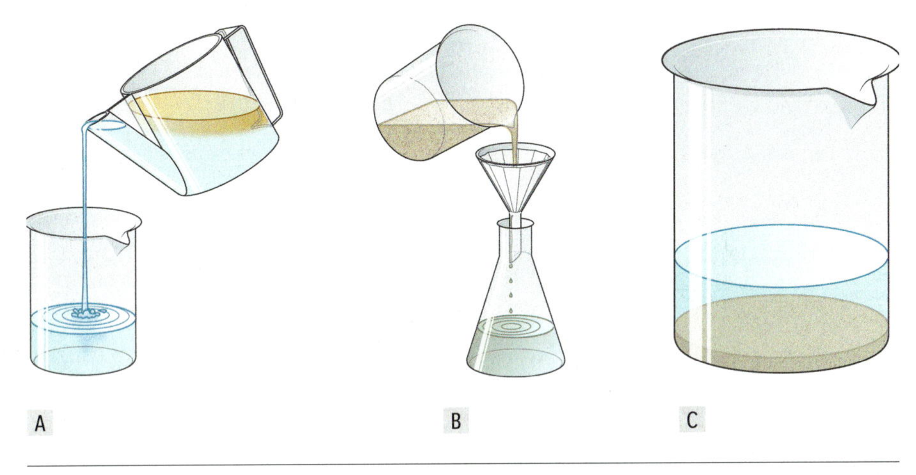

4 Recycling

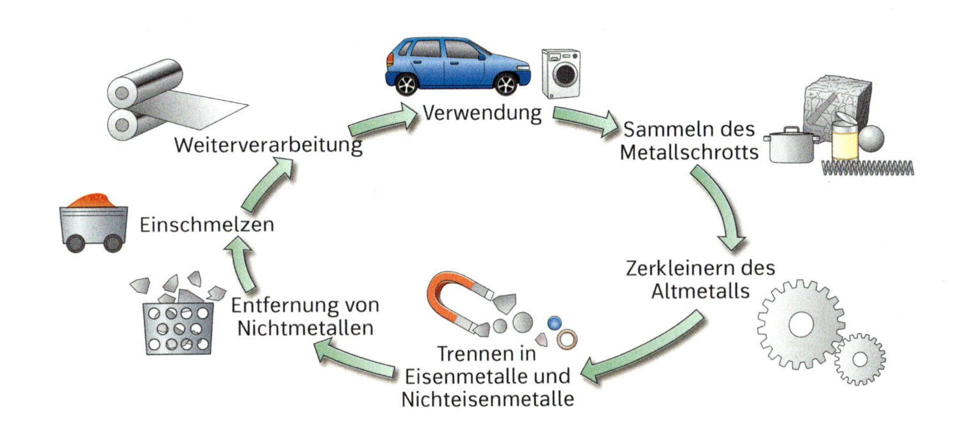

A Beschreibe den dargestellten Kreislauf zum Recycling von Altmetall.

B Erkläre, warum man Metalle recycelt.

C Beschreibe ein weiteres Beispiel für das Recycling von Müll.

D Erkläre, was man unter dem Begriff seltene Erden versteht und wie sie genutzt werden.

Wasser

9

Warum kann Wasser fest und flüssig sein?
Warum schwimmt Eis auf Wasser?
Wie überleben Fische im zugefrorenen See?

Mitten auf dem Meer schwimmt eine große Menge Eis auf dem Wasser. Es ist ein Eisberg. Obwohl er so groß und schwer ist, geht der Eisberg im Wasser nicht unter.

1 Blick aus dem Weltraum auf die Erde

Wasser ist nicht gleich Wasser

Der blaue Planet

Der Blick aus dem Weltraum auf die Erde zeigt: Der größte Teil der Erdoberfläche ist von Ozeanen bedeckt. Die Erdoberfläche besteht hauptsächlich aus Wasser. Die Erde wird deshalb als „blauer Planet" bezeichnet.

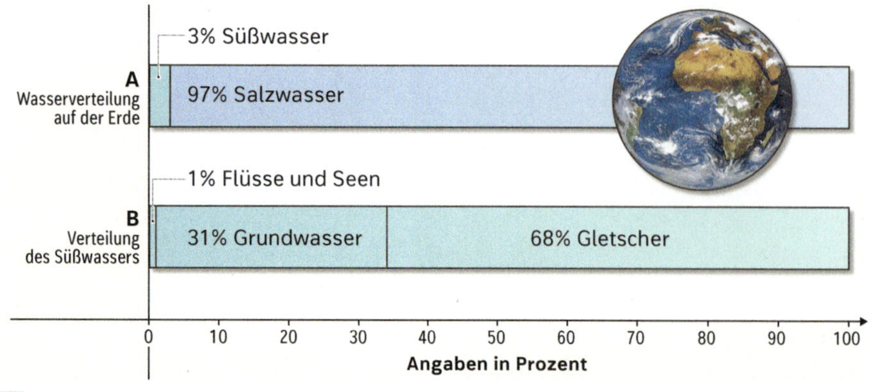

2 Verteilung von Wasser auf der Erde

Wasserarten

Beim Baden im Meer ist einem vielleicht schon mal aufgefallen, dass das Meerwasser salzig ist. Es enthält etwa 3,5 Prozent Salz. In einem Liter Meerwasser sind somit 35 Gramm Salz gelöst. Es schmeckt nicht und ist auch nicht gesund. Daher darf man **Salzwasser** nicht zum Trinken verwenden.

Unser Trinkwasser schmeckt nicht salzig. Es enthält deutlich weniger gelöstes Salz als das Meerwasser. Man bezeichnet es daher auch als **Süßwasser.** Das trinkbare Süßwasser stammt zu einem großen Teil aus Flüssen, Seen und Quellen. Auch das Gletschereis um den Nordpol und Südpol der Erde sowie die Gletscher der Hochgebirge bestehen aus Süßwasser.

Wasser im Boden

Das Süßwasser gelangt auch in den Boden. Es **versickert**. Das im Boden versickerte Süßwasser sammelt sich als **Grundwasser**. Es ist als Trinkwasser sehr wertvoll, weil es beim Versickern durch verschiedene Bodenschichten gefiltert und so gereinigt wird. Als Quellwasser tritt es wieder an die Oberfläche.

3 Quellwasser: **A** Gebirgsquelle, **B** Waldquelle

Material mit Aufgaben

M1 Wasservorkommen

1. Beschreibe, wo Wasser auf der Erde vorkommt.
2. Ordne den Bildern die Begriffe „Süßwasser" oder „Salzwasser" zu.
3. Wähle eine der Aufgaben aus:
   - a Erkläre, welches Wasser wir als Trinkwasser nutzen.
   - b Erkläre, warum Quellwasser besonders wertvoll ist.
4. Wenn Flüsse ins Meer münden, entsteht Brackwasser. Vermute, welche Eigenschaften dieses Wasser hat.

M2 Verteilung des Wassers

1. Ordne dem Modell folgende Begriffe zu: Süßwasser, Grundwasser, Gesamtwassermenge der Erde, Flüsse und Seen, gefrorenes Wasser.
2. Beschreibe das Modell zur Wasserverteilung auf der Erde.
3. Erläutere, warum nicht das gesamte Süßwasser zum Trinken genutzt werden kann.

Welche Bedeutung hat Wasser für uns?

1 Wasser ist überlebenswichtig

Wasser spendet Leben

Wasser als Lebensraum

Das Wasser der Erde ist der Lebensraum für viele Tiere und Pflanzen. Wasser ist zum Beispiel der Lebensraum der Pinguine. Sie können blitzschnell im Wasser schwimmen und jagen so nach Fischen. Zum Luftholen tauchen sie auf und springen an Land. Dort leben Pinguine in Gruppen zusammen und ziehen ihre Jungtiere groß.

Wasser in Lebensmitteln

Unsere Lebensmittel stammen von Tieren und Pflanzen. Die Pflanzen benötigen Wasser zum Keimen und Wachsen. Für die Herstellung und den Anbau von Lebensmittel in der Landwirtschaft wird daher viel Wasser benötigt. Aber auch bei der Herstellung von Papier, Kleidung oder Elektrogeräten ist der Bedarf von Wasser sehr groß.

2 Lebensraum Wasser

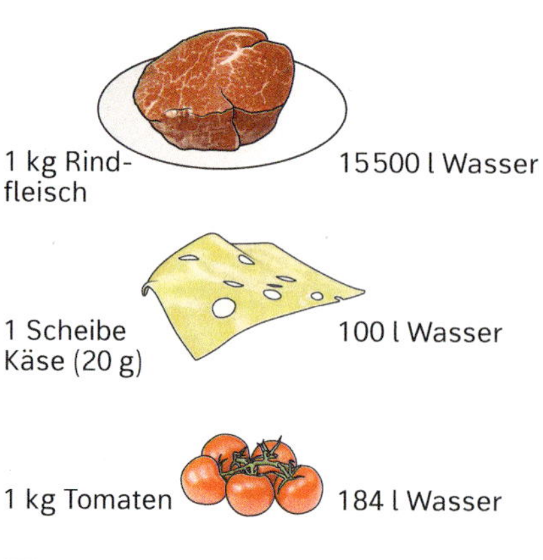

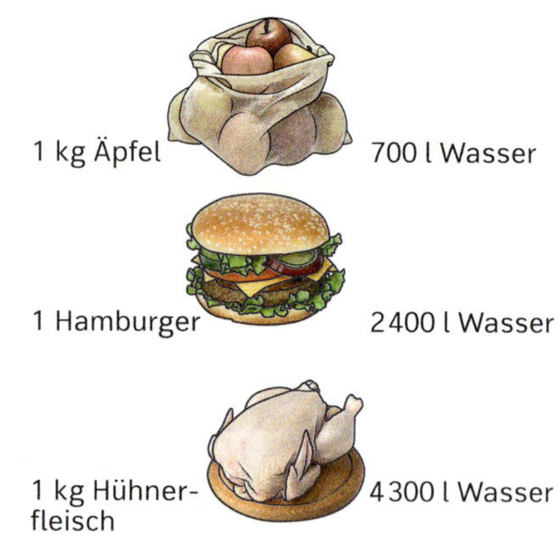

3 Benötigtes Wasser für die Herstellung von Lebensmitteln

Trinken ist wichtig

Wasser ist der Hauptbestandteil des menschlichen Körpers. Bei Säuglingen beträgt der Wasseranteil des Körpers etwa 80 Prozent, bei alten Menschen nur noch etwa 50 Prozent. Jeden Tag verliert der Körper durch Schwitzen oder beim Toilettengang Wasser. Dieses verlorene Wasser muss ersetzt werden. Daher muss man darauf achten, dem Körper täglich Wasser zuzuführen. Einen Teil nimmt der Körper über die Nahrung auf. Zusätzlich sollte man täglich etwa 1,5 bis 2 Liter Wasser trinken.

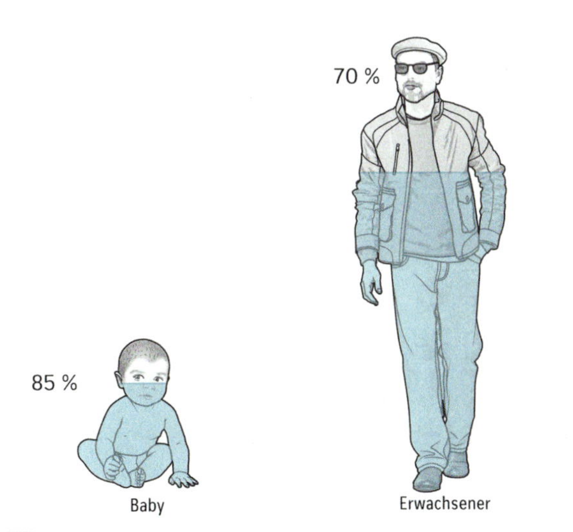

4 Der Mensch besteht zum Großteil aus Wasser

Was wir trinken sollten

Getränke wie Cola, Limonade, Eistee oder Energydrinks enthalten viel zugesetzten Zucker. Sie löschen den Durst nur kurz und können zur Gewichtszunahme führen. Daher sollte man lieber zu Trinkwasser, Mineralwasser, ungesüßten Kräutertees oder Früchtetees greifen. Auch Fruchtsäfte, die mit Wasser verdünnt werden, sind gute Durstlöscher.

Beim Gang durch den Supermarkt oder Getränkemarkt fällt sofort auf: Es gibt verschiedene Getränke die Fruchtsaft enthalten. Reiner Fruchtsaft muss vollständig aus dem Saft von Früchten und dem Fruchtfleisch von Früchten bestehen. Nur dann darf auf dem Etikett zum Beispiel Orangensaft stehen. Fruchtnektar oder Limonaden enthalten viel weniger Fruchtsaft. ▶

A Erkläre, warum Wasser wichtig für den Menschen ist.

B Beschreibe, welche Getränke man am besten trinken sollte.

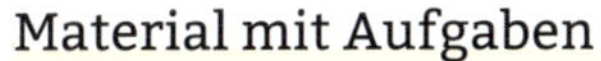

Material mit Aufgaben

M1 Säfte

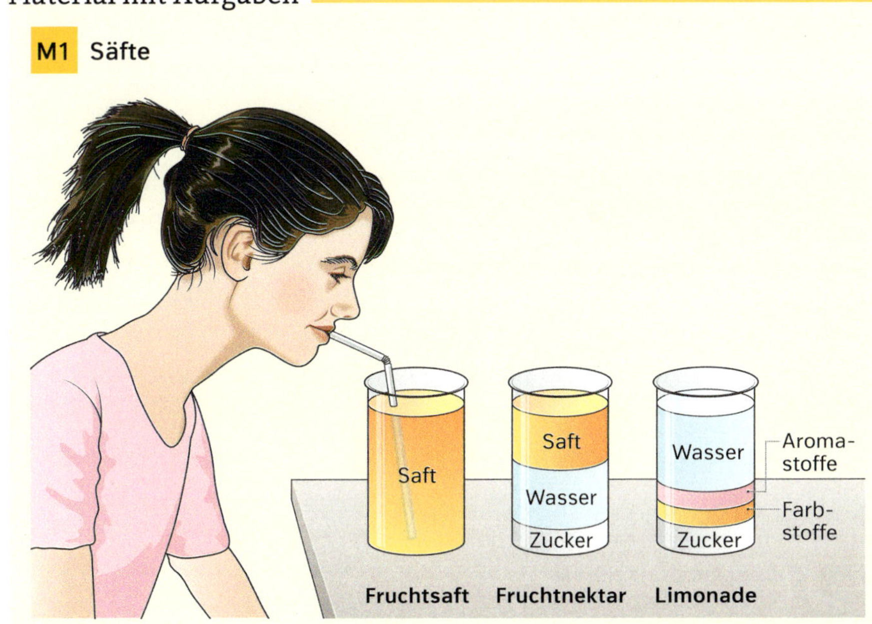

1. Vergleiche die Zusammensetzung der verschiedenen Getränke.
2. Entscheide dich für ein Getränk, welches gesund und ein guter Durstlöscher ist. Begründe deine Entscheidung. ⊞
3. Wähle eine der Aufgaben aus:
   a Erläutere, warum reiner Fruchtsaft meist teurer als Fruchtnektar ist.
   b Auf Lebensmittverpackung darf nur Fruchtsaft stehen, wenn auch nur Fruchtsaft drin ist. Erläutere.

5 Wasser ist ein Transportmittel: **A** mithilfe von Schiffen **B** von Steinen und Sand

Wasser ist ein Transportmittel

Der Mensch nutzt Flüsse, Seen und Meere, um Waren auf Schiffen zu transportieren. Auch in der Natur transportieren Flüsse und Bäche Steine und Sand über weite Strecken. So entstehen neue Flusstäler oder Küstenstreifen.
Körperflüssigkeiten wie Speichel oder Blut bestehen auch aus Wasser. Der Speichel macht die Nahrung nass und gleitfähig, sodass sie durch die Speiseröhre in den Magen gelangt. Auch das Blut transportiert Stoffe wie Vitamine und Nährstoffe im Körper.

Wasser speichert Wärme

Wasser kann gut Wärme speichern. Wird Wasser transportiert, wird Wärme mit dem Wasser mittransportiert. Bei Zentralheizungen wird Wasser meist im Keller erhitzt und über Rohre im Haus verteilt. Das Wasser strömt zu den vielen Heizkörpern. Diese sorgen für eine angenehme Wärme im Haus.
Auch im Körper wird Wärme verteilt. Das Blut wird im Rumpf des Körpers erwärmt und über den Blutkreislauf transportiert. Über Blutgefäße fließt es sogar bis in die Arme und Beine.

Wasser ist ein Kühlmittel

Unser Körper nutzt Wasser auch zur Kühlung. Bei sportlichen Aktivitäten fängt man an zu schwitzen. Wasser wird dabei über die Haut ausgeschieden. Das Wasser verdunstet dann auf der Haut. Dadurch wird der Körper abgekühlt. Auch Motoren in Autos oder Generatoren in Kraftwerken werden mit Wasser gekühlt. Das vorbeiströmende Wasser nimmt die Wärme auf und transportiert sie ab.

Material mit Aufgaben

M2 Bedeutung des Wassers

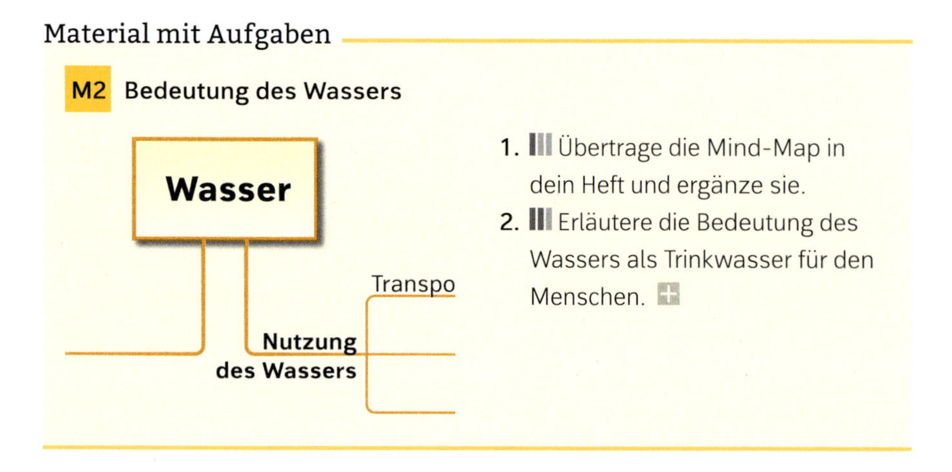

1. Übertrage die Mind-Map in dein Heft und ergänze sie.
2. Erläutere die Bedeutung des Wassers als Trinkwasser für den Menschen.

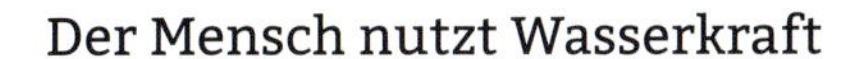
1 Turbinen

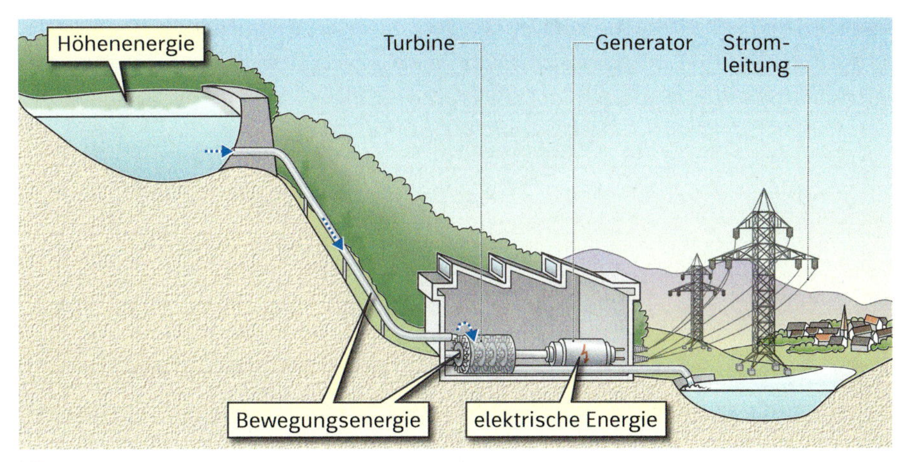

2 Wasserkraftwerk (Aufbau)

Der Mensch nutzt Wasserkraft

Der Mensch nutzt schon sehr lange die Energie des Wassers. Früher wurde sie genutzt, um Mühlräder anzutreiben. Mit ihnen wurde Getreide gemahlen. Heute wird in Wasserkraftwerken elektrische Energie bereitgestellt.

Wasserkraftwerk

Bei manchen Wasserkraftwerken stürzt das Wasser über lange Rohre einen Berg hinab. Es wird dabei beschleunigt. Das Wasser treibt beim Vorbeiströmen große Schaufelräder, die **Turbinen**, an. Diese sind mit einem **Generator** verbunden. Wird er gedreht, stellt er elektrische Energie zur Verfügung.

Energieumwandlung

Das Wasser besitzt wegen seiner erhöhten Lage **Höhenenergie**. Wenn die Schleuse geöffnet wird, setzt sich das Wasser in Bewegung. Die Höhenenergie wandelt sich in **Bewegungsenergie** um. Das fließende Wasser treibt die Turbinen an. Die Bewegungsenergie überträgt sich auf die Turbinen und den Generator. Sie wird in **elektrische Energie** umgewandelt. Bei der Energieumwandlung benötigt man keine weiteren Rohstoffe. Es entstehen keine Abgase. Die Energiegewinnung mithilfe von Wasser ist umweltfreundlich.

Material mit Aufgaben

M1 Energieumwandlung

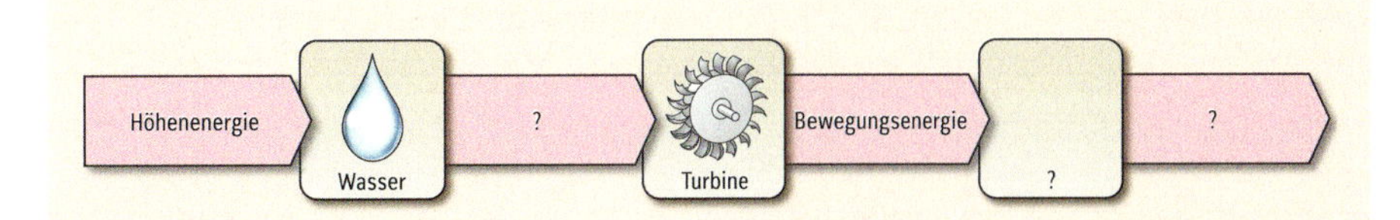

1. Übertrage das Energieflussdiagramm in dein Heft. Ergänze Energieformen und Energiewandler.
2. Erkläre die Aufgaben von Turbinen und Generatoren.
3. Erläutere, warum Wasser eine umweltfreundliche Energiequelle ist.
4. Erläutere die Tatsache: Je höher das gestaute Wasser liegt, desto effizienter ist das Kraftwerk.

1 Lösen von Zucker in Tee

Wasser ist ein Lösemittel

Wasser ist ein Lösemittel

Gibt man Zucker in Wasser, scheint er langsam zu verschwinden. Der süße Geschmack des Wassers verrät jedoch, dass der Zucker noch da ist. Er hat sich nur sehr fein und nicht mehr sichtbar verteilt. Der Zucker hat sich in Wasser **gelöst.** Eine Flüssigkeit, in der sich Stoffe lösen, nennt man **Lösemittel.**

Wasser löst viele Stoffe

Neben Zucker löst sich auch Kochsalz gut in Wasser. Im Leitungswasser sind zum Beispiel Kalk und andere Mineralstoffe gelöst. Sie lagern sich beim Trocknen des Wassers ab. Deshalb findet man Kalkflecken zum Beispiel an Gläsern oder Scheiben im Badezimmer. Auch Flüssigkeiten wie Essig lösen sich im Wasser.

Gase lösen sich ebenfalls in Wasser. So ist in Sprudelwasser das Gas Kohlenstoffdioxid gelöst. Auch Sauerstoff löst sich in Wasser. Das ist für in Wasser lebende Lebewesen wie Fische überlebenswichtig. Sie benötigen den Sauerstoff zum Atmen.

In destilliertem Wasser sind keine Stoffe gelöst. Es ist daher nicht als Trinkwasser geeignet, da es keine wichtigen Mineralstoffe enthält, die der menschliche Körper benötigt.

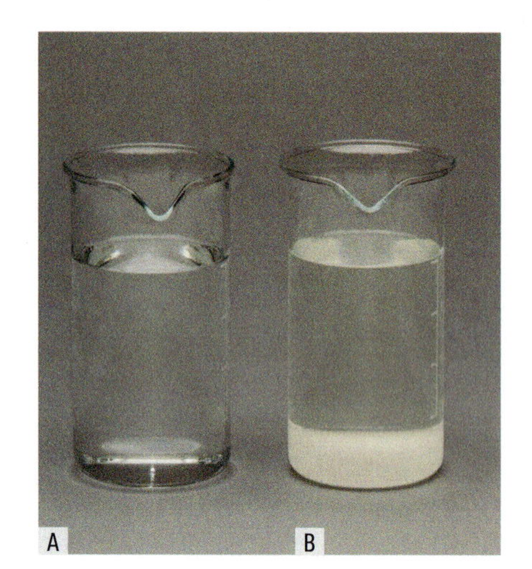

2 Lösung: **A** ungesättigt, **B** gesättigt

Löslichkeit von Stoffen

Um die Löslichkeit von Stoffen zu vergleichen, gibt man an, wie viel Gramm eines Stoffs sich in 100 Gramm Wasser lösen. Dabei muss man immer die Temperatur angeben, weil die Löslichkeit der meisten Stoffe von der Temperatur abhängt. Je wärmer das Wasser ist, desto mehr Zucker löst sich darin. Deshalb löst sich Zucker in einem Tee auch schneller als in Wasser. Kann das Wasser keinen Zucker mehr aufnehmen, ist die Lösung **gesättigt.** Der ungelöste Zucker bleibt im Gefäß als Bodensatz liegen.

Unlösliche Stoffe

Viele Stoffe werden in Wasser nicht gelöst. Beispiele dafür sind Sand, Kunststoffe oder Metalle. Auch Fette und Öle lösen sich nicht in Wasser.

Mineralwasser

Es gibt in Deutschland viele verschiedene Sorten von Mineralwasser. Die Sorten schmecken für viele Menschen unterschiedlich. Jedes Mineralwasser enthält gelöste Feststoffe, die **Mineralstoffe**. Der unterschiedliche Geschmack der Sorten wird durch die unterschiedliche Menge an gelösten Mineralstoffen verursacht. Manche Sorten sind säuerlich und sprudeln stark, andere sind still oder schmecken salziger. Es gibt verschiedene Bezeichnungen wie „classic", „still" oder auch „medium". Im stillen Mineralwasser ist kaum Kohlenstoffdioxiddioxid gelöst, in den anderen Mineralwässern wird Kohlenstoffdioxid zugesetzt. Beim Öffnen der Flasche „zischt" es. Das Kohlenstoffdioxid entweicht.

Entstehung von Mineralwasser

Ein Großteil des Regenwassers versickert im Boden und bildet das Grundwasser. Ein Teil des Grundwassers sickert auch durch die Gesteinsschicht. Es wird dadurch gefiltert. Dabei lösen sich Mineralstoffe aus dem Gestein und reichern das Wasser an. Je nach Gestein lösen sich unterschiedliche Mineralstoffe. Auch Kohlenstoffdioxid nimmt das Wasser auf. Es entsteht Mineralwasser. Dieses sammelt sich in tiefen Gesteinsschichten und wird direkt aus dieser Schicht hochgepumpt und abgefüllt.

Material mit Aufgaben

M1 Löslichkeit

A

B

C

Kupfersulfat ist ein blauer Feststoff. Gibt man einen kleinen Teil Kupfersulfat in Wasser, beginnt er sich zu lösen.

1. Beschreibe den dargestellten Versuch.
2. Erkläre, warum sich in Bild C ein Bodensatz bildet.

M2 Entstehung von Mineralwasser

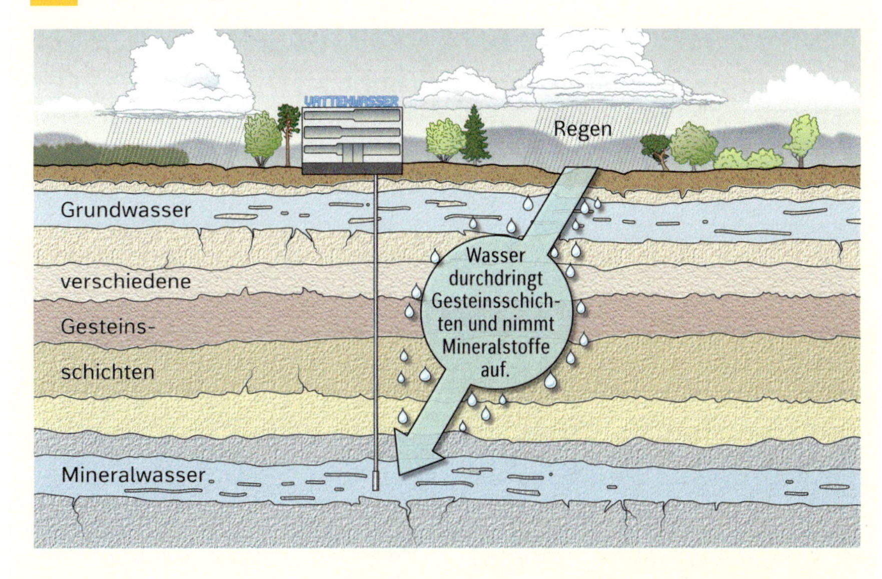

1. Beschreibe mithilfe des Bildes die Entstehung von Mineralwasser.
2. Erkläre, warum jedes Mineralwasser eine unterschiedliche Zusammensetzung an Mineralstoffen hat.
3. Erkläre, wieso eine warme Mineralwasserflasche beim Öffnen mehr zischt als eine kalte.

1 Trinkwasser aus einem Brunnen.

Trinkwasser gewinnen

Trinkwassergewinnung

Unser Trinkwasser wird größtenteils direkt aus Quellen, Seen, Flüssen oder aus dem Grundwasser gewonnen. Grundwasser bildet sich, wenn Regenwasser oder das Wasser aus Flüssen und Bächen in den Boden versickert. Dabei bilden verschiedene Bodenschichten mit unterschiedlichen Größen von Gesteinsstücken einen natürlichen Filter. Trifft das Wasser auf eine wasserundurchlässige Schicht, staut es sich. Es sammelt sich als **Grundwasser**. In diese Grundwasserschicht werden tiefe Brunnen gebohrt. Das Grundwasser wird hochgepumpt und in ein Wasserwerk geleitet.

2 Wasserwerk

Das Wasserwerk

Zunächst wird das ankommende Wasser mit Sauerstoff angereichert. Dadurch werden unerwünschte Stoffe aus dem Wasser entfernt. Anschließend halten verschiedene Kies- und Sandfilter weitere gröbere Verunreinigungen zurück. Jedoch werden keine gelösten Stoffe dadurch entfernt. Das hochgepumpte Wasser muss daher noch Aktivkohlefilter durchlaufen. Aktivkohle ist ein schwammiges Gewebe mit vielen Hohlräumen. Dadurch hat die Aktivkohle eine

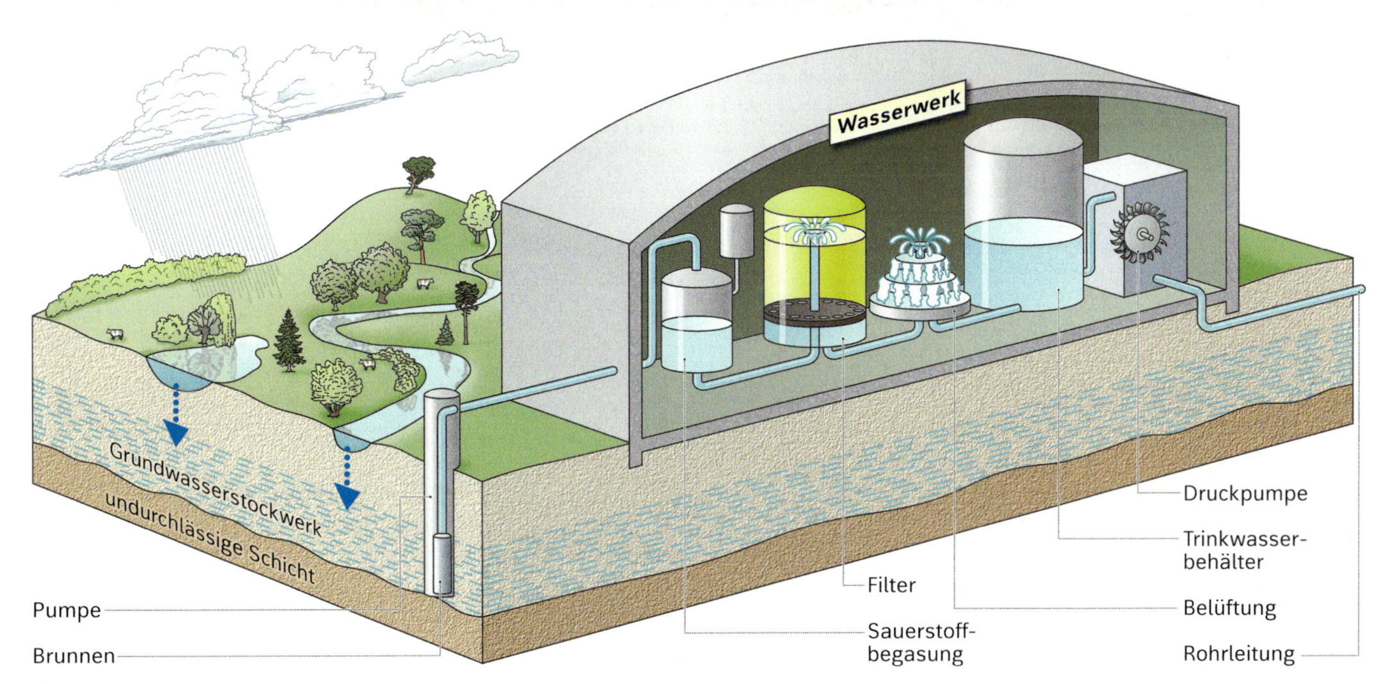

3 Aufbau eines Wasserwerks

große Oberfläche, an der viele im Wasser gelöste Stoffe haften bleiben. Bei der Belüftung werden im Wasser gelöste Gase wie Methan entfernt. Dadurch verbessern sich der Geruch und der Geschmack des Wassers. Bevor das Trinkwasser das Wasserwerk verlässt, wird es streng kontrolliert. Es muss keimfrei, klar, kühl sowie farb- und geruchlos sein. Über Hochdruckpumpen gelangt das Trinkwasser in ein Rohrleitungsnetz und so in die Häuser.

Wasserschutzgebiete

Damit man auch in Zukunft sauberes Trinkwasser hat, muss die Verschmutzung des Grundwassers verhindert werden. Daher werden in der Umgebung von Trinkwasserbrunnen Wasserschutzgebiete errichtet. In diesen Gebieten dürfen keine Straßen gebaut und keine Landwirtschaft betrieben werden. Auch das Abladen von Schutt und Müll ist verboten. So soll der Boden geschützt werden, damit er durchsickerndes Wasser weiterhin filtern kann.

Material mit Aufgaben

M1 Wasserverschmutzung

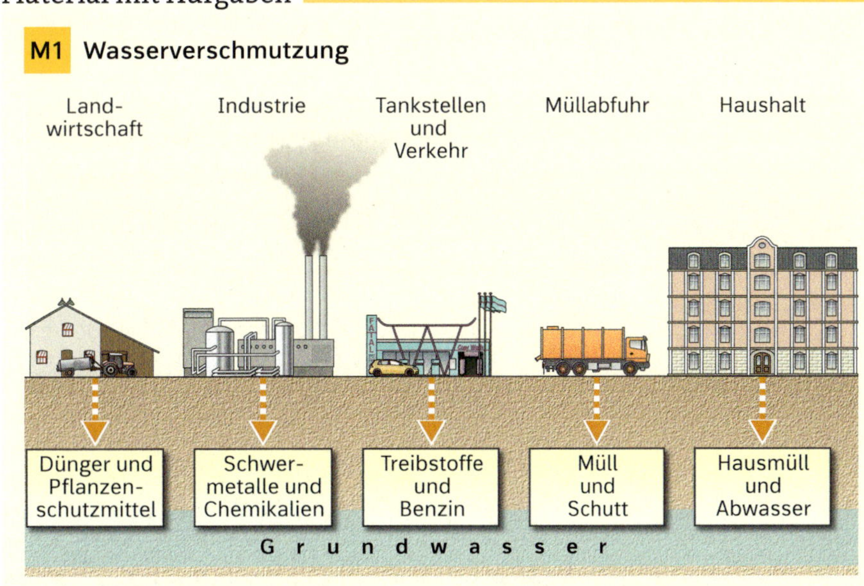

1. Beschreibe mithilfe des Bildes mögliche Gefahren für das Grundwasser
2. Erkläre, warum Wasserschutzgebiete um Trinkwasserbrunnen eingerichtet werden.
3. Wähle eine der Aufgaben aus:

a Es mussten bereits Trinkwasserbrunnen geschlossen werden, weil die Filterwirkung des Bodens erschöpft war. Erläutere diese Maßnahme.

b Erkläre, warum das Einrichten von Wasserschutzgebieten nachhaltig und langfristig zu sichern ist.

1 Wasserhahn am Meer

Destillation

Trinkwasser aus Meerwasser

In warmen Ländern die am Meer liegen, wird ein Teil des Trinkwassers aus Meerwasser gewonnen. Das Meerwasser wird dazu in großen, mit Glas überdachten Anlagen von der Sonne erwärmt. Das Meerwasser **verdunstet** dort zu Wasserdampf. Dieser steigt auf und **kondensiert** dann an den kühlen Glasflächen. Das flüssige Wasser fließt an den Scheiben herunter und wird aufgefangen. Das Salz bleibt im zurückgebliebenen Salzwasser. Es bildet sich **Sole**.

Destillation im Schullabor

Auch im Schullabor kann man aus Salzwasser Trinkwasser gewinnen. Dazu wird Salzwasser in einem Kolben bis zum Sieden erhitzt. Der aufsteigende Wasserdampf enthält kein Salz, denn das Salz siedet erst bei viel höheren Temperaturen. Der Wasserdampf wird nun gekühlt, damit er wieder flüssig wird. Dazu nutzt man den **Liebigkühler**. Er besteht aus einem inneren Rohr und einem äußeren Rohr. Durch das innere Rohr strömt der heiße Wasserdampf. Durch das äußere Rohr fließt in der ent-

Material mit Aufgaben

Sonnenstrahlung
Glasscheiben
Meerwasser
destilliertes Wasser
Sole

M1 Trinkwassergewinnung

1. Beschreibe den Aufbau einer einfachen Entsalzungsanlage.
2. Erkläre die Funktionsweise der Entsalzungsanlage.
3. Plane einen Versuch, bei dem man das Prinzip einer Entsalzungsanlage zeigen kann.

gegen gesetzten Richtung kaltes Wasser, was das Kondensieren beschleunigt. Der Wasserdampf kondensiert an dem gekühlten Glasrohr und sammelt sich als **Destillat** im Auffanggefäß. Das Verdampfen und anschließende Kondensieren nennt man **Destillation**.

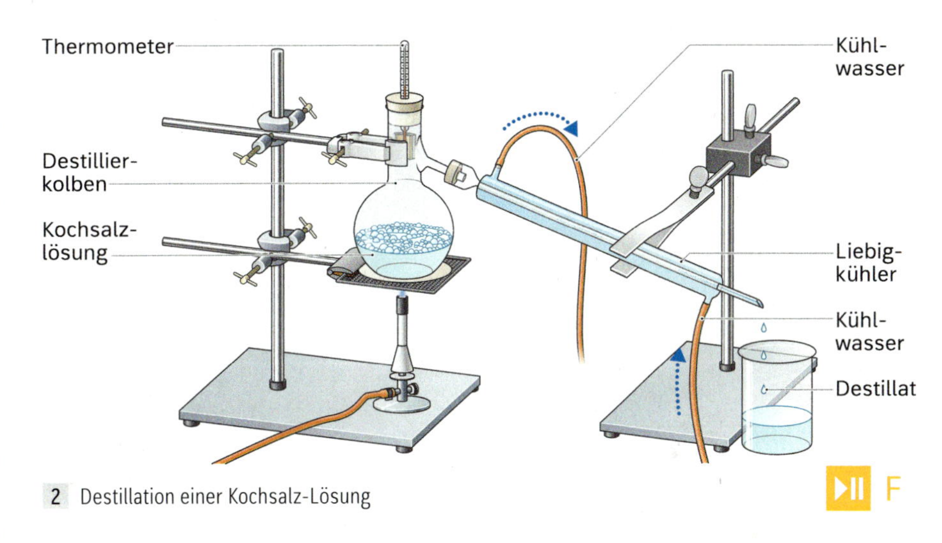

2 Destillation einer Kochsalz-Lösung

Destillieren von Alkohol

Rotwein ist ein Gemisch aus Alkohol, Wasser, Zucker sowie Farb- und Geschmacksstoffen. Der Alkohol kann durch Destillation gewonnen werden. Dazu nutzt man die unterschiedlichen Siedetemperaturen der Bestandteile aus. Alkohol siedet bei einer Temperatur von 78 °C, Wasser erst bei 100 °C. Erhitzt man den Rotwein langsam, siedet zunächst der Alkohol. Die Alkoholdämpfe leitet man durch den Kühler. Dabei kondensieret der Dampf zu flüssigem Alkohol, der sich als Destillat sammelt.

Material mit Aufgaben

M2 Destillation – ganz einfach

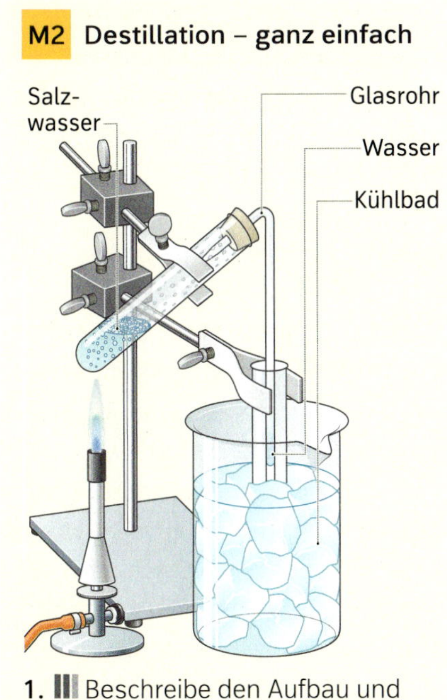

1. Beschreibe den Aufbau und die Funktionsweise des dargestellten Versuchs.

M3 Destillation von Alkohol

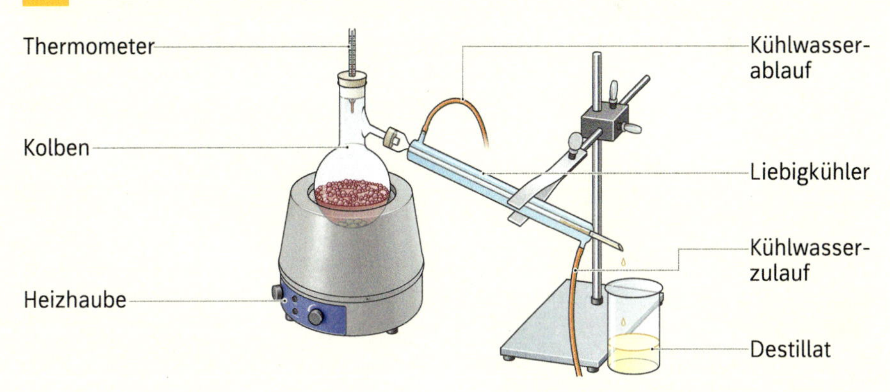

1. Beschreibe den Aufbau der im Bild dargestellten Destillationsapparatur.
2. Beschreibe die Gewinnung von Alkohol aus Rotwein.
3. Wähle eine der Aufgaben aus:
   a Erkläre, warum es bei der Alkohol-Destillation wichtig ist, den Wein nicht über 78 °C zu erhitzen.
   b Erkläre, warum das Kühlwasser von hinten nach vorne durch den Liebigkühler geleitet wird.

1 Luftbild einer Kläranlage

Die Kläranlage

Abwässer

Im Haushalt und in der Industrie wird viel Wasser benötigt. Das Wasser, das wir über den Abfluss oder die Toilette entsorgen, wird zu **Abwasser**. Das Abwasser gelangt durch große Kanäle unter der Straße, der **Kanalisation**, zu einer Kläranlage. Dort wird es gereinigt und in Seen oder Flüsse weitergeleitet.

Mechanische Reinigung

In einer Kläranlage erfolgt die Reinigung des Wassers in aufeinanderfolgenden Stufen. Die erste Stufe ist die mechanische Reinigung. Hier werden nicht gelöste Feststoffe und Flüssigkeiten entfernt. Zunächst passiert das Abwasser den **Rechen**, in dem grobe Feststoffe gefiltert werden.

Das Abwasser fließt dann durch den **Sandfang**. Hier setzt sich Sand ab. Dieser Vorgang wird als **Sedimentieren** bezeichnet. Das Sediment wird mithilfe von Pumpen entfernt. Wasserunlösliche Fette und Öle, die auf dem Wasser schwimmen, werden von einem **Ölabscheider** abgetrennt. Die Stoffe mit geringerer Dichte werden abgeschöpft. Das Abwasser gelangt nun ins Vorklärbecken. Dort sinkt der größte Teil der noch vorhandenen Schwebstoffe zu Boden. Dieses Sediment wird auch mit Pumpen entfernt.

Material mit Aufgaben

M1 Ölabscheider

1. Beschreibe mithilfe der Abbildung den Aufbau des Ölabscheiders.
2. Erkläre mithilfe der Stoffeigenschaften, warum Öl und Fett im Ölabscheider vom Wasser getrennt werden können.

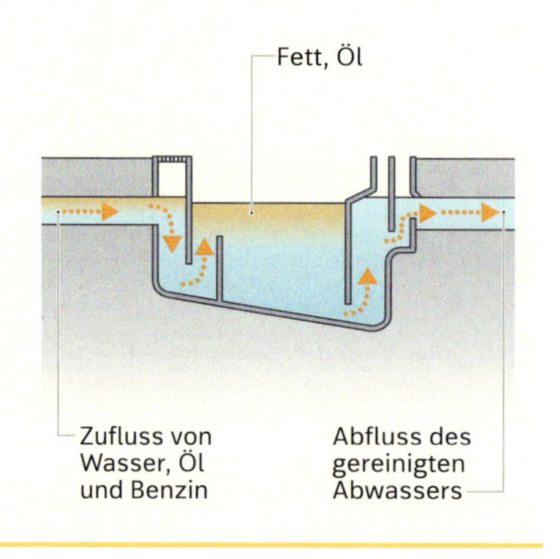

Biologische Reinigung

Die nächste Stufe ist die biologische Reinigung. Hier werden einige ungelöste und gelöste Stoffe aus dem Abwasser entfernt. Im Belebungsbecken nehmen Kleinstlebewesen wie Bakterien bestimmte Stoffe als Nahrung auf. Sie vermehren sich sehr schnell. Im nachfolgenden Nachklärbecken wird ein Großteil der Bakterien durch zugesetzte Stoffe zum Verklumpen gebracht. Dadurch setzen sie sich als Belebtschlamm am Boden des Beckens ab.

Chemische Reinigung

Ein großer Teil der gelösten Salze befindet sich nach der biologischen Stufe noch immer im Abwasser. Durch die gezielte Zugabe von Chemikalien können diese jedoch unlöslich gemacht werden. Sie setzen sich daher am Boden des Reaktionsbeckens ab. Dieser Vorgang wird als **Ausfällen** bezeichnet. Sie können dann abgefiltert werden. Das gefilterte Wasser hat nun fast wieder Trinkwasserqualität. Jetzt darf das Wasser in ein Gewässer eingeleitet werden.

Material mit Aufgaben

M2 Stufen einer Kläranlage

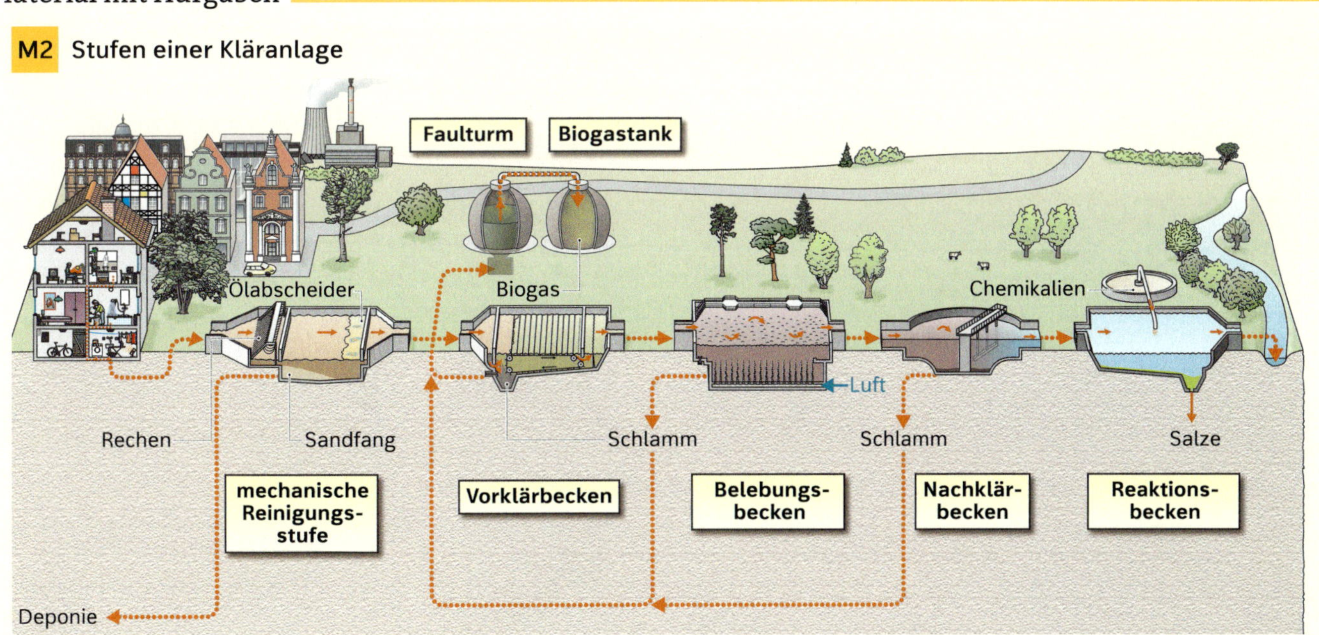

Stufe	Becken	Funktion
Mechanische Reinigung	Rechen	...
...	Sandfang	...
...	...	...

1. Beschreibe die Funktionen der einzelnen Becken. Ergänze die Tabelle in deinem Heft.
2. Erkläre, welche Stoffeigenschaften bei den Trennverfahren genutzt werden.
3. Beschreibe die Trennverfahren in der mechanischen Reinigung im Teilchenmodell.
4. Die Bakterien müssen der Kläranlage nur am Anfang zugeführt werden. Erkläre, warum immer genug Bakterien vorhanden sind.

Trennverfahren im Schullabor

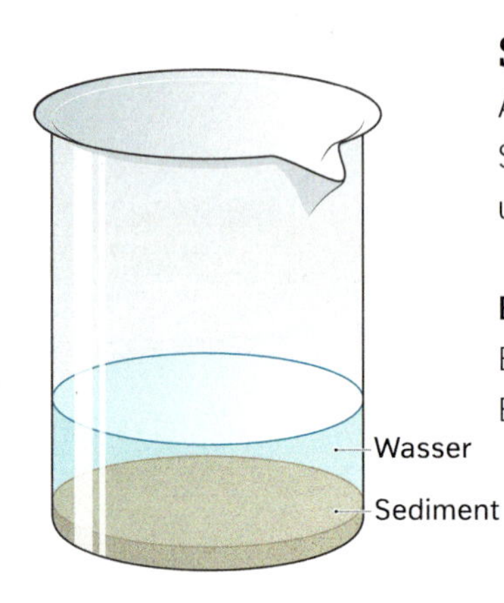

Sedimentieren

Absetzten von unlöslichen Stoffen in Flüssigkeiten durch unterschiedliche Dichten.

Beispiel:
Erde setzt sich in Wasser am Boden ab.

Dekantieren

Trennung von unlöslichen Stoffen in Flüssigkeiten durch unterschiedliche Dichten.

Beispiel:
Bei der Fettkanne schwimmt das Öl auf dem Wasser und wird nicht mit abgegossen.

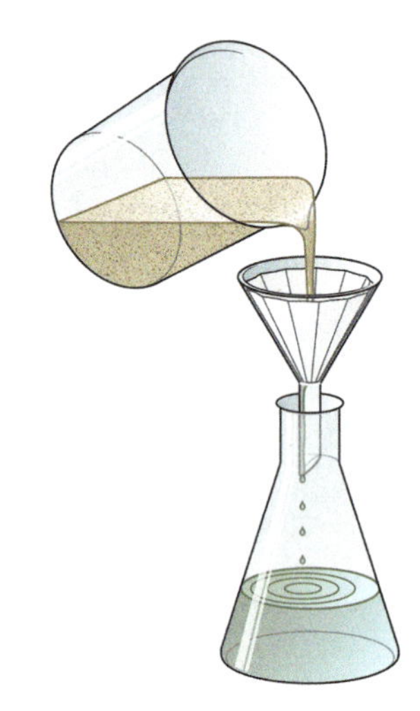

Filtrieren

Trennung von Stoffen mit unterschiedlicher Partikelgröße mithilfe von Filterpapier.

Beispiel:
Bei einem Sand-Wasser-Gemisch bleibt der Sand im Filtrierpapier. Das Wasser fließt durch.

Eindampfen

Trennung von in Flüssigkeiten gelösten festen Stoffen durch Erhitzen.

Beispiel:
Wenn das Tuschwasser verdampft, dann bleibt nur die Farbe übrig.

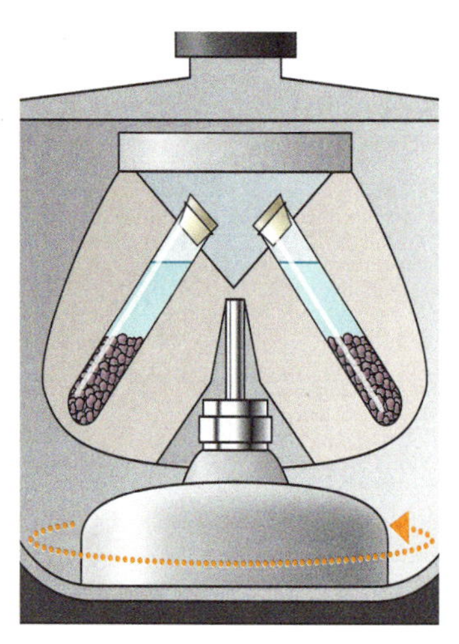

Zentrifugieren

Trennung von Stoffen unterschiedlicher Dichten mithilfe von schnellem Drehen.

Beispiel:
Dreht man ein Erde-Wasser-Gemisch, setzt sich die Erde schnell am Boden ab.

Adsorbieren

Trennung durch Ablagerung eines Stoffes an einem Adsorptionsmittel.

Beispiel:
Die Farbstoffteilchen von Cola bleiben an der Aktivkohle haften.

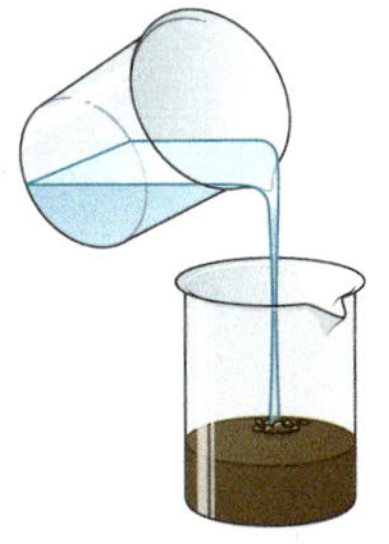

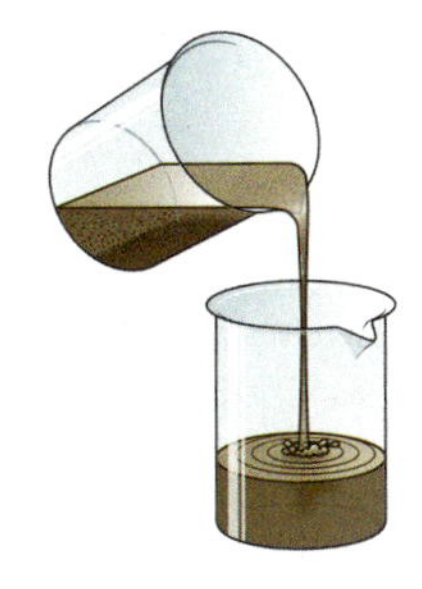

Extrahieren

Trennung von Stoffen mit Lösemitteln durch unterschiedliche Löslichkeit.

Beispiel:
Farb- und Geschmacksstoffe von Kaffeepulver lösen sich im heißen Wasser.

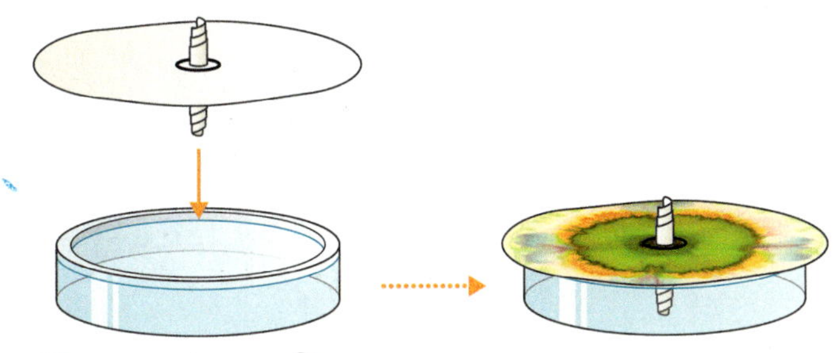

Chromatografieren

Trennung von Stoffen durch unterschiedliche Haftfähigkeit an Papier.

Beispiel:
Unterschiedliche Farbpartikel von Flizstiften haben verschiedene Haftfähigkeiten.

Destillieren

Trennung von Flüssigkeiten durch unterschiedliche Siedetemperaturen.

Beispiel:
Alkohol siedet früher als Wasser. Der Dampf wird in einem Kühler abgekühlt und als Destillat aufgefangen.

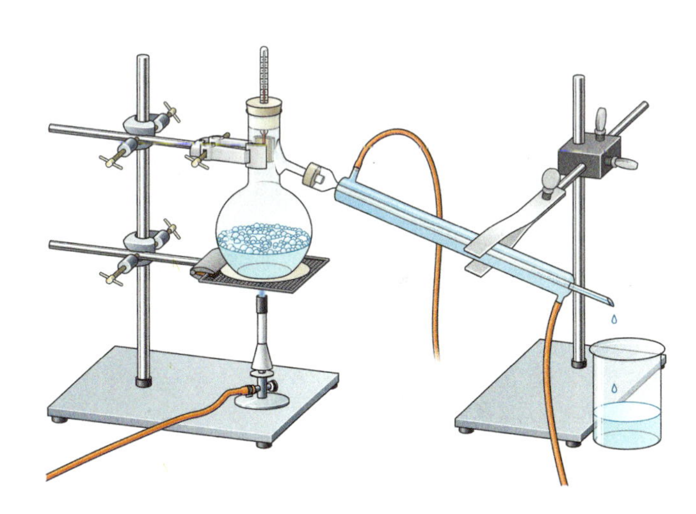

1. Übertrage die Tabelle in dein Heft und ergänze sie.
2. Erkläre, mit welchen Trennverfahren man folgende Gemische trennen kann: Salzwasser, Lehmwasser, Öl-Wasser-Gemisch und Tintenwasser.
3. Erkläre den Unterschied zwischen der Destillation und Eindampfen.

Trennverfahren	Stoffeigenschaft	Beispiel
Filtrieren	...	...
Chromatografieren	...	...
Adsorbieren	...	...
Sedimentieren	...	...
Zentrifugieren	...	...
Destillieren	...	...
Dekantieren	...	...
Eindampfen	...	...
Extrahieren	...	...

1 Ein grüner Golfplatz in der Wüste.

Wasser sparen

Kraftwerke
64 %

Industrie
22 %

Haushalt
und Kleingewerbe
11 %

Landwirtschaft
3 %

Gesamter Wasserbedarf:
11 Milliarden Kubikmeter pro Jahr

2 Wasserbedarf in Deutschland

Wasserverbrauch

Wasser befindet sich ständig in einem Kreislauf. Menschen greifen jedoch in den natürlichen Wasserkreislauf ein und nutzen das Wasser. Dabei verschmutzen sie es und führen es dem Wasserkreislauf wieder zu. Dies versteht man oft unter dem Begriff **Wasserverbrauch.** Jedoch geht das Wasser nicht verloren. Besonders in Industrieländern wie Deutschland ist der Wasserverbrauch im Haushalt für jeden Einwohner, der **Pro-Kopf-Verbrauch**, sehr hoch. Doch nicht nur zum Trinken oder Putzen benötigen wir Wasser. Das meiste Wasser in Deutschland verbrauchen Kraftwerke und Industriebetriebe.

Industrie und Kraftwerke

Ein Großteil des Wassers in Deutschland wird zur Kühlung von Kraftwerken genutzt. Das Wasser wird dabei nur wenig verschmutzt, jedoch stark erwärmt.

Die Industrie braucht das Wasser vor allem zum Herstellen von Waren. Dabei wird viel mehr Wasser benötigt als letztlich in den Produkten enthalten ist. So benötigt man für die Herstellung eines Computers etwa 20000 Liter Wasser, die Herstellung eines Autos verschmutzt etwa 400000 Liter Wasser.

Wasserverschmutzung

Im Haushalt, in der Industrie und in der Landwirtschaft fallen viel Müll und giftige Stoffe an. Darunter zählen einige Reinigungsmittel, Benzin oder auch Pflanzenschutzmittel. Auch zu viel Dünger schadet der Wasserqualität. Diese Stoffe können im Abwasser landen. Sie gefährden nicht nur das Leben in Flüssen, Bächen und Seen. Auch das Trinkwasser wird dadurch gefährdet.
Im kalten Wasser ist mehr Sauerstoff gelöst als im warmen Wasser. Eine Ein-

leitung von zu warmem Wasser in Gewässer, zum Beispiel von Kraftwerken, kann zu Sauerstoffmangel und somit zu einem Fischsterben führen. Deshalb müssen Kraftwerke das Abwasser vor dem Einleiten kühlen.

Wassersparen im Alltag

In Deutschland gibt es ausreichend Wasser, das man als Trinkwasser nutzen kann. Wir entnehmen zum Beispiel weniger Grundwasser zur Trinkwasseraufbereitung, als sich neu im Boden bildet. Wasser sparen lohnt sich vor allem bei Warmwasser. Je weniger Wasser erhitzt werden muss, desto weniger Energie wird benötigt. ▶

3 Wasserverschmutzung

A Nenne Gefahren, die durch Wasserverschmutzung entstehen.

Material mit Aufgaben

M1 Wasserverbrauch im Haushalt

Durchschnittlicher Wasserverbrauch eines Erwachsenen pro Tag

1. Nenne die Beispiele, in denen das meiste Wasser benutzt wird.
2. Ermittle die Wassermenge, die jeder Mensch pro Tag im Haushalt ungefähr verbraucht. ⊞
3. Wähle eine der Aufgaben aus:
   a Erkläre, welche Möglichkeiten es in bestimmten Bereichen des Haushalts gibt, um warmes Wasser einzusparen.
   b Man spricht im Alltag sehr oft vom Wasserverbrauch. Erläutere, warum dieser Begriff nicht ganz richtig ist.

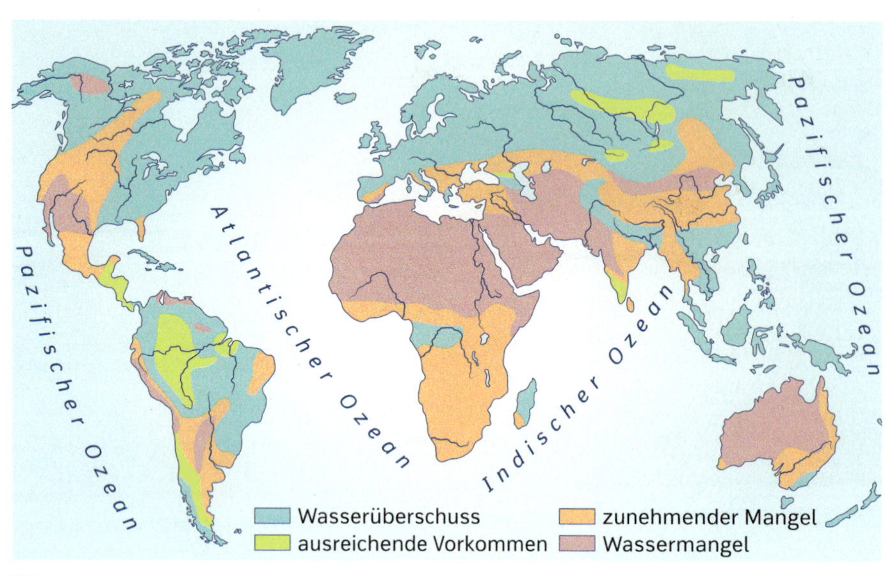

4 Verfügbarkeit von Süßwasser auf der Erde

Material mit Aufgaben

M2 Aralsee

Der Aralsee war 1960 der viertgrößte See der Welt. Er liegt in einem Trockengebiet in Zentralasien. Seit Jahren werden die einzigen beiden Zuflüsse des Sees umgeleitet, damit riesige Baumwollfelder sowie wachsende Städte und die Industrie mit Wasser versorgt werden können.

1. Vergleiche die Luftaufnahmen vom Aralsee. Beschreibe die Auswirkungen der Landwirtschaft.
2. Erläutere mögliche Folgen für die Umwelt durch die Veränderung des Aralsees.

Verteilung von Süßwasser

Süßwasser ist auf der Erde sehr ungleich verteilt. In Deutschland steht genug Wasser zur Verfügung. Dagegen gibt es zum Beispiel in Nordafrika zu wenig Süßwasser. Dort herrscht ein natürlicher **Wassermangel**.

Die Weltbevölkerung hat sich in den letzten 100 Jahren mehr als vervierfacht. Damit ist auch der weltweite Wasserbedarf gestiegen. Je stärker sich ein Land wirtschaftlich entwickelt, desto mehr Wasser wird dort verbraucht. Die Ansprüche der Menschen steigen. Dadurch stellt die Industrie mehr Waren her, wozu wieder mehr Wasser benötigt wird.

Landwirtschaft

Die Landwirtschaft verbraucht weltweit gesehen das meiste Wasser. In vielen trockenen Gebieten werden Ackerflächen angelegt, die künstlich bewässert werden. Das Wasser wird Flüssen, Seen oder dem Meer entnommen. Es ist nicht möglich, die verfügbare Wassermenge zu erhöhen. Man muss daher versuchen, den Wasserbedarf zu senken. Insbesondere in der Landwirtschaft gibt es Möglichkeiten Wasser einzusparen:

- Anbau von Nutzpflanzen in Trockengebieten, die mit wenig Wasser auskommen.
- Verbesserung der Wasserreinigung, damit Wasser wiederverwendet werden kann.
- Regenwasser besser auffangen.
- Meerwasser mit Entsalzungsanlagen entsalzen, damit Trinkwasser gewonnen wird. Das können sich allerdings nur reiche Länder leisten, die am Meer liegen.

Virtuelles Wasser

Verstecktes Wasser

Durch gute Bewässerungstechniken in der Landwirtschaft, wassersparende Geräte und den sparenden Einsatz im privaten Haushalt konnte in Deutschland viel Wasser gespart werden. Leider stellt dieses Wasser nur einen geringen Teil der Wassermenge dar, die wirklich verbraucht wird. Der tatsächliche Verbrauch an Wasser ist deutlich höher. Das liegt daran, dass jedes Produkt Wasser für seine Herstellung und den Transport benötigt. Dieses Wasser bezeichnet man als **virtuelles Wasser**. Uns ist dieses Wasser deshalb nicht bewusst, weil es in Lebensmitteln, Kleidung oder auch in Smartphones versteckt ist. Auch in einem Rindersteak befindet sich viel Wasser. Ein Rind benötigt etwa drei Jahre bis es schlachtreif ist. In diesem Zeitraum hat es 1300 Kilogramm Getreide und 7200 Kilogramm Heu gefressen. Alleine für die Produktion des Futters wurden mehrere Tausend Liter Wasser verwendet. Dazu kommen noch Trinkwasser und Wasser für die Reinigung des Stalls. Somit verbergen sich hinter einem Kilogramm Rindfleisch etwa 15 500 Liter virtuelles Wasser.

Nachhaltiges Handeln

Wasser ist wie jeder Stoff, der wirtschaftlich genutzt wird, eine Ressource. Die sparsame, wirtschaftliche Nutzung einer Ressource auf lange Sicht nennt man **Nachhaltigkeit**. Nachhaltiges Handeln schont Ressourcen und sichert langfristig deren Verfügbarkeit. Dabei müssen aber die Interessen der Wirtschaft, der Umwelt und der Menschen vereinbart werden.

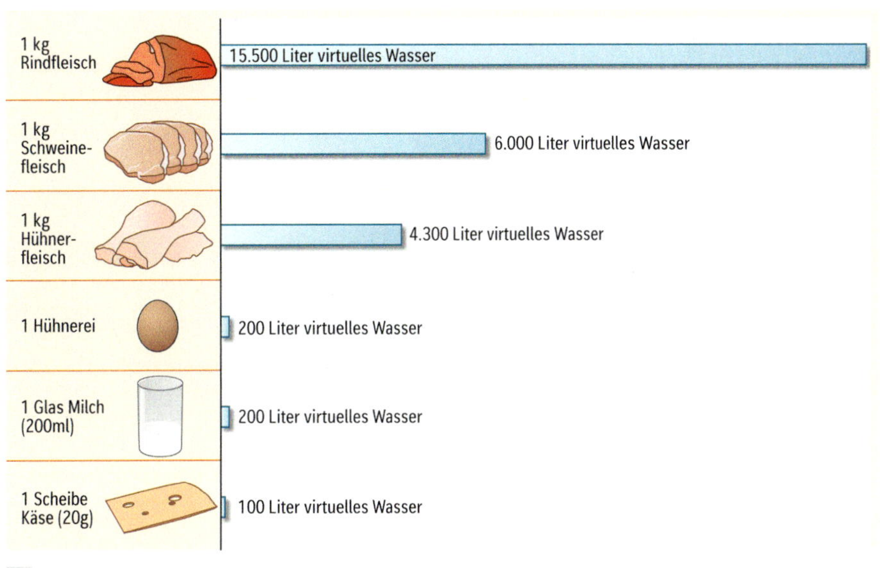

1 Virtuelles Wasser

Material mit Aufgaben

M1 Virtuelles Wasser

Produkt	Wassermenge
Blatt Papier	10 Liter
Tomate	13 Liter
T-Shirt (Baumwolle)	2000 Liter
Auto	bis 400 000 Liter
Computerchip	32 Liter
1 Liter Orangensaft	850 Liter

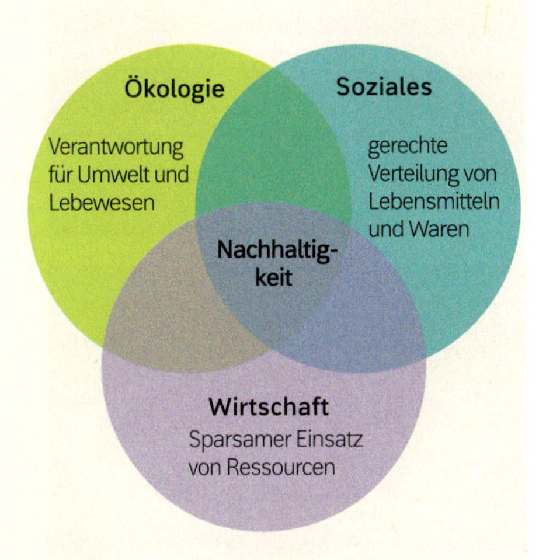

1. Vergleiche die Menge an Wasser, die für die Herstellung der Waren benötigt werden.
2. Erläutere am Beispiel des Baumwoll-T-Shirts den Begriff des virtuellen Wassers.
3. Erkläre mithilfe des Bildes, was man unter nachhaltigem Handeln versteht.
4. Viele Menschen ziehen heutzutage regionale und saisonale Lebensmittel dem Kauf von Gemüse aus fernen Ländern vor. Beurteile dieses Kaufverhalten.

1 Wasser in verschiedenen Zustandsformen

Die Aggregatzustände

gasförmig

2 Aggregatzustände von Wasser

Fest, flüssig, gasförmig

Wasser muss nicht immer flüssig sein. Im Winter kann es auch als Eis und Schnee vorkommen. Beim Kochen in der Küche entsteht Wasserdampf. Wasser kommt also in drei verschiedenen Zustandsformen vor: **fest**, **flüssig** und **gasförmig**. Diese Formen bezeichnet man als **Aggregatzustände**. Es hängt von der Temperatur ab, in welchem Aggregatzustand Wasser vorliegt.

Aggregatzustände von Wasser

Wasser ist der einzige Stoff, der in allen drei Aggregatzuständen in der Natur vorkommt: als festes Eis, als flüssiges Wasser und als gasförmiger Wasserdampf. Der Wasserdampf ist jedoch unsichtbar. Die Dampfschwaden über einem Kochtopf oder die Wolken enthalten bereits feine, flüssige Wassertröpfchen. Man kann aber auch Übergänge bei den Aggregatzuständen beobachten. So kann man aus Wasser Eiswürfel machen, indem man es in einer Schale ins Gefrierfach stellt. Eiswürfel im Getränk schmelzen und werden wieder zu Wasser. Beim Kochen entsteht Wasserdampf, der sich an kalten Fensterscheiben als flüssiges Wasser niederschlägt.

Schmelztemperatur

Nimmt man Eiswürfel, also festes Wasser, aus dem Tiefkühlschrank, haben diese eine Temperatur von -15 °C. Lässt man die Eiswürfel bei Raumtemperatur liegen, erwärmen sie sich langsam. Das feste Eis wird nach und nach flüssig. Es **schmilzt**. Umgekehrt wird flüssiges Wasser zu festem Eis, wenn man es in den Tiefkühlschrank stellt. Das flüssige Wasser **erstarrt**. Schmelzen und Erstarren von Wasser laufen bei 0° C ab.
Die Temperatur, bei der ein Stoff zwischen dem festen Aggregatzustand und dem flüssigen Aggregatzustand wechselt, heißt **Schmelztemperatur**.

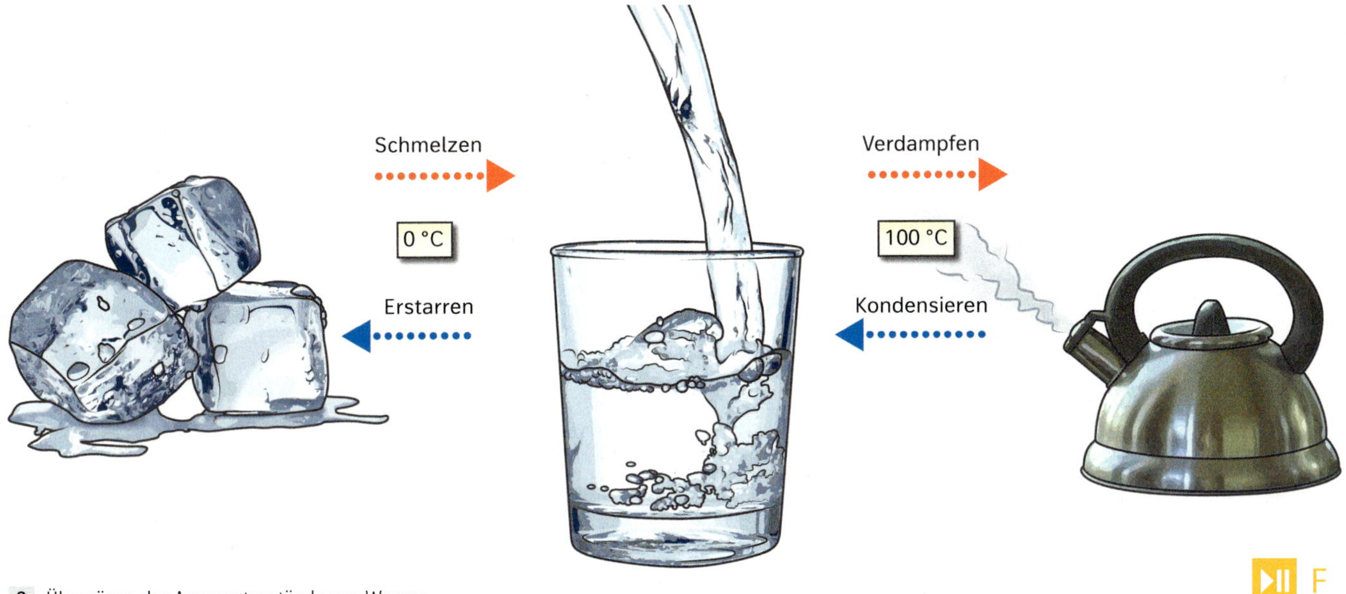

3 Übergänge der Aggregatzustände von Wasser

Siedetemperatur

Erhitzt man Wasser in einem Becherglas, erwärmt es sich immer weiter. Bei 100 °C beginnt es zu **sieden**. Dabei wird flüssiges Wasser zu unsichtbarem, gasförmigem Wasserdampf. Es **verdampft**. Wenn sich der heiße Wasserdampf an einer kühlen Oberfläche abkühlt, werden Wassertropfen sichtbar. Der Wasserdampf ist wieder flüssig geworden. Er ist **kondensiert**. Verdampfen und Kondensieren des Wassers laufen bei 100 °C ab. Die Temperatur, bei der ein Stoff zwischen dem flüssigen und dem gasförmigen Aggregatzustand wechselt, heißt **Siedetemperatur**. Oberhalb seiner Siedetemperatur kann ein Stoff nur gasförmig sein.

Flüssigkeiten wie Wasser werden auch unterhalb der Siedetemperatur gasförmig. Sie **verdunsten**. So trocknet eine Pfütze durch die Energie der Sonne mit der Zeit. Je höher die Temperatur, desto schneller verdunstet das Wasser. ▶

A Beschreibe die Zustandsformen von Wasser in Bild 1.

Material mit Aufgaben

M1 Schmelz- und Siedetemperatur

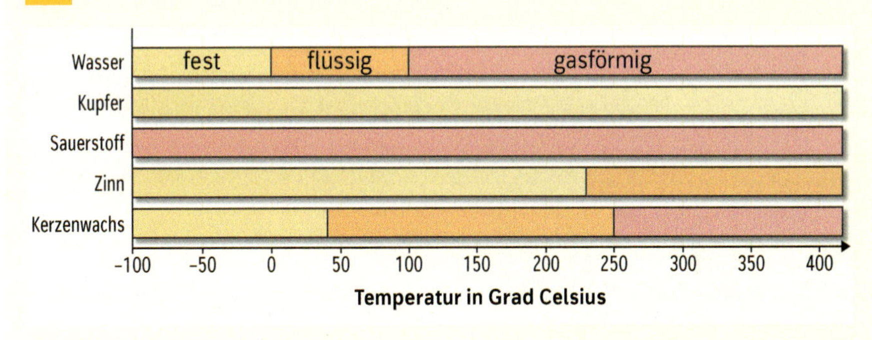

Zu Silvester wurde früher häufig Bleigießen durchgeführt. Dabei wurde ein kleines Stück Blei auf einem Löffel über einer Kerzenflamme geschmolzen. Blei hat eine Schmelztemperatur von 327 °C.

Danach wurde das flüssige Blei vom Löffel in Wasser gegossen. Das Metall wurde sofort wieder fest. Aus den entstehenden Gebilden soll man Vorhersagen für das neue Jahr machen können.

1. Gib mithilfe des Diagramms an, in welchem Aggregatzustand die Stoffe bei 20 °C vorliegen.
2. Nenne den Aggregatzustand von Wasser bei: -12 °C, 37 °C, 112 °C.
3. Erkläre folgende Begriffe: Schmelzen, Verdampfen und Kondensieren.
4. Beschreibe, welche Vorgänge beim Bleigießen ablaufen.
5. Blei ist giftig. Man nimmt heute einen anderen Stoff. Erkläre, welcher Stoff sich eignen würde.

4 Aggregatzustände und ihre Übergänge

5 Raureif an Früchten

Übergänge überspringen

Ein Stoff kann direkt aus dem festen Zustand gasförmig werden. Ein Gas kann auch fest werden, ohne das der flüssige Zustand als Übergang vorlag.

Material mit Aufgaben

M2 Übergänge

Eiswürfel
festes Iod
entstehender Ioddampf
festes Iod
Gasbrenner

Festes Iod wird in einem Becherglas mithilfe eines Gasbrenners erhitzt. Die Eiswürfel auf dem Uhrglas dienen zur Kühlung des Iods im Becherglas.

1. Beschreibe den abgebildeten Versuchsaufbau.
2. Beschreibe die Wechsel der Aggregatzustände bei Iod mithilfe des Versuchs. +
3. Erkläre die Vorgänge während des Versuchs unter Verwendung der Fachbegriffe.

Von fest zu gasförmig

Eis kann direkt zu Wasserdampf werden, ohne vorher flüssig zu sein. Wasser kann also den flüssigen Aggregatzustand überspringen.
So kann eine gefrorene Wasserpfütze im Winter auch unter 0 °C Außentemperatur verschwinden. Das Eis ist zu Wasserdampf **sublimiert**. Den Vorgang, bei dem feste Stoffe direkt gasförmig werden, nennt man **Sublimation**.

Von gasförmig zu fest

An sehr kalten Tagen bildet sich an Blättern und Ästen manchmal ein eisiger Belag. Diesen bezeichnet man als Raureif. Auch an Fenstern können nachts sogenannte Eisblumen entstehen. Aus Wasserdampf in der Luft haben sich Eiskristalle gebildet. Der Wasserdampf ist **resublimiert**. Den Vorgang, bei dem gasförmige Stoffe direkt fest werden, nennt man **Resublimation**.

B Beschreibe die Wechsel der Aggregatzustände mithilfe von Bild 4.

Teilchenmodell

Nach dem Teilchenmodell sind alle Stoffe aus winzigenTeilchen aufgebaut. Man kann sie sich als Kugeln vorstellen.
In **Feststoffen** sind die Teilchen dicht gepackt und regelmäßig angeordnet. Sie schwingen nur um ihre Plätze herum, können diese aber nicht verlassen.
Erwärmt man Feststoffe, bewegen sich die Teilchen schneller. Ist die Schmelztemperatur erreicht, verlassen sie ihre Plätze. Der Stoff ist flüssig. Die Teilchen liegen ungeordnet vor, berühren sich aber noch und sind beweglich.
Werden **Flüssigkeiten** erhitzt, werden sie gasförmig. Ist die Siedetemperatur erreicht, bewegen sich die Teilchen sehr schnell. Gase breiten sich daher schnell aus. Sie nehmen den ganzen zur Verfügung stehenden Raum ein.

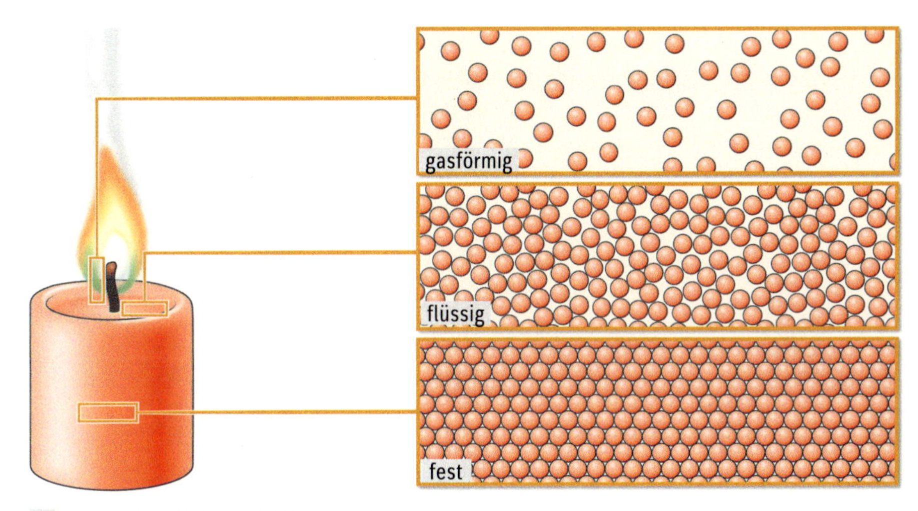

6 Aggregatzustände im Teilchenmodell

Von fest zu flüssig

Im Eis sind die Teilchen an ihrem festen Platz und schwingen ein wenig. Beim Erwärmen werden die Schwingungen stärker. Die Bewegungen werden so stark, dass die Teilchen ihre Plätze verlassen. Das Eis schmilzt.

Von flüssig zu gasförmig

Wird flüssiges Wasser weiter erhitzt, verstärkt sich die Bewegung der Teilchen. Sie bewegen sich noch schneller. Ihre Abstände zueinander werden immer größer. Das Wasser verdampft.

Ausnahme Wasser

Normalerweise sind Stoffe im festen Zustand am dichtesten gepackt. Bei Wasser ist es jedoch anders. Die Wasserteilchen sind im Eis zu einem Gitter mit großen Hohlräumen verbunden. Schmilzt das Eis, bricht das Gitter der Wasserteilchen langsam zusammen. Im flüssigen Wasser liegen die Teilchen dichter zusammen. ■

Material mit Aufgaben

M3 Aggregatzustände bei Wasser

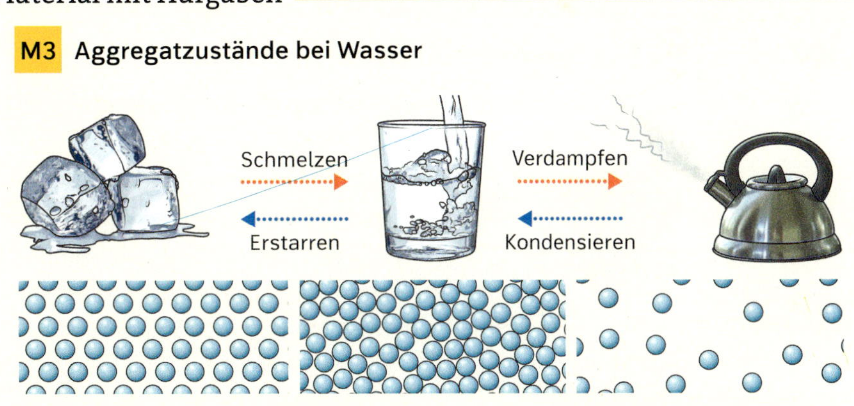

1. Beschreibe den Zustand der Wasserteilchen in den verschiedenen Aggregatzuständen.
2. Beschreibe die Übergänge der Aggregatzustände beim Schmelzen und Verdampfen mithilfe des Teilchenmodells. ⊞
3. Wähle eine der Aufgaben aus:
   a Vergleiche die Anordnung der Teilchen im festen Zustand bei Kerzenwachs und Wasser.
   b Erkläre, warum Wasser im flüssigen Zustand am dichtesten gepackt ist.

1 Schmelzender Gletscher und Gebirgsbach

Der Wasserkreislauf

ohne Beleuchtung

nach langer Beleuchtung

2 Pflanzen verdunsten Wasser

Wasser im Kreislauf

Nicht nur die Meere, Flüsse und Seen enthalten Wasser. Im Boden und in der Luft befindet sich ebenfalls Wasser. Auch Pflanzen und Tiere bestehen zum Großteil aus Wasser. Sie alle sind Wasserspeicher und stehen miteinander im Austausch. Durch die Energie des Sonnenlichts verdunstet Wasser aus Meeren, Seen, Flüssen, Gletschern und von der Erdoberfläche. Auch die Lebewesen geben ständig **Wasserdampf** durch Verdunstung an die Luft ab. Warme Luft transportiert den Wasserdampf, zum Beispiel über dem Meer, in höhere Luftschichten. Je höher er steigt, desto mehr kühlt sich der Wasserdampf ab. Er kondensiert. Es entstehen Wassertropfen, die **Wolken** bilden. Wenn die Wassertropfen zu schwer werden, fallen sie als **Regen** zur Erde. Dort sammelt sich das Wasser in Bächen, Flüssen und Seen. Ein anderer Teil des Wassers versickert im Boden und bildet das **Grundwasser**. Es strömt unterirdisch zum Meer. Das Grundwasser ist auch die Quelle für Bäche. Es strömt als **Oberflächenwasser** zum Meer. Von dort verdunstet es wieder. Das Wasser bewegt sich ständig in mehreren Teilkreisläufen, die von der Sonne angetrieben werden.

Wasser im Gletscher

Ein Teil des Süßwassers der Erde liegt als gefrorenes Eis in Gletschern vor. Es schmilzt im Frühjahr und Sommer und bildet das Wasser für die Gebirgsbäche. Doch nicht der ganze Gletscher schmilzt ab. Er steht nicht im ständigen Kreislauf. Das Wasser ist als Eis gebunden. Seit den letzten Jahrzehnten steigen die Temperaturen auf der Erde an. Dadurch schmelzen die Gletscher stark ab.

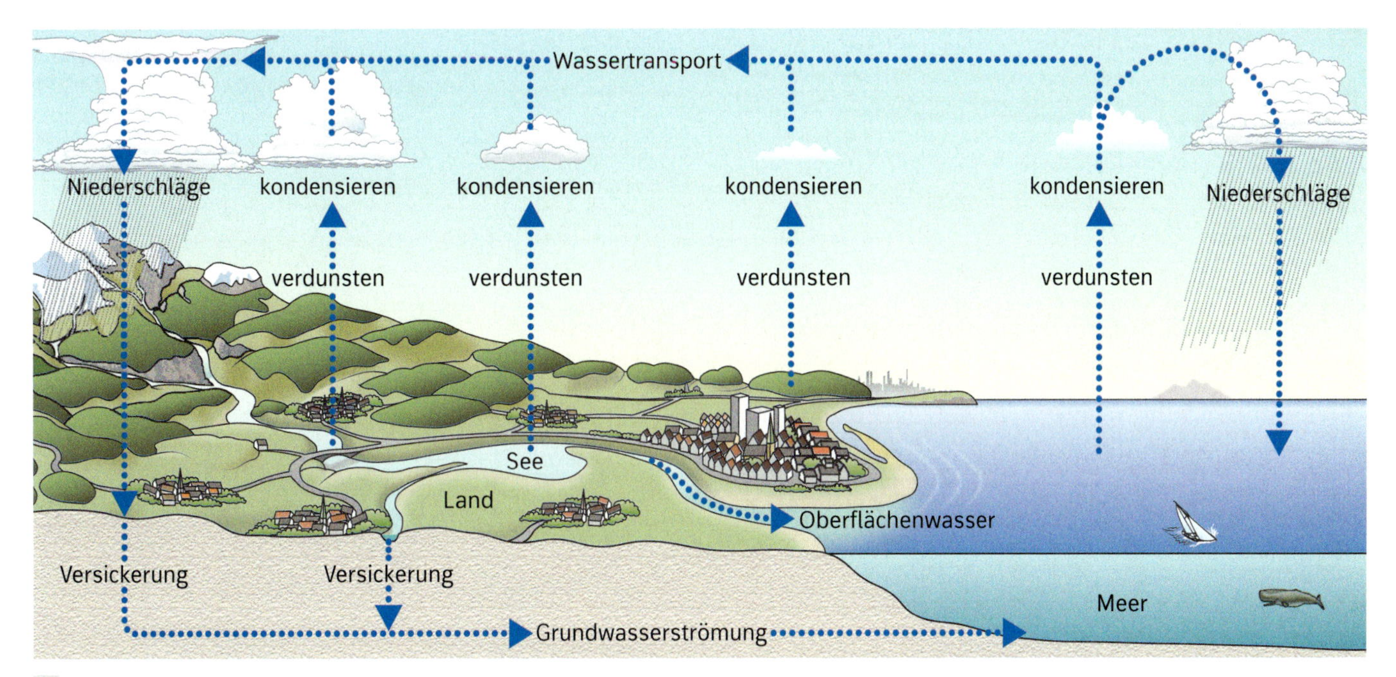

3 Wasser im Kreislauf

Schnee

In sehr großer Höhe bestehen Wolken oft nicht aus Wassertropfen, sondern aus Eiskristallen. Fallen die Eiskristalle durch Wasserwolken können sie zu Schneeflocken anwachsen. Ist die Luft auch in Bodennähe kalt genug, fällt der Schnee zu Boden.

Hagel

Damit Hagel entsteht, muss in den Wolken sehr viel Wasser vorhanden sein. Hagelkörner entstehen, wenn Regentropfen in großer Höhe bei sehr niedrigen Temperaturen gefrieren. Sie sind so schwer, dass sie schnell zur Erde fallen und auch bei höheren Temperaturen nicht auftauen.

Nebel

Häufig tritt Nebel in Flusstälern auf. Dort verdunstet viel Wasser zu Wasserdampf. Wenn nachts die Luft abkühlt, kondensiert der Wasserdampf zu kleinen Wassertröpfchen. Es entsteht Nebel.

Material mit Aufgaben

M1 Wasserkreislauf

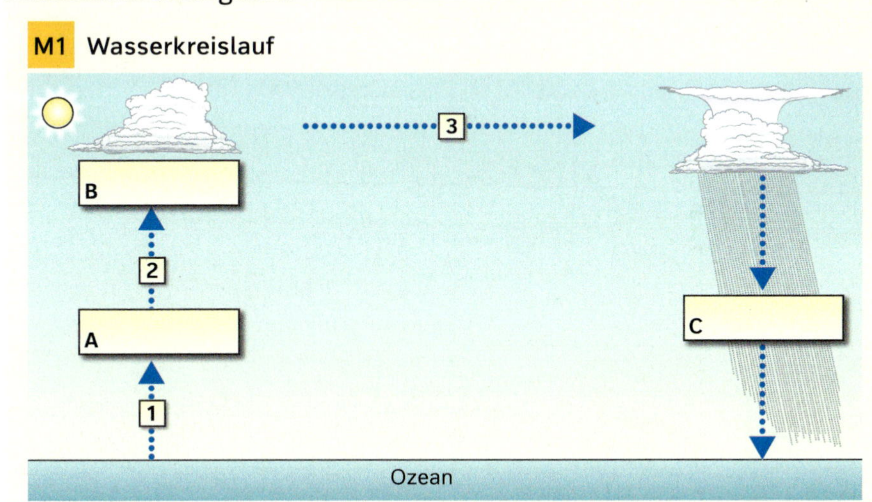

1. Übertrage das Schema in dein Heft. Ergänze dein Schema mit den Fachbegriffen.
2. Beschreibe den Wasserkreislauf.
3. Erkläre, warum die Sonne als Motor des Wasserkreislaufs bezeichnet wird.
4. Wähle eine der Aufgaben aus:
   a Erläutere, warum das Schema des Wasserkreislaufs nur eine unvollständige Darstellung ist.
   b Erläutere mögliche Folgen, welche Einflüsse die höheren Temperaturen auf der Erde durch den Klimawandel auf den weltweiten Wasserkreislauf haben.

Der Wasserkreislauf

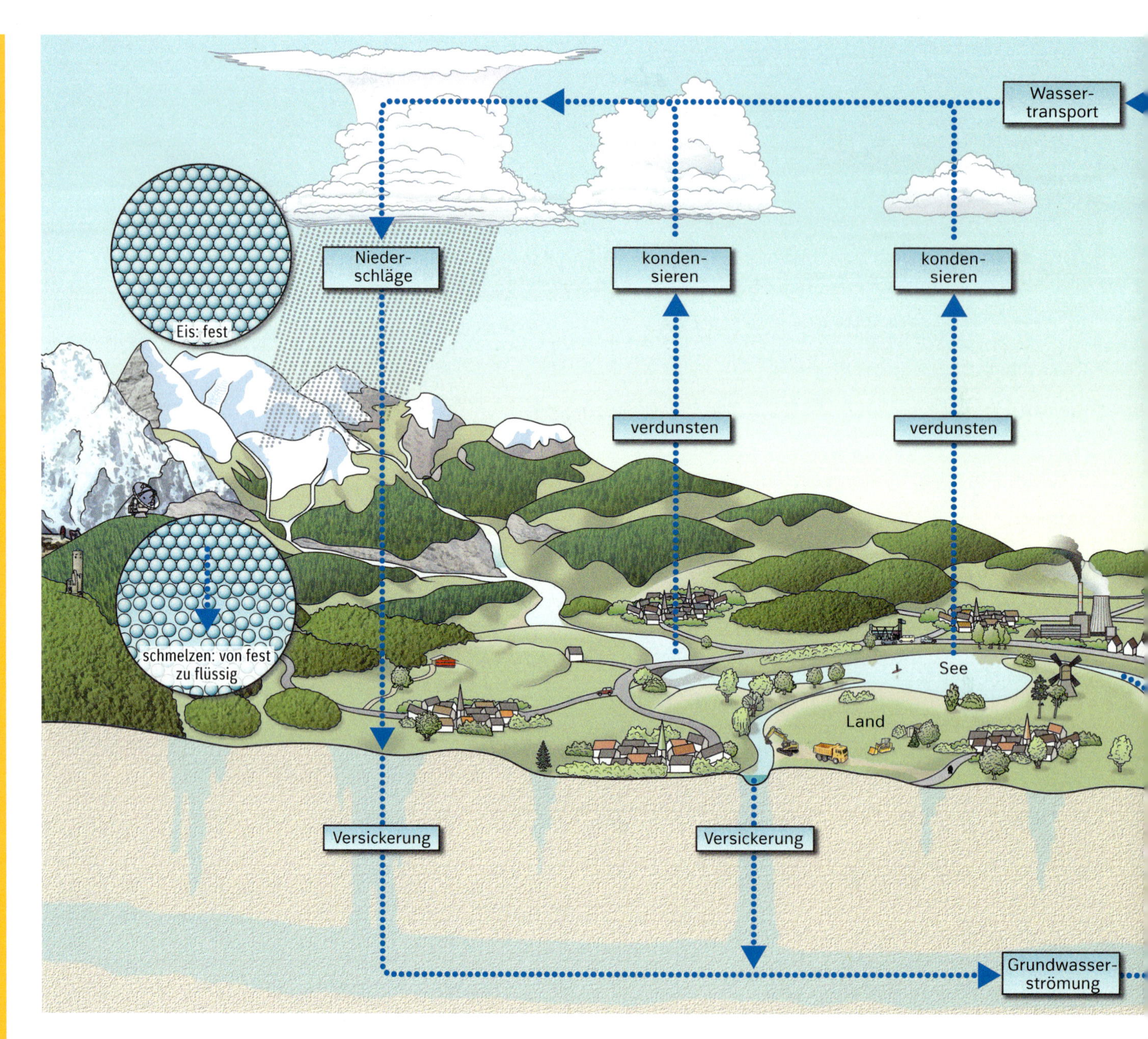

Das Wasser aus Meeren, Seen, Flüssen oder Gletschern verdunstet durch die Sonne. Warme Luft transportiert den Wasserdampf in höhere Luftschichten. Dort kondensiert er und es entstehen Wassertropfen, die Wolken bilden. Wenn die Wassertropfen zu schwer werden, fallen sie als Regen zur Erde. Dort sammelt sich das Wasser wieder in Bächen, Flüssen und Seen oder es versickert. Es bildet sich Grundwasser. Dieses strömt teilweise unterirdisch zum Meer zurück.

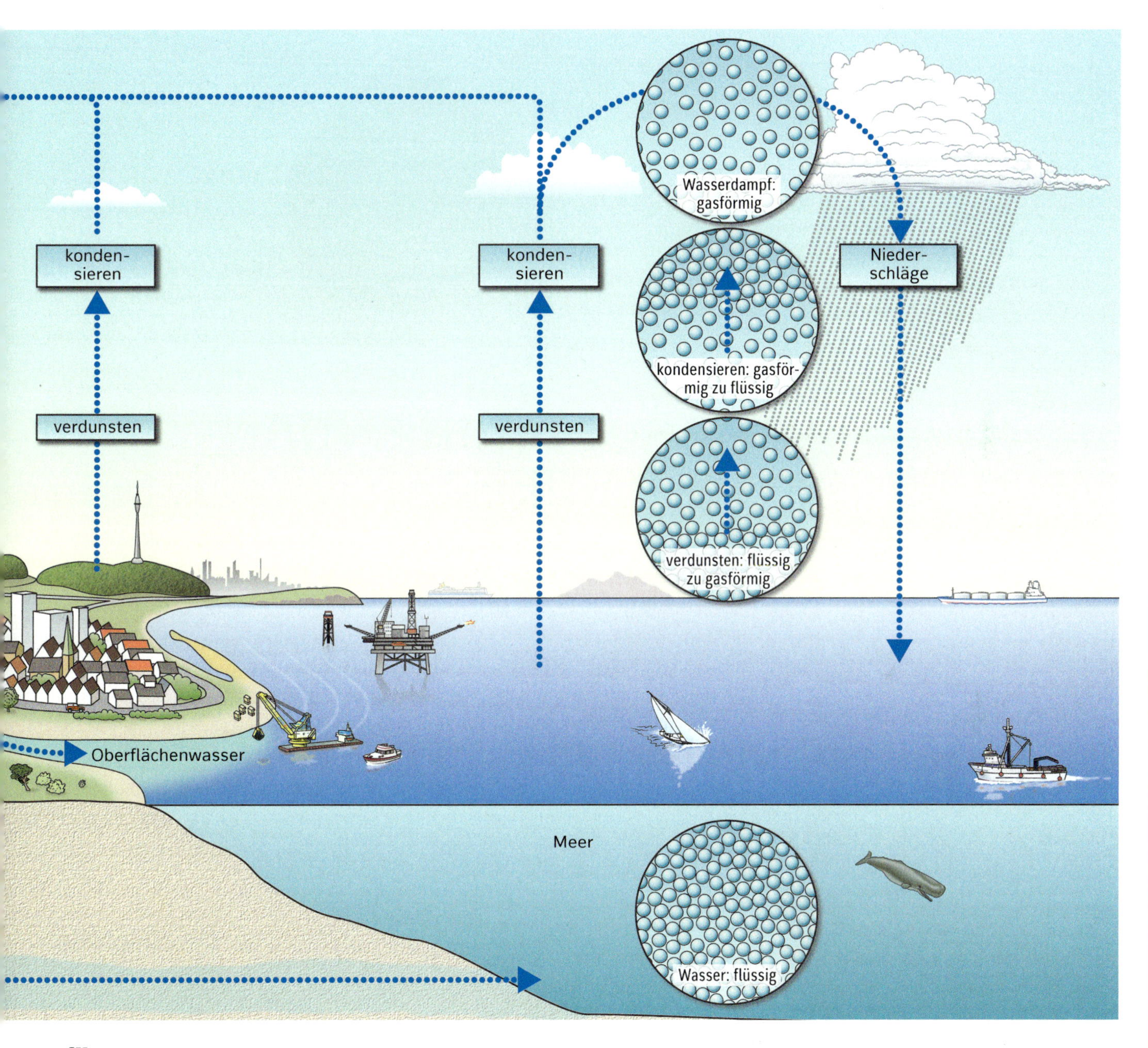

1. Beschreibe den dargestellten Wasserkreislauf.
2. Beschreibe die verschiedenen Übergänge der Aggregatzustände mithilfe des Teilchenmodells.
3. Erkläre, warum über Bergen oft Niederschläge wie Schnee entstehen.
4. Für Bauprojekte werden oft Böden versiegelt. So kann wenig bis kein Wasser mehr versickern. Stelle Vermutungen über Folgen an.

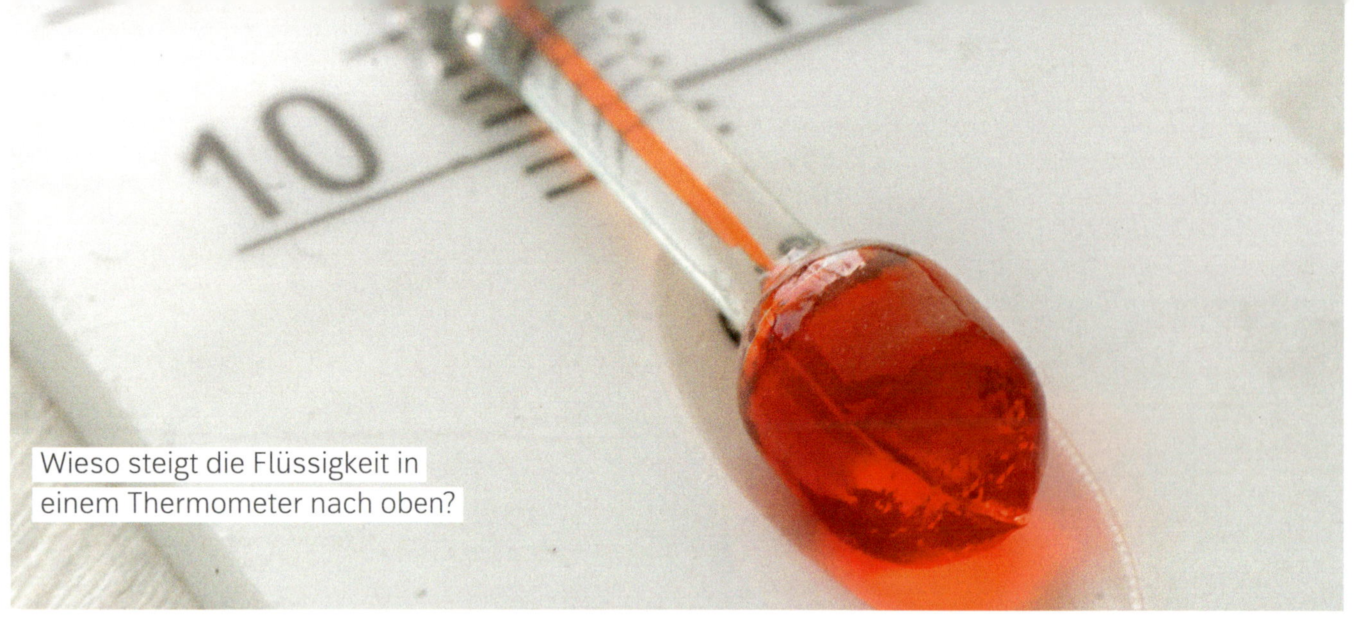

1 Ein Flüssigkeitsthermometer

Ausdehnung von Flüssigkeiten

So funktioniert ein Thermometer

Jede Flüssigkeit nimmt einen Raum ein, ein **Volumen**. Wird das Vorratsgefäß des Flüssigkeitsthermometers erwärmt, dehnt sich die Flüssigkeit aus. Da der Platz im Vorratsgefäß des Thermometers gleich groß bleibt, weicht die Flüssigkeit beim Ausdehnen in das Steigrohr aus. So können unterschiedliche Temperaturen an der Skala des Thermometers abgelesen werden.

Ausdehnung in einer Heizung

In einer Heizungsanlage wird Wasser mithilfe eines Brenners erwärmt. Wenn die Temperatur des Wassers steigt, wird sein Volumen größer. Das Wasser dehnt sich dann aus. Damit die Heizungsrohre nicht zerstört werden, ist daher ein **Ausdehnungsgefäß** eingebaut. In ihm hat das Wasser genügend Platz, damit es sich bei steigenden Temperaturen ausdehnen kann.

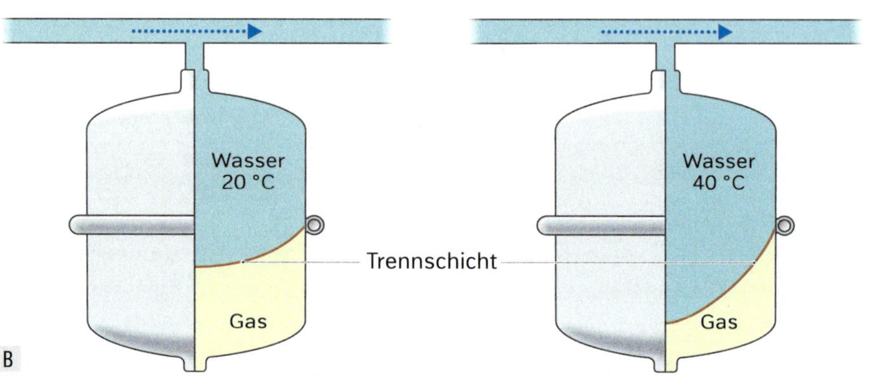

2 Ausdehnungsgefäß einer Heizung: **A** Foto, **B** Schemazeichnung

Ausdehnung von Flüssigkeiten

Benzin wird an einer Tankstelle in unterirdischen Tanks kühl gelagert. Im Sommer sollte man den Tank im Auto nicht randvoll füllen. Steht das Auto randvoll aufgetankt in der Sonne, kann sich das Benzin schnell erwärmen. Das flüssige Benzin kann sich so stark ausdehnen, dass es aus dem Tank läuft. Steigt zum Beispiel die Temperatur um 10 °C, dann nehmen 50 Liter Benzin ein Volumen von 51 Litern ein. Benzin dehnt sich aus. Bei Wasser fällt die Ausdehnung beim gleichen Temperaturanstieg wesentlich geringer aus. Verschiedene Flüssigkeiten dehnen sich unterschiedlich stark aus.

Je höher der Temperaturanstieg ist, desto stärker ist die Ausdehnung einer Flüssigkeit. Beim Abkühlen ziehen sie sich wieder zusammen.

Abkühlen von Wasser

Wird warmes Wasser abgekühlt, verringert es sein Volumen. Bis zu einer Temperatur von 4 °C nimmt das Volumen stetig ab. Kühlt das Wasser jedoch unter 4 °C ab, nimmt das Volumen des Wassers wieder zu. Beim Gefrieren von Wasser zu Eis steigt das Volumen sprunghaft an. Daher können Wasserflaschen im Eisfach platzen, wenn sie nicht rechtzeitig herausgeholt werden.

A Erkläre, warum in Heizungsanlagen Ausdehnungsgefäße eingebaut werden.

B Erkläre, warum man volle Wasserflaschen nicht zu lange im Gefrierfach lassen sollte.

Material mit Aufgaben

M1 Ausdehnung von Flüssigkeiten

Gelb gefärbtes Wasser, Olivenöl und Benzin wurden in gleich große Gefäße gleich hoch gefüllt und erwärmt.

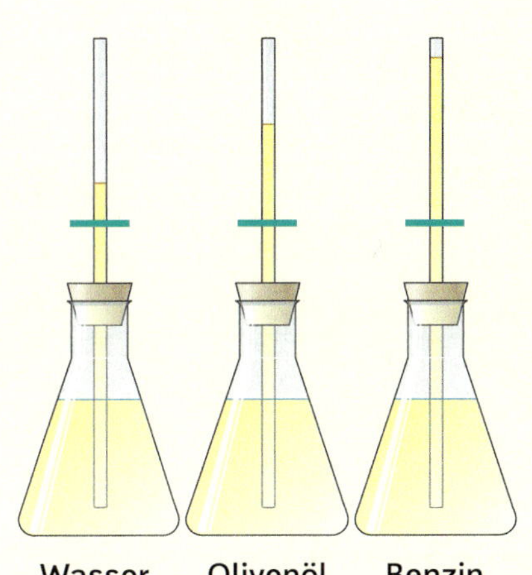

1. Formuliere eine Frage, die mit diesem Versuch beantwortet wird.
2. Erkläre die Beobachtungen des Versuchs.
3. Wähle eine der Aufgaben aus:
   a Erkläre, warum Öllagertanks nie randvoll befüllt werden.
   b Erkläre, warum Wasser sich nicht als Flüssigkeit im Steigrohr eines Thermometers eignet.

M2 Sprinkleranlage

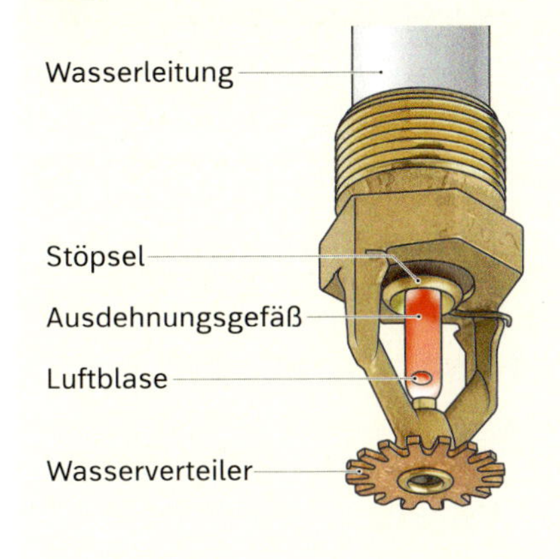

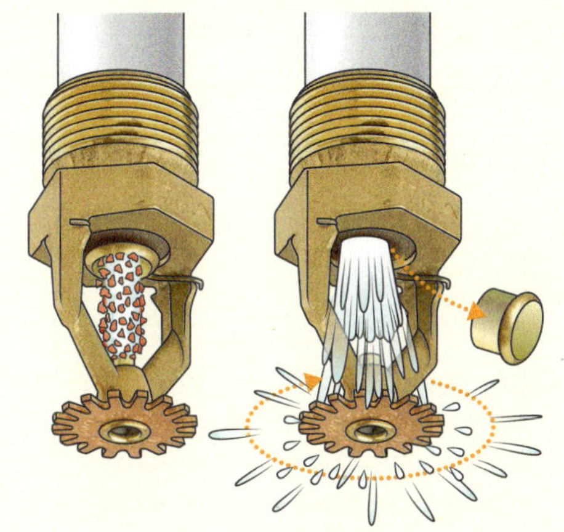

Mithilfe einer Sprinkleranlage kann ein automatischer Löschvorgang bei einem Brand ausgelöst werden. Wenn eine bestimmte Temperatur im Raum erreicht ist, startet der Löschvorgang von alleine.

1. Beschreibe mithilfe des Bildes die Funktionsweise der Sprinkleranlage.
2. Erkläre, warum die Sprinkleranlage bei einem Brand den Löschvorgang auslöst.

1 Eine geplatzte Wasserflasche

Anomalie des Wassers

Anomalie des Wassers

Wird warmes Wasser abgekühlt, zieht es sich zusammen. Es verringert sein **Volumen**. Bis zum Erreichen einer Temperatur von 4 °C nimmt das Volumen stetig ab. Wasser hat sein geringstes Volumen bei 4 °C. Die Wasserteilchen sind bei dieser Temperatur am dichtesten gepackt. Daher ist Wasser bei 4 °C am schwersten. Kühlt das Wasser noch weiter ab, nimmt sein Volumen wieder zu. Beim Gefrieren verhält sich Wasser nicht wie die meisten anderen Stoffe. Wasser dehnt sich beim Gefrieren sprunghaft aus. Aus einem Liter Wasser entstehen beim Gefrieren etwa 1,1 Liter Eis. Diese besondere Eigenschaft des Wassers bezeichnet man als **Anomalie** des Wassers.

Material mit Aufgaben

M1 Anomalie

1. Beschreibe die Ergebnisse des Versuchs.
2. Entwickle eine Frage, die mit dem Versuch überprüft wird.
3. Wähle eine der Aufgaben aus:

a Erkläre, warum eine Flasche mit Alkohol im Gefrierschrank nicht platzt.

b Stelle Vermutungen an, wie sich die beiden Stoffe bei weiterem Abkühlen verhalten.

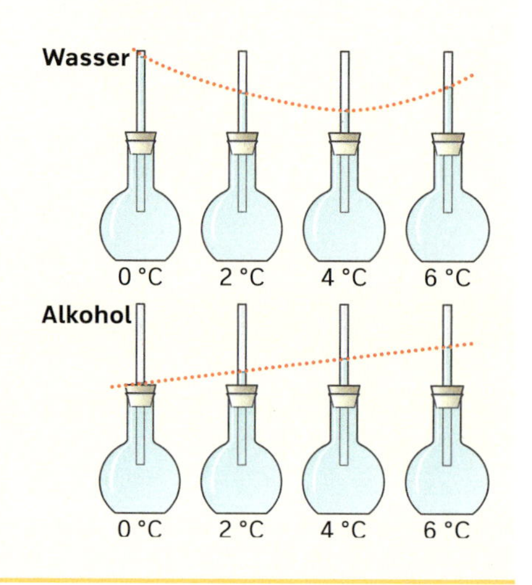

Die „Kraft" des Wassers

Im Winter muss man das Wasser aus nicht frostsicheren Leitungen ablassen. Sie können platzen, wenn das Wasser in ihnen gefriert. Deshalb sollte man im Spätherbst Wasserleitungen im Garten leeren und nicht mehr benutzen. Auch eine im Tiefkühlfach vergessene Wasserflasche kann platzen.

In der Natur kann Wasser Gestein beim Gefrieren sprengen. Man nennt dies **Frostsprengung**. Auch Straßen können im Winter beschädigt werden, wenn Wasser unter den Asphalt gelangt und dort erstarrt. Es entstehen Schlaglöcher.

Überleben im zugefroren See

Im Spätherbst und Winter wird das Wasser an der Oberfläche eines Gewässers durch die kalte Luft stark abgekühlt. Das kühlere Oberflächenwasser zieht sich zusammen und sinkt nach unten. In der Tiefe sammelt sich das Wasser mit einer Temperatur von etwa 4 °C, weil es am schwersten ist. Lebewesen wie Fische und Frösche können so den Winter im Wasser überleben. Denn ab etwa 80 Zentimeter Wassertiefe gefriert ein See auch in einem sehr kalten Winter nicht bis zum Grund durch. Bei 0 °C gefriert das Wasser an der Wasseroberfläche und bildet eine Eisschicht.

A Vergleiche die Temperaturen im See im Sommer und im Winter.

B Erkläre, warum Fische im Winter am Grund des Sees sind.

2 Ein See: **A** im Sommer, **B** im Winter

Material mit Aufgaben

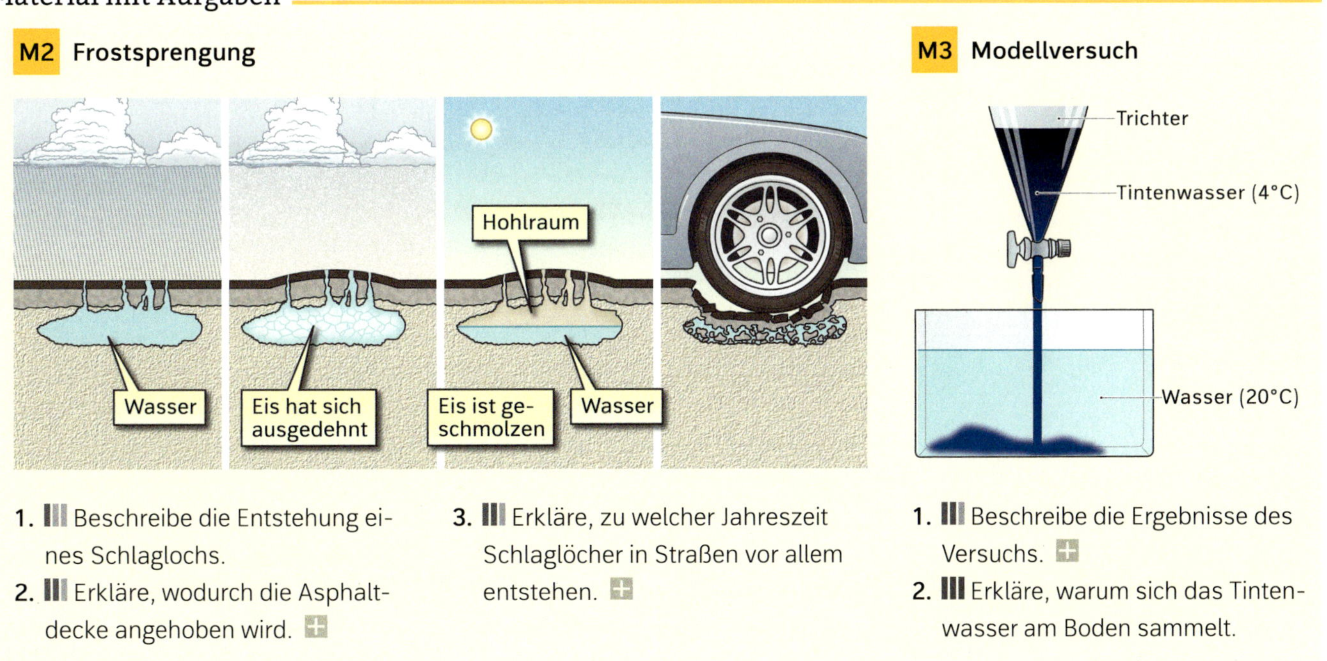

M2 Frostsprengung

1. Beschreibe die Entstehung eines Schlaglochs.
2. Erkläre, wodurch die Asphaltdecke angehoben wird.
3. Erkläre, zu welcher Jahreszeit Schlaglöcher in Straßen vor allem entstehen.

M3 Modellversuch

1. Beschreibe die Ergebnisse des Versuchs.
2. Erkläre, warum sich das Tintenwasser am Boden sammelt.

1 Schwimmendes Floß

Schwimmen, schweben, steigen, sinken

Schwimmende Gegenstände

Ein Floß aus Holz kann auf dem Wasser schwimmen. Es kann sogar Menschen auf dem Wasser transportieren ohne unterzugehen. Wirft man aber einen kleinen Nagel aus Eisen ins Wasser, geht er unter. Er sinkt, obwohl er leichter als die Menschen auf dem Boot ist.

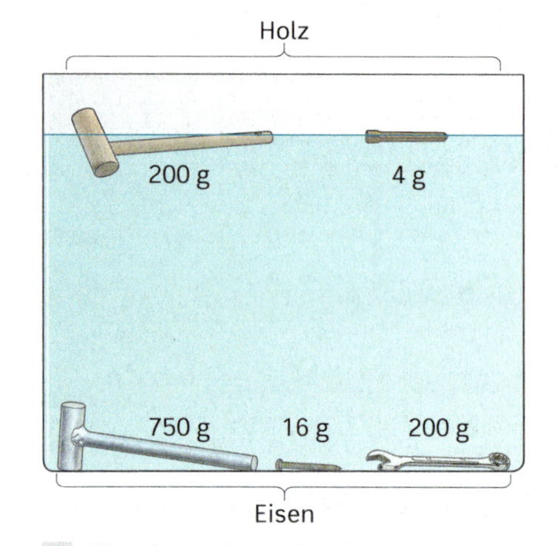

2 Körper aus Holz und Eisen im Wasser

Volumen und Masse

In Bild 2 erkennt man, dass der Holzhammer mehr wiegt als der Eisennagel. Er hat eine größere **Masse**. Dennoch sinkt der Eisennagel zu Boden. Ob ein Körper im Wasser schwimmt oder nicht, kann man nicht allein an seiner Masse ausmachen.

Der Holzhammer und der Eisenhammer nehmen beide den gleichen Raum ein. Sie haben das gleiche **Volumen**. Jedoch hat der Eisenhammer die größere Masse als der Holzhammer. Der Eisenhammer sinkt und der Holzhammer schwimmt. Der Schraubendreher aus Eisen hat die gleiche Masse wie der Holzhammer. Jedoch hat der Holzhammer ein viel größeres Volumen als der Schraubendreher aus Eisen. Der Schraubendreher sinkt und der Holzhammer schwimmt. Es ist also das Verhältnis der Masse zum Volumen entscheidend, ob ein Körper schwimmt oder nicht.

Dichte

Damit man Materialien besser vergleichen kann, betrachtet man Körper mit dem gleichen Volumen. Dazu eignen sich Würfel aus unterschiedlichen Materialien mit einer Kantenlänge von 1 cm. Alle Würfel haben das gleiche Volumen von 1 Kubikzentimeter (1 cm^3). Ein gedachter Würfel aus Wasser mit einem

Volumen von 1 cm³ hat eine Masse von 1 g. Ein gleich großer Holzwürfel hat eine Masse von 0,7 g. Ein Eisenwürfel mit einem Volumen von 1 cm³ hat eine Masse von 7,8 g. Der Eisenwürfel hat also bei einem Volumen von 1 cm³ die höhere Masse als der Holzwürfel.
Ermittelt man die Masse bei einem bestimmten Volumen, dann hat man die **Dichte** eines Körpers bestimmt. Die Dichte ist die Stoffeigenschaft, die angibt, ob ein Körper schwebt, aufsteigt oder sinkt.

Berechnung der Dichte

Für die Berechnung der Dichte teilt man die Masse eines Körpers durch sein Volumen. Die Dichte wird in der Einheit Gramm pro Kubikzentimeter (g/cm³) angegeben.

$$\text{Dichte} = \frac{\text{Masse}}{\text{Volumen}}$$

Ein Eisennagel hat ungefähr ein Volumen von 2 cm³ und eine Masse von 16g. Teilt man die Masse durch das Volumen, erhält man eine Masse von ungefähr 8 g für 1 cm³. Die Dichte von Eisen ist daher etwa 8 g/ cm³.

Wann schwimmt ein Körper?

Ein Körper steigt im Wasser nach oben, wenn seine Dichte kleiner ist als die Dichte von Wasser. Der Körper sinkt, wenn seine Dichte größer ist als die Dichte von Wasser. Ist die Dichte eines Körpers genauso groß wie die Dichte des Wassers, dann schwebt der Körper. Wenn ein Körper auf dem Wasser schwimmt, dann ist seine Dichte auch kleiner als die von Wasser. ▶

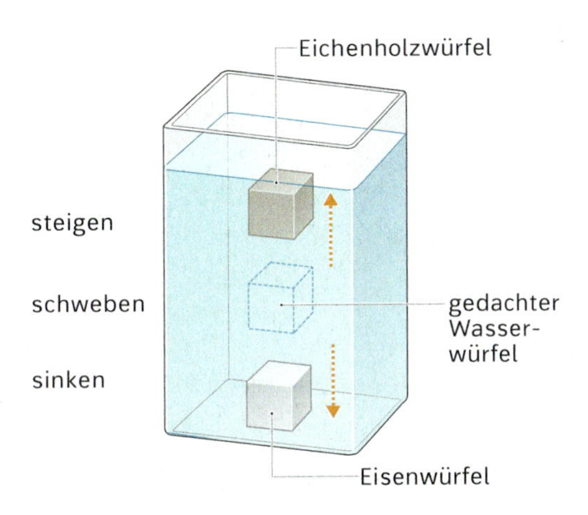

3 Steigen, schweben, sinken

steigen
Eichenholzwürfel
Dichte:
0,7 g/cm³

schweben
gedachter Wasserwürfel
Dichte:
1 g/cm³

sinken
Eisenwürfel
Dichte:
7,8 g/cm³

A Nenne die Voraussetzung, die ein Körper erfüllen muss, damit er steigt oder sinkt.

B Berechne die Dichte von einem Körper mit 250 g und 100 cm³.

Material mit Aufgaben

M1 Dichte bestimmen

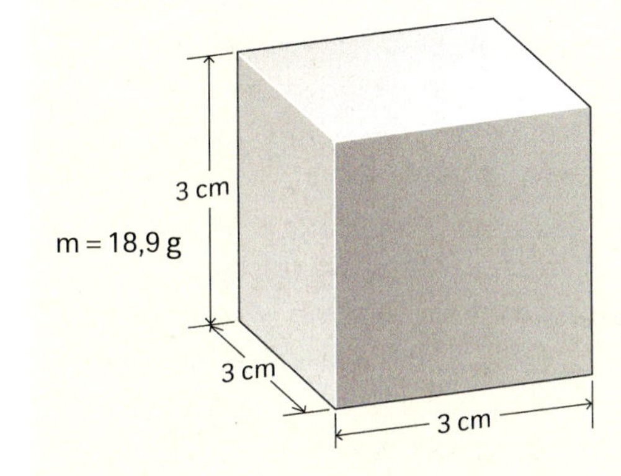

Stoff	Dichte in $\frac{g}{cm^3}$
Eisen	7,8
Aluminium	2,7
Blei	11,3
Zucker	1,6
Eichenholz	0,7

Volumen (Würfel) = Kantenlänge · Kantenlänge · Kantenlänge

1. Berechne die Dichte des abgebildeten Würfels.
2. Ordne dem Würfel ein Material aus der Tabelle zu.
3. Erkläre, ob der Würfel in einem Wasserbecken voller Wasser steigt oder sinkt.

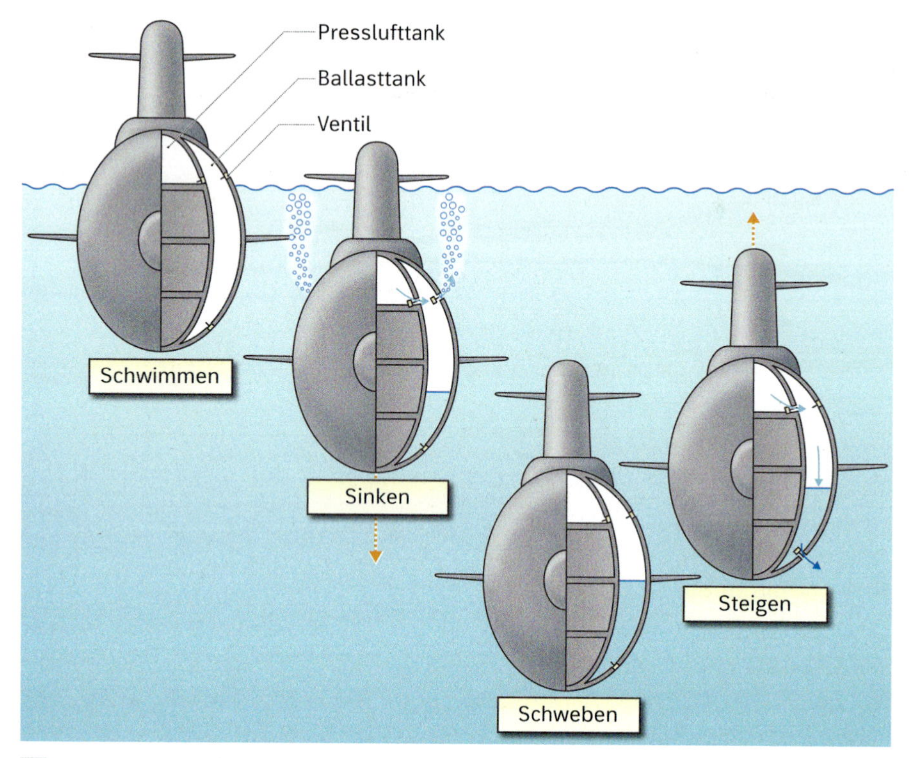

4 Tauchboot beim schwimmen, schweben, steigen und sinken

Material mit Aufgaben

M2 Schwimmblase

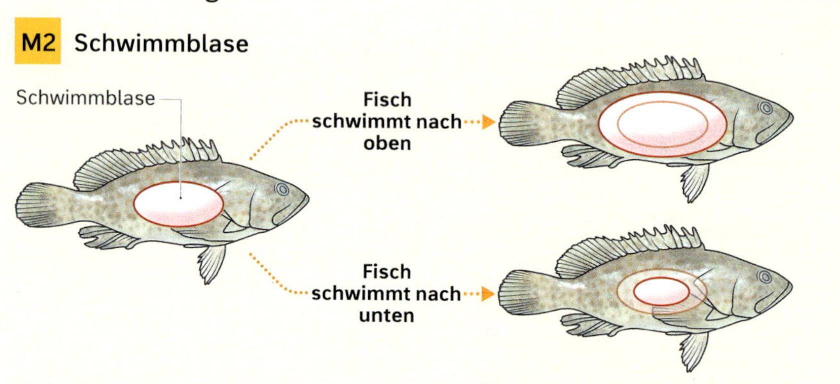

Viele Fische haben eine Schwimmblase, die mit Gas gefüllt ist. Über das Blut kann die Schwimmblase mit Gas befüllt werden oder Gas entweichen. Je nach Wassertiefe, in der der Fisch sich befindet, ist die Schwimmblase unterschiedlich stark befüllt.

1. Beschreibe die Veränderungen der Schwimmblase.
2. Erkläre, warum sich die Schwimmblase anpasst.
3. Vergleiche das Auf- und Absteigen der Fische mit einem Tauchboot.

Tauchboot

Tauchboote sind spezielle Boote, mit denen es möglich ist, Fahrten unter Wasser zu unternehmen. Sie werden beispielsweise für die Forschung verwendet. Tauchboote können im Wasser schwimmen, schweben steigen oder sinken. Sie sind mit mehreren Tanks ausgestattet, die mit Luft oder Wasser gefüllt werden können. Wenn das Tauchboot schwimmt, sind seine Tanks mit Luft gefüllt. Obwohl die Wände des Tauchboots zum Beispiel aus Eisen bestehen, schwimmt es auf der Wasseroberfläche. Die im Tauchboot eingeschlossene Luft verringert die Gesamtdichte des Tauchboots, weil Luft eine geringere Dichte als Wasser hat. Die Gesamtdichte, die **mittlere Dichte**, des Tauchboots ist dadurch geringer als die Dichte des Wassers.

Damit das Tauchboot sinkt, ist es notwendig, Wasser in die Ballasttanks des Tauchboots zu pumpen. So wird die Masse des Tauchboots erhöht. Da aber das Volumen des Tauchboots gleichbleibt, erhöht sich seine mittlere Dichte. Es sinkt nach unten. Je mehr Wasser hineingepumpt wird, desto schneller sinkt das Tauchboot. Ein Tauchboot hat neben den Tanks mit Wasser auch Behälter, die mit zusammengedrückter Luft, der **Pressluft**, gefüllt sind. Damit dasTauchboot steigt, muss das Wasser aus den Ballasttanks mit Pressluft herausgepresst werden. Die mittlere Dichte verringert sich und das Tauchboot steigt auf. Damit das Tauchboot in unterschiedlichen Wassertiefen schwebt, muss seine Dichte an die Dichte des Wassers angepasst werden.

Auftrieb

Schiffe bestehen vor allem aus Eisen. Dennoch schwimmen riesige Containerschiffe, obwohl sie tonnenschwer sind. Das liegt zum einen daran, dass das Innere des Schiffs nicht aus Eisen besteht. Im Innern des Schiffs befindet sich Luft. Durch die mit Luft gefüllten Hohlräume haben Schiffe ein großes Volumen. Die eingeschlossene Luft verringert die mittlere Dichte des Schiffs. Doch Containerschiffe schwimmen auch, wenn sie mit Containern auf und im Schiff beladen sind. Die Masse eines schwimmenden Schiffs lässt es ein wenig ins Wasser eintauchen. Dabei verdrängt das Schiff Wasser. Schiffe haben durch ihre bauchige Form ein großes Volumen. Dadurch verdrängen sie viel Wasser. Die Masse des verdrängten Wassers ist genau so groß, wie die Masse des gesamten Schiffs. Wenn der ins Wasser getauchte Teil des Schiffs leichter ist, als die verdrängte Wassermenge, schwimmt das Schiff. Man spricht vom **Auftrieb**. Je höher die verdrängte Wassermenge, desto größer ist der Auftrieb.

Auftriebskraft und Gewichtskraft

Schwimmt ein Körper, übt das Wasser von allen Seiten einen Druck auf den Körper aus. Da der Wasserdruck an der Unterseite eines schwimmenden Körpers größer ist als an seiner Oberseite, ergibt sich eine nach oben gerichtete Kraft, die **Auftriebskraft**. Der Auftriebskraft entgegen wirkt das Gewicht des Schiffs. Das Gewicht gibt an, mit was für einer Kraft, die **Gewichtskraft**, ein Gegenstand nach unten gezogen wird. Ein Körper schwimmt, wenn sich ein Teil

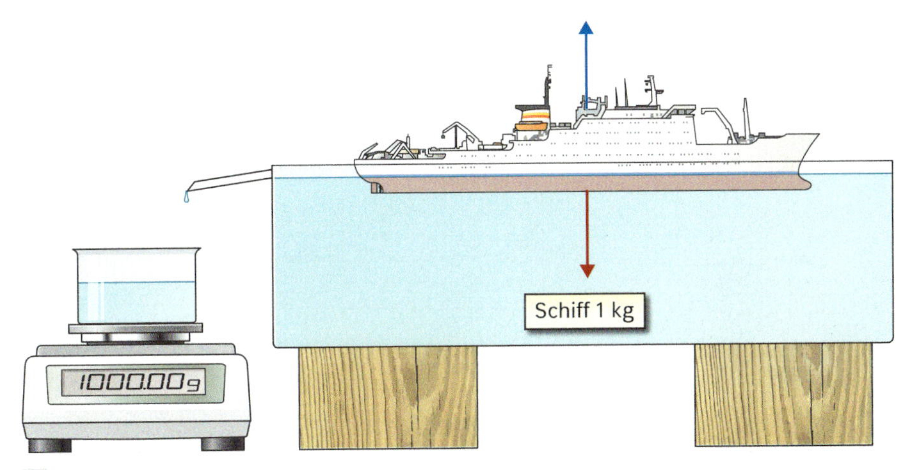

1 Wasser wird verdrängt

außerhalb des Wassesrs befindet und die Auftriebskraft und Gewichtskraft gleich groß sind. Er sinkt, wenn die Auftriebskraft kleiner als seine Gewichtskraft ist. Ein Körper steigt im Wasser auf, wenn seine Auftriebskraft größer ist als seine Gewichtskraft.

Material mit Aufgaben

M1 Auftrieb

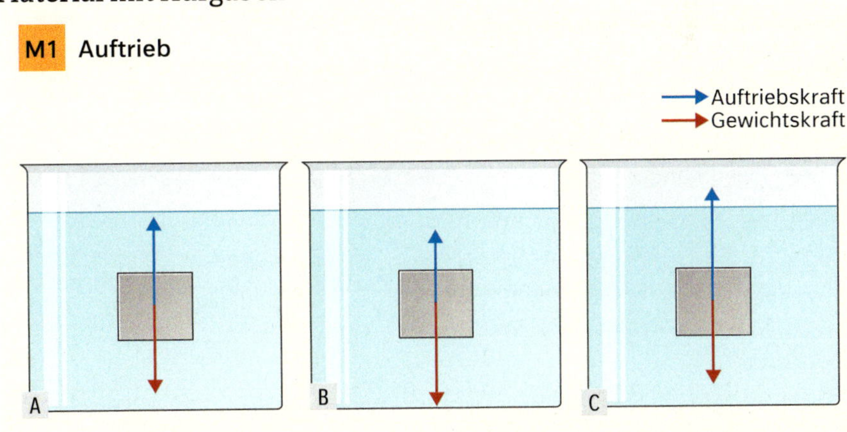

1. Erkläre ob die Körper in den Bildern A-C schweben, steigen oder sinken.
2. Erkläre, warum auch schwere Containerschiffe schwimmen.
3. Stelle Vermutungen an, wie groß Auftriebskraft und Gewichtskraft sein müssen, damit ein Körper im Wasser schwimmt. Erstelle eine Zeichnung.

Bestimmung der Dichte und des Volumens

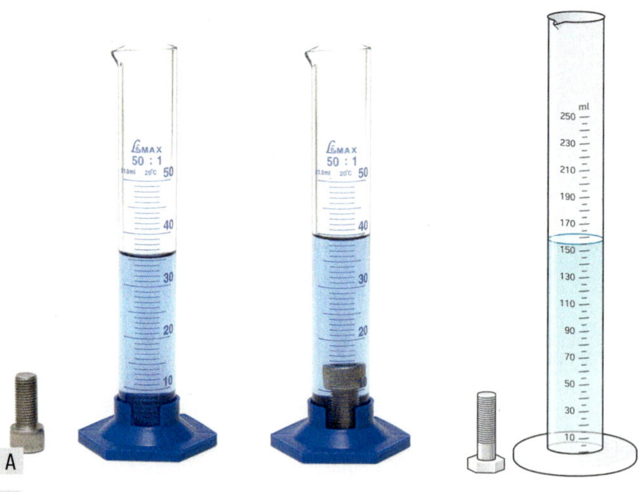

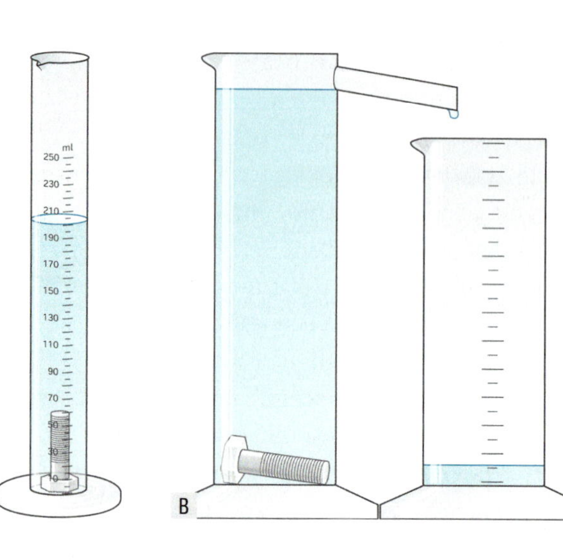

1 Dichte bestimmen: **A** Verdrängungs-Methode, **B** Überlauf-Methode

Material mit Aufgaben

P1 Bestimmung der Dichte

Material: Verschiedene Gegenstände (zum Beispiel Schrauben oder Muttern), Feinwaage, Messzylinder (50 ml), Wasser

Durchführung: Fülle den Messzylinder zur Hälfte mit 25 ml Wasser und notiere den Füllstand. Bestimme mit der Feinwaage die Masse der benötigten Gegenstände.
Lege nun viele gleiche Schrauben oder Muttern in das Wasser, bis du eine deutliche Wasserzunahme ablesen kannst. Notiere den neuen Füllstand.

1. Ermittle das Volumen der untersuchten Gegenstände.
2. Berechne die Dichte der untersuchten Gegenstände.
3. Ordne den Gegenständen einen Stoff zu.

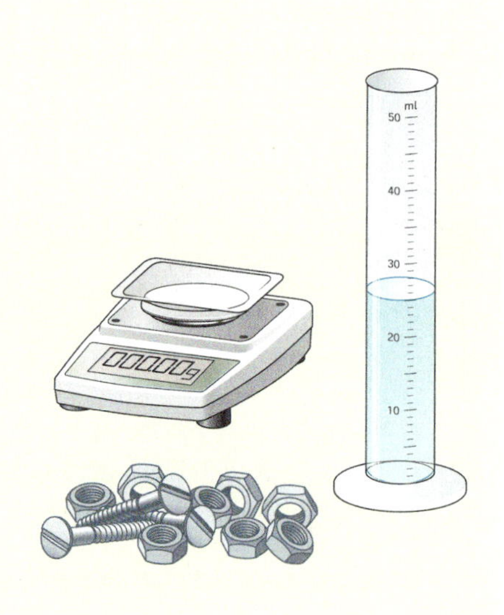

Stoff	Dichte in g/cm^3
Stahl	8
Aluminium	2,7
Kupfer	9

Dichte von Feststoffen bestimmen

Steine, Schrauben oder auch Schmuck sind unregelmäßig geformt. Das Volumen dieser Körper lässt sich nur schwer berechnen. Dafür gibt es zwei Methoden:

- **Methode A** • Man legt den Gegenstand in einen mit Wasser gefüllten Messzylinder. Der Körper verdrängt das Wasser und der Füllstand des Wassers steigt. Die Volumenzunahme des Wassers im Zylinder entspricht dem Volumen des eingetauchten Körpers.
- **Methode B** • Ist der Gegenstand zu groß für einen Messzylinder, kann die Überlaufmethode benutzt werden. Dazu taucht man den Körper in ein randvolles Gefäß mit Wasser. Durch einen Überlauf fließt das verdrängte Wasser in einen Messzylinder. Das Volumen des Wassers im Messzylinder ist gleich dem Volumen des eingetauchten Körpers.

Dichte von Flüssigkeiten bestimmen

Damit man die Dichte einer Flüssigkeit bestimmen kann, wird zunächst ein leerer Messzylinder gewogen. Die Masse des leeren Messzylinder wird notiert. Die zu untersuchende Flüssigkeit wird dann in den Messzylinder gegeben und das genaue Volumen an der Skala des Messzylinders abgelesen. Danach wird der Messzylinder mit der Flüssigkeit noch einmal gewogen und die Masse wieder notiert. Subtrahiert man dann von der Masse des Messzylinders mit der Flüssigkeit die Masse des leeren Messzylinders, erhält man die Masse der Flüssigkeit. Zusammen mit dem abgelesenen Volumen lässt sich dadurch die Dichte der Flüssigkeit berechnen. Bei der Angabe der Dichte von Flüssigkeiten wird oft die Einheit Gramm pro Milliliter, g/ml, verwendet. Die Angaben in Gramm pro Milliliter von Flüssigkeiten, entsprechen genau den Angaben in Gramm pro Kubikzentimeter von Feststoffen.

Volumen: 4 cm^3
Masse Zylinder leer: 38,4 g
Masse Zylinder mit Flüssigkeit: 42,04 g

Masse der Flüssigkeit
Masse = 42,04 g -38,4 g = 3,64 g

$$\text{Dichte} = \frac{\text{Masse}}{\text{Volumen}}$$

$$\text{Dichte} = \frac{3{,}64\ \text{g}}{4\ \text{cm}^3} = 0{,}91 \frac{\text{g}}{\text{cm}^3}$$

0,91 g/cm^3 ist die Dichte von Speiseöl.

2 Beispielrechnung

Material mit Aufgaben

M2 Dichte, Masse und Volumen

Berechnung der Dichte

Die Dichte berechnet man, indem man die Masse eines Körpers durch das Volumen des Körpers teilt.

$$\text{Dichte} = \frac{\text{Masse}}{\text{Volumen}}$$

Berechnung der Masse

Ist nur die Dichte und das Volumen gegeben, berechnet man die Masse, indem man beide Größen miteinander multipliziert.

$$\text{Masse} = \text{Dichte} \cdot \text{Volumen}$$

Berechnung des Volumens

Ist nur die Dichte und die Masse gegeben, berechnet man das Volumen, indem man die Masse durch die Dichte teilt.

$$\text{Volumen} = \frac{\text{Masse}}{\text{Dichte}}$$

1. Übertrage die Tabelle in dein Heft und ergänze die fehlenden Werte.
2. Erläutere Vorteile von Styropor® als beliebtes Verpackungsmaterial.

Stoff	Dichte in g/cm^3	Masse in g	Volumen in cm^3
Styropor®	0,015	4,05	...
Eis (Wasser)	0,92	...	85,0
Aluminium	2,70	...	125,0
Wolfram (Metall)	...	337,0	17,55
Quecksilber	...	8807,5	650,0

Zusammenfassung Wasser

Wasser ist nicht gleich Wasser

Der größte Teil der Erdoberfläche ist mit Wasser bedeckt. Das für uns trinkbare Süßwasser macht nur 3 Prozent davon aus. Es kommt in Flüssen, Seen, Quellen und Gletschern vor. Die restlichen 97 Prozent sind Salzwasser der Meere. Unser Trinkwasser wird größtenteils direkt aus Quellen, Seen, Flüssen oder aus dem Grundwasser gewonnen. Die verschiedenen Bodenschichten bilden einen natürlichen Filter. Mithilfe von tiefen Brunnen wird das Grundwasser an die Erdoberfläche gepumpt und in ein Wasserwerk geleitet.

Wasser verhält sich anders

Gefriert Wasser, verhält es sich nicht wie die meisten anderen Stoffe.
Alkohol zum Beispiel zieht sich beim Abkühlen zusammen. Wasser dehnt sich aber beim Gefrieren sprunghaft aus. Aus einem Liter Wasser entstehen beim Gefrieren etwa 1,1 Liter Eis. Diese besondere Eigenschaft des Wassers bezeichnet man als Anomalie des Wassers. Durch diese Anomalie überleben Fische und Frösche im Winter am Grund eines zugefrorenen Sees. Der See friert im Winter nicht bis zum Grund zu.

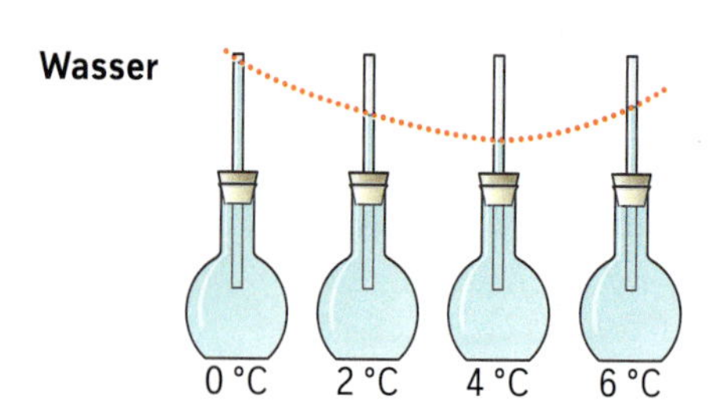

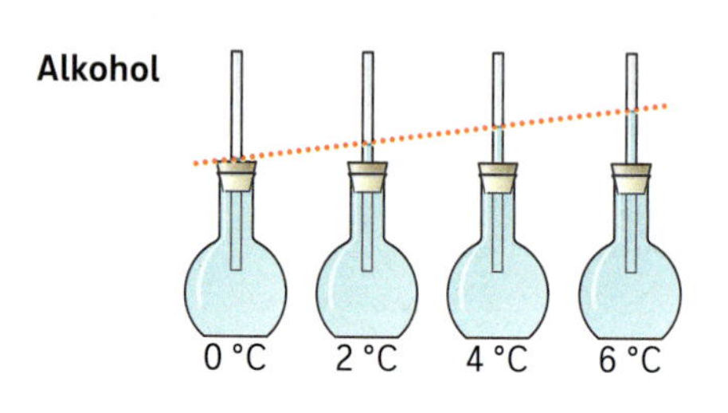

Aggregatzustände

Die Zustandsformen fest, flüssig und gasförmig bezeichnet man als Aggregatzustände. Wasser kommt in der Natur in allen Aggregatzuständen vor. Als Eis, flüssiges Wasser und Wasserdampf. Es hängt von der Temperatur ab, welcher Aggregatzustand vorliegt. Die Temperatur bei der ein Stoff zwischen fest und flüssig wechselt, heißt Schmelztemperatur. Die Temperatur, wenn ein Stoff vom flüssigen Zustand in den gasförmigen wechselt, heißt Siedetemperatur.

Wasserkreislauf

Das Wasser aus Meeren, Seen, Flüssen und Gletschern verdunstet durch die Energie der Sonne. Warme Luft transportiert den Wasserdampf in höhere Luftschichten. Je höher er steigt, desto mehr kühlt sich der Wasserdampf ab. Er kondensiert und es entstehen Wassertropfen, die Wolken bilden. Wenn die Wassertropfen zu schwer werden, fallen sie als Regen zur Erde. Dort sammelt sich das Wasser wieder in Bächen, Flüssen und Seen oder es versickert im Boden. Es bildet sich Grundwasser. Dieses strömt teilweise unterirdisch zum Meer zurück. Von dort verdunstet es wieder. Das Wasser bewegt sich in einem Kreislauf, dem Wasserkreislauf.

1 Trinkwasser

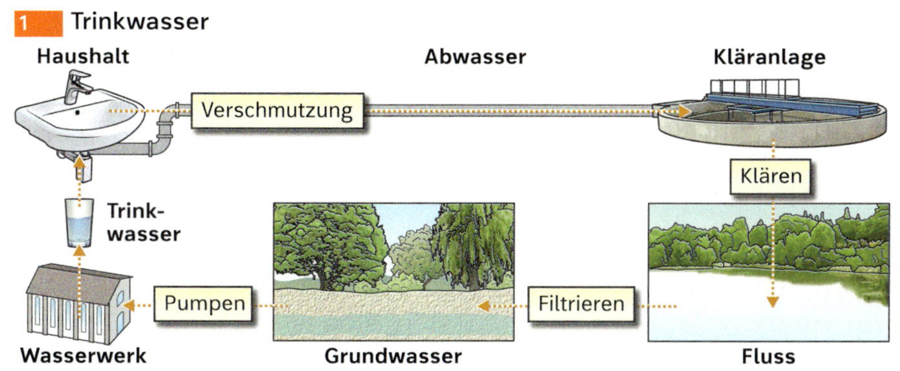

A Beschreibe den künstlichen Wasserkreislauf mithilfe des Bildes.

B Erkläre, warum das Wasser aus dem Boden als Trinkwasser besonders wertvoll ist.

C Jerome behauptet: „Wasser wird nicht verbraucht, sonder verdunstet nur." Nimm Stellung zu seiner Aussage.

2 Wasserverteilung

A Übertrage die Tabelle in dein Heft und kreuze an, welche Aussagen richtig und welche falsch sind.

B Erkläre, welches Wasser man als Trinkwasser nutzt.

C Erkläre, warum nicht das gesamte Süßwasser zum Trinken genutzt werden kann.

Aussage	Richtig	Falsch
Auf der Erde gibt es mehr Salzwasser als Süßwasser.	...	...
Aus Grundwasser kann kein Trinkwasser gewonnen werden.	...	...
Der größte Teil des Süßwassers ist gefrorenes Eis.	...	...
Aus Meerwasser kann Trinkwasser gewonnen werden.	...	...

4 Aggregatzustände

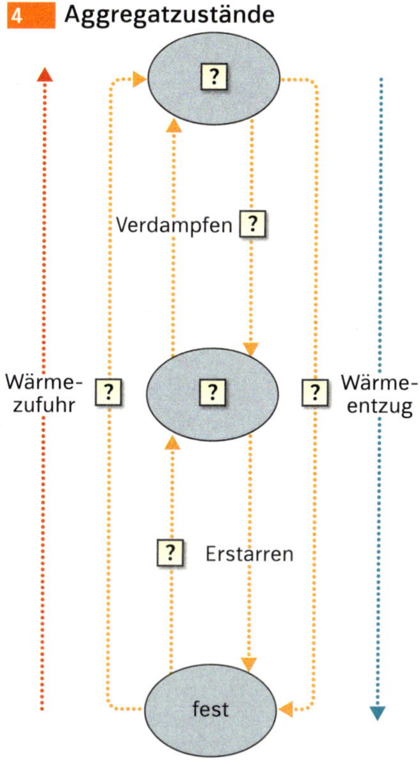

A Übertrage das Schema in dein Heft und vervollständige es.

B Beschreibe für jeden Aggregatzustand den Zustand der Teilchen.

3 Wasserkreislauf

A Beschreibe, wie und wo Wasser auf der Erde verdunstet.

B Erkläre, warum Wolken nicht immer dort abregnen, wo sie entstanden sind.

C Nenne Wege, auf denen das Wasser zurück ins Meer gelangt.

D Beschreibe den Wasserkreislauf mit deinen eigenen Worten.

E Erkläre, warum Wasser nicht verschwindet. Nutze die Begriffe: verdunsten, kondensieren, versickern.

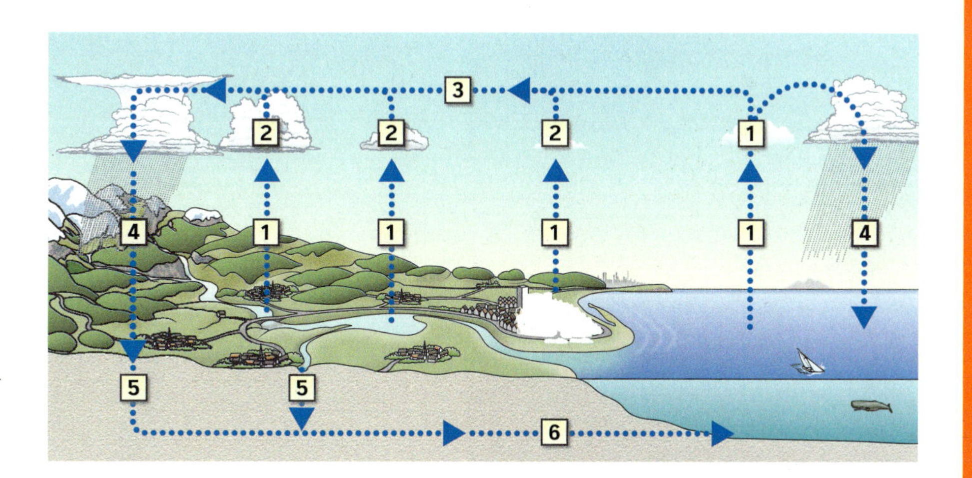

Was sind Werkstoffe?
Wie bearbeitet man Holz?
Was für Werkzeuge gibt es?

10

Ein Produkt entsteht

Im Technikraum der Schule lernt man, wie Holz und andere Werkstoffe bearbeitet werden. Dann können aus den Materialien verschiedene Produkte gebaut werden.

1 Arbeiten im Technikraum

Arbeiten im Technikraum

Ein neuer Raum

Für den naturwissenschaftlichen Unterricht ist man in der Regel in einem Fachraum. Möchte man aber mit Holz und anderen Materialien arbeiten, dann ist der Fachraum dafür nicht geeignet. Für den Technikunterricht gibt es einen eigenen Raum, den **Technikraum**.

Regeln im Technikraum

Wie auch für den Fachraum, gibt es im Technikraum Regeln, an die man sich immer halten muss.

- **Betreten des Raumes** • Der Technikraum darf nur zusammen mit einer Lehrkraft betreten werden. Nach dem Eintreten werden Jacken und Taschen an dem dafür vorgesehenen Platz verstaut. Dadurch sind sie nicht im Weg.
- **Essen** • Im Technikraum darf man nicht essen und trinken. Man darf auch keine Lebensmittel offen herumstehen lassen.
- **Bewegung** • Im Technikraum wird nicht gerannt. So kann kein Mitschüler oder keine Mitschülerin aus Versehen beim Arbeiten angestoßen werden und sich verletzen.
- **Werkzeuge** • Benutze Werkzeuge nur mit der Erlaubnis der Lehrkraft. Einige Werkzeuge und Maschinen benötigen spezielle Schutzausrüstung wie beispielsweise Schutzbrillen oder Handschuhe und dürfen nur unter Aufsicht verwendet werden. Wird etwas von der Lehrkraft erklärt, werden Werkzeuge und Maschinen zur Seite gelegt.

- **Arbeitsplatz** • Der Arbeitsplatz sollte immer sauber und ordentlich sein. Am Ende des Unterrichts muss der Arbeitsplatz immer aufgeräumt sein. Achte beim Holen und Aufräumen der Werkzeuge darauf, dass niemand verletzt wird. Binde beim Arbeiten die Haare zusammen und trage keinen Schmuck.
- **Reinigung** • Beim Arbeiten mit Holz und Metall kann neben großen Spänen beispielsweise auch feiner Staub entstehen. Aus diesem Grund wird im Technikraum oft nur gesaugt und nicht gefegt. Kommt der Staub in die Augen, dann kann er Verletzungen verursachen.

Schilder im Technikraum

Im Technikraum gibt es viele Schilder. Sie sind für ein sicheres Arbeiten im Technikraum nötig. Einige Schilder zeigen zum Beispiel die Lage des Erste-Hilfe-Kastens an. Andere Schilder weisen darauf hin, wann spezielle Schutzkleidung getragen werden muss. Gestreifte Streifen in schwarz und gelb, nennt man **Warnstreifen**. Sie befinden sich oft auf dem Boden und markieren Bereiche in denen gearbeitet wird.

Unfälle

Kommt es im Technikraum zu Verletzungen oder anderen Unfällen, dann muss die Lehrkraft sofort informiert werden. Alle anderen Arbeiten werden pausiert. Durch diese Vorgehensweise können weitere Unfälle verhindert werden.

A Nenne drei Sicherheitsregeln im Technikraum.

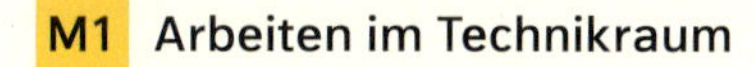
2 Auswahl von Schildern im Technikraum

Material mit Aufgaben

M1 Arbeiten im Technikraum

1. Beschreibe die dargestellte Situation.
2. Erkläre, warum Sicherheitsregeln wichtig sind.
3. Beschreibe, welche Sicherheitsregeln die Schülerinnen und Schüler im Bild beachten.

1 Tischler bei der Arbeit

Werkstoff Holz

Rohstoffe und Werkstoffe

Der Mensch nutzt schon lange viele Stoffe, die in der Natur vorkommen. Dazu gehören zum Beispiel Erze, Erdöl, Kohle und auch Holz. Sie werden auch als natürliche **Rohstoffe** bezeichnet.

Die Vorkommen von Erdöl oder Kohle werden vom Menschen schneller verbraucht als sie sich regenerieren können. Sie sind daher nicht erneuerbare Rohstoffe. Holz dagegen gehört zu den **nachwachsenden Rohstoffen**. Es werden gezielt Wälder und Baumplantagen angelegt, um die Bäume für die Weiterverarbeitung zu fällen.

Aus den verschiedenen natürlichen Rohstoffen kann man **Werkstoffe** herstellen. Für die Herstellung von natürlichen Werkstoffen, werden die Rohstoffe bearbeitet. Zum Beispiel wird der Rohstoff Holz getrocknet und in Bretter gesägt. So wird der Werkstoff Holz gewonnen. Mit den hergestellten Brettern können dann Möbel oder Häuser gebaut werden.

2 Vom Rohstoff zum Werkstoff

Holzarten

Es gibt viele Baumarten, die man zu Werkstoffen verarbeiten kann. Alle diese Holzarten haben unterschiedliche Eigenschaften und eignen sich dadurch für verschiedene Bauvorhaben.

- **Rotbuche** • Die Rotbuche ist der häufigste Laubbaum in Deutschland. Ihr Holz ist sehr hart. Aus diesem Grund wird es oft als Bodenbelag, für Treppen und Möbel genutzt.
- **Eiche** • Die Eiche hat wie die Rotbuche ein hartes Holz und ist außerdem sehr unempfindlich gegenüber Wetteränderungen. Es wird nicht nur für Möbel, sondern auch für Fässer oder Boote genutzt.
- **Fichte** • Die Fichte ist der häufigste Nadelbaum in Deutschland. Im Gegensatz zur Rotbuche ist Fichtenholz sehr weich und biegsam. Es wird für den Innenausbau von Häusern oder einfache Möbel genutzt.
- **Douglasie** • Die Douglasie ist ein Nadelbaum mit hartem Holz. Wie die Eiche ist auch sie unempfindlicher gegenüber Wetteränderungen. Daher wird sie oft für Terrassen genutzt.

Holz arbeitet

Holz ist ein beliebter Werkstoff. Es lässt sich einfach bearbeiten und kann im Innen- und Außenbereich eingesetzt werden. Beim Arbeiten mit Holz muss man aber auch dessen Eigenschaften beachten. Je nach Feuchte zieht sich das Holz zusammen oder dehnt sich aus. Je feuchter es ist, desto mehr dehnt sich das Holz aus. Man sagt auch, dass Holz arbeitet. Dadurch können Schäden im Holz entstehen. ▶

A

B

3 Baumarten: **A** Rotbuche, **B** Fichte

Material mit Aufgaben

M1 Eigenschaften von Holz

Baum	Kiefer (Nadelbaum)
Farbe	hell
Gewicht	mittelschwer
Härte	mittelhart

A

Baum	Balsa (Laubbaum)
Farbe	hell
Gewicht	sehr leicht
Härte	sehr weich

B

1. Beschreibe die verschiedenen Holzarten in den Bildern A und B.
2. Vergleiche die beiden Holzarten miteinander. ⊞
3. Wähle eine der Aufgaben aus:

a Erkläre, welche Holzart sich für Möbelstücke eignet und welche für den Bau von Modellflugzeugen.

b Erkläre, warum man im Sommer manchmal Holztüren nicht richtig schließen kann.

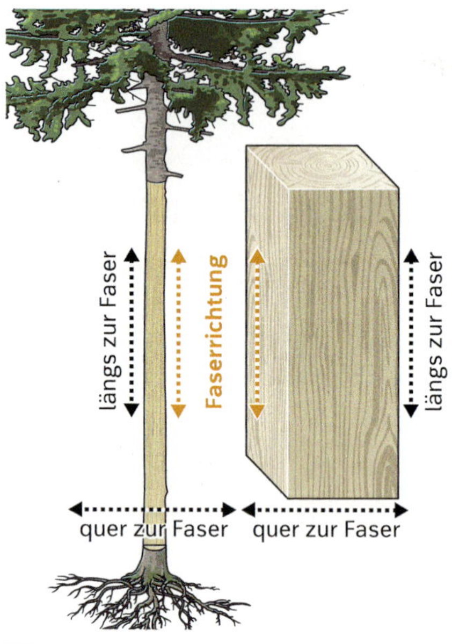

4 Faserrichtung von Holz

5 Holzwerkstoffe: **A** Spanplatte, **B** Leimholz

Holzwerkstoffe

Um die Verformungen und Schäden durch das Arbeiten von Holz zu verringern, wurden verschiedene Holzwerkstoffe entwickelt.

- **Faserplatten** • Kocht man Holz längere Zeit, dann wird es bis auf die Holzfasern zersetzt. Die Fasern werden dann mit Klebstoff und anderen Fasern vermischt und zu Platten gepresst. Die entstehenden Faserplatten sind sehr stabil und besitzen eine sehr glatte Oberfläche.
- **Sperrholzplatten** • Schneidet man dünne Holzschichten von einem Stamm ab, dann bezeichnet man die einzelnen Schichten als **Furnier**. Leimt man Furniere aufeinander, entstehen Sperrholzplatten. Man muss darauf achten, die einzelnen Furniere mit abwechselnd verlaufender Faserrichtung zu verleimen.
- **Leimholzplatten** • Für Leimholzplatten werden zum Beispiel einzelne Holzstäbe in gleicher Faserrichtung aneinander geleimt. Sie sind gut für den Möbelbau geeignet.
- **Spanplatten** • Beim Arbeiten mit Holz bleiben immer Reste übrig. Für Spanplatten wird dieser Abfall weiter zerkleinert und mit Kleber vermischt. Die Masse wird erwärmt und in Platten gepresst. Oft werden sie zusätzlich mit einer Furnierschicht überzogen und als Arbeitsplatte verwendet.
- **Tischlerplatten** • Tischlerplatten bestehen im Kern aus aneinander geleimten Holzstäben. Als Oberfläche verwendet man Furnier. Tischlerplatten sind sehr leicht und stabil und werden für Möbel genutzt.

Material mit Aufgaben

M2 Holzwerkstoffe

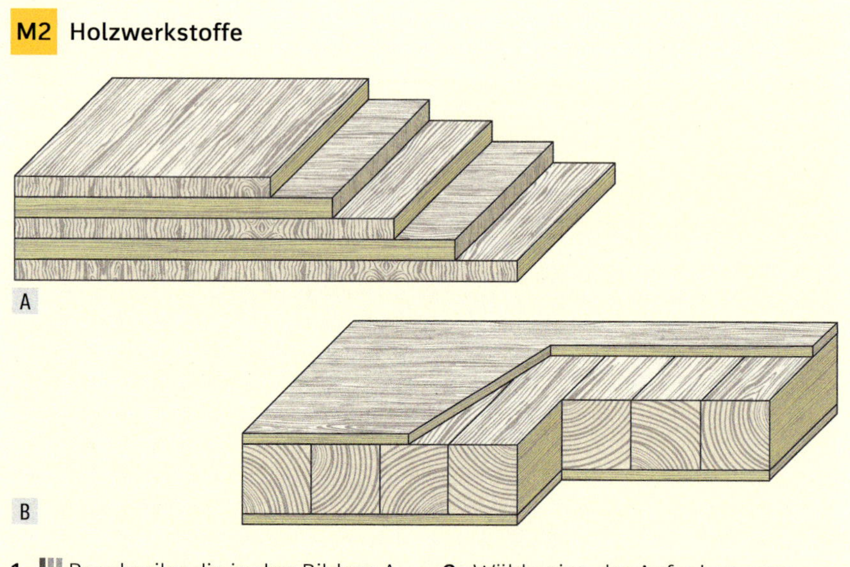

1. Beschreibe die in den Bildern A und B abgebildeten Holzwerkstoffe.
2. Ordne den Holzwerkstoffen die Begriffe Tischlerplatte und Sperrholzplatte zu. Begründe.
3. Wähle eine der Aufgaben aus:
   a Erkläre, warum man unterschiedliche Holzwerkstoffe benötigt.
   b Stelle Vermutungen an, warum Spanplatten sehr günstig sind.

Nachhaltige Forstwirtschaft

Der Weg des Holzes

Vom Fällen der Bäume bis hin zum Möbelstück oder Papier ist es ein weiter Weg. Zuerst werden die gefällten Baumstämme zur Verarbeitung an Säge-, Furnier- oder auch Papierwerke geliefert. Dort wird das Holz in die gewünschte Form gebracht oder auch zerkleinert. Das bearbeitete Holz und Papier wird beispielsweise zur Weiterverarbeitung an Möbelfabriken und Druckereien geliefert. Dort werden die gewünschten Produkte gefertigt. Die Holz- und Papierprodukte kommen dann in den Verkauf in Baumärkte, Möbelgeschäfte oder den Buchhandel. Dort werden sie vom Kunden gekauft.

1 Der Weg des Holzes

Nachhaltige Forstwirtschaft

Da Holz für viele Produkte genutzt wird, muss man mit dem Rohstoff besonders sorgsam umgehen. Wälder sind aber nicht nur Rohstofflieferanten, sondern auch ein Lebens- und Erholungsraum für Tiere und Menschen.Außerdem verbessern sie das Klima und sorgen durch ihre Wurzeln, dass der Boden bei starken Regenfällen nicht weggespült wird. Aus diesem Grund wird zum einen darauf geachtet, dass nicht mehr Holz gefällt wird als nachwächst. Wenn doch in Gebieten besonders viele Bäume gefällt werden, muss vermehrt neu gepflanzt werden. Dieser Umgang mit Wäldern wird als **nachhaltige Forstwirtschaft** bezeichnet. So kann sichergestellt werden, dass der Rohstoff Holz noch lange Zeit verfügbar ist.

A Erkläre, was man unter nachhaltiger Forstwirtschaft versteht.

Material mit Aufgaben

M1 Nachhaltige Forstwirtschaft

1. Beschreibe mithilfe des Bildes, welche Vorteile ein nachhaltig bewirtschafteter Wald bietet.

2. Stelle Vermutungen an, warum nicht alle Wälder auf der Welt nachhaltig bewirtschaftet werden.

1 Eine elektrische Säge

Werkzeug und Maschine

Werkzeuge

Ein Hammer, eine Säge, eine Feile oder auch ein Schraubenzieher gehören zu den **Werkzeugen**. Ein Werkzeug ist ein Gerät, dass die menschliche Körperkraft unterstützt oder sogar verstärken kann. Es gibt verschiedene Werkzeuge für unterschiedliche Bereiche und Aufgaben. Eine Laubsäge ist beispielsweise sehr gut geeignet, um Holzmuster aus dünnen Holzplatten anzufertigen. Mit Schraubenziehern lassen sich Schrauben viel leichter in Holz schrauben als mit der bloßen Hand. Auch Feilen gibt es in verschiedenen Formen mit feinen oder groben Oberflächen. So kann man mit Feilen Holz, oder auch Metall abschleifen. Ein Hammer verstärkt die Muskelkraft des Arms, sodass Nägel leichter in Holz oder andere Materialien geschlagen werden können.

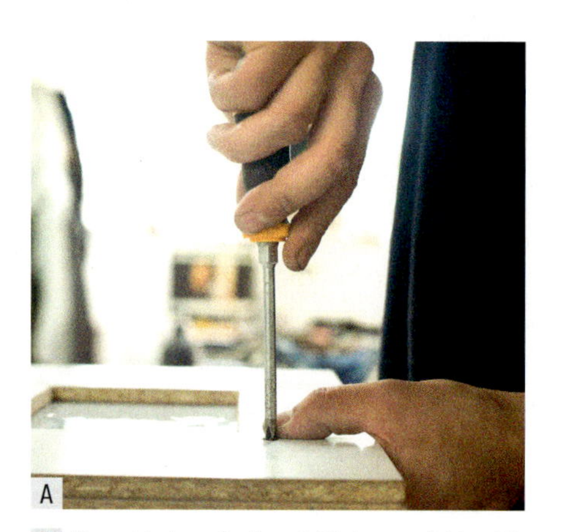

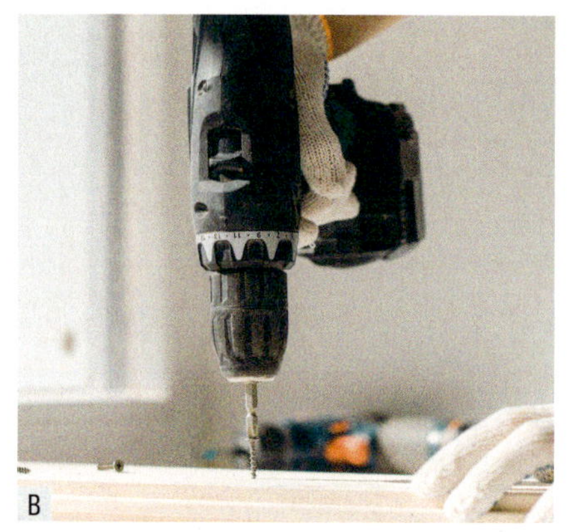

2 Verschiedene Geräte: **A** Werkzeug, **B** Maschine

Maschinen

Nicht nur Werkzeuge, sondern auch **Maschinen** erleichtern unterschiedliche Arbeiten von Menschen. Im Gegensatz zu Werkzeugen besitzen Maschinen einen **Antrieb**. Sie können durch Muskelkraft, Strom, Treibstoffe wie Benzin oder auch Wasser und Wind angetrieben werden. Zum Beispiel lässt sich eine Schraube leichter und schneller mit einem Akkuschrauber ins Material drehen als mit einem Schraubenzieher.

Aufbau von Maschinen

Maschinen bestehen aus vielen Teilen, die alle eine bestimmte Funktion haben. Man nennt diese Teile **Elemente**.

- **Antriebselement** • Antriebselemente setzen die Maschine in Bewegung. Ein Motor ist zum Beispiel ein Antriebselement.
- **Übertragungselement** • Übertragungselemente übertragen die Bewegung des Antriebelementes auf weitere Bauteile. So sind einzelne Zahnräder oder Getriebe Übertragungselemente.
- **Arbeitselement** • Arbeitselemente führen die eigentliche Arbeit der Maschine aus. So ist bei einer Stichsäge das Sägeblatt das Arbeitselement.
- **Trägerelement** • Trägerelemente schützen die anderen Elemente und sorgen für ihre Stabilität. Gehäuse oder Standfüße gehören zu den Trägerelementen.
- **Steuerelement** • Mithilfe von Steuerelementen werden andere Bauteile beeinflusst. Mit einem Knopf lässt sich zum Beispiel die Geschwindigkeit einer Stichsäge einstellen.

EVA-Prinzip

Elektrische Maschinen wie Computer bestehen aus mindestens drei Elementen. Jedes dieser Elemente übernimmt eine bestimmte Aufgaben: Die **E**ingabe, die **V**erarbeitung und die **A**usgabe von Informationen. Man nennt dieses Prinzip auch **EVA-Prinzip**. Man benutzt zum Beispiel die Tastatur zur Dateneingabe. Ein Prozessor verarbeitet die Daten, welche dann über den Bildschirm ausgegeben werden.

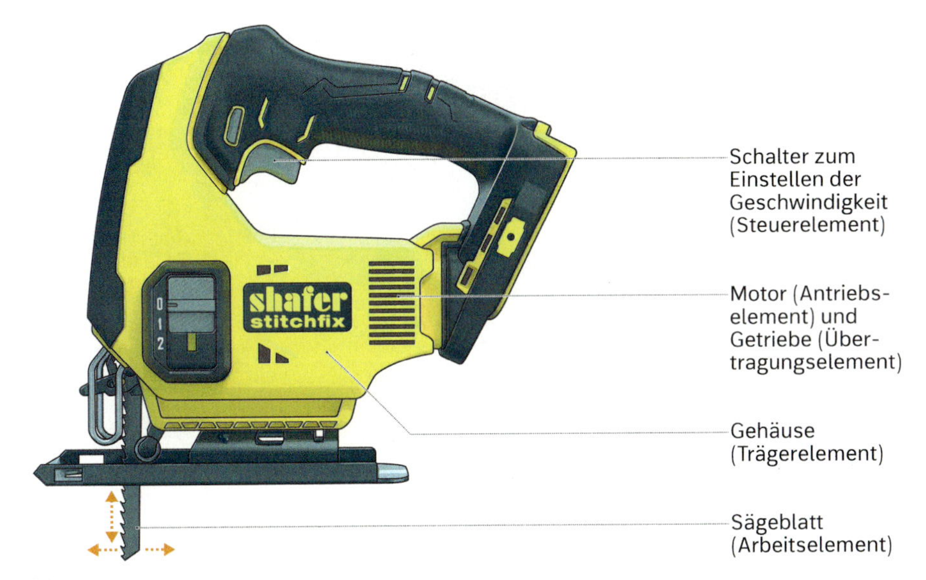

3 Elemente einer Stichsäge

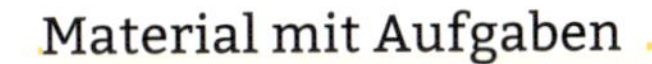

Material mit Aufgaben

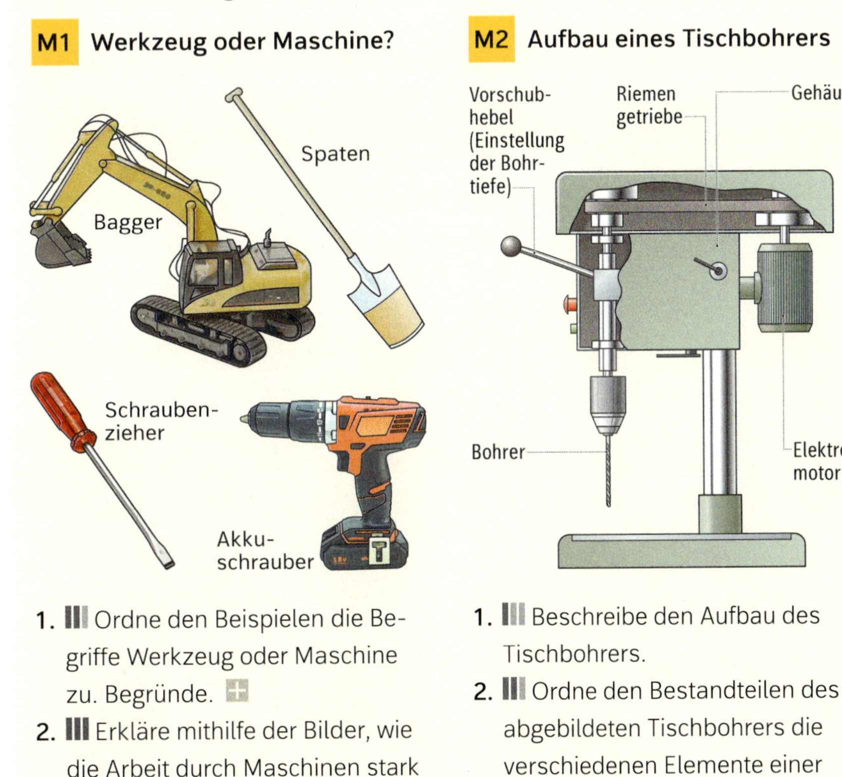

M1 Werkzeug oder Maschine?

1. Ordne den Beispielen die Begriffe Werkzeug oder Maschine zu. Begründe.
2. Erkläre mithilfe der Bilder, wie die Arbeit durch Maschinen stark erleichtert wird.

M2 Aufbau eines Tischbohrers

1. Beschreibe den Aufbau des Tischbohrers.
2. Ordne den Bestandteilen des abgebildeten Tischbohrers die verschiedenen Elemente einer Maschine zu.

1 Verschiedene Werkzeuge

Werkstoffe richtig bearbeiten

Messen und anzeichnen

Wenn man einen Werkstoff wie zum Beispiel Holz bearbeiten will, muss man vorher genau wissen, wo man mit den Werkzeugen ansetzen muss. Um die Positionen von Nägeln, Schrauben und Bohrlöchern oder die Maße des Werkstückes zu bestimmen, nutzt man Werkzeuge zum Messen. Dazu gehören zum Beispiel Maßstäbe, Messschieber oder Winkel. Man muss immer darauf achten, diese gerade anzusetzen und die Maßzahlen genau abzulesen. Zum Anzeichnen nutzt man beispielsweise Bleistifte, Reißnadeln oder auch Zirkel.

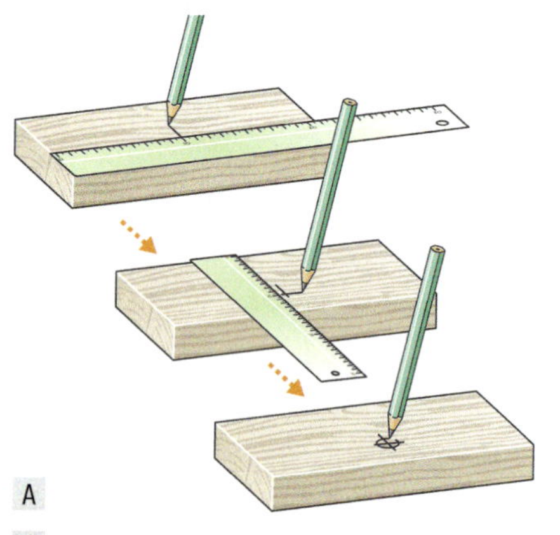

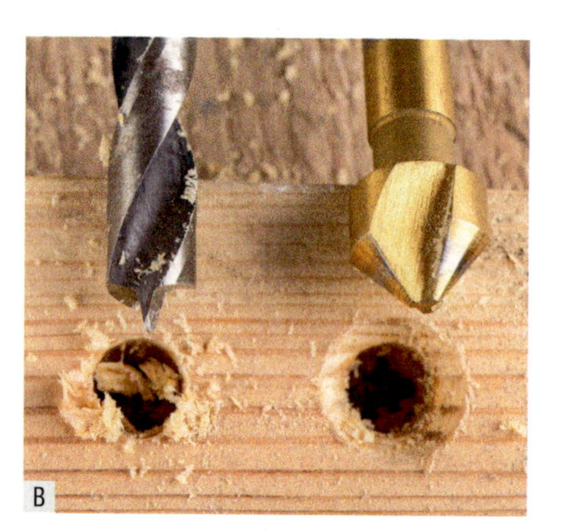

2 Bohren: **A** Bohrloch anzeichnen, **B** Bohrlöcher verschiedener Bohrer

Bohrer

Mithilfe eines Bohrer kann man Löcher in ein Werkstück bohren. Es gibt verschiedene Bohrer für unterschiedliche Materialien und Lochdurchmesser. Der geeignete Bohrer wird in das Bohrfutter der Bohrmaschine gespannt.
Beim Anzeichnen der Bohrlöcher markiert man immer den Mittelpunkt des Bohrlochs. Beim Bohren muss man darauf achten, dass das Werkzeug immer gerade gehalten wird.

Säge

Mithilfe von Sägen kann man Werkstücke durchtrennen und so auf die benötigten Maße bringen. Für kurvige Schnitte in Holz, Kunststoff oder Metall eignen sich Laubsägebögen. Möchte man Holzleisten oder Rundstäbe rechtwinklig sägen, dann bieten sich Gehrungssägen an. Für verschiedene Werkstoffe gibt es unterschiedliche Sägeblätter.
Beim Arbeiten mit Sägen sollte man immer eine Schutzbrille tragen und den Kopf höher als das Sägeblatt halten.

Feile und Schleifpapier

Um die Oberfläche eines Werkstückes zu bearbeiten, nutzt man Feilen und Schleifpapier. Mithilfe einer Feile trägt man Material vom Werkstück ab. So kann man die Form verändern. Schleifpapier eignet sich, um eine glatte Oberfläche zu erzeugen. Es gibt Feilen und Schleifpapier in verschiedenen Formen und Körnungen. Je höher die Körnung ist, desto feiner ist die Feile oder das Schleifpapier.

Werkstoffe zusammenfügen

Es gibt verschiedene Möglichkeiten, um Werkstoffe zusammenzufügen. Die häufigsten Methoden sind Kleben, Schrauben oder Nageln. Auch beim Zusammenfügen muss man darauf achten, dass Kleber, Schrauben und Nägel für das Material geeignet sind.
Beim Kleben müssen die Werkstoffe zum Beispiel mithilfe einer Schraubzwinge zusammengepresst werden, bis der Kleber getrocknet ist. Zum Schrauben kann man geeignete Schraubenzieher oder Akkuschrauber verwenden.

A

B

3 Sägen: **A** Laubsägebogen, **B** Stichsäge

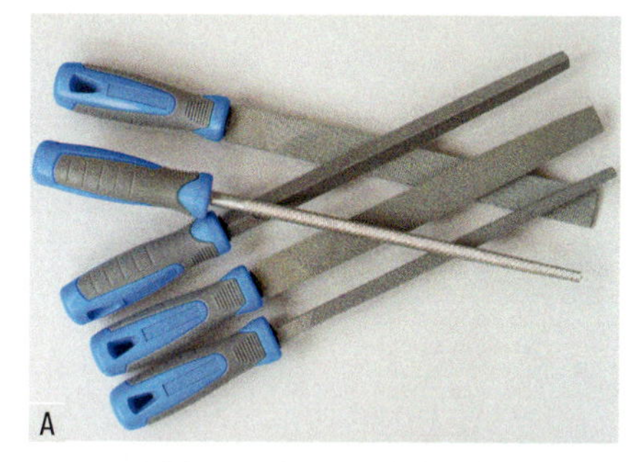
A

B

4 **A** Verschiedene Feilen, **B** Schleifpapier

Material mit Aufgaben

M1 Das richtige Werkzeug

1. Beschreibe die Situationen in den Bildern A-D.
2. Ordne den Situationen A-D die passenden Werkzeuge zu.
3. Erkläre, warum es viele verschiedene Werkzeuge für die gleichen Arbeiten gibt.

1 Frau arbeitet an einer Tischbohrmaschine

Die Tischbohrmaschine

Aufbau einer Tischbohrmaschine

Oft benötigt man Bohrlöcher, die genau senkrecht gebohrt wurden und eine bestimmte Tiefe haben. Diese Bohrungen sind mit einem Handbohrer sehr schwierig. Aus diesem Grund benutzt man **Tischbohrmaschinen**. Um sie richtig zu bedienen, muss man die Funktion der einzelnen Bestandteile kennen.

- **Bohrtisch** • Auf den höhenverstellbaren Bohrtisch werden die Werkstücke platziert. Kleine Werkstücke werden in einen Schraubstock eingespannt.
- **Bohrfutter und Bohrer** • Im Bohrfutter wird der Bohrer eingespannt. Der Bohrer stellt durch seine drehende Bewegung die Löcher im Material her. Es gibt für unterschiedliche Materialien und Lochdurchmesser verschiedene Bohrer.
- **Tiefenanschlag** • Über diesen Hebel wird die Tiefe des Bohrlochs vorher festgelegt.
- **Bohrhebel** • Durch das Betätigen vom Bohrhebel, wird der Bohrer von oben in das Werkstück getrieben.

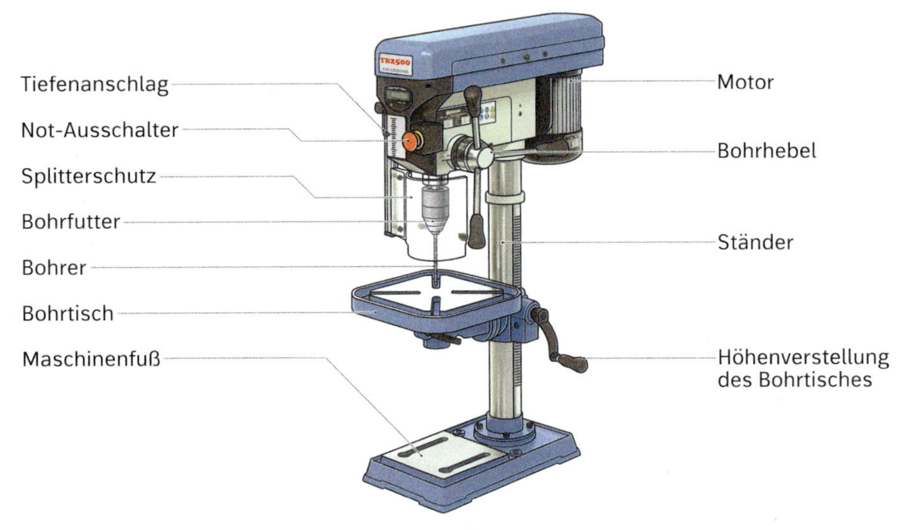

2 Aufbau einer Tischbohrmaschine

Sicherheitsvorkehrungen

Beim Arbeiten an der Tischbohrmaschine müssen lange Haare zusammengebunden und eine Schutzbrille getragen werden. Außedem sollte man darauf achten, keine lange Kleidung zu tragen. Außerdem darf niemand direkt neben einem stehen. Sie könnten durch umherfliegende Späne verletzt werden.

Richtig bohren

Um mit dem Bohren zu beginnen, muss man immer die Erlaubnis der Lehrkraft haben. Folgende Schritte sind wichtig:

- **Werkstück vorbereiten** • Vor dem Bohren müssen auf dem Werkstück die Position und die Tiefe des Bohrloches eingezeichnet werden.
- **Bohrer einspannen** • Der Bohrer wird in den Bohrkopf eingespannt. Die Maschine wird dann kurz eingeschaltet, um zu überprüfen, ob der Bohrer nicht eiert.
- **Bohrtiefe einstellen** • Über den Tiefenanschlag wird die gewünschte Bohrtiefe eingestellt.
- **Bohrtischhöhe einstellen** • Das Werkstück wird auf dem Bohrtisch platziert. Dann wird der Bohrtisch hochgefahren, bis sich das Werkstück ein paar Millimeter unter der Bohrspitze befindet.
- **Bohren** • Mit dem Bohrhebel wird der Bohrer langsam in das Werkstück versenkt. Beim Bohren muss das Werkstück immer festgehalten werden.

Material mit Aufgaben

M1 Richtig bohren

A

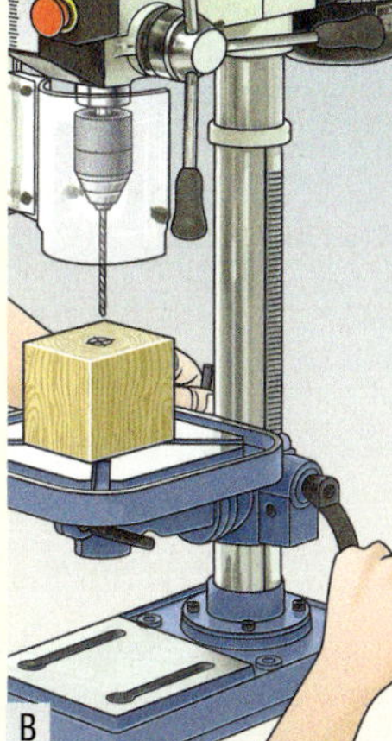
B

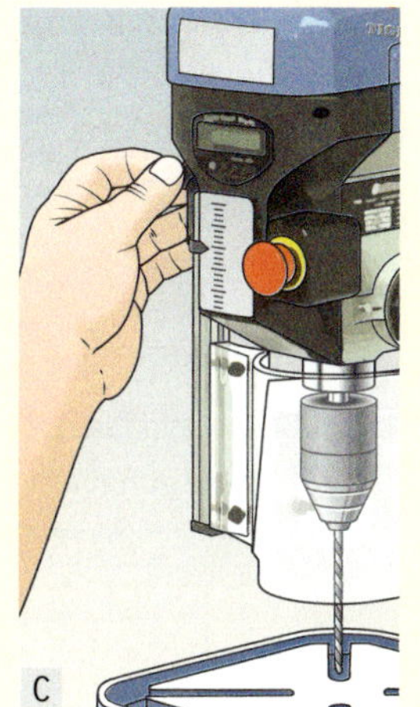
C

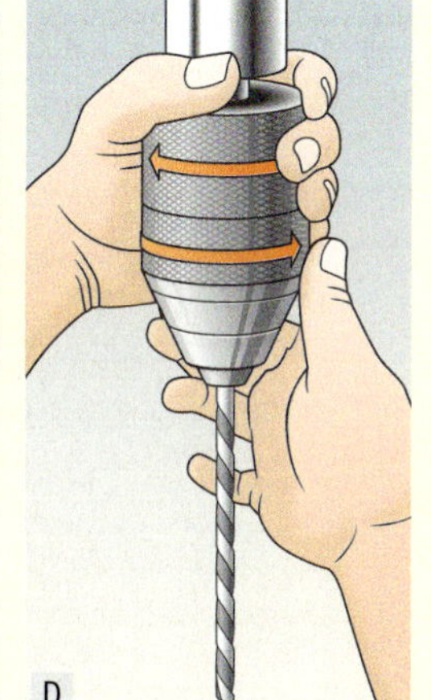
D

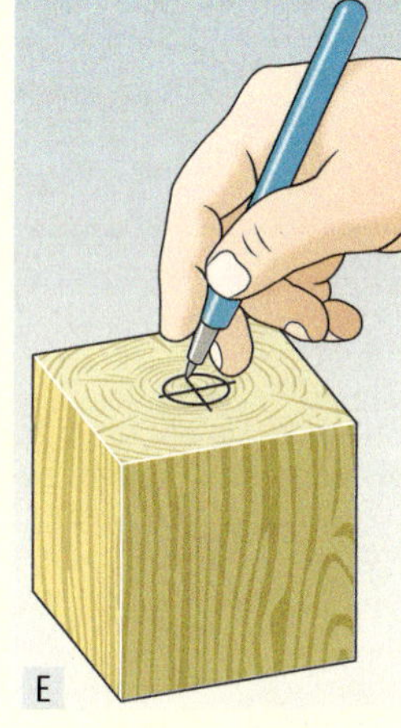
E

1. Bringe die in den Bildern A bis E dargestellten Arbeitsschritte zum richtigen Bohren in die korrekte Reihenfolge.
2. Beschreibe, worauf man alles beim Bohren mit einer Tischbohrmaschine achten muss. ⊞
3. Stelle Vermutungen an, warum man beim Bohren von tiefen Löchern den Bohrer mehrfach heben und senken sollte.

1 Ein Auto

Antriebe

Antriebe benötigen Energie

Damit Maschinen wie Autos sich bewegen können, benötigen sie einen Antrieb. Oft ist dies beim Auto ein Verbrennungsmotor oder Elektromotor. Durch den Antrieb wird das Fahrzeug in Bewegung gesetzt. Er wandelt zugeführte Energie in Bewegungsenergie um.

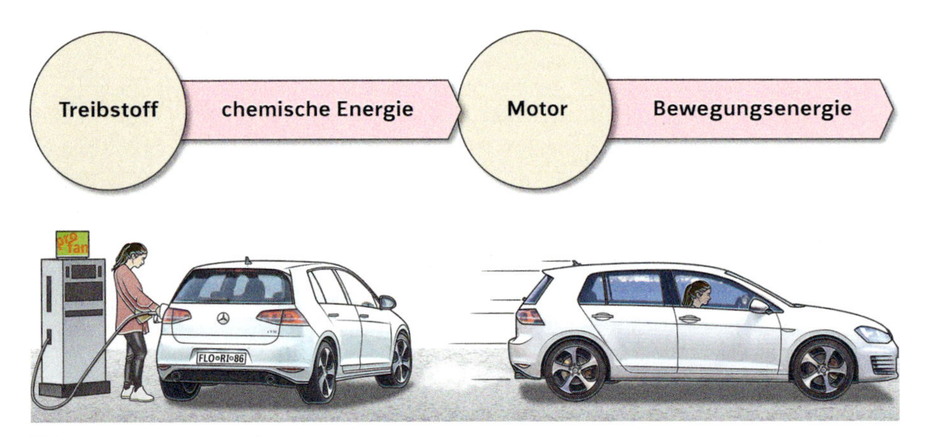

2 Energieumwandlung

Energieumwandlung

Bei einem Auto mit Verbrennungsmotor muss man regelmäßig Treibstoff wie Benzin tanken. In den Treibstoffen ist chemische Energie gespeichert. Diese wird durch den Verbrennungsmotor in Bewegungsenergie umgewandelt. Durch spezielle Bauteile im Auto wird diese Bewegungsenergie auf die Reifen übertragen.

Bei Autos mit Elektromotor wird elektrische Energie in Bewegungsenergie umgewandelt. Elektroautos müssen daher nicht mit Treibstoffen betank werden. Sie haben Akkus, die an Ladestationen aufgeladen werden.

Man selber kann auch ein Fahrzeug antreiben. Beim Fahrradfahren wird die chemische Energie in den Muskeln über das Treten der Pedale in Bewegungsenergie umgewandelt.

Selbstgebaute Antriebe

Einfache Antriebe, die eine Energieform in Bewegungsenergie umwandeln, kann man auch leicht selber bauen.

- **Gummiband** • Mithilfe eines Gummibands lassen sich Modellautos oder auch Modellboote antreiben. Wickelt man zum Beispiel ein Gummiband um das Schaufelrad eines Bootes, wird Energie in Form von Spannenergie im Gummiband gespeichert. Lässt man das Gummiband los, wird die Spannenergie in Bewegungsenergie umgewandelt. Das Schaufelrad beginnt sich zu drehen und das Boot bewegt sich.
- **Luft** • Befestigt man einen aufgeblasenen Luftballon an einem Fahrzeug und lässt daraus Luft entweichen, wird die Bewegungsenergie der Luft in Bewegungsenergie der Räder umgewandelt.
- **Batterie** • Mithilfe einer Batterie kann man ein kleines Elektroauto bauen. Die Batterie kann dabei einen Motor mit Strom versorgen, oder zum Beispiel einen Ventilator. Die elektrische Energie der Batterie wird in beiden Fällen in Bewegungsenergie umgewandelt.
- **Mausefalle** • Die Spannenergie einer Mausefalle kann ebenfalls für einen Antrieb genutzt werden. Man wickelt dafür Schnur um die Verbindungsstange zweier Räder und befestigt das Ende an der gespannten Mausefalle. Wird die Falle ausgelöst, wird der Faden mitgezogen und abgewickelt. Die Stande mit den Rädern beginnt sich zu drehen und das Fahrzeug fährt los.

A

B

3 Selbstgebaute Antriebe: **A** Batterie, **B** Luftballon

Material mit Aufgaben

P1 Luftballonantrieb

Material: Pappe, zwei Holzspieße, Strohhalm, Schere, Klebestreifen, Luftballon

Durchführung:

1. Schneide aus der Pappe vier Kreise für die Räder und ein Rechteck aus.

2. Schneide 2 Strohhalmstücke ab. Sie sollten etwas breiter als dein Rechteck sein. Befestige sie mit Klebestreifen an den beiden Enden deines Rechtecks.

3. Durchsteche mit einem Holzspieß mittig einen Reifen. Stecke danach den Holzspieß durch einen Strohhalm und befestige auf der anderen Seite den zweiten Reifen. Kürze den Holzspieß etwas.

4. Befestige für den Antrieb die Luftballonöffnung am Winkelstück des Strohhalms, sodass du den Luftballon über den Strohhalm aufblasen kannst.

5. Klebe den Ballon mit Strohhalm jetzt auf dem Rechteck auf.

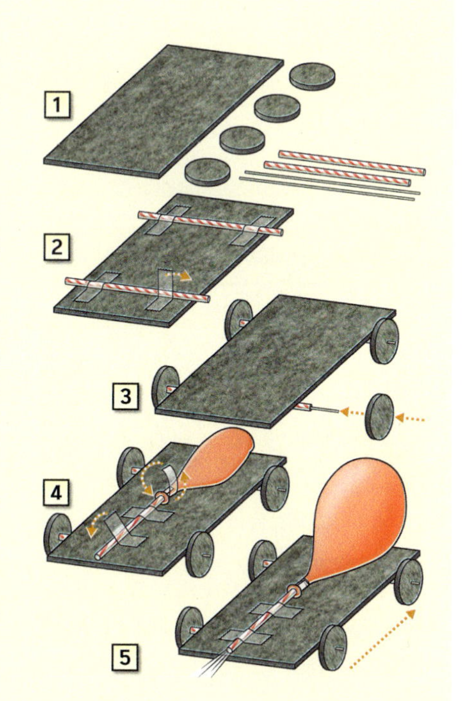

1. Baue ein Auto mit Luftballonantrieb.
2. Blase den Luftballon unterschiedlich stark auf und lasse das Auto fahren. Erkläre deine Beobachtungen.

In Deutschland geplante Bauteile können überall auf der Welt gebaut werden. Wie ist das möglich?

1 Technische Zeichnung am Computer

Skizzen und technische Zeichnungen

Skizzen

Bevor man mit dem Bau eines Werkstücks beginnt, muss man es erst einmal planen. Zu der Planung gehört auch das Anfertigen einer **Skizze**. Bei einer Skizze zeichnet man Ideen für das Aussehen des Werkstückes frei Hand auf ein Blatt Papier. Die Größe des Werkstückes muss dabei noch nicht berücksichtigt werden.

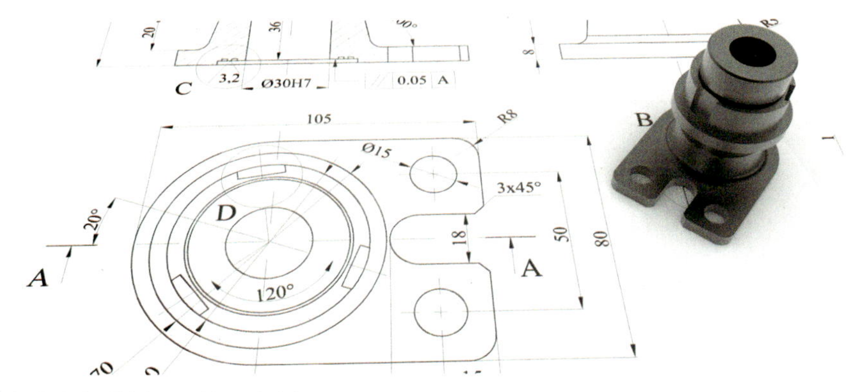

2 Technische Zeichnung (Ausschnitt)

Technische Zeichnungen

Möchte man das skizzierte Werkstück bauen oder bauen lassen, dann reicht eine Skizze nicht mehr aus. Es muss nun eine genaue **technische Zeichnung** angefertigt werden. In einer technischen Zeichnung wird das Werkstück von allen wichtigen Seiten abgebildet. Es sind außerdem alle wichtigen Maße vermerkt.

Arbeitet man beruflich mit der Planung und Anfertigung von Werkstücken, dann gelten für das Anfertigen von technischen Zeichnungen sehr genaue Regeln. Jede Strichstärke, Linienart oder Schriftart ist zum Beispiel festgelegt. Alle wichtigen Informationen zum Werkstück müssen sofort erkennbar sein. Durch diese Regeln können Menschen auf der ganzen Welt technische Zeichnung lesen und daraus die entsprechenden Werkstücke anfertigen.

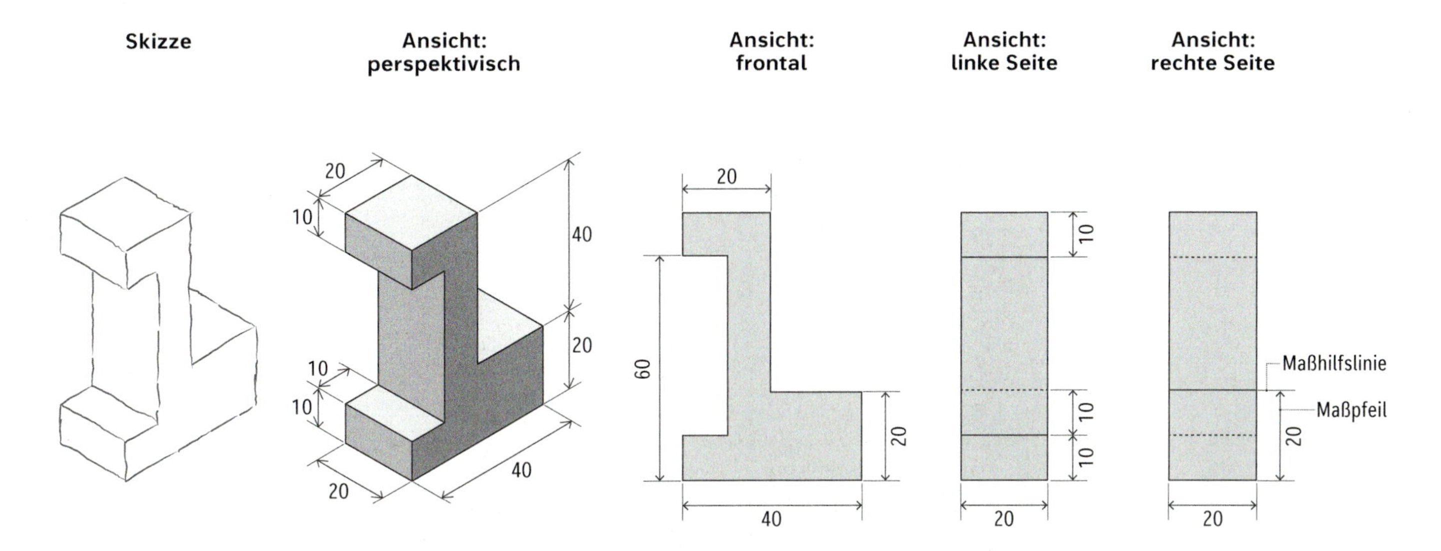

3 Von der Skizze zur technischen Zeichnung

Darstellung von Werkstücken

Fertigt man eine technische Zeichnung von einem Werkstück an, dann werden in dieser nicht die Farbe oder die Oberflächenbeschaffenheit gezeigt. Es werden auch keine Schattierungen benutzt. Eine technische Zeichnung zeigt nur die Flächen, Kanten und Ecken des Werkstücks mithilfe von Linien. Durchgezogene Linien stehen für sichtbare Kanten und Ecken. Gestrichelte Linien für nicht sichtbare.

Bemaßung

In technischen Zeichnungen gibt man immer die Maße des Werkstückes in Millimetern an. Die Maße werden mithilfe von Maßlinien an die entsprechenden Seiten des Werkstückes gezeichnet. Dabei ist die Maßlinie genau so lang wie die Werkstücksseite. An ihren Enden befinden sich jeweils zwei kleine spitze Pfeile. Von den Enden der Maßlinie zeichnet man Maßhilfslinien zu der entsprechenden Seite des Werkstücks. So weiß man ganz genau welche Maße zur welcher Werkstücksseite gehören.

Material mit Aufgaben

M1 Technische Zeichnung

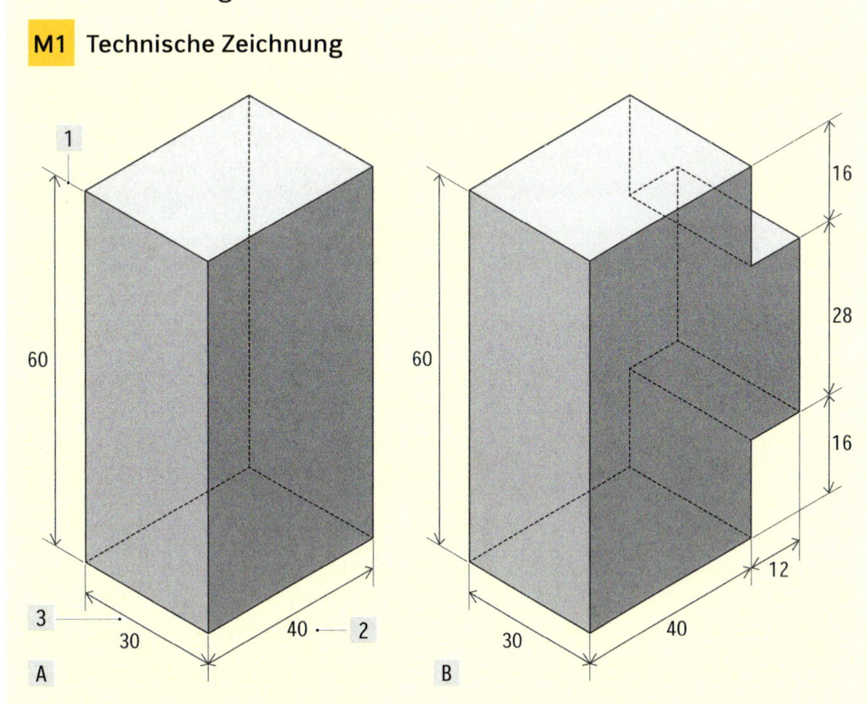

1. Ordne den Ziffern die Begriffe Maßzahl, Maßlinie und Maßhilfslinie zu.
2. Erkläre den Unterschied zwischen einer Skizze und einer technischen Zeichnung.
3. Erstelle für Werkstück A eine technische Zeichnung für die frontale Ansicht.
4. Erstelle für Werkstück B eine technische Zeichnung für die linke und rechte Seite.

Methode

Ein Werkstück planen und beurteilen

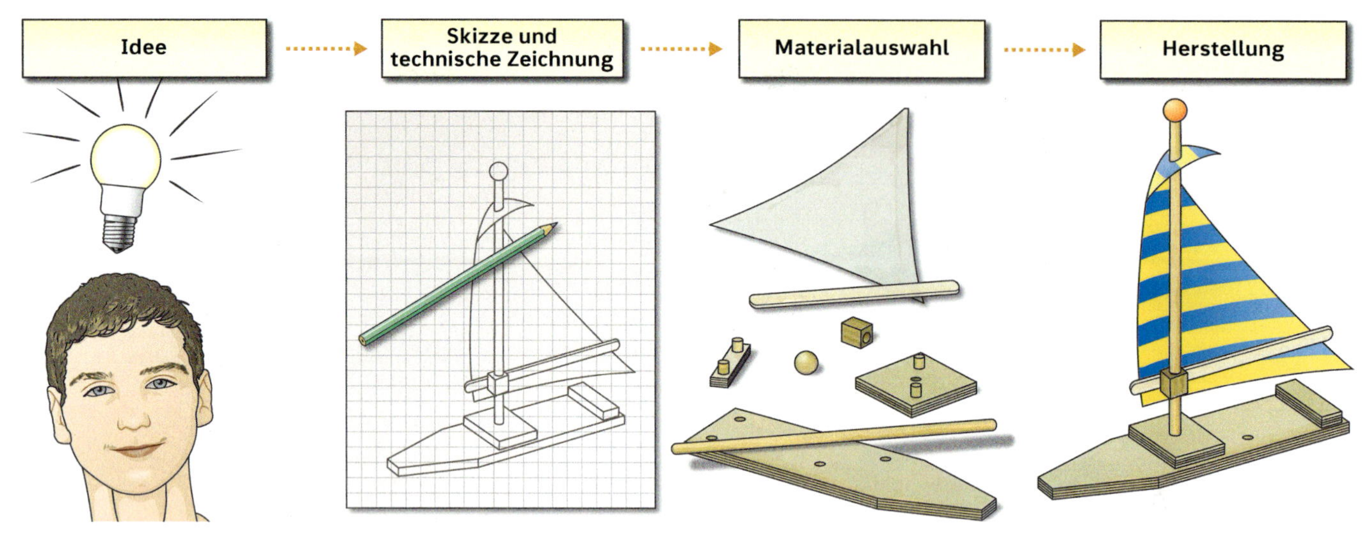

1 Arbeitsablauf: Ein Werkstück planen

Ein Werkstück planen

Bevor man mit dem Bauen von einem Werkstück beginnen kann, muss man es komplett planen. Die Planung kann man in mehrere Schritte unterteilen:

- **Idee** • Zu Beginn brauchst du eine Idee, was du bauen möchtest. Es kann zum Beispiel ein Spielzeugboot sein, ein Stiftehalter oder ein Namensschild.
- **Skizze und technische Zeichnung** • Wenn du weißt, was du bauen möchtest, skizziere deine Idee zunächst. Mache dir Gedanken, aus wie vielen Einzelstücken dein Werkstück am Ende besteht. Diese musst du später herstellen und zusammenfügen. Wenn du die Anzahl der einzelnen Bestandteile kennst und weißt, wie du sie zusammenfügen willst, erstellst du eine technische Zeichnung. In dieser legst du die Maße deines Werkstückes fest und bestimmst, wo zum Beispiel die Bohrlöcher liegen sollen.
- **Materialauswahl** • Als nächsten Schritt musst du ein geeignetes Material für dein Werkstück auswählen. Achte darauf, welchen Anforderungen dein Werkstück haben muss: soll es sehr hart, weich, leicht, dünn oder dick sein. Im Technikraum oder in einem Baumarkt findest du eine große Auswahl an Werkstoffen.
- **Herstellung** • Wenn die technischen Zeichnungen fertig sind und du alle Materialien beisammenhast, kann das Werkstück angefertigt werden. Lege fest, in welcher Reihenfolge du die einzelnen Bauteile herstellen willst. Gleiche Bauteile stellst du am besten zusammen her.
  Zeichne zuerst die entsprechenden Maße auf den Werkstoff und säge ihn zurecht. Danach kommen die Bohrlöcher. Am Ende schleifst du die Bauteile noch ab, bevor du sie mit Kleber, Schrauben oder Nägeln zusammenfügst.

Ein Werkstück beurteilen

Fertigst du ein Werkstück im Technikunterricht an, dann wird es am Ende auch beurteilt. Für eine faire Beurteilung legt man vorher Kriterien fest, nach denen das Werkstück am Ende begutachtet wird. Kriterien können zum Beispiel die vollständige Funktionsfähigkeit sein, gerade Kanten, mittig platzierte Bohrlöcher oder auch eine glatte Oberfläche. Alle Kriterien nach denen geprüft wird, werden in einem Beurteilungsbogen geschrieben. Dort können dann die Lehrkräfte die einzelnen Punkte bewerten und kommentieren.

Name:	Klasse:	Datum:	
Beurteilung des Werkstücks:			
Anforderungen an das Bauteil/Werkstück	**Max. Punktzahl**	**Eigenbewertung**	**Fremd- oder Gesamtbewertung**
Keine Fugen			
Funktionalität			
Glatte Oberflächen			
Mittig gesetzte Bohrlöcher			

2 Beispiel für einen Beurteilungsbogen

Material mit Aufgaben

P1 Stiftehalter

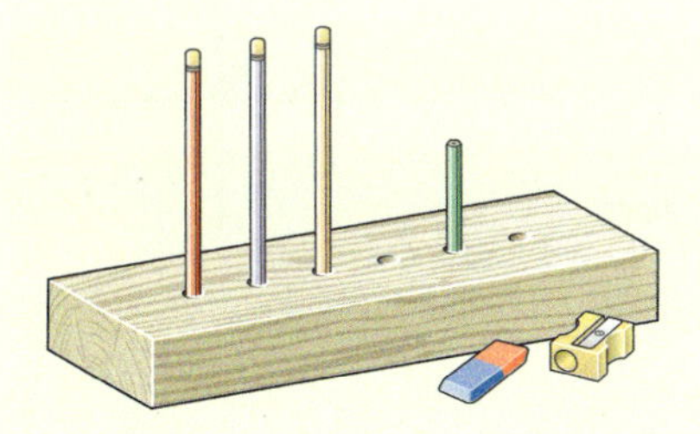

Material: Holz, Bohrer, Säge, Schleifpapier

Durchführung: Der Stiftehalter soll aus Holz bestehen, in das Löcher für fünf Stifte gebohrt werden sollen.

1. Plane den Arbeitsablauf für die Herstellung eines Stiftehalters. Achte darauf, dass die Bohrlöcher groß genug für die Stifte sind.
2. Fertige den Stiftehalter an.
3. Erstelle einen Beurteilungsbogen.

P2 Kerzenhalter

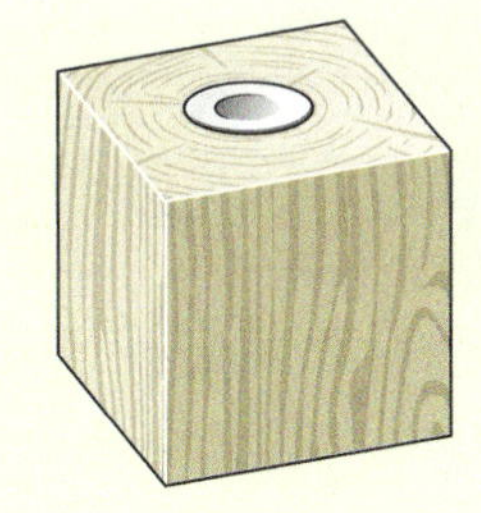

Material: Holz, Metallfassung, Bohrer, Säge, Schleifpapier

Durchführung: Der Kerzenhalter soll aus einem Stück Holz bestehen mit einem Loch für die Metallfassung.

1. Plane den Arbeitsablauf für die Herstellung eines Kerzenhalters. Achte darauf, dass das Bohrloch groß genug für die Fassung ist.
2. Fertige den Kerzenhalter an.
3. Erstelle einen Beurteilungsbogen.

P3 Ein Fahrzeug erfinden

Durchführung: Überlegt euch in einer Gruppe ein Fahrzeug, was möglichst weit fährt.

1. Plane den Arbeitsablauf für die Herstellung deines Autos.
2. Fertigt das geplante Fahrzeug an.
3. Erstelle einen Beurteilungsbogen und fülle ihn aus. Beschreibe, was man verbessern könnte.

Arbeiten im Technikraum

Für den Technikunterricht ist der Fachraum nicht geeignet. Aus diesem Grund geht man für Arbeiten in den Technikraum. In ihm befinden sich die nötigen Arbeitsflächen und Werkzeuge. Man darf nie ohne eine Lehrkraft den Technikraum betreten. Wie auch im Fachraum gelten bestimmte Regeln im Technikraum. Zum Beispiel darf man nicht Essen.

Werkstoff Holz

Zu den natürlichen Rohstoffen gehören zum Beispiel Holz, Erdöl oder Erze. Die Vorkommen von Erdöl oder Kohle werden vom Menschen schneller verbraucht als sie sich regenerieren können. Sie sind nicht erneuerbare Rohstoffe. Holz dagegen gehört zu den nachwachsenden Rohstoffen. Aus den verschiedenen Rohstoffen können Werkstoffe gewonnen werden. Zum Beispiel wird der Rohstoff Holz getrocknet und in Bretter gesägt und wird somit zum Werkstoff Holz.

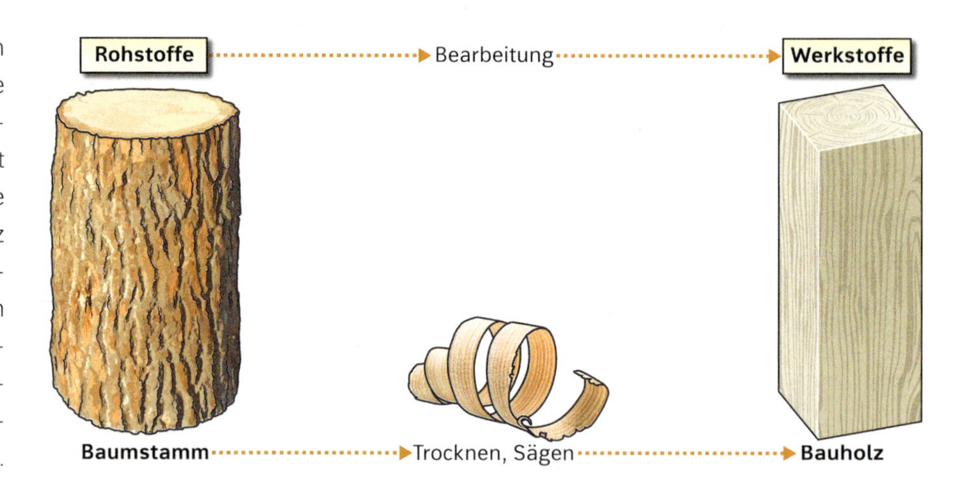

Werkstoffe bearbeiten

Für die Bearbeitung von Werkstoffen gibt es viele verschiedene Werkzeuge. Mithilfe von Sägen lassen sich Werkstoffe auf die richtige Länge kürzen. Bohrer schneiden Löcher in Werkstoffe, in denen dann Schrauben platziert werden können. Mithilfe von Feilen und Schleifpapier kann man glatte Oberflächen erzeugen. Bevor man Werkstoffe bearbeitet, sollte man sie immer ausmessen und anzeichnen.

Planen und beurteilen

Bevor man ein Werkstück herstellt, muss man es planen. Zu der Planung gehören neben der Idee, der richtige Werkstoff und eine Skizze oder technische Zeichnung. In einer technischen Zeichnung sind alle wichtigen Maße vom Werkstück notiert.

Hat man ein Werkstück fertig gestellt, wird es oft nach verschiedenen Kriterien beurteilt. Zum Beispiel wird das Werkstück auf Funktionalität geprüft.

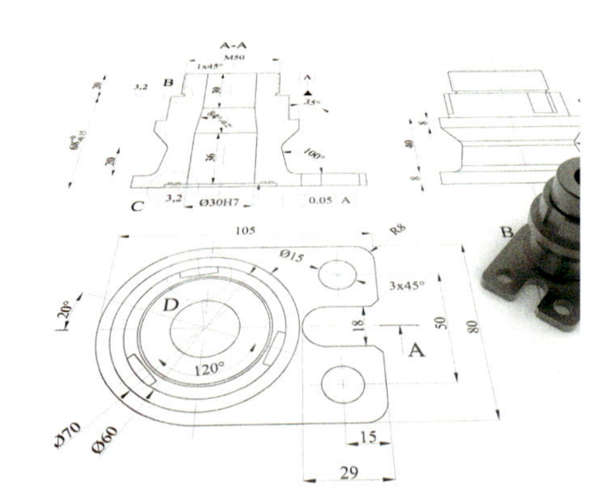

1 Schilder im Technikraum

A ▮▮▮ Ordne den Schildern A bis F folgende Bedeutungen zu: Kehrverbot, Warnstreifen, Fluchtweg, Augenschutz tragen, Haarschutz tragen, Erste Hilfe Kasten.

B ▮▮▮ Beschreibe Verhaltensregeln im Technikraum.

C ▮▮▮ Erkläre, warum man Werkzeuge nicht ohne Erlaubnis der Lehrkraft benutzten darf.

D ▮▮▮ Erkläre, warum man im Technikraum den Boden nach Arbeiten mit Holz besser saugen als fegen sollte.

2 Werkstoff Holz

A ▮▮▮ Nenne verschiedene Laubbäume und Nadelbäume, die für Holzarbeiten genutzt werden.

B ▮▮▮ Erkläre den Unterschied zwischen einem Rohstoff und einem Werkstoff.

C ▮▮▮ Ordne den Bildern A und B die Begriffe Leimholz und Spanplatte zu. Begründe deine Zuordnung.

3 Tischbohrmaschine

A ▮▮▮ Nenne für die Ziffern die richtigen Fachbegriffe.

B ▮▮▮ Beschreibe die Funktion der einzelnen Bestandteile der Tischbohrmaschine.

C ▮▮▮ Beschreibe Sicherheitsvorkehrungen, die beim Arbeiten mit einer Tischbohrmaschine eingehalten werden müssen.

D ▮▮▮ Erkläre, welche Vorteile eine Tischbohrmaschine gegenüber Handbohrmaschinen hat.

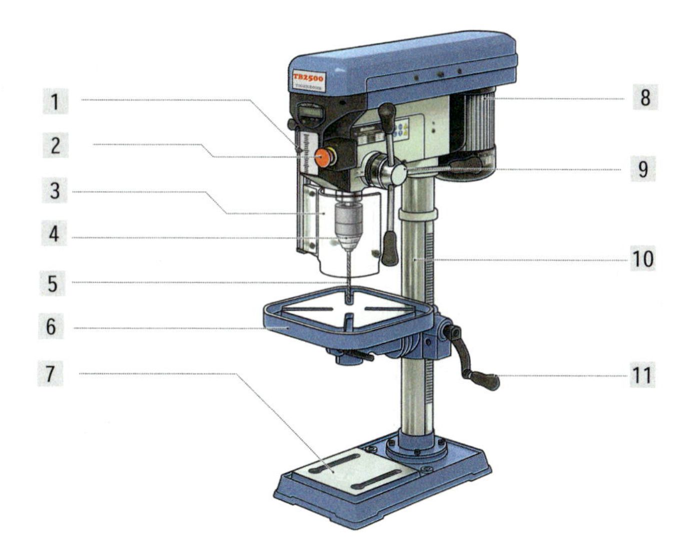

Hilfen

Seite 15

M1 Aufgabe 3

Beachte bei deiner Antwort, ob die Schülerinnen und Schüler eine Schutzbrille tragen, ihre Haare zusammengebunden sind oder ob sie zum Beispiel etwas essen.

Seite 21

M1 Aufgabe 2

Überprüfe für den Uhu und die Drohne alle Kennzeichen des Lebendigen: Fortpflanzung, Wachstum und Entwicklung, Bewegung, Reizbarkeit, Stoffwechsel.

Seite 22

M2 Aufgabe 2

Beachte, dass die Venusfliegenfalle Insekten fängt und verdaut, um wichtige Stoffe für ihren Stoffwechsel zu erhalten.

Seite 27

M1 Aufgabe 2

Tipp: Viele Stoffe verbreiten reizende und giftige Dämpfe, die nicht direkt eingeatmet werden dürfen.

P2 Aufgabe 2

Geschmackstests sind als Schutzmaßnahme nicht im Fachraum erlaubt.

Seite 29

M1 Aufgabe 2

Beachte, dass die Messgeräte immer einen geeigneten Messbereich haben müssen.

Seite 32

M1 Aufgabe 2

Beachte bei deiner Antwort, dass zu Beginn des Versuchs in den Bechergläsern unterschiedlich viel Wasser enthalten ist.

Seite 33

P2 Aufgabe 2

Beachte bei deiner Antwort, dass das Temperaturempfinden abhängig davon ist, ob man vorher in einer wärmeren oder kälteren Umgebung war.

M3 Aufgabe 2

Tipp: Das linke Mädchen hat vorher kalt geduscht und das rechte Mädchen warm.

Seite 35

M1 Aufgabe 2

Beachte bei deiner Erklärung beispielsweise das Material der Thermometer und die Messgenauigkeit.

Seite 38

M1 Aufgabe 3

Nutze folgenden Satzanfang:

- *Für die Beobachtung von beweglichen Objekten eignen sich ... .*

Seite 39

M2 Aufgabe 2

Beachte bei deiner Beschreibung den Aufbau der Flügel.

Seite 45

M1 Aufgabe 2

Beachte bei deiner Antwort, dass Wildtiere nicht in ihren Merkmalen durch Züchtungen des Menschen verändert wurden.

M2 Aufgabe 2

Tipp: Neben genügend Zeit für einen Hund, benötigt man außerdem noch Geld für Futter, Spielzeug, Körbchen oder einen Tierarzt.

Seite 48

M1 Aufgabe 2

Beispiel: Die Polizei nutzt Spürhunde zum Aufspüren von Drogen oder Sprengstoffen zum Beispiel in Koffern oder Verstecken. Hunde sind dafür besonders geeignet, da sie einen sehr guten Geruchssinn haben.

Seite 49

M2 Aufgabe 2

Tipp: Der Bär läuft auf seiner ganzen Fußsohle. Er ist daher ein Sohlengänger. Wie ist es beim Hund?

Seite 50

M3 Aufgabe 2

Schneidezahn – Schaber: Der Hund kann mit seinen flachen Schneidezähnen Fleischreste vom Knochen abschaben.

Eckzahn – Fleischgabel: ?

Backenzahn – ?

Reißzahn – ?

Seite 53

M1 Aufgabe 2

Nutze folgenden Satzanfang:

- *Die Menschen wählten zunächst gezielt die Tiere für die Fortpflanzung aus, die bereits kurze Beine hatten. Sie verpaarten ... .*

M1 Aufgabe 3

Tipp: Ein Hund und eine Katze können sich nicht fortpflanzen, weil sie zwei unterschiedliche Arten sind.

Seite 55

M1 Aufgabe 2

Nutze folgenden Satzanfang:

- *Früher haben wilde Wolfsrudel in der Nähe des Menschen nach Nahrung ... .*

Seite 56

M1 Aufgabe 2

Erstelle eine ähnliche Tabelle für die Katze wie beim Hund.

Jagdweise	Jagdverhalten	Merkmale
Hetzjäger	hetzt Beutetieren hinterher	Zehengänger, Krallen nicht einziehbar

M1 **Aufgabe 3**

Beachte bei deiner Antwort, dass die Katze bei der Jagd ihre Krallen einzieht.

Seite 58

M2 **Aufgabe 2**

Tipp: Fangzähne und Reißzähne sind typisch für ein Fleischfressergebiss.

Seite 62

M1 **Aufgabe 2**

Backenzahn - Mörser: Pflanzenteile werden zermahlen

Schneidezahn und Eckzähne mit Hornleiste - ?

Seite 63

M2 **Aufgabe 2**

Beachte bei deinem Vergleich die Länge des Darms und die Anzahl der Mägen.

Seite 64

M3 **Aufgabe 2**

Tipp: Milchrinderrassen produzieren viel Milch, wiegen aber nicht so viel wie Fleischrinderrassen. Die Fleischrinderrassen sind sehr schwer, brauchen viel Kraftfutter und geben wenig Milch.

Seite 65

M4 **Aufgabe 2**

Beachte bei deinem Vergleich zum Beispiel den verfügbaren Platz zum Laufen und Liegen und das Nahrungsangebot.

M4 **Aufgabe 3**

Beachte bei deiner Antwort, dass Rinder viel Kraftfutter bekommen und sich wenig bewegen sollten, wenn sie mehr Milch geben sollen.

Seite 66

M1 **Aufgabe 2**

Nutze folgende Satzbausteine:
zerreißen von Fleisch - zermahlen pflanzliche Nahrung - Durchwühlen des Bodens - Abrupfen von Blättern

Seite 67

M2 **Aufgabe 2**

Hinweis: Hunde laufen auf ihren Zehen, wenn sie ihren Beutetieren hinterher hetzen. Sie zählen deshalb zu den Zehengängern. Wie ist es bei Schweinen und Pferden?

Seite 68

M3 **Aufgabe 3**

Folgende Zuchtziele solltest du beachten: Schlachtgewicht und Wachstum.

Seite 69

M4 **Aufgabe 2**

Beachte bei deiner Antwort, dass man in kurzer Zeit viel Fleisch produzieren muss, um es günstig anbieten zu können.

M4 **Aufgabe 3**

Beurteile, ob die Schweine sich bei dieser Haltung suhlen, frei bewegen, Futter suchen und mit anderen Tieren zusammenleben können.

Seite 70

M1 **Aufgabe 2**

Tipp: Hühner putzen sich.

M1 **Aufgabe 3**

Beachte bei deiner Antwort die Futtersuche, das Sandbaden und die Schlafstätten der Hühner.

Seite 72

M2 **Aufgabe 2**

Hinweis: In der Freiland- und Bodenhaltung können sich Hühner frei bewegen und es ist Sand zum Sandbaden vorhanden.

M3 **Aufgabe 2**

Nutze folgenden Anfang:

- *Um Eier günstig anbieten zu können, müssen sehr viele Hühner ... .*

Seite 75

M1 **Aufgabe 2**

Nutze folgende Satzbausteine:

muskulöse Hinterbeine - schlanker und leichter Körper - langer Schwanz zum Gleichgewicht halten - lange Krallen

Seite 76

M2 **Aufgabe 2**

Beachte bei deinem Vergleich die verschiedenen Zahntypen und ihre Funktionen.

M3 **Aufgabe 2**

Tipp: Eichhörnchen müssen bei der Fortbewegung in Bäumen alle Äste im Blick haben und auch mögliche Fressfeinde schnell erkennnen.

Seite 79

M1 **Aufgabe 2**

Beachte bei deinem Vergleich zum Beispiel die Tiefe der Gänge, Anzahl und Funktion der Kessel und die Form der Hügel.

M1 **Aufgabe 3**

Tipp: Der Maulwurf ist ein Nützling. Er frisst Wurzelschädlinge und lockert mit seinen Gängen den Boden auf.

Seite 80

M2 **Aufgabe 2**

Nutze folgenden Anfang:

- *Der Maulwurf besitzt Grabhände. Durch das Sichelbein wird die Handfläche ... .*

Hilfen

Seite 91

M3 Aufgabe 2

Beachte bei deiner Antwort, dass der Maulwurf mit seinen Zähnen Insekten zerbeißen und zermahlen muss.

M3 Aufgabe 3

Beachte bei deiner Antwort, dass der Maulwurf mit seinen Zähnen durch die harte Schale von Insekten und die zähe Haut von Regenwürmern kommen muss.

Seite 83

M1 Aufgabe 2

Nutze folgende Satzbausteine:

verlängerte Finger- und Unterarmknochen - dünne Flughäute - Sporenbein - Flughaut am Schwanz spannen

Seite 84

M2 Aufgabe 2

Beachte bei deiner Antwort, dass Fledermäuse den ganzen Winter über Winterschlaf halten.

M3 Aufgabe 1

Tipp: Die Körpertemperatur und die Anzahl der Atemzüge sinkt im Winter.

Seite 87

M1 Aufgabe 3

Tipp: Knochen von Säugetieren sind mit Knochenmark gefüllt. Das macht sie stabiler, aber auch schwerer. Wie sieht es bei Vögeln aus?

Seite 89

M2 Aufgabe 2

Schwungfeder – Die langen Schwungfedern bilden die Tragflächen der Flügel. Mit ihnen können Vögel fliegen.

Deckfeder – Die Deckfedern liegen wie Dachziegel übereinander. Sie schützen ...

Steuerfeder – ?

Daune – ?

P3 Aufgabe 2

Beachte bei deinem Vergleich die Hakenstrahlen und Federäste der Feder und die Haken und Schlaufen beim Klettverschluss.

Seite 91

M1 Aufgabe 2

Nutze folgende Satzbausteine:
Abwärtsschlag - schräg nach unten - Aufwärtsschlag - Flügelfläche nicht geschlossen - erneuter Abwärtsschlag

Seite 92

M2 Aufgabe 2

Beachte bei deinem Vergleich zum Beispiel die Flügelposition, Nutzung von Aufwinden oder die Geschwindigkeit und Höhe.

Seite 95

P1 Aufgabe 1

Tipp: Überprüfe, welche der folgenden Bestandteile du sehen kannst: Hagelschnur, Keimscheibe, Kalkschale, Schalenhaut, Eiklar, Dotterhaut, Dotter.

P1 Aufgabe 2

Beachte, dass sich eine befruchtete Eizelle mehrfach teilt und sich eine Keimscheibe ausbildet.

Seite 96

M2 Aufgabe 2

Tipp: Damit sich ein Küken entwickelt, muss das Ei auf einer gleich bleibenden Temperatur gehalten werden.

Seite 98

M1 Aufgabe 2

Vervollständige die Tabelle.

Flossen	Aufgaben
Schwanzflosse	Fortbewegung im Wasser
Rückenflosse	...
...	Hält Fisch aufrecht
Bauchflosse	...
Brustflosse	...

Seite 99

M2 Aufgabe 2

Tipp: Friedfische suchen den Boden nach Nahrung ab. Sie haben meistens gar keine Zähne im Kiefer.

Seite 100

M3 Aufgabe 2

Nutze folgenden Anfang:

- *Beim Einatmen sind die Kiemendeckel geschlossen. Durch das Maul saugt der Fisch Wasser ein. Beim Ausatmen ... .*

M3 Aufgabe 3

Beachte bei deiner Antwort, dass der Sauerstoff aus dem Wasser über die Blutgefäße der Kiemenblättchen aufgenommen wird.

Seite 101

M4 Aufgabe 3

Tipp: Steigt ein Fisch nach oben, ist in seiner Schwimmblase viel Gas. Sinkt der Fisch ab, ist in seiner Schwimmblase wenig Gas.

Seite 103

M1 Aufgabe 2

Nutze folgende Satzbausteine:
fast durchsichtig und wenige Millimeter groß - ernährt sich vom Dottersack - Nährstoffe des Dottersacks aufgebraucht - Jungforelle verlässt Bachbett - ist ausgewachsen und geschlechtsreif

M1 Aufgabe 3

Beachte, dass die Forelle erst als Jungforelle das Bachbett verlässt und eigenständig nach Nahrung sucht.

Seite 105

M1 Aufgabe 3

Beachte bei deiner Erklärung den Flossensaum und die Schwimmhäute beim Teichmolch.

M1 Aufgabe 4

Nutze folgenden Satzanfang:
- *Der Wasserfrosch hat nicht nur Schwimmflossen, sondern auch sehr kräftige ... .*

Seite 109

M1 Aufgabe 3

Tipp: Bei einer Metamorphose sehen die Jungtiere anders aus und haben eine unterschiedliche Lebensweise.

Seite 111

M1 Aufgabe 3

Beachte bei deiner Erklärung, dass Erdkröten immer zum gleichen Laichgewässer wandern.

M1 Aufgabe 4

Beachte bei deiner Beschreibung den sicheren Weg zum Laichgewässer, nahegelegene Sommer- und Winterquartiere und das Vorhandensein von sauberen Feucht- und Laichgewässern.

Seite 113

M1 Aufgabe 2

Beachte bei deinem Vergleich zum Beispiel wie die Haut bedeckt ist und welche Drüsen sich in der Haut befinden.

M1 Aufgabe 3

Zauneidechse: Die Lunge ist an der Innenseite sehr stark gefaltet.

Erdkröte: ?

M1 Aufgabe 4

Tipp: Die Hornschuppen sind sehr fest und dicht gepackt.

Seite 114

M2 Aufgabe 2

Tipp: Reptilieneier haben eine feste, ledrige Schale.

Seite 119

M1 Aufgabe 2

Beachte bei deiner Antwort, ob Fischotter genug intakte Lebensräume haben.

M1 Aufgabe 3

Tipp: In Naturschutzgebieten darf nicht gejagt, gefischt oder die Natur verändert werden.

Seite 127

M1 Aufgabe 2

Tipp: Denke vor allem an die Körpergliederung und die Anzahl der Beine.

Seite 129

M1 Aufgabe 1

Nutze folgende Begriffe: Innenskelett, Außenskelett, Muskeln

M1 Aufgabe 2

Tipp: Bei Insekten durchziehen die Atemröhren, die Tracheen, den gesamten Körper.

M1 Aufgabe 3

Überlege, wie das Blut durch den Körper transportiert wird.

Seite 132

M1 Aufgabe 3

Tipp: Mit Beißzangen können Beutetiere zerbissen werden, mit Rüsseln können Flüssigkeiten aufgesaugt werden.

Seite 133

M2 Aufgabe 3

Folgende Begriffe können dir helfen: dicker als ..., dünner als ...., länger als ..., kürzer als ...

Seite 135

M1 Aufgabe 2

Entwicklungsstadium / Verwandlung	Maikäfer	Grashüpfer
Ei	...	ja
Larve	...	...
Puppe	ja	...
Vollinsekt	...	ja
Verwandlung	...	...

M1 Aufgabe 3

Tipp: Denke an das Puppenstadium.

Seite 137

M1 Aufgabe 2

Nutze folgenden Satzanfang:
- *In den Brutzellen liegt je ein Ei. Daraus... .*

M1 Aufgabe 3

Tipp: Denke an das Puppenstadium.

M1 Aufgabe 4

Tipp: Bei der Fütterung mit Gelée royale entwickeln sich keine Arbeiterinnen.

Seite 139

M2 Aufgabe 2

Tipp: Eine Arbeitsbiene lebt etwa 35 Tage.

M3 Aufgabe 4

Nutze folgende Begriffe: Bestäubung, Befruchtung, Entwicklung von Früchten

Seite 141

M1 Aufgabe 2

Tipp: Schwänzeltanz, Winkel, Sonnenstand

Seite 143

M1 Aufgabe 2

Nutze folgenden Satzanfang:

- *Außen wird Das Radnetz durch Rahmenfäden begrenzt. Zwischen ihnen verlaufen ... .*

M1 Aufgabe 3

Nutze folgende Begriffe: Wahrnehmung, Fang, Erschütterungen, Beutetiere

M1 Aufgabe 4

Nutze folgende Begriffe: Netz, versteckt sich, Warte

M2 Aufgabe 2

Nutze folgenden Satzanfang:

Der Weberknecht ist ein Spinnentier, weil ... .

M2 Aufgabe 3

Merkmal	Insekten	Spinnen
Körpergliederung	Kopf, Brust, Hinterleib	...
Anzahl Beine		8
Atmung	...	...
Nervensystem	...	...
Blutkreislauf	offen	...

Seite 144

M3 Aufgabe 2

Tipp: Achte auf die Anzahl der Beine.

Seite 145

M4 Aufgabe 3

Nutze folgenden Anfang:

- *Im Gegensatz zu Insekten besteht der Körper von Kreuzspinne und Flusskrebs aus ...*

M4 Aufgabe 4

Merkmal	Maikäfer	Kreuzspinne	Flusskrebs
offener Blutkreislauf	Ja	?	?
Atmung mit...	?	?	Kiemen
Augen	Facettenaugen	?	?
Strickleiter-nervensystem	?	Ja	?

M4 Aufgabe 5

Tipp: Die Kreuzspinne und der Flusskrebs nutzen unterschiedliche Atmungsorgane.

M5 Aufgabe 2

Beachte die Anzahl der Beine.

Seite 147

M1 Aufgabe 2

Tipp: Regenwürmer leben im Boden.

M1 Aufgabe 3

Tipp: Regenwürmer haben Lichtsinneszellen.

Seite 148

M2 Aufgabe 2

Tipp: Denke an die Seitenherzen.

M2 Aufgabe 3

Nutze folgenden Anfang:

- *Der Regenwurm hat einen geschlossenen Blutkreislauf, denn sein Blut fließt in... .*

Seite 149

M3 Aufgabe 3

Tipp: Regenwürmer sind wechselwarm.

Seite 151

M1 Aufgabe 2

Beachte, dass die Schnecke eine Radula hat.

M2 Aufgabe 2

Tipp: Schnecken sind wechselwarm.

Seite 152

M3 Aufgabe 1

Beachte die Nahrungspartikel im Wasser.

Seite 153

M4 Aufgabe 1

Tipp: Wenn der Tintenfisch seinen Körper ausdehnt, wird Wasser hineingesogen.

Seite 158

M1 Aufgabe 2

Beachte bei deinem Vergleich, dass sich an der Wurzel viele, dünne Wurzelhärchen befinden.

Seite 160

M2 Aufgabe 2

Nutze bei deiner Antwort folgende Begriffe:

Wasserstand, Sinken, Wasser, Verdunstung, Blätter

Seite 163

M1 Aufgabe 2

Betrachte die Kronblätter der beiden Pflanzen. Wie viele Kronblätter haben sie?

Seite 167

M1 Aufgabe 2

Übertrage den Text in dein Heft und ergänze die Lücken:

Die Schlüsselblume wird durch ... bestäubt. Es handelt sich daher um eine ... .

M1 Aufgabe 3

Beachte, dass bei der Schlüsselblume bei jeder Blüte Griffel und Staubblätter unterschiedlich lang sind.

M2 Aufgabe 3

Tipp: Bienen können mit ihren kurzen Saugrüssel an den Nektar aus flachen, kurzen Blüten kommen.

Seite 168

M3 Aufgabe 2

Beachte bei deiner Antwort die Oberfläche

der Pollenkörner. Windbestäuber haben zum Beispiel glatte Pollenkörner.

M3 Aufgabe 3

Nutze folgenden Satzanfang:

- *Der Wind kann die Pollenkörner in viele verschiedene ... .*

M3 Aufgabe 4

Tipp: Der Haselstrauch wird durch Wind bestäubt.

Seite 169

M4 Aufgabe 2

Beachte bei deiner Antwort, dass die Salweide entweder nur männliche oder nur weibliche Blütenstände besitzt.

Seite 170

M1 Aufgabe 2

Nutze bei deiner Antwort folgende Begriffe:

Narbe, Pollenschlauch, Innere des Fruchtknotens, weibliche Eizelle, verschmelzen

Seite 171

M2 Aufgabe 2

Nutze folgenden Satzanfang:

- *Bei der Kirschfrucht ist der Samen umgeben von ... .*

Seite 173

M2 Aufgabe 2

Beispiel:

Pflanzenart: Süß-Kirsche

Fruchttyp: Lockfrucht

Begründung: Durch ihr auffällige Färbung werden Kirschen von Tieren gefressen und der unverdauliche Kern wird wieder ausgeschieden.

Seite 175

M1 Aufgabe 2

Benutze bei der Beschreibung Formulierungen wie zum Beispiel: die Kresse keimt, die Kresse keimt nicht, bei geringer Wärme, ...

Seite 176

P2 Aufgabe 2

Tipp: Zeichne auf der Rechtsachse die Tage ein und auf der Hochachse die Länge der Bohnenpflanze.

M3 Aufgabe 2

Nutze folgende Satzbausteine:

Keimwurzel wächst - Keimstängel und erste Laubblätter - Nährstoffe aus Keimblättern - Keimblätter werden kleiner und sterben ab

M3 Aufgabe 3

Tipp: Die ersten Laubblätter werden im Sonnenlicht grün.

M3 Aufgabe 4

Tipp: Samen brauchen Wasser zum Keimen.

Seite 179

Aufgabe 3

Tipp: Die Blüte wurde mithilfe der Biene befruchtet.

Aufgabe 4

Beachte bei deiner Antwort, dass sich die Kirsche mithilfe von Tieren verbreitet.

Seite 181

M1 Aufgabe 2

Tipp: In Bild E sind die Kronblätter zu einer Röhre verwachsen und bilden eine helmartige Ober- und Unterlippe.

Die Blüte in Bild F hat kreuzförmig angeordnete Kronblätter.

M1 Aufgabe 3

Beachte bei deiner Antwort, dass jeweils die Kelchblätter und die Kronblätter verwachsen sind.

Seite 183

P1 Aufgabe 2

Bestandteil	Stoffe
Fruchtschale	Ballast- und Mineralstoffe
...	Ballast- und Mineralstoffe
Eiweißschicht	...
Mehlkörper	Stärke

Seite 185

M1 Aufgabe 2

Nutze folgende Satzanfänge:

- *Bei der Möhre werden die verdickten ... . Wie bei Äpfeln, wird auch bei der Birne die ...*

Seite 187

M1 Aufgabe 3

Beispiel: Im Frühjahr bildet der Laubbaum Blüten aus, damit er sich fortpflanzen kann.

Seite 188

M2 Aufgabe 1

Beginne oben und stelle dir Fragen zu den Merkmalen der Blätter. Du hast immer zwei Antworten zur Auswahl.Beginne bei Blatt A:

Ist das Blatt einfach oder zusammengesetzt?

→ einfach

Ist die Blattform lang oder breit?

→ breit

Ist die Blattform gelappt oder nicht gelappt?

→ ...

Seite 195

M1 Aufgabe 2

Tipp: Wälder haben im Gegensatz zu Wiesen ein dichtes Blätterdach.

Hilfen

Seite 196

M2 Aufgabe 2

Nutze bei deiner Antwort folgende Begriffe: Wiese, Fluss, See, Wald, begradigt, Felder, Stadt, vielfältig

M2 Aufgabe 3

Tipp: Lebewesen sind immer an einen bestimmten Lebensraum angepasst.

M3 Aufgabe 1

Beachte bei deinem Vergleich die Anzahl der Tiere und Pflanzen.

Seite 197

M4 Aufgabe 2

Nutze folgende Satzanfänge:

- *Eine Hecke besteht aus vielen verschiedenen … . Viele Tiere halten sich … .*

M4 Aufgabe 3

Tipp: Hecken sind ein guter Schutz vor Wind.

Seite 199

M1 Aufgabe 2

Beachte, ob biotische und abiotische Umweltfaktoren vorhanden sind.

Seite 201

M1 Aufgabe 2

Nutze folgenden Satzanfang:

- *Im Mischwald dringt weniger Licht in die unteren Schichten als im Forst, weil …*

M1 Aufgabe 3

Tipp: Manche Schichten sind im Forst stärker oder schwächer ausgeprägt als im Mischwald.

M1 Aufgabe 4

Beachte bei deiner Antwort, dass im Forst vor allem Nadelbäume stehen.

Seite 204

M1 Aufgabe 3

Nutze folgende Begriffe: dicht, locker, niedrig

Seite 205

M2 Aufgabe 2

Tipp: Die Artzusammensetzung der Tierwelt ändert sich ähnlich wie die der Pflanzen.

Seite 208

M1 Aufgabe 2

Nutze folgende Begriffe: konkurrenzstark, konkurrenzschwach, Verdrängung

Seite 209

M2 Aufgabe 2

Beachte die Ausprägung folgender Umweltfaktoren: Gelände, Temperatur, Wind, Untergrund.

M2 Aufgabe 3

Beachte, dass sich die Ausprägung der Umweltfaktoren mit zunehmender Höhe verstärkt.

Seite 211

M1 Aufgabe 2

Nutze folgenden Satzanfang:

- *Bei einem dicht bewachsenen Hang nimmt der Boden viel Wasser auf. Der Oberflächenabfluss von Wasser ist …*

M1 Aufgabe 3

Nutze folgende Begriffe: Versickerung, Filter, Schadstoffe

M2 Aufgabe 2

Beachte, dass beim Verbrennen von Holz Kohlenstoffdioxid freigesetzt wird.

Seite 213

M1 Aufgabe 2

Nutze folgenden Satzanfang:

- *Die Käfer fressen sich unter die Rinde …*

M1 Aufgabe 3

Tipp: Ein Forst besteht meist aus nur einer Baumart.

M2 Aufgabe 3

Nutze folgenden Satzanfang:

- *Der Anteil der Baumarten mit deutlicher Kronenverlichtung hat deutlich*

Seite 215

M1 Aufgabe 3

Tipp: Grüne Pflanzen sind Produzenten und stellen Nährstoffe her.

M2 Aufgabe 1

Beispiel:

Buche → Buchfink → Siebenschläfer → …

Seite 217

M1 Aufgabe 2

Beachte bei deiner Erläuterung die Dichte der Baumkronen und die Sonneneinstrahlung im Wald.

M2 Aufgabe 1

A: ?

B: Zwiebel

C: ?

D: ?

M2 Aufgabe 2

Sprossknolle: ?

Wurzelknolle: ?

Zwiebel: Zwiebeln sind unterirdische, dickfleischige Blätter.

Erdspross: ?

Seite 222

M1 Aufgabe 2

Beachte s zum Beispiel, dass beide Seiten mit dem Ergebnis zufrieden sind und die möglichen Reaktionen

M1 **Aufgabe 3**

Tipp: Veränderungen in der Pubertät werden durch Hormone ausgelöst.

Seite 223

M2 **Aufgabe 2**

Beachte bei der Erklärung das Einsetzten der körperlichen Veränderungen bei Jungen und Mädchen.

Seite 225

M1 **Aufgabe 2**

Penis: dient der Übertragung von Spermienzellen.

Hoden: In den Hoden werden bis zum Lebensende mehrere Millionen ...

Eichel: - ?

Seite 227

M1 **Aufgabe 2**

Gebärmutter: In der Schleimhaut der Gebärmutter kann sich eine befruchtete Eizelle einnisten. Während der Schwangerschaft wächst in der Gebärmutter das Kind heran.

Eileiter: - ?

Eierstock: - ?

Scheide: - ?

Innere Schamlippen: - ?

Äußere Schamlippen: - ?

Seite 228

M2 **Aufgabe 2**

Nutze folgende Satzbausteine:

Ei nistet sich nicht in Gebärmutter ein - Schleimhaut wird abgestoßen - Menstruation - Aufbau einer neuen Schleimhaut

Seite 229

M3 **Aufgabe 2**

Tipp: Ein Zyklus dauert vom ersten Tag der Blutung ungefähr 28 Tage.

M4 **Aufgabe 2**

Beachte, dass keine Krankheitserreger in die Scheide und die Harnröhre gelangen dürfen.

Seite 231

M1 **Aufgabe 2**

Tipp: Das Kind kann während der Schwangerschaft noch nicht selbstständig atmen.

M2 **Aufgabe 2**

Vervollständige die Tabelle

Fruchtblase	Modell
Fetus	rohes Ei
...	Plastikbeutel
Fruchtwasser	...
Gummiband	keine Funktion
Schraubglas	...

M2 **Aufgabe 3**

Beachte, dass Wasser ein guter Schutz sein kann.

Seite 232

M3 **Aufgabe 3**

Beachte, ab wann die Ohren voll entwickelt sind.

Seite 233

M4 **Aufgabe 3**

Tipp: Damit das Kind aus der Scheide gepresst werden kann, sind Muskelkontraktionen nötig.

Seite 241

M1 **Aufgabe 2**

Ordne folgende Energieformen zu:

Strahlungsenergie - Thermische Energie - Elektrische Energie - Bewegungsenergie - Höhenenergie - Spannenergie

Seite 242

M1 **Aufgabe 2**

Nutze folgenden Satzanfang:

- *Die Bewegungsenergie vom Rennen wird in ... .*

M1 **Aufgabe 3**

Tipp: Je höher man springen will, desto mehr Energie muss in Höhenenergie umgewandelt werden.

Seite 243

M2 **Aufgabe 2**

Tipp: Ein Ventilator muss in der Steckdose stecken, damit er sich dreht.

M2 **Aufgabe 3**

Nutze folgenden Satzanfang:

- *Bei der Verbrennung wird die chemische Energie der Kohle ... .*

Seite 245

M1 **Aufgabe 2**

Nutze folgenden Anfang:

- *Die Strahlungsenergie der Sonne trifft auf die Solarzelle. Dort wird sie umgewandelt ... .*

M2 **Aufgabe 2**

Nutze folgende Satzbausteine:

Strahlung der Sonne erwärmt Wasser - strömt in Wasserspeicher - warmes Wasser kann verwendet werden

M2 **Aufgabe 3**

Nutze folgenden Anfang:

- *Die Energie der Sonne erwärmt die Rohrleitungen. Die Wärme ... .*

Seite 247

M3 **Aufgabe 2**

Tipp: Benutze das Energieflussdiagramm in der Grafik: Die chemische Energie der Kohle wird mithilfe von Feuer ... .

Seite 249

M2 **Aufgabe 2**

Beachte bei deiner Erklärung, was alles aus Getreide hergestellt werden kann.

Hilfen

Seite 251

M1 Aufgabe 2

Folgendes spielt sich ab: Aufstieg Wetterballon, Überschallflugzeug. Passagierflugzeug, Verglühen von Asteroiden, Polarlichter, Umlaufbahn von Satelliten,

Ordne sie den verschiedenen Schichten der Atmosphäre zu.

M1 Aufgabe 3

Nutze folgenden Anfang:

- *Die Anzahl der Luftteilchen ist über dem Erdboden in der Troposphäre am höchsten. Je höher ... .*

Seite 253

M2 Aufgabe 2

Beachte, wie sich die Anteile von Sauerstoff und Kohlenstoffdioxid verändern.

M3 Aufgabe 2

Nimm für die beiden versuche die folgenden Satzbausteine zu Hilfe:

Teilversuch A:

Die Maus sitzt in einer ... mit ... .

Sie verbraucht beim Atmen ... .

Die Maus stirbt ... .

Teilversuch B:

Die Maus sitzt in ... mit ... .

Die Pflanze produziert ... , den die Maus für ... .

Daher kann die Maus ... .

Seite 257

M1 Aufgabe 3

Nutze folgenden Satzanfang:

- *Unter welchen Bedingungen ... ?*

M1 Aufgabe 4

Tipp: Ohne Luftzufuhr geht eine Kerze schnell aus.

Seite 258

M1 Aufgabe 2

Beachte bei deiner Erklärung die Oberflächenvergrößerung.

M1 Aufgabe 3

Nutze folgenden Satzanfang:

- *Um das Benzin zu entflammen, ist eine ... .*

Seite 259

M2 Aufgabe 2

Tipp: Gas ist der Brennstoff für einen Gasbrenner.

Seite 263

M1 Aufgabe 2

Nutze folgenden Anfang:

- *Welches der Materialien leitet ... ?*

M1 Aufgabe 3

Beachte, dass die Wärme von einem Ort hoher Temperatur zu einem Ort niedriger Temperatur transportiert wird.

Seite 264

M2 Aufgabe 2

Tipp: Warmes Wasser steigt nach oben.

Seite 265

M3 Aufgabe 3

Beachte bei deiner Antwort, dass sich Wärmestrahlung ohne einen Stoff ausbreiten kann.

Seite 267

M1 Aufgabe 2

Tipp: Dünne Luftschichten sind wärmedämmend.

M2 Aufgabe 2

Beachte, dass warme Bereiche rot, gelb und weiß dargestellt sind. Kalte Bereiche blau oder grün.

Seite 269

M1 Aufgabe 2

Beachte dabei zum Beispiel das Alter der Waschmaschine und die Funktionstüchtigkeit.

Seite 270

M1 Aufgabe 2

Beachte bei deiner Erklärung, dass eine Luftschicht vor Kälte schützt.

Seite 273

M3 Aufgabe 2

Tipp: Überlege dir Kriterien, wie zum Beispiel das Nahrungsangebot im Winter für Vögel. Prüfe damit, ob die Winterfütterung sinnvoll ist.

M4 Aufgabe 2

Beachte bei deiner Beschreibung zum Beispiel, ob die Vögel über das Meer fliegen und wie weit im Süden sie überwintern.

Seite 275

M1 Aufgabe 2

Nutze folgenden Satzanfang:

- *Beim Wechsel zum Winterfell wachsen zusätzlich viele, dicht beeinander stehende Haare. Diese bilden ... .*

M1 Aufgabe 3

Tipp: Wenn im Winter Schnee liegt, sind Hermeline im braunen Fell deutlich zu erkennen.

Seite 276

M2 Aufgabe 2

Verwende beim Vergleich Begriffe wie zum Beispiel: bleibt gleich, steigt in folgenden Monaten, schwankt stark ...

Seite 277

M3 Aufgabe 2

Tipp: Igel können im Frühjahr aus dem Winterschlaf erwachen.

Seite 279

M1 Aufgabe 2

Tipp: Beachte die verschiedenen Temperaturen in einem tiefen See in der Grafik.

Seite 281

Aufgabe 3

Beachte bei deinem Vergleich, dass ein Tier Winterschlaf hält und das andere Tier Winterruhe.

Seite 283

M1 Aufgabe 2

Nutze folgenden Anfang:

- *Je wärmer es ist, desto kleiner und leichter sind die Pinguine. Bild A ist aus diesem Grund der ... .*

P2 Aufgabe 2

Nutze folgenden Satzanfang:

- *Die große Kartoffel steht in diesem Versuch für den ... .*

Seite 284

M1 Aufgabe 2

Beachte bei der Beschreibung die Höhe der Temperatur, den Temperaturverlauf und die Menge an Niederschlag.

Seite 285

M2 Aufgabe 2

Tipp: Je weiter man im Norden ist, desto kälter wird es.

M2 Aufgabe 3

Beachte, dass Füchse in wärmeren Gebieten größere Ohren haben.

Seite 293

M1 Aufgabe 2

Vervollständige die Tabelle:

Körper	Stoff
Eiswürfel	Wasser
Nagel	...
...	Luft
Buch	...
Faden	...
...	Gummi
...	Holz
Kaffeetasse	...
...	Porzellan
Ehering	...

M2 Aufgabe 2

Tipp: Denke daran, dass es wichtig ist, dass Gefahrstoffe besonders gelagert werden.

Seite 295

M1 Aufgabe 2

Nutze folgenden Satzanfang:

- *Der Lösevorgang beginnt, wenn Kaliumpermanganat in Wasser gegeben wird. Vom Kristall beginnen sich die Kaliumpermanganatteilchen ... .*

Seite 297

P2 Aufgabe 2

Tipp: Glas ist härter als Aluminium.

Seite 299

M4 Aufgabe 2

Beispiel: Stoffpaar Wachs und Kalk. Beide Stoffe unterscheiden sich nur im Verhalten beim Erhitzen. Mithilfe eines gasbrenners kann dies überprüft werden.

Seite 300

M5 Aufgabe 2

Beachte, dass feste Stoffe am dichtesten gepackt sind.

Seite 303

M1 Aufgabe 1

Folgende Begriffe musst du in die Tabelle eintragen: Gemenge, Suspension, Zuckerwasser, Rauch eines Feuers, Emulsion, Luft, Lösung (2x), zerstäubtes Parfum

Seite 305

M2 Aufgabe 1

Nutze folgende Anfänge:

- *Sprudelwasser ist eine ... . Das Gas ... ist in ... gelöst. Die Gasteilchen ... .*

M3 Aufgabe 2

Schreibe zu den anderen Gemischen einen ähnlichen Text: Im Nebel liegen Wassertröpfchen in der Luft vor. Dabei liegen die Wasserteilchen in großen Gruppen zusammen. Es bilden sich sichtbare Nebelschlieren.

Seite 306

P1 Aufgabe 1

Tipp: Starte mit Stein-Sand-Salz-Gemenge und dann mit aussortieren.

Seite 307

M3 Aufgabe 1

Nutze für das Filtrieren folgende Begriffe:

Filter - Wasserteilchen - Sandteilchen - Salzteilchen - unterschiedliche Teilchengröße - Filtrat

Seite 309

M1 Aufgabe 2

Beispiel: Beim Fettkännchen wird das Trennverfahren Dekantieren benutzt. Die verwendete Stoffeigenschaft ist die Dichte.

Seite 310

M3 Aufgabe 2

Wähle zwei passende Trennverfahren aus: Adsorbieren, Filtrieren, Eindampfen, Extrahieren

M3 Aufgabe 3

Vervollständige den Text:

Beim Extrahieren von Kaffee werden die ... des Kaffeepulvers vom Extraktionsmittel ... .

Hilfen

Seite 313

M1 Aufgabe 3

Tipp: Nur Gegenstände, die Eisen, Nickel oder Kobalt enthalten, werden von einem Magneten angezogen.

Seite 315

M1 Aufgabe 2

Tipp: Man schont die Umwelt, wenn man Energie einspart.

M2 Aufgabe 2

Folgende Trennverfahren spielen eine Rolle: Schwimm-Sink-Verfahren, Magnettrennen.

Seite 316

M3 Aufgabe 2

Tipp:Durch Müllvermeidung wird die Umwelt geschont.

M4 Aufgabe 2

Beachte, was der Verbraucher mit Mehrwegfalschen macht, im Gegensatz zu Einwegflaschen.

Seite 319

M1 Aufgabe 2

Beachte die unterschiedlichen Arbeitsschritte die in beiden Verfahren notwendig sind.

Seite 321

M1 Aufgabe 2

Nutze folgenden Satzanfang:

- *Wenn der Salat geerntet wird, dann wird der... .*

M1 Aufgabe 3

Beachte, dass Pflanzen viele Mineralstoffe brauchen.

Seite 322

M2 Aufgabe 3

Tipp: In einem Komposthaufen muss die Luft zirkulieren können.

Seite 323

M3 Aufgabe 2

Beachte, dass beim Abbau von organischem Material Energie frei wird.

M3 Aufgabe 3

Nutze folgenden Satzanfang:

- *Der Anteil der Nährstoffe sinkt, während ... .*

Seite 329

M2 Aufgabe 2

Tipp: Die 100 Liter stehen für das gesamt Wasser auf der Erde.

Seite 331

M1 Aufgabe 2

Beachte bei deiner Entscheidung den Zuckergehalt und Wasseranteil im Getränk.

Seite 332

M2 Aufgabe 2

Nutze folgenden Satzanfang:

- *Der menschliche Körper besteht ... .*

Seite 335

M1 Aufgabe 2

Beachte, dass Lösungen irgendwann gesättigt sind.

M2 Aufgabe 2

Tipp: Jede Gesteinsschicht enthählt andere Mineralstoffe.

Seite 337

M1 Aufgabe 2

Nutze folgenden Satzanfang:

- *Für sauberes Trinkwasser, muss ... .*

Seite 338

M1 Aufgabe 1

Nutze folgende Anfänge:

- *Die Sonne erwärmt das ... . Dieses verdampft und ... an der Glasscheibe.*

Seite 339

M2 Aufgabe 1

Nutze folgende Begriffe:

Destillat - Siedetemperatur - kühlen - kondensieren

M3 Aufgabe 2

Nutze die Fachbegriffe aus dem Bild.

Seite 340

M1 Aufgabe 2

Beachte die unterschiedlichen Dichten von Öl, Fett und Wasser.

Seite 341

M2 Aufgabe 2

Beispiel: Beim Ölabscheider wird die unterschiedliche Dichte der Stoffe ausgenutzt. Fett und Öl haben eine geringere Dichte als Wasser und schwimmen deshalb auf.

Seite 343

Aufgabe 2

Beispiel: Möchte man bei Salzwasser das Salz als Endprodukt, kann man das Trennverfahren Eindampfen benutzen.

Seite 345

M1 Aufgabe 2

Addiere dazu alle Angaben in der Abbildung.

Seite 346

M2 Aufgabe 2

Beachte, dass der Aralsee ein großes Ökosystem war.

Seite 349

M1 Aufgabe 3

Nutze folgende Satzbausteine:
flüssig werden - gasförmiger Wasserdampf - Wasserdampf wird wieder flüssig

M1 Aufgabe 4

Nutze folgenden Satzanfang:

- *Zuerst wird das feste Blei über einer Kerzenflamme erhitzt. Es beginnt zu … .*

Seite 350

M2 Aufgabe 2

Nutze folgenden Anfang:

- *Wenn das feste Iod erhitzt wird, entsteht sofort … .*

Seite 351

M3 Aufgabe 2

Beachte dabei die Abstände der Teilchen.

Seite 353

M1 Aufgabe 2

Nutze folgende Satzbausteine:
Wasser verdunstet - Wasser kondensiert - es bilden sich Wolken - Regen - Wasser versickert - Grundwasserströmung zum Meer - Oberflächenwasser fließt zum Meer

M1 Aufgabe 3

Beachte beispielsweise, dass Wasser verdunsten muss, um den Wasserkreislauf in Gang zu halten.

Seite 355

Aufgabe 2

Beachte die Dichte und Verteilung der Teilchen.

Aufgabe 3

Beachte, dass Schnee sich aus Eiskristallen bildet.

Seite 357

M1 Aufgabe 2

Tipp: Je niedriger die Wassersäule, desto weniger hat sich die Flüssigkeit ausgedehnt.

M2 Aufgabe 1

Tipp: Im Ausdehnungsgefäß befindet sich eine Flüssigkeit.

Seite 358

M1 Aufgabe 2

Nutze folgenden Anfang:

- *Wie verhalten sich Wasser und … ?*

Seite 359

M2 Aufgabe 2

Tipp: Wasser dehnt sich beim Abkühlen aus.

M2 Aufgabe 3

Beachte, dass die Autos über einen Hohlraum unter der Asphaltdecke fahren müssen, damit die Asphaltdecke einbricht.

M3 Aufgabe 1

Beachte, dass Wasser bei 4 °C am dichtesten gepackt ist.

Seite 361

M1 Aufgabe 1

Beispiel:

Masse = 5,4 g , Volumen = 2 cm^3

Dichte = 5,4 g : 2 cm^3 = 2,7 g/cm^3

M1 Aufgabe 2

Der Würfel aus dem Beispiel mit 2,7 g/cm^3 ist aus Aluminium.

Seite 362

M2 Aufgabe 2

Nutze folgende Satzbausteine:

Schwimmblase wird größer - aufsteigen - Tauchboot pumpt Luft in die Kammern - Schwimmblase wird kleiner - absteigen - Tauchboot lässt Luft in die Kammern

Seite 370

M1 Aufgabe 3

Beachte bei deiner Antwort, ob die Schülerinnen und Schüler eine Schutzbrille tragen, ihre Haare zusammengebunden sind oder ob sie zum Beispiel etwas essen.

Seite 373

M1 Aufgabe 2

Vergleiche Angaben wie Dichte, Gewicht und Härte.

Seite 374

M2 Aufgabe 2

Tipp: Bei Sperrholzplatten werden Furniere mit entgegengesetzten Faserrichtungen aufeinander geleimt.

Seite 377

M1 Aufgabe 1

Beachte, dass Maschinen einen Antrieb besitzen.

M2 Aufgabe 2

Antriebselement: Elektromotor.

Seite 379

M1 Aufgabe 2

Ordne folgende Werkzeuge zu: Säge, Leim, Schleifpapier und Maßstab/Lineal.

Seite 381

M1 Aufgabe 2

Beachte Sicherheitsmaßnahmen, einen gut eingespannten Bohrer oder eine richtig eingestellte Tischbohrmaschine.

Seite 383

P1 Aufgabe 2

Tipp: Je mehr Luft, desto mehr Energie wird umgewandelt.

Seite 385

M1 Aufgabe 3

Tipp: Zeichne die Vorderansicht und die Seitenansicht.

Register

f. = die folgende Seite, ff. = die folgenden Seiten

A

B

C

D

E

F

G

H

I

J

K

Register

Größen und ihre Einheiten

Größe		Einheit		
Name	**Symbol**	**Name**	**Symbol**	**Beziehungen**
Masse	m	Kilogramm	kg	1 kg = 1000 g 1 g = 1000 mg
Volumen	V	Kubikmeter	m^3	$1\,m^3 = 1000\,dm^3$ 1 l = 1000 ml
		Liter	l	1 l = 1000 ml $1\,ml = 1\,cm^3$
Dichte	ϱ	$\frac{\text{Kilogramm}}{\text{Kubikmeter}}$	$\frac{kg}{m^3}$	$1\,\frac{g}{cm^3} = 1000\,\frac{kg}{m^3}$
		$\frac{\text{Gramm}}{\text{Liter}}$	$\frac{g}{l}$	$1\,\frac{g}{l} = 0{,}001\,\frac{g}{m^3}$
Stoffmenge	n	Mol	mol	1 mol enthält $6{,}022 \cdot 10^{23}$ Teilchen
molare Masse	M	$\frac{\text{Gramm}}{\text{Mol}}$	$\frac{g}{mol}$	
Stoffmengenkonzentration	c	$\frac{\text{Mol}}{\text{Liter}}$	$\frac{mol}{l}$	
Temperatur	ϑ	Grad Celsius	°C	
	T	Kelvin	K	0 °C = 273,15 K

Dezimale Teile / Vielfache

Potenz	Vorsilbe	Symbol	Potenz	Vorsilbe	Symbol
10^{-1}	Dezi	d	10	Deka	da
10^{-2}	Zenti	c	10^{2}	Hekto	h
10^{-3}	Milli	m	10^{3}	Kilo	k
10^{-6}	Mikro	µ	10^{6}	Mega	M
10^{-9}	Nano	n	10^{9}	Giga	G
10^{-12}	Piko	p	10^{12}	Tera	T
10^{-15}	Femto	f	10^{15}	Peta	P

Laborgeräte

Bildquellen

123RF.com, Hong Kong: Smit, Nico 289.4. |Alamy Stock Photo, Abingdon/Oxfordshire: ADDICTIVE STOCK CREATIVES 379.1; Blossey, Hans 336.2; Brodie, M. 378.1; Dorling Kindersley ltd 383.2; imageBROKER/Siepmann, Martin 373.1; Kijthamrongworakul, Tewin 373.4; Koldunov, Aleksei 379.3; Krasteva, Rusana 5.2, 156.1; Malczyk, Piotr 320.1; Nature Picture Library/naturepl.com/Fallows, Chris & Monique 330.2; Steve Taylor ARPS 373.3; Wavebreakmedia Ltd UC16 372.1; Wytrazek, Piotr 374.2, 378.3, 389.3. |Alamy Stock Photo (RMB), Abingdon/Oxfordshire: age fotostock/Ciesla, Piotr 67.4; All Canada Photos 132.1; ANDRITOIU, MIHAI 195.1; Arco Images GmbH 46.5; Arterra Picture Library 69.1; Arterra Picture Library/De Meester, Johan 88.1, 162.1; Avico Ltd 188.4; Bednar, Fero 103.3; Bromberg, Klaus Oskar 205.1; BSIP SA 168.3; Buschkind 107.2; Cattlin, Nigel 136.1; Cephas Picture Library 163.6; Chapman, David 186.3; CHROMORANGE/Dietsch, Manfred 187.3; Costina, Mircea 274.1, 285.1; Cultura RM 267.3, 267.4, 288.5, 288.6; Darrington, Andrew 91.2, 107.4; Dembinsky Photo Associates/Moody, Skip 39.4; Dixon, Helen 329.4; Dorling Kindersley ltd 176.2, 177.1, 309.2; Down, Cairney 46.4; Downie, Catherine 285.2; Drobot, Vadym 222.1; Dutler, Samuel 166.1; Elkin, Andrey 302.1, 304.1; Ercolani, Giulio 90.1; Etchart, Julio 305.7; EThamPhoto 242.1; Fälchle, Jürgen 71.4; Felepchuk, Ken 348.1; Fletcher, A.D. 180.4; Florin, Oprea 183.5; Gavin, Julia 182.1; Global Warming Images 245.2; Gon2Foto/Mittleman, Richard 283.1; Gooday, John 214.3; Grant, Michael 67.2; Hašlar, Tomáš 161.2; Hecker, Frank 103.2, 146.2, 164.1; Heinz, Frank 198.1; Herb4Nature 161.5; Herrick, Dan 314.1; Homes and Interiors/Barnes, Stephen 356.2; HUTCHINSON, Wayne 64.3; imageBROKER 52.2, 155.6, 187.1, 209.3; imageBROKER /Siepmann, Martin 195.4; imageBROKER/Huwiler, Stefan 104.1; imageBROKER/Martin, Wilfried 97.4; Ivanko, Lubo 265.5; JAUBERT French Collection 329.3; Juniors Bildarchiv GmbH 45.2, 282.1; Kazlowski, Steven J. 285.3; Kelly, Gina 45.3, 305.3; Koskinen, Henri 80.3; Kuhne, Daniel 209.1; lane, mike 149.1; Lauffenburger, Michael 161.4; Leszczynski, Dariusz 187.2; Lou-Foto 93.6; MacDonald, Dennis 340.1; Martinez, Francisco 350.2; Mattison, Chris 115.1; MediaWorldImages 272.1; Melnychuk, Nataliia 66.1; Mimadeo 259.2; MISCELLANEOUSTOCK 266.2; NadyZima_klgd 196.2; NASA Photo 250.1; Nature Photographers Ltd 108.2; Nature Picture Library/Rouse, Andy 118.1; Oliveira, Paulo 78.1, 104.2; Orcea David 302.2, 304.2; Panther Media GmbH 41.2, 93.3, 126.1, 136.3; Paolo Romiti 352.1; Papilio 186.2; phillips, mark 195.3; Piepgras, Michael 265.1; PJF Military Collection 259.1; Poteko, Uros 274.2; Premium Stock Photography GmbH 188.3; preve, beatrice 52.1; Prisma by Dukas Presseagentur GmbH/Reiner, Bernhardt 118.2; Redding, Ian 128.1; robertharding/Clark, Neale 265.2; robertharding/Schlenker, Jochen 200.1; Romantiche 5.1, 124.1; Routh, Michael 256.1; Ruckszio, Manfred 329.2; Schaldach, Julian 284.1; Science History Images 232.1, 236.3; Science Photo Library 39.1; Sintapanon, Warut 15.1; SLATER, DAVID J 61.2; Smith, Geoff 131.1; Stakauskas, Giedrius 275.1; Thaewchatturat, Aroon 329.1; Toon, Ann and Steve 266.1; Top-Pics TBK 97.3; Tyakht, Victor 86.1; van Wijk, Fred 44.1; Volkov, Kira 172.1; Walls, Rob 115.3; Wankowicz, Bogdan 176.3, 177.2; Watts, Barrie 108.4; West, Jim 344.1; Westend61 GmbH 14.1; WILDLIFE GmbH 120.2, 214.2; www.mjt.photography 69.2; yanadjana 28.1; Zoonar GmbH 24.1, 74.1, 140.1, 186.4; Zoonar GmbH/Iankovskii, Ian 376.1. |Atelier tigercolor Tom Menzel, Klingberg: 10.2, 10.3, 11.2, 11.4, 16.1, 17.2, 19.2, 23.3, 24.2, 25.1, 27.1, 27.2, 28.2, 33.1, 33.2, 36.1, 36.2, 37.1, 41.5, 45.1, 47.1, 48.2, 49.1, 49.2, 50.1, 50.2, 51.3, 53.1, 55.1, 55.2, 56.2, 57.1, 58.3, 60.1, 62.2, 63.1, 63.2, 64.1, 65.3, 66.2, 67.1, 67.3, 67.5, 68.3, 69.3, 72.3, 75.1, 75.2, 76.1, 76.2, 79.1, 79.2, 80.1, 80.2, 81.2, 83.1, 83.2, 84.3, 84.4, 84.5, 84.6, 85.1, 85.2, 86.2, 87.1, 87.2, 88.2, 89.2, 91.4, 91.5, 92.2, 92.3, 93.1, 94.2, 95.1, 96.4, 98.2, 99.1, 99.2, 100.1, 100.2, 101.1, 101.2, 103.1, 105.1, 105.2, 106.1, 106.2, 106.3, 107.1, 109.1, 110.3, 111.1, 112.2, 113.1, 113.2, 114.4, 115.4, 117.1, 119.1, 120.1, 121.1, 121.2, 122.1, 122.2, 122.3, 122.4, 123.1, 123.2, 123.3, 123.4, 126.2, 127.1, 127.2, 127.3, 128.2, 129.1, 131.2, 131.3, 134.2, 135.1, 135.2, 135.3, 137.1, 137.2, 137.3, 138.1, 139.1, 142.2, 143.2, 143.3, 144.2, 144.3, 144.4, 145.1, 145.2, 145.3, 145.4, 147.1, 148.1, 148.2, 150.2, 155.2, 155.3, 155.4, 158.2, 159.1, 159.2, 160.1, 160.2, 162.2, 163.1, 163.2, 163.3, 163.5, 165.1, 165.2, 166.2, 167.1, 167.2, 167.3, 167.4, 167.5, 168.2, 169.1, 169.2, 170.2, 171.2, 172.2, 173.1, 173.2, 173.3, 173.4, 174.2, 175.1, 175.2, 177.3, 178.1, 180.3, 180.5, 181.2, 181.4, 181.5, 182.2, 183.1, 183.7, 185.1, 185.2, 187.8, 187.9, 187.10, 187.11, 189.1, 189.2, 190.1, 190.3, 191.1, 191.2, 191.3, 196.3, 196.4, 197.2, 199.1, 199.2, 201.1, 202.1, 202.3, 203.1, 203.2, 204.2, 205.2, 206.1, 207.1, 207.2, 209.4, 210.2, 215.1, 215.2, 216.2, 216.3, 217.1, 217.2, 218.1, 223.1, 223.2, 225.1, 225.2, 227.1, 227.2, 228.1, 228.2, 229.1, 229.2, 230.2, 231.1, 231.2, 233.1, 235.2, 236.1, 237.1, 237.2, 237.3, 241.1, 241.2, 241.4, 242.2, 244.2, 245.4, 246.1, 246.2, 247.1, 247.2, 249.1, 249.2, 250.2, 251.1, 251.2, 252.2, 253.1, 253.2, 255.2, 255.3, 255.4, 256.2, 257.1, 257.2, 258.2, 259.3, 259.4, 259.5, 259.6, 260.2, 261.1, 263.3, 264.1, 264.2, 264.3, 264.4, 267.2, 271.3, 273.1, 275.4, 275.5, 276.2, 277.2, 278.2, 279.1, 280.1, 281.1, 283.2, 283.3, 283.4, 284.2, 285.4, 286.1, 286.2, 286.3, 286.5, 288.1, 288.4, 289.2, 289.3, 295.1, 295.2, 295.4, 296.2, 297.1, 298.1, 298.2, 300.1, 300.2, 304.3, 304.4, 304.5, 304.6, 304.8, 304.11, 304.12, 304.13, 305.1, 305.2, 305.4, 305.5, 305.6, 306.2, 307.1, 307.2, 308.2, 308.3, 308.4, 309.3, 309.4, 310.4, 311.3, 313.1, 314.2, 315.1, 315.2, 316.1, 316.2, 317.2, 320.2, 321.1, 321.2, 322.1, 323.1, 323.2, 324.2, 324.3, 325.1, 325.2, 328.2, 329.7, 330.3, 331.1, 331.2, 332.3, 333.2, 333.3, 335.5, 337.1, 337.2, 338.2, 339.1, 339.2, 339.3, 340.2, 341.1, 342.1, 342.2, 342.3, 342.4, 342.5, 342.6, 342.7, 343.1, 343.2, 343.3, 344.2, 345.2, 346.1, 349.1, 349.2, 350.1, 351.1, 351.2, 352.2, 353.1, 353.2, 354.1, 356.3, 357.2, 358.2, 359.1, 359.2, 360.2, 361.2, 362.1, 362.2, 363.1, 363.2, 364.3, 364.4, 366.1, 366.2, 366.3, 366.4, 367.1, 367.2, 367.3, 371.1, 372.2, 374.1, 374.4, 375.1, 375.2, 377.1, 377.2, 377.3, 378.2, 379.5, 380.2, 381.1, 382.2, 383.3, 385.1, 385.2, 386.1, 387.1, 387.2, 387.3, 388.3, 389.1, 389.2, 407.1. |fotolia.com, New York: aussieanouk 287.5; ColognePhotos 183.6; fineartcollection 68.1; martiposa 107.3; Photohunter 287.1; Wylezich, B. 182.3, 183.2, 183.3, 183.4. |Gall, Eike, Enkirch: 129.2, 133.2, 136.2, 149.2, 208.2, 211.1, 211.2, 219.2. |Getty Images (RF), München: Baac3nes 216.1; Bernat Bacete, Jose A. 296.1; BraunS 48.1; Corbis/Fuse 133.1; digital_eye 22.2; fotoVoyager 194.1; Image Source 6.2, 220.1; imageBROKER/Sohns, Jurgen & Christine 4.1, 42.1; Jason_V 234.1; Johner RF 32.1; Karkalicheva, Maya 20.2, 40.1; Songmor, Pakin 248.1; Tahreer Photography 248.2; Westend61 245.1, 312.1, 324.4; © 2010 Ray Van Eng 312.2. |Hardel, Thorsten/www.39punkt.de (RV), Flensburg: 15.5, 17.1, 222.2, 235.1, 371.2, 387.4. |Imago, Berlin: blickwinkel 278.1. |iStockphoto.com, Calgary: ArtMarie 39.2; AVRORRA 59.3; bgfoto 305.8; Devenorr 268.1; Dubrovskii, Sergei Titel; emer1940 180.1; FamVeld 360.1; filmfoto 204.1; frankpeters 93.2; franticOO 370.1, 388.1; gabort71 64.2; GooDween123 93.5; gorodenkoff 384.1; Iurii_Au 171.1; KiraGunderson Titel; korionov 59.4; Marccophoto 267.1; matteodestefano 71.3; MegaV0lt 59.2; Moskalyuk, Marina 379.2; NataliaDeriabina 230.1; nbgbgbg 287.3; Oeschger, Petri 7.2, 318.1; Parsons, David 84.2; Philiphotographer 265.3, 288.2; PIKSEL 9.1, 368.1, 388.2; Plahutar, Ziga 317.1; R-J-Seymour 62.1; rotofrank 187.4, 187.5, 187.6, 187.7; Schad1953 171.3; South_agency 380.1; Svetl 301.2; tattywelshie Titel. |juniors@wildlife Bildagentur GmbH, Hamburg: 4Nature 115.2; Avalon 153.1; Biosphoto 77.1, 81.1; Bogon, K. 114.2; Hamblin, M. 190.4; Harms, D. 68.2, 152.1; Klein, J.-L. & Hubert, M.-L. 20.3, 40.2, 54.1, 276.1; Minden Pictures 90.2, 97.1, 97.2, 108.3, 109.2, 109.3, 109.4, 146.1, 271.1; Muller, S. 112.1; Teigler, F. 169.3; Visage, A. 74.2; Walz, U. 89.1; WILDLIFE/Harms, D. 169.4. |mauritius images GmbH, Mittenwald: Garden World Images/GWI/Appleby, Nicholas 161.3; imageBROKER/Sarti, Alessandra 108.1; imageBROKER/Schneider, Thomas 306.1; Minden Pictures/Arndt, Ingo 102.3; nature picture library/Radisic/Wild Wonders of Europe 186.1; Weimann, Peter 21.2. |mauritius images GmbH (RF), Mittenwald: imageBROKER 91.3, 91.6; Pitopia/gabelka 209.2. |Mettin, Markus, Offenbach: 11.3, 31.1, 31.2, 31.3. |Minkus Images Fotodesignagentur, Isernhagen: 22.3, 22.4, 38.1, 38.2, 89.4, 95.2, 202.2, 210.1, 212.2, 212.3, 212.4, 212.5, 254.1, 254.2, 254.3, 254.4, 293.1, 293.3, 298.3, 299.1, 299.2, 299.3, 308.1, 334.2. |MMCD NEW MEDIA GmbH, Düsseldorf: 303.1, 303.2, 303.3, 304.7, 304.9. |OKAPIA KG - Michael Grzimek & Co., Frankfurt/M.: ARDEA/Bevan, Brian 214.4; ARDEA/Watson, M. 277.1; BIOS/Gautier, Christian 89.3; BIOS/Labat, Jean-Michel 96.1, 96.2, 96.3, 120.3; BIOS/Tourneret, Eric 155.5; Bosch, Christoph 275.3; Christen 102.2, 103.4; FLPA/Eveson, John 72.1; FLPA/Gibbons, Bob 181.6; Giel, Oliver 110.1; Günter, Roland 91.1; Hecker, Frank 134.1; imageBROKER 51.2, 275.2; imageBROKER/Guy, Christian 98.1, 102.4; imageBROKER/Huwiler, Stefan 6.1, 192.1, 287.4; imageBROKER/König, Marko 181.1; imageBROKER/Krüger, Olaf 171.4; imageBROKER/Martin, Wilfried 271.2; imageBROKER/Robiller, Franz Christoph 82.1; Klein, J.-L. & Hubert, M.-L. 61.1; Layer, Werner 289.1; NAS/Dimijian, Gregory G. 84.1; Nill, Dietmar 82.2; Schwenk, Uwe 168.1; Steimer, Christine 51.1; Werle 22.1. |PantherMedia GmbH (panthermedia.net), München: Cervo, Diego 224.1; Ickler, Jens 7.1, 244.1; lacroix2007 56.1; shorst 266.3, 286.4. |Photocuisine.de, München: Maximilian Stock Ltd 304.10. |Picture Press Bild- und Textagentur GmbH, Hamburg: Illuteam 43 329.6. |Picture-Alliance GmbH, Frankfurt a.M.: blickwinkel 102.1; imageBROKER/Hösel, Mario 305.9; OKAPIA/Pforr, Manfred 114.3. |Rössler, Michal, Freiburg: 26.2, 30.1, 59.1, 70.2, 72.2, 73.1, 73.2, 73.3, 106.4, 130.2, 130.3, 132.2, 137.4, 139.2, 140.2, 141.1, 141.2, 143.1, 151.1, 155.1, 188.1, 263.2, 268.2, 269.2. |Schlierf, Birgit und Olaf, Lachendorf: 18.1, 18.2, 18.3, 18.4, 18.5, 18.6, 18.7, 18.8, 18.9, 18.10, 18.11, 18.12, 18.13, 254.5, 303.4. |Science Photo Library, München: 16.2; Calvo, Jose 23.1; Chillmaid, Martyn F. 80.4, 358.1; CNRI/Bevilacqua, R. 232.2; DENNIS KUNKEL MICROSCOPY 224.3, 226.2; Durham, John 23.2; Fawcett, Don W. 236.2; Giphotostock 34.2, 34.3, 35.1, 311.1, 311.2, 364.1, 364.2; NASA 328.1, 346.2; NASA Earth Observatory/Allen, Jesse 346.3. |Science Photo Library (RF), München: Gschmeissner, Steve 168.4. |Shutterstock.com, New York: ADS-DESIGN 15.3; Alones 219.3; altanaka 40.6; Andronache, Florian 92.1; AnEduard 348.3; Arkusha, Andrey 252.1; ArkXp 196.1; Arturo Limon 383.1; Berbegal Miguel Angel 214.1; Bolbot, Aleksander 195.2; Bradford, John 11.1; claraxy 294.1; Cripps, Peter 70.1; Daniel Prudek 158.1; Drakonyashka 303.6; Farrant, Jamie 174.1; fewerton 39.5; Fowler, Martin 181.7; Glevalex 292.2; Grigorita Ko 58.1; Grindstone Media Group 382.1; Gudella, Peter 15.4; HaiGala 170.1; Hlavko, Miroslav 46.3; imagedb.com 293.2; Imageman 294.3; Julio F 65.2; kalibara 376.2; Kalinovsky, Dmitry 21.1, 41.1; koi88 248.3; Kucera, Martin 260.1; l i g h t p o e t 240.1; leungchopan 20.1; Lotay, Minnie 39.3; Maica 3.1, 12.1; Masonjar 332.2; Mierzejewski, Marek 114.1; Mike_shots 356.1; Mikhailiuk, Roman 238.1; Mikhaylovskiy 290.1; mols, mike 34.1; mosufoto 294.2; MrLis 8.1, 326.1; MyImages - Micha 270.1; Nahabed, Anna 336.1; Nitr 262.1; Nomad_Soul 294.4; Normann, Igor 303.5; oksana2010 57.2, 57.3; PhotoSky 338.1; Pirat Pirat 376.3; Quality Stock Arts 240.2; SJ Travel Photo and Video 330.1; slawomir.gawryluk 310.1, 310.2, 310.3; Smileus 208.1; SMITH, EMJAY 197.1; Sornnoi, Setta 71.1; Strannik_fox 348.4; Tendo 324.5; Toa55 345.1, 348.2; Valerii_M 329.5; Valitov, Rashid 10.4; VladSV 332.1; xpixel 301.1; Zaitseva, Zoriana 26.1, 40.4. |stock.adobe.com, Dublin: 3DConcepts 384.2, 388.4; Alice_D 219.7; bdavid32 58.2; benjaminnolte 258.1; Bruno 130.1; coco 180.2; Costina, Mircea 219.1; countrypixel 65.1; CrackerClips 333.1; Drak, Michael 142.1; eAlisa 287.2; Ede, Hans und Christa 373.2; eqroy 181.3, 190.2; Fälchle, Jürgen 265.4, 288.3; Flamingo Images 226.1; Fokussiert 15.2; fotoresultate 110.2; Gerold 93.4; Haase, Nadine 54.2; jenoche 44.3; Kobyakov, Serhiy 44.2; konzeptm 161.1; Kottmann, Jürgen 155.7; Kuttelvaserova, Vera 155.8; Küverling, Heiko 188.2; lamio 184.1; maho 212.1; mmphotographie.de 78.2; oliverkoonen 150.1; Pedant, Christian 163.4; Philipimage 309.1; PhotoSG 41.3; Pixel-Shot 334.1; rades 144.1; Renze, Gundolf 374.3, 389.4; rohappy 20.4, 40.3; Ryzhov, Sergey 379.4; swillklitch 39.6; tl6781 219.4; TTstudio 71.2; victoria p. 292.1; Weiss, Konrad 219.5; wideonet 94.1. |Tegen, Hans, Hambühren: 19.1, 295.3, 295.5, 335.1, 335.2, 335.3, 335.4, 350.3. |von Goessel, Hannes, Erding: 10.1, 29.1, 30.2, 31.4, 32.2, 35.2, 40.5, 41.4, 41.6, 46.1, 46.2, 147.2, 149.3, 151.2, 152.2, 152.3, 153.2, 153.3, 154.1, 164.2, 165.3, 176.1, 198.2, 201.2, 211.3, 213.1, 213.2, 219.6, 224.2, 232.3, 241.3, 243.1, 243.2, 245.3, 255.1, 262.2, 263.1, 269.1, 270.2, 282.2, 297.2, 318.2, 319.1, 319.2, 324.1, 325.3, 325.4, 347.1, 357.1, 359.3, 361.1, 364.5.

Aufgaben richtig bearbeiten

Im Unterricht und bei Klassenarbeiten musst du Aufgaben lösen. Dazu ist es wichtig, genau zu verstehen, was mit dem jeweiligen Arbeitsauftrag gemeint ist. Dafür musst du wissen, was die Verben in den Aufgaben bedeuten.

Nennen

Beim Nennen listest du Daten, Fakten, Personen oder Begriffe ohne weitere Erklärung auf.

1. Nenne die dargestellten „Berufe" des Hundes.

Aufgabenlösung:
Rettungshund und Blindenhund.

Beschreiben

Beim Beschreiben gibst du Sachverhalte, den Aufbau oder Zusammenhänge wieder. Die Antwort soll in ganzen Sätzen und in eigenen Worten formuliert sein. Es sind keine weiteren Informationen oder Erklärungen nötig.

2. Beschreibe Sinne, die bei den „Hundeberufen" gut ausgebildet sind.

Aufgabenlösung:
Mit dem guten Gehör- und Sehsinn können Blindenhunde Gefahren bemerken. Der Geruchs- und Gehörsinn ist beim Rettungshund geschult, sodass er unter einer dicken Schneeschicht Verschüttete aufspüren kann.

Vergleichen

Beim Vergleichen stellst du Gemeinsamkeiten und Unterschiede gegenüber. Eine Tabelle kann helfen, Vergleiche anschaulich darzustellen.

3. Vergleiche das Verdauungssystem vom Hund mit dem Verdauungssystem vom Rind.

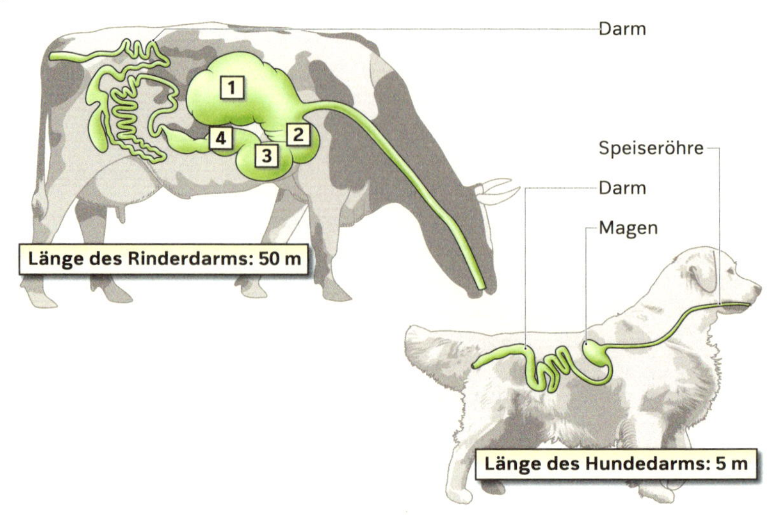

Aufgabenlösung:

Gemeinsamkeiten	*Unterschiede*
Speiseröhre	*Unterteilung der Mägen (Pansen, Netzmagen, Blättermagen, Labmagen)*
Darm	*Rind hat längeren Verdauungstrakt*
Magen	*Darm 50 m beim Rind; Hund 5 m*
Maul	*Pflanzenfressergebiss (Rind) bzw. Fleischfressergebiss (Hund)*
After	